ZHONGGUO CAIPIAO NIANJIAN

Caipiao

中国彩票年鉴

2018

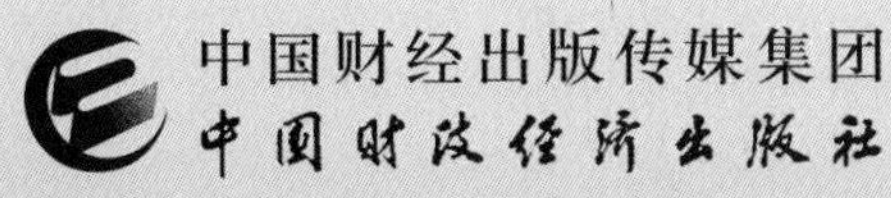

图书在版编目（CIP）数据

中国彩票年鉴．2018／中国彩票年鉴编辑委员会编．-- 北京：中国财政经济出版社，2019.11

ISBN 978-7-5095-9374-5

Ⅰ．①中… Ⅱ．①中… Ⅲ．①彩票－中国－2018－年鉴
Ⅳ．①F726.952-54

中国版本图书馆CIP数据核字（2019）第244759号

责任编辑：陆宗祥　　　　责任印制：党　辉
封面设计：卜建辰　　　　版式设计：兰　波

中国财政经济出版社 出版

URL：http：//www.cfeph.cn

E-mail：cfeph@cfemg.cn

社址：北京市海淀区阜成路甲28号　邮政编码：100142

营销中心电话：010-88190988

北京时捷印刷有限公司印装　各地新华书店经销

889×1194毫米　16开　27.75印张　678 000字

2019年12月第1版　2019年12月北京第1次印刷

定价：220.00元

ISBN 978-7-5095-9374-5

（图书出现印装问题，本社负责调换）

本社质量投诉电话：010-88190744

打击盗版举报热线：010-88191661　QQ：2242791300

▲ 2017 年中央专项彩票公益金支持教育助学项目：江西省上犹县滋蕙计划发放仪式。

▲ 2017 年中央专项彩票公益金支持浙江工业大学组织专任教师参加创新创业教育管理培训。

◀2017 年国家彩票公益金支持“红十字博爱送万家”活动。

▶2017 年江西省余江县励耕计划、润雨计划幼儿教师资助项目发放仪式。

◀2017 年第四届全国红十字应急救护大赛。

▶ 2017 年中央专项彩票公益金支持新建的宁夏育才中学运动场。

◀ 2017 年中央专项彩票公益金支持的“中国足球发展基金会杯”中国职工足球联赛。

▶ 2017 年中央专项彩票公益金支持的“中国足球发展基金会杯”中国职工足球亲子课堂活动。

◀2017 年中央专项彩票公益金支持四川仪表工业学校新建工业 4.0 智能教学工厂实训基地。

▲ 2017 年中央专项彩票公益金投入山东省临朐县 2 000 万元，集中用于硬化生产路 57 公里，覆盖 7 个行政村，受益人口 13 000 多人，其中建档立卡贫困人口 4 582 人。

▶2017 年中央专项彩票公益金支持公安部禁毒关爱工程项目：新疆八一中学学生在校园图书角观看仿真毒品。

▲ 2017 年中央专项彩票公益金支持的山东省莒县县直学校创客空间项目。

◀ 2017 年中央专项彩票公益金支持建成的山东省临沂市沂南县特殊教育学校新校区。

▶ 2017 年中央专项彩票公益金支持的山东省临沂市河东区郑旺敬老院改造提升项目。

◀ 获第四届中国国际马戏节银虎奖的国家艺术基金小型剧（节）目和作品资助项目：杂技《瑶心鼓舞》。

▶ 获第十届中国舞蹈“荷花奖”民族民间舞金荷花奖的国家艺术基金小型剧（节）目和作品资助项目：群舞《布衣者》。

▲ 2017 年中央专项彩票公益金支持留守儿童快乐家园项目进行亲子连线。

▲ 2017 年 5 月，天津福利彩票流动售彩车亮相滨江道劝业场、南京路、食品街等繁华商圈。

▲ 2017 年 1 月 13 日，深圳市福彩中心在银湖汽车站举办“2017 爱心福彩资助来深建设者春节返乡”活动发车仪式（摄影：邓雪玲）。

▲ 2017 年 5 月 20 日，山东“福彩关爱留守儿童，城乡儿童绘画秀”活动中，留守儿童与城市儿童共同描绘心中美好梦想（摄影：王晨鹏）。

◀ 2017 年 5 月 23-25 日，淄博市福彩中心为沂源县福和希望小学和高青县常家福彩希望小学送去学习用品和书籍（摄影：张耀文）。

▲ 2017 年 5 月 27 日，江西福彩慰问大山深处的达州湖小学并为孩子们送去儿童节礼物。

▲ 2017 年 5 月 27 日，西安福彩赴周至县特殊教育学校慰问，陪他们欢度儿童节。

◀ 2017 年 6 月 6 日，“温暖贵州·慈善行——大手牵小手·关注留守儿童”福彩公益活动走近六枝特区牛场乡代家包小学，捐赠文体设施并挂牌全省第 10 个留守儿童信箱。

▶ 2017 年 6 月 27-30 日，山东省福彩中心开展以“大爱民政　阳光福彩”为主题的媒体采风活动。

◀2017年7月27日，“公益福彩情暖高原”中国福利彩票发行三十周年青海专题晚会在西宁举行。

▶2017年8月31日，陕西省民政厅和省福彩中心在西安举办福利彩票发行三十周年暨中华慈善日活动，图为陕西省福彩中心全体职工合唱《歌唱祖国》（摄影：王勇）。

▲2017年8月，“福彩大爱·福佑燕赵——河北福彩文化成果展”在河北省福彩中心办公楼内开展。

▲2017年9月，湖南“福泽潇湘 爱心‘童’行——2017关爱留守儿童公益活动”启动（摄影：李嘉）。

▶2017 年 9 月 5 日，全国首家以福彩文化为主题的省级文化展馆——上海福彩文化展示馆正式开馆。

◀2017 年国庆、中秋双节期间，南京市福彩中心在“2017 年南京国际车展”设立南京福彩展台 · 幸福投注站。

▶2017 年 11 月 28 日，湖南福彩 2017“福泽潇湘 · 扶贫助学”公益金发放仪式在长沙举行（摄影：贺宁爽）。

◀2017 年 11 月 30 日，第四届“江苏福彩杯”老年好声音大赛决赛在南京举行，83 岁的表演艺术家陶玉玲现场演唱《九九艳阳天》。（摄影：赵军）。

▲ 2017 年 6 月 11 日，2017 广州国际龙舟邀请赛举行。有来自加拿大、美国、新加坡等国家和地区的 130 支龙舟队、近 5000 名运动员参加。广州体彩中心连续 9 年驶出体育彩票传统龙舟，宣传“公益体彩 乐善人生”的品牌形象。

▲ 2017 年 8 月 1 日，2017 年宁夏体彩“相约大乐透，北京看开奖”首批观摩团一行 37 人从银川出发，开启了为期 3 天的看开奖之行。8 月 2 日晚，他们前往北京市丰台体育中心现场观看并监督了体彩大乐透第 17089 期的开奖过程。

▲ 2017 年 8 月 8 日，由体彩公益金支持的全民健身活动在各地如火如荼地开展。图为第九届广西体育节开幕式。2017 年的广西体育节历时 103 天，期间共有 891 项重大群众体育项目活动和赛事在广西各地举办。

◀2017年，北京市利用体彩公益金新建了1片900平方米室外制冷冰场和2片室外简易冰场，在具备条件的地点配置了100件滑雪训练器，并对2015年、2016年已建成的1片室外制冷冰场和6片简易冰场继续进行试点运营。

▶2017年，广东继续开展“县级公共体育场馆体彩宣传工作优秀、先进单位评选活动”。图为梅县体育馆和体育场。

◀2017年，国家体育总局本级使用彩票公益金31 996万元，实施社区健身中心项目。资助支持各省特别是老少边穷地区的40个县（区、市）建设40个社区健身中心项目，可开展球类、健身操、棋牌等多种体育活动。

▲2017 年，国家体育总局共投入 10 300 万元本级体育彩票公益金，用于公园配建及专项体育设施建设。增建球类、健身步道类、健身器械类等体育健身场地设施。图为广东茂名全民健身广场上热闹的健身场景。

◀2017 年，为进一步落实建设“负责任、可信赖、健康持续发展的国家公益彩票”的发展目标，国家体彩中心和各地体彩中心从实体店布置和物料宣传入手，要求实体店必须张贴责任彩票相关宣传品，进一步加强市场监管。

▶2017 年，中央专项彩票公益金支出 40 000 万元，用于足球公益事业。该项目由体育总局委托中国足球发展基金会组织实施，主要用于资助足球公益项目，支持青少年足球人才培养和社会足球公益活动。

◀2017 年 6–8 月，为促进一线队伍的市场执行力，提高管理和服务水平，浙江体彩共举办了 4 期在职专管员轮训。来自全省 12 个市中心的 350 名专管员参加了轮训。

◀2017 年 7 月，体彩大乐透上市 10 周年庆祝活动在北京举行。

▶为保证全国第十三届运动会（2017 年天津）顺利举办，2017 年国家体育总局安排本级彩票公益金 5 000 万元，对该赛事的办赛经费给予补助。图为第十三届全运会田径场馆。

◀2017 年，为构建多业态、多层次的渠道体系，提升购彩便利性，国家体彩中心在青岛开展便利连锁渠道销售体育彩票试点工作，不仅缓解了体彩渠道扩容压力、填补了市场空白区域，也开发了一定数量的新人群，践行了“多人少买”的责任彩票理念。

▶2017 年 2 月 26 日，井冈山在全国率先实现脱贫。这一变化得益于国家对扶贫事业的重视——2017 年，有 18 亿元中央专项彩票公益金被划拨用于扶贫事业。图为江西省井冈山市的西大门睦村乡，是当地最偏远的乡镇之一。

中国彩票年鉴2018

编辑委员会

中国彩票年鉴 2018

编辑出版工作人员

编辑工作小组

万　平　骆晓强　郭　梅　赵敏敏　顾兆霞　王晓飞
邓思静　崔　露　刘　艺　刘建鲁　盛飒飒

责任编辑

陆宗祥

英文目录翻译

吴楚松

英文校订

陆宗祥

封面设计

卜建辰

版式设计

兰　波

责任校对

徐艳丽

印制监督

党　辉

编辑部电话

010-88190710
88190759
88190710（传真）

编辑说明

《中国彩票年鉴》是财政部综合司组织民政部中国福利彩票发行管理中心和国家体育总局体育彩票管理中心等单位共同编纂的有关中国彩票业年度发展基本情况的年鉴，自2002年起每年出版一卷，已成系列。现奉献给读者的2018卷是该系列中的第十七卷。

年鉴一般是以出版年号为卷次名称。2018卷主要收录2017年中国彩票业的发展概况，汇集这期间的相关资料。为体现《中国彩票年鉴》本身编纂所特有的连续性，也为遵循年鉴内容与卷次名称的统一性，本年卷虽推迟付梓，但卷名中仍冠以"2018"年份，特此说明。

《中国彩票年鉴》不仅收录了最新彩票游戏规则、玩法说明，而且还汇集了如按系统、按类型、分地区，或按年、按月等多重方式叠加的游戏销售统计数字，更加有利于读者从不同侧面深入了解全国彩票的发行销售结构，脉络清晰，划分得当。

自2011年卷开始，年鉴已把"四、彩票统计资料"部分的"（三）历年彩票销售统计资料"栏目中"历年"的时间跨度改为十年，本年卷即为"2008—2017年"，以后仍逐年递推，敬请读者留意。

本年卷主体分为七部分，包括彩票市场发展概况，彩票大事记，彩票制度、政策和文献，彩票统计资料，中央专项彩票公益金使用情况、附录及彩票票样等，其中彩票票样仍由中国福利彩票发行管理中心和国家体育总局体育彩票管理中心提供。

为扩大彩票公益金使用情况宣传，便于社会各界了解中央专项彩票公益金使用效果，自2012卷开始，增添"中央专项彩票公益金使用情况"栏目，以飨读者。

本年卷文字记述中，凡涉及数据的，一般满亿元的以亿元为单位，不足亿元的以万元为单位，保留两位小数，四舍五入；读者如采用数据，请以统计资料中的数字为准；凡未注明提供者的统计数据均由财政部综合司提供，特此说明。

为进一步诠释国家彩票发行事业的“公益”理念，提高全书质量，增强可读性，在正文前设置了若干主要由教育部、中国红十字会总会、中国残疾人联合会、扶贫机构、教育机构，以及中国福利彩票发行管理中心、国家体育总局体育彩票管理中心等部门提供的专题彩色插页，力求生动、鲜活地反映2017年度彩票行业的发展风貌。凡是来稿中注明摄影者的，本书采用时就予以署名，而其他图片不再一一注明供稿机构。

《中国彩票年鉴2018》是集体协作的结晶，编辑过程中，特别得到了财政部综合司及民政部中国福利彩票发行管理中心、国家体育总局体育彩票管理中心领导的热情支持。在此，谨向他们及其他为本年鉴的编辑出版付出辛勤劳动、给予大力支持的单位和个人，一并致以诚挚谢意！

中国彩票年鉴编辑委员会

2019年10月

目 录

Contents

一、2017年彩票市场发展概况

全国彩票市场发展概况

2017年，在党中央、国务院领导下，各级财政部门与民政、体育等部门密切配合，开拓进取，推动我国彩票事业持续健康发展。

一、2017年全国彩票发行销售情况

2017年，全国共销售彩票4 266.69亿元，比上年增加320.28亿元，增长8.1%。分机构看，福利彩票机构销售2 169.77亿元，增加104.85亿元，增长5.1%；体育彩票机构销售2 096.92亿元，增加215.43亿元，增长11.4%。分类型看，乐透数字型彩票销售2 628.14亿元，增加179.50亿元，增长7.3%；竞猜型彩票销售928.52亿元，增长163.62亿元，增长21.4%；即开型彩票销售246.06亿元，减少38.71亿元，下降13.6%；视频型彩票销售462.14亿元，增加16.71亿元，增长3.8%；基诺型彩票销售1.82亿元，减少0.84亿元，下降31.5%。乐透数字型、竞猜型、即开型、视频型、基诺型彩票销量分别占彩票销售总量的61.5%、21.8%、5.8%、10.8%、0.1%。

二、2017年全国彩票公益金管理情况

（一）全国彩票公益金收入和分配情况

全国彩票公益金收入1 153.20亿元，比上年增加82.05亿元，增长7.7%。其中，中央集中彩票公益金收入586.46亿元，地方留成彩票公益金收入566.74亿元（不含留归地方使用的弃奖奖金）。中央集中彩票公益金的收入按照60 ：30 ：5 ：5的比例，分配给全国社会保障基金、中央专项彩票公益金、民政部和国家体育总局；地方留成彩票公益金收入由省级财政部门商民政、体育行政等有关部门研究确定分配原则。

（二）中央集中彩票公益金收支情况

全年中央集中彩票公益金可用收入611.97亿元，其中，当年收入566.74亿元，上年结转收入45.23亿元。中央集中彩票公益金安排支出529.40亿元，包括全国社会保障基金318.24亿元、中央专项彩票公益金158.12亿元，民政部26.52亿元和国家体育总局26.52亿元。收支相抵，结余82.57亿元。

（三）中央专项彩票公益金分配使用情况

全年中央专项彩票公益金支出162.37亿元。主要用于教育事业27亿元，残疾人事业19.88亿元，医疗救助18亿元，扶贫18亿元，养老公共服务10亿元，红十字事业4.66亿元，法律援助、农村贫困母亲“两癌”救助、出生缺陷干预救助、禁毒“关爱工程”、留守儿童公益事业等小型公益项目6.15亿元。

三、2017年加强彩票管理工作情况

（一）促进彩票市场稳定健康发展

全年共受理行政审批8项，均已按照时限办结，包括批准印制发行55款即开型彩票游戏，停止销售86款即开型彩票游戏，销毁20款即开型彩票游戏。按照有关规定，江苏手机即开彩票

试点结束后停止销售。深入研究乐透型和视频型彩票持续发展有关问题。

（二）切实规范彩票机构财务资产管理

印发《财政部关于加强和完善彩票发行机构业务费征收管理等有关事项的通知》（财综〔2017〕1号），建立了彩票发行机构业务费监缴制度。完成彩票发行机构的2016年决算审核和决算公开以及2017年预算审核工作。开展彩票发行机构国有资产清查工作，指导彩票发行机构首次开展行政事业单位资产年度报告工作。编制彩票发行机构三年支出规划。加大彩票市场调控资金对地方支持力度。

（三）加强彩票公益金管理

研究提出《财政部关于“十三五”时期中央专项彩票公益金补助地方社会公益事业项目资金分配意见的请示》，报经国务院批准后及时下达资金，支持地方社会公益事业发展。完成政府性基金2018—2020年收支规划和2018年预算报送工作，审核下达2017年中央专项彩票公益金项目资金。组织召开经验交流会指导地方加强彩票公益金使用管理。发布《2017年彩票公益金筹集、分配、使用情况公告》。

（四）强化彩票市场监督

加大对彩票市场乱象的清理整顿力度，会同民政部、体育总局对擅自利用互联网销售彩票问题整改落实情况开展督查；督促中福在线彩票运营管理问题整改落实；配合公安机关查办擅自利用互联网销售彩票案件；与最高人民法院、最高人民检察院、国务院法制办等部门研究互联网销售彩票的法律适用。部署有关专员办对人民来信反映问题开展就地核查。借鉴国际先进经验，研究完善彩票监督工作机制，建立健全多部门查处擅自利用互联网销售彩票的长效机制。

（财政部综合司供稿）

全国福利彩票市场发展概况

一、全国福利彩票市场基本情况

（一）整体情况

2017 年全国福利彩票销量再次刷新历史新高，达到 2 169.77 亿元，同比增加 104.85 亿元，增长 5.1%（见图 1）。筹集公益金约 621.4 亿元，公益金筹集率约为 28.6%。

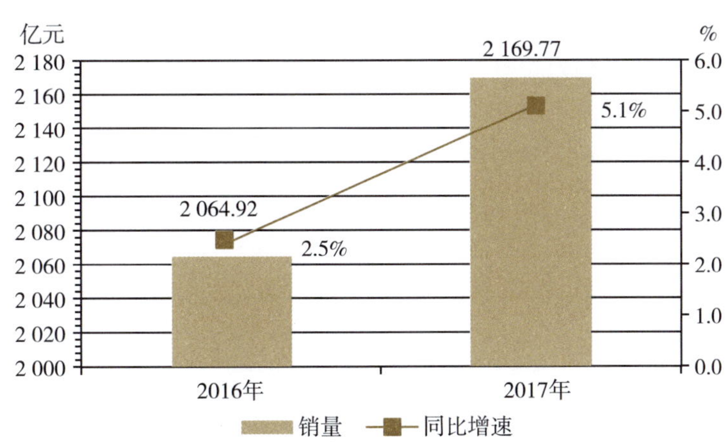

图 1　2017 年福利彩票销售、同比增速与上年比较图

截至 2017 年年末，全国福利彩票历年累计销量达到 17 951 亿元，筹集公益金约 5 360 多亿元，为支持国家社会福利和公益慈善事业发展做出了突出贡献。

（二）分类型情况

2017 年全年销售乐透数字型彩票 1 579.54 亿元，同比增加 111.77 亿元，增长 7.6%（见图 2）。其中，双色球销售 524.16 亿元，同比增加 15.21 亿元，增长 3%；快开游戏销售 875.22 亿元，同比增加 98.35 亿元，增长 12.7%；3D 销售 156.34 亿元，同比增加 1.06 亿元，增长 0.7%。即开型彩票销售 126.34 亿元，同比减少 22.78 亿元，下降 15.3%。视频型彩票销售 462.06 亿元，同比增加 16.71 亿元，增长 3.8%。基诺型彩票销售 1.82 亿元，同比减少 0.84 亿元，下降 31.5%。

2017 年全年，乐透数字型、即开型、视频型、基诺型彩票销售量分别占福利彩票销售总量的 72.8%、5.8%、21.3% 和 0.1%（见图 3）。其中乐透数字型彩票占比同比提高 1.7 个百分点，即开型和视频型彩票占比分别同比下降 1.4 个百分点和 0.3 个百分点。

（三）各省情况

2017 年，全国 25 个省份福利彩票年销量实现增长（见图 4）。广东连续四年实现单省年销

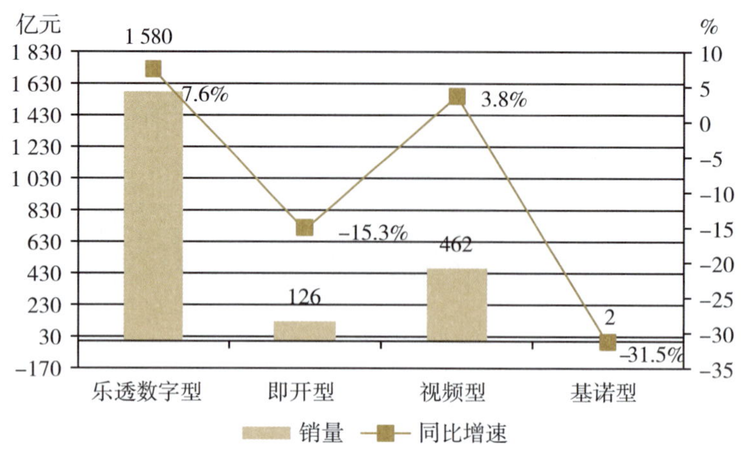

图 2　2017 年全国福利彩票各票种销量及同比增速图

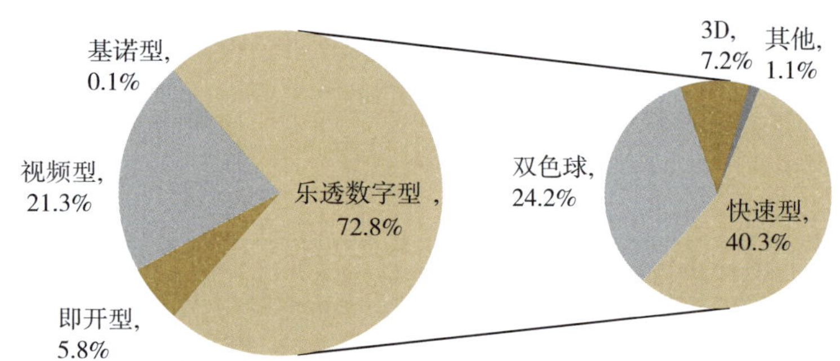

图 3　2017 年福利彩票各票种及主力游戏占总销量比重示意图

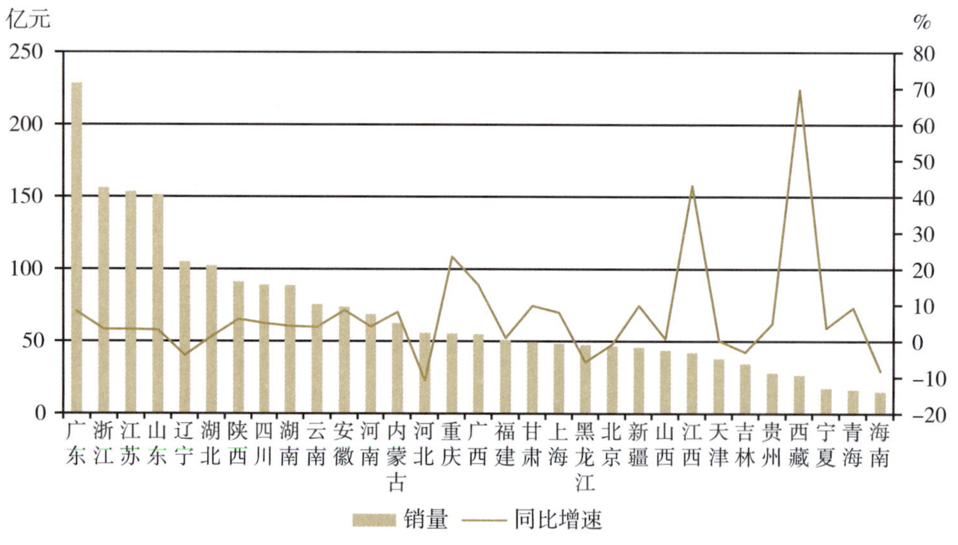

图 4　2017 年各省福利彩票销量及同比增长情况图

量突破 200 亿元，并再次刷新纪录；浙江再次突破 150 亿元，江苏、山东首次超过 150 亿元；辽宁、湖北再次超过 100 亿元；陕西首次突破 90 亿元；四川、湖南实现增长，接近 90 亿元；云南超过 75 亿元；安徽首次突破 70 亿元；河南、内蒙古超过 60 亿元；河北、重庆、广西、福建超过 50 亿元；甘肃、上海、黑龙江、北京、新疆、山西、江西超过 40 亿元；天津、吉林超过 30 亿元；贵州、西藏超过 20 亿元；10 亿 ~ 20 亿元间的省份有宁夏、青海和海南。

同比增速方面，西藏增速达 69.7%，继续为全国增速最高；江西增速超过 40%，重庆增速超过 20%，广西增速超过 10%；新疆、甘肃、青海、安徽、广东、内蒙古、上海、陕西、四川等 9 省增速超过 5%；贵州、湖南、河南、云南、宁夏、浙江、江苏、山东、湖北、福建、山西、天津等 12 省也实现销量增长；北京、吉林、辽宁、黑龙江、海南和河北等 6 省销量有所下降。

二、业务工作情况

（一）狠抓全面从严治党，统领福彩事业发展

福彩系统不断加强思想政治建设，推进全面从严治党，切实转变工作作风，着力营造风清气正的政治生态。

一是强化思想理论武装，深入开展“两学一做”学习教育。福彩系统以党章、党规基本要求为准绳，以习近平新时代中国特色社会主义思想武装头脑，以落实党员教育管理制度为依托，引导全体党员干部坚定理想信念，强化宗旨观念，增强“四个意识”，努力实践学用结合、知行合一，推动党内教育从“关键少数”向广大党员拓展，从集中性教育向经常性教育延伸。二是着力加强组织建设，落实“两个责任”。中福彩中心组建了新的领导班子，调整充实中心党委、纪委力量，部分省份任命了专职书记，配强了纪检监察力量，组织建设进一步完善；各级党组织严肃党内政治生活，制定出台全面从严治党责任清单，压紧压实“两个责任”。三是狠抓党风廉政建设，持之以恒正风肃纪。深刻吸取系统发生的严重违法违纪案件教训，剖析根源，发挥警示教育作用，让全体党员干部知敬畏、存戒惧、守底线；完善制度体系，优化工作流程，加强对外合作、政府采购、站点设置等风险高发领域的监督检查，发挥纪委监督执纪作用，及时处理有关投诉和举报，抓早抓小、防微杜渐。

（二）扎实推进整改，严格规范管理

在民政部党组的坚强领导下，在财政部的大力支持下，在各销售机构的有力配合下，中福彩中心克服一切困难，排除一切干扰，持续推进中福在线视频型彩票整改工作，取得了重要进展。2017 年 10 月 31 日，根据《彩票管理条例》及其实施细则要求，中福彩中心收回了中福在线视频型彩票数据中心，实现了对中福在线视频型彩票数据和开兑奖的管理。目前中福在线视频型彩票系统运行良好，得到了专家和有关部门认可。其他整改工作正在有条不紊向前推进。

各销售机构针对审计和巡视工作发现的问题积极推进整改：对照问题逐项分解，明确整改措施、整改时限、责任部门和责任人，不折不扣落实整改任务；全面梳理风险点，加强对关键岗位、关键领域、关键环节的监督管理；适应新形势新任务研究完善运行管理机制，加快建立规范稳定、相互配套的制度体系。

（三）统筹要素布局，挖掘市场潜力

2017 年以来，福彩系统努力克服游戏老化、渠道成本不断上升、市场营销边际效益下降等困难，采取有力措施促进市场平稳运行，销量稳中有升。

1．新老游戏共同发力。即开票研发申报了 39 款新游戏，积极推进新品种上市销售；举办了第四次全国游戏征集大赛，征集到主题丰富、票面精美、设奖科学的即开型游戏 156 款，增强了发展潜力。双色球游戏、3D 游戏和视频票游戏市场保持稳定，销量有所增长；快开游戏销量实现较快增长，成为拉动全国市场增长的主要力量。

2．优化调整渠道网络。福彩系统利用市场调控资金推进销售场所规范化建设，提高站点持续经营发展能力；天津、西藏、甘肃等地合理布设新销售场所，弥补市场空白；河北、广西、云南等地积极优化站点设置，实现动态平衡。调整优化中福在线销售厅布局，投注终端机使用效益和销售厅管理服务水平不断提高。湖南、重庆、四川等地探索与烟草、商超、移动通信等其他行

业跨界融合的新模式，北京、吉林、山东等地建成了一批具有示范作用的福彩旗舰店和综合体验店，多元化新型销售渠道有效拓展。中福彩中心在新疆、辽宁、安徽等地继续开展即开票销售展示柜项目试点。

3. 创新开展市场营销。即开票开展了全国统一营销活动和营销创意大赛，利用“福彩刮刮乐”手机客户端支持地方营销活动，提升了市场联动效应；举办了以“不忘初心，砥砺前行”为主题的即开票手工艺品大赛，受到高度评价。双色球持续打造营销热点，9亿元大派奖活动效果良好。各销售机构从本地区市场实际出发，把握节假日、重大活动等时间节点，以快开游戏为重点，全年累计开展了230多次游戏派奖或特色营销活动。持续组织了“走近双色球”、“走近刮刮乐”等品牌营销活动，拉进了与购彩者的距离，巩固了品牌影响力，增强了形象亲和力。

（四）夯实基础管理，保障安全运行

1. 加强重点专题研究。福彩系统结合巡视整改要求，对照《彩票管理条例》《彩票管理条例实施细则》等法规规章全面梳理履职情况，共梳理发行机构职责53项，销售机构职责111项。按照履职尽责的要求，针对制约发展的重点、难点问题，中福彩中心抽调系统精干力量成立了中福在线整改、完善职责和内部治理、技术发展等五个专题工作组，开展专项研究和集中攻关，加强与财政部、各省（市）沟通协调，取得了积极进展；河南、湖北、江西等地针对本地区运行管理存在的矛盾和问题，研究推进省以下运行机制改革。

2. 强化制度体系建设。中福彩中心围绕强化市场管理、促进市场发展的任务要求，制定了《即开型福利彩票发行销售管理暂行办法》等制度规定，起草完成《福利彩票信息安全管理规范》《福利彩票重要信息系统突发事件应急处置指南》等行业标准，构建更加完善的市场管理制度和标准体系。各销售机构围绕财务、技术、采购、销售等重要工作，制定或修订了多项规章制度：宁夏制定了管理站绩效考核办法，江苏、吉林等地制定了预决算管理及信息公开管理办法，浙江、江西等地编制了采购管理制度，形成了较为完备的制度体系。

3. 规范财务资产管理。福彩系统结合彩票机构业务费实行预算管理改革，以资金归集、结算、稽核为重点，全过程强化资金和财务安全管理。中福彩中心努力提高预算编报水平，强化预算执行和绩效评价全流程管理，健全事前管控、事中监督、事后考核的管理机制；编制中心本级和销售机构内部控制指南，严格规范对外合作，全面加强国有资产管理。各销售机构主动公开年度预算，开展财经纪律自查，规范对外采购，确保资金财务安全；内蒙古、上海等地将重点项目支出列入绩效评价体系，浙江、陕西、青海等地切实加强内部控制体系建设，规范管理水平进一步提升。

4. 增强技术保障能力。中福彩中心完成全国承载网及同城双活数据中心建设，构建了统一资源管理的云计算平台；基于大数据技术，构建了发行销售监控系统，完成24个销售机构的异地灾备系统建设；建立了全新的联销游戏开奖系统，乐透数字型彩票发行管理信息系统建设工作稳步推进；拓展即开票发行管理系统验奖平台功能，显著提升了系统安全性；通过全天候巡检、值班、维护、检修等日常性、基础性工作，加强技术安全管理，确保数据归集、稽核、开奖等工作顺利开展，全国联销游戏安全开奖639期。中福彩数据中心、北京福彩数据中心先后通过国际Uptime M&O认证，山东创新研发了投注站报障管理和可信计算系统，贵州着力构建大数据综合管理系统，湖南尝试建设中福在线销售厅智能视频安全管理平台，安徽探索为投注站提供电子合同、站点信息分析等综合服务，福彩系统技术安全保障能力进一步增强。

5. 开展队伍综合培训。以增强业务能力

为目标，持续加强各级各类培训，提升机构和销售人员队伍整体能力。立足自身推进福彩系统培训体系建设，首次开展系统内训师培养，组建系统培训师资库，发掘内部人才。借助外部师资力量开展专业化培训，提升员工在彩票业务、管理能力、媒介素养、技术标准等方面的业务水平。组织开展福彩系统第二届创新竞赛，完成了首个由发行机构主导、销售机构实施、部重点实验室参与的创新作品成果转化和模式推广工作，为探索利用“创新孵化”模式积累了经验。加强基层基础培训，湖南部署开展“福彩讲师团”建设，福建搭建了网络在线培训平台，山东建立了省级培训师资库和教材库，上海、浙江、宁夏等地开展了“福彩业务技能大比武”，努力提升市场管理员和基层销售员业务素质，对市场发展起到了固本强基的积极作用。

2017年，福彩系统还组织了福彩满意度、购彩者基本情况、发行销售趋势等专题调研，广泛开展“走进福彩一线”活动；持续开展助学、助老等公益品牌活动，综合运用传统和新媒体开展公益宣传，弘扬公益慈善精神，传播福彩正能量；海南、云南、深圳等10多个销售机构发布了年度社会责任报告，社会责任体系建设得到加强，为重塑福彩新形象奠定了良好的基础。

（中国福利彩票发行管理中心供稿）

全国体育彩票市场发展概况

一、2017 年体育彩票市场基本情况

（一）市场概况

2017 年，体育彩票销售 2 096.92 亿元，比 2016 年的 1 881.49 亿元增加 215.43 亿元，增长 11.4%（见图 1）。

2017 年，乐透型彩票、竞猜型彩票、即开型彩票、视频型彩票销量分别为 1 048.61 亿元、928.52 亿元、119.72 亿元和 0.08 亿元，分别占到体彩销量的 50.0%、44.3%、5.7% 和 0.004%。乐透型彩票同比增长 6.9%，竞猜型彩票同比增长 21.4%，即开型彩票同比下降 11.7%，视频型彩票同比增长 0.2%。

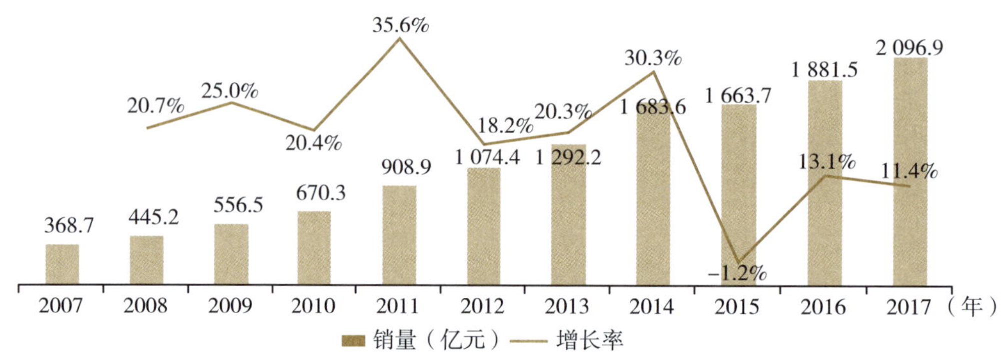

图 1　2007 ~ 2017 年体彩销售情况

乐透型彩票依旧占据主体地位，竞猜型彩票占比进一步提升，即开型彩票占比持续下滑。乐透型彩票销量占比为 50.0%，较上年下降 2.1 个百分点。竞猜型彩票销量占比为 44.3%，较上年增加 3.6 个百分点。即开型彩票的销量占比为 5.7%，较上年下降 1.5 个百分点。

（二）2017 年体育彩票主要特点

1. 市场规模扩大，增速有所放缓。2017 年，体育彩票销量突破 2 000 亿元大关，创出体育彩票发行以来的历史新高。体育彩票较上年增加 215 亿元，增量主要来自竞彩、大乐透、高频。体育彩票 2017 年仍然保持了两位数的增长，但较上年有所减缓。总体看来，体育彩票市场表现较为平稳。

2. 产品基本格局未变，主力游戏市场表现突出。2017 年体彩三大类产品涨跌不一，乐透型、竞猜型彩票均有不同程度的增长，即开型彩票较上年下降。乐透型彩票仍然占据半壁江山，竞猜型彩票占比大幅提升，即开型彩票则继续回落。

主力游戏大乐透、高频、竞彩 2017 年市场表现较好。乐透型彩票除 7 星彩和地方玩法外，其他游戏均有所上涨。大乐透近年来一直保持着较好的上升势头。高频游戏在 2016 年回落后，2017 年再度上涨。

竞猜各游戏全面上涨，竞彩、虚拟竞猜、传统单场、传统足彩2017年度表现亮眼，增幅较大，上升势头强劲。

即开型彩票多数游戏表现不尽人意，中低价位票种下降幅度较大。长线游戏整体销量表现低于2016年，新上游戏表现未达预期。

3．就地区来看，大多数省份表现较好，26个省份的销量较上月有不同程度的增长。销量前十的省份贡献了近80%的增量。部分省份这两年的波动幅度较大，2017年各省份之间的增幅差异较上年有所缩小。

分地区来看，21个省份的市场份额较上年有不同程度的提升。10个省份的市场份额较上年有所下降。11个省份的市场份额超过50%，数量与上年持平。

二、省（区、市）销售情况

（一）销量

销量在100亿元以上的省份有7个（见图2），依次为江苏（201.3亿元）、广东（193.93亿元）、山东（181.98亿元）、浙江（137.03亿元）、河南（133.65亿元）、福建（106.46亿元）、河北（101.02亿元）。

销量在50亿～100亿元的省份有8个，依次为湖北（92.99亿元）、湖南（81.92亿元）、云南（75.98亿元）、陕西（65.82亿元）、北京（60.91亿元）、安徽（60.36亿元）、黑龙江（56.49亿元）、辽宁（50.6亿元）。

销量在50亿元以下的省份有16个，依次为重庆（47.46亿元）、内蒙古（47.43亿元）、四川（47.16亿元）、江西（47.04亿元）、吉林（35.34亿元）、山西（34.92亿元）、贵州（34.76亿元）、天津（33.63亿元）、新疆（33.02亿元）、上海（32.14亿元）、广西（31.99亿元）、甘肃（30.71亿元）、海南（12.07亿元）、宁夏（11.6亿元）、西藏（8.88亿元）、青海（8.16亿元）。

（二）增长率

2017年全国26个省（区、市）的体彩销量实现增长。

销量同比增长在20%以上的省份有8个，依次为山西（49.98%）、江西（49.79%）、湖北（38.90%）、湖南（36.45%）、重庆（35.26%）、福建（32.11%）、青海（27.63%）、西藏（25.19%）。

销量同比增长在10%～20%的省份有10个，依次为陕西（18.78%）、新疆（17.38%）、甘肃（17.15%）、安徽（15.86%）、宁夏（14.76%）、广西（13.87%）、江苏（12.63%）、天津（11.45%）、河南（11.42%）、浙江（10.19%）。

销量同比增长在0～10%的省份有8个，依次为贵州（7.68%）、山东（5.58%）、上海（5.27%）、内蒙古（5.21%）、黑龙江（4.93%）、广东（4.81%）、

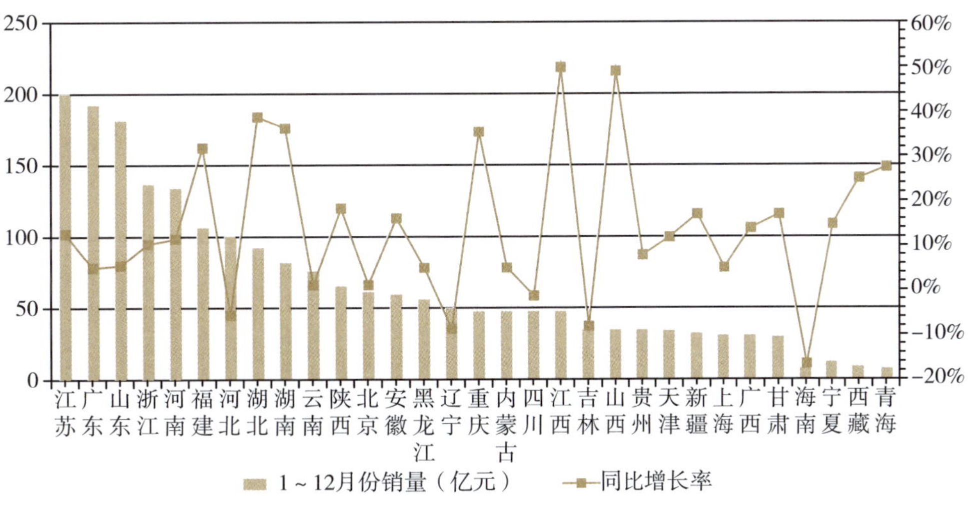

图2　2017年各省（区、市）体彩销量与增长情况

云南（1.30%）、北京（0.90%）。

销量同比下降的省份有5个，依次为四川（–0.94%）、河北（–5.73%）、吉林（–7.65%）、辽宁（–8.42%）、海南（–16.56%）。

三、产品销售情况

（一）乐透型彩票

2017年，全国共销售乐透型体育彩票1 048.6亿元，同比增长6.9%，销量增加67.8亿元，乐透型彩票市场份额为39.9%。

2017年乐透型彩票市场特征如下：

1. 市场规模稳步扩大，市场份额略有下降。2017年全国共销售乐透型体育彩票1 048.6亿元，同比增长6.9%。乐透型福利彩票销售1 581.3亿元，同比增长7.5%。2017年体彩乐透市场份额为39.9%，较2016年降低0.1个百分点。

2. 主力游戏平稳增长，各游戏贡献率相对稳定。2017年，大乐透（9.1%）、高频（6.5%）两款主力游戏平稳增长，排列5（8.9%）、排列3（6.8%）增幅同样高于5%，体彩地方游戏（–2.3%）和7星彩（–7.1%）下降（见图3）。

3. 多个省份销量实现提升，中小省份变化较大。2017年，26个省份体彩乐透销量正增长，其中，17省份销量增幅高于全国平均水平（6.9%）。销量前10省份均正增长，浙江（9.9%）、河南（8.0%）增幅高于全国水平。其余省份中，湖北（43.5%）、江西（36.3%）、西藏（35.2%）、广西（31.7%）、新疆（25.6%）、湖南（24.5%）、重庆（24.4%）增幅超过20%，有5个省份销量下降。

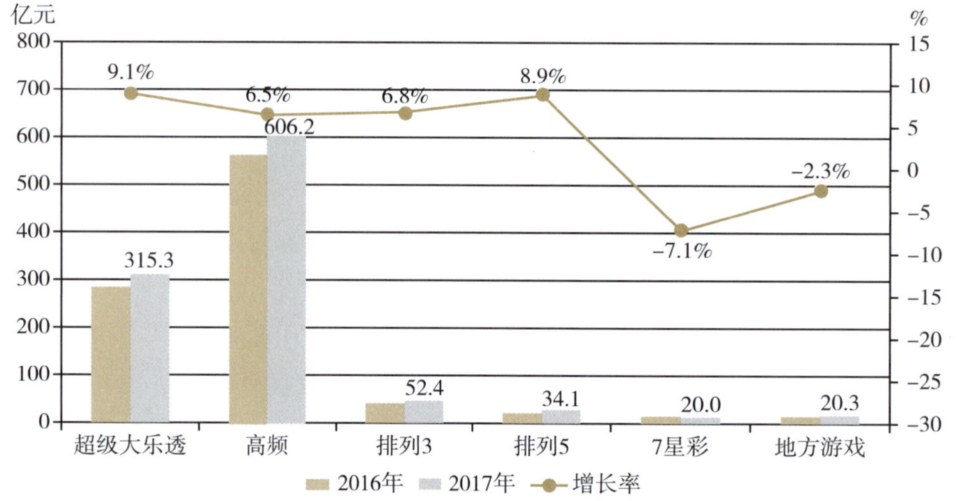

图3 2017年体彩乐透各游戏销量及增长率

（二）竞猜型彩票

2017年，全国发行销售竞猜型彩票927.7亿元，同比增加160.5亿元，增长20.9%。其中，竞彩802.3亿元（见图4），同比增加接近130.0亿元，增长19.3%；传统足彩82.4亿元，同比增加16.4亿元，增长24.8%；传统单场23.8亿

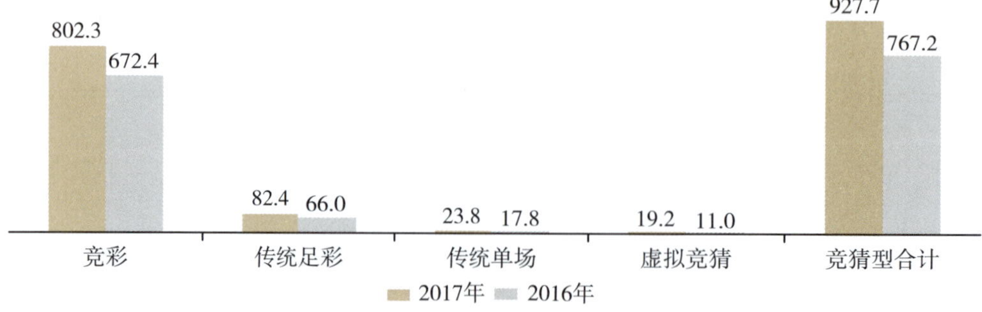

图4 2017年竞猜型彩票销售情况及同比图（亿元）

元，同比增加6.0亿元，增长33.7%；虚拟竞猜19.2亿元，同比增加8.2亿元，增长74.5%。四类玩法占竞猜型彩票销量的比重分别为86.4%、8.9%、2.6%、2.1%。

2017年竞猜型彩票市场特征如下：

1. 整体保持稳定增长，销量和占比均实现新突破。从近6年的整体趋势上看，除2015年外，竞猜型彩票销量始终保持稳定增长，2017年超过900亿元，是2012年的3.5倍，年均增长率28%。

竞猜型彩票在体育彩票中的占比始终保持稳定上涨，平均两年会有一次明显提高，2014年突破30%，2016年突破40%，2017年占比达到44.3%。

2. 四个游戏均实现较高增长，竞彩主体地位进一步巩固。2017年，竞彩、传统足彩、传统单场和虚拟足球四个游戏均实现两位数增长。

竞彩继续发挥主体产品作用，紧抓上半年"竞彩普及日"和下半年"超级竞彩季"两个关键时期，持续推进"赛事出门"工作。传统足彩在新赛季开展了3.12亿元派奖活动，全年销量超过82亿元，近3年首次实现同比增长，同时创造了自2001年上市以来的第二高年销量，仅比2014年低2亿元。

2017年，为了进一步稳定市场发展，全年坚持开售一定数量的足球单固场次，并通过政策手段和风控手段降低运营风险，使单固玩法能够为竞彩推广发挥积极作用。

3. 22个省（市、区）销量增长，其中有14个省（市、区）增幅高于20%。从销量增长情况看，有22个省（市、区）实现正增长，其中14个省（市、区）增幅高于20%，依次为福建（121.8%）、山西（113.5%）、江西（65%）、青海（62.4%）、江苏（44.6%）、甘肃（43.3%）、内蒙古（42.7%）、湖南（42.2%）、陕西（37.3%）、重庆（36.9%）、黑龙江（36.7%）、湖北（36.6%）、安徽（21.3%）、宁夏（20.6%）。

从销量情况看，排名靠前的10个省（市）为广东（95.3亿元）、江苏（83.2亿元）、山东（76.7亿元）、湖南（64.4亿元）、湖北（54.9亿元）、河南（54.8亿元）、浙江（54.2亿元）、福建（45亿元）、陕西（42.7亿元）、重庆（38.4亿元）。

（三）即开型彩票

2017年即开票销售113.5亿元，同比减少11.0亿元，降幅8.9%，与上一年度基本持平。

即开票市场份额稳中有升。2017年体彩即开票累计市场份额为47.3%，较2016年底上升1.8个百分点，近几年即开票市场份额稳中有升。

即开票市场主要呈现以下特征：

1. 销量下降速度趋缓。在电彩渠道夯实基础的同时，行业渠道规模实现一定增长，重点优质渠道拓展取得成效，渠道类型进一步多样化，品牌知名度得到提升。但是，由于电彩网点客户进店次数减少，即开票产品缺乏突破性创新，客户新鲜感下降，对即开票购买投入持续减少；同时由于行业渠道规模增长不足，未能带动市场发展，导致即开票销量仍呈现下降趋势。

2. 省（区、市）市场分化加剧。2017年销量排名前5名的省（区、市）分别是广东（13.8亿元）、山东（11.3亿元）、江苏（8.6亿元）、河南（8.2亿元）、云南（7.7亿元），销量总和49.6亿元，销量贡献率43.7%。销量排名前10名的省（区、市）销量总和76.9亿元，累计销量贡献率67.8%。销量排名最后10名累计销量8.6亿元，累计销量贡献率7.6%。2017年，浙江、福建、辽宁、北京、新疆、甘肃、湖北、西藏、天津、江西、重庆、青海在全国的排名同比有所上升，其中江西、北京、重庆的排名上升较多，分别上升了4个名次、3个名次、3个名次。

2017年全国多数省（区、市）市场呈现下滑趋势，但是仍有7个省（区、市）重视即开票工作，发挥即开票基础彩种的作用，通过加大资源投入和狠抓基础工作，实现销量增长。其中，河南省依托销售代表队，投入资源，狠抓基础工作和户外销售，销量保持增长。

3．新产品和长线产品销量均有下降，产品管理仍需加强市场细分。2017年共上市新产品28款，其中全国产品16款，地方产品6款，行业渠道产品6款。通过产品调拨消化率对新产品的上市节奏进行控制，在一定程度上减少了库存积压。

4．品牌影响力有所提升。2017年品牌工作主要围绕两级管理体制，在“三个一致”的基础上，提升了区域推广的灵活性，优化了传播沟通效果管理。通过深化顶呱刮品牌形象的传播，向大众传递出了顶呱刮“相信自己，乐享生活”的生活态度，从而形成与竞品消费群体的区隔；同时，通过营销、品牌推广活动达到提升顶呱刮品牌渗透率的目标。

2017年借助体育赛事和全民健身活动开展中国体育彩票品牌推广活动，宣传品牌公益形象，扩大购彩新群体。一是2017年全运会期间，中国体育彩票首次入驻全运村，开展品牌展示和现场售卖活动。二是借助重阳登高健身大会平台开展了体育彩票品牌推广活动。活动当天，全国共22个省（区、市）参与，产生了较好的联动效果。中央电视台《晚间新闻》《新闻直播间》等多档栏目对活动进行了报道，爱奇艺、优酷、搜狐、腾讯等多家知名网络平台对活动进行专题宣传。

四、2017年体育彩票主要工作情况

乐透型彩票方面，各级体彩机构以超级大乐透上市10周年为契机，统一主题、统一步调，有效开展了一系列品牌宣传和营销活动，超级大乐透的品牌认知度明显提升，购彩群体有所扩大。持续推进高频游戏市场精耕，25个省实现了组合购买方式上线，店内展示电子化程度不断提升。依托店内展示优化和派奖促销方式转型，探索扩大客户群体的方式、方法。同时，加快推进二代票试点推广，不断改善购彩体验。

竞猜型彩票方面，稳步推进“竞彩普及日”和“超级竞彩季”活动，实行稳健的风控策略，开展竞彩网点激活行动，扎实做好基础工作。加强游戏产品储备研究，不断丰富投注方式，完成“自由过关”上线。顺利实施竞彩自主风控系统切换，实现了竞猜彩票系统全部本地化。

纸质即开型彩票方面，紧扣即开型彩票易上手、趣味性强、易被公众接受的特点，设计开发了多款以吸引年轻消费者和助力渠道拓展为主的游戏产品。注重发挥即开型彩票在拓展新渠道和开发新群体方面的导入作用，走出电彩网点，优化运营模式，有效助力新型渠道拓展。充分发挥即开型彩票宣传载体的作用，开展多样化的地推活动，拓展购彩新人群。

渠道建设扎实推进。总局中心成立了渠道协调小组，统筹协调实体店建设工作。围绕实体网点形象的提档升级，研究制定了网点形象基础要素建设规范；以登记备案与征召宣传为重点，持续优化渠道拓展政策与流程，提高了网点申请的规范性和透明度；努力推进新渠道拓展，探索形成了较为系统、可供推广的新渠道销售解决方案；修订代销合同范本，增加了法人代销的相关条款。

品牌建设和营销宣传不断深化。明确了以公益、公信为核心的品牌建设任务，组建了品牌营销协调小组，促进购彩行为与公益贡献、体彩公益元素与各类产品营销的紧密融合。加大公益公信宣传投入，开展了首个“公益宣传月”。积极探索公益金资助项目的宣传方法，草拟了相关配套制度。围绕开奖、计奖等公众关注的环节，不断完善信息发布机制；妥善处理突发事件及热点问题，有效化解了舆情风险。

责任彩票管理迈出实质性步伐。总局中心成立了责任彩票协调小组，研究明确了责任彩票工作总体思路，建立了责任彩票内容体系，形成了2018~2020年责任彩票工作规划。开展责任彩票知识培训，树立责任彩票意识，宣贯责任彩票管理理念，有力促进了全国体彩系统对责任彩票工作的认知转变。完成了首份《中国体育彩票年度

社会责任报告》的编制。

市场研究和管理创新不断加强。总局中心开展了覆盖全国、全员参与的调研活动，对各地彩票市场发展现状进行了评估分析，“原汁原味”地汇总了各级体彩从业人员和购彩者的意见和建议，为各项决策和工作部署提供了依据。加强管理创新，建立了责任彩票、品牌宣传与营销、渠道、技术、人力等协调机制，创新研发项目管理方式，统筹资源，协同工作部署，实现了从产品条块部署工作到全产品、全渠道、全价值链部署工作的初步尝试，提升了管理效益。积极开展业务合规性梳理和制度建设，在产品管理、开奖兑奖、技术管理和安全运营等方面制定或修订了一批规章制度。

技术支撑能力持续提升。研究构建“以客户为中心”的技术服务体系，明确了落实技术创新的实施计划，发布了《技术架构蓝图规划》。推动实体店服务优化提升，完成体彩 APP 的开发测试，试点开通了第三方支付方式。组织开展了新型安卓终端机的选型测试和系统研发。数据管理制度框架初步形成，按计划推进数据集成平台建设并开始提供服务。国家主数据中心扩容工作取得较大进展，第二数据中心基础设施建设基本完工。

队伍建设和培训工作稳步开展。注重发挥线上培训平台作用，提高各级机构从业人员的业务水平和能力。开办 3 期省级中心主任培训班，对地方中心的领导班子全体成员和部分地方中心主任进行研修式轮训。各级机构共开展培训数万场次，154 万人次接受了培训。全国体彩队伍的凝聚力不断提升，战斗力不断增强。

（国家体育总局体育彩票管理中心供稿）

二、2017年彩票大事记

2017 年

1 月

1 日，中福彩中心将 3D 游戏开奖成功纳入中国教育电视台《福彩开奖》节目，福彩历史上首次实现双色球、七乐彩、3D 三大游戏统一电视直播开奖。

1 日，“中国体育彩票”全国新年登高活动在北京八达岭、浙江江山设立双主会场，在东北、华北、华东、华南、华中、西南、西北设立 7 个区域主会场，吸引了全国各地的近百万群众参与。

6 日，民政部颁布《中国福利彩票即开型彩票》行业标准。该标准是第一个即开型彩票印制标准，也是一部行业标准高于企业标准的高水平印制标准，促进了即开型彩票印制质量水平迈向更高层次。

10 日，2017 年全国体育彩票工作会议在北京召开。

13 日，中福彩中心修订《中国福利彩票即开票发行销售异常情况处理办法》。

18 日，财政部印发《关于停止销售“黑珍珠”等 53 款即开型体育彩票游戏的通知》。

2 月

28 日至 3 月 1 日，国家体育总局体育彩票管理中心（以下简称“体彩中心”）在广州市组织召开 2017 年全国竞猜型彩票业务培训会。

3 月

6 日至 10 日，2017 年全国即开型体育彩票工作培训会在广西南宁召开。

14 日，即开票统一验奖平台正式运行，首次实现了即开型福利彩票全国统一验奖功能。

21 日至 23 日，2017 年竞猜型彩票培训人员业务研讨班在北京举行。

23 日，福利彩票走近双色球活动启动，全年共开展 144 期，接待 5765 人次。

28 日下午，主题为“精准扶贫，稳健发展”的“中国扶贫基金会 2016 年度捐赠人大会”在北京举行。

4 月

1 日，财政部印发《关于停止销售“年年有余”等 33 款即开型福利彩票的通知》。

6 日至 7 日，体彩中心召开技术研讨会，正式发布总体架构蓝图和“十三五”技术战略规划实施路径。

17 日至 6 月 3 日，为庆祝体彩大乐透上市十周年，体彩大乐透开展总额为 5 亿元的派奖活动，分别用于一等奖和固定奖（四 / 五 / 六等奖）派奖。

24 日至 27 日，亚太彩票协会与世界彩票协会研讨会在四川省成都市举行。

5月

5日，首届体育总局体彩系统职工运动会在北京奥林匹克体育中心举行。

10日，财政部印发《关于停止中国体育彩票江苏省手机即开型游戏发行销售试点工作有关问题的通知》。

18日，财政部印发《关于同意印制发行“八喜”等17款即开型体育彩票游戏的通知》。

24日，2017年上半年华北、东北八省区市（北京、天津、河北、山西、内蒙古、辽宁、吉林、黑龙江）体育彩票业务交流会在哈尔滨举行。

28日，超级大乐透正式发行10周年。

6月

15日，竞彩“自由过关”玩法在全国上市。

19日，中福彩中心印发《关于印发〈中国福利彩票发行管理中心库存彩票管理办法〉的通知》。

28日至30日，全国体彩品牌建设及媒介素养培训在山西太原举行。

7月

5日，“手拉手、心连心 共建顶呱刮爱心书库活动”在山东日照市实验小学举行。

11日至12日，体彩中心在京召开2017年上半年全国体彩市场形势分析会。

12日，超级大乐透上市十周年回顾与展望活动在北京举行。

12日至13日，2017年乐透型体育彩票全国工作培训会在北京召开。

24日至8月18日，体彩中心分别在广西南宁、黑龙江黑河、湖北襄阳和陕西西安分四批组织了2017年度全国竞猜型彩票业务培训。

8月

1日，财政部印发《财政部关于同意印制发行“擂台赛”等15款即开型福利彩票游戏的通知》。

1日，财政部印发《关于同意印制发行“擂台赛”等15款即开型福利彩票游戏的通知》。

11日，体彩中心下发《2017年传统足彩派奖营销实施方案》，对各省区市活动的营销宣传、网点工作、培训工作、监督检查工作做了详细部署。

25日下午，江西省体彩开展第一届江西省体彩员工运动会暨技能大赛。

29日，经财政部、民政部批准，由中国福利彩票发行管理中心全资出资，中福彩科技发展（北京）有限公司正式成立。

9月

4日下午，2017年体彩中心焦裕禄精神专题培训班开班仪式在焦裕禄干部学院举行。

4日至9日，体彩中心在国家体育总局秦皇岛训练基地举办了第一期全国省（区、市）体彩中心主任培训班，28个省（区、市）体彩中心的主要负责人参加了培训。

5日，中国体育彩票“公益体彩 津彩全运”主题活动在第13届全国运动会运动员村举行。

7日，财政部印发《财政部关于同意印制发行“临川四梦”即开型福利彩票游戏的通知》。

9日至28日，中福彩中心针对10元面值即开票游戏“十全十美”开展全国统一营销活动。活动首次将AR技术融入营销推广，购彩者可将自己的AR创意分享到多个社交平台。

11日至12月17日，中国足球彩票推出“超级足彩季 传足三亿大派奖”活动。

23日至25日，体彩中心参加在内蒙古包头举行的2017中国体育文化博览会、中国体育旅游博览会。

30日，“遇见 就有可能”体彩大乐透上市十周年系列活动之“乐透对对碰、百万好礼送”线上互动活动完美收官。

月底，首款为环广西公路自行车世界巡回赛主题的顶呱刮即开票“景彩骑妙”在广西全区发售。

10 月

12 日至 14 日，体彩中心首批“体彩公益小分队”先后赴山西省繁峙县、代县开展了为期三天的扶贫捐赠慰问活动。

19 日，财政部印发《财政部关于同意销毁“圣诞快乐”等 20 款即开型福利彩票的通知》。

28 日，全国重阳登高健身大会在全国 20 多个会场同时举行，近十万群众参加。

30 日，江苏体彩启动第三季“体彩爱行走”。

31 日，财政部印发《关于审批“步步登高”等 4 款即开型体育彩票游戏意见的通知》。

11 月

2 日，福利彩票双色球游戏 9 亿元派奖活动启动，连续开展 20 期。

4 日，第四届安徽省体育彩票运动会“超级大乐透杯”广场健身赛在安徽合肥市开幕。

6 日至 11 日，体彩中心在北京举办第二期全国省（区、市）体彩中心主任培训班，35 名省（区、市）体彩中心领导班子成员参加了培训。

17 日，中福彩中心举办第一届即开型福利彩票营销创意征集大赛。

17 日，“中国体育彩票·新长城助学基金”2017 年度关爱西藏特困大学生捐赠仪式在西藏大学新校区举行。

21 日，陕西、甘肃、青海、宁夏、新疆、山西、内蒙古七省区体彩中心主任联席会议在西安召开。

21 日至 24 日，体彩中心党委在射运中心组织举办了 2017 年党支部委员培训班，

27 日至 12 月 2 日，体彩中心在北京举办第三期全国省（区、市）体彩中心主任培训班，46 名省（区、市）体彩中心领导班子成员参加了培训。

12 月

7 日至 8 日，中福彩中心在河南省郑州市召开全国即开型福利彩票工作会议。

18 日至 22 日，体彩中心在福建省福州市组织举办全国体彩品牌营销和渠道工作培训会。

21 日，财政部印发《财政部关于“赢在 2018”等 22 款即开型福利彩票游戏的审批意见》。

26 日，体彩中心召开全国体彩责任彩票意识视频培训会。

三、彩票制度、政策和文献

（一）国家彩票监督管理制度、政策和文献

中华人民共和国财政部公告

（2017 年 1 月 3 日　2017 年第 1 号）

根据《彩票管理条例实施细则》（财政部 民政部 国家体育总局令第 67 号）和《国务院办公厅关于 2017 年部分节假日安排的通知》（国办发明电〔2016〕17 号）的有关规定，现将 2017 年彩票市场春节休市有关事项公告如下：

一、休市时间为 2017 年 1 月 27 日 0：00 至 2 月 2 日 24：00。

二、休市期间，除即开型彩票外，停止全国其他各类彩票游戏的销售、开奖和兑奖。具体彩票游戏的开奖、兑奖等时间调整安排，由彩票发行机构、彩票销售机构提前向社会公告。

三、休市期间，即开型彩票的销售活动由彩票销售机构根据彩票发行机构的要求和本地实际情况决定，要制定全面细致的销售工作方案，切实加强安全管理。同时，彩票销售机构要充分尊重彩票代销者的意愿，不得强行要求销售。

四、彩票发行机构、彩票销售机构要妥善保管休市前形成的销售数据，确保数据安全；充分利用休市间隙对彩票销售系统及设备进行调整和维护，为休市结束后的彩票销售活动做好准备。

特此公告。

中华人民共和国财政部公告

（2017 年 8 月 30 日　2017 年第 114 号）

2016 年，在党中央、国务院领导下，各级财政部门与民政、体育等部门密切配合，开拓进取，推动我国彩票事业持续健康发展，彩票公益金筹集分配使用工作进展顺利。现将 2016 年彩票公益金筹集分配情况和中央集中彩票公益金安排使用情况公告如下：

一、2016 年全国彩票公益金筹集情况

2016 年，全国发行销售彩票 39 464 128 万元。分机构看，福利彩票机构发行销售彩票 20 649 164 万元，体育彩票机构发行销售彩票 18 814 964 万元。分类型看，发行销售乐透数字型彩票 24 486 440 万元，竞猜型彩票 7 649 012 万元，视频型彩票 4 454 350 万元，即开型彩票 2 847 706 万元，基诺型彩票 26 620 万元，占彩票销售总量的比重分别为 62.05%、19.38%、11.29%、7.22% 和 0.06%（详见附件 1）。

根据现行彩票管理规定，彩票公益金来源于彩票发行销售收入和逾期未兑奖的奖金。彩票发行销售收入中，根据不同彩票品种，彩票公益金提取比例有所不同，主要有以下 5 种类型：一是以双色球、超级大乐透等为主的全国性乐透数字型彩票，彩票公益金提取比例约为 36%，彩票奖金和彩票发行费提取比例约为 51% 和 13%；以快速开奖等为主的地方性乐透数字型彩票，大部分彩票游戏的彩票公益金提取比例为 28%，彩票奖金和彩票发行费提取比例为 59% 和 13%。2016 年乐透数字型彩票筹集彩票公益金 7 690 505 万元。二是以竞彩为主的竞猜型彩票，大部分彩票游戏的彩票公益金提取比例为 18%，彩票奖金和彩票发行费提取比例为 73% 和 9%，2016 年竞猜型彩票筹集彩票公益金 1 412 574 万元。三是以中福在线为主的视频型彩票，彩票公益金提取比例为 22%，彩票奖金和彩票发行费提取比例为 65% 和 13%，2016 年视频型彩票筹集彩票公益金 979 949 万元。四是即开型彩票，大部分彩票游戏的彩票公益金提取比例为 20%，彩票奖金和彩票发行费提取比例为 65% 和 15%，2016 年即开型彩票筹集彩票公益金 572 573 万元。五是以快乐 8、开乐彩等为主的基诺型彩票，彩票公益金提取比例为 37%，彩票奖金和彩票发行费提取比例为 50% 和 13%，2016 年基诺型彩票筹集彩票公益金 9 849 万元。2016 年逾期未兑奖奖金 189 650 万元。综上，2016 年共筹集彩票公益金 10 855 100 万元（详见附件 2）。

二、2016 年全国彩票公益金分配情况

根据国务院批准的彩票公益金分配政策，彩票公益金在中央和地方之间按 50 ∶ 50 的比例分配，专项用于社会福利、体育等社会公益事业，纳入政府性基金预算管理，专款专用，结余结转下年继续使用。地方留成彩票公益金，由省级财政部门商民政、体育等有关部门研究确定分配原则。中央集中彩票公益金在全国社会保障基金、中央专项彩票公益金、民政部和体育总局之间分别按 60%、30%、5% 和 5% 的比例分配。

2016 年中央财政当年收缴入库彩票公益金 5 286 719 万元，加上 2015 年度结转收入

–101 869万元，共计5 184 850万元。经全国人大审议批准，2016年中央财政安排彩票公益金支出4 733 590万元。考虑收回结余资金因素，收支相抵，期末余额452 212万元。按上述中央集中彩票公益金分配比例政策，2016年分配给全国社会保障基金理事会3 156 000万元，用于补充全国社会保障基金；分配给民政部263 000万元，按照"扶老、助残、救孤、济困、赈灾"的宗旨，安排用于资助为老年人、残疾人、孤儿、有特殊困难等人群服务的社会福利设施建设等项目（详见附件3）；分配给国家体育总局263 000万元，支持群众体育和竞技体育发展项目（详见附件4）；其余的1 051 590万元列入中央专项彩票公益金，用于国务院批准的社会公益事业项目，经彩票公益金的使用单位向财政部提出申请，由财政部提出审核意见并报国务院批准后组织实施。

三、2016年中央专项彩票公益金安排使用情况

2016年，中央专项彩票公益金1 051 590万元的具体支出安排如下：

（一）未成年人校外教育92 000万元。该项目由教育部组织实施，主要用于支持校外活动保障和能力提升（详见附件5）。

（二）乡村学校少年宫建设67 990万元。该项目由中央文明办组织实施，主要用于新立项乡村学校少年宫项目的修缮装备补助以及"十二五"时期已立项乡村学校少年宫项目的运转补助（详见附件6）。

（三）教育助学和大学生创新创业项目105 000万元。这两个项目由教育部委托中国教育发展基金会实施，主要用于奖励普通高中品学兼优的家庭困难学生，资助家庭经济特别困难的教师，救助遭遇突发灾害的学校；以及资助创新创业教育成效显著的高等院校，推动创新创业教育改革发展（详见附件7）。

（四）医疗救助180 000万元。该项目由民政部组织实施，主要用于资助困难群众参保（合），并对其难以负担的基本医疗自付费用给予补助（详见附件8）。

（五）养老公共服务100 000万元。该项目由民政部组织实施，主要用于支持地方开展居家和社区养老服务改革试点（详见附件9）。

（六）扶贫事业150 000万元。该项目由国务院扶贫开发领导小组办公室组织实施，主要用于支持贫困革命老区贫困村村内小型生产性公益设施建设，改善革命老区县贫困村和贫困群众的生产条件（详见附件10）。

（七）文化公益事业65 000万元。该项目由文化部组织实施，主要用于支持国家艺术基金资助艺术创作生产、传播交流推广和人才培养等，以及补助城市社区文化中心（文化活动室）设备购置（详见附件11）。

（八）残疾人事业194 400万元。该项目由中国残疾人联合会组织实施，主要用于残疾人体育，盲人读物出版、盲人公共文化服务，以及残疾儿童康复救助、贫困智力精神和重度残疾人残疾评定补贴、助学、贫困重度残疾人家庭无障碍改造、残疾人康复和托养机构设备补贴、残疾人文化等方面支出（详见附件12）。

（九）红十字事业41 700万元。该项目由中国红十字会总会组织实施，主要用于贫困大病儿童救助、中国造血干细胞捐献者资料库、红十字会人道救助救援、红十字生命健康安全教育、失能老人养老服务、人体器官捐献等项目。

（十）法律援助11 000万元。该项目由司法部委托中国法律援助基金会组织实施，主要用于农民工、残疾人、老年人、妇女家庭权益保障和未成年人法律援助项目（详见附件13）。

（十一）农村贫困母亲"两癌"救助30 000万元。该项目由全国妇联委托中国妇女发展基金会组织实施，主要用于救助患有乳腺癌和宫颈癌的农村贫困妇女（详见附件14）。

（十二）留守儿童快乐家园1 500万元。该项目由全国妇联委托中国儿童少年基金会组织实施，主要用于为农村留守儿童校外活动场所配置设施并开展关爱服务（详见附件15）。

（十三）出生缺陷干预救助10 000万元。该项目由国家卫生计生委委托中国出生缺陷干预救助基金会组织实施，主要用于出生缺陷救助、出生缺陷防治宣传和健康教育（详见附件16）。

（十四）禁毒关爱工程3 000万元。该项目由公安部委托中国禁毒基金会组织实施，主要用于禁毒宣传教育工作。

特此公告。

附件：1. 2016年全国彩票销售情况表

2. 2016年全国彩票公益金筹集情况表

3. 2016年中央集中彩票公益金由民政部安排使用资金表

4. 2016年中央集中彩票公益金由国家体育总局安排使用资金表

5. 2016年中央专项彩票公益金支持未成年人校外教育资金分配表

6. 2016年中央专项彩票公益金支持乡村学校少年宫资金分配表

7. 2016年中央专项彩票公益金支持教育助学和大学生创新创业资金分配表

8. 2016年中央专项彩票公益金支持医疗救助项目资金分配表

9. 2016年中央专项彩票公益金支持养老公共服务项目资金分配表

10. 2016年中央专项彩票公益金支持扶贫项目资金分配表

11. 2016年中央专项彩票公益金支持文化事业项目资金分配表

12. 2016年中央专项彩票公益金支持残疾人事业项目资金分配表

13. 2016年中央专项彩票公益金支持法律援助项目资金分配表

14. 2016年中央专项彩票公益金支持农村贫困母亲“两癌”救助项目资金分配表

15. 2016年中央专项彩票公益金支持留守儿童快乐家园项目资金分配表

16. 2016年中央专项彩票公益金支持出生缺陷干预救助项目资金分配表

附件 1：

2016 年全国彩票销售情况表

单位：万元

地　区	全国销售量	分机构		分类型				
		福利彩票	体育彩票	乐透数字型	竞猜型	视频型	即开型	基诺型
北　京	1 074 595	470 842	603 753	732 630	225 750	0	91 745	24 470
天　津	682 635	380 822	301 813	392 630	186 910	69 136	33 959	0
河　北	1 698 239	626 592	1 071 647	1 068 099	379 042	130 698	120 057	343
山　西	669 293	436 421	232 872	471 568	103 819	62 487	31 407	12
内蒙古	1 030 633	579 730	450 903	779 428	74 779	83 536	92 890	0
辽　宁	1 647 961	1 095 418	552 543	1 067 499	254 034	219 160	107 186	82
吉　林	739 605	356 846	382 759	546 134	61 991	64 429	67 035	16
黑龙江	1 043 582	505 208	538 374	860 401	81 348	24 030	77 803	0
上　海	755 117	449 769	305 348	479 137	141 170	83 352	51 456	2
江　苏	3 274 920	1 487 626	1 787 294	2 083 904	573 780	353 399	263 837	0
浙　江	2 756 723	1 513 055	1 243 668	1 665 676	475 440	449 481	166 126	0
安　徽	1 202 620	681 577	521 043	611 829	279 631	266 395	44 765	0
福　建	1 307 489	501 645	805 844	876 173	202 410	125 279	103 627	0
江　西	610 496	296 444	314 052	318 060	155 502	98 979	37 955	0
山　东	3 192 410	1 468 684	1 723 726	1 863 432	687 875	399 504	241 499	100
河　南	1 861 464	661 937	1 199 527	1 066 273	464 549	186 090	144 552	0
湖　北	1 683 395	1 013 842	669 553	919 871	400 857	285 755	76 912	0
湖　南	1 454 473	854 052	600 421	621 941	451 842	295 245	85 445	0
广　东	3 963 269	2 112 968	1 850 301	2 332 246	914 646	330 545	384 353	1 479
广　西	757 707	476 749	280 958	385 132	209 545	120 171	42 859	0
海　南	311 901	167 184	144 717	196 986	62 475	42 671	9 769	0
重　庆	800 329	449 408	350 921	377 385	278 639	100 976	43 329	0
四　川	1 325 650	849 549	476 101	855 390	166 476	175 425	128 359	0
贵　州	591 941	269 068	322 873	441 030	78 112	41 279	31 520	0
云　南	1 478 981	728 835	750 146	957 921	243 507	174 418	103 135	0
西　藏	228 933	157 978	70 955	199 435	2 659	0	26 839	0
陕　西	1 416 528	862 320	554 208	905 532	310 083	122 356	78 557	0
甘　肃	712 480	450 304	262 176	518 341	56 109	94 163	43 751	116
青　海	217 533	153 536	63 997	167 582	17 180	19 221	13 550	0
宁　夏	272 325	171 165	101 160	199 257	17 198	36 170	19 700	0
新　疆	700 901	419 590	281 311	525 518	91 654	0	83 729	0
合　计	**39 464 128**	**20 649 164**	**18 814 964**	**24 486 440**	**7 649 012**	**4 454 350**	**2 847 706**	**26 620**

附件 2：

2016 年全国彩票公益金筹集情况表

单位：万元

地 区	彩票公益金	彩票品种					弃奖奖金
		乐透数字型	竞猜型	视频型	即开型	基诺型	
北 京	312 470	233 642	46 385	0	18 349	9 054	5 040
天 津	179 003	120 720	34 233	15 210	6 792	0	2 048
河 北	460 153	330 736	70 022	28 753	24 012	127	6 503
山 西	187 319	144 221	18 924	13 747	6 281	4	4 142
内 蒙	292 015	236 560	13 765	18 378	18 578	0	4 734
辽 宁	452 638	329 603	46 809	48 215	21 438	30	6 543
吉 林	209 310	167 382	11 423	14 174	13 407	6	2 918
黑龙江	302 428	262 110	14 987	5 287	15 561	0	4 483
上 海	222 246	162 360	26 645	18 338	10 292	1	4 610
江 苏	901 210	647 884	106 759	77 748	55 795	0	13 024
浙 江	758 982	527 575	87 422	98 886	33 226	0	11 873
安 徽	321 471	197 650	50 812	58 607	8 953	0	5 449
福 建	374 882	283 362	37 301	27 561	20 726	0	5 932
江 西	164 850	104 497	28 673	21 775	7 591	0	2 314
山 东	843 062	570 062	125 112	87 891	48 300	37	11 660
河 南	503 826	341 749	84 116	40 940	28 910	0	8 111
湖 北	449 685	291 874	73 398	62 866	15 383	0	6 164
湖 南	373 379	203 235	82 636	64 954	17 089	0	5 465
广 东	1 078 468	731 441	172 062	72 720	76 871	547	24 827
广 西	207 721	129 747	38 593	26 438	8 572	0	4 371
海 南	73 460	49 582	11 367	9 380	1 954	0	1 177
重 庆	206 749	122 153	50 730	22 215	8 666	0	2 985
四 川	386 632	282 386	31 034	38 593	25 672	0	8 947
贵 州	176 539	141 784	14 408	9 081	6 304	0	4 962
云 南	422 338	309 463	44 394	38 372	20 627	0	9 482
西 藏	64 430	57 858	496	0	5 368	0	708
陕 西	384 973	277 628	56 544	26 918	15 711	0	8 172
甘 肃	200 261	157 980	10 258	20 716	8 750	43	2 514
青 海	62 451	51 574	3 170	4 229	2 710	0	768
宁 夏	82 841	62 062	3 190	7 957	3 940	0	5 692
新 疆	199 308	161 625	16 906	0	16 745	0	4 032
合 计	**10 855 100**	**7 690 505**	**1 412 574**	**979 949**	**572 573**	**9 849**	**189 650**

附件3：

2016年中央集中彩票公益金由民政部安排使用资金表

单位：万元

地 区	老年人福利	残疾人福利	儿童福利	社会公益	金 额
中央本级	0	0	0	0	17 104
北 京	1 494	1 091	1 752	509	4 846
天 津	1 259	110	390	331	2 090
河 北	6 072	1 027	1 690	790	9 579
山 西	3 498	728	1 558	971	6 755
内蒙古	3 512	1 617	1 737	740	7 606
辽 宁	4 175	616	1 615	996	7 402
吉 林	3 306	395	1 738	642	6 081
黑龙江	4 180	785	1 525	760	7 250
上 海	1 835	1 100	201	327	3 463
江 苏	6 271	1 582	2 379	906	11 138
浙 江	4 481	544	1 457	604	7 086
安 徽	6 420	652	1 274	912	9 258
福 建	2 887	523	1 706	725	5 841
江 西	4 594	1 609	1 570	884	8 657
山 东	7 620	822	2 683	1 063	12 188
河 南	6 887	1 944	3 996	977	13 804
湖 北	5 244	1 619	2 165	902	9 930
湖 南	6 470	1 733	2 994	1 141	12 338
广 东	4 516	724	1 504	778	7 522
广 西	4 692	1 669	2 556	1 013	9 930
海 南	2 323	170	620	696	3 809
重 庆	3 820	260	1 023	807	5 910
四 川	8 056	1 094	2 493	1 209	12 852
贵 州	3 783	559	1 469	823	6 634
云 南	3 785	785	1 921	866	7 357
西 藏	2 470	488	3 626	764	7 348
陕 西	3 753	1 646	2 282	961	8 642
甘 肃	3 618	553	1 874	779	6 824
青 海	2 571	1 296	1 434	631	5 932
宁 夏	2 515	191	1 402	602	4 710
新 疆	2 965	1 618	4 810	796	10 189
新疆兵团	2 000	450	380	95	2 925
合 计	**131 072**	**30 000**	**59 824**	**25 000**	**263 000**

附件4：

2016年中央集中彩票公益金由国家体育总局安排使用资金表

单位：万元

地　区	金　额	地　区	金　额
中央本级	33 482	湖　北	4 873
北　京	1 121	湖　南	9 067
天　津	10 412	广　东	2 483
河　北	9 332	广　西	9 882
山　西	5 016	海　南	5 599
内蒙古	11 324	重　庆	9 588
辽　宁	5 064	四　川	8 461
吉　林	5 694	贵　州	7 731
黑龙江	10 342	云　南	10 411
上　海	770	西　藏	4 853
江　苏	1 637	陕　西	10 688
浙　江	1 887	甘　肃	9 733
安　徽	7 079	青　海	8 639
福　建	5 648	宁　夏	6 385
江　西	9 104	新　疆	19 465
山　东	5 390	新疆兵团	3 386
河　南	8 454	**合　计**	**263 000**

附件5：

2016年中央专项彩票公益金支持未成年人校外教育资金分配表

单位：万元

地　区	金　额	地　区	金　额
北　京	443	湖　南	5 145
天　津	350	广　东	4 887
河　北	6 257	广　西	3 968
山　西	4 129	海　南	901
内蒙古	2 993	重　庆	1 938
辽　宁	1 575	四　川	5 031
吉　林	1 213	贵　州	3 970
黑龙江	2 814	云　南	4 359
上　海	465	西　藏	1 035
江　苏	2 730	陕　西	3 265
浙　江	2 002	甘　肃	2 857
安　徽	3 997	青　海	1 274
福　建	1 667	宁　夏	802
江　西	4 216	新　疆	2 729
山　东	4 102	新疆兵团	574
河　南	7 810	**合　计**	**92 000**
湖　北	2 502		

附件 6：

2016 年中央专项彩票公益金支持乡村学校少年宫资金分配表

单位：万元

地　区	金　额	地　区	金　额
北　京	354	湖　南	3 482
天　津	277	广　东	2 672
河　北	3 416	广　西	2 762
山　西	1 806	海　南	516
内蒙古	1 494	重　庆	1 948
辽　宁	1 487	四　川	7 895
吉　林	1 244	贵　州	3 116
黑龙江	1 583	云　南	2 851
上　海	305	西　藏	1 014
江　苏	2 492	陕　西	2 715
浙　江	1 941	甘　肃	2 464
安　徽	2 701	青　海	745
福　建	1 610	宁　夏	516
江　西	2 478	新　疆	1 978
山　东	3 230	新疆兵团	455
河　南	4 223	**合　计**	**67 990**
湖　北	2 220		

附件 7：

2016 年中央专项彩票公益金支持教育助学和大学生创新创业资金分配表

单位：万元

地　区	教育助学	大学生创新创业	金　额
中国教育发展基金会	9 760	50	9 810
北　京	280	250	530
天　津	0	50	50
河　北	2 176	200	2 376
山　西	506	150	656
内蒙古	4 211	50	4 261
辽　宁	4 764	250	5 014
吉　林	3 423	150	3 573
黑龙江	4 428	150	4 578
上　海	0	150	150
江　苏	180	300	480
浙　江	0	250	250
安　徽	669	200	869
福　建	300	150	450
江　西	760	150	910

续表

地　区	教育助学	大学生创新创业	金　额
山　东	670	250	920
河　南	1 156	200	1 356
湖　北	3 236	300	3 536
湖　南	1 370	200	1 570
广　东	0	250	250
广　西	6 845	150	6 995
海　南	110	50	160
重　庆	4 510	100	4 610
四　川	11 160	200	11 360
贵　州	8 661	100	8 761
云　南	11 020	150	11 170
西　藏	1 130	50	1 180
陕　西	6 195	200	6 395
甘　肃	4 747	100	4 847
青　海	1 543	50	1 593
宁　夏	1 620	50	1 670
新　疆	4 050	100	4 150
新疆兵团	520	0	520
合　计	**100 000**	**5 000**	**105 000**

附件 8：

2016 年中央专项彩票公益金支持医疗救助项目资金分配表

单位：万元

地　区	金　额	地　区	金　额
北　京	280	湖　北	7 600
天　津	417	湖　南	10 839
河　北	6 783	广　东	1 871
山　西	5 654	广　西	7 992
内蒙古	5 943	海　南	2 724
辽　宁	3 789	重　庆	5 717
吉　林	6 780	四　川	15 689
黑龙江	8 691	贵　州	9 038
上　海	270	云　南	10 057
江　苏	1 895	西　藏	2 625
浙　江	920	陕　西	8 243
安　徽	7 913	甘　肃	9 633
福　建	1 495	青　海	4 161
江　西	8 619	宁　夏	3 347
山　东	3 954	新　疆	7 087
河　南	9 974	**合　计**	**180 000**

附件 9：

2016 年中央专项彩票公益金支持养老公共服务项目资金分配表

单位：万元

地 区	金 额	地 区	金 额
北 京	4 894	江 西	3 551
天 津	2 811	山 东	8 381
河 北	3 827	湖 北	4 675
山 西	3 941	湖 南	7 312
辽 宁	5 162	广 东	3 361
吉 林	4 088	四 川	5 123
黑龙江	4 175	云 南	3 746
上 海	5 738	甘 肃	5 410
江 苏	8 035	青 海	4 147
浙 江	7 996	**合 计**	**100 000**
安 徽	3 627		

附件 10：

2016 年中央专项彩票公益金支持扶贫项目资金分配表

单位：万元

地 区	金 额	地 区	金 额
河 北	14 000	广 东	4 000
山 西	14 000	广 西	12 000
内蒙古	4 000	海 南	2 000
吉 林	2 000	重 庆	2 000
黑龙江	4 000	四 川	14 000
安 徽	6 000	贵 州	6 000
福 建	6 000	云 南	2 000
江 西	8 000	陕 西	12 000
山 东	6 000	甘 肃	2 000
河 南	10 000	青 海	2 000
湖 北	10 000	**合 计**	**150 000**
湖 南	8 000		

附件 11：

2016 年中央专项彩票公益金支持文化事业项目资金分配表

单位：万元

地 区	城市社区文化中心（文化活动室）设备购置	国家艺术基金	金 额
中央本级	0	40 000	40 000
河 北	975	0	975
山 西	750	0	750

续表

地　区	城市社区文化中心（文化活动室）设备购置	国家艺术基金	金　额
辽　宁	650	0	650
黑龙江	2 953	0	2 953
江　苏	510	0	510
浙　江	500	0	500
安　徽	2 343	0	2 343
福　建	650	0	650
江　西	604	0	604
山　东	950	0	950
河　南	3 000	0	3 000
湖　北	2 450	0	2 450
湖　南	1 350	0	1 350
广　东	900	0	900
广　西	309	0	309
重　庆	1 525	0	1 525
贵　州	556	0	556
云　南	1 920	0	1 920
陕　西	1 695	0	1 695
甘　肃	410	0	410
合　计	**25 000**	**40 000**	**65 000**

附件12：

2016年中央专项彩票公益金支持残疾人事业项目资金分配表

单位：万元

地　区	残疾人体育项目	盲人读物出版项目、盲人公共文化服务项目	统筹用于残疾人康复等方面支出	金　额
中央本级	15 000	4 000	0	19 000
北　京	0	0	1 374	1 374
天　津	0	0	769	769
河　北	0	0	9 161	9 161
山　西	0	0	4 871	4 871
内蒙古	0	0	3 560	3 560
辽　宁	0	0	5 410	5 410
吉　林	0	0	4 122	4 122
黑龙江	0	0	5 686	5 686
上　海	0	0	1 936	1 936
江　苏	0	0	6 362	6 362
浙　江	0	0	4 858	4 858
安　徽	0	0	9 761	9 761

续表

地　区	残疾人体育项目	盲人读物出版项目、盲人公共文化服务项目	统筹用于残疾人康复等方面支出	金　额
福　建	0	0	4 165	4 165
江　西	0	0	6 577	6 577
山　东	0	0	11 359	11 359
河　南	0	0	14 220	14 220
湖　北	0	0	7 568	7 568
湖　南	0	0	10 029	10 029
广　东	0	0	9 683	9 683
广　西	0	0	7 686	7 686
海　南	0	0	1 297	1 297
重　庆	0	0	3 554	3 554
四　川	0	0	11 714	11 714
贵　州	0	0	5 550	5 550
云　南	0	0	6 566	6 566
西　藏	0	0	583	583
陕　西	0	0	5 526	5 526
甘　肃	0	0	4 835	4 835
青　海	0	0	1 140	1 140
宁　夏	0	0	1 362	1 362
新　疆	0	0	3 691	3 691
新疆兵团	0	0	425	425
合　计	**15 000**	**4 000**	**175 400**	**194 400**

附件13：

2016年中央专项彩票公益金支持法律援助项目资金分配表

单位：万元

地　区	金　额	地　区	金　额
中国法律援助基金会	220	安　徽	560
北　京	680	福　建	330
天　津	155	江　西	380
河　北	420	山　东	465
山　西	260	河　南	560
内蒙古	330	重　庆	290
辽　宁	530	四　川	430
吉　林	435	贵　州	330
黑龙江	430	云　南	400
上　海	55	西　藏	95
江　苏	110	陕　西	395
浙　江	170	甘　肃	390

续表

地　区	金　额	地　区	金　额
湖　北	445	青　海	255
湖　南	530	宁　夏	240
广　东	30	新　疆	230
广　西	450	新疆兵团	300
海　南	100	**合　计**	**11 000**

附件 14：

2016 年中央专项彩票公益金支持农村贫困母亲“两癌”救助项目资金分配表

单位：万元

地　区	金　额	地　区	金　额
北　京	86	湖　南	2 990
天　津	297	广　东	275
河　北	492	广　西	2 051
山　西	905	海　南	171
内蒙古	1 772	重　庆	1 582
辽　宁	684	四　川	2 198
吉　林	133	贵　州	1 576
黑龙江	965	云　南	301
上　海	8	西　藏	52
江　苏	822	陕　西	1 494
浙　江	86	甘　肃	1 471
安　徽	1 491	青　海	204
福　建	247	宁　夏	627
江　西	1 750	新　疆	601
山　东	1 334	新疆兵团	553
河　南	803	**合　计**	**30 000**
湖　北	1 979		

附件 15：

2016 年中央专项彩票公益金支持留守儿童快乐家园项目资金分配表

单位：万元

地　区	金　额	地　区	金　额
中央本级	36	福　建	47
中国儿童少年基金会	30	湖　南	239
河　北	287	贵　州	287
江　苏	287	**合　计**	**1 500**
安　徽	287		

附件 16：

2016 年中央专项彩票公益金支持出生缺陷干预救助项目资金分配表

单位：万元

地 区	金 额	地 区	金 额
中国出生缺陷干预救助基金会	340	河 南	546
北 京	210	湖 北	376.5
河 北	876.5	湖 南	1 657.5
山 西	1 297.5	广 西	105.5
内蒙古	20	海 南	74
辽 宁	113	四 川	997.5
江 苏	20	贵 州	516.5
浙 江	194	陕 西	492.5
安 徽	258.5	甘 肃	462.5
福 建	239.5	青 海	20
江 西	358	宁 夏	160
山 东	664.5	**合 计**	**10 000**

财政部关于停止中国体育彩票江苏省手机即开游戏发行销售试点工作有关问题的通知

（2017 年 5 月 10 日　财政部　财综〔2017〕22 号）

国家体育总局体育彩票管理中心：

按照《关于同意在江苏省试点发行销售中国体育彩票手机即开游戏的通知》（财办综〔2014〕81 号）和《关于同意中国体育彩票江苏省手机即开游戏销售试点实施方案的通知》（财办综〔2015〕28 号）规定和要求，你中心自 2015 年 5 月 15 日起在江苏省开展中国体育彩票手机即开游戏（以下简称“手机即开彩票”）发行销售试点以来，严格执行相关规定，试点工作总体平稳规范，没有发生重大风险，为利用移动电话客户端渠道销售彩票管理工作积累了有益经验。根据《彩票管理条例》及其实施细则、《彩票发行销售管理办法》等相关规定，经研究，并商国家体育总局同意，现就做好下一步相关工作有关事项通知如下：

一、为适应移动通信和互联网技术快速深刻融合发展新形势，进一步研究完善现行移动电话客户端销售彩票与互联网销售彩票管理政策，按照财政部财办综 [2015]28 号文件规定的试点期限要求，你中心应当停止在江苏省发行销售手机即开彩票试点工作。你中心应督促江苏省体育彩票销售机构自本通知下发之日起 2 个月内，向社会发布公告并停止销售。公告内容包括财政部文件名称及文号、停止销售日期、兑奖截止日期等。请你中心和江苏省体育彩票销售机构于兑奖期结束后 60 个自然日内，分别向同级财政部门提交书面报告，报告内容包括试点发行销售、彩票奖金提取与兑付、奖池资金结余与划转等情况。

二、妥善做好停止销售手机即开彩票的相关后续工作。你中心应当加强对江苏省体育彩票销售机构有关工作的指导和协调，依法依规妥善做好彩票购买者投注账户销售数据管理等系统安全管理工作，在兑奖期内按照规定兑付奖金，及时做好投注账户资金结算及个人信息保密工作等，切实保障彩票购买者合法权益。要加强正面宣传和引导，切实维护好彩票市场正常秩序，确保体育彩票事业持续平稳健康发展。

三、请你中心会同江苏省体育彩票销售机构认真总结试点工作经验，结合试点工作情况，研究提出进一步完善移动电话客户端销售彩票相关政策的意见和建议，及时报送我部综合司。

关于同意印制发行“八喜”等 17 款即开型体育彩票游戏的通知

（2017 年 5 月 18 日　财政部　财综〔2017〕23 号）

国家体育总局体育彩票管理中心：

你中心报来《体育总局彩票中心关于申报发行“八喜”等 18 款即开型体育彩票的请示》（体彩字〔2017〕96 号）收悉。为优化体育彩票游戏结构，促进彩票市场健康发展，经研究，根据《彩票管理条例》、《彩票管理条例实施细则》和《彩票发行销售管理办法》（财综〔2012〕102 号）等相关规定，现就有关事项通知如下：

一、同意你中心印制发行“八喜”等 17 款即开型体育彩票游戏。具体游戏规则见附件。“八喜”等 17 款即开型体育彩票游戏按其销售总额的 65%、15% 和 20% 分别计提彩票奖金、彩票发行费和彩票公益金。

二、上市销售前，你中心应及时向社会发布公告，并在公告中注明财政部批准的文件名称、文号、上市销售日期以及《“八喜”等 17 款即开型体育彩票游戏规则》等。

三、你中心应当严格按照彩票管理制度规定，切实加强即开型彩票印制成本控制，建立健全即开型彩票发行和销售的风险防控制度及应急机制；督促彩票销售机构切实加强安全管理，做好公告等工作，确保即开型彩票市场持续健康发展。

附件：“八喜”等 17 款即开型体育彩票游戏规则

附件：

“八喜”等 17 款即开型体育彩票游戏规则

一、棒棒糖

（一）面值：1 元。

（二）奖组：30 万张（30 万元）。

（三）玩法规则：刮开覆盖膜，如果出现金额标志，即中得该金额。中奖奖金兼中兼得。

（四）设奖方案：

奖级	中奖金额（元）	中奖个数	中奖小计（元）
1	10 000	1	10 000
2	1 000	5	5 000
3	100	255	25 500
4	50	450	22 500
5	10	1 050	10 500
6	5	1 500	7 500
7	2	12 000	24 000
8	1	90 000	90 000
合计		**105 261**	**195 000**

二、八喜

（一）面值：2元。

（二）奖组：60万张（120万元）。

（三）玩法规则：刮开覆盖膜，如果出现金额标志，即中得该金额。中奖奖金兼中兼得。

（四）设奖方案：

奖级	中奖金额（元）	中奖个数	中奖小计（元）
1	30 000	1	30 000
2	1 000	1	1 000
3	500	3	1 500
4	200	25	5 000
5	100	100	10 000
6	50	1 880	94 000
7	20	2 500	50 000
8	10	11 500	115 000
9	5	47 500	237 500
10	2	118 000	236 000
合计		**181 510**	**780 000**

三、财运旺好运旺

（一）面值：5元。

（二）奖组：60万张（300万元）。

（三）玩法规则：刮开覆盖膜，如果出现旺标志“旺”，即中得该标志下方所示的金额。中奖奖金兼中兼得。

（四）设奖方案：

奖级	中奖金额（元）	中奖个数	中奖小计（元）
1	150 000	1	150 000
2	10 000	1	10 000
3	1 000	10	10 000
4	200	1 650	330 000
5	100	1 250	125 000
6	50	5 000	250 000
7	20	5 000	100 000
8	10	25 000	250 000
9	5	145 000	725 000
合计		**182 912**	**1 950 000**

四、巧克力

（一）面值：5元。

（二）奖组：72万张（360万元）。

（三）玩法规则：刮开覆盖膜，如果你的号码中任意一个号码与中奖号码之一相同，即中得该号码下方所示的金额；如果出现双心标志“♡♡”，即中得该标志下方所示金额的两倍。中奖奖金兼中兼得。

（四）设奖方案：

奖级	中奖金额（元）	中奖个数	中奖小计（元）
1	100 000	1	100 000
2	1 000	4	4 000
3	200	360	72 000
4	100	2 440	244 000
5	50	3 000	150 000
6	15	30 000	450 000
7	10	60 000	600 000
8	5	144 000	720 000
合计		**239 805**	**2 340 000**

五、粉橙蓝

（一）面值：5元。

（二）奖组：72万张（360万元）。

（三）玩法规则：刮开覆盖膜，如果你的号码中任意一个号码与中奖号码之一相同，即中得该号码下方所示的金额；如果出现星星标志“☆”，即中得该标志下方所示金额的5倍。中奖奖金兼中兼得。

（四）设奖方案：

奖级	中奖金额（元）	中奖个数	中奖小计（元）
1	100 000	1	100 000
2	1 000	4	4 000
3	200	200	40 000
4	100	600	60 000
5	50	1 920	96 000
6	20	24 000	480 000
7	10	96 000	960 000
8	5	120 000	600 000
合计		**242 725**	**2 340 000**

六、景彩骑妙

（一）面值：5元。

（二）奖组：3万张（15万元）。

（三）玩法规则：主游戏：刮开覆盖膜，

如果你的号码中任意一个号码与中奖号码之一相同，即中得该号码下方所示的金额；如果出现自行车标志“🚲”，即中得该标志下方所示金额的两倍。幸运游戏：刮开覆盖膜，如果出现金额标志，即中得该金额。中奖奖金兼中兼得。

（四）设奖方案：

奖级	中奖金额（元）	中奖个数	中奖小计（元）
1	4 800	1	4 800
2	880	3	2 640
3	280	30	8 400
4	80	127	10 160
5	30	700	21 000
6	10	1 000	10 000
7	5	8 100	40 500
合计		**9 961**	**97 500**

七、和气生财

（一）面值：10元。

（二）奖组：120 万张（1 200 万元）。

（三）玩法规则：游戏一：刮开覆盖膜，如果出现和标志“和”，即中得该标志右方所示的金额。游戏二：刮开覆盖膜，如果出现财标志“财”，即中得该标志右方所示的金额。中奖奖金兼中兼得。

（四）设奖方案：

奖级	中奖金额（元）	中奖个数	中奖小计（元）
1	300 000	1	300 000
2	1 000	10	10 000
3	500	180	90 000
4	200	15 000	3 000 000
5	100	10 000	1 000 000
6	20	25 000	500 000
7	10	290 000	2 900 000
合计		**340 191**	**7 800 000**

八、魅力内蒙古辉煌 70 年

（一）面值：10元。

（二）奖组：180 万张（1 800 万元）。

（三）玩法规则：主游戏：刮开覆盖膜，如果你的号码中任意一个号码与中奖号码之一相同，即中得该号码下方所示的金额；如果出现蒙古包标志“⛺”，即中得该标志下方所示金额的 5 倍。幸运游戏：刮开覆盖膜，如果出现金额标志，即中得该金额。中奖奖金兼中兼得。

（四）设奖方案：

奖级	中奖金额（元）	中奖个数	中奖小计（元）
1	700 000	1	700 000
2	5 000	7	35 000
3	700	255	178 500
4	200	1 245	249 000
5	70	45 000	3 150 000
6	30	60 000	1 800 000
7	15	82 500	1 237 500
8	10	435 000	4 350 000
合计		**624 008**	**11 700 000**

九、天下名钻

（一）面值：10元。

（二）奖组：1 800 万张（18 000 万元）。

（三）玩法规则：游戏一：刮开覆盖膜，如果出现 8 标志“**8**”，即中得该标志下方所示的金额。游戏二：刮开覆盖膜，如果你的号码中任意一个号码与中奖号码之一相同，即中得该号码下方所示的金额；如果你的号码中任意一个号码与翻倍号码相同，即中得该号码下方所示金额的两倍。中奖奖金兼中兼得。

（四）设奖方案：

奖级	中奖金额（元）	中奖个数	中奖小计（元）
1	500 000	15	7 500 000
2	10 000	5	50 000
3	1 000	2 200	2 200 000
4	200	37 500	7 500 000
5	100	262 500	26 250 000
6	50	300 000	15 000 000
7	20	300 000	6 000 000
8	15	1 500 000	22 500 000
9	10	3 000 000	30 000 000
合计		**5 402 220**	**117 000 000**

十、强力5

（一）面值：10元。

（二）奖组：180万张（1 800万元）。

（三）玩法规则：游戏一：刮开覆盖膜，如果出现5标志“⑤”，即中得该标志右方所示的金额；如果出现5X标志“5X”，即中得该标志右方所示金额的5倍；如果出现10X标志“10X”，即中得该标志右方所示金额的10倍。游戏二：刮开覆盖膜，如果在任何一个强力点出现25标志“25”，即中得25元。中奖奖金兼中兼得。

（四）设奖方案：

奖级	中奖金额（元）	中奖个数	中奖小计（元）
1	500 000	1	500 000
2	10 000	1	10 000
3	1 000	120	120 000
4	300	4 900	1 470 000
5	100	30 000	3 000 000
6	50	15 000	750 000
7	25	30 000	750 000
8	15	120 000	1 800 000
9	10	330 000	3 300 000
合计		**530 022**	**11 700 000**

十一、天作之合

（一）面值：10元。

（二）奖组：60万张（600万元）。

（三）玩法规则：刮开覆盖膜，在任意一场游戏中，如果在任一横线或竖线方向出现两个相同的标志，即中得该两个标志中间所示的金额；如果在通吃区出现合标志“合”，即中得该场游戏刮开区内所示的4个金额之和。中奖奖金兼中兼得。

（四）设奖方案：

奖级	中奖金额（元）	中奖个数	中奖小计（元）
1	250 000	1	250 000
2	10 000	1	10 000
3	1 600	10	16 000
4	400	410	164 000
5	200	1 925	385 000
6	100	3 750	375 000
7	50	7 500	375 000
8	20	60 000	1 200 000
9	10	112 500	1 125 000
合计		**186 097**	**3 900 000**

十二、挖金矿

（一）面值：10元。

（二）奖组：72万张（720万元）。

（三）玩法规则：刮开覆盖膜，在任意一场游戏中，如果你的幸运号码中任意一个号码与游戏中的号码之一相同，即中得该场游戏下方所示的金额；如果出现金砖标志“”，即中得100元。中奖奖金兼中兼得。

（四）设奖方案：

奖级	中奖金额（元）	中奖个数	中奖小计（元）
1	50 000	1	50 000
2	500	380	190 000
3	100	6 000	600 000
4	20	84 000	1 680 000
5	10	108 000	1 080 000
6	5	216 000	1 080 000
合计		**414 381**	**4 680 000**

十三、西游记

（一）面值：20元。

（二）奖组：600万张（12 000万元）。

（三）玩法规则：游戏一：刮开覆盖膜，如果出现金额标志，即中得该金额。游戏二：刮开覆盖膜，如果你的号码中任意一个号码与中奖号码之一相同，即中得该号码下方所示的金额；如果出现经书标志“”，即中得该标志下方所示金额的5倍。中奖奖金兼中兼得。

（四）设奖方案：

奖级	中奖金额（元）	中奖个数	中奖小计（元）
1	1 000 000	1	1 000 000
2	80 000	1	80 000
3	4 000	5	20 000

续表

奖级	中奖金额（元）	中奖个数	中奖小计（元）
4	2 000	70	140 000
5	800	2 200	1 760 000
6	400	40 000	16 000 000
7	200	25 000	5 000 000
8	80	125 000	10 000 000
9	40	300 000	12 000 000
10	20	1 600 000	32 000 000
合计		**2 092 277**	**78 000 000**

十四、花开富贵

（一）面值：20 元。

（二）奖组：120 万张（2 400 万元）。

（三）玩法规则：主游戏：刮开覆盖膜，如果出现金额标志，即中得该金额。中奖奖金兼中兼得。附加游戏：刮开覆盖膜，如果出现一个或一个以上的富贵标志“富贵”，即中得右方奖级表中所对应的最高单一金额。中奖奖金不可兼中兼得。总中奖金额 = 主游戏中奖金额 + 附加游戏中奖金额。

奖级表		
	1 个 富贵	**50 元**
	2 个 富贵	**100 元**
	3 个 富贵	**300 元**

（四）设奖方案：

奖级	中奖金额（元）	中奖个数	中奖小计（元）
1	1 000 000	1	1 000 000
2	100 000	1	100 000
3	5 000	4	20 000
4	800	3 000	2 400 000
5	300	5 600	1 680 000
6	100	10 000	1 000 000
7	50	40 000	2 000 000
8	30	40 000	1 200 000
9	20	310 000	6 200 000
合计		**408 606**	**15 600 000**

十五、20 倍现金

（一）面值：20 元。

（二）奖组：900 万张（18 000 万元）。

（三）玩法规则：幸运游戏一：刮开覆盖膜，如果出现两个相同的标志，即中得 50 元。幸运游戏二：刮开覆盖膜，如果出现两个相同的标志，即中得 100 元。幸运游戏三：刮开覆盖膜，如果出现两个相同的标志，即中得 200 元。幸运游戏四：刮开覆盖膜，如果出现两个相同的标志，即中得 500 元。主游戏：刮开覆盖膜，在任意一场游戏中，如果你的号码与中奖号码相同，即中得该场游戏右方所示的金额；如果在任意一场游戏中，出现倍数标志“2X，3X，5X，10X或”20X，即中得该场游戏右方所示金额乘以该场游戏所出现的倍数。中奖奖金兼中兼得。

（四）设奖方案：

奖级	中奖金额（元）	中奖个数	中奖小计（元）
1	1 000 000	1	1 000 000
2	100 000	2	200 000
3	10 000	10	100 000
4	1 000	2 500	2 500 000
5	500	26 300	13 150 000
6	200	50 250	10 050 000
7	100	300 000	30 000 000
8	50	300 000	15 000 000
9	20	2 250 000	45 000 000
合计		**2 929 063**	**117 000 000**

十六、天降财神

（一）面值：30 元。

（二）奖组：1 200 万张（36 000 万元）。

（三）玩法规则：幸运游戏：刮开覆盖膜，如果出现财神标志“财神”，即中得 100 元。游戏一：刮开覆盖膜，如果出现金额标志，即中得该金额。游戏二：刮开覆盖膜，如果你的号码中任意一个号码与中奖号码之一相同，即中得该号码下方所示的金额；如果你的号码中任意一个号码与通吃号码相同，即中得游戏二刮开区内所示的 20 个金额之和。中奖奖金兼中兼得。

（四）设奖方案：

奖级	中奖金额（元）	中奖个数	中奖小计（元）
1	1 000 000	1	1 000 000
2	100 000	1	100 000
3	10 000	5	50 000
4	5 000	30	150 000
5	800	60 000	48 000 000
6	400	8 000	3 200 000
7	200	75 000	15 000 000
8	100	450 000	45 000 000
9	50	450 000	22 500 000
10	30	3 300 000	99 000 000
合计		**4 343 037**	**234 000 000**

十七、富贵有余

（一）面值：30元。

（二）奖组：1 800万张（54 000万元）。

（三）玩法规则：游戏一：刮开覆盖膜，如果出现金额标志，即中得该金额。游戏二：刮开覆盖膜，如果你的号码中任意一个号码与中奖号码之一相同，即中得该号码下方所示的金额；如果出现钱袋标志“”，即中得该标志下方所示金额的10倍。幸运游戏：刮开覆盖膜，如果出现元宝标志“”，即中得该标志下方所示的金额。中奖奖金兼中兼得。

（四）设奖方案：

奖级	中奖金额（元）	中奖个数	中奖小计（元）
1	1 000 000	1	1 000 000
2	100 000	2	200 000
3	10 000	5	50 000
4	3 000	25	75 000
5	1 000	22 800	22 800 000
6	500	80 000	40 000 000
7	150	112 500	16 875 000
8	90	900 000	81 000 000
9	60	675 000	40 500 000
10	30	4 950 000	148 500 000
合计		**6 740 333**	**351 000 000**

关于同意印制发行“擂台赛”等 15 款即开型福利彩票游戏的通知

（2017 年 8 月 1 日　财政部　财综〔2017〕42 号）

中国福利彩票发行管理中心：

你中心报来《关于申报“擂台赛”等16款即开型福利彩票新游戏的请示》（中彩发字〔2017〕57号）收悉。为优化福利彩票游戏结构，促进彩票市场健康发展，经研究，根据《彩票管理条例》、《彩票管理条例实施细则》和《彩票发行销售管理办法》（财综〔2012〕102号）等相关规定，现就有关事项通知如下：

一、同意你中心印制发行“擂台赛”等 15 款即开型福利彩票游戏。具体游戏规则见附件。“擂台赛”等 15 款即开型福利彩票游戏按其销售总额的 65%、15% 和 20% 分别计提彩票奖金、彩票发行费和彩票公益金。

二、上市销售前，你中心应及时向社会发布公告，并在公告中注明财政部批准的文件名称、文号、上市销售日期以及《“擂台赛”等 15 款即开型福利彩票游戏规则》等。

三、你中心应当严格按照彩票管理制度规定，切实加强即开型彩票印制成本控制，建立健全即开型彩票发行和销售的风险防控制度及应急机制；督促彩票销售机构切实加强安全管理，做好公告等工作，确保即开型彩票市场持续健康发展。

附件：“擂台赛”等 15 款即开型福利彩票游戏规则

附件：

“擂台赛”等 15 款即开型福利彩票游戏规则

一、擂台赛

（一）面值：2 元

（二）奖组：30 万张

（三）玩法：刮开覆盖膜，在同一局游戏中，如果“我的点数”大于“对手点数”，即可获得该局游戏所对应的奖金；如果在“我的点数”中刮出“”擂鼓图符，即可获得该局游戏所对应奖金的 5 倍。共有 4 局游戏，中奖奖金兼中兼得。

（四）设奖方案：

奖级	中奖金额（元）	中奖个数	奖金小计（元）
1	30 000	1	30 000
2	500	60	30 000
3	100	300	30 000
4	50	300	15 000
5	20	3 000	60 000
6	10	6 500	65 000

续表

奖级	中奖金额（元）	中奖个数	奖金小计（元）
7	4	22 500	90 000
8	2	35 000	70 000
合计		**67 661**	**390 000**

二、射门

（一）面值：2 元

（二）奖组：25 万张

（三）玩法：刮开覆盖膜，如果刮出的“⚽”足球、“🏅”奖牌或“🏆”奖杯图符个数与《奖金对照表》中相对应的图符个数相同，即可获得相对应的奖金。中奖奖金不兼中兼得。

（四）设奖方案：

奖级	中奖金额（元）	中奖个数	中奖小计（元）
1	1 000	20	20 000
2	500	50	25 000
3	50	500	25 000
4	20	2 500	50 000
5	10	8 000	80 000
6	4	15 000	60 000
7	2	32 500	65 000
合计		**58 570**	**325 000**

三、北京印象

（一）面值：5 元

（二）奖组：40 万张

（三）玩法：刮开覆盖膜，如果任意一个“我的号码”与任意一个“中奖号码”相同，即可获得该“我的号码”下方所对应的奖金；如果刮出“京”图符，即可获得 50 元奖金。中奖奖金兼中兼得。

（四）设奖方案：

奖级	中奖金额（元）	中奖个数	奖金小计（元）
1	10 000	5	50 000
2	500	10	5 000
3	100	30	3 000
4	50	10 000	500 000
5	20	1 600	32 000
6	10	10 000	100 000

续表

奖级	中奖金额（元）	中奖个数	奖金小计（元）
7	5	122 000	610 000
合计		**143 645**	**1 300 000**

四、5 动奇迹

（一）面值：5 元

（二）奖组：100 万张

（三）玩法：刮开覆盖膜，如果任意一个“我的号码”与任意一个“中奖号码”相同，即可获得该“我的号码”下方所对应的奖金；如果刮出“5”图符，即可获得该图符下方所对应奖金的 5 倍。中奖奖金兼中兼得。

（四）设奖方案：

奖级	中奖金额（元）	中奖个数	奖金小计（元）
1	100 000	1	100 000
2	5 000	1	5 000
3	1 000	5	5 000
4	500	100	50 000
5	200	200	40 000
6	100	1 300	130 000
7	50	7 000	350 000
8	40	1 000	40 000
9	30	5 000	150 000
10	20	31 000	620 000
11	10	100 000	1 000 000
12	5	152 000	760 000
合计		**297 607**	**3 250 000**

五、十二生肖

（一）面值：5 元

（二）奖组：60 万张

（三）玩法：刮开覆盖膜，如果在同一局游戏中刮出 3 个相同的图符，即可获得该局游戏右方所对应的奖金。共有 7 局游戏，中奖奖金兼中兼得。

（四）设奖方案：

奖级	中奖金额（元）	中奖个数	奖金小计（元）
1	500 000	1	500 000
2	50 000	5	250 000

续表

奖级	中奖金额（元）	中奖个数	奖金小计（元）
3	5 000	30	150 000
4	1 000	240	240 000
5	50	1 000	50 000
6	10	4 000	40 000
7	5	144 000	720 000
合计		**149 276**	**1 950 000**

六、双赢

（一）面值：5 元

（二）奖组：120 万张

（三）玩法：刮开覆盖膜，如果在同一局游戏中刮出两个相同的图符，即可获得该局游戏右方所对应的奖金，共有 4 局游戏，中奖奖金兼中兼得；如果在图形区中刮出“**2**”、“**4**”、“**6**”、“**8**”图符中的任意一个，即可获得奖金区内所有的奖金之和。

（四）设奖方案：

奖级	中奖金额（元）	中奖个数	奖金小计（元）
1	100 000	1	100 000
2	1 000	5	5 000
3	500	30	15 000
4	200	750	150 000
5	100	3 000	300 000
6	50	12 000	600 000
7	20	39 600	792 000
8	10	80 400	804 000
9	5	226 800	1 134 000
合计		**362 586**	**3 900 000**

七、喜加福

（一）面值：5 元

（二）奖组：100 万张

（三）玩法：本彩票共有两个玩法，两个玩法区内的中奖奖金兼中兼得。

玩法一：刮开覆盖膜，如果刮出任何奖金金额，即可获得该奖金。中奖奖金兼中兼得。

玩法二：刮开覆盖膜，如果刮出“**囍**”或“**福**”图符，即可获得该图符下方所对应的奖金。

（四）设奖方案：

奖级	中奖金额（元）	中奖个数	中奖小计（元）
1	100 000	1	100 000
2	5 000	5	25 000
3	1 000	10	10 000
4	500	600	300 000
5	100	5 000	500 000
6	50	10 000	500 000
7	30	3 000	90 000
8	20	500	10 000
9	10	49 000	490 000
10	5	245 000	1 225 000
合计		**313 116**	**3 250 000**

八、步步惊喜

（一）面值：10 元

（二）奖组：80 万张

（三）玩法：本彩票共有两个玩法，两个玩法区内的中奖奖金兼中兼得。

玩法一：刮开覆盖膜，从“起点”开始，走到“终点”。如果刮出任何奖金金额，即可获得该奖金。中奖奖金兼中兼得。

玩法二：刮开覆盖膜，如果刮出的“步数和图符”与玩法一中的任一“步数和图符”相同，即可获得玩法二区内的奖金。

（四）设奖方案：

奖级	中奖金额（元）	中奖个数	中奖小计（元）
1	300 000	1	300 000
2	10 000	1	10 000
3	1 000	200	200 000
4	500	80	40 000
5	100	8 000	800 000
6	50	16 000	800 000
7	20	66 100	1 322 000
8	15	35 200	528 000
9	10	120 000	1 200 000
合计		**245 582**	**5 200 000**

九、黄金时代

（一）面值：10 元

（二）奖组：100 万张

（三）玩法：刮开覆盖膜，如果任意一个“我的号码”与任意一个“中奖号码”相同，即可获得该“我的号码”下方所对应的奖金，中奖奖金兼中兼得；如果刮出“”金条图符，即可获得玩法区内所有的奖金之和。

（四）设奖方案：

奖级	中奖金额（元）	中奖个数	奖金小计（元）
1	400 000	1	400 000
2	5 000	6	30 000
3	1 000	54	54 000
4	500	400	200 000
5	200	800	160 000
6	100	6 000	600 000
7	60	100	6 000
8	50	17 000	850 000
9	40	1 000	40 000
10	30	20 000	600 000
11	20	105 000	2 100 000
12	10	146 000	1 460 000
合计		**296 361**	**6 500 000**

十、蒸蒸日上

（一）面值：10 元

（二）奖组：100 万张

（三）玩法：本彩票共有两个玩法，两个玩法区内的中奖奖金兼中兼得。

玩法一：刮开覆盖膜，如果任意一个“我的号码”与任意一个“中奖号码”相同，即可获得该“我的号码”下方所对应的奖金。中奖奖金兼中兼得。

玩法二：刮开覆盖膜，如果刮出“”包子图符，即可获得该图符下方所对应的奖金。中奖奖金兼中兼得。

（四）设奖方案：

奖级	中奖金额（元）	中奖个数	奖金小计（元）
1	250 000	1	250 000
2	5 000	1	5 000
3	1 000	100	100 000
4	500	300	150 000
5	100	5 000	500 000
6	50	20 000	1 000 000

续表

奖级	中奖金额（元）	中奖个数	奖金小计（元）
7	40	3 000	120 000
8	20	30 000	600 000
9	10	377 500	3 775 000
合计		**435 902**	**6 500 000**

十一、趣味台球

（一）面值：10 元

（二）奖组：80 万张

（三）玩法：本彩票共有两个玩法，两个玩法区内的中奖奖金兼中兼得。

玩法一：刮开覆盖膜，如果任意一个“我的号码”与“中奖号码”相同，即可获得该“我的号码”下方所对应的奖金。中奖奖金兼中兼得。

玩法二：刮开覆盖膜，如果刮出“8”图符，即可获得该图符下方所对应的奖金。

（四）设奖方案：

奖级	中奖金额（元）	中奖个数	奖金小计（元）
1	250 000	1	250 000
2	10 000	1	10 000
3	2 000	2	4 000
4	1 000	20	20 000
5	500	60	30 000
6	200	100	20 000
7	100	17 000	1 700 000
8	50	3 000	150 000
9	30	200	6 000
10	20	75 500	1 510 000
11	10	150 000	1 500 000
合计		**245 884**	**5 200 000**

十二、蓝玫瑰

（一）面值：10 元

（二）奖组：2 万张

（三）玩法：刮开覆盖膜，如果刮出“9”图符，即可获得该图符下方所对应的奖金；如果刮出“”玫瑰图符，即可获得 20 元奖金。中奖奖金兼中兼得。

（四）设奖方案：

奖级	中奖金额（元）	中奖个数	奖金小计（元）
1	10 000	1	10 000
2	1 000	2	2 000
3	500	8	4 000
4	100	160	16 000
5	50	400	20 000
6	30	400	12 000
7	20	1 200	24 000
8	10	4 200	42 000
合计		**6 371**	**130 000**

十三、幸运宝10

（一）面值：10元

（二）奖组：100万张

（三）玩法：刮开覆盖膜，如果任意一个“我的号码”与“中奖号码”相同，即可获得该“我的号码”下方所对应的奖金；如果在“我的号码”区刮出“10”图符，即可获得该图符下方所对应奖金的10倍。中奖奖金兼中兼得。

（四）设奖方案：

奖级	中奖金额（元）	中奖个数	奖金小计（元）
1	300 000	1	300 000
2	10 000	1	10 000
3	1 000	34	34 000
4	500	200	100 000
5	200	800	160 000
6	100	8 000	800 000
7	50	20 000	1 000 000
8	30	200	6 000
9	20	104 500	2 090 000
10	10	200 000	2 000 000
合计		**333 736**	**6 500 000**

十四、摇钱树

（一）面值：20元

（二）奖组：100万张

（三）玩法：刮开覆盖膜，如果任意一个“我的号码”与任意一个“中奖号码”相同，即可获得该“我的号码”下方所对应的奖金，中奖奖金兼中兼得；如果刮出“”铜钱图符，即可获得玩法区内所有的奖金之和。

（四）设奖方案：

奖级	中奖金额（元）	中奖个数	奖金小计（元）
1	1 000 000	1	1 000 000
2	100 000	1	100 000
3	10 000	1	10 000
4	1 000	200	200 000
5	500	500	250 000
6	200	1 600	320 000
7	100	10 000	1 000 000
8	50	28 000	1 400 000
9	40	80 000	3 200 000
10	30	20 000	600 000
11	20	246 000	4 920 000
合计		**386 303**	**13 000 000**

十五、玫瑰之约

（一）面值：20元

（二）奖组：100万张

（三）玩法：本彩票共有4个玩法，4个玩法区内的中奖奖金兼中兼得。

玩法一：刮开覆盖膜，如果刮出“”玫瑰图符，即可获得该图符下方所对应的奖金，中奖奖金兼中兼得。

玩法二：刮开覆盖膜，如果出现3个相同的奖金金额，即可获得该单一奖金。

玩法三：刮开覆盖膜，在同一局游戏中，如果出现3个相同的图符，即可获得该局游戏右侧所对应的奖金。共有6局游戏，中奖奖金兼中兼得。

玩法四：刮开覆盖膜，如果任意一个“我的号码”与任意一个“中奖号码”相同，即可获得该“我的号码”下方所对应的奖金，中奖奖金兼中兼得；如果刮出“”钻戒图符，即可获得玩法四内所有奖金之和。

（四）设奖方案：

奖级	中奖金额（元）	中奖个数	中奖小计（元）
1	1 000 000	1	1 000 000
2	10 000	2	20 000
3	1 000	280	280 000
4	500	5 000	2 500 000
5	100	16 000	1 600 000
6	50	24 000	1 200 000
7	20	320 000	6 400 000
合计		**365 283**	**13 000 000**

关于同意印制发行“临川四梦”即开型福利彩票游戏的通知

（2017 年 9 月 7 日　财政部　财综〔2017〕45 号）

中国福利彩票发行管理中心：

你中心报来《关于申报“临川四梦”即开型福利彩票新游戏的请示》（中彩发字〔2017〕98 号）收悉。为优化福利彩票游戏结构，促进彩票市场健康发展，经研究，根据《彩票管理条例》、《彩票管理条例实施细则》和《彩票发行销售管理办法》（财综〔2012〕102 号）等相关规定，现就有关事项通知如下：

一、同意你中心印制发行“临川四梦”即开型福利彩票游戏。具体游戏规则见附件。“临川四梦”即开型福利彩票游戏按其销售总额的 65%、15% 和 20% 分别计提彩票奖金、彩票发行费和彩票公益金。

二、上市销售前，你中心应及时向社会发布公告，并在公告中注明财政部批准的文件名称、文号、上市销售日期以及《“临川四梦”即开型福利彩票游戏规则》等。

三、你中心应当严格按照彩票管理制度规定，切实加强即开型彩票印制成本控制，建立健全即开型彩票发行和销售的风险防控制度及应急机制；督促彩票销售机构切实加强安全管理，做好公告等工作，确保即开型彩票市场持续健康发展。

附件：“临川四梦”即开型福利彩票游戏规则

附件：

“临川四梦”即开型福利彩票游戏规则

面　值：5 元

奖　组：40 万张

玩　法：本彩票共有两个玩法，两个玩法区内的中奖奖金兼中兼得。

玩法一：刮开覆盖膜，如果任意一个“我的号码”与“中奖号码”相同，即可获得该“我的号码”下方所对应的奖金。中奖奖金兼中兼得。

玩法二：刮开覆盖膜，如果刮出任何奖金金额，即可获得该奖金。

设奖方案：

奖级	中奖金额（元）	中奖个数	奖金小计（元）
1	300 000	1	300 000
2	10 000	10	100 000
3	1 000	200	200 000
4	20	5 000	100 000
5	5	120 000	600 000
合计		**125 211**	**1 300 000**

关于同意销毁“圣诞快乐”等 20 款即开型福利彩票的通知

（2017 年 10 月 19 日　财政部　财综〔2017〕49 号）

中国福利彩票发行管理中心：

你中心《关于申请销毁“圣诞快乐”等 20 款即开型福利彩票的请示》（中彩发字〔2017〕120 号）收悉。经研究，根据《彩票管理条例》、《彩票管理条例实施细则》和《彩票发行销售管理办法》（财综〔2012〕102 号）等有关规定，现就有关事项通知如下：

一、同意你中心组织销毁已经停止销售的“圣诞快乐”等20款即开型福利彩票，共计 2 773.15万张，票面总值共计18 753.54万元。具体数量和票面价值见附件。

二、请你中心按规定选择符合要求的销毁地点，并根据有关彩票管理规定和程序，在民政部的监督下，组织管理销毁工作。发现问题的，应当立即停止销毁，查明原因并处置后再行销毁。你中心应当在此文件印发之日起 30 个工作日内完成销毁工作，在销毁工作完成之后 20 个工作日内向财政部报送销毁情况报告。

三、你中心应当按程序及时销毁积压彩票，加强即开型彩票发行销售的成本核算和仓储运输管理，节约发行销售费用。督促彩票销售机构切实加强彩票数据和安全管理等工作，确保即开型彩票市场平稳健康发展。

附件：“圣诞快乐”等 20 款即开型福利彩票游戏表

附件：

“圣诞快乐”等 20 款即开型福利彩票游戏表

序号	游戏名称	面值（元）	数量（万张）	面值金额（万元）
1	圣诞快乐	10	46.315	463.15
2	海宝赛车	5	18.500	92.50
3	桂林山水	2	464.373	928.75
4	岩洞寻宝	2	474.843	949.69
5	长春雕塑	2	36.200	72.40
6	秀美吉林	5	55.896	279.48
7	足球之源—蹴鞠	5	32.900	164.50
8	欢乐彩	10	969.108	9 691.08
9	福寿有余	5	4.500	22.50
10	乐翻天	10	27.280	272.80

续表

序号	游戏名称	面值（元）	数量（万张）	面值金额（万元）
11	淘金者	20	62.636	1 252.72
12	畅游天下 2	5	47.320	236.60
13	我爱电影－唐山大地震	5	200.000	1 000.00
14	王牌高手	5	11.210	56.05
15	魅力新疆	10	281.189	2 811.89
16	和谐中华	10	1.615	16.15
17	高山流水	10	17.685	176.85
18	东方之冠 2	5	5.647	28.23
19	领奖台	20	7.885	157.70
20	欢乐嘉年华	10	8.050	80.50
合　计			**2 773.152**	**18 753.54**

关于审批“步步登高”等 4 款即开型体育彩票游戏意见的通知

（2017 年 10 月 31 日　财政部　财综〔2017〕64 号）

体育总局体育彩票管理中心：

你中心报来《体育总局彩票中心关于发行“步步登高”等 4 款即开型体育彩票的请示》（体彩字〔2017〕184 号）收悉。为优化体育彩票游戏结构，促进彩票市场健康发展，经研究，根据《彩票管理条例》、《彩票管理条例实施细则》和《彩票发行销售管理办法》（财综〔2012〕102 号）等相关规定，现就有关事项通知如下：

一、批准你中心印制发行“步步登高”即开型体育彩票游戏。该游戏按其销售总额的 65%、15% 和 20% 分别计提彩票奖金、彩票发行费和彩票公益金。游戏规则见附件。

“步步登高”即开型体育彩票上市销售前，你中心应及时向社会发布公告，并在公告中注明财政部批准的文件名称、文号、上市销售日期以及《“步步登高”即开型体育彩票游戏规则》等。

二、不予批准你中心印制发行“天猫主题票”等 3 款即开型体育彩票游戏。

你中心如不服上述不予批准的意见，可以在接到本意见之日起 60 日内，依法向我部申请行政复议；或者在接到本意见之日起 6 个月内，依法向北京市第一中级人民法院提起行政诉讼。

附件：“步步登高”即开型体育彩票游戏规则

附件：

“步步登高”即开型体育彩票游戏规则

（一）面值：5 元。

（二）奖组：72 万张。

（三）玩法规则：主游戏：刮开覆盖膜，如果出现金额标志，即中得该金额。幸运游戏：刮开幸运游戏覆盖膜，如果出现右方奖级表中所对应的山名，即中得其所对应的金额。中奖奖金兼中兼得。

（四）设奖方案：

奖级	中奖金额（元）	中奖个数	中奖小计（元）
1	10 000	1	10 000
2	1 000	20	20 000
3	500	40	20 000
4	200	400	80 000
5	100	1 700	170 000
6	50	6 000	300 000
7	20	12 000	240 000
8	10	24 000	240 000
9	5	252 000	1 260 000
合计		**296 161**	**2 340 000**

关于“赢在2018”等22款即开型福利彩票游戏的审批意见

（2017年12月21日　财政部　财综〔2017〕72号）

中国福利彩票发行管理中心：

你中心报来《关于申报“赢在2018”等22款即开型福利彩票新游戏的请示》（中彩发字〔2017〕143号）收悉。为优化福利彩票游戏结构，促进彩票市场健康发展，经研究，根据《彩票管理条例》、《彩票管理条例实施细则》和《彩票发行销售管理办法》等相关规定，现就有关事项通知如下：

一、关于“赢在2018”等21款即开型福利彩票游戏的审批意见

同意印制发行“赢在2018”等21款即开型福利彩票游戏。该批游戏按其销售总额的65%、15%和20%分别计提彩票奖金、彩票发行费和彩票公益金。具体游戏规则见附件。

“赢在2018”等21款即开型福利彩票游戏上市销售前，你中心应及时向社会发布公告，并在公告中注明财政部批准的文件名称、文号、上市销售日期以及《“赢在2018”等21款即开型福利彩票游戏规则》等。

二、关于“66顺88发”即开型福利彩票游戏的审批意见

“66顺88发”即开型福利彩票游戏规则表述不严谨，不予批准印制发行该款游戏。

你中心如不服上述意见，可以在接到本意见之日起60日内，依法向我部申请行政复议；或者在接到本意见之日起6个月内，依法向北京市第一中级人民法院提起行政诉讼。

附件：“赢在2018”等21款即开型福利彩票游戏规则

附件：

“赢在2018”等21款即开型福利彩票游戏规则

一、赢在2018

（一）面值：2元

（二）奖组：50万张

（三）玩法：刮开覆盖膜，如果出现3个相同的奖金金额，即可获得该单一奖金；如果刮出“2018”图符，即可获得20元奖金。

（四）设奖方案：

奖级	中奖金额（元）	中奖个数	中奖小计（元）
1	20 000	1	20 000
2	1 000	10	10 000

续表

奖级	中奖金额（元）	中奖个数	中奖小计（元）
3	500	50	25 000
4	100	500	50 000
5	50	1 000	50 000
6	20	4 500	90 000
7	10	5 000	50 000
8	5	40 000	200 000
9	2	77 500	155 000
合计		**128 561**	**650 000**

二、戊戌狗—金狗银狗

（一）面值：5 元

（二）奖组：100 万张

（三）玩法：刮开覆盖膜，如果刮出“狗”图符，即可获得该图符下方所对应的奖金。中奖奖金兼中兼得。

（四）设奖方案：

奖级	中奖金额（元）	中奖个数	奖金小计（元）
1	100 000	1	100 000
2	10 000	1	10 000
3	500	600	300 000
4	100	860	86 000
5	50	19 000	950 000
6	20	200	4 000
7	10	100 000	1 000 000
8	5	160 000	800 000
合计		**280 662**	**3 250 000**

三、怀袖清风

（一）面值：5 元

（二）奖组：60 万张

（三）玩法：刮开覆盖膜，如果在成行方向上刮出 6 个相同的图符或在成列方向上刮出 3 个相同的图符，即可获得该行或该列方向所对应的奖金。中奖奖金兼中兼得。

（四）设奖方案：

奖级	中奖金额（元）	中奖个数	奖金小计（元）
1	10 000	6	60 000
2	1 000	60	60 000
3	500	900	450 000
4	100	960	96 000
5	50	3 000	150 000
6	20	7 200	144 000
7	10	42 000	420 000
8	5	114 000	570 000
合计		**168 126**	**1 950 000**

四、祝你快乐

（一）面值：5 元

（二）奖组：60 万张

（三）玩法：刮开覆盖膜，如果任意一个“我的生肖”与“幸运生肖”相同，即可获得该“我的生肖”下方所对应的奖金；如果刮出“”图符，即可获得该图符下方所对应奖金的两倍。中奖奖金兼中兼得。

（四）设奖方案：

奖级	中奖金额（元）	中奖个数	中奖小计（元）
1	100 000	1	100 000
2	5 000	3	15 000
3	1 000	59	59 000
4	500	240	120 000
5	100	3 000	300 000
6	50	3 000	150 000
7	30	200	6 000
8	20	1 800	36 000
9	15	9 000	135 000
10	10	51 000	510 000
11	5	103 800	519 000
合计		**172 103**	**1 950 000**

五、7 开得胜

（一）面值：5 元

（二）奖组：100 万张

（三）玩法：刮开覆盖膜，如果在同一局游戏中刮出 3 个相同的图符，即可获得该局游戏右方所对应的奖金；如果在任意一局游戏中刮出“7”

图符，即可获得该局游戏右方所对应奖金的两倍。共有 7 局游戏，中奖奖金兼中兼得。

（四）设奖方案：

奖级	中奖金额（元）	中奖个数	奖金小计（元）
1	100 000	1	100 000
2	1 000	10	10 000
3	500	100	50 000
4	200	100	20 000
5	100	2 000	200 000
6	60	50	3 000
7	50	14 000	700 000
8	30	900	27 000
9	20	30 000	600 000
10	10	69 000	690 000
11	5	170 000	850 000
合计		**286 161**	**3 250 000**

六、小黄人

（一）面值：5 元

（二）奖组：40 万张

（三）玩法：刮开覆盖膜，如果刮出“ ”图符，即可获得该图符下方所对应的奖金；如果刮出“小黄人”图符，即可获得该图符下方所对应奖金的 5 倍。中奖奖金兼中兼得。

（四）设奖方案：

奖级	中奖金额（元）	中奖个数	奖金小计（元）
1	100 000	1	100 000
2	1 000	20	20 000
3	500	100	50 000
4	100	1 000	100 000
5	50	4 000	200 000
6	20	8 000	160 000
7	10	32 000	320 000
8	5	70 000	350 000
合计		**115 121**	**1 300 000**

七、财源广进

（一）面值：10 元

（二）奖组：80 万张

（三）玩法：刮开覆盖膜，如果任意一个“我的号码”与任意一个“中奖号码”相同，即可获得该“我的号码”下方所对应的奖金；如果刮出“就是你”短语，即可获得该短语下方所对应奖金的两倍。中奖奖金兼中兼得。

（四）设奖方案：

奖级	中奖金额(元）	中奖个数	奖金小计（元）
1	10 000	5	50 000
2	1 000	1 600	1 600 000
3	200	100	20 000
4	100	900	90 000
5	50	16 000	800 000
6	30	16 000	480 000
7	20	19 200	384 000
8	10	177 600	1 776 000
合计		**231 405**	**5 200 000**

八、非常惊喜

（一）面值：10 元

（二）奖组：100 万张

（三）玩法：刮开覆盖膜，如果刮出的图符与画面上的任意一个图符相同，即可获得画面上该图符下方所对应的奖金。中奖奖金兼中兼得。

（四）设奖方案：

奖级	中奖金额（元）	中奖个数	奖金小计（元）
1	250 000	1	250 000
2	5 000	1	5 000
3	1 000	10	10 000
4	500	70	35 000
5	200	1 000	200 000
6	100	1 000	100 000
7	50	30 000	1 500 000
8	20	140 000	2 800 000
9	10	160 000	1 600 000
合计		**332 082**	**6 500 000**

九、风花雪月

（一）面值：10 元

（二）奖组：100 万张

（三）玩法：本彩票共有 3 个玩法，3 个玩法区内的中奖奖金兼中兼得。

玩法一：刮开覆盖膜，如果刮出“ ”图符，即可获得该图符下方所对应的奖金。中奖奖金兼中兼得。

玩法二：刮开覆盖膜，如果刮出3个相同的奖金金额，即可获得该单一奖金。

玩法三：刮开覆盖膜，如果刮出“风花雪月”短语，即可获得10元奖金。

（四）设奖方案：

奖级	中奖金额（元）	中奖个数	奖金小计（元）
1	100 000	1	100 000
2	4 000	10	40 000
3	1 000	100	100 000
4	400	200	80 000
5	100	8 000	800 000
6	50	20 000	1 000 000
7	20	80 000	1 600 000
8	10	278 000	2 780 000
合计		**386 311**	**6 500 000**

十、壕7

（一）面值：10元

（二）奖组：100万张

（三）玩法：本彩票共有两个玩法，两个玩法区内的中奖奖金兼中兼得。

玩法一：刮开覆盖膜，如果任意一个“我的号码”与任意一个“中奖号码”相同，即可获得该“我的号码”下方所对应的奖金；如果刮出“7”图符，即可获得该图符下方所对应奖金的7倍。中奖奖金兼中兼得。

玩法二：刮开覆盖膜，如果刮出3个相同的图符，即可获得该游戏右方所对应的奖金。

（四）设奖方案：

奖级	中奖金额（元）	中奖个数	奖金小计（元）
1	400 000	1	400 000
2	7 000	1	7 000
3	1 000	10	10 000
4	700	200	140 000
5	100	10 000	1 000 000
6	70	10 000	700 000
7	50	60	3 000
8	20	160 000	3 200 000
9	10	104 000	1 040 000
合计		**284 272**	**6 500 000**

十一、群英会

（一）面值：10元

（二）奖组：100万张

（三）玩法：刮开覆盖膜，如果同一局游戏中两个“我的号码”均与“中奖号码”相同，即可获得该局游戏右方所对应的奖金。共有10局游戏，中奖奖金兼中兼得。

（四）设奖方案：

奖级	中奖金额（元）	中奖个数	奖金小计（元）
1	300 000	1	300 000
2	10 000	2	20 000
3	1 000	60	60 000
4	500	400	200 000
5	100	8 000	800 000
6	50	12 000	600 000
7	30	26 000	780 000
8	20	97 000	1 940 000
9	10	180 000	1 800 000
合计		**323 463**	**6 500 000**

十二、福满人间

（一）面值：10元

（二）奖组：100万张

（三）玩法：刮开覆盖膜，如果刮出“福”图符，即可获得该图符下方所对应的奖金。中奖奖金兼中兼得。

（四）设奖方案：

奖级	中奖金额（元）	中奖个数	奖金小计（元）
1	200 000	1	200 000
2	5 000	1	5 000
3	1 000	100	100 000
4	500	300	150 000
5	100	5 150	515 000
6	50	20 000	1 000 000
7	30	3 000	90 000
8	20	42 000	840 000
9	10	360 000	3 600 000
合计		**430 552**	**6 500 000**

十三、冠军荣耀

（一）面值：10元

（二）奖组：60万张

（三）玩法：本彩票共有3个玩法，3个玩法区内的中奖奖金兼中兼得。

玩法一：刮开覆盖膜，在同一年份中，如果“我的球队”与“冠军球队”相同，即可获得该“我的球队”右侧所对应的奖金。中奖奖金兼中兼得。

玩法二：刮开覆盖膜，如果刮出“冠军荣耀”短语，即可获得该短语下方所对应的奖金。

玩法三：刮开覆盖膜，在同一队游戏中，从“小组赛”开始，刮出“胜利⇧”图符，即可按照箭头指示方向前进，刮出“淘汰✕”图符，则不能前进，如果能到达“奖金区”，即可获得该队游戏奖金区内所对应的奖金。共有6队游戏，中奖奖金兼中兼得。

（四）设奖方案：

奖级	中奖金额（元）	中奖个数	奖金小计（元）
1	201 800	1	201 800
2	10 000	1	10 000
3	1 000	50	50 000
4	500	300	150 000
5	200	200	40 000
6	100	2 000	200 000
7	50	6 000	300 000
8	30	4 140	124 200
9	20	76 500	1 530 000
10	10	129 400	1 294 000
合计		**218 592**	**3 900 000**

十四、天生一对

（一）面值：10元

（二）奖组：50万张

（三）玩法：本彩票共有两个玩法，两个玩法区内的中奖奖金兼中兼得。

玩法一：刮开覆盖膜，如果刮出两个相同的图符，即可获得该玩法区的奖金。

玩法二：刮开覆盖膜，如果刮出任何奖金金额，即可获得该奖金；如果刮出“❤❤”图符，即可获得50元奖金。中奖奖金兼中兼得。

（四）设奖方案：

奖级	中奖金额（元）	中奖个数	奖金小计（元）
1	200 000	1	200 000
2	1 000	5	5 000
3	500	10	5 000
4	200	50	10 000
5	100	2 000	200 000
6	50	5 000	250 000
7	20	104 000	2 080 000
8	10	50 000	500 000
合计		**161 066**	**3 250 000**

十五、冰雪良缘

（一）面值：10元

（二）奖组：100万张

（三）玩法：刮开覆盖膜，如果任意一个“我的号码”与“中奖号码”相同，即可获得该“我的号码”下方所对应的奖金。中奖奖金兼中兼得。

（四）设奖方案：

奖级	中奖金额（元）	中奖个数	中奖小计（元）
1	250 000	1	250 000
2	5 000	10	50 000
3	1 000	200	200 000
4	500	400	200 000
5	100	10 000	1 000 000
6	50	12 000	600 000
7	30	8 000	240 000
8	20	78 000	1 560 000
9	10	240 000	2 400 000
合计		**348 611**	**6 500 000**

十六、魅力宁波

（一）面值：10元

（二）奖组：100万张

（三）玩法：本彩票共有两个玩法，两个玩法区内的中奖奖金兼中兼得。

玩法一：刮开覆盖膜，如果任意一个“我的号码”与任意一个“中奖号码”相同，即可获得该“我的号码”下方所对应的奖金。中奖奖金兼中兼得。

玩法二：刮开覆盖膜，如果刮出任何奖金金额，即可获得该奖金。中奖奖金兼中兼得。

（四）设奖方案：

奖级	中奖金额（元）	中奖个数	中奖小计（元）
1	250 000	1	250 000
2	10 000	5	50 000
3	5 000	10	50 000
4	1 000	200	200 000
5	500	400	200 000
6	100	8 000	800 000
7	50	12 000	600 000
8	30	20 000	600 000
9	20	80 000	1 600 000
10	10	215 000	2 150 000
合计		**335 616**	**6 500 000**

十七、戊戌狗—旺旺年

（一）面值：10元

（二）奖组：50万张

（三）玩法：本彩票共有两个玩法，两个玩法区内的中奖奖金兼中兼得。

玩法一：刮开覆盖膜，在同一局游戏中，如果任意一个“我猜的号码”与“胜利号码”相同，即可获得该局游戏“胜利号码”下方所对应的奖金。共有3局游戏，中奖奖金兼中兼得。

玩法二：刮开覆盖膜，如果刮出的“获奖号码”与《奖牌榜》中的号码相同，即可获得《奖牌榜》中该号码右方所对应的奖金。中奖奖金兼中兼得。

（四）设奖方案：

奖级	中奖金额（元）	中奖个数	中奖小计（元）
1	250 000	1	250 000
2	5 000	2	10 000
3	1 000	50	50 000
4	500	750	375 000
5	100	1 000	100 000
6	50	10 000	500 000
7	40	125	5 000
8	30	5 000	150 000
9	20	45 000	900 000
10	10	91 000	910 000
合计		**152 928**	**3 250 000**

十八、沙漠寻宝

（一）面值：20元

（二）奖组：100万张

（三）玩法：刮开“我的号码”区覆盖膜，根据刮出的号码，在“标注区”寻找所对应的号码并进行刮开标注，当标注的号码满一行时，即可获得该行所对应的奖金。中奖奖金兼中兼得。

（四）设奖方案：

奖级	中奖金额（元）	中奖个数	中奖小计（元）
1	1 000 000	1	1 000 000
2	10 000	8	80 000
3	1 000	500	500 000
4	500	1 000	500 000
5	300	4 000	1 200 000
6	200	200	40 000
7	100	10 000	1 000 000
8	50	32 000	1 600 000
9	40	40 000	1 600 000
10	30	60 000	1 800 000
11	20	184 000	3 680 000
合计		**331 709**	**13 000 000**

十九、金光闪耀

（一）面值：20元

（二）奖组：100万张

（三）玩法：刮开覆盖膜，如果任意一个“我的号码”与任意一个“中奖号码”相同，即可获得该“我的号码”下方所对应的奖金，如果刮出“”图符，即可获得该图符下方所对应奖金的两倍，中奖奖金兼中兼得。如果刮出“”图符，即可获得玩法区内所有的奖金之和。

（四）设奖方案：

奖级	中奖金额（元）	中奖个数	奖金小计（元）
1	1 000 000	1	1 000 000
2	80 000	1	80 000
3	8 000	8	64 000
4	800	10	8 000
5	100	20 000	2 000 000
6	80	100	8 000
7	60	36 000	2 160 000

续表

奖级	中奖金额（元）	中奖个数	奖金小计（元）
8	40	80 000	3 200 000
9	20	224 000	4 480 000
合计		**360 120**	**13 000 000**

二十、戊戌狗—福禄寿喜

（一）面值：20元

（二）奖组：100万张

（三）玩法：刮开覆盖膜，如果在同一局游戏中刮出两个相同的图符，即可获得该局游戏下方所对应的奖金；如果在任意一局游戏中刮出一个“ ”图符，即可获得该局游戏下方所对应的奖金。共有12局游戏，中奖奖金兼中兼得。

（四）设奖方案：

奖级	中奖金额（元）	中奖个数	奖金小计（元）
1	1 000 000	1	1 000 000
2	100 000	1	100 000
3	10 000	1	10 000
4	1 000	200	200 000
5	500	500	250 000
6	200	1 600	320 000
7	100	10 000	1 000 000
8	50	28 000	1 400 000
9	40	80 000	3 200 000
10	30	20 000	600 000
11	20	246 000	4 920 000
合计		**386 303**	**13 000 000**

二十一、一路福星

（一）面值：20元

（二）奖组：100万张

（三）玩法：本彩票共有5个玩法，5个玩法区内的中奖奖金兼中兼得。

玩法一：刮开覆盖膜，如果任意一个“我的步数”与“中奖路线图”中任意一个“中奖步数”相同，即可获得该“中奖步数”下方所对应的奖金。中奖奖金兼中兼得。

玩法二：刮开覆盖膜，如果任意一个“我的号码”与任意一个“中奖号码”相同，即可获得该“我的号码”下方所对应的奖金。中奖奖金兼中兼得。

玩法三：刮开覆盖膜，如果在任意一局游戏中“我的号码”大于“对方号码”，即可获得该局游戏右方所对应的奖金。共有3局游戏，中奖奖金兼中兼得。

玩法四：刮开覆盖膜，如果刮出任何奖金金额，即可获得该奖金；如果刮出“福”图符，即可获得100元奖金。中奖奖金兼中兼得。

玩法五：刮开覆盖膜，如果刮出3个相同的图符，即可获得该游戏右方所对应的奖金。

（四）设奖方案：

奖级	中奖金额（元）	中奖个数	奖金小计（元）
1	800 000	1	800 000
2	100 000	1	100 000
3	10 000	5	50 000
4	1 000	10	10 000
5	500	200	100 000
6	200	100	20 000
7	100	24 000	2 400 000
8	60	12 000	720 000
9	50	20 000	1 000 000
10	40	68 000	2 720 000
11	30	20 000	600 000
12	20	224 000	4 480 000
合计		**368 317**	**13 000 000**

关于停止销售“黑珍珠”等53款即开型体育彩票游戏的通知

（2017年1月18日　财政部　财办综〔2017〕8号）

国家体育总局体育彩票管理中心：

你中心《关于申请停止销售“黑珍珠”等53款即开型体育彩票的请示》（体彩字〔2016〕284号）收悉。经研究，根据《彩票管理条例》、《彩票管理条例实施细则》和《彩票发行销售管理办法》（财综〔2012〕102号）等有关规定，现就有关事项通知如下：

一、同意你中心停止销售“黑珍珠”等53款即开型体育彩票游戏（见附件）。你中心应当自批准之日起2个月内向社会发布公告，公告内容包括财政部的批准文件名称及文号、停止销售日期、兑奖截止日期等。自公告之日起满60个自然日后，停止销售“黑珍珠”等53款即开型体育彩票游戏。

二、停止销售后，在兑奖期内，应当按照规定兑付奖金。兑奖期结束后，你中心应与彩票销售机构做好彩票资金结算工作。逾期未兑奖奖金纳入彩票公益金，奖金结余转为一般调节基金，超兑奖金在彩票发行销售风险基金中列支。

三、兑奖期结束后，你中心和彩票销售机构应当在60个自然日内分别向同级财政部门提交书面报告，报告内容包括彩票发行销售和资金结算等情况。

四、你中心应当严格按照现行彩票管理制度规定，督促彩票销售机构加强彩票销售的安全管理和风险控制，切实做好即开型彩票的发行销售工作。

附件：“黑珍珠”等53款即开型体育彩票游戏列表

附件：

“黑珍珠”等53款即开型体育彩票游戏列表

序号	彩票游戏名称	游戏面值（元）	财政部批复文号
1	拜年啦	5	财办综〔2008〕105号
2	金字塔	10	财办综〔2008〕105号
3	心手相连	3	财办综〔2008〕105号
4	钓大鱼	5	财办综〔2008〕105号
5	大熊猫	10	财办综〔2008〕105号
6	惊喜8	3	财办综〔2009〕53号
7	超值现金	20	财办综〔2010〕5号

续表

序号	彩票游戏名称	游戏面值（元）	财政部批复文号
8	冰火连赢	10	财办综〔2010〕5号
9	金银岛	5	财办综〔2010〕5号
10	金鹅	3	财办综〔2010〕5号
11	大满贯	20	财办综〔2010〕5号
12	疯狂8	5	财办综〔2010〕5号
13	7-11-21	5	财办综〔2010〕102号
14	黑珍珠	10	财办综〔2010〕5号
15	金算盘	5	财办综〔2010〕102号
16	幸运小精灵	10	财办综〔2010〕102号
17	金银生辉	20	财办综〔2010〕102号
18	金色的祝福	10	财办综〔2010〕102号
19	NBA篮球（10元）	10	财办综〔2011〕22号
20	NBA篮球（5元）	5	财办综〔2011〕22号
21	分花红	2	财办综〔2010〕102号
22	喜上梅梢	5	财办综〔2010〕102号
23	幸运号码	3	财办综〔2010〕102号
24	闪耀宝石9	20	财办综〔2010〕102号
25	好运马上来	10	财办综〔2010〕102号
26	越野赛	5	财办综〔2010〕102号
27	步步为赢	2	财办综〔2011〕51号
28	大家乐	2	财办综〔2010〕5号
29	魅力海阳　喜迎亚沙会	10	财办综〔2011〕51号
30	碧水生金	10	财办综〔2011〕51号
31	环青海湖大赛	10	财办综〔2011〕51号
32	秀甲天下	10	财办综〔2011〕51号
33	深圳第26届世界大学生夏季运动会	10	财办综〔2011〕51号
34	南阳淘宝	10	财办综〔2011〕51号
35	争金夺银—第7届全国农民运动会	5	财办综〔2011〕51号
36	多彩贵州	5	财办综〔2011〕51号
37	铁人夺金	5	财办综〔2011〕51号
38	20倍幸运	20	财办综〔2010〕102号
39	十倍幸运Ⅱ	10	财办综〔2011〕51号
40	龟兔赛跑	5	财办综〔2011〕51号
41	股神	10	财办综〔2010〕102号
42	即现彩虹	2	财办综〔2008〕105号
43	3倍幸运草	5	财办综〔2011〕51号
44	超级赢家	20	财办综〔2011〕51号

续表

序号	彩票游戏名称	游戏面值（元）	财政部批复文号
45	好运 8	10	财办综〔2011〕51 号
46	十全十美	2	财办综〔2008〕105 号
47	6 倍幸运	5	财办综〔2011〕51 号
48	快乐雪人	5	财办综〔2010〕102 号
49	好运翻六番	10	财办综〔2011〕51 号
50	幸运金鱼	5	财办综〔2010〕102 号
51	满载而归	10	财办综〔2010〕5 号
52	团龙献瑞	10	财办综〔2011〕51 号
53	金荷包	5	财办综〔2011〕51 号

关于停止销售“年年有余”等33款即开型福利彩票的通知

（2017年4月1日　财政部　财办综〔2017〕49号）

中国福利彩票发行管理中心：

你中心《关于停止销售“年年有余”等33款即开型福利彩票游戏的请示》（中彩发字〔2017〕29号）收悉。经研究，根据《彩票管理条例》、《彩票管理条例实施细则》和《彩票发行销售管理办法》（财综〔2012〕102号）等有关规定，现就有关事项通知如下：

一、同意你中心停止销售“年年有余”等33款即开型福利彩票游戏（见附件）。你中心应当自批准之日起2个月内向社会发布公告，公告内容包括财政部的批准文件名称及文号、停止销售日期、兑奖截止日期等。自公告之日起满60个自然日后，停止销售“年年有余”等33款即开型福利彩票游戏。

二、停止销售后，在兑奖期内，应当按照规定兑付奖金。兑奖期结束后，你中心应与彩票销售机构做好彩票资金结算工作。逾期未兑奖奖金纳入彩票公益金，奖金结余转为一般调节基金，超兑奖金在彩票发行销售风险基金中列支。

三、兑奖期结束后，你中心和彩票销售机构应当在60个自然日内分别向同级财政部门提交书面报告，报告内容包括彩票发行销售、资金结算等情况。

四、你中心应当严格按照现行彩票管理制度规定，督促彩票销售机构加强彩票销售的安全管理和风险控制，切实做好即开型彩票的发行销售工作。

附件：“年年有余”等33款即开型福利彩票游戏列表

附件：

“年年有余”等33款即开型福利彩票游戏列表

序号	彩票游戏名称	游戏面值（元）	财政部批复文号
1	畅游天下4—文明深圳	5	财办综〔2009〕21号
2	和谐中华2	10	财办综〔2009〕21号
3	数字达人2元	2	财办综〔2009〕21号
4	上海风采虎	5	财办综〔2010〕3号
5	淘金者2	20	财办综〔2010〕3号
6	年年有余	20	财办综〔2010〕3号
7	环游世界	10	财办综〔2010〕3号
8	金色土地	5	财办综〔2010〕3号
9	财富之旅	10	财办综〔2010〕3号

续表

序号	彩票游戏名称	游戏面值（元）	财政部批复文号
10	中华瑰宝 10 元 – 天津风采	10	财办综〔2010〕3 号
11	马到功成	5	财办综〔2010〕3 号
12	对对碰 5 元	5	财办综〔2010〕3 号
13	中华故事 2 元 – 老子	2	财办综〔2010〕85 号
14	中华故事 5 元 – 上善若水	5	财办综〔2010〕85 号
15	中华故事 5 元 –2– 老子说	5	财办综〔2010〕85 号
16	中华故事 10 元 – 老子经典	10	财办综〔2010〕85 号
17	富贵有余 6	2	财办综〔2010〕85 号
18	富贵有余 7	5	财办综〔2010〕85 号
19	普天同庆	5	财办综〔2010〕85 号
20	中华故事 5 元 – 天津风采	5	财办综〔2010〕85 号
21	九九重阳	10	财办综〔2010〕85 号
22	灌篮高手 20 元	20	财办综〔2010〕85 号
23	中华故事 10 元 – 河北典故	10	财办综〔2010〕85 号
24	富贵有余 20 元 – 河北民俗	20	财办综〔2010〕85 号
25	我爱电影 – 龙门飞甲 10 元	10	财办综〔2011〕129 号
26	上海风采	5	财办综〔2011〕132 号
27	金龙贺岁	10	财办综〔2011〕132 号
28	2012 龙	5	财办综〔2011〕132 号
29	2012 龙四联	5	财办综〔2011〕132 号
30	2012 龙小本	5	财办综〔2011〕132 号
31	魅力丹霞	10	财办综〔2011〕132 号
32	张家界风光 5 元	5	财办综〔2011〕132 号
33	张家界风光 10 元	10	财办综〔2011〕132 号

（二）福利彩票管理制度和文献

关于印发《中福在线视频型彩票发行销售系统运行管理办法（试行）》的通知

（2017年10月30日　中国福利彩票发行管理中心　中彩发字〔2017〕149号）

中心技术管理部、中福彩科技发展（北京）有限公司、北京中彩在线科技有限责任公司：

《中福在线视频型彩票发行销售系统运行管理办法（试行）》已经中心领导班子会审议通过，现印发你们，请遵照执行。

附件：中福在线视频型彩票发行销售系统运行管理办法（试行）

附件：

中福在线视频型彩票发行销售系统运行管理办法（试行）

第一章　总　　则

第一条　为贯彻执行《彩票管理条例》及其实施细则、《彩票发行销售管理办法》等法规和规范性文件，加强中福在线视频型彩票发行销售系统（以下简称“视频票系统”）运行管理，特制定本办法。

第二条　本办法适用于已通过第三方检测机构安全评估并上线运行的视频票系统运行相关事项（包括网络、应用、数据库、安全等方面）的管理。

第三条　中国福利彩票发行管理中心（以下简称“中福彩中心”）负责审批和监督视频票系统软件变更、问题处理、备份策略、应急处置、销售厅业务等工作；各省级福利彩票发行中心（以下简称“省级福彩中心”）负责本行政区域内的销售厅系统的管理及网络管理等。中福彩科技发展（北京）有限公司（以下简称“中彩科技公司”）负责按照中福彩中心的管理要求实施视频票系统运行工作；北京中彩在线科技有限责任公司（以下简称“中彩在线公司”）负责提供系统运行过程中的技术服务及现有销售厅一体机、终端机软硬件的维护。

第二章　系统运行管理要求

第四条　中福彩中心在视频票系统运行管理工作中承担的主要职责如下：

（一）建立并发布视频票系统运行管理规章制度、规划未来视频彩票技术发展途径、以单一来源采购形式委托中彩科技公司具体实施视频票系统运行等；

（二）提供并管理视频票系统运行所需的基础设施，包括以下事项：机房场地及系统所需硬件设备、系统所需第三方软件、机房至各省中心的通信专线、视频票系统运维监控场所及相应通信专线；

（三）组织第三方专业机构对视频票系统变更进行检测，并对系统上线过程进行审批和监督。

第五条　省级福彩中心主要负责本行政区域内销售厅的管理，以及承担省中心到销售厅之间的网络管理、通信线路维护。

第六条　中彩科技公司在实施视频票系统运行过程中，按照中福彩中心的管理要求实施视频票系统运行维护工作；及时处理视频票系统运行中发现的问题和事件；提出系统升级完善的建议；保障视频票系统安全运行。

第七条　中彩在线公司负责提供视频票系统运行过程中的技术服务，包含但不限于以下内容：

（一）负责现有销售厅一体机以及销售终端机等硬件设备的维修、维护，使用现有客户服务平台收集销售厅发生的事件，通过事件分类整理及时反馈给中福彩中心；

（二）完善视频票系统及游戏，将研发结果及相关技术资料提交至中福彩中心，并协助后期的升级变更工作；

（三）接收并处理中福彩中心的问题、需求；

（四）当发生紧急事件时，根据问题的严重等级，配合中福彩中心解决技术问题。

第八条　视频票系统运行管理工作主要涉及以下几方面内容：

（一）网络管理：包括视频票系统生产机房内部链路、外部专线及所有网络相关设备的管理与维护；

（二）应用管理：包括视频票系统生产相关操作，及系统运行状态的实时监控；

（三）数据服务：包括视频票系统生产数据库的日常巡检、调优、备份，并按照中福彩中心要求提供数据查询服务；

（四）安全管理：根据网络安全法及信息安全等级保护第三级的要求，建立并落实相应安全管理制度，确保视频票系统运行符合中福彩中心安全准则；

（五）配置管理：包括视频票生产系统软硬件相关配置信息管理、事件管理、问题管理以及生产过程中产生的各类文档的留存；

（六）变更管理：主要涉及视频票系统软硬件变更的管理，执行中福彩中心批准的各项变更管理要求；

（七）应急管理：主要涉及制定与实施视频票系统故障时的应急方案，建立应急情况沟通机制。

第三章　日常运维管理

第九条　中福彩中心负责审批运维手册、运维规范，收集各地市销售厅业务需求，并给中彩科技公司下达业务指令。中彩科技公司根据工作内容的不同划分，由网络、应用、数据库等技术人员，对软硬件环境进行日常操作，保障业务系统稳定运行。中彩在线公司通过现有客户服务平台收集销售厅事件、提出解决方案并提供技术支持。

第十条 中福彩中心通知中彩在线公司与销售厅进行沟通，系统开发商将销售厅有关信息反馈给中福彩中心，中福彩中心向中彩科技公司下发销售厅业务批文及销售厅信息，由中彩科技公司进行有关业务操作。

第十一条 中彩科技公司定期对核心交易系统及数据库、辅助系统及数据库、数据仓库（DW）系统、报表及数据库系统进行软硬件巡检、调优，及时排查并修复问题。

第十二条 中彩科技公司定期对网络设备进行巡检，监控网络链路运行状态，及时排查并修复问题。

第十三条 中彩科技公司设计、建设并维护智能监控系统，对业务实行24小时不间断的自动化监控、报警，保障视频票系统的健壮性、可用性，缩短故障处理响应时间。

第十四条 本章节涉及的运行管理制度见《中福在线视频型彩票发行销售系统运行管理手册之日常运维管理分册》。

第四章　安全管理

第十五条 中福彩中心应根据信息安全等级保护第三级的要求，定期组织对视频票系统进行安全评估。根据评估结果，提出未来提升视频票安全性、业务连续性的指导意见。

第十六条 中彩科技公司应按照中福彩中心的要求，承担视频票系统安全管理的具体实施，不断完善视频票系统运行安全体系，针对人为安全风险、系统技术漏洞等采取有效的防范措施。

第十七条 中彩科技公司在视频票系统运行过程中应遵守以下安全准则：

（一）所有对生产系统设备进行的运维操作均可被审计；

（二）所有运维操作均需双人在岗，一人操作，一人监督；

（三）实施权限分级管理，对不同操作人员给予不同设备操作权限；所有运维操作均需得到授权，且在视频监控下进行，相关视频记录需保存至少60天；

（四）应建立设备密码策略，对所有生产设备定期进行密码重置，并严格控制密码的使用权；

（五）应按照销售数据备份管理规范，做好销售数据备份，保证销售数据的可用性和可靠性；

（六）根据不同品牌的网络设备制定对应的安全基线，规范网络安全配置；

（七）遵守中福彩中心下发的各项管理流程，对管理流程外的操作事宜应经审批后方可执行。

第十八条 本章节涉及的运行管理制度见《中福在线视频型彩票发行销售系统运行管理手册之安全管理分册》。

第五章　配置管理

第十九条 中福彩中心负责下达业务相关的配置指令。中彩科技公司执行中福彩中心的配置指令，实施配置管理的具体操作。中彩科技公司可根据运维工作需要发起配置变更申请，在得到授权后进行实际操作。

第二十条 中彩科技公司根据相关操作规范，记录、执行配置指令、更新配置状态，确保配置管理工作及时、有效，确保配置信息完整、可追溯。

第二十一条 本章节涉及的运行管理制度见《中福在线视频型彩票发行销售系统运行管理手册之配置管理分册》。

第六章　变更管理

第二十二条 中福彩中心负责审批和监督视频票系统软件变更，负责组织第三方检测、评估，并针对第三方测评通过后的变更，组织中彩科技公司和中彩在线公司进行发布前评审。中彩在线公司负责提出发布申请，经中福彩中心批准后，由中彩科技公司实施变更操作。

第二十三条 中彩科技公司在收到中福彩中心发布的版本后，制订上线计划方案，并向中福彩中心提交，在得到授权后，实施版本上线的具体操作。版本上线完成后，编制系统升级报告，提交中福彩中心备案。

第二十四条 本章节涉及的运行管理制度见《中福在线视频型彩票发行销售系统运行管理手册之变更管理分册》。

第七章 应急管理

第二十五条 中福彩中心负责组织协调各相关方制定和实施应急方案。中彩在线公司负责制定解决方案并提供技术支持。中彩科技公司负责解决方案的具体实施以及现场情况报告。

第二十六条 中福彩中心确定应急启动机制，根据事件严重程度，组织各相关方执行不同的应急处置流程，并跟进各相关方的工作安排及工作要求。

本章节涉及的运行管理制度见《中福在线视频型彩票发行销售系统运行管理手册之应急管理分册》。

第八章 附　　则

第二十七条 本办法由中国福利彩票发行管理中心负责解释。

第二十八条 本办法自2017年11月1日起施行。

附件：1. 中福在线视频型彩票发行销售系统运行管理手册日常运维管理分册（略）

2. 中福在线视频型彩票发行销售系统运行管理手册安全管理分册（略）

3. 中福在线视频型彩票发行销售系统运行管理手册配置管理分册（略）

4. 中福在线视频型彩票发行销售系统运行管理手册变更管理分册（略）

5. 中福在线视频型彩票发行销售系统运行管理手册应急管理分册（略）

（三）体育彩票管理制度和文献

2017 年全国体育彩票工作报告

一、2016 年体育彩票工作情况

2016 年，在国家体育总局党组的正确领导和财政部的大力支持下，全国体彩系统深入学习贯彻党的十八大、十八届三中、四中、五中、六中全会精神，紧紧围绕《体育彩票发展“十三五”规划》目标，克服困难、稳中求进，圆满完成了年初制定的各项任务。全年销售 1881.5 亿元，比上年增加 217.8 亿元，增长 13.1%，筹集公益金 448.1 亿元，市场份额有所增长。27 个省市的销量同比有所增加，广东、江苏、山东、浙江、河南、河北的销量超过百亿元。销量保持两位数增长的省市有 20 个，湖北、湖南、广西、西藏、新疆、陕西、贵州、广东、河北、云南、北京的增幅超过了 20%。在全国体彩系统的共同努力下，各项工作取得了新成效，市场安全平稳发展。

乐透型彩票全年共销售 980.9 亿元，同比增长 4.9%。各级体彩机构坚持以超级大乐透系统化培育和高频游戏市场精耕为重点，以派奖促销为抓手，创新派奖方式，打好宣传组合拳，强化现有产品培育，提高了市场占有率。总局中心出台了多项管理办法，加强了游戏管理的制度建设和日常运营监控。按照总局中心《关于加强乐透型体育彩票实体店建设的意见》的部署，省市中心统一思路，以帮扶网点为核心，深入开展高频游戏精耕工作，启动新型彩票终端机在小型商超的试点销售，积极探索渠道多业态协同发展。通过优化网点信息电子化显示效果，着力提升网点服务质量，为彩民提供了更好的购彩体验。浙江、广东、内蒙古、新疆进行了电脑彩票票面优化试点工作，目前已基本具备了全国试点推广条件。

竞猜型彩票全年共销售 764.9 亿元，同比增长 29.8%，销量再上新台阶。各级体彩机构以欧洲杯等重大体育赛事为契机，创新营销方式，精心组织实施，进一步扩大了市场规模。省市中心以赛事为主线，加大产品推广力度，拓展传播渠道，依托实体网点和传统媒体、网络新媒体等平台，围绕“竞彩普及日”和“超级竞彩季”两个主题，开展了形式多样、内容丰富的营销宣传活动，提升了品牌影响力。广东、山东、河南、湖北、吉林等省市中心积极推进竞彩网点的扩点工作，进一步完善网点分类分级管理，优化了实体渠道结构。总局中心加强投注运营和风控管理，加大市场监控力度，保证了市场平稳运行。通过线上互动教学和现场集中授课等方式，开展了有针对性的业务培训，进一步提升了省市的管理能力和服务水平。

即开型彩票全年共销售135.6亿元，同比下降2.9%。即开型彩票以渠道建设为主线，加大渠道拓展力度，提升精细化管理水平。继续推进以“5要素”为核心的基础工作，全国综合达标率有一定提高，河北、江苏、安徽、福建、河南的达标率较高。总局中心下发了《拓展和维护渠道模式操作指南》等材料，为行业渠道规范发展提供指导意见。全年行业渠道网点数量净增2.3万个，累计达到3.1万个。部分省市制定了行业渠道扶持政策，渠道建设和管理取得了一定成效，辽宁行业渠道涵盖了全省80%的一级火车站。总局中心加强了产品创新力度，共上市全国性产品30款，地方性产品13款。顺利完成了即开票印制管理模式的调整工作，初步形成了即开票供应管理制度体系，总局中心下属企业中体彩印务公司即开票自主生产线顺利投产。

渠道基础性管理工作继续扎实推进。各级体彩机构进一步巩固渠道发展基础，优化网点布局，填补城乡空白区域，提高网点覆盖率，2016年电脑彩票网点数量达到15.6万个。总局中心积极推进实体渠道管理系统试点工作，提升了渠道管理的信息化水平。省市中心加强网点合法合规经营，规范代销证管理工作，规范张贴率达到99.5%。进一步完善了网点星级管理标准和考核办法，提升网点管理的标准化水平，全国三星级及以上网点占比达到55.8%。按照财政部和总局的要求，稳步推进互联网销售试点筹备工作和电话销售试点工作。

品牌建设工作不断加强。总局中心研究制定了中长期品牌规划，加强统筹协调工作，系统推进品牌建设与传播工作。继续开展“体彩人关爱项目”、“快乐操场”等形式多样的公益活动，提升了体育彩票的社会认知和公益形象。江苏、湖南、河北等省市组织了趣味性强、特色鲜明的公益活动，社会反响较好。“公益体彩”微博和微信公众号传播内容日益丰富，影响力不断扩大，已成为彩民和体彩机构互动的平台。积极履行体育彩票社会责任，通过了世界彩票协会责任彩票二级认证。

技术支撑能力进一步增强。完成了总体技术架构蓝图设计，强化了技术系统对业务的支撑能力。进一步优化发行销售技术平台，完成了具有自主知识产权的即开二代系统终验工作，稳步推进电子彩票平台建设，初步完成了数据集成平台的建设。组织开展了新型终端机研发。在实体网点引入互联网技术，推动电子投注单和二维码支付的研发应用等方面进行了深入调研和积极探索，尝试提升实体网点的数字化服务水平。根据彩票业务发展需要，经过研究论证，确定了数据中心新的业务功能和建设模式。开展集成实验室研究工作。

安全和保障工作更加有力。一是加强技术系统运行和维护，全年未出现影响全国销售的重大故障，各项安全运行指标均达到或超过了年初设定的标准。开奖工作平稳运行，全年无事故。二是进一步完善安全管理制度建设，建立了全业务风险等级评估与处理机制，制定了重点业务评审流程。通过了国家重要信息系统备案和测评工作。三是继续加强网点安全检查工作，加强了异常终端监控。四是突发事件的应急处置及时有力。

队伍建设和培训工作扎实开展。总局中心建立了全国业务培训平台，推广优秀网络课程的交流和分享，为体彩队伍整体素质和执行力的全面提升创造了条件。各省市积极组织开展课程学习和业务考试，培训范围从业务管理人员延伸至网点销售人员。据统计，2016年，全国共开展各类培训6.5万场次，136万人次接受了培训。山东、云南、四川、山西、海南等省市还自主开发了培训课程。目前，全国业务培训平台用户达到16.3万人。按照中央的统一部署，各级体彩机构认真开展了“两学一做”教育活动，强化政治意识、大局意识、核心意识、看齐意识，进一步增强了队伍的责任感和使命感。

2016年，在各级体育行政部门、财政部门的大力支持和全国体彩从业者的共同努力下，体育彩票的各项工作取得了较好成效。在此，我代表总局中心，对总局和财政部领导以及各级体育、财政部门对体育彩票工作的关心和支持表示衷心的感谢！对所有体彩工作者的辛勤工作表示崇高的敬意！

二、强化责任意识，夯实发展基础，进一步提升科学化、规范化管理水平

2016年，全国体彩系统深入贯彻落实总局党组对彩票工作的要求和总体部署，坚持依法治彩，确保安全运营，坚持勇于担当，践行社会责任，坚持狠抓基础，促进协调发展，坚持团结协作，弘扬体彩精神，体育彩票的各项工作取得了良好进展。我们既要看到成绩，也要看到面临的困难和挑战以及存在的短板。目前我国彩票整体市场已进入到一个新的平台期，增速开始放缓，一些制约彩票发展的因素仍然存在：游戏产品、现有渠道建设和服务还不能充分满足彩票购买者的需求，技术体系建设还不能完全适应事业快速发展的需要，队伍管理水平有待提升，品牌和公信力建设与社会认知还有一定差距，网点经营压力越来越大，安全管理和廉政建设的任务十分艰巨。

面对这些问题，我们要进一步转变观念、增强信心、迎难而上，在继承以往成功经验的基础上，要以新的思维和管理方式开展工作：

一是坚持依法依规，强化责任意识。要强化规矩和纪律意识，把对法治的尊崇、对法律的敬畏转化成思维方式和行为准则，进一步增强依法依规履职的自觉性，善于用法治思维想问题、作决策、干工作，将工作的每一个环节都纳入到法制规范的轨道，切实做到按法规、政策和制度开展工作，确保规范管理、安全运营。要树立强烈的责任心和使命感，履行对国家的责任、对社会的责任和对彩民的责任。面对复杂的形势和艰巨的任务，各级体彩机构要树立担当意识，在使命面前不推诿，在困难面前不退缩，在发展中履行体育彩票的责任。

二是尊重彩票规律，平心静气抓基础。要立足现实，提高认识，准确把握“十三五”时期彩票发展的新变化、新特征，以改革创新精神和科学务实态度探索发展新思路、新举措，要善于运用市场化思维和理念谋改革、促发展，以市场化方法和手段推进各项工作，既要立足当前，努力解决面临的困难和问题，又要着眼长远，尽快补齐制约事业发展的短板。要发扬钉钉子精神，平心静气、锲而不舍地抓好基础工作，增强体育彩票的内生动力，实现高质量、可持续的发展。

三是突出问题导向，提高科学化管理水平。要紧紧围绕体育彩票“十三五”发展目标，突出问题导向，抓住主要矛盾和主要问题，找准产生问题的深层次原因和解决问题的突破口，明确解决思路，制定对策措施。要建立科学的管理机制和决策机制，努力提高队伍的科学化管理水平。

三、深入落实“十三五”规划，扎实做好2017年各项工作

2017年是“十三五”规划全面推进之年，体育彩票工作要以十八届六中全会精神为统领，科学运用“五大发展理念”，紧紧围绕经济社会发展的大局，认真贯彻落实体育工作座谈会和全国体育局长会议精神，坚持稳中求进的总基调，以深化改革为动力，以依法治彩为保障，全面推进体育彩票各项工作。要强化责任意识，夯实发展基础，提升发展质量，提高发展效益，实现体育彩票的持续健康发展。重点抓好以下方面：

（一）强化战略引领，狠抓任务落实，全面贯彻实施“十三五”规划

习近平总书记指出，如果不沉下心来抓落实，再好的目标，再好的蓝图，也只是镜中花、水中月。体育彩票“十三五”规划的目标任务能否实现，

关键在于工作是否落实到位。各级体彩机构要树立一盘棋的思想，统筹规划、密切配合、齐心协力抓好工作落实。

落实好体育彩票“十三五”规划，是一项系统工程，需要凝聚总局中心和省市中心的智慧和力量。总局中心将整合资源，进一步加强对规划实施的战略管理和分类指导，加强过程控制和效果评估。省市中心要紧扣发展目标，立足实际情况，找准工作中的重点区域和薄弱环节，抓好规划落实。

（二）加强产品管理和市场培育，稳步扩大市场规模

在乐透型彩票方面，各级体彩机构要牢牢把握超级大乐透的战略性地位，以超级大乐透上市10周年为契机，统一步调、形成合力，有效落实超级大乐透系列品牌营销活动。积极推进11选5和7星彩的规则改版工作，推动乐透型彩票多品牌协同发展。继续做好高频游戏市场精耕工作，进一步细化工作要求，强化执行效果。深入研究渠道发展中的重点难点问题，完善实体店建设相关政策，以小型连锁超市为切入点，推进渠道多业态协同发展。在全国推广票面优化试点，改善购彩体验。

在竞猜型彩票方面，要继续做好基础性工作，努力实现客户群体、品牌认知度和销量的同步增长。产品方面，进一步丰富游戏产品种类和投注方式，开展传统足彩派奖营销活动，积极推进中超联赛竞猜的各项准备工作。渠道方面，要强化“重基础、重整体、重经营”意识，扎实做好实体渠道。总局中心将进一步完善与省市中心的联系、跟踪、分析机制，协助省市中心开展工作。一是要稳步增加竞彩网点数量，提高网点覆盖率。二是要通过培训和帮扶等措施，降低“零销量”和低销量网点比例。品牌方面，要继续组织好“竞彩普及日”、“超级竞彩季”等活动，进一步提升竞彩品牌认知度和影响力。

在即开型彩票方面，要坚持以渠道发展为主线，重点做好5方面工作：一是持续推进电彩渠道精细化管理，提升“5要素”达标率至45%。二是加快行业渠道拓展，进一步研究渠道发展中的法人代销、跨地域渠道合作、自助兑奖等政策机制问题。三是进一步完善扶持政策，发挥多方资源在拓展行业渠道中的作用，推进与邮政、铁路、家乐福等全国性行业渠道的合作。四是制定统一规范，在保证安全的前提下灵活开展户外销售。五是进一步完善产品管理机制，继续优化即开票产品供应保障体系。

（三）继续扎实做好实体渠道管理工作，提高网点管理水平

省市中心要高度重视实体渠道的重要性，结合本地实际情况，研究制定实体渠道发展规划，进一步强化渠道基础性工作。一是加强统筹规划，从提高购彩便利性、扩大购彩群体出发，拓展网点规模，优化网点布局。总局中心将修订完善星级网点评定标准，进一步优化实体渠道管理系统建设和运维工作，逐步在全国推广。二是加强渠道规范化管理。根据不同业态网点特点，进一步推进网点的分类分级管理，加强网点的形象规范、营销规范、服务规范和安全规范。三是理顺实体网点管理机制，简化网点增、退、变更手续，优化业务管理流程。

（四）加强品牌体系建设，提升责任彩票形象

各级体彩机构要进一步完善品牌管理机制，深入推进品牌建设与传播工作。品牌宣传要眼睛向下、贴近生活，用老百姓喜闻乐见、更接地气的方式，全方位、多角度展示体育彩票公益形象。要加强品牌公益属性宣传，积极配合推动建立公益金宣传和使用的常态化管理机制。要以“树典范、讲故事”为抓手，充分挖掘体彩文化内涵，打造有鲜明特色和较强影响力的体彩文化品牌。要主动适应新的媒体环境，不断完善信息发布机制，充分利用新媒体渠道，主动宣传社会关注的体彩开奖计奖、数据封存等环节，提升体彩公信力，回应社会关切。

要进一步强化责任彩票意识，总局中心将以世界彩票协会的责任彩票认证为抓手，制定责任彩票工作实施方案，建立覆盖发行销售全流程的责任彩票管理体系。编制发布中国体育彩票年度社会责任报告。

（五）加强安全管理工作，增强技术和队伍保障能力

各级体彩机构要高度重视安全运营工作，采取有效措施防范各种风险。总局中心将适时发布总体技术架构蓝图，制定技术架构管理、技术项目管理和研发质量管理等制度，落实“十三五”技术战略规划实施路径，全面提升技术管理水平。加强实体渠道数字化服务的技术支持。推进数据集成平台建设，提升数据应用能力。加快重要信息系统安全合规性建设，增强系统的风险防范能力。启动第三数据中心可行性研究和立项工作。推进体彩集成实验室建设，提高系统研发测试能力。

总局中心将继续推进安全管理制度建设，加强市场管理工作力度，严查异常终端和违规销售行为，进一步规范体育彩票发行销售。各级体彩机构要加强对彩票资金、销售数据、对外合作及采购招标等重大事项的管理。省市中心要加强对实体网点和户外销售的管理，规范代销关系，杜绝违法违规行为。

人才队伍是体彩事业发展的基础。各级体彩机构要以能力建设为核心，推进学习型组织建设，全面提升队伍素质。要强化组织机构建设，进一步壮大基层队伍，打造一支爱岗敬业、本领过硬的体彩队伍。要继续弘扬“责任、诚信、团结、创新”的体彩精神，增强队伍的凝聚力和战斗力。要始终把党风廉政建设摆在突出位置，不断增强体彩队伍的自律意识、规矩意识，保持体彩队伍政治坚定、纪律严明、清正廉洁，为体育彩票的稳定发展提供坚实的保障。

2017年，站在新的起点上，全国体彩系统要坚定信心，求真务实，以强烈的责任感和使命感，继续开拓进取，全面贯彻落实“十三五”规划的各项任务，为实现体育彩票健康可持续发展努力工作，以良好的成绩迎接十九大胜利召开。

中国体育彩票开奖管理办法

第一章 总 则

第一条 为加强体育彩票开奖管理，规范体育彩票开奖工作，依据《彩票管理条例》《彩票管理条例实施细则》《彩票发行销售管理办法》及相关规定，制定本办法。

第二条 体育彩票开奖包括数据封存、开奖号码的产生、计奖和开奖信息发布等工作。

第三条 国家体育总局体育彩票管理中心（以下简称“总局体彩中心”）负责全国体育彩票开奖组织管理工作和工作规范制定，并实施全国区域和部分省级行政区域销售的游戏及各省、自治区、直辖市体育彩票管理中心（以下简称“省区市体彩中心”）委托的游戏的开奖工作，省区市体彩中心负责实施部分省级行政区域销售和本行政区域销售的游戏的开奖工作。

第二章 数据封存

第四条 数据封存是指将体育彩票的销售数据存储在不可改写的存储介质上。总局体彩中心和省区市体彩中心应当建立相应的管理制度和采取必要的措施，确保封存销售数据的完整、准确和安全。

第五条 通过摇奖设备确定开奖号码的体育彩票的销售数据应当在每个奖期销售截止后至摇奖开始前，在公证人员现场监督下及时进行封存。

第六条 奖期销售截止后通过随机数发生器确定开奖号码的体育彩票销售数据应当在销售截止时刻自动封存，在彩票游戏过程中通过随机数发生器实时确定开奖号码的电子彩票销售数据应当及时地定期封存。

第七条 竞猜型体育彩票的销售数据应当实时封存或在销售截止后及时封存。

第八条 纸质即开型体育彩票及预设奖的电子即开型体育彩票对生产数据和销售数据进行封存。生产数据的封存应在该生产批次彩票投入市场销售之前完成；销售数据的封存应在某一纸质即开型彩票游戏或预设奖的电子即开型体育彩票游戏停止销售后，将销售管理系统中记载的所有销售信息和兑奖信息进行封存。

第九条 在体育彩票销售数据封存后至开奖号码全部产生之前，总局体彩中心和省区市体彩中心只能对原始销售数据中的销售量进行统计，不得进行其他查阅和统计，不得对原始数据进行变更或者删除。

第三章 开奖号码的产生

第十条 本办法中的开奖号码特指通过专用摇奖设备、随机数发生器、专用软件等设备和体育比赛产生的结果，按照彩票游戏规则产生的数字、图案、符号和文字等中奖依据。

乐透型体育彩票是按照游戏规则，通过摇奖设备随机摇取号码球或通过随机数发生器等专用电子设备随机生成开奖号码；

竞猜型体育彩票是将体育比赛裁定的比赛结果，经总局体彩中心或省区市体彩中心依据彩票游戏规则确认后，作为开奖号码。

纸质即开型体育彩票是按照游戏规则，采用预设奖方式，在纸质即开型彩票生产过程中，通过专用软件随机生成开奖号码等数据，并印制在彩票上。

电子即开型体育彩票是按照游戏规则，在彩票游戏过程中通过随机数发生器实时确定开奖号码，或按照游戏规则，采用预设奖方式，在彩票生产过程中通过随机数发生器生成开奖号码等数据，并随机分布在生产数据中。

第十一条 摇奖设备在使用前需进行检测和试运行；开奖专用的软件程序、随机数发生器在正式使用前必须通过专业技术部门检测；纸质即开型体育彩票在开始印刷前，总局体彩中心需要对专用软件进行检验，以保证由此软件生成的游戏数据符合游戏规则。

第十二条 通过专用摇奖设备确定开奖号码应当符合下列要求：

（一）所有销售数据必须进行封存后方可以摇取开奖号码。

（二）摇奖必须做到摇奖球搅拌充分、均匀，保证出球的随机性。

（三）摇奖时必须按操作规程进行，确保摇奖过程的公开、公正。

（四）摇奖过程要在公证人员监督下进行并全程录像，总局体彩中心或省区市体彩中心应对每期摇奖过程录像资料进行备份存档。

（五）摇奖设备进入正式摇奖程序后，不得中途暂停或者停止运行。因设备故障等突发因素造成摇奖不能正常进行，已摇出的号码有效，未摇出的剩余号码，应当尽快排除故障后继续摇出。设备等故障无法排除的，应当启用备用摇奖设备和设施完成摇奖。

（六）摇奖结束后，体彩中心负责摇奖的工作人员应当对摇奖结果记录进行签字确认。

第十三条 周期性开奖且通过随机数发生器等专用设备确定开奖号码的游戏必须在所有销售数据封存后才可以生成开奖号码。

第十四条 竞猜型体育彩票所竞猜的体育比赛因各种原因提前、推迟、中断、取消或被认定为无效场次的，其开奖号码应按照彩票游戏规则所规定的方式产生。

第十五条 因自然灾害和其他不可抗力事件导致不能按期产生开奖号码的，应当向社会公告后延期进行开奖；导致开奖中断的，已产生的开奖号码有效，应当向社会公告后延期产生出剩余的开奖号码。

第十六条 总局体彩中心和省区市体彩中心应当建立开奖突发事件应急制度和预案，摇奖过程中如遇突发事件按预案及时处理。

第四章 计 奖

第十七条 乐透数字型、竞猜型体育彩票开奖号码产生后，需及时计奖，即进行奖项统计、奖金计算。即开型体育彩票的计奖即为按照游戏规则对该游戏发行量中包含的中奖票进行统计的过程。

第十八条 通过专用摇奖设备确定开奖结果的计奖应在公证人员监督下进行，由总局体彩中心和相关省区市体彩中心工作人员进行计奖检索操作。

第十九条 通过随机数发生器和专用软件确定开奖号码的彩票游戏，其计奖由销售系统按照游戏规则自动进行。

第二十条 通过专用摇奖设备确定开奖号码的彩票游戏，在进行计奖同时，需按程序进行验证，以保障计奖结果的准确无误。

第五章 开奖信息发布

第二十一条 总局体彩中心、省区市体彩中心应当向社会公告体育彩票游戏的开奖方式、开奖时间、开奖地点等信息。

第二十二条 总局体彩中心和省区市体彩中心应当在开奖结束后，及时、准确地将彩票开奖信息向社会公告。

第二十三条 总局体彩中心和省区市体彩中心应当公告的开奖信息内容包括：

（一）游戏名称，开奖日期或者期号；

（二）当期销售金额；

（三）当期开奖结果；

（四）奖池资金余额；

（五）兑奖期限。

第二十四条 通过随机数发生器确定开奖号码的，开奖信息由销售系统向社会自动发布。

第二十五条 即开型体育彩票某一游戏停止销售和停止兑奖后，总局体彩中心应向社会公布该游戏的实际销售金额、返奖金额等信息。

第二十六条 体育彩票开奖信息需由总局体彩中心和省区市体彩中心分别指定媒体和渠道向社会公告，体彩中心应与指定媒体和渠道签定协议，明确责任，以保障开奖信息及时、完整、准确地对社会发布。

第六章　开奖设备和场地管理

第二十七条 体育彩票开奖设备指专用摇奖设备、随机数发生器、专用软件等专用于产生特定彩票游戏开奖号码的硬件和软件设备。

第二十八条 开奖设备应当由总局体彩中心和省区市体彩中心购置，摇奖设备应具有生产厂家的质量检验合格证明。

第二十九条 开奖设备由总局体彩中心和省区市体彩中心直接管理，在专用地点存放，专人负责保管，并制定周密的安保措施。

第三十条 总局体彩中心和省区市体彩中心使用专用摇奖设备摇奖的，应当配置备用摇奖设备。

第三十一条 省区市体彩中心购买或者更换开奖设备，需向总局体彩中心备案。

第三十二条 总局体彩中心和省区市体彩中心应当制定开奖设备的检测、使用、维护等规范和流程。

第三十三条 总局体彩中心和省区市体彩中心不得将正式摇奖设备对外出借、出租。

第三十四条 体育彩票开奖专用场地，由总局体彩中心和省区市体彩中心负责管理。

第三十五条 使用社会场地进行摇奖的，体彩中心应与出租单位签订摇奖场地安全协议，以确保开奖设备的安全存放和正常使用。

第三十六条 进入摇奖场地的所有人员必须登记备案。彩民进入摇奖现场观看摇奖，须建立相应的管理制度，以保障开奖的安全稳定。

第七章　开奖监督和检查

第三十七条 总局体彩中心和省区市体彩中心应配合上级和本级财政、体育行政部门对开奖工作的监督检查。

第三十八条 总局体彩中心和省区市体彩中心的开奖工作应当依照相关管理要求，建立开奖工作监督机制，保障开奖的公开、公正。

第三十九条 体育彩票开奖可以通过接待彩民观看摇奖过程、开奖直播、邀请社会各界人士监督开奖、聘请开奖社会监督员等方式进行社会监督。

第四十条 总局体彩中心应加强对省区市体彩中心开奖工作的监督管理，确保体育彩票开奖工作的安全、有序和规范。

第八章　附　　则

第四十一条 总局体彩中心和省区市体彩中心应当依据相关管理规定，建立开奖操作规程，建立健全开奖工作管理制度。

第四十二条 体育彩票发行机构发行新的彩票品种和游戏，其开奖管理制度按批准的游戏规则再行制定。

第四十三条 体育彩票销售数据、开奖结果记录、公证书或其他签字确认文件，保存期限不得少于 60 个月。摇奖过程视频记录保存期限不得少于 36 个月。

第四十四条 本办法由总局体彩中心负责解释。

第四十五条 本办法自发布之日起执行。

中国体育彩票（摇奖类）开奖管理办法

第一章　总　　则

第一条　为规范管理体育彩票摇奖类开奖工作，依据《彩票管理条例》《彩票管理条例实施细则》《彩票发行销售管理办法》《中国体育彩票开奖管理办法》等规定，制定本办法。

第二条　本办法适用于国家体育总局体育彩票管理中心(以下简称“总局体彩中心”)和各省、自治区、直辖市（以下简称“省区市体彩中心”）所有以摇奖方式产生开奖号码的体育彩票开奖工作。

第二章　摇奖机具选型、管理及使用

第三条　摇奖机具应由体彩中心依照政府采购程序直接购置，须选购专业摇奖机具厂家生产的已定型产品，经过专业检测，运行安全、稳定，符合彩票的随机性要求。

第四条　摇奖机厂家应提供明确的技术标准。

第五条　省区市体彩中心使用或者更换摇奖机，需报总局体彩中心备案。

第六条　摇奖机及专用号码球在正式启用前须经过公证人员严格检测。正式开奖所用摇奖球由体彩中心和公证人员共同进行保管。为保证摇奖机具的正常使用，摇奖机和摇奖球均须根据生产厂家提供的技术参数和使用寿命进行日常维护、保养和更换。

第七条　摇奖机具由体彩中心专人负责管理和维护。摇奖机具在专用地点存放，摇奖球由专用密码柜或密码箱存放，需加设安全防护设施。

第八条　开奖现场须配备备用摇奖机和备用摇奖球。

第九条　正式摇奖机、摇奖球严禁出租、外借，挪作他用。

第十条　为了确保摇奖机在开奖过程中不间断使用，开奖现场使用的摇奖机应配备不间断备用电源。

第三章　摇奖场地管理

第十一条　摇奖场地应认真做好防火防盗工作。

第十二条　体彩中心应明确责任部门，确保摇奖场地由专人负责安全管理。

第十三条　摇奖场地及相关工作区必须实行封闭式管理，并安装 24 小时监控设备，监控室专人全天值班，监控录像保管时间不得少于 7 天，以备查验。

第十四条　摇奖工作在电视台进行并使用电视台演播厅时，体彩中心应与电视台相关部门签订摇奖场地安全保障协议，建立专用的摇奖机保管室或保管柜，由体彩中心管理。

第十五条　出入摇奖场地人员须严格管理，并进行登记备案，非经体彩中心许可，任何人员不得擅自进入摇奖现场。

第十六条　开奖现场管理人员和工作人员须确保摇奖场地内各项设施及设备完好，发现问题及时解决，确保彩票摇奖工作的顺利进行。

第四章　销售数据封存

第十七条　在当期彩票销售截止后，体彩中心技术人员立即确认并封存当期销售数据，负责封存数据的工作人员在所有数据封存后要签字确认。

第十八条 销售数据应在体彩中心机房进行上传、封存，已封存的原始数据应记录在不可改写的存储介质上，由体彩中心进行备份。封存、刻录结束后，现场公证人员签字确认并存档备查。

第十九条 总局体彩中心负责管理全国区域和部分省级行政区域销售的游戏及省区市体彩中心委托游戏的投注内容、金额等销售数据的封存工作；省区市体彩中心负责管理部分省级行政区域销售和本行政区域销售的游戏的投注内容、金额等销售数据的封存工作。

第二十条 在当期摇奖结果确定之前，体彩中心只能对销售原始数据总量进行统计，不得进行分类、查阅、更改和进行计奖检索等处理。

第五章　摇奖准备

第二十一条 参与开奖工作的相关工作人员应在开奖前规定的时间进入现场。

第二十二条 摇奖准备工作包括：

（一）工作人员对摇奖机进行试运行。

（二）开启摇奖球密码柜或密码箱，检查摇奖球无误后，依次将摇奖球装入摇奖机放球区球道。

（三）工作人员调试并确认录制相关设备准备无误，确保正常使用。

（四）体彩中心工作人员对本期开奖录制、播出的内容、时间、游戏名称、开奖期号等所公布的相关信息进行确认。

（五）现场相关工作人员确认摇奖现场无闲杂人员，提示现场所有人员保持安静。

第二十三条 公证人员对开奖现场使用的摇奖机和摇奖球的公正性进行监督。

第二十四条 体彩中心须加强对体育彩票开奖（摇奖）过程现场录制、后期制作和播出的管理。摇奖开始前，须对电视录制设备进行严格的检查，必要时应配备备用录制设备。

第二十五条 体彩中心工作人员必须现场管理开奖工作，保障各项工作严格按照开奖规程及应急预案操作。

第六章　摇奖管理

第二十六条 参加开奖的工作人员（包括导播、摄像、主持人、体彩中心工作人员、公证人员、现场安保人员等）必须认真遵守摇奖工作程序，注意摇奖工作的衔接配合，确保摇奖工作安全稳定进行。

第二十七条 正式摇奖应在公证人员确认当期销售原始数据封存后才能开始。

第二十八条 开奖时使用的摇奖机按钮需由现场嘉宾或主持人启动。

第二十九条 体彩中心现场工作人员及公证人员分别记录摇奖结果，并交叉核对，签字确认。

第三十条 在摇奖结束后，公证人员现场宣读当期开奖的公证词。

第三十一条 整个开奖过程要进行全程录像并备份存档。摇奖现场应不少于 2 部摄像机对摇奖全过程进行拍摄。在摇奖机启动后到摇奖结束，摄像机要进行不间断记录，在此期间不允许中断摇奖摄像画面，以保证摇奖过程的完整性和真实性。

第三十二条 摇奖过程中，摇奖设备须完成捕球动作且被捕出摇奖球稳定停留，所产生的摇奖号码方为有效。

如实际进入摇奖过程的摇奖球数量或号码与该游戏规则规定不符，其球道摇出的号码无效，该球道应重新装球摇号。

第三十三条 因供电、设备故障等原因造成摇奖中断或部分球道不能产生摇奖号码，已摇出的号码有效，并应尽快排除故障后继续摇奖。设备故障无法迅速排除的，应当启用备用摇奖设备完成摇奖。

第三十四条 有条件的体彩中心应建立备份摇奖场地，在正式场地摇奖工作受突发情况影响，不能进行摇奖时，更换备份场地保证摇奖。备份摇奖场地的管理与正式摇奖场地相同。

第三十五条 由于自然灾害、战争、突发事件等不可抗力因素导致不能按期开奖的，应当向社会公告后延期开奖；导致开奖中断的，已开出的号码有效，应向社会公告，并延期开出剩余号码。

第七章 计 奖

第三十六条 摇奖全过程结束后，摇奖结果经公证人员签字确认后交体彩中心技术部门进行计奖。

第三十七条 计奖工作应在公证人员的监督下进行，并使用封存的销售数据进行验奖，验奖结果一致，计奖结果有效，工作人员及公证人员签字确认。

第八章 开奖信息的发布

第三十八条 体彩中心要对开奖公告进行严格审核，确保开奖公告准确无误。

第三十九条 开奖公告包括但不限于以下内容：

（一）彩票品种名称；

（二）开奖日期和期号；

（三）当期彩票销售金额；

（四）开奖结果；

（五）奖池；

（六）兑奖期限。

第四十条 开奖公告由各级体彩中心的指定媒体在规定的时间内向社会公布。

第四十一条 体育彩票开奖及信息发布时间应相对固定，不得随意提前或推迟。

第四十二条 开奖信息发布渠道应相对稳定，稳定期原则上不得少于12个月。

第九章 附 则

第四十三条 体彩中心应接受财政部门及体育部门对开奖工作的检查、监督。

第四十四条 开奖工作人员签字确认文档，包括摇奖结果记录及彩票销售、计奖的原始数据保存期限不得少于60个月。

第四十五条 本办法由国家体育总局体育彩票管理中心负责解释。

第四十六条 本办法自发布之日起执行。

中国体育彩票摇奖设备管理办法

第一章 总 则

第一条 为保障中国体育彩票开奖工作安全，规范摇奖设备采购、保管、维护、使用等管理工作，依据《彩票管理条例》和《中国体育彩票(摇奖类)开奖管理办法》等有关管理规定，制定本办法。

第二条 本办法适用于国家体育总局体育彩票管理中心(以下简称“总局体彩中心”)和各省、自治区、直辖市(以下简称“省区市体彩中心”)开奖所使用摇奖设备的管理工作。

第三条 本办法所指摇奖设备包括以物理方式随机产生开奖号码所使用的摇奖机、摇奖球和保障设备运转所必须的配套附件。

第四条 体彩中心应根据本办法和相应的摇奖设备技术规范等相关规定，制定更为具体、细化的管理规范和操作流程，并明确责任部门和岗位。

第二章 采购和验收

第五条 总局体彩中心负责采购总局中心统一开奖的摇奖设备，有摇奖任务的省区市体彩中心自行采购摇奖设备，并向总局体彩中心备案。

第六条 采购摇奖设备须同时采购备用摇奖设备和一定数量用于检测设备的试机球，正式设备与备用设备应同一品牌、同一型号，试机球应与正式球完全同尺寸、同质量、同材质。

第七条 采购摇奖设备须选购正规、专业摇奖设备厂家生产的已定型成熟产品，并经过专业质量检测，运行安全、稳定，符合体育彩票的随机性要求。

第八条 摇奖设备生产厂家应出具相应摇奖设备质量检测报告，提供明确的技术标准、参数和维护须知等资料。

第九条 验收摇奖设备时，须对摇奖设备进行不少于100次的全流程检测。全流程是指从摇奖球放入球道准备摇号到摇号结束，与正式摇奖完全相同的完整流程。

第十条 摇奖球应具备防静电、抗磨损等安全性能。

第十一条 验收摇奖球时，工作人员使用专业设备，根据生产厂家提供的技术规格对摇奖球的重量、尺寸、磁性材质等指标进行检测、记录，合格后接收，成为正式摇奖球。

第三章 设备保管

第十二条 摇奖机和摇奖球的存放、运输应严格按照生产厂家提供的要求进行，在未经授权的情况下，严禁拆卸、分解、倾斜、倒置挤压存放或运输。

第十三条 摇奖设备应由体彩中心专人负责保管，固定地点存放。如租用社会场地进行开奖的，摇奖机保管室或存放柜钥匙或密码须由体彩中心保管，体彩中心须与场地提供单位签订场地安全协议，确保摇奖设备的安全存放和正常使用。

第十四条 摇奖设备保管场地须安装有7×24小时录像监控系统和报警系统以及防盗门、窗等安全防盗设施，场地实现封闭式管理，人员出入须登记、备案，并配备安保人员，确保场地、设备安全。

第十五条 摇奖使用的正式摇奖球和备用摇奖球须由体彩中心和公证人员共同保管，直至淘汰更换，摇奖球应保管在公证人员管理的密码柜或密码箱中，密码柜或密码箱须存放在体彩中心管理的开奖场地内。试机球无需公证人员验收，由体彩中心保管。

第四章　设备维护

第十六条　为保证摇奖设备的正常使用，摇奖设备应由体彩中心工作人员按时、定期进行维护，维护工作包括：日常保养、清洁、定期检测、厂家全面检测、设备程序升级、易损件更换等。

第十七条　摇奖设备的保养和维护应参照生产厂家提供的技术参数和实际使用频率确定维护的内容、方式和周期，最低保证每周对摇奖设备进行一次清洁，对备用摇奖机每月进行一次全流程运行检测。

第十八条　生产厂家对摇奖设备进行全面维护的间隔周期不超过 1 年。

第十九条　摇奖机硬件升级或更换后，须再次对摇奖设备进行充分测试后，才可投入使用。

第二十条　摇奖球正式使用前及每次清洁后，应对摇奖球的重量、尺寸、磁性等指标进行检测验收后，方可再次投入正式使用。接触正式摇奖球，且必须佩戴手套，如发生用手直接接触或落地等情况，该摇奖球须重新验收合格后，方可再次作为正式摇奖球使用。

第五章　设备使用

第二十一条　为了确保摇奖机在摇奖过程中的不间断运行，须为摇奖设备配备不间断电源。

第二十二条　搅拌式摇奖机出球前的搅拌时间不得少于 15 秒；吹气式摇奖机出球前的吹气时间不得少于 10 秒。

第二十三条　每次正式摇奖前，须使用试机球对摇奖机进行不少于 1 次的全流程测试。

第六章　设备报废

第二十四条　摇奖设备停止使用后，可存入库房封存或按照相关规定办理报废手续。存入库房的摇奖设备如 6 个月以上未经维护保养，须重新检测后方可再次投入使用；已报废摇奖机不得再用于摇奖。

第二十五条　已不再用于正式开奖的摇奖设备和已报废的摇奖设备，体彩中心可将其用于体育彩票的宣传展示和玩法推广等活动，但不得对社会出租、出借。

第二十六条　报废摇奖机可返还生产厂家进行拆分回收或由体彩中心拆分销毁；报废摇奖球应在体彩中心专人监督下进行破坏性销毁；报废摇奖设备不得流入社会。

第七章　附　　则

第二十七条　本办法由国家体育总局体育彩票管理中心负责解释。

第二十八条　本办法自发布之日起执行。

四、彩票统计资料

（一）历年综合统计资料
Statistical Data of Past Years

1987—2017 年全国彩票销售统计表（分系统）

Statistical Table of Lottery Sales in Different Organizations in China from 1987 to 2017

单位：万元

Unit: Ten Thousand Yuan

年份 Year	福利彩票 Welfare Lottery	体育彩票 Sports Lottery	合计 Total	增长率（%） Rate of Increment
1987	1 739.50	—	1 739.50	—
1988	37 627.76	—	37 627.76	2 063.14
1989	38 315.65	—	38 315.65	1.83
1990	64 731.22	—	64 731.22	68.94
1991	77 388.04	—	77 388.04	19.55
1992	137 550.03	—	137 550.03	77.74
1993	184 288.52	—	184 288.52	33.98
1994	179 823.77	—	179 823.77	(2.42)
1995	573 023.46	100 000.00	673 023.46	274.27
1996	647 521.50	120 000.00	767 521.50	14.04
1997	363 751.40	150 000.00	513 751.40	(33.06)
1998	631 990.40	250 000.00	881 990.40	71.68
1999	1 044 448.50	403 551.00	1 447 999.50	64.17
2000	898 847.26	911 400.40	1 810 247.66	25.02
2001	1 395 735.16	1 492 928.39	2 888 663.55	59.57
2002	1 679 925.25	2 177 313.99	3 857 239.24	33.53
2003	2 000 569.58	2 013 453.28	4 014 022.86	4.06
2004	2 263 753.30	1 541 963.48	3 805 716.78	(5.19)
2005	4 112 077.66	3 026 557.94	7 138 635.60	87.58
2006	4 956 759.24	3 236 292.90	8 193 052.14	14.77
2007	6 315 902.51	3 851 370.97	10 167 273.49	24.10
2008	6 039 795.23	4 561 530.35	10 601 325.58	4.27
2009	7 560 580.05	5 687 306.97	13 247 887.02	24.96
2010	9 680 238.56	6 944 604.20	16 624 842.76	25.49
2011	12 779 719.93	9 378 464.56	22 158 184.49	33.28
2012	15 103 223.19	11 049 195.92	26 152 419.11	18.03
2013	17 652 846.37	13 279 658.55	30 932 504.92	18.28
2014	20 596 815.22	17 640 993.36	38 237 808.57	23.62
2015	20 151 098.97	16 637 325.74	36 788 424.71	(3.79)
2016	20 649 163.80	18 814 963.71	39 464 127.51	7.27
2017	21 697 679.20	20 969 229.54	42 666 908.74	8.12
合计 Total	**179 516 930.23**	**144 238 105.25**	**323 755 035.48**	—

1987—2017 年全国彩票销售统计表（分类型）

Statistical Table of Lottery Sales in Different Lottery Games in China from 1987 to 2017

单位：万元

Unit: Ten Thousand Yuan

年份 Year	传统型 Traditional Games	即开型 Instant Games	乐透数字型 Lotto Games	竞猜型 Sports Betting	视频型 Online Instant Win	基诺型 Keno	合计 Total
1987	1 739.50	—	—	—	—	—	1 739.50
1988	14 446.35	23 181.41	—	—	—	—	37 627.76
1989	4 265.32	34 050.33	—	—	—	—	38 315.65
1990	4 333.22	60 398.00	—	—	—	—	64 731.22
1991	5 697.45	71 690.59	—	—	—	—	77 388.04
1992	6 196.90	131 353.13	—	—	—	—	137 550.03
1993	3 831.52	180 457.00	—	—	—	—	184 288.52
1994	2 843.45	176 980.32	—	—	—	—	179 823.77
1995	1 487.00	646 150.53	25 385.93	—	—	—	673 023.46
1996	—	696 208.80	71 312.70	—	—	—	767 521.50
1997	—	401 779.40	111 972.00	—	—	—	513 751.40
1998	—	682 207.00	199 783.40	—	—	—	881 990.40
1999	—	1 042 575.00	405 424.50	—	—	—	1 447 999.50
2000	—	568 023.49	1 242 224.17	—	—	—	1 810 247.66
2001	—	289 993.93	2 465 206.91	133 462.71	—	—	2 888 663.55
2002	—	308 266.49	2 842 639.72	706 333.03	—	—	3 857 239.24
2003	—	404 405.42	2 818 291.62	791 112.78	213.04	—	4 014 022.86
2004	—	122 576.45	3 198 995.66	483 891.25	253.42	—	3 805 716.78
2005	—	26 447.48	6 653 117.10	391 897.83	67 173.19	—	7 138 635.60
2006	—	125 359.91	7 050 408.47	560 723.13	456 560.63	—	8 193 052.14
2007	—	366 038.84	7 901 932.76	579 335.85	1 319 966.04	—	10 167 273.49
2008	—	1 798 686.42	8 057 835.60	538 722.52	206 081.04	—	10 601 325.58
2009	—	2 447 161.08	10 024 861.15	659 663.40	116 201.39	—	13 247 887.02
2010	—	3 089 504.13	11 129 658.88	1 473 623.11	932 056.64	—	16 624 842.76
2011	—	4 000 574.46	14 275 680.65	2 180 541.40	1 701 387.99	—	22 158 184.49
2012	—	3 822 368.16	17 404 801.51	2 682 919.12	2 242 330.32	—	26 152 419.11
2013	—	3 519 179.54	21 135 200.81	3 384 239.04	2 893 885.10	—	30 932 504.92
2014	—	3 434 286.79	24 880 896.59	6 148 008.51	3 774 636.67	—	38 237 808.57
2015	—	3 025 199.88	23 580 003.97	5 892 454.97	4 247 309.48	43 456.41	36 788 424.71
2016	—	2 847 706.58	24 486 440.33	7 649 011.66	4 454 349.01	26 619.94	39 464 127.51
2017	—	2 460 565.91	26 281 446.41	9 285 217.94	4 621 435.78	18 242.69	42 666 908.74
合 计 Total	**44 840.71**	**36 803 376.47**	**216 243 520.83**	**43 541 158.24**	**27 033 839.74**	**88 319.04**	**323 755 035.48**

注：自 2015 年起基诺型彩票销量单独统计。

1987—2017 年全国彩票销量折线图

Statistical Line Chart of Lottery Sales in China from 1987 to 2017

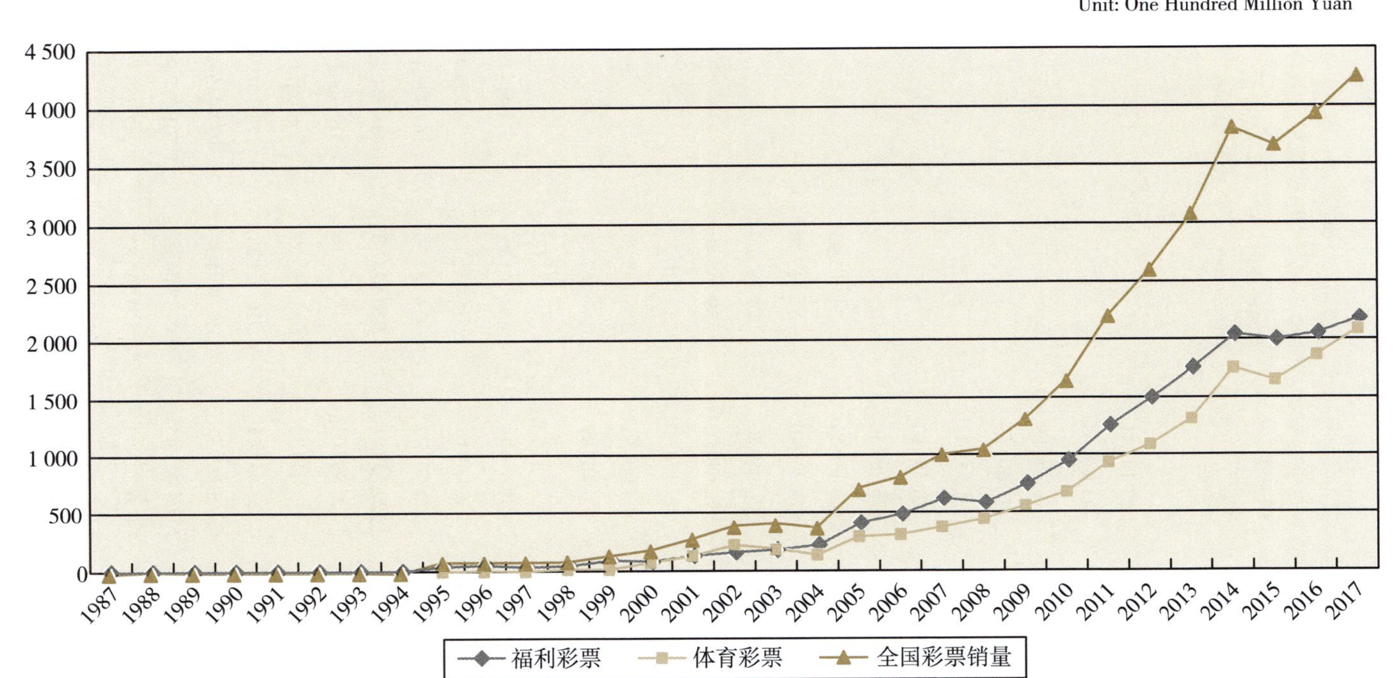

1987—2017 年全国彩票

Statistical Table of Lottery Sales in Different Organizations

年份 Year	福利彩票 Welfare Lottery					
	传统型 Traditional Games	即开型 Instant Games	乐透数字型 Lotto Games	视频型 Online Instant Win	基诺型 Keno	小计 Subtotal
1987	1 739.50	—	—	—	—	1 739.50
1988	14 446.35	23 181.41	—	—	—	37 627.76
1989	4 265.32	34 050.33	—	—	—	38 315.65
1990	4 333.22	60 398.00	—	—	—	64 731.22
1991	5 697.45	71 690.59	—	—	—	77 388.04
1992	6 196.90	131 353.13	—	—	—	137 550.03
1993	3 831.52	180 457.00	—	—	—	184 288.52
1994	2 843.45	176 980.32	—	—	—	179 823.77
1995	1 487.00	546 150.53	25 385.93	—	—	573 023.46
1996	—	576 208.80	71 312.70	—	—	647 521.50
1997	—	276 969.40	86 782.00	—	—	363 751.40
1998	—	492 640.00	139 350.40	—	—	631 990.40
1999	—	829 178.00	215 270.50	—	—	1 044 448.50
2000	—	393 001.91	505 845.35	—	—	898 847.26
2001	—	196 467.99	1 199 267.17	—	—	1 395 735.16
2002	—	201 349.59	1 478 575.66	—	—	1 679 925.25
2003	—	335 654.76	1 664 701.78	213.04	—	2 000 569.58
2004	—	79 068.61	2 184 431.27	253.42	—	2 263 753.30
2005	—	22 567.47	4 022 337.00	67 173.19	—	4 112 077.66
2006	—	129 359.91	4 370 838.70	456 560.63	—	4 956 759.24
2007	—	350 803.03	4 645 133.44	1 319 966.04	—	6 315 902.51
2008	—	770 040.30	5 063 673.89	206 081.04	—	6 039 795.23
2009	—	927 657.45	6 516 721.21	116 201.39	—	7 560 580.05
2010	—	1 445 717.55	7 302 464.37	932 056.64	—	9 680 238.56
2011	—	2 004 425.65	9 073 906.29	1 701 387.99	—	12 779 719.93
2012	—	2 020 302.00	10 840 590.87	2 242 330.32	—	15 103 223.19
2013	—	1 855 828.18	12 903 133.09	2 893 885.10	—	17 652 846.37
2014	—	1 858 958.92	14 963 219.63	3 774 636.67	—	20 596 815.22
2015	—	1 628 034.12	14 232 867.01	4 246 741.43	43 456.41	20 151 098.97
2016	—	1 491 247.58	14 677 736.45	4 453 559.83	26 619.94	20 649 163.80
2017	—	1 263 402.02	15 795 389.47	4 620 645.04	18 242.69	21 697 679.20
合计 Total	**44 840.71**	**20 373 144.53**	**131 978 934.18**	**27 031 691.78**	**88 319.04**	**179 516 930.23**

注：自 2015 年起福彩基诺型彩票销量单独统计，体彩视频型彩票单独统计。

销售统计表（分系统分类型）

and Different Lottery Games in China from 1987 to 2017

单位：万元

Unit:Ten Thousand Yuan

体育彩票 Sports Lottery					
即开型 Instant Games	乐透数字型 Lotto Games	竞猜型 Sports Betting	视频型 Online Instant Win	小计 Subtotal	合计 Total
—	—	—	—	—	1 739.50
—	—	—	—	—	37 627.76
—	—	—	—	—	38 315.65
—	—	—	—	—	64 731.22
—	—	—	—	—	77 388.04
—	—	—	—	—	137 550.03
—	—	—	—	—	184 288.52
—	—	—	—	—	179 823.77
100 000.00	—	—	—	100 000.00	673 023.46
120 000.00	—	—	—	120 000.00	767 521.50
124 810.00	25 190.00	—	—	150 000.00	513 751.40
189 567.00	60 433.00	—	—	250 000.00	881 990.40
213 397.00	190 154.00	—	—	403 551.00	1 447 999.50
175 021.58	736 378.82	—	—	911 400.40	1 810 247.66
93 525.94	1 265 939.74	133 462.71	—	1 492 928.39	2 888 663.55
106 916.90	1 364 064.06	706 333.03	—	2 177 313.99	3 857 239.24
68 750.66	1 153 589.84	791 112.78	—	2 013 453.28	4 014 022.86
43 507.84	1 014 564.39	483 891.25	—	1 541 963.48	3 805 716.78
3 880.01	2 630 780.10	391 897.83	—	3 026 557.94	7 138 635.60
—	2 675 569.77	560 723.13	—	3 236 292.90	8 193 052.14
15 236.17	3 256 798.96	579 335.85	—	3 851 370.97	10 167 273.49
1 028 646.12	2 994 161.71	538 722.52	—	4 561 530.35	10 601 325.58
1 519 503.63	3 508 139.94	659 663.40	—	5 687 306.97	13 247 887.02
1 643 786.58	3 827 194.51	1 473 623.11	—	6 944 604.20	16 624 842.76
1 996 148.81	5 201 774.36	2 180 541.40	—	9 378 464.56	22 158 184.49
1 802 066.16	6 564 210.65	2 682 919.12	—	11 049 195.92	26 152 419.11
1 663 351.36	8 232 068.14	3 384 239.04	—	13 279 658.55	30 932 504.92
1 575 327.81	9 917 676.88	6 147 988.66	—	17 640 993.36	38 237 808.57
1 397 163.72	9 347 136.60	5 892 454.97	570.46	16 637 325.74	36 788 424.71
1 356 459.00	9 808 703.87	7 649 011.66	789.17	18 814 963.71	39 464 127.51
1 197 163.92	10 486 056.94	9 285 217.94	790.74	20 969 229.54	42 666 908.74
16 434 230.20	**84 260 586.28**	**43 541 138.40**	**2 150.37**	**144 238 105.25**	**323 755 035.48**

1987—2017 年全国各

Statistical Table of Lottery Sales in Different

地 区 Region	1987	1988	1989	1990	1991	1992	1993	1994
北 京	—	1 136.68	940.07	2 077.00	2 765.00	3 220.00	5 404.00	6 395.71
天 津	396.60	328.48	1 166.29	1 995.38	1 209.00	769.62	2 474.35	1 799.00
河 北	100.00	1 505.00	1 295.00	2 082.00	2 579.00	3 204.66	3 010.00	11 255.82
山 西	—	1 211.74	826.17	1 136.16	1 516.00	4 175.00	3 300.00	5 010.00
内蒙古	—	14.00	484.68	924.90	549.56	1 766.58	1 293.00	3 838.71
辽 宁	—	3 073.04	2 397.14	6 587.00	3 530.41	3 598.52	4 825.17	14 719.11
吉 林	—	997.98	1 577.14	4 617.10	1 683.33	2 388.21	4 262.68	5 499.95
黑龙江	—	1 550.48	1 463.44	2 214.32	1 417.00	1 650.38	3 185.00	7 313.00
上 海	373.71	701.80	833.99	2 371.89	2 724.00	2 841.00	1 496.60	1 523.00
江 苏	100.00	2 659.00	3 304.65	3 110.30	2 299.87	4 607.66	17 173.00	11 860.76
浙 江	193.90	2 757.89	2 615.25	2 431.00	3 921.82	19 642.22	16 724.97	5 445.48
安 徽	—	1 123.99	1 068.75	1 693.08	2 251.00	2 711.00	8 214.07	12 155.09
福 建	242.84	1 269.65	1 537.63	1 060.00	4 527.96	7 038.50	4 512.05	4 245.70
江 西	—	195.00	300.00	890.21	1 827.72	4 287.92	9 145.99	4 687.03
山 东	—	1 259.19	1 393.80	1 908.46	3 598.37	6 596.13	11 061.04	9 075.51
河 南	198.64	1 130.00	2 041.38	2 540.00	3 230.00	4 220.00	8 000.00	7 040.00
湖 北	133.81	867.40	650.41	787.09	1 107.17	7 962.42	10 882.76	12 679.81
湖 南	—	855.52	950.00	2 010.00	5 625.00	9 117.43	5 009.00	6 454.50
广 东	—	7 396.80	8 271.03	11 278.52	14 275.24	15 554.45	23 138.20	10 582.25
广 西	—	68.88	467.16	4 536.77	6 203.60	7 255.33	12 493.11	8 631.07
海 南	—	512.75	34.87	2 514.53	405.57	227.96	26.21	—
重 庆	—	816.18	339.61	1 140.00	733.00	1 463.00	3 444.00	1 051.26
四 川	—	1 795.63	912.58	1 405.59	2 356.00	5 907.00	4 857.81	3 978.24
贵 州	—	290.00	547.87	803.18	527.55	3 117.00	6 394.87	2 115.00
云 南	—	1 910.33	1 329.93	612.46	1 270.00	5 781.07	6 958.58	2 875.51
西 藏	—	—	—	—	—	—	60.00	—
陕 西	—	1 296.68	990.05	1 071.72	2 778.89	1 931.26	871.06	4 507.64
甘 肃	—	636.26	406.40	654.59	1 003.00	2 591.75	2 365.60	3 006.80
青 海	—	207.41	30.36	177.97	171.99	467.37	629.40	304.00
宁 夏	—	60.00	140.00	100.00	110.00	74.00	96.00	108.00
新 疆	—	—	—	—	1 190.99	3 382.59	2 980.00	11 665.82
中彩中心	—	—	—	—	—	—	—	—
合 计 Total	**1 739.50**	**37 627.76**	**38 315.65**	**64 731.22**	**77 388.04**	**137 550.03**	**184 288.52**	**179 823.77**

地区彩票销售统计表

Regions in China from 1987 to 2017

单位：万元

Unit: Ten Thousand Yuan

1995	1996	1997	1998	1999	2000	2001	2002
13 485.78	5 452.40	10 003.40	12 722.30	43 131.50	63 118.20	183 426.03	186 984.23
14 313.00	7 259.90	5 843.00	9 717.30	11 712.30	55 439.48	62 878.15	72 439.67
28 411.00	16 559.40	13 528.40	12 499.50	26 277.40	35 183.56	78 277.90	123 133.92
13 801.43	30 227.10	12 877.40	17 973.10	15 337.30	7 556.82	59 527.70	43 995.89
18 800.00	26 400.00	12 846.20	4 318.50	14 977.00	6 523.15	6 461.29	17 007.15
27 107.97	27 892.50	13 833.00	11 716.10	39 806.60	46 842.62	111 621.48	206 723.54
15 885.96	24 455.60	8 507.40	5 647.70	16 878.70	8 027.99	48 248.19	58 025.93
16 879.00	22 697.80	12 155.70	9 568.90	21 969.70	42 058.77	85 260.30	117 798.85
15 992.00	22 770.00	24 833.70	40 900.90	131 004.10	177 625.55	157 562.63	182 801.32
33 711.20	33 926.80	34 324.60	76 061.60	177 922.00	251 908.42	248 549.71	255 104.13
14 629.72	11 622.80	10 609.40	81 921.20	151 933.90	121 948.65	137 212.28	196 464.30
22 188.18	20 129.00	14 650.20	18 902.20	31 695.40	24 559.70	59 261.08	57 630.47
16 785.62	22 663.90	24 925.00	47 528.80	108 638.40	100 047.75	262 631.42	385 834.77
17 297.56	16 776.80	16 508.20	16 970.00	26 132.80	11 690.15	49 749.19	47 804.77
40 488.45	28 738.00	17 257.30	35 253.20	45 327.30	88 189.99	227 938.13	333 516.51
40 850.00	24 649.70	13 207.30	17 302.20	22 013.30	23 157.14	154 390.98	176 796.70
34 767.00	42 408.40	29 090.00	26 587.60	29 308.80	74 845.08	100 171.69	141 856.34
27 172.70	47 291.40	18 565.10	15 684.70	35 218.90	36 432.86	37 239.45	62 677.66
72 291.31	139 585.20	118 132.00	264 180.10	293 098.20	224 923.94	315 492.94	628 070.76
26 174.75	39 601.50	19 799.60	34 670.30	33 950.20	54 054.78	72 449.87	107 097.48
—	5 420.00	2 680.00	8 644.00	11 536.80	4 855.42	8 374.90	9 509.17
11 727.14	8 648.00	6 857.30	17 589.00	15 456.40	51 301.08	41 999.61	40 775.48
33 252.38	53 626.70	21 683.90	30 833.10	67 514.10	222 815.23	144 497.28	116 733.32
15 096.05	16 560.50	11 769.60	11 216.10	16 439.20	22 314.81	33 481.67	18 622.06
10 825.06	13 228.90	12 084.40	19 255.10	23 888.00	13 832.37	87 714.63	87 157.57
100.00	800.00	400.00	820.00	1 147.00	1 930.54	717.70	1 234.39
41 419.93	18 630.40	10 472.70	8 803.10	9 221.60	15 296.50	64 606.28	69 762.04
13 986.53	18 866.60	8 057.90	7 201.20	5 181.90	4 646.90	24 580.28	42 040.26
3 851.00	3 766.20	1 764.00	630.70	689.10	1 210.01	2 036.49	4 663.22
3 232.34	5 586.60	406.00	2 566.00	3 254.40	1 190.38	4 395.50	18 189.21
28 500.40	11 279.40	6 078.70	14 305.90	17 337.20	16 719.82	17 908.80	46 471.02
—	—	—	—	—	—	—	317.11
673 023.46	**767 521.50**	**513 751.40**	**881 990.40**	**1 447 999.50**	**1 810 247.66**	**2 888 663.55**	**3 857 239.24**

续表

地　区 Region	2003	2004	2005	2006	2007	2008	2009	2010
北　京	212 481.94	231 696.76	296 639.31	348 667.43	364 205.94	418 725.52	482 920.73	689 761.37
天　津	74 972.27	69 962.76	119 600.62	132 753.21	154 765.02	156 352.53	195 867.86	286 469.37
河　北	126 060.59	129 222.49	316 761.76	366 048.84	444 533.31	422 358.46	445 502.21	539 471.42
山　西	43 391.10	52 268.78	122 840.62	187 467.71	208 250.04	218 230.57	229 328.74	241 974.19
内蒙古	29 466.86	36 534.14	93 438.86	134 849.96	184 002.56	269 102.99	319 953.66	316 556.99
辽　宁	203 604.56	206 744.28	400 758.06	573 853.54	693 544.08	591 826.33	669 570.30	777 782.54
吉　林	90 297.35	81 510.56	168 178.60	246 662.33	335 385.86	272 217.64	282 356.77	310 482.61
黑龙江	139 917.21	145 173.76	544 557.78	332 262.63	349 002.33	334 752.57	380 371.88	399 893.63
上　海	178 651.20	151 761.70	177 276.14	240 564.33	306 813.42	292 498.07	412 311.39	450 127.54
江　苏	228 805.79	209 357.33	332 088.42	536 258.76	754 634.01	835 014.45	1 162 346.09	1 656 617.14
浙　江	252 183.56	229 524.97	396 910.77	569 548.38	806 654.80	809 606.24	946 078.70	1 261 175.46
安　徽	72 671.55	76 483.46	196 571.39	202 123.17	303 947.95	264 403.83	342 026.91	421 931.18
福　建	249 397.58	193 359.61	244 091.53	310 985.40	384 498.77	429 791.83	508 755.03	619 002.03
江　西	64 517.88	55 083.25	133 705.01	118 903.07	153 782.75	174 729.67	234 050.56	368 174.85
山　东	330 205.30	318 519.65	738 111.38	624 819.75	784 817.95	746 670.95	1 144 753.59	1 436 484.52
河　南	159 270.29	161 142.88	329 627.50	338 440.79	361 520.90	429 574.90	505 308.29	607 782.42
湖　北	192 607.05	215 459.97	517 317.41	421 096.47	491 046.51	442 788.63	482 768.24	602 493.22
湖　南	78 911.74	80 893.66	222 888.69	236 245.07	291 164.37	237 953.54	319 854.46	428 111.17
广　东	612 706.20	496 055.70	601 556.63	729 761.78	865 872.21	1 026 148.02	1 377 659.96	1 886 537.75
广　西	136 795.58	126 466.13	155 693.50	157 681.10	178 265.19	161 348.57	187 847.42	263 226.87
海　南	12 092.93	17 888.68	18 420.22	19 030.45	34 514.72	57 590.20	49 504.07	99 040.75
重　庆	50 373.34	51 979.64	85 626.17	116 315.65	164 078.78	162 061.62	204 168.77	320 375.10
四　川	122 764.54	107 251.73	202 844.03	312 249.70	353 850.78	416 268.59	561 413.98	660 079.25
贵　州	33 560.19	33 953.12	55 320.95	92 637.38	126 307.91	172 817.77	227 136.03	259 770.61
云　南	98 595.84	111 534.98	184 731.70	263 843.48	312 308.21	435 224.78	597 272.40	614 818.06
西　藏	2 583.28	4 579.57	5 693.45	9 709.00	13 525.92	33 477.56	47 719.77	39 099.13
陕　西	67 625.38	64 902.44	169 249.10	175 146.14	274 124.27	277 894.21	322 963.02	390 700.63
甘　肃	43 143.79	35 752.11	68 986.63	105 921.73	154 676.04	175 918.73	192 774.96	211 623.10
青　海	9 295.74	11 987.66	25 418.13	30 760.42	38 665.04	53 448.93	61 622.99	69 425.66
宁　夏	20 095.16	17 591.70	31 839.21	54 559.75	67 651.55	74 704.95	84 137.64	101 578.48
新　疆	76 977.07	81 073.31	181 892.02	203 884.71	210 862.32	207 822.93	269 540.60	294 275.71
中彩中心	—	—	—	—	—	—	—	—
合　计 Total	**4 014 022.86**	**3 805 716.78**	**7 138 635.60**	**8 193 052.14**	**10 167 273.49**	**10 601 325.58**	**13 247 887.02**	**16 624 842.76**

2011	2012	2013	2014	2015	2016	2017	1987—2017
889 971.87	890 313.24	1 048 245.07	1 157 819.29	1 006 506.00	1 074 595.33	1 076 170.71	10 728 982.82
418 625.19	529 342.17	652 865.30	1 038 002.08	742 322.79	682 635.41	718 054.14	6 222 332.25
717 542.81	852 389.50	1 268 715.78	1 667 174.67	1 652 130.00	1 698 237.66	1 569 358.27	12 574 410.33
309 903.51	356 372.51	449 367.91	598 187.78	632 183.47	669 292.53	788 893.95	5 326 425.22
404 819.59	443 079.49	614 430.65	789 785.68	918 710.05	1 030 633.83	1 100 924.15	6 802 494.17
986 035.55	1 320 996.78	1 426 089.70	1 565 837.71	1 599 074.33	1 647 960.37	1 558 993.78	14 746 946.11
369 346.58	490 751.36	747 339.35	828 214.44	732 169.49	739 604.32	699 732.25	6 600 953.37
555 524.82	741 169.01	867 065.92	1 220 489.07	1 087 229.00	1 043 580.67	1 041 472.80	9 529 645.72
590 816.19	646 935.65	833 034.07	1 344 496.41	811 002.00	755 117.34	807 246.70	8 765 008.33
2 596 181.24	2 958 408.79	2 842 859.90	3 180 151.94	3 143 049.22	3 274 919.87	3 550 762.28	28 418 078.93
1 533 861.39	1 757 255.10	2 107 540.33	2 449 383.64	2 557 023.00	2 756 723.28	2 934 787.15	22 148 331.56
585 611.50	672 592.45	954 914.87	1 154 388.99	1 163 405.73	1 202 620.57	1 344 264.80	9 236 191.56
805 928.17	893 882.57	1 078 215.00	1 147 591.91	1 279 358.74	1 307 488.36	1 571 150.81	12 016 987.34
523 225.50	713 257.43	993 725.35	1 292 660.52	779 278.00	610 496.50	894 776.71	7 334 630.38
2 049 366.12	2 283 427.69	2 568 489.21	3 066 707.88	3 023 723.17	3 192 410.81	3 334 931.81	26 495 041.17
841 837.09	1 085 215.79	1 234 812.98	1 478 137.76	1 647 280.89	1 861 462.30	2 025 556.12	13 567 738.22
711 836.86	870 990.19	1 092 247.60	1 301 352.28	1 306 217.45	1 683 396.63	1 957 635.62	12 803 359.92
645 303.73	849 948.13	971 903.23	1 328 346.85	1 183 756.01	1 454 473.38	1 709 615.65	10 349 673.92
2 354 381.63	2 723 203.86	3 078 771.53	3 680 111.56	3 574 919.55	3 963 268.77	4 227 822.15	33 345 048.23
354 741.63	461 099.04	564 752.43	829 315.78	699 111.00	757 706.58	871 456.83	6 332 962.05
145 996.78	190 335.91	211 361.98	252 261.57	304 558.86	311 900.93	274 369.12	2 053 609.35
491 887.88	531 924.09	626 087.19	902 158.31	762 273.56	800 329.25	1 029 954.62	6 502 935.03
819 856.12	974 965.46	1 039 204.03	1 183 931.31	1 288 934.03	1 325 651.05	1 363 838.95	11 445 272.43
277 968.68	315 059.71	382 704.18	438 063.31	508 143.33	591 941.38	629 946.61	4 304 626.63
738 866.59	865 044.73	980 746.14	1 155 058.06	1 271 658.65	1 478 980.25	1 517 916.13	10 915 323.92
57 271.24	57 340.02	72 233.10	111 395.53	158 819.29	228 934.00	356 964.84	1 206 555.32
561 822.71	684 210.58	855 169.33	1 167 960.90	1 260 783.64	1 416 528.29	1 573 987.94	9 514 728.45
260 378.55	343 119.30	549 525.28	739 278.86	676 931.00	712 480.46	801 755.67	5 207 492.17
90 663.43	108 675.63	158 741.01	217 361.27	171 495.44	217 531.55	249 555.62	1 535 247.74
122 954.85	132 749.93	170 921.74	297 360.82	240 102.01	272 324.64	293 548.03	2 021 628.88
345 656.70	408 363.01	490 424.77	654 822.39	606 275.00	700 901.17	791 464.50	5 702 056.84
—	—	—	—	—	—	—	317.11
22 158 184.49	**26 152 419.11**	**30 932 504.92**	**38 237 808.57**	**36 788 424.71**	**39 464 127.51**	**42 666 908.74**	**323 755 035.48**

1987—2017 年全国彩票

Statistical Table of Lottery Sales in Different Regions and

地 区 Region	1987 福利彩票 Welfare Lottery	1988 福利彩票 Welfare Lottery	1989 福利彩票 Welfare Lottery	1990 福利彩票 Welfare Lottery	1991 福利彩票 Welfare Lottery	1992 福利彩票 Welfare Lottery	1993 福利彩票 Welfare Lottery	1994 福利彩票 Welfare Lottery
北 京	—	1 136.68	940.07	2 077.00	2 765.00	3 220.00	5 404.00	6 395.71
天 津	396.60	328.48	1 166.29	1 995.38	1 209.00	769.62	2 474.35	1 799.00
河 北	100.00	1 505.00	1 295.00	2 082.00	2 579.00	3 204.66	3 010.00	11 255.82
山 西	—	1 211.74	826.17	1 136.16	1 516.00	4 175.00	3 300.00	5 010.00
内蒙古	—	14.00	484.68	924.90	549.56	1 766.58	1 293.00	3 838.71
辽 宁	—	3 073.04	2 397.14	6 587.00	3 530.41	3 598.52	4 825.17	14 719.11
吉 林	—	997.98	1 577.14	4 617.10	1 683.33	2 388.21	4 262.68	5 499.95
黑龙江	—	1 550.48	1 463.44	2 214.32	1 417.00	1 650.38	3 185.00	7 313.00
上 海	373.71	701.80	833.99	2 371.89	2 724.00	2 841.00	1 496.60	1 523.00
江 苏	100.00	2 659.00	3 304.65	3 110.30	2 299.87	4 607.66	17 173.00	11 860.76
浙 江	193.90	2 757.89	2 615.25	2 431.00	3 921.82	19 642.22	16 724.97	5 445.48
安 徽	—	1 123.99	1 068.75	1 693.08	2 251.00	2 711.00	8 214.07	12 155.09
福 建	242.84	1 269.65	1 537.63	1 060.00	4 527.96	7 038.50	4 512.05	4 245.70
江 西	—	195.00	300.00	890.21	1 827.72	4 287.92	9 145.99	4 687.03
山 东	—	1 259.19	1 393.80	1 908.46	3 598.37	6 596.13	11 061.04	9 075.51
河 南	198.64	1 130.00	2 041.38	2 540	3 230.00	4 220.00	8 000.00	7 040.00
湖 北	133.81	867.40	650.41	787.09	1 107.17	7 962.42	10 882.76	12 679.81
湖 南	—	855.52	950.00	2 010.00	5 625.00	9 117.43	5 009.00	6 454.50
广 东	—	7 396.80	8 271.03	11 278.52	14 275.24	15 554.45	23 138.20	10 582.25
广 西	—	68.88	467.16	4 536.77	6 203.60	7 255.33	12 493.11	8 631.07
海 南	—	512.75	34.87	2 514.53	405.57	227.96	26.21	—
重 庆	—	816.18	339.61	1 140.00	733.00	1 463.00	3 444.00	1 051.26
四 川	—	1 795.63	912.58	1 405.59	2 356.00	5 907.00	4 857.81	3 978.24
贵 州	—	290.00	547.87	803.18	527.55	3 117.00	6 394.87	2 115.00
云 南	—	1 910.33	1 329.93	612.46	1 270.00	5 781.07	6 958.58	2 875.51
西 藏	—	—	—	—	—	—	60.00	—
陕 西	—	1 296.68	990.05	1 071.72	2 778.89	1 931.26	871.06	4 507.64
甘 肃	—	636.26	406.40	654.59	1 003.00	2 591.75	2 365.60	3 006.80
青 海	—	60.00	140.00	100.00	110.00	74.00	96.00	108.00
宁 夏	—	207.41	30.36	177.97	171.99	467.37	629.40	304.00
新 疆	—	—	—	—	1 190.99	3 382.59	2 980.00	11 665.82
中彩中心	—	—	—	—	—	—	—	—
合 计 Total	**1 739.50**	**37 627.76**	**38 315.65**	**64 731.22**	**77 388.04**	**137 550.03**	**184 288.52**	**179 823.77**

销售统计表（分地区分系统）

Different Organizations in China from 1987 to 2017

单位：万元

Unit: Ten Thousand Yuan

1995			1996			1997		
福利彩票 Welfare Lottery	体育彩票 Sports Lottery	小计 Subtotal	福利彩票 Welfare Lottery	体育彩票 Sports Lottery	小计 Subtotal	福利彩票 Welfare Lottery	体育彩票 Sports Lottery	小计 Subtotal
11 485.78	2 000.00	13 485.78	5 452.40	—	5 452.40	8 003.40	2 000.00	10 003.40
6 113.00	8 200.00	14 313.00	4 159.90	3 100.00	7 259.90	4 043.00	1 800.00	5 843.00
20 611.00	7 800.00	28 411.00	11 559.40	5 000.00	16 559.40	7 928.40	5 600.00	13 528.40
13 001.43	800.00	13 801.43	28 227.10	2 000.00	30 227.10	10 877.40	2 000.00	12 877.40
18 400.00	400.00	18 800.00	24 200.00	2 200.00	26 400.00	8 446.20	4 400.00	12 846.20
23 007.97	4 100.00	27 107.97	21 992.50	5 900.00	27 892.50	11 033.00	2 800.00	13 833.00
14 005.96	1 880.00	15 885.96	19 355.60	5 100.00	24 455.60	5 507.40	3 000.00	8 507.40
9 565.00	7 314.00	16 879.00	18 797.80	3 900.00	22 697.80	7 155.70	5 000.00	12 155.70
9 492.00	6 500.00	15 992.00	11 770.00	11 000.00	22 770.00	5 833.70	19 000.00	24 833.70
21 711.20	12 000.00	33 711.20	29 126.80	4 800.00	33 926.80	27 524.60	6 800.00	34 324.60
12 209.72	2 420.00	14 629.72	8 102.80	3 520.00	11 622.80	4 609.40	6 000.00	10 609.40
19 088.18	3 100.00	22 188.18	15 729.00	4 400.00	20 129.00	10 050.20	4 600.00	14 650.20
14 985.62	1 800.00	16 785.62	18 663.90	4 000.00	22 663.90	10 925.00	14 000.00	24 925.00
15 797.56	1 500.00	17 297.56	13 376.80	3 400.00	16 776.80	12 508.20	4 000.00	16 508.20
39 488.45	1 000.00	40 488.45	23 718.00	5 020.00	28 738.00	12 257.30	5 000.00	17 257.30
39 550.00	1 300.00	40 850.00	21 849.70	2 800.00	24 649.70	10 207.30	3 000.00	13 207.30
30 067.00	4 700.00	34 767.00	36 888.40	5 520.00	42 408.40	23 730.00	5 360.00	29 090.00
22 672.70	4 500.00	27 172.70	42 271.40	5 020.00	47 291.40	13 565.10	5 000.00	18 565.10
61 005.31	11 286.00	72 291.31	130 585.20	9 000.00	139 585.20	105 132.00	13 000.00	118 132.00
23 774.75	2 400.00	26 174.75	34 601.50	5 000.00	39 601.50	13 799.60	6 000.00	19 799.60
—	—	—	2 920.00	2 500.00	5 420.00	680.00	2 000.00	2 680.00
11 727.14	—	11 727.14	8 648.00	—	8 648.00	4 857.30	2 000.00	6 857.30
29 952.38	3 300.00	33 252.38	47 906.70	5 720.00	53 626.70	15 683.90	6 000.00	21 683.90
14 096.05	1 000.00	15 096.05	12 760.50	3 800.00	16 560.50	7 769.60	4 000.00	11 769.60
7 825.06	3 000.00	10 825.06	10 828.90	2 400.00	13 228.90	8 084.40	4 000.00	12 084.40
—	100.00	100.00	—	800.00	800.00	—	400.00	400.00
38 099.93	3 320.00	41 419.93	14 530.40	4 100.00	18 630.40	5 472.70	5 000.00	10 472.70
13 006.53	980.00	13 986.53	15 866.60	3 000.00	18 866.60	5 057.90	3 000.00	8 057.90
3 232.34	—	3 232.34	3 586.60	2 000.00	5 586.60	764.00	1 000.00	1 764.00
3 551.00	300.00	3 851.00	1 766.20	2 000.00	3 766.20	166.00	240.00	406.00
25 500.40	3 000.00	28 500.40	8 279.40	3 000.00	11 279.40	2 078.70	4 000.00	6 078.70
—	—	—	—	—	—	—	—	—
573 023.46	**100 000.00**	**673 023.46**	**647 521.50**	**120 000.00**	**767 521.50**	**363 751.40**	**150 000.00**	**513 751.40**

续表

地 区 Region	1998 福利彩票 Welfare Lottery	1998 体育彩票 Sports Lottery	1998 小计 Subtotal	1999 福利彩票 Welfare Lottery	1999 体育彩票 Sports Lottery	1999 小计 Subtotal	2000 福利彩票 Welfare Lottery	2000 体育彩票 Sports Lottery	2000 小计 Subtotal
北 京	9 442.30	3 280.00	12 722.30	37 931.50	5 200.00	43 131.50	14 439.53	48 678.67	63 118.20
天 津	4 717.30	5 000.00	9 717.30	4 302.30	7 410.00	11 712.30	7 329.81	48 109.67	55 439.48
河 北	6 559.50	5 940.00	12 499.50	23 306.40	2 971.00	26 277.40	9 915.50	25 268.06	35 183.56
山 西	11 973.10	6 000.00	17 973.10	15 137.30	200.00	15 337.30	5 663.91	1 892.91	7 556.82
内蒙古	3 388.50	930.00	4 318.50	12 203.00	2 774.00	14 977.00	4 410.29	2 112.86	6 523.15
辽 宁	7 716.10	4 000.00	11 716.10	38 092.60	1 714.00	39 806.60	40 451.11	6 391.51	46 842.62
吉 林	3 647.70	2 000.00	5 647.70	15 166.70	1 712.00	16 878.70	7 027.99	1 000.00	8 027.99
黑龙江	5 568.90	4 000.00	9 568.90	15 389.70	6 580.00	21 969.70	14 793.15	27 265.62	42 058.77
上 海	30 900.90	10 000.00	40 900.90	87 778.10	43 226.00	131 004.10	127 451.61	50 173.94	177 625.55
江 苏	59 061.60	17 000.00	76 061.60	111 465.00	66 457.00	177 922.00	69 646.57	182 261.85	251 908.42
浙 江	57 921.20	24 000.00	81 921.20	106 897.90	45 036.00	151 933.90	60 531.70	61 416.95	121 948.65
安 徽	13 862.20	5 040.00	18 902.20	25 035.40	6 660.00	31 695.40	16 397.84	8 161.86	24 559.70
福 建	17 528.80	30 000.00	47 528.80	65 630.40	43 008.00	108 638.40	28 880.51	71 167.24	100 047.75
江 西	12 770.00	4 200.00	16 970.00	20 766.80	5 366.00	26 132.80	8 441.16	3 248.99	11 690.15
山 东	29 253.20	6 000.00	35 253.20	36 476.30	8 851.00	45 327.30	75 387.02	12 802.97	88 189.99
河 南	13 302.20	4 000.00	17 302.20	19 731.30	2 282.00	22 013.30	17 382.00	5 775.14	23 157.14
湖 北	17 227.60	9 360.00	26 587.60	23 651.80	5 657.00	29 308.80	31 098.02	43 747.06	74 845.08
湖 南	10 684.70	5 000.00	15 684.70	28 507.90	6 711.00	35 218.90	21 268.46	15 164.40	36 432.86
广 东	215 180.10	49 000.00	264 180.10	211 035.20	82 063.00	293 098.20	133 754.80	91 169.14	224 923.94
广 西	22 670.30	12 000.00	34 670.30	30 539.20	3 411.00	33 950.20	51 230.75	2 824.03	54 054.78
海 南	2 644.00	6 000.00	8 644.00	8 002.80	3 534.00	11 536.80	1 300.67	3 554.75	4 855.42
重 庆	14 589.00	3 000.00	17 589.00	13 131.40	2 325.00	15 456.40	45 989.14	5 311.94	51 301.08
四 川	17 793.10	13 040.00	30 833.10	31 239.10	36 275.00	67 514.10	55 473.45	167 341.78	222 815.23
贵 州	6 796.10	4 420.00	11 216.10	12 335.20	4 104.00	16 439.20	8 437.27	13 877.54	22 314.81
云 南	14 255.10	5 000.00	19 255.10	20 115.00	3 773.00	23 888.00	12 244.00	1 588.37	13 832.37
西 藏	—	820.00	820.00	—	1 147.00	1 147.00	1 186.54	744.00	1 930.54
陕 西	5 803.10	3 000.00	8 803.10	8 740.60	481.00	9 221.60	10 232.62	5 063.88	15 296.50
甘 肃	4 201.20	3 000.00	7 201.20	4 081.90	1 100.00	5 181.90	3 657.95	988.95	4 646.90
青 海	260.70	370.00	630.70	689.10	—	689.10	1 030.38	160.00	1 190.38
宁 夏	2 166.00	400.00	2 566.00	2 754.40	500.00	3 254.40	627.74	582.27	1 210.01
新 疆	10 105.90	4 200.00	14 305.90	14 314.20	3 023.00	17 337.20	13 165.77	3 554.05	16 719.82
中彩中心	—	—	—	—	—	—	—	—	—
合 计 Total	**631 990.40**	**250 000.00**	**881 990.40**	**1 044 448.50**	**403 551.00**	**1 447 999.50**	**898 847.26**	**911 400.40**	**1 810 247.66**

2001			2002			2003		
福利彩票 Welfare Lottery	体育彩票 Sports Lottery	小计 Subtotal	福利彩票 Welfare Lottery	体育彩票 Sports Lottery	小计 Subtotal	福利彩票 Welfare Lottery	体育彩票 Sports Lottery	小计 Subtotal
33 179.03	150 247.00	183 426.03	56 126.23	130 858.00	186 984.23	100 520.93	111 961.01	212 481.94
12 100.15	50 778.00	62 878.15	8 159.23	64 280.44	72 439.67	10 763.39	64 208.88	74 972.27
25 530.36	52 747.54	78 277.90	48 987.11	74 146.81	123 133.92	58 907.49	67 153.10	126 060.59
53 207.86	6 319.84	59 527.70	34 870.99	9 124.90	43 995.89	27 644.61	15 746.49	43 391.10
5 473.39	987.90	6 461.29	10 824.25	6 182.90	17 007.15	16 957.45	12 509.41	29 466.86
75 896.56	35 724.92	111 621.48	105 933.26	100 790.28	206 723.54	126 814.59	76 789.97	203 604.56
33 078.01	15 170.18	48 248.19	25 229.36	32 796.57	58 025.93	46 783.59	43 513.76	90 297.35
41 780.52	43 479.78	85 260.30	67 728.98	50 069.87	117 798.85	84 072.82	55 844.39	139 917.21
100 356.05	57 206.58	157 562.63	80 032.30	102 769.02	182 801.32	102 551.43	76 099.77	178 651.20
71 973.80	176 575.91	248 549.71	72 515.36	182 588.77	255 104.13	68 803.36	160 002.43	228 805.79
54 559.50	82 652.78	137 212.28	53 042.52	143 421.78	196 464.30	84 922.35	167 261.21	252 183.56
35 054.75	24 206.33	59 261.08	23 206.75	34 423.72	57 630.47	27 413.74	45 257.81	72 671.55
81 017.90	181 613.52	262 631.42	67 481.65	318 353.12	385 834.77	29 091.19	220 306.39	249 397.58
39 602.89	10 146.30	49 749.19	30 992.83	16 811.94	47 804.77	34 426.37	30 091.51	64 517.88
185 322.67	42 615.46	227 938.13	265 900.88	67 615.63	333 516.51	288 136.42	42 068.88	330 205.30
71 436.07	82 954.91	154 390.98	68 094.52	108 702.18	176 796.70	73 635.77	85 634.52	159 270.29
32 817.84	67 353.85	100 171.69	40 236.65	101 619.69	141 856.34	78 832.09	113 774.96	192 607.05
24 411.12	12 828.33	37 239.45	42 815.92	19 861.74	62 677.66	55 828.97	23 082.77	78 911.74
172 421.81	143 071.13	315 492.94	287 606.13	340 464.63	628 070.76	314 331.30	298 374.90	612 706.20
58 162.23	14 287.64	72 449.87	84 519.87	22 577.61	107 097.48	111 382.99	25 412.59	136 795.58
3 575.51	4 799.39	8 374.90	3 296.49	6 212.68	9 509.17	2 068.59	10 024.34	12 092.93
29 524.27	12 475.34	41 999.61	22 350.63	18 424.85	40 775.48	31 040.63	19 332.71	50 373.34
19 000.56	125 496.72	144 497.28	13 806.77	102 926.55	116 733.32	28 635.87	94 128.67	122 764.54
12 220.15	21 261.52	33 481.67	6 032.89	12 589.17	18 622.06	18 790.79	14 769.40	33 560.19
25 311.57	62 403.06	87 714.63	24 168.39	62 989.18	87 157.57	27 504.37	71 091.47	98 595.84
550.70	167.00	717.70	572.85	661.54	1 234.39	628.59	1 954.69	2 583.28
52 690.49	11 915.79	64 606.28	42 608.99	27 153.05	69 762.04	37 829.76	29 795.62	67 625.38
23 019.63	1 560.65	24 580.28	32 861.07	9 179.19	42 040.26	30 073.74	13 070.05	43 143.79
1 717.27	319.22	2 036.49	15 110.71	3 078.50	18 189.21	6 992.77	2 302.97	9 295.74
4 395.50	—	4 395.50	3 545.14	1 118.08	4 663.22	13 723.54	6 371.62	20 095.16
16 347.00	1 561.80	17 908.80	41 266.53	5 204.49	46 471.02	61 460.08	15 516.99	76 977.07
—	—	—	—	317.11	317.11	—	—	—
1 395 735.16	**1 492 928.39**	**2 888 663.55**	**1 679 925.25**	**2 177 313.99**	**3 857 239.24**	**2 000 569.58**	**2 013 453.28**	**4 014 022.86**

续表

地　区 Region	2004 福利彩票 Welfare Lottery	2004 体育彩票 Sports Lottery	2004 小计 Subtotal	2005 福利彩票 Welfare Lottery	2005 体育彩票 Sports Lottery	2005 小计 Subtotal
北　京	157 995.61	73 701.15	231 696.76	207 187.56	89 451.75	296 639.31
天　津	19 589.60	50 373.16	69 962.76	40 174.97	79 425.65	119 600.62
河　北	80 013.37	49 209.12	129 222.49	176 551.16	140 210.60	316 761.76
山　西	37 431.99	14 836.79	52 268.78	83 938.78	38 901.84	122 840.62
内蒙古	23 363.02	13 171.12	36 534.14	55 135.96	38 302.91	93 438.86
辽　宁	152 600.09	54 144.19	206 744.28	266 384.46	134 373.60	400 758.06
吉　林	49 510.98	31 999.58	81 510.56	96 075.33	72 103.27	168 178.60
黑龙江	95 629.70	49 544.06	145 173.76	302 950.17	241 607.61	544 557.78
上　海	100 273.42	51 488.28	151 761.70	123 528.65	53 747.48	177 276.14
江　苏	75 014.61	134 342.72	209 357.33	136 391.95	195 696.48	332 088.42
浙　江	82 221.07	147 303.90	229 524.97	160 436.76	236 474.01	396 910.77
安　徽	41 476.63	35 006.83	76 483.46	100 089.03	96 482.37	196 571.39
福　建	21 336.50	172 023.11	193 359.61	45 162.07	198 929.46	244 091.53
江　西	30 510.91	24 572.34	55 083.25	51 637.78	82 067.23	133 705.01
山　东	284 915.79	33 603.86	318 519.65	539 046.67	199 064.71	738 111.38
河　南	91 656.07	69 486.81	161 142.88	157 659.30	171 968.20	329 627.50
湖　北	123 910.17	91 549.80	215 459.97	278 119.79	239 197.62	517 317.41
湖　南	60 041.08	20 852.58	80 893.66	118 344.02	104 544.68	222 888.69
广　东	306 563.04	189 492.66	496 055.70	391 173.93	210 382.70	601 556.63
广　西	111 488.44	14 977.69	126 466.13	136 391.95	19 301.55	155 693.50
海　南	12 918.82	4 969.86	17 888.68	13 857.37	4 562.85	18 420.22
重　庆	37 457.36	14 522.28	51 979.64	62 666.48	22 959.69	85 626.17
四　川	45 672.66	61 579.07	107 251.73	106 713.86	96 130.18	202 844.03
贵　州	23 482.24	10 470.88	33 953.12	39 630.18	15 690.77	55 320.95
云　南	52 379.05	59 155.93	111 534.98	105 475.42	79 256.28	184 731.70
西　藏	3 651.32	928.25	4 579.57	4 334.58	1 358.87	5 693.45
陕　西	35 969.80	28 932.64	64 902.44	106 804.71	62 444.39	169 249.10
甘　肃	22 782.61	12 969.50	35 752.11	43 373.18	25 613.45	68 986.63
青　海	8 826.95	3 160.71	11 987.66	16 054.81	6 729.68	22 784.49
宁　夏	10 684.80	6 906.90	17 591.70	18 688.45	15 784.40	34 472.85
新　疆	64 385.60	16 687.71	81 073.31	128 098.35	53 793.67	181 892.02
中彩中心	—	—	—	—	—	—
合　计 Total	**2 263 753.30**	**1 541 963.48**	**3 805 716.78**	**4 112 077.66**	**3 026 557.94**	**7 138 635.60**

2006			2007			2008		
福利彩票 Welfare Lottery	体育彩票 Sports Lottery	小计 Subtotal	福利彩票 Welfare Lottery	体育彩票 Sports Lottery	小计 Subtotal	福利彩票 Welfare Lottery	体育彩票 Sports Lottery	小计 Subtotal
229 001.22	119 666.21	348 667.43	238 198.87	126 007.06	364 205.94	264 760.76	153 964.77	418 725.52
54 531.44	78 221.77	132 753.21	72 412.81	82 352.20	154 765.02	64 095.76	92 256.78	156 352.53
233 993.59	132 055.25	366 048.84	272 316.12	172 217.19	444 533.31	260 128.67	162 229.79	422 358.46
131 537.22	55 930.49	187 467.71	157 469.17	50 780.87	208 250.04	125 853.49	92 377.08	218 230.57
80 375.24	54 474.73	134 849.96	110 442.21	73 560.35	184 002.56	165 259.42	103 843.57	269 102.99
399 046.63	174 806.91	573 853.54	493 266.48	200 277.60	693 544.08	400 885.63	190 940.70	591 826.33
132 208.30	114 454.03	246 662.33	214 700.40	120 685.46	335 385.86	159 023.07	113 194.58	272 217.64
235 808.29	96 454.34	332 262.63	224 301.91	124 700.41	349 002.33	212 956.64	121 795.93	334 752.57
167 850.45	72 713.88	240 564.33	221 109.64	85 703.78	306 813.42	195 329.31	97 168.76	292 498.07
210 184.33	326 074.44	536 258.76	320 308.22	434 325.79	754 634.01	334 282.22	500 732.23	835 014.45
244 239.10	325 309.28	569 548.38	444 633.66	362 021.14	806 654.80	407 120.26	402 485.98	809 606.24
128 081.78	74 041.39	202 123.17	188 383.13	115 564.82	303 947.95	157 284.48	107 119.35	264 403.83
100 104.26	210 881.14	310 985.40	146 417.77	238 081.00	384 498.77	125 404.77	304 387.06	429 791.83
52 859.06	66 044.01	118 903.07	65 072.47	88 710.28	153 782.75	81 403.05	93 326.62	174 729.67
468 047.68	156 772.06	624 819.75	592 654.30	192 163.66	784 817.95	510 118.51	236 552.44	746 670.95
177 670.69	160 770.10	338 440.79	207 361.08	154 159.82	361 520.90	191 362.83	238 212.07	429 574.90
265 749.02	155 347.45	421 096.47	305 241.68	185 804.83	491 046.51	280 791.48	161 997.15	442 788.63
147 414.49	88 830.59	236 245.07	191 915.75	99 248.63	291 164.37	151 375.73	86 577.80	237 953.54
487 050.04	242 711.74	729 761.78	565 821.16	300 051.05	865 872.21	633 992.91	392 155.11	1 026 148.02
136 514.05	21 167.05	157 681.10	155 515.47	22 749.72	178 265.19	136 672.69	24 675.88	161 348.57
13 112.29	5 918.16	19 030.45	25 544.39	8 970.32	34 514.72	47 368.49	10 221.71	57 590.20
90 646.02	25 669.64	116 315.65	127 322.18	36 756.60	164 078.78	111 486.31	50 575.31	162 061.62
173 020.19	139 229.52	312 249.70	196 865.49	156 985.30	353 850.78	244 593.94	171 674.65	416 268.59
61 166.11	31 471.27	92 637.38	78 969.03	47 338.89	126 307.91	103 451.21	69 366.56	172 817.77
149 057.25	114 786.23	263 843.48	188 850.64	123 457.57	312 308.21	202 386.33	232 838.45	435 224.78
7 691.78	2 017.22	9 709.00	11 116.17	2 409.76	13 525.92	17 889.68	15 587.88	33 477.56
116 610.58	58 535.56	175 146.14	186 680.07	87 444.20	274 124.27	159 361.70	118 532.51	277 894.21
67 309.07	38 612.66	105 921.73	107 355.26	47 320.78	154 676.04	100 122.40	75 796.32	175 918.73
22 232.30	8 528.13	30 760.42	28 816.76	9 848.28	38 665.04	30 548.01	22 900.92	53 448.93
31 646.79	22 912.96	54 559.75	42 365.13	25 286.42	67 651.55	35 768.60	38 936.36	74 704.95
142 000.00	61 884.71	203 884.71	134 475.11	76 387.21	210 862.32	128 716.89	79 106.04	207 822.93
—	—	—	—	—	—	—	—	—
4 956 759.24	**3 236 292.90**	**8 193 052.14**	**6 315 902.51**	**3 851 370.97**	**10 167 273.49**	**6 039 795.23**	**4 561 530.35**	**10 601 325.58**

续表

地　区 Region	2009 福利彩票 Welfare Lottery	2009 体育彩票 Sports Lottery	2009 小计 Subtotal	2010 福利彩票 Welfare Lottery	2010 体育彩票 Sports Lottery	2010 小计 Subtotal
北　京	311 890.56	171 030.17	482 920.73	382 292.54	307 468.83	689 761.37
天　津	83 173.48	112 694.38	195 867.86	123 844.76	162 624.61	286 469.37
河　北	279 639.11	165 863.10	445 502.21	347 006.56	192 464.86	539 471.42
山　西	148 620.24	80 708.50	229 328.74	159 719.43	82 254.76	241 974.19
内蒙古	193 675.40	126 278.26	319 953.66	200 553.74	116 003.25	316 556.99
辽　宁	474 376.30	195 194.00	669 570.30	543 791.57	233 990.98	777 782.54
吉　林	156 052.32	126 304.45	282 356.77	176 023.10	134 459.51	310 482.61
黑龙江	233 872.57	146 499.31	380 371.88	243 383.48	156 510.15	399 893.63
上　海	291 953.43	120 357.96	412 311.39	295 040.81	155 086.73	450 127.54
江　苏	478 358.21	683 987.88	1 162 346.09	723 258.10	933 359.04	1 656 617.14
浙　江	493 209.76	452 868.94	946 078.70	733 942.15	527 233.31	1 261 175.46
安　徽	201 035.41	140 991.50	342 026.91	251 627.30	170 303.88	421 931.18
福　建	160 594.20	348 160.83	508 755.03	241 186.14	377 815.89	619 002.03
江　西	107 444.82	126 605.74	234 050.56	144 329.17	223 845.68	368 174.85
山　东	690 475.14	454 278.45	1 144 753.59	898 454.89	538 029.63	1 436 484.52
河　南	227 658.45	277 649.84	505 308.29	321 660.36	286 122.06	607 782.42
湖　北	318 822.18	163 946.06	482 768.24	407 074.95	195 418.27	602 493.22
湖　南	203 959.50	115 894.96	319 854.46	263 449.03	164 662.14	428 111.17
广　东	833 977.73	543 682.23	1 377 659.96	1 135 538.64	750 999.12	1 886 537.75
广　西	159 526.95	28 320.47	187 847.42	209 737.98	53 488.89	263 226.87
海　南	38 184.09	11 319.98	49 504.07	84 036.38	15 004.37	99 040.75
重　庆	140 283.50	63 885.27	204 168.77	218 964.71	101 410.39	320 375.10
四　川	311 716.13	249 697.85	561 413.98	367 863.16	292 216.09	660 079.25
贵　州	135 172.12	91 963.91	227 136.03	144 454.78	115 315.83	259 770.61
云　南	286 596.57	310 675.83	597 272.40	330 270.78	284 547.28	614 818.06
西　藏	27 808.32	19 911.45	47 719.77	25 139.88	13 959.25	39 099.13
陕　西	203 278.41	119 684.61	322 963.02	257 242.51	133 458.12	390 700.63
甘　肃	129 457.73	63 317.23	192 774.96	147 863.66	63 759.44	211 623.10
青　海	37 355.34	24 267.65	61 622.99	45 868.17	23 557.49	69 425.66
宁　夏	44 247.36	39 890.28	84 137.64	63 665.31	37 913.17	101 578.48
新　疆	158 164.72	111 375.88	269 540.60	192 954.54	101 321.17	294 275.71
中彩中心	—	—	—	—	—	—
合　计 Total	**7 560 580.05**	**5 687 306.97**	**13 247 887.02**	**9 680 238.56**	**6 944 604.20**	**16 624 842.76**

2011			2012			2013		
福利彩票 Welfare Lottery	体育彩票 Sports Lottery	小计 Subtotal	福利彩票 Welfare Lottery	体育彩票 Sports Lottery	小计 Subtotal	福利彩票 Welfare Lottery	体育彩票 Sports Lottery	小计 Subtotal
503 554.26	386 417.61	889 971.87	507 317.39	382 995.85	890 313.24	509 368.74	538 876.33	1 048 245.07
160 714.27	257 910.92	418 625.19	228 000.86	301 341.31	529 342.17	300 405.71	352 459.59	652 865.30
471 188.65	246 354.16	717 542.81	546 386.83	306 002.67	852 389.50	703 776.51	564 939.27	1 268 715.78
213 702.01	96 201.50	309 903.51	254 806.03	101 566.48	356 372.51	293 196.41	156 171.50	449 367.91
258 553.80	146 265.79	404 819.59	281 124.50	161 954.99	443 079.49	395 704.85	218 725.80	614 430.65
627 739.73	358 295.82	986 035.55	798 047.23	522 949.55	1 320 996.78	929 441.33	496 648.37	1 426 089.70
208 013.56	161 333.02	369 346.58	256 357.13	234 394.23	490 751.36	416 052.71	331 286.64	747 339.35
285 501.27	270 023.55	555 524.82	358 206.36	382 962.65	741 169.01	440 035.04	427 030.88	867 065.92
383 409.73	207 406.46	590 816.19	384 025.82	262 909.83	646 935.65	375 293.73	457 740.34	833 034.07
1 178 830.30	1 417 350.94	2 596 181.24	1 340 066.74	1 618 342.05	2 958 408.79	1 285 029.01	1 557 830.89	2 842 859.90
927 216.13	606 645.26	1 533 861.39	1 023 967.93	733 287.17	1 757 255.10	1 244 851.59	862 688.74	2 107 540.33
355 627.04	229 984.46	585 611.50	436 558.35	236 034.10	672 592.45	590 768.95	364 145.92	954 914.87
329 024.52	476 903.65	805 928.17	371 984.26	521 898.31	893 882.57	479 583.00	598 632.00	1 078 215.00
231 094.96	292 130.54	523 225.50	352 383.78	360 873.65	713 257.43	487 034.84	506 690.51	993 725.35
1 097 297.13	952 068.99	2 049 366.12	1 223 637.80	1 059 789.89	2 283 427.69	1 344 280.28	1 224 208.93	2 568 489.21
452 936.10	388 900.99	841 837.09	568 890.93	516 324.86	1 085 215.79	617 988.22	616 824.76	1 234 812.98
510 549.41	201 287.45	711 836.86	607 789.85	263 200.34	870 990.19	738 288.79	353 958.81	1 092 247.60
409 434.94	235 868.79	645 303.73	529 189.21	320 758.92	849 948.13	603 054.26	368 848.97	971 903.23
1 407 034.45	947 347.17	2 354 381.63	1 695 551.18	1 027 652.68	2 723 203.86	1 899 419.72	1 179 351.81	3 078 771.53
282 296.16	72 445.47	354 741.63	384 769.57	76 329.47	461 099.04	477 437.00	87 315.43	564 752.43
118 814.54	27 182.24	145 996.78	143 251.44	47 084.47	190 335.91	160 175.92	51 186.06	211 361.98
345 860.20	146 027.68	491 887.88	381 540.93	150 383.16	531 924.09	435 129.47	190 957.72	626 087.19
486 887.44	332 968.68	819 856.12	595 148.22	379 817.24	974 965.46	678 348.28	360 855.75	1 039 204.03
160 217.70	117 750.99	277 968.68	181 386.47	133 673.24	315 059.71	202 467.37	180 236.81	382 704.18
396 464.71	342 401.88	738 866.59	448 759.71	416 285.02	865 044.73	499 102.20	481 643.94	980 746.14
33 106.41	24 164.83	57 271.24	30 752.25	26 587.77	57 340.02	42 693.91	29 539.19	72 233.10
401 325.86	160 496.85	561 822.71	502 854.75	181 355.83	684 210.58	631 348.13	223 821.20	855 169.33
182 711.20	77 667.35	260 378.55	228 036.40	115 082.90	343 119.30	330 035.41	219 489.87	549 525.28
58 201.79	32 461.64	90 663.43	74 962.26	33 713.37	108 675.63	95 625.92	63 115.09	158 741.01
77 054.53	45 900.32	122 954.85	90 801.09	41 948.84	132 749.93	107 387.08	63 534.66	170 921.74
225 357.13	120 299.56	345 656.70	276 667.92	131 695.09	408 363.01	339 521.99	150 902.78	490 424.77
—	—	—	—	—	—	—	—	—
12 779 719.93	**9 378 464.56**	**22 158 184.49**	**15 103 223.19**	**11 049 195.92**	**26 152 419.11**	**17 652 846.37**	**13 279 658.55**	**30 932 504.92**

续表

地 区 Region	2014 福利彩票 Welfare Lottery	2014 体育彩票 Sports Lottery	2014 小计 Subtotal	2015 福利彩票 Welfare Lottery	2015 体育彩票 Sports Lottery	2015 小计 Subtotal
北 京	533 561.05	624 258.25	1 157 819.29	503 524.50	502 980.97	1 006 505.47
天 津	426 338.61	611 663.47	1 038 002.08	378 401.65	363 921.14	742 322.79
河 北	800 886.64	866 288.03	1 667 174.67	763 716.70	888 412.68	1 652 129.38
山 西	408 477.29	189 710.49	598 187.78	423 735.15	208 448.33	632 183.48
内蒙古	496 141.50	293 644.19	789 785.68	535 893.87	382 816.18	918 710.05
辽 宁	1 065 603.03	500 234.68	1 565 837.71	1 095 785.72	503 289.33	1 599 075.05
吉 林	462 690.96	365 523.48	828 214.44	349 870.46	382 299.03	732 169.49
黑龙江	517 108.71	703 380.36	1 220 489.07	500 557.37	586 672.34	1 087 229.71
上 海	482 149.32	862 347.09	1 344 496.41	428 851.76	382 149.56	811 001.32
江 苏	1 390 860.66	1 789 291.28	3 180 151.94	1 444 830.57	1 698 220.70	3 143 051.27
浙 江	1 377 688.33	1 071 695.30	2 449 383.64	1 468 661.70	1 088 360.78	2 557 022.48
安 徽	693 312.85	461 076.14	1 154 388.99	656 254.60	507 151.13	1 163 405.73
福 建	500 083.70	647 508.21	1 147 591.91	508 783.03	770 575.71	1 279 358.74
江 西	614 656.18	678 004.34	1 292 660.52	323 469.70	455 808.30	779 278.00
山 东	1 478 072.70	1 588 635.18	3 066 707.88	1 448 689.14	1 575 034.63	3 023 723.77
河 南	651 909.83	826 227.93	1 478 137.76	626 568.06	1 020 712.83	1 647 280.89
湖 北	892 645.33	408 706.95	1 301 352.28	939 140.52	367 076.93	1 306 217.45
湖 南	729 030.42	599 316.43	1 328 346.85	777 265.40	406 490.61	1 183 756.01
广 东	2 068 064.18	1 612 047.38	3 680 111.56	2 050 534.55	1 524 384.20	3 574 918.75
广 西	708 822.47	120 493.31	829 315.78	507 303.86	191 806.59	699 110.45
海 南	165 704.59	86 556.98	252 261.57	174 374.73	130 184.13	304 558.86
重 庆	619 904.19	282 254.12	902 158.31	456 499.56	305 774.57	762 274.13
四 川	781 527.11	402 404.19	1 183 931.31	834 518.02	454 416.01	1 288 934.03
贵 州	215 145.52	222 917.79	438 063.31	249 779.74	258 364.33	508 144.07
云 南	583 215.48	571 842.58	1 155 058.06	648 740.69	622 917.96	1 271 658.65
西 藏	72 678.17	38 717.36	111 395.53	106 564.02	52 255.27	158 819.29
陕 西	757 205.80	410 755.10	1 167 960.90	827 307.58	433 474.64	1 260 782.22
甘 肃	465 377.65	273 901.21	739 278.86	453 227.88	223 703.34	676 931.22
青 海	113 710.75	103 650.52	217 361.27	116 817.19	54 678.25	171 495.44
宁 夏	154 022.67	143 338.15	297 360.82	153 316.56	86 785.19	240 101.75
新 疆	370 219.54	284 602.85	654 822.39	398 114.69	208 160.06	606 274.75
中彩中心	—	—	—	—	—	—
合 计 **Total**	**20 596 815.22**	**17 640 993.36**	**38 237 808.57**	**20 151 098.97**	**16 637 325.74**	**36 788 424.71**

2016			2017			1987—2017		
福利彩票 Welfare Lottery	体育彩票 Sports Lottery	小计 Subtotal	福利彩票 Welfare Lottery	体育彩票 Sports Lottery	小计 Subtotal	福利彩票 Welfare Lottery	体育彩票 Sports Lottery	合计 Total
470 842.43	603 752.90	1 074 595.33	467 009.68	609 161.03	1 076 170.71	5 585 024.73	5 143 957.56	10 728 982.28
380 821.94	301 813.47	682 635.41	381 685.18	336 368.96	718 054.14	2 786 017.84	3 436 314.41	6 222 332.25
626 591.67	1 071 645.99	1 698 237.66	559 091.98	1 010 266.29	1 569 358.27	6 359 624.19	6 214 785.53	12 574 409.72
436 420.83	232 871.70	669 292.53	439 633.53	349 260.42	788 893.95	3 532 320.34	1 794 104.89	5 326 425.23
579 730.12	450 903.71	1 030 633.83	626 545.94	474 378.21	1 100 924.15	4 115 674.07	2 686 820.10	6 802 494.17
1 095 417.28	552 543.09	1 647 960.37	1 052 981.89	506 011.89	1 558 993.78	9 885 035.45	4 861 911.39	14 746 946.83
356 845.77	382 758.55	739 604.32	346 250.70	353 481.55	699 732.25	3 570 503.50	3 030 449.87	6 600 953.37
505 207.23	538 373.44	1 043 580.67	476 565.58	564 907.22	1 041 472.80	4 915 730.51	4 613 915.92	9 529 646.43
449 770.02	305 347.32	755 117.34	485 804.71	321 441.99	807 246.70	4 953 422.89	3 811 584.77	8 765 007.66
1 487 625.99	1 787 293.88	3 274 919.87	1 537 754.40	2 013 007.88	3 550 762.28	12 519 738.83	15 898 342.15	28 418 080.98
1 513 054.59	1 243 668.69	2 756 723.28	1 564 390.98	1 370 396.17	2 934 787.15	12 182 163.64	9 966 167.39	22 148 331.03
681 577.19	521 043.38	1 202 620.57	740 565.50	603 699.30	1 344 264.80	5 437 697.26	3 798 494.30	9 236 191.56
501 645.17	805 843.19	1 307 488.36	506 547.96	1 064 602.85	1 571 150.81	4 396 496.66	7 620 490.67	12 016 987.33
296 444.47	314 052.03	610 496.50	424 359.99	470 416.72	894 776.71	3 472 717.65	3 861 912.74	7 334 630.38
1 468 684.45	1 723 726.36	3 192 410.81	1 515 056.82	1 819 874.99	3 334 931.81	14 550 264.04	11 944 777.73	26 495 041.77
661 935.53	1 199 526.77	1 861 462.30	689 017.68	1 336 538.44	2 025 556.12	6 007 864.00	7 559 874.22	13 567 738.22
1 013 843.03	669 553.60	1 683 396.63	1 027 641.37	929 994.25	1 957 635.62	8 059 227.84	4 744 132.07	12 803 359.92
854 052.11	600 421.27	1 454 473.38	890 348.20	819 267.45	1 709 615.65	6 220 921.85	4 128 752.06	10 349 673.92
2 112 967.72	1 850 301.05	3 963 268.77	2 288 433.10	1 939 389.05	4 227 822.15	19 597 670.69	13 747 376.75	33 345 047.44
476 749.03	280 957.55	757 706.58	551 518.54	319 938.29	871 456.83	4 905 081.25	1 427 880.25	6 332 961.50
167 183.56	144 717.37	311 900.93	153 623.54	120 745.58	274 369.12	1 346 360.10	707 249.25	2 053 609.35
449 407.98	350 921.27	800 329.25	555 295.93	474 658.69	1 029 954.62	4 223 309.39	2 279 626.21	6 502 935.59
849 549.42	476 101.63	1 325 651.05	892 199.95	471 639.00	1 363 838.95	6 845 328.54	4 599 943.89	11 445 272.42
269 068.03	322 873.35	591 941.38	282 275.35	347 671.26	629 946.61	2 259 699.86	2 044 927.51	4 304 627.38
728 835.04	750 145.21	1 478 980.25	758 035.67	759 880.46	1 517 916.13	5 549 244.20	5 366 079.72	10 915 323.92
157 978.07	70 955.93	228 934.00	268 131.94	88 832.90	356 964.84	812 535.18	394 020.14	1 206 555.32
862 320.26	554 208.03	1 416 528.29	915 712.41	658 275.53	1 573 987.94	6 193 478.46	3 321 248.56	9 514 727.03
450 303.85	262 176.61	712 480.46	494 605.55	307 150.12	801 755.67	3 365 052.78	1 842 439.62	5 207 492.40
153 535.26	63 996.29	217 531.55	167 879.87	81 675.75	249 555.62	1 004 507.24	541 514.46	1 546 021.70
171 165.15	101 159.49	272 324.64	177 453.93	116 094.10	293 548.03	1 212 951.45	797 903.21	2 010 854.67
419 590.61	281 310.56	700 901.17	461 261.32	330 203.18	791 464.50	3 651 265.79	2 050 790.80	5 702 056.59
—	—	—	—	—	—	—	317.11	317.11
20 649 163.80	**18 814 963.71**	**39 464 127.51**	**21 697 679.20**	**20 969 229.54**	**42 666 908.74**	**179 516 930.23**	**144 238 105.22**	**323 755 035.48**

1987—2017 年全国福利

Statistical Table of Public Welfare Funds of Welfare

地 区 Region	1987—1988	1989	1990	1991	1992	1993	1994	1995	1996
北 京	331.66	279.23	549.80	606.20	770.60	1 332.50	1 550.40	2 780.40	1 265.60
天 津	242.28	322.41	392.60	302.70	191.70	567.60	460.00	1 528.30	1 033.10
河 北	516.60	390.40	578.80	708.90	767.30	753.00	2 810.00	5 152.70	3 154.40
山 西	485.32	248.28	320.40	380.70	1 001.40	641.40	1 168.00	3 187.20	6 756.40
内蒙古		134.66	312.00	146.00	439.30	323.20	959.60	4 600.00	5 747.50
辽 宁	1 065.78	676.35	1 510.80	878.10	870.70	1 191.20	3 642.50	5 681.10	5 636.30
吉 林	407.55	616.26	1 114.60	429.60	647.90	1 037.10	1 372.00	3 504.80	4 996.00
黑龙江	239.73	443.32	567.00	375.31	412.20	800.40	1 829.00	2 392.70	4 772.90
上 海	170.24	249.69	615.63	680.90	710.20	374.10	386.80	2 373.00	2 970.00
江 苏	395.41	919.78	662.49	1 007.02	1 382.20	4 524.80	2 925.60	5 454.00	6 853.50
浙 江	443.59	762.12	777.98	1 218.64	5 062.80	4 069.60	1 358.00	2 926.00	1 942.70
安 徽	256.00	238.60	478.10	605.30	675.50	1 912.80	2 849.70	4 723.70	3 962.30
福 建	282.01	447.74	264.70	1 078.12	1 759.60	1 124.80	1 061.70	3 731.10	4 642.30
江 西	58.72	98.40	236.00	475.96	1 014.40	2 252.00	1 171.50	3 912.80	3 537.40
山 东	391.67	381.34	466.20	798.00	1 657.90	2 672.10	2 206.00	9 733.70	5 916.30
河 南	643.20	640.00	842.56	966.70	1 055.00	2 000.00	1 760.00	9 850.80	5 516.40
湖 北	346.47	193.35	281.18	267.40	2 046.10	2 745.70	3 100.70	7 443.20	8 980.10
湖 南	206.80	232.66	691.30	1 127.93	2 027.60	1 252.30	1 613.60	5 716.50	10 615.70
广 东	1 325.72	1 339.04	2 064.60	4 467.14	3 463.00	5 248.80	2 035.70	14 882.40	31 719.80
广 西		135.72	1 217.97	1 542.70	1 825.50	3 131.40	2 157.80	5 943.70	8 248.60
海 南	154.94	9.27	668.80	100.20	35.40	5.00			730.00
重 庆	269.64	88.77	278.20	173.25	359.60	861.00	237.80	2 931.80	2 121.90
四 川	816.55	277.96	165.22	586.45	1 476.70	1 214.50	990.60	7 436.20	11 919.10
贵 州	185.03	149.30	230.50	129.20	779.30	1 598.70	528.70	3 524.00	3 190.10
云 南	543.58	422.43	194.50	314.90	1 432.80	1 740.60	654.60	1 898.90	2 582.80
西 藏									
陕 西	479.89	279.00	293.17	701.65	480.60	206.50	913.20	8 819.40	3 530.30
甘 肃	206.15	145.03	196.00	252.00	637.00	591.40	751.70	3 251.60	3 948.10
青 海	37.92	8.46	43.00	41.00	117.00	155.60	76.00	887.70	437.10
宁 夏	24.00	49.44	18.80	27.40	18.50	24.00	27.00	808.10	902.30
新 疆				256.00	963.60	732.00	1 576.80	6 445.10	2 090.50
小计 Subtotal	10 526.45	10 179.01	16 032.90	20 645.37	34 081.40	45 084.10	42 175.00	141 520.90	159 719.50
中央集中 Central Government	2 754.52	2 445.82	3 994.94	4 326.92	6 517.90	9 459.20	11 266.60	27 828.40	31 348.90
合 计 Total	**13 280.97**	**12 624.83**	**20 027.84**	**24 972.29**	**40 599.30**	**54 543.30**	**53 441.60**	**169 349.30**	**191 068.40**

注：本统计表为按福利彩票销量计算的福利彩票公益金筹集数，未包括弃奖奖金。

彩票公益金统计表

Lottery in China from 1987 to 2017

单位：万元

Unit: Ten Thousand Yuan

1997	1998	1999	2000	2001	2002	2003	2004
1 813.00	2 300.20	9 662.4	1 219.80	5 480.47	8 418.93	15 125.01	23 846.42
1 012.90	1 180.70	1 252.2	1 849.00	2 056.17	1 223.88	1 689.67	3 009.68
1 729.90	1 764.00	6 128.6	2 005.40	4 316.92	7 348.07	9 191.86	12 043.49
2 779.40	2 551.60	3 292.7	1 146.80	8 653.94	5 230.65	4 547.58	6 106.91
1 408.30	1 017.60	1 545	988.40	977.31	1 623.64	2 674.52	3 571.25
2 502.90	1 862.00	9 795.5	10 562.40	12 543.96	15 889.99	19 197.34	23 047.29
1 184.50	930.60	1 813.5	1 553.00	5 508.87	3 784.41	7 151.71	7 496.73
1 920.40	1 309.50	3 492.6	3 371.60	6 866.66	10 159.34	12 812.95	14 380.24
1 605.60	7 627.00	21 922.3	26 506.90	16 712.70	12 004.84	16 603.34	15 227.70
6 684.90	14 827.50	27 539.7	14 346.80	11 888.38	10 877.31	11 653.50	11 674.64
917.60	14 481.70	25 784.9	11 646.40	9 926.85	7 956.38	15 355.76	12 562.01
2 457.40	3 321.60	6 251.1	4 472.20	5 785.92	3 481.01	4 390.16	6 235.43
2 645.50	4 541.10	16 505.7	5 334.20	13 992.24	10 122.25	4 776.13	3 200.48
3 315.30	3 108.90	5 131	1 723.00	6 568.38	4 648.93	5 653.09	4 585.05
2 762.50	7 847.90	7 190.3	16 878.10	30 797.28	39 885.13	44 120.98	43 466.53
2 551.80	3 414.70	4 451.7	4 717.80	11 673.44	10 214.18	11 363.33	13 848.48
5 629.40	4 277.00	5 950.6	6 613.50	5 402.41	6 035.50	12 575.80	18 586.53
3 404.00	2 278.20	5 811.1	4 217.30	4 027.84	6 422.39	8 699.57	9 112.68
25 403.70	53 784.00	52 758.7	28 912.90	27 862.23	43 140.93	51 235.63	46 643.02
3 446.90	5 659.60	8 536.8	9 231.50	10 190.26	12 677.98	17 259.95	16 850.17
170.00	661.00	2 000.7	291.40	1 072.64	494.47	322.07	1 938.82
1 214.30	3 684.00	3 219.1	10 030.60	4 872.59	3 352.59	4 906.19	5 622.92
3 777.40	4 384.90	7 809.8	16 300.60	3 148.34	2 071.02	4 896.20	6 899.19
1 262.70	1 826.50	3 083.8	1 637.00	2 004.59	904.93	3 194.07	3 522.34
1 888.10	3 568.20	4 990.6	2 657.50	4 496.99	3 625.26	4 301.16	7 882.40
				212.74	85.93	101.79	568.87
1 186.50	1 480.30	2 041.1	2 109.10	8 860.98	6 391.35	5 876.35	5 421.98
1 212.20	1 062.40	945.6	792.30	3 796.64	4 929.16	4 533.76	3 446.34
191.00	55.00	160	130.40	303.49	531.77	1 055.36	1 331.57
41.50	541.50	691.2	205.30	725.26	2 266.61	2 144.76	1 656.92
487.20	2 445.80	3 244.8	2 071.40	2 201.74	6 189.98	9 469.27	9 743.03
86 606.80	157 795.00	253 003.1	193 522.60	232 928.23	251 988.78	316 878.83	343 529.11
14 519.90	38 101.20	51 493.8	48 749.90	186 276.48	335 985.06	383 320.53	448 784.56
101 126.70	**195 896.20**	**304 496.90**	**242 272.50**	**419 204.71**	**587 973.84**	**700 199.35**	**792 313.67**

续表

地 区 Region	2005	2006	2007	2008	2009	2010	2011
北 京	36 257.82	40 075.21	41 684.80	46 169.80	53 321.25	62 758.89	80 253.82
天 津	7 030.62	9 530.61	12 672.20	10 466.53	13 339.66	18 893.37	23 951.07
河 北	30 895.16	40 948.88	46 849.16	42 529.15	46 337.35	54 763.92	71 949.28
山 西	14 689.29	23 019.02	27 454.42	21 464.47	25 224.57	26 077.44	33 203.91
内蒙古	9 648.79	14 059.47	19 253.18	25 479.13	32 288.45	31 711.11	40 233.26
辽 宁	46 306.91	68 123.77	82 550.02	66 626.69	77 452.55	84 539.25	95 591.86
吉 林	16 813.18	23 136.45	35 488.97	26 445.23	26 343.85	28 063.93	31 657.88
黑龙江	53 016.28	40 720.57	38 311.01	35 766.60	39 301.21	40 499.32	45 939.11
上 海	21 572.47	28 580.21	37 737.18	33 097.73	49 539.94	48 478.65	62 206.07
江 苏	23 702.90	36 407.25	54 908.28	54 825.79	77 178.98	107 255.56	168 363.91
浙 江	28 076.43	42 236.66	75 587.26	66 877.86	80 029.63	108 563.76	134 755.72
安 徽	17 485.58	21 841.56	31 613.33	26 337.35	33 310.21	39 377.60	52 544.92
福 建	7 903.36	17 480.75	25 451.51	20 239.45	25 331.11	35 272.14	47 376.55
江 西	9 036.61	9 065.37	11 282.90	13 862.57	17 582.82	23 351.29	36 170.17
山 东	94 333.17	81 397.99	101 406.39	81 333.60	105 963.96	127 961.10	153 636.15
河 南	27 590.38	31 092.37	36 456.85	32 170.44	37 351.38	49 766.78	67 552.55
湖 北	48 390.26	45 870.45	52 531.85	47 452.26	52 720.12	62 857.32	76 430.12
湖 南	20 524.15	25 292.25	32 645.77	25 449.41	34 272.85	42 127.11	60 554.61
广 东	68 426.12	83 241.16	95 294.74	101 914.62	132 438.73	169 057.84	207 638.59
广 西	23 791.02	23 274.97	25 867.56	22 768.27	26 308.23	32 681.03	41 820.99
海 南	2 410.12	2 270.38	4 057.07	5 965.34	5 320.61	10 254.99	14 466.55
重 庆	10 966.63	15 724.25	21 401.43	18 566.09	23 472.16	33 928.07	51 113.44
四 川	18 674.93	30 278.53	34 405.76	38 986.96	50 645.27	58 732.50	75 192.53
贵 州	6 864.54	10 514.34	13 316.06	16 919.49	22 544.53	24 108.00	26 524.26
云 南	18 458.20	26 055.58	32 667.88	34 615.37	46 884.01	54 415.67	63 720.46
西 藏	758.55	1 346.07	1 945.33	3 089.56	4 339.29	4 084.50	5 172.87
陕 西	18 690.82	20 296.65	31 075.13	25 641.13	32 901.19	39 994.23	61 028.64
甘 肃	7 590.31	11 747.58	18 783.42	16 880.79	21 426.09	23 156.97	27 561.77
青 海	2 809.59	3 869.52	4 997.42	5 101.56	6 357.28	7 403.66	8 994.68
宁 夏	3 270.48	5 538.19	7 358.48	6 026.10	7 260.51	9 759.27	11 614.77
新 疆	22 417.21	24 711.22	23 485.57	22 007.45	24 656.34	28 281.25	32 979.64
小计 Subtotal	718 401.90	857 747.28	1 078 540.93	995 076.79	1 231 444.12	1 488 176.51	1 910 200.15
中央集中 Central Government	718 401.90	857 747.28	1 078 540.93	995 076.79	1 231 444.12	1 488 176.51	1 910 200.15
合 计 Total	**1 436 803.80**	**1 715 494.56**	**2 157 081.86**	**1 990 153.58**	**2 462 888.24**	**2 976 353.01**	**3 820 400.30**

2012	2013	2014	2015	2016	2017	1987—2017
81 297.16	81 416.45	86 111.02	77 736.83	74 234.02	73 065.71	911 715.40
33 190.78	43 486.63	62 799.49	52 955.04	53 505.62	53 563.10	413 699.58
83 086.61	102 570.29	113 751.22	107 803.82	91 346.86	82 504.91	974 696.94
38 897.58	43 990.72	58 449.16	59 938.58	62 864.59	63 300.37	547 072.79
43 175.30	60 012.01	73 728.94	75 913.92	82 983.88	89 674.24	624 629.96
118 755.49	134 779.26	150 949.37	153 218.81	155 766.58	150 210.11	1 501 424.89
37 707.30	58 895.90	64 575.16	48 999.23	51 313.22	49 767.63	542 757.04
55 810.22	66 865.14	77 410.43	73 776.22	75 284.23	71 022.48	779 868.67
60 725.59	58 939.14	75 354.15	64 579.78	68 990.45	75 159.79	811 702.07
190 044.87	178 760.89	191 168.67	197 823.40	209 275.12	214 633.68	1 837 966.81
147 740.95	173 237.40	187 865.41	200 575.91	213 077.06	221 206.75	1 797 023.84
63 259.94	82 572.69	95 681.16	88 740.48	94 930.76	102 966.07	802 758.47
53 585.90	67 832.48	69 125.35	70 894.67	72 571.57	73 652.22	662 226.73
55 368.17	75 014.99	92 831.96	45 867.71	42 393.67	61 427.58	540 746.62
170 438.23	185 807.34	201 912.06	196 831.82	205 107.74	211 126.84	2 134 428.32
83 251.53	88 223.30	92 048.36	88 139.81	95 818.83	99 784.57	914 757.25
89 384.31	105 108.65	124 678.43	129 441.02	141 974.48	144 289.43	1 211 603.61
75 987.30	84 539.85	98 790.24	103 922.81	117 888.57	122 772.13	912 224.53
246 642.15	272 618.59	292 414.25	288 671.58	302 521.93	322 137.70	2 979 305.29
57 214.67	71 180.02	101 056.51	72 221.94	71 186.92	83 442.22	760 870.90
17 252.67	18 951.12	19 289.95	20 148.01	19 933.40	18 439.71	167 414.62
55 260.24	65 103.46	92 709.74	63 146.03	64 443.89	82 695.49	642 755.17
89 834.05	98 866.84	110 715.75	117 033.00	122 693.95	128 913.51	1 049 144.31
29 818.35	32 527.45	33 811.87	37 690.87	41 450.76	43 186.18	367 027.46
71 337.39	77 679.09	87 426.99	93 898.72	107 959.69	112 237.45	870 551.80
4 826.50	6 411.05	10 422.58	15 013.05	22 281.50	37 653.11	118 313.28
77 350.03	91 867.19	107 217.37	116 101.64	123 386.54	131 141.97	925 763.89
33 544.44	47 042.22	64 624.23	62 275.25	63 813.61	69 893.66	499 037.73
11 505.57	14 252.51	16 488.21	16 814.89	22 264.25	24 323.18	150 744.67
13 662.63	16 085.11	22 202.09	21 470.61	24 471.94	25 244.04	184 136.81
40 305.87	48 712.85	52 895.87	57 071.84	61 528.56	67 063.23	554 034.10
2 230 261.73	2 553 350.65	2 928 506.00	2 818 717.22	2 957 264.14	3 106 499.06	27 190 403.55
2 230 261.73	2 553 350.65	2 928 506.00	2 818 717.22	2 957 264.14	3 106 499.06	26 481 361.10
4 460 523.45	**5 106 701.31**	**5 857 012.01**	**5 637 434.44**	**5 914 528.27**	**6 212 998.12**	**53 671 764.65**

1994—2017 年全国体育

Statistical Table of Public Welfare Funds of Sports

地区 Region	1994—1995	1996	1997	1998	1999
北京	—	—	477.20	887.00	1 279.00
天津	4 000.00	431.35	748.50	1 320.00	2 256.00
河北	1 510.30	1 280.60	1 057.48	1 545.60	810.00
山西	117.00	313.80	676.40	1 560.00	54.00
内蒙古	51.00	370.00	1 019.00	251.10	724.00
辽宁	785.00	1 518.60	745.20	1 080.00	189.00
吉林	223.00	661.00	869.00	540.00	459.00
黑龙江	—	—	1 169.70	1 130.00	1 734.20
上海	1 725.00	3 300.00	5 700.00	2 465.00	10 497.80
江苏	1 131.20	917.90	1 314.00	4 234.30	16 270.00
浙江	653.40	909.60	1 539.20	5 868.60	11 967.20
安徽	465.00	800.10	1 256.40	1 329.60	1 728.00
福建	230.00	1 050.00	2 970.00	7 320.00	10 452.00
江西	300.00	530.40	995.76	1 156.00	1 419.00
山东	200.00	1 069.56	1 063.80	1 560.00	2 229.00
河南	—	575.40	975.50	1 096.10	634.70
湖北	1 131.20	917.90	1 314.00	2 328.30	1 469.00
湖南	1 263.60	1 213.40	1 134.00	1 320.00	1 736.10
广东	3 385.80	2 160.00	2 940.00	12 352.30	18 534.00
广西	240.00	1 085.70	1 808.40	2 959.00	918.00
海南	—	577.00	985.00	1 560.00	945.00
重庆	—	—	—	820.00	621.30
四川	990.00	1 373.00	1 533.00	3 169.60	8 740.00
贵州	153.70	987.30	1 039.70	1 230.10	1 109.30
云南	—	—	928.00	1 284.30	1 042.00
西藏	—	302.00	—	239.00	297.00
陕西	996.53	763.82	777.94	850.20	136.70
甘肃	192.00	636.00	630.00	810.00	297.00
青海	—	—	—	108.00	147.00
宁夏	—	360.00	310.00	78.20	—
新疆	743.00	661.00	869.00	1 128.00	868.30
小计 Subtotal	20 486.73	24 765.43	36 846.18	63 580.30	99 563.60
中央集中	2 055.6	3 981.63	5 872.61	12 371.40	21 549.00
合计 Total	**22 542.33**	**28 747.06**	**42 718.79**	**75 951.70**	**121 112.60**

注：本统计表为按体育彩票销量计算的体育彩票公益金筹集数，未包括弃奖奖金。

彩票公益金统计表

Lottery in China from 1994 to 2017

单位：万元

Unit: Ten Thousand Yuan

2000	2001	2002	2003	2004	2005
10 305.00	22 044.00	19 270.95	16 807.15	12 540.46	14 577.38
10 268.60	7 525.00	9 525.58	9 659.63	8 563.44	13 613.06
5 567.90	8 315.00	10 969.88	10 114.67	8 417.15	24 355.88
530.00	1 079.00	1 470.20	2 381.54	2 524.74	6 680.63
622.30	281.00	1 025.40	1 930.55	2 245.48	6 616.53
1 705.80	5 183.00	15 155.98	11 568.50	9 278.84	22 749.68
280.00	2 202.00	5 055.05	6 633.41	5 452.18	12 412.01
5 694.20	6 596.00	7 866.24	8 492.94	8 427.07	42 084.64
11 006.20	8 863.00	16 481.75	11 574.66	8 799.54	8 728.42
38 174.10	26 428.00	29 672.42	24 440.00	23 096.14	33 755.13
13 524.50	13 833.00	24 042.50	26 083.72	25 347.46	40 776.75
2 056.20	3 918.00	5 499.60	6 863.52	5 997.67	16 764.94
15 276.30	26 981.00	46 316.72	33 045.96	29 243.93	34 518.53
607.90	1 716.00	2 858.00	4 728.78	4 177.30	14 047.15
1 931.00	6 563.00	10 204.15	6 367.65	5 830.56	34 378.90
1 432.70	12 529.00	16 254.46	12 854.47	11 812.88	29 879.91
9 386.00	9 819.00	15 104.85	17 131.32	15 567.66	41 347.27
3 922.00	3 010.00	3 619.95	3 542.53	3 566.01	17 931.89
22 323.00	22 703.00	52 852.91	44 904.98	32 347.58	34 114.82
660.30	2 206.00	3 447.13	3 869.12	2 588.57	3 121.31
872.10	789.00	943.11	1 503.65	847.46	746.67
1 358.40	1 891.00	3 210.49	2 980.90	2 479.69	3 795.62
34 145.30	18 896.00	15 954.31	14 394.61	10 487.21	16 362.51
3 374.70	3 346.00	1 996.61	2 269.82	1 809.64	2 591.75
466.00	9 253.00	9 483.14	10 708.42	10 075.02	13 633.75
208.30	55.00	118.22	293.20	157.80	227.36
1 417.00	2 201.00	4 052.82	4 575.59	4 992.91	10 745.31
277.00	265.00	1 507.97	1 995.76	2 220.99	4 400.91
123.70	76.00	193.45	348.28	538.41	1 159.60
61.60	15.00	468.39	982.79	1 179.71	2 722.53
1 093.20	1 040.00	874.23	2 407.43	2 882.95	9 242.92
198 671.30	229 621.00	335 496.46	305 455.53	263 496.45	518 083.71
75 920.50	218 342.59	426 563.44	399 253.12	276 291.20	518 083.71
274 591.80	**447 963.59**	**762 059.90**	**704 708.65**	**539 787.65**	**1 036 167.42**

续表

地 区 Region	2006	2007	2008	2009	2010	2011
北 京	17 311.61	18 450.80	20 868.27	22 266.67	37 550.11	47 230.81
天 津	12 826.11	13 150.80	13 923.17	16 972.12	22 771.77	31 113.56
河 北	22 527.80	28 792.20	25 421.02	25 865.80	28 343.35	35 176.53
山 西	9 408.59	8 555.43	12 170.10	12 546.46	11 607.32	12 700.79
内蒙古	9 224.03	12 527.34	15 320.74	18 872.89	16 275.81	19 965.56
辽 宁	28 415.28	33 175.01	29 286.82	28 252.15	30 800.57	47 598.49
吉 林	19 392.87	20 527.82	17 636.05	19 471.22	20 052.83	23 377.10
黑龙江	16 324.82	21 293.00	18 611.17	21 659.29	22 057.55	37 156.82
上 海	10 632.21	12 891.50	14 091.26	16 770.38	20 293.35	26 857.63
江 苏	55 477.24	74 404.85	79 483.70	101 430.89	127 297.04	191 956.12
浙 江	54 980.98	61 427.92	63 575.33	68 961.92	77 052.09	87 763.25
安 徽	12 381.02	19 106.43	16 443.49	20 940.92	24 459.98	30 449.02
福 建	35 920.23	40 689.22	48 447.34	53 412.05	55 701.97	69 267.89
江 西	9 999.38	13 139.03	13 314.38	17 331.11	29 624.22	37 891.18
山 东	26 095.62	32 176.29	34 318.00	62 658.98	72 239.77	123 049.18
河 南	27 494.57	26 367.60	35 993.55	43 809.38	43 057.32	54 963.41
湖 北	25 586.21	30 827.41	25 757.44	25 993.78	29 978.24	30 156.80
湖 南	14 390.18	16 564.89	13 870.02	17 255.75	22 535.57	31 923.77
广 东	34 609.00	43 875.47	54 103.19	71 246.81	96 927.51	120 285.13
广 西	2 935.62	3 244.76	3 458.48	3 857.35	6 367.41	8 944.47
海 南	856.91	1 278.15	1 498.71	1 689.86	2 149.31	3 728.83
重 庆	3 789.04	5 673.11	7 122.22	8 847.75	12 830.96	18 863.42
四 川	23 108.33	26 249.51	26 804.51	36 335.70	41 798.61	47 534.61
贵 州	5 032.65	7 839.09	10 643.93	13 653.59	17 208.63	16 994.01
云 南	19 308.22	20 886.48	32 691.46	42 471.83	39 387.38	47 521.83
西 藏	328.17	400.72	1 794.99	2 210.75	1 661.67	2 962.93
陕 西	9 704.32	14 795.20	17 381.61	16 910.87	18 459.20	21 728.31
甘 肃	6 516.10	8 059.23	10 514.67	9 522.04	9 214.04	10 931.32
青 海	1 447.21	1 676.43	3 013.88	3 213.24	3 158.42	4 064.31
宁 夏	3 877.04	4 307.16	5 934.47	6 172.89	5 528.88	6 885.16
新 疆	10 389.26	12 951.04	11 595.10	15 438.45	13 323.40	15 088.27
小计 Subtotal	530 290.62	635 303.89	685 089.07	826 042.87	959 714.29	1 264 130.52
中央集中	530 290.62	635 303.89	685 089.07	826 042.87	959 714.29	1 264 130.52
合 计 Total	**1 060 581.24**	**1 270 607.78**	**1 370 178.14**	**1 652 085.75**	**1 919 428.58**	**2 528 261.03**

2012	2013	2014	2015	2016	2017	1994—2017
46 349.01	65 211.99	76 808.55	66 601.97	79 480.75	81 106.27	677 424.94
36 407.29	42 590.95	70 452.18	40 412.73	34 971.62	39 894.10	443 397.57
42 697.10	78 396.51	112 158.34	116 222.98	135 478.09	130 874.55	855 898.73
13 282.21	21 298.16	25 734.64	27 176.43	28 724.30	39 617.55	240 209.29
21 505.33	29 877.51	40 477.88	52 172.50	60 656.43	62 939.36	374 951.73
69 732.04	66 164.09	65 301.73	62 953.55	67 280.73	62 411.77	661 331.84
32 395.76	45 169.47	49 812.83	51 234.00	51 883.05	48 397.76	434 137.43
52 396.60	58 300.00	89 296.55	76 137.85	73 687.76	76 404.58	646 520.97
32 079.73	51 912.26	92 973.64	45 139.06	39 826.77	42 324.09	494 933.25
217 581.40	208 559.09	227 609.30	217 249.30	234 817.94	255 797.43	2 191 097.47
104 476.35	122 111.66	140 552.25	139 908.95	160 476.78	176 218.54	1 422 051.93
31 083.51	46 948.81	55 529.85	57 256.30	63 080.08	72 293.71	496 652.16
74 349.86	85 121.94	92 023.21	104 522.85	111 903.51	136 497.51	1 115 262.02
43 630.07	61 849.71	84 829.05	51 821.50	38 874.64	56 465.51	491 306.06
137 002.36	158 411.60	204 698.91	184 189.98	210 593.29	220 652.83	1 537 484.44
72 464.59	85 893.28	114 739.06	127 670.50	152 038.87	167 714.77	1 040 252.02
37 883.80	48 623.14	52 211.53	48 835.28	79 786.05	110 482.53	661 638.73
41 695.31	46 764.63	70 437.76	45 794.66	66 068.31	89 602.01	519 162.33
129 005.08	149 395.62	203 742.25	180 214.00	224 298.33	236 851.49	1 793 172.25
8 953.75	10 377.34	14 014.70	20 367.68	30 487.84	35 696.99	171 609.93
5 615.39	6 203.66	10 240.53	14 124.10	16 207.58	14 104.67	87 466.67
18 653.05	23 539.55	32 871.39	31 256.41	37 437.73	50 057.36	268 099.38
53 096.75	51 147.39	57 996.15	62 306.00	66 148.73	65 235.06	683 806.92
19 006.63	25 234.79	31 438.29	35 752.19	44 337.97	48 219.90	295 270.29
57 120.77	66 770.81	79 131.42	82 751.94	98 468.18	101 540.74	744 924.68
3 220.74	3 608.05	4 915.01	6 839.36	9 579.62	12 135.36	51 555.24
24 846.20	30 420.44	49 404.45	51 095.19	65 014.64	74 486.37	425 756.61
15 001.18	29 397.20	36 376.98	30 698.14	35 060.02	40 703.54	255 227.07
4 422.71	7 262.73	11 115.44	6 991.69	8 576.67	10 588.43	68 225.58
6 356.97	8 731.40	16 544.43	11 723.00	14 102.44	16 188.03	112 530.08
16 509.24	18 882.26	31 870.68	25 699.69	36 109.80	42 715.26	272 382.48
1 468 820.80	1 754 176.05	2 245 308.99	2 075 119.72	2 375 458.53	2 618 218.06	19 533 740.09
1 468 820.80	1 754 176.05	2 245 308.99	2 075 119.72	2 375 458.53	2 618 218.06	19 397 958.21
2 937 641.59	**3 508 352.10**	**4 490 617.98**	**4 150 239.43**	**4 750 917.07**	**5 236 436.12**	**38 931 698.29**

1987—2017 年全国彩票公益金统计表

Statistical Table of Public Welfare Funds of Lottery in China from 1987 to 2017

单位：万元

Unit: Ten Thousand Yuan

年 份 Year	福利彩票 Welfare Lottery	体育彩票 Sports Lottery	合 计 Total
1987	855.00	—	855.00
1988	12 425.97	—	12 425.97
1989	12 624.83	—	12 624.83
1990	20 027.84	—	20 027.84
1991	24 972.29	—	24 972.29
1992	40 599.30	—	40 599.30
1993	54 543.30	—	54 543.30
1994	53 441.60	—	53 441.60
1995	169 349.30	22 542.33	191 891.63
1996	191 068.40	28 747.06	219 815.46
1997	101 126.70	42 718.79	143 845.49
1998	195 896.20	75 951.70	271 847.90
1999	304 496.90	121 112.60	425 609.50
2000	242 272.50	274 591.80	516 864.30
2001	419 204.71	447 963.59	867 168.30
2002	587 973.84	762 059.90	1 350 033.74
2003	700 199.35	704 708.65	1 404 908.00
2004	792 313.67	539 787.65	1 332 101.32
2005	1 436 803.80	1 036 167.42	2 472 971.22
2006	1 715 494.56	1 060 581.24	2 776 075.80
2007	2 157 081.86	1 270 607.78	3 427 689.64
2008	1 990 153.58	1 370 178.14	3 360 331.72
2009	2 462 888.24	1 652 085.75	4 114 973.99
2010	2 976 353.01	1 919 428.58	4 895 781.59
2011	3 820 400.30	2 528 261.03	6 348 661.33
2012	4 460 523.45	2 937 641.59	7 398 165.04
2013	5 106 701.31	3 508 352.10	8 615 053.41
2014	5 857 012.01	4 490 617.98	10 347 629.99
2015	5 637 434.44	4 150 239.43	9 787 673.87
2016	5 914 528.27	4 750 917.07	10 665 445.34
2017	6 212 998.12	5 236 436.12	11 449 434.24
合 计 Total	**53 671 764.65**	**38 931 698.30**	**92 603 462.95**

注：本统计表为按彩票销量计算的彩票公益金筹集数，未包括弃奖奖金。

1987—2017 年全国彩票公益金中央与地方分配表

Statistical Table of the Allocation of Public Welfare Funds of Lottery Between Central and Local Goverments from 1987 to 2017

单位：万元

Unit: Ten Thousand Yuan

年 份 Year	合 计 Total	中央集中 Central Government	地方留成 Local Government	分成比例 (%) Percentage	
				中央 Central	地方 Local
1987—1988	13 280.97	2 754.52	10 526.45	20.70	79.30
1989	12 624.83	2 445.82	10 179.01	19.40	80.60
1990	20 027.84	3 994.94	16 032.90	19.90	80.10
1991	24 972.29	4 326.92	20 645.37	17.30	82.70
1992	40 599.30	6 517.90	34 081.40	16.10	83.90
1993	54 543.30	9 459.20	45 084.10	17.30	82.70
1994	53 441.60	11 266.60	42 175.00	21.10	78.90
1995	191 891.63	29 884.00	162 007.63	15.60	88.40
1996	219 815.46	35 330.53	184 484.93	16.10	83.90
1997	143 845.49	20 392.51	123 452.98	14.10	85.90
1998	271 847.90	50 472.60	221 375.30	18.60	81.40
1999	425 609.50	73 042.80	352 566.70	17.20	82.80
2000	516 864.30	124 670.40	392 193.90	24.10	75.90
2001	867 168.30	404 619.07	462 549.23	46.70	53.30
2002	1 350 033.74	762 548.50	587 485.24	56.50	43.50
2003	1 404 908.00	782 573.65	622 334.35	55.70	44.30
2004	1 332 101.32	725 075.81	607 025.51	54.40	45.60
2005	2 472 971.22	1 236 485.61	1 236 485.61	50.00	50.00
2006	2 776 075.80	1 388 037.90	1 388 037.90	50.00	50.00
2007	3 427 689.64	1 713 844.82	1 713 844.82	50.00	50.00
2008	3 360 331.72	1 680 165.86	1 680 165.86	50.00	50.00
2009	4 114 973.99	2 057 486.99	2 057 486.99	50.00	50.00
2010	4 895 781.59	2 447 890.80	2 447 890.80	50.00	50.00
2011	6 348 661.33	3 174 330.66	3 174 330.66	50.00	50.00
2012	7 398 165.04	3 699 082.52	3 699 082.52	50.00	50.00
2013	1 388 037.90	694 018.95	694 018.95	50.00	50.00
2014	10 347 629.99	5 173 814.99	5 173 814.99	50.00	50.00
2015	9 787 673.87	4 893 836.94	4 893 836.94	50.00	50.00
2016	10 665 445.34	5 332 722.67	5 332 722.67	50.00	50.00
2017	11 449 434.24	5 724 717.12	5 724 717.12	50.00	50.00
合 计 Total	**85 376 447.44**	**42 265 811.60**	**43 110 635.83**	**49.51**	**50.49**

注：本统计表为按彩票销量计算的彩票公益金筹集数，未包括弃奖奖金。

（二）2017 年综合统计资料
Statistical Data of 2017

2017 年全国彩票
Statistical Table of Lottery

月份 Month	福利彩票 Welfare Lottery				
	乐透数字型 Lotto Games	即开型 Instant Games	视频型 Online Instant Win	基诺型 Keno	小计 Subtotal
1月	117.51	9.59	34.88	0.15	162.12
2月	104.78	11.63	36.42	0.13	152.96
3月	144.21	11.03	42.89	0.17	198.30
4月	135.99	12.04	39.05	0.16	187.24
5月	131.17	11.31	39.63	0.16	182.27
6月	130.38	9.88	37.82	0.17	178.24
7月	127.08	8.52	38.39	0.20	174.18
8月	127.75	8.92	37.87	0.16	174.71
9月	126.99	11.56	37.43	0.14	176.12
10月	135.80	9.41	37.77	0.14	183.12
11月	143.79	10.55	39.56	0.12	194.02
12月	154.10	11.92	40.35	0.13	206.50
合计 Total	**1 579.54**	**126.34**	**462.06**	**1.82**	**2 169.77**

销售情况表

Sales in China in 2017

单位：亿元

Unit: One Hundred Million Yuan

体育彩票 Sports Lottery					
乐透数字型 Lotto Games	竞猜型 Sports Betting Lottery	视频型 Online Instant Win	即开型 Instant Games	小计 Subtotal	合 计 Total
71.16	49.08	0.01	9.24	129.49	291.61
69.19	49.99	0.01	9.40	128.58	281.54
100.26	67.69	0.01	13.07	181.03	379.33
97.75	87.46	0.01	10.00	195.22	382.46
95.58	88.04	0.01	11.05	194.68	376.95
85.90	63.46	0.01	10.82	160.18	338.42
86.51	67.77	0.01	9.09	163.37	337.55
83.53	84.06	0.01	8.37	175.97	350.68
85.03	98.00	0.00	10.13	193.16	369.28
85.51	96.57	0.00	11.33	193.41	376.53
92.06	90.54	0.01	8.91	191.52	385.54
96.14	85.87	0.00	8.31	190.32	396.82
1 048.61	**928.52**	**0.08**	**119.72**	**2 096.92**	**4 266.69**

2017 年全国彩票销售情况图

Diagram of Lottery Sales in China in 2017

单位：亿元

Unit: One Hundred Million Yuan

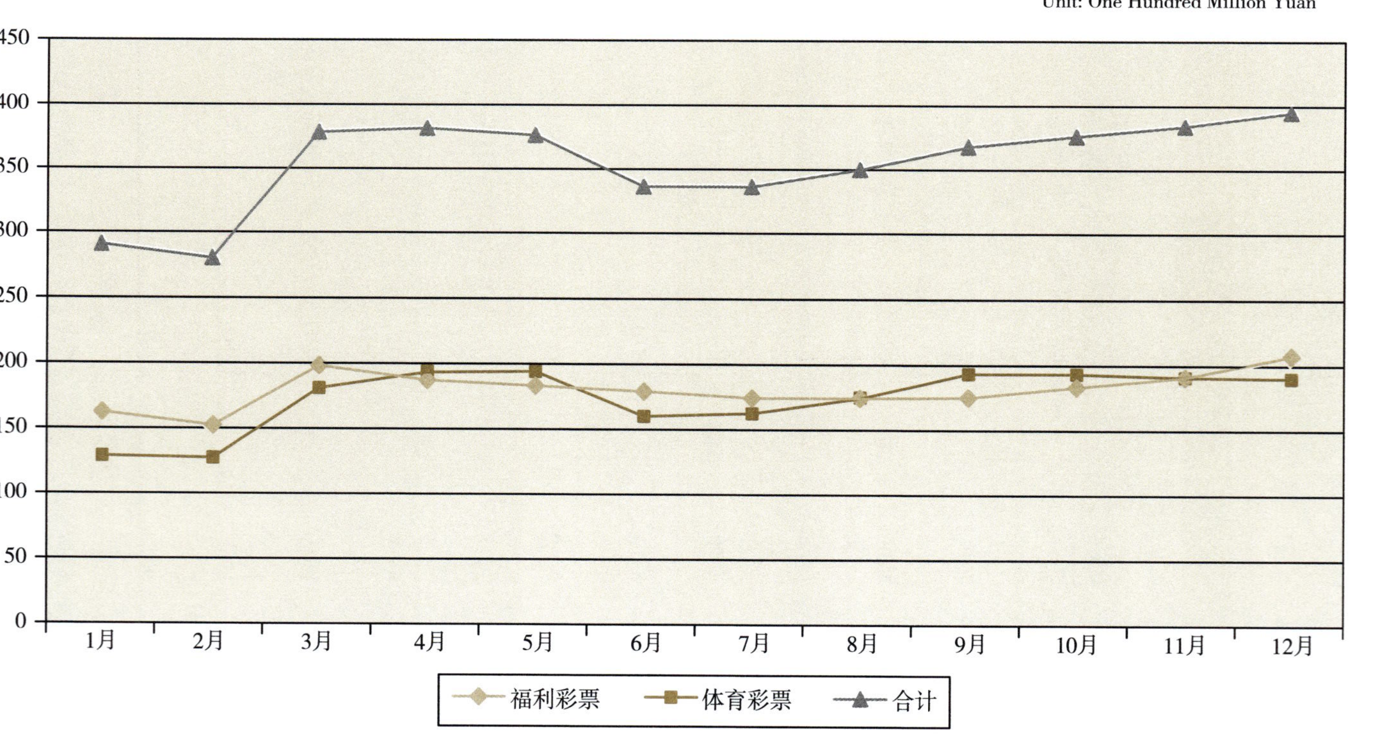

2017 年全国各地区彩票销售量排名表

Ranking of Lottery Sales in Different Regions in China in 2017

单位：万元

Unit: Ten Thousand Yuan

名 次 Ranking	地 区 Region	销售额 Sales Volume
1	广 东	4 227 822.15
2	江 苏	3 550 762.28
3	山 东	3 334 931.81
4	浙 江	2 934 787.15
5	河 南	2 025 556.12
6	湖 北	1 957 635.62
7	湖 南	1 709 615.65
8	陕 西	1 573 987.94
9	福 建	1 571 150.81
10	河 北	1 569 358.27
11	辽 宁	1 558 993.78
12	云 南	1 517 916.13
13	四 川	1 363 838.95
14	安 徽	1 344 264.80
15	内蒙古	1 100 924.15
16	北 京	1 076 170.71
17	黑龙江	1 041 472.80
18	重 庆	1 029 954.62
19	江 西	894 776.71
20	广 西	871 456.83
21	上 海	807 246.70
22	甘 肃	801 755.67
23	新 疆	791 464.50
24	山 西	788 893.95
25	天 津	718 054.14
26	吉 林	699 732.25
27	贵 州	629 946.61
28	西 藏	356 964.84
29	宁 夏	293 548.03
30	海 南	274 369.12
31	青 海	249 555.62
合 计 Total		**42 666 908.74**

2017 年全国各地区彩票

Statistical Table of Lottery Monthly Sales in

地 区 Region	1月 Jan.	2月 Feb.	3月 Mar.	4月 Apr.	5月 May	6月 June
北 京	74 116.52	72 644.91	107 310.02	98 744.55	94 222.69	84 316.48
天 津	43 141.49	42 342.75	63 969.04	63 985.63	66 707.74	58 496.64
河 北	123 199.38	119 671.83	158 308.16	157 929.23	144 748.47	112 943.24
山 西	45 990.98	42 234.56	58 463.44	61 552.01	60 319.23	59 107.51
内蒙古	98 351.39	67 127.55	96 150.72	117 050.43	93 966.25	81 124.72
辽 宁	114 335.66	108 939.13	140 390.47	149 656.32	136 349.13	118 136.62
吉 林	50 244.92	50 574.71	72 108.23	68 633.08	57 317.16	49 940.25
黑龙江	79 133.91	76 236.59	101 257.29	103 994.61	92 966.35	87 824.69
上 海	55 275.81	55 858.69	68 134.38	74 260.36	69 241.52	66 701.56
江 苏	231 300.76	227 481.10	287 346.30	293 935.07	305 706.93	287 749.62
浙 江	213 137.44	183 833.96	242 004.95	261 897.70	282 290.22	254 501.91
安 徽	82 787.64	80 399.52	111 021.86	118 984.97	110 538.59	100 950.51
福 建	102 739.31	90 312.54	157 435.55	147 207.99	155 511.91	105 216.52
江 西	59 414.31	56 977.68	74 415.20	77 506.38	80 564.92	82 734.10
山 东	239 595.47	237 699.89	304 635.54	294 089.96	314 259.83	276 436.88
河 南	125 497.87	127 003.22	194 110.54	176 686.10	173 916.69	160 770.89
湖 北	126 250.02	143 535.10	182 206.47	189 098.05	186 129.19	160 695.44
湖 南	98 778.99	109 975.82	120 878.66	124 699.09	121 190.69	121 252.77
广 东	270 751.73	265 227.61	375 147.62	378 743.71	378 159.29	318 005.22
广 西	54 526.60	58 954.68	75 815.23	70 168.78	70 014.42	65 072.43
海 南	28 487.56	20 918.81	22 814.28	20 964.93	21 057.80	20 327.60
重 庆	76 770.01	84 160.64	95 763.07	110 372.57	90 510.69	76 422.34
四 川	104 303.45	103 391.66	129 017.49	119 667.07	115 581.41	106 277.61
贵 州	40 976.01	39 407.76	58 158.72	51 318.48	54 220.28	53 339.46
云 南	106 406.31	99 781.22	133 778.28	139 486.29	137 154.97	123 786.91
西 藏	25 812.55	18 753.21	24 494.64	30 240.37	33 765.33	36 334.84
陕 西	93 213.13	89 939.34	135 588.63	136 088.25	139 568.35	144 470.89
甘 肃	53 921.55	47 299.66	84 141.33	70 484.97	66 007.38	62 312.40
青 海	14 657.46	13 635.12	21 332.18	20 015.38	21 500.16	21 884.18
宁 夏	20 812.55	20 233.17	27 206.77	25 058.32	25 975.90	23 030.20
新 疆	62 135.19	60 862.97	69 879.15	71 995.40	70 004.65	64 057.67
合 计 Total	**2 916 065.97**	**2 815 415.39**	**3 793 284.20**	**3 824 516.04**	**3 769 468.17**	**3 384 222.09**

销售情况表（分地区按月统计）

Different Regions in China in 2017

单位：万元

Unit: Ten Thousand Yuan

7月 July	8月 Aug.	9月 Sept.	10月 Oct.	11月 Nov.	12月 Dec.	合计 Total
84 253.91	86 940.91	102 759.76	94 526.48	86 745.00	89 589.49	1 076 170.71
58 899.83	63 316.76	63 981.61	66 061.68	63 719.42	63 431.55	718 054.14
101 962.07	109 789.06	111 137.13	132 179.79	145 637.93	151 851.99	1 569 358.27
77 657.34	81 456.42	78 724.55	77 598.54	70 909.96	74 879.43	788 893.95
77 822.47	79 876.84	79 826.49	87 986.48	97 819.57	123 821.26	1 100 924.15
114 292.79	116 090.75	126 306.09	148 005.92	137 587.61	148 903.31	1 558 993.78
49 235.19	49 350.82	50 933.53	50 959.50	72 688.01	77 746.84	699 732.25
82 537.31	84 588.23	80 320.09	78 585.63	85 148.99	88 879.11	1 041 472.80
62 951.65	66 134.04	68 703.30	72 016.76	72 306.27	75 662.35	807 246.70
292 545.66	282 989.71	295 719.22	295 703.42	350 701.26	399 583.22	3 550 762.28
262 445.71	248 231.07	227 313.11	240 023.46	257 679.76	261 427.88	2 934 787.15
101 085.90	111 617.38	132 475.22	126 741.54	139 742.62	127 919.06	1 344 264.80
104 527.13	136 114.79	189 945.24	133 947.70	126 059.30	122 132.82	1 571 150.81
67 411.77	67 460.87	75 554.80	83 412.73	78 119.08	91 204.85	894 776.71
253 228.81	267 353.63	272 817.66	283 693.69	293 072.88	298 047.58	3 334 931.81
168 177.99	173 897.34	173 318.04	177 536.41	184 552.63	190 088.40	2 025 556.12
159 415.42	150 360.63	163 339.70	177 124.30	164 765.77	154 715.53	1 957 635.62
121 193.64	170 485.11	174 894.10	197 190.07	169 543.57	179 533.15	1 709 615.65
344 016.48	342 952.70	391 034.99	370 104.85	392 061.95	401 616.00	4 227 822.15
62 822.59	69 144.27	75 324.19	89 630.71	104 845.08	75 137.85	871 456.83
19 379.48	21 070.34	22 389.17	24 510.44	23 789.53	28 659.18	274 369.12
78 900.82	77 491.06	87 655.80	89 406.79	83 955.43	78 545.41	1 029 954.62
106 668.58	105 991.50	114 231.68	114 986.68	119 232.43	124 489.40	1 363 838.95
53 806.05	52 263.40	52 552.62	52 161.92	59 199.87	62 542.05	629 946.61
126 056.84	128 451.72	126 906.53	128 454.62	135 919.55	131 732.87	1 517 916.13
36 331.29	34 437.71	31 285.08	31 722.61	25 516.15	28 271.05	356 964.84
144 129.94	132 264.44	142 880.46	158 435.37	130 803.00	126 606.21	1 573 987.94
57 874.34	81 913.97	67 295.30	71 813.76	70 846.73	67 844.26	801 755.67
22 027.09	21 957.11	21 441.27	22 313.19	23 222.96	25 569.52	249 555.62
22 775.63	23 067.44	27 431.59	25 709.88	24 852.95	27 393.64	293 548.03
61 026.04	69 651.29	64 319.25	62 765.61	64 427.38	70 339.91	791 464.50
3 375 459.75	**3 506 711.30**	**3 692 817.58**	**3 765 310.55**	**3 855 472.64**	**3 968 165.15**	**42 666 908.74**

2017 年全国各地区彩票销售额比重图

Diagram of Lottery Sales Proportion in Different Regions in China in 2017

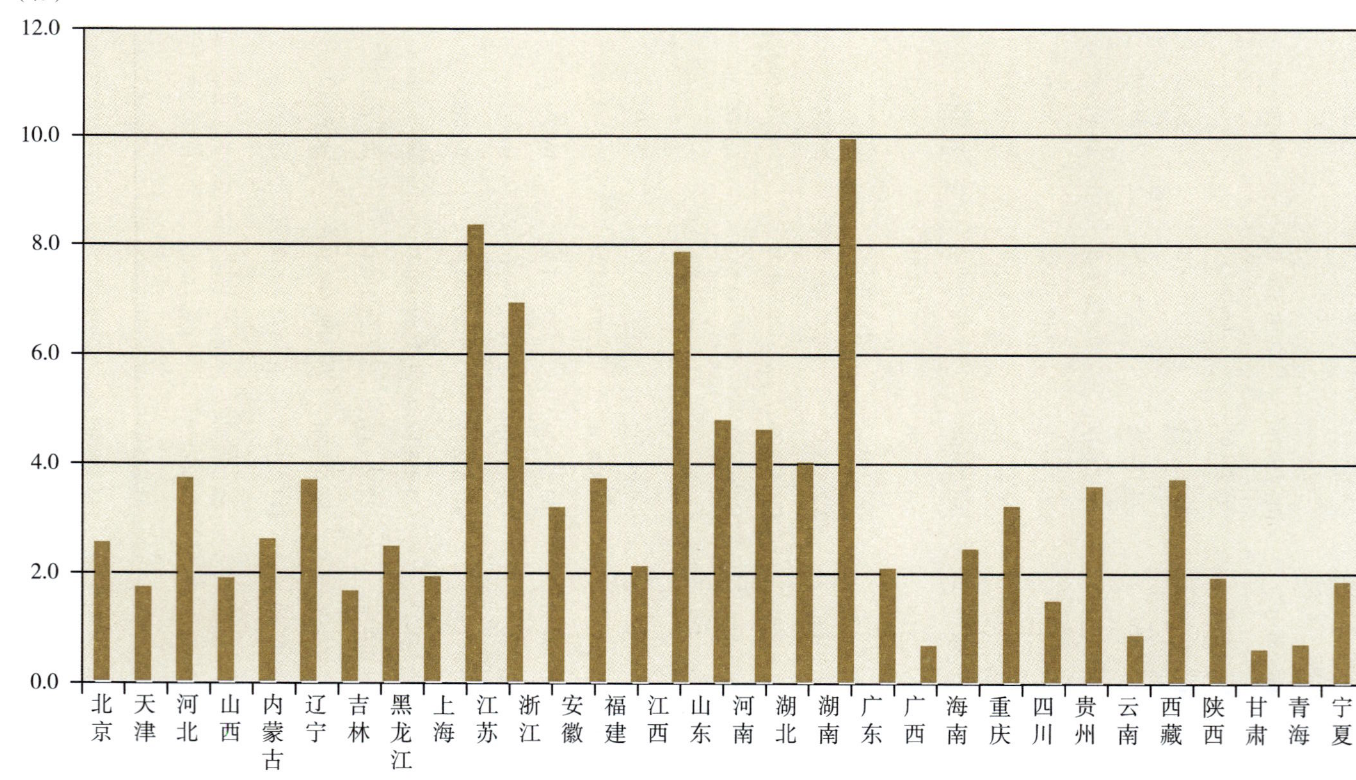

2017 年全国彩票分类型销售情况图

Diagram of Lottery Sales in Different Lottery Games in China in 2017

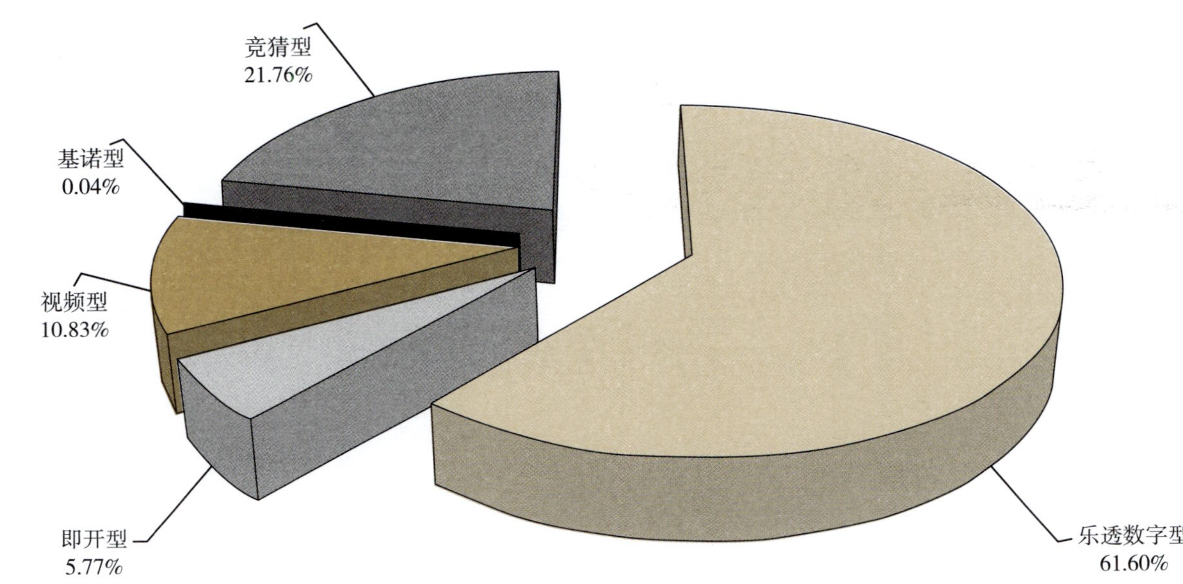

2017 年全国彩票销售

Statistical Table of Lottery Sales in Different

地 区 Region	福利彩票 Welfare Lottery 乐透数字型 Lotto Games	即开型 Instant Games	视频型 Online Instant Win	基诺型 Keno	小计 Subtotal	体育 Sports 乐透数字型 Lotto Games	即开型 Instant Games
北 京	408 125.90	42 535.15	—	16 348.63	467 009.68	372 428.02	42 556.26
天 津	288 303.33	17 155.05	76 226.80	0.00	381 685.18	105 076.10	13 642.29
河 北	395 780.97	31 166.61	132 020.92	123.48	559 091.98	630 402.93	61 543.13
山 西	359 431.94	19 859.88	60 340.40	1.31	439 633.53	117 991.56	8 576.45
内蒙古	512 460.89	29 819.61	84 265.44	—	626 545.94	325 907.11	41 288.04
辽 宁	796 785.73	45 634.32	210 546.37	15.47	1 052 981.89	236 016.34	45 487.20
吉 林	274 622.78	20 922.34	50 704.89	0.69	346 250.70	262 275.00	33 631.01
黑龙江	426 310.31	26 710.57	23 544.70	—	476 565.58	413 151.42	39 768.23
上 海	380 390.12	26 267.14	77 779.38	1 368.07	485 804.71	165 577.29	16 745.48
江 苏	1 069 944.94	70 410.98	397 398.47	—	1 537 754.40	1 041 430.64	139 978.03
浙 江	1 032 880.76	85 003.20	446 507.02	—	1 564 390.98	764 991.75	61 826.40
安 徽	435 046.98	23 994.90	281 523.63	—	740 565.50	251 212.30	12 848.22
福 建	352 835.42	30 533.41	123 179.14	—	506 547.96	552 107.35	61 566.57
江 西	278 813.68	28 581.88	116 964.43	—	424 359.99	202 916.31	10 337.46
山 东	973 276.46	104 877.46	436 864.06	38.85	1 515 056.82	930 712.90	121 073.78
河 南	431 463.45	48 072.63	209 481.60	—	689 017.68	706 480.23	81 539.86
湖 北	697 259.89	41 653.64	288 727.83	—	1 027 641.37	364 586.21	15 519.14
湖 南	511 829.69	66 795.43	311 723.08	—	890 348.20	172 298.48	4 227.96
广 东	1 771 917.67	187 074.31	329 129.59	311.53	2 288 433.10	846 837.20	138 129.14
广 西	383 825.26	32 505.59	135 187.68	—	551 518.54	80 791.36	7 637.21
海 南	110 810.40	1 294.60	41 518.54	—	153 623.54	66 987.97	6 291.03
重 庆	417 036.85	27 104.33	111 154.75	—	555 295.93	80 690.84	7 817.11
四 川	626 913.61	83 103.47	182 182.87	—	892 199.95	261 252.42	28 069.43
贵 州	227 282.55	9 297.34	45 695.46	—	282 275.35	252 886.00	19 388.30
云 南	559 320.13	23 269.99	175 445.55	—	758 035.67	463 131.18	77 124.96
西 藏	254 960.54	13 171.40	—	—	268 131.94	72 691.22	14 195.97
陕 西	755 762.34	40 685.75	119 264.32	—	915 712.41	210 399.40	20 888.81
甘 肃	381 088.99	19 124.30	94 357.61	34.66	494 605.55	204 187.93	22 026.87
青 海	142 043.85	7 348.46	18 487.56	—	167 879.87	48 237.98	5 488.82
宁 夏	129 895.12	7 135.86	40 422.95	—	177 453.93	85 439.98	9 836.44
新 疆	408 968.91	52 292.41	—	—	461 261.32	196 961.53	28 114.32
合 计 Total	**15 795 389.47**	**1 263 402.00**	**4 620 645.04**	**18 242.69**	**21 697 679.20**	**10 486 056.94**	**1 197 163.92**

情况表（分地区分系统）

Regions and Different Organizations in China in 2017

单位：万元

Unit: Ten Thousand Yuan

彩票 Lottery			销售合计 Sales Total					
视频型 Online Instant Win	竞猜型 Sports Betting	小计 Subtotal	乐透数字型 Lotto Games	即开型 Instant Games	视频型 Online Instant Win	基诺型 Keno	竞猜型 Sports Betting	小计 Subtotal
—	194 176.75	609 161.03	780 553.92	85 091.41	—	16 348.63	194 176.75	1 076 170.71
—	217 650.57	336 368.96	393 379.43	30 797.34	76 226.80	—	217 650.57	718 054.14
—	318 320.23	1 010 266.29	1 026 183.90	92 709.74	132 020.92	123.48	318 320.23	1 569 358.27
—	222 692.41	349 260.42	477 423.50	28 436.33	60 340.40	1.31	222 692.41	788 893.95
—	107 183.07	474 378.21	838 368.00	71 107.65	84 265.44	0.00	107 183.07	1 100 924.15
—	224 508.35	506 011.89	1 032 802.07	91 121.52	210 546.37	15.47	224 508.35	1 558 993.78
—	57 575.54	353 481.55	536 897.78	54 553.35	50 704.89	0.69	57 575.54	699 732.25
—	111 987.58	564 907.22	839 461.73	66 478.80	23 544.70	—	111 987.58	1 041 472.8
—	139 119.22	321 441.99	545 967.41	43 012.62	77 779.38	1 368.07	139 119.22	807 246.7
—	831 599.21	2 013 007.88	2 111 375.58	210 389.01	397 398.47	—	831 599.21	3 550 762.28
—	543 578.02	1 370 396.17	1 797 872.51	146 829.60	446 507.02	—	543 578.02	2 934 787.15
—	339 638.78	603 699.30	686 259.28	36 843.12	281 523.63	—	339 638.78	1 344 264.8
—	450 928.93	1 064 602.85	904 942.77	92 099.98	123 179.14	—	450 928.93	1 571 150.81
—	257 162.95	470 416.72	481 729.99	38 919.34	116 964.43	—	257 162.95	894 776.71
—	768 088.31	1 819 874.99	1 903 989.36	225 951.24	436 864.06	38.85	768 088.31	3 334 931.81
—	548 518.35	1 336 538.44	1 137 943.68	129 612.49	209 481.60	—	548 518.35	2 025 556.12
—	549 888.90	929 994.25	1 061 846.10	57 172.78	288 727.83	—	549 888.90	1 957 635.62
—	642 741.01	819 267.45	684 128.17	71 023.39	311 723.08	—	642 741.01	1 709 615.65
—	954 422.71	1 939 389.05	2 618 754.87	325 203.45	329 129.59	311.53	954 422.71	4 227 822.15
—	231 509.72	319 938.29	464 616.62	40 142.80	135 187.68	—	231 509.72	871 456.83
790.74	46 675.84	120 745.58	177 798.37	7 585.63	42 309.28	—	46 675.84	274 369.12
—	386 150.75	474 658.69	497 727.69	34 921.44	111 154.75	—	386 150.75	1 029 954.62
—	182 317.15	471 639.00	888 166.03	111 172.90	182 182.87	—	182 317.15	1 363 838.95
—	75 396.96	347 671.26	480 168.55	28 685.64	45 695.46	—	75 396.96	629 946.61
—	219 624.33	759 880.46	1 022 451.31	100 394.95	175 445.55	—	219 624.33	1 517 916.13
—	1 945.71	88 832.90	327 651.76	27 367.37	0.00	—	1 945.71	356 964.84
—	426 987.32	658 275.53	966 161.74	61 574.56	119 264.32	—	426 987.32	1 573 987.94
—	80 935.32	307 150.12	585 276.92	41 151.17	94 357.61	34.66	80 935.32	801 755.67
—	27 948.95	81 675.75	190 281.83	12 837.28	18 487.56	—	27 948.95	249 555.62
—	20 817.69	116 094.10	215 335.10	16 972.30	40 422.95	—	20 817.69	293 548.03
—	105 127.34	330 203.18	605 930.44	80 406.73	—	—	105 127.34	791 464.5
790.74	**9 285 217.94**	**20 969 229.54**	**26 281 446.41**	**2 460 565.92**	**4 621 435.78**	**18 242.69**	**9 285 217.94**	**42 666 908.74**

2017 年全国彩票

Statistical Table of the Public Welfare Funds Raised

地 区 Region	福利彩票 Welfare Lottery		
	小计 Subtotal	中央集中 Central Gov.	地方留成 Local Gov.
北 京	146 131.42	73 065.71	73 065.71
天 津	107 126.20	53 563.10	53 563.10
河 北	165 009.82	82 504.91	82 504.91
山 西	126 600.74	63 300.37	63 300.37
内蒙古	179 348.48	89 674.24	89 674.24
辽 宁	300 420.22	150 210.11	150 210.11
吉 林	99 535.26	49 767.63	49 767.63
黑龙江	142 044.96	71 022.48	71 022.48
上 海	150 319.58	75 159.79	75 159.79
江 苏	429 267.36	214 633.68	214 633.68
浙 江	442 413.50	221 206.75	221 206.75
安 徽	205 932.14	102 966.07	102 966.07
福 建	147 304.44	73 652.22	73 652.22
江 西	122 855.16	61 427.58	61 427.58
山 东	422 253.68	211 126.84	211 126.84
河 南	199 569.14	99 784.57	99 784.57
湖 北	288 578.86	144 289.43	144 289.43
湖 南	245 544.26	122 772.13	122 772.13
广 东	644 275.40	322 137.70	322 137.70
广 西	166 884.44	83 442.22	83 442.22
海 南	36 879.42	18 439.71	18 439.71
重 庆	165 390.98	82 695.49	82 695.49
四 川	257 827.02	128 913.51	128 913.51
贵 州	86 372.36	43 186.18	43 186.18
云 南	224 474.90	112 237.45	112 237.45
西 藏	75 306.22	37 653.11	37 653.11
陕 西	262 283.94	131 141.97	131 141.97
甘 肃	139 787.32	69 893.66	69 893.66
青 海	48 646.36	24 323.18	24 323.18
宁 夏	50 488.08	25 244.04	25 244.04
新 疆	134 126.46	67 063.23	67 063.23
合 计 Total	**6 212 998.12**	**3 106 499.06**	**3 106 499.06**

注：本统计表为按彩票销量计算的彩票公益金筹集数，未包括弃奖奖金。

公益金筹集情况表

from Lottery Sales in China in 2017

单位：万元

Unit: Ten Thousand Yuan

体育彩票 Sports Lottery			两种彩票汇总 Total		
小计 Subtotal	中央集中 Central Gov.	地方留成 Local Gov.	合计 Total	中央集中 Central Gov.	地方留成 Local Gov.
162 212.54	81 106.27	81 106.27	308 343.96	154 171.98	154 171.98
79 788.21	39 894.10	39 894.10	186 914.40	93 457.20	93 457.20
261 749.09	130 874.55	130 874.55	426 758.92	213 379.46	213 379.46
79 235.10	39 617.55	39 617.55	205 835.84	102 917.92	102 917.92
125 878.71	62 939.36	62 939.36	305 227.20	152 613.60	152 613.60
124 823.55	62 411.77	62 411.77	425 243.76	212 621.88	212 621.88
96 795.51	48 397.76	48 397.76	196 330.78	98 165.39	98 165.39
152 809.15	76 404.58	76 404.58	294 854.12	147 427.06	147 427.06
84 648.19	42 324.09	42 324.09	234 967.76	117 483.88	117 483.88
511 594.86	255 797.43	255 797.43	940 862.22	470 431.11	470 431.11
352 437.07	176 218.54	176 218.54	794 850.58	397 425.29	397 425.29
144 587.42	72 293.71	72 293.71	350 519.56	175 259.78	175 259.78
272 995.03	136 497.51	136 497.51	420 299.46	210 149.73	210 149.73
112 931.02	56 465.51	56 465.51	235 786.18	117 893.09	117 893.09
441 305.66	220 652.83	220 652.83	863 559.34	431 779.67	431 779.67
335 429.54	167 714.77	167 714.77	534 998.68	267 499.34	267 499.34
220 965.07	110 482.53	110 482.53	509 543.92	254 771.96	254 771.96
179 204.02	89 602.01	89 602.01	424 748.28	212 374.14	212 374.14
473 702.98	236 851.49	236 851.49	1 117 978.38	558 989.19	558 989.19
71 393.98	35 696.99	35 696.99	238 278.42	119 139.21	119 139.21
28 209.34	14 104.67	14 104.67	65 088.76	32 544.38	32 544.38
100 114.72	50 057.36	50 057.36	265 505.70	132 752.85	132 752.85
130 470.13	65 235.06	65 235.06	388 297.14	194 148.57	194 148.57
96 439.80	48 219.90	48 219.90	182 812.16	91 406.08	91 406.08
203 081.48	101 540.74	101 540.74	427 556.38	213 778.19	213 778.19
24 270.73	12 135.36	12 135.36	99 576.94	49 788.47	49 788.47
148 972.74	74 486.37	74 486.37	411 256.68	205 628.34	205 628.34
81 407.07	40 703.54	40 703.54	221 194.40	110 597.20	110 597.20
21 176.86	10 588.43	10 588.43	69 823.22	34 911.61	34 911.61
32 376.05	16 188.03	16 188.03	82 864.14	41 432.07	41 432.07
85 430.51	42 715.26	42 715.26	219 556.98	109 778.49	109 778.49
5 236 436.12	**2 618 218.06**	**2 618 218.06**	**11 449 434.24**	**5 724 717.12**	**5 724 717.12**

2017年全国福利彩票销售情况图

Diagram of Sales of Welfare Lottery in China in 2017

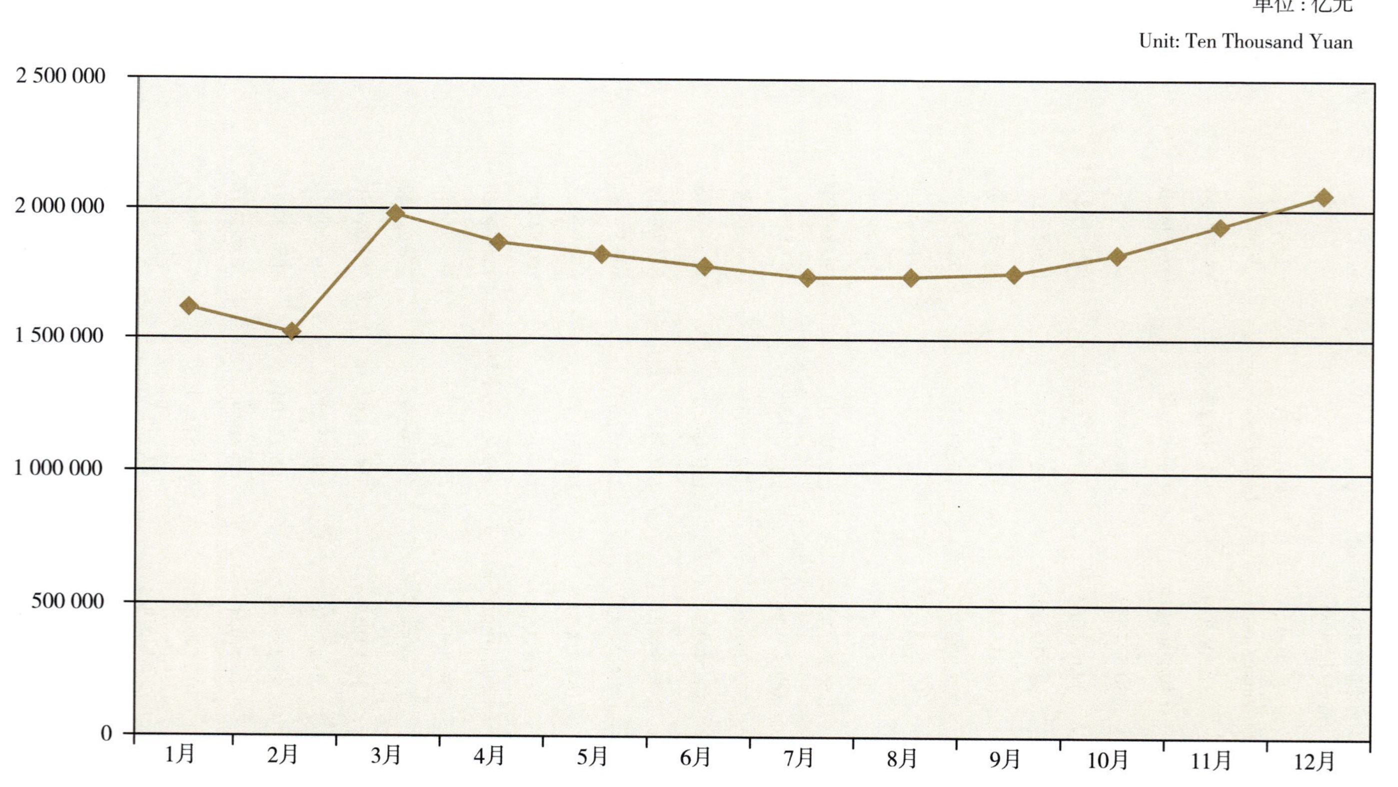

（中国福利彩票发行管理中心供稿）

2017 年全国福利彩票各地区销售量排名表

Ranking of Sales of Welfare Lottery in Different Regions in China in 2017

单位：万元

Unit: Ten Thousand Yuan

名次 Ranking	地 区 Region	销售量 Sales Amounts
1	广 东	2 288 433.10
2	浙 江	1 564 390.98
3	江 苏	1 537 754.40
4	山 东	1 515 056.82
5	辽 宁	1 052 981.89
6	湖 北	1 027 641.37
7	陕 西	915 712.41
8	四 川	892 199.95
9	湖 南	890 348.20
10	云 南	758 035.67
11	安 徽	740 565.50
12	河 南	689 017.68
13	内蒙古	626 545.94
14	河 北	559 091.98
15	重 庆	555 295.93
16	广 西	551 518.54
17	福 建	506 547.96
18	甘 肃	494 605.55
19	上 海	485 804.71
20	黑龙江	476 565.58
21	北 京	467 009.68
22	新 疆	461 261.32
23	山 西	439 633.53
24	江 西	424 359.99
25	天 津	381 685.18
26	吉 林	346 250.70
27	贵 州	282 275.35
28	西 藏	268 131.94
29	宁 夏	177 453.93
30	青 海	167 879.87
31	海 南	153 623.54
合 计 Total		**21 697 679.20**

（中国福利彩票发行管理中心供稿）

2017 年全国福利彩票各地区销售额比重图

Diagram of Sales Proprotion of Welfare Lottery in Different Regions in China in 2017

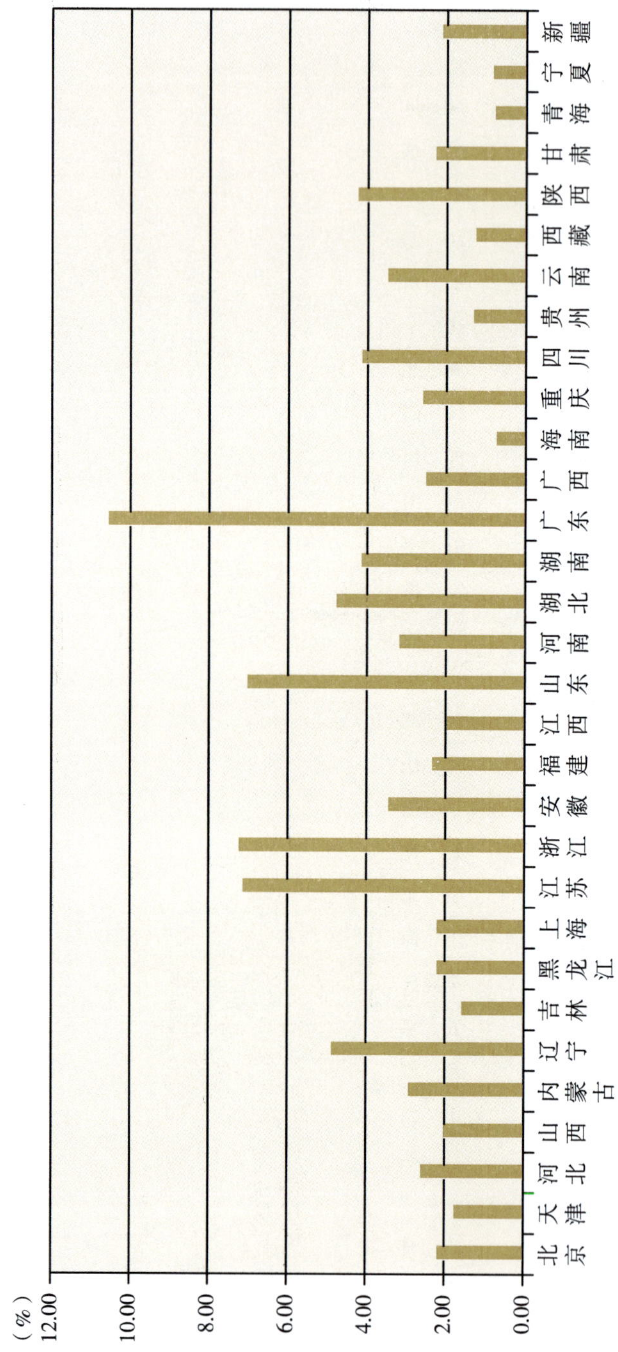

（中国福利彩票发行管理中心供稿）

2017 年全国福利彩票分类型销售情况图

Diagram of Welfare Lottery Sales in Different Lottery Games in China in 2017

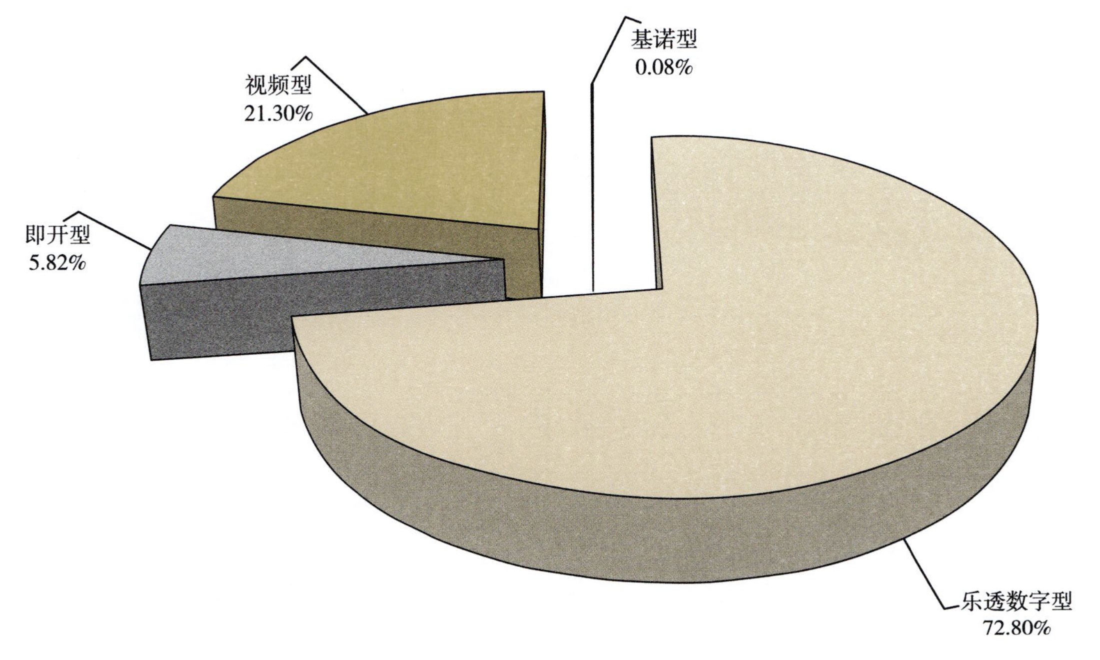

（中国福利彩票发行管理中心供稿）

2017 年全国福利彩票（分

Statistical Table of Welfare Lottery Sales in Different Regions

地 区 Regin	1 月 Jan. 乐透数字型 Lotto Games	即开型 Instant Games	视频型 Online Instant Win	基诺型 Keno	小计 Subtotal
北 京	27 751.10	3 144.09	—	1 381.29	32 276.49
天 津	20 425.21	1 067.55	5 412.56	—	26 905.32
河 北	33 562.79	2 097.52	9 430.94	10.08	45 101.33
山 西	25 337.94	1 129.12	4 415.72	0.91	30 883.69
内蒙古	57 881.07	1 922.10	6 329.35	—	66 132.52
辽 宁	62 975.00	3 356.49	17 146.68	3.56	83 481.73
吉 林	20 318.64	1 518.88	4 211.70	0.14	26 049.36
黑龙江	35 557.13	1 851.18	1 748.06	—	39 156.37
上 海	26 942.09	2 052.00	6 442.20	20.33	35 456.62
江 苏	74 134.42	5 334.11	27 753.81	—	107 222.33
浙 江	80 836.99	4 211.32	34 771.26	—	119 819.57
安 徽	27 946.02	2 753.47	22 127.12	—	52 826.61
福 建	23 934.73	1 778.75	9 373.57	—	35 087.05
江 西	21 660.17	2 975.14	8 820.62	—	33 455.93
山 东	72 638.31	11 432.43	32 847.48	10.51	116 928.72
河 南	31 313.45	1 655.30	14 756.30	—	47 725.05
湖 北	47 974.85	1 970.91	21 764.99	—	71 710.74
湖 南	35 601.04	4 274.75	23 765.14	—	63 640.93
广 东	123 802.44	10 898.72	24 923.87	24.65	159 649.68
广 西	24 803.28	3 194.05	10 000.59	—	37 997.91
海 南	10 017.85	60.68	3 250.14	—	13 328.67
重 庆	30 844.79	3 886.84	8 062.33	—	42 793.97
四 川	43 932.54	10 543.53	14 394.45	—	68 870.52
贵 州	16 661.32	451.78	3 340.18	—	20 453.28
云 南	40 373.33	2 777.95	13 415.55	—	56 566.83
西 藏	20 661.25	603.45	—	—	21 264.70
陕 西	53 709.54	3 407.61	9 048.89	—	66 166.03
甘 肃	24 727.26	1 300.66	6 971.78	3.93	33 003.64
青 海	9 023.77	422.57	1 407.36	—	10 853.70
宁 夏	9 881.20	446.74	2 847.04	—	13 174.98
新 疆	39 874.84	3 341.26	—	—	43 216.10
合 计 Total	**1 175 104.34**	**95 860.90**	**348 779.71**	**1 455.41**	**1 621 200.36**

地区分类型）销售情况表

and Different Lottery Games in China in 2017

单位：万元

Unit: Ten Thousand Yuan

2月 Feb.				
乐透数字型 Lotto Games	即开型 Instant Games	视频型 Online Instant Win	基诺型 Keno	小计 Subtotal
24 806.49	4 693.95	—	1 240.94	30 741.38
19 796.38	1 547.24	5 821.27	—	27 164.90
27 038.34	2 862.71	9 836.95	11.47	39 749.47
21 961.18	1 498.65	4 681.82	0.10	28 141.75
31 463.22	2 684.17	6 073.33	—	40 220.72
57 982.68	4 129.80	17 336.71	2.61	79 451.81
19 787.14	2 042.65	3 902.63	0.04	25 732.45
33 365.82	2 087.17	1 827.61	—	37 280.60
26 254.49	2 596.30	6 236.10	8.10	35 094.99
64 573.38	5 836.41	30 035.47	—	100 445.26
65 903.03	6 617.29	36 921.79	—	109 442.11
25 765.04	2 456.32	23 436.96	—	51 658.32
19 831.52	2 935.13	9 622.45	—	32 389.11
16 257.59	2 191.17	9 015.58	—	27 464.35
65 193.53	10 102.34	33 591.74	5.23	108 892.85
27 177.45	4 435.42	15 625.06	—	47 237.93
51 570.65	4 221.42	23 284.49	—	79 076.56
35 132.34	5 971.26	25 943.24	—	67 046.84
115 118.02	15 717.11	25 791.11	33.61	156 659.85
29 891.00	3 314.77	10 154.85	—	43 360.61
9 331.61	73.05	3 395.72	—	12 800.39
30 198.48	3 212.85	8 726.79	—	42 138.12
44 533.94	11 490.39	15 453.20	—	71 477.53
14 593.89	590.07	3 554.37	—	18 738.33
36 180.57	2 395.98	13 883.62	—	52 460.18
13 947.94	937.80	—	—	14 885.74
48 044.74	3 592.25	8 966.62	—	60 603.61
19 627.02	1 532.82	6 827.43	4.25	27 991.52
7 193.22	527.97	1 348.11	—	9 069.30
9 462.79	590.65	2 940.11	—	12 993.55
35 792.62	3 380.74	—	—	39 173.36
1 047 776.12	**116 265.85**	**364 235.16**	**1 306.36**	**1 529 583.48**

续表

地　区 Regin	3 月 Mar.				
	乐透数字型 Lotto Games	即开型 Instant Games	视频型 Online Instant Win	基诺型 Keno	小计 Subtotal
北　京	42 738.01	3 964.23	—	1 671.32	48 373.55
天　津	31 596.75	1 835.53	7 054.07	—	40 486.35
河　北	38 440.59	2 959.37	12 466.06	19.45	53 885.46
山　西	31 895.85	1 514.85	5 567.68	0.20	38 978.58
内蒙古	45 701.16	3 044.36	7 658.05	—	56 403.57
辽　宁	73 589.05	3 863.13	21 372.74	3.72	98 828.64
吉　林	31 229.48	1 419.11	4 906.87	0.01	37 555.46
黑龙江	46 478.16	2 121.79	2 271.49	—	50 871.44
上　海	32 359.29	2 584.00	6 358.43	11.97	41 313.68
江　苏	80 222.51	8 016.25	35 050.67	—	123 289.43
浙　江	86 906.62	7 676.90	42 802.94	—	137 386.46
安　徽	41 580.14	1 878.58	27 199.00	—	70 657.72
福　建	38 162.13	2 899.85	11 000.92	—	52 062.91
江　西	22 396.50	673.83	10 744.49	—	33 814.82
山　东	85 989.65	9 528.50	39 751.71	5.88	135 275.74
河　南	42 318.89	3 906.75	18 556.31	—	64 781.95
湖　北	59 644.42	2 993.43	27 061.46	—	89 699.31
湖　南	46 034.75	5 050.61	29 123.89	—	80 209.25
广　东	148 917.08	16 879.78	29 624.47	26.35	195 447.67
广　西	43 357.98	2 484.63	11 619.93	—	57 462.53
海　南	10 868.35	83.87	3 864.43	—	14 816.65
重　庆	33 716.23	2 152.10	10 793.66	—	46 661.99
四　川	62 712.11	8 404.90	17 874.79	—	88 991.79
贵　州	19 362.92	884.38	4 574.27	—	24 821.57
云　南	48 519.89	1 998.07	16 544.80	—	67 062.76
西　藏	17 592.34	1 141.95	—	—	18 734.29
陕　西	65 513.17	3 892.37	10 754.44	—	80 159.98
甘　肃	49 662.42	1 782.35	8 931.99	4.32	60 381.09
青　海	11 421.23	659.60	1 755.57	—	13 836.40
宁　夏	12 529.93	594.05	3 650.32	—	16 774.30
新　疆	40 609.17	3 398.98	—	—	44 008.15
合　计 Total	**1 442 066.75**	**110 288.10**	**428 935.44**	**1 743.22**	**1 983 033.51**

4月 Apr.				
乐透数字型 Lotto Games	即开型 Instant Games	视频型 Online Instant Win	基诺型 Keno	小计 Subtotal
35 207.39	3 928.19	—	1 495.79	40 631.36
27 956.44	1 775.60	6 598.69	—	36 330.73
35 372.16	3 421.08	11 750.42	8.62	50 552.27
32 891.42	1 598.81	5 083.69	0.09	39 574.00
57 736.30	2 999.65	6 910.09	—	67 646.03
79 737.17	3 920.12	19 528.51	1.74	103 187.54
22 365.81	1 300.97	4 759.46	0.02	28 426.27
37 852.04	2 100.32	2 197.84	—	42 150.21
32 297.94	4 218.50	6 885.47	9.73	43 411.64
74 038.10	6 024.63	32 291.76	—	112 354.49
83 741.54	7 073.62	37 380.42	—	128 195.57
47 026.98	2 757.14	24 260.53	—	74 044.66
31 966.71	2 608.23	10 040.95	—	44 615.89
20 361.88	2 250.19	9 542.33	—	32 154.40
79 632.64	9 173.20	37 885.20	5.91	126 696.96
36 475.75	4 327.80	16 545.67	—	57 349.23
50 344.26	7 346.15	24 774.78	—	82 465.19
48 944.45	8 037.52	25 377.58	—	82 359.55
154 430.01	15 990.86	27 733.74	23.79	198 178.40
38 503.05	2 426.70	10 617.43	—	51 547.18
9 806.35	50.24	3 514.99	—	13 371.58
31 661.23	2 022.75	9 067.86	—	42 751.85
52 389.68	6 841.21	15 804.32	—	75 035.21
17 245.05	914.40	4 213.07	—	22 372.52
48 707.00	2 272.80	14 627.71	—	65 607.50
19 075.96	1 219.50	—	—	20 295.46
64 390.46	3 687.00	9 784.84	—	77 862.29
33 075.95	1 739.84	8 362.00	4.31	43 182.10
11 651.82	676.38	1 681.58	—	14 009.78
10 854.93	634.15	3 300.90	—	14 789.99
34 164.99	7 035.67	—	—	41 200.66
1 359 905.46	**120 373.20**	**390 521.82**	**1 550.01**	**1 872 350.50**

续表

地　区 Regin	5月 May 乐透数字型 Lotto Games	即开型 Instant Games	视频型 Online Instant Win	基诺型 Keno	小计 Subtotal
北　京	32 229.85	3 641.38	—	1 410.13	37 281.36
天　津	25 925.87	1 628.12	6 767.93	—	34 321.92
河　北	33 602.21	2 922.87	10 918.26	8.60	47 451.93
山　西	31 272.36	1 161.66	5 085.80	0.00	37 519.83
内蒙古	41 976.68	2 726.98	7 040.67	—	51 744.32
辽　宁	70 855.35	4 456.33	19 055.33	1.16	94 368.16
吉　林	19 435.26	1 299.70	4 573.17	0.02	25 308.14
黑龙江	34 771.27	2 025.25	2 129.95	—	38 926.48
上　海	33 763.30	1 187.50	5 841.86	179.41	40 972.08
江　苏	73 485.48	6 831.77	33 349.47	—	113 666.71
浙　江	87 167.49	8 112.07	37 265.00	—	132 544.57
安　徽	35 826.74	2 150.59	23 283.19	—	61 260.51
福　建	26 356.33	2 488.60	10 488.65	—	39 333.57
江　西	20 004.92	3 463.72	9 725.16	—	33 193.80
山　东	82 295.28	8 115.08	36 904.46	2.89	127 317.70
河　南	35 393.46	3 085.46	18 866.38	—	57 345.30
湖　北	50 911.16	5 090.60	24 131.30	—	80 133.06
湖　南	42 228.38	9 218.01	25 676.93	—	77 123.31
广　东	159 347.44	16 926.42	32 952.20	25.08	209 251.14
广　西	37 268.44	2 633.58	11 175.58	—	51 077.60
海　南	9 327.72	50.89	3 697.63	—	13 076.23
重　庆	34 106.29	2 081.46	9 305.74	—	45 493.48
四　川	51 744.17	6 160.92	15 565.05	—	73 470.13
贵　州	17 349.90	653.20	3 993.71	—	21 996.80
云　南	46 572.44	1 990.95	15 062.38	—	63 625.76
西　藏	23 699.59	1 227.05	—	—	24 926.64
陕　西	68 559.63	3 749.67	9 882.88	—	82 192.18
甘　肃	31 628.40	1 778.71	8 383.26	1.77	41 792.13
青　海	12 103.44	607.62	1 700.65	—	14 411.72
宁　夏	10 714.27	659.87	3 471.26	—	14 845.40
新　疆	31 759.83	4 980.21	—	—	36 740.04
合　计 Total	**1 311 682.94**	**113 106.19**	**396 293.83**	**1 629.06**	**1 822 712.02**

6月 June				
乐透数字型 Lotto Games	即开型 Instant Games	视频型 Online Instant Win	基诺型 Keno	小计 Subtotal
32 696.02	4 089.00	—	1 354.04	38 139.06
22 833.44	1 601.86	6 440.18	—	30 875.48
34 935.33	2 511.26	10 431.39	10.40	47 888.38
30 162.54	872.01	4 991.73	0.00	36 026.27
37 901.14	2 342.69	6 727.42	—	46 971.24
62 696.13	5 172.12	16 349.98	1.17	84 219.39
17 705.42	1 628.78	4 130.32	0.02	23 464.55
33 225.85	1 883.19	1 774.10	—	36 883.14
35 037.79	2 101.00	5 328.55	246.95	42 714.29
85 369.13	5 284.02	32 501.40	—	123 154.55
83 217.55	7 147.63	38 473.69	—	128 838.87
31 920.51	1 335.31	22 047.24	—	55 303.06
28 238.88	2 263.84	11 112.56	—	41 615.28
24 075.08	4 067.99	9 670.03	—	37 813.10
87 669.47	7 461.89	34 330.23	3.32	129 464.90
34 076.85	3 614.85	17 003.02	—	54 694.72
60 667.18	2 183.90	22 925.61	—	85 776.69
40 159.28	4 399.00	24 600.80	—	69 159.08
143 385.48	14 003.73	30 368.66	38.94	187 796.80
38 374.39	1 972.49	11 092.72	—	51 439.60
9 369.56	310.76	3 378.99	—	13 059.30
34 663.82	2 436.81	9 349.15	—	46 449.79
51 451.55	5 604.47	14 475.30	—	71 531.32
21 222.20	700.90	3 606.71	—	25 529.81
46 294.19	1 952.48	14 658.87	—	62 905.54
27 526.93	1 275.50	—	—	28 802.43
68 929.87	4 063.11	9 771.74	—	82 764.71
27 904.13	1 575.14	7 713.92	4.86	37 198.06
12 802.31	720.79	1 615.42	—	15 138.52
9 490.20	628.79	3 297.04	—	13 416.03
29 777.72	3 560.70	—	—	33 338.41
1 303 779.93	**98 765.99**	**378 166.76**	**1 659.70**	**1 782 372.38**

续表

地 区 Regin	7月 July				
	乐透数字型 Lotto Games	即开型 Instant Games	视频型 Online Instant Win	基诺型 Keno	小计 Subtotal
北 京	31 769.35	2 693.51	—	1 762.48	36 225.34
天 津	21 563.15	1 147.44	6 413.62	—	29 124.21
河 北	29 419.49	2 179.47	10 773.15	16.10	42 388.21
山 西	29 151.81	625.43	5 208.42	0.00	34 985.67
内蒙古	35 644.94	2 291.42	7 180.50	—	45 116.86
辽 宁	59 522.58	3 048.04	16 646.83	0.68	79 218.13
吉 林	17 241.68	3 740.56	4 008.17	0.04	24 990.43
黑龙江	31 144.23	1 860.41	1 758.08	—	34 762.71
上 海	30 227.55	1 698.50	6 382.41	172.58	38 481.04
江 苏	105 113.15	4 756.91	34 472.47	—	144 342.53
浙 江	94 017.91	5 395.00	37 244.78	—	136 657.68
安 徽	31 146.63	1 217.73	23 020.52	—	55 384.88
福 建	23 769.31	1 807.28	10 300.45	—	35 877.04
江 西	20 873.51	543.13	9 437.26	—	30 853.91
山 东	74 845.40	7 900.28	36 950.60	1.81	119 698.08
河 南	34 392.17	2 683.73	18 113.94	—	55 189.83
湖 北	55 479.71	2 112.29	22 827.95	—	80 419.95
湖 南	40 768.83	3 129.27	25 395.31	—	69 293.41
广 东	144 919.17	13 392.45	28 051.37	22.35	186 385.34
广 西	33 471.16	1 783.26	11 399.94	—	46 654.36
海 南	8 078.85	58.03	3 321.04	—	11 457.92
重 庆	37 355.59	2 055.60	9 275.15	—	48 686.34
四 川	50 256.66	6 357.32	14 620.92	—	71 234.90
贵 州	21 090.55	660.30	3 763.72	—	25 514.57
云 南	46 831.09	1 682.25	14 865.92		63 379.26
西 藏	27 218.70	1 244.00	—	—	28 462.70
陕 西	60 977.49	2 502.25	10 054.65	—	73 534.40
甘 肃	23 985.14	2 279.32	7 583.73	1.71	33 849.91
青 海	12 663.15	635.81	1 434.62	—	14 733.58
宁 夏	9 324.71	540.95	3 352.54	—	13 218.20
新 疆	28 524.47	3 146.02	—	—	31 670.49
合 计 Total	**1 270 788.13**	**85 167.94**	**383 858.07**	**1 977.75**	**1 741 791.89**

8月 Aug.				
乐透数字型 Lotto Games	即开型 Instant Games	视频型 Online Instant Win	基诺型 Keno	小计 Subtotal
32 656.10	3 099.86	—	1 404.21	37 160.16
21 939.75	1 330.28	6 331.53	—	29 601.56
31 158.89	2 312.10	11 375.17	14.98	44 861.14
26 648.56	1 017.92	4 957.11	0.00	32 623.60
36 486.24	1 901.26	7 303.70	—	45 691.20
58 825.31	2 351.40	16 172.18	0.23	77 349.12
18 503.08	1 455.50	4 134.55	0.06	24 093.19
31 584.42	1 627.75	1 838.51	—	35 050.67
31 691.89	1 609.00	5 753.09	153.15	39 207.13
80 189.60	4 916.23	34 313.50	—	119 419.33
84 833.59	5 828.57	36 265.12	—	126 927.28
38 349.61	1 244.53	22 769.21	—	62 363.35
24 650.45	2 021.67	9 975.69	—	36 647.81
22 478.41	975.47	9 696.90	—	33 150.78
76 498.18	6 999.13	37 273.14	1.28	120 771.74
35 212.21	3 463.74	18 214.11	—	56 890.06
53 497.47	4 189.02	21 951.66	—	79 638.15
41 578.37	3 084.40	25 004.60	—	69 667.37
147 712.36	13 940.58	27 340.01	20.75	189 013.70
32 138.52	1 770.52	11 611.20	—	45 520.24
8 955.69	67.89	3 482.32	—	12 505.89
35 620.31	1 221.52	9 008.62	—	45 850.45
50 375.84	5 243.71	13 771.12	—	69 390.67
18 373.62	704.25	3 435.67	—	22 513.54
48 836.74	1 746.11	14 408.63	—	64 991.48
25 397.39	1 293.25	—	—	26 690.64
60 473.99	2 859.19	9 960.62	—	73 293.80
50 055.13	1 545.98	7 336.86	2.86	58 940.83
12 946.95	650.67	1 485.19	—	15 082.81
9 595.09	463.34	3 511.95	—	13 570.38
30 280.62	8 300.37	—	—	38 580.99
1 277 544.36	**89 235.19**	**378 681.97**	**1 597.53**	**1 747 059.05**

续表

地　区 Regin	9月 Sept. 乐透数字型 Lotto Games	即开型 Instant Games	视频型 Online Instant Win	基诺型 Keno	小计 Subtotal
北　京	44 219.46	4 062.30	—	1 270.14	49 551.90
天　津	21 139.61	1 497.21	6 184.50	—	28 821.32
河　北	30 091.09	2 502.50	11 171.77	9.54	43 774.90
山　西	29 388.26	2 157.14	4 877.88	—	36 423.28
内蒙古	31 186.48	3 531.14	7 109.31	—	41 826.92
辽　宁	57 638.45	6 026.85	16 017.16	0.24	79 682.71
吉　林	17 796.33	3 085.54	4 084.35	0.13	24 966.35
黑龙江	30 657.39	2 430.09	1 980.46	—	35 067.94
上　海	30 094.62	2 449.00	6 308.15	131.43	38 983.20
江　苏	75 752.85	6 330.08	33 581.46	—	115 664.39
浙　江	79 087.24	7 186.08	34 789.00	—	121 062.32
安　徽	48 717.13	1 563.97	22 320.05	—	72 601.15
福　建	26 013.16	1 980.92	9 882.86	—	37 876.94
江　西	26 782.09	1 729.41	9 577.89	—	38 089.39
山　东	70 110.41	12 283.86	35 807.17	1.25	118 202.68
河　南	33 514.95	3 877.17	17 746.49	—	55 138.61
湖　北	70 528.27	3 199.31	23 027.18	—	96 754.76
湖　南	39 254.69	6 374.28	25 882.65	—	71 511.62
广　东	152 526.79	16 531.65	25 579.55	25.70	194 663.70
广　西	24 783.26	3 558.10	11 693.31	—	40 034.67
海　南	7 688.37	82.83	3 017.44	—	10 788.64
重　庆	32 792.24	2 171.89	9 265.94	—	44 230.07
四　川	52 695.44	5 219.46	14 275.25	—	72 190.15
贵　州	16 919.74	1 694.90	3 535.98	—	22 150.62
云　南	48 059.82	1 867.10	13 517.67	—	63 444.60
西　藏	21 340.04	1 319.20	—	—	22 659.24
陕　西	62 642.49	3 732.69	10 016.99	—	76 392.16
甘　肃	32 078.35	1 212.30	7 906.35	4.62	41 201.62
青　海	12 300.95	747.88	1 633.12	—	14 681.95
宁　夏	13 665.44	857.66	3 522.31	—	18 045.41
新　疆	30 391.00	4 312.40	—	—	34 703.40
合　计 Total	**1 269 856.43**	**115 574.89**	**374 312.25**	**1 443.05**	**1 761 186.62**

10月 Oct.				
乐透数字型 Lotto Games	即开型 Instant Games	视频型 Online Instant Win	基诺型 Keno	小计 Subtotal
34 843.86	3 616.12	—	1 187.40	39 647.38
23 571.61	1 194.26	5 876.44	—	30 642.31
33 938.57	2 985.28	10 769.45	14.23	47 707.53
34 530.21	2 214.58	4 983.90	0.00	41 728.69
33 301.73	2 096.65	7 031.35	—	42 429.72
73 819.98	2 037.92	16 613.27	0.36	92 471.53
19 379.69	1 149.32	3 985.28	0.21	24 514.49
37 464.56	2 122.06	2 024.95	—	41 611.56
33 046.61	1 931.50	7 664.00	160.68	42 802.79
82 218.49	4 604.46	33 208.00	—	120 030.95
92 550.68	6 549.64	35 010.17	—	134 110.49
36 345.35	1 447.14	22 641.24	—	60 433.74
32 888.55	5 456.12	9 807.04	—	48 151.72
31 625.66	3 511.64	9 658.47	—	44 795.77
81 753.44	8 445.87	36 104.35	0.76	126 304.41
37 244.23	2 257.88	18 532.66	—	58 034.77
77 000.45	2 232.63	24 758.53	—	103 991.61
47 998.80	3 006.09	25 819.96	—	76 824.85
154 265.12	15 557.85	24 747.18	17.90	194 588.04
25 487.92	1 937.27	11 945.79	—	39 370.98
8 004.62	127.24	3 227.40	—	11 359.26
35 804.73	1 858.19	8 853.48	—	46 516.40
52 749.45	6 072.23	14 148.84	—	72 970.53
18 057.95	839.86	3 545.51	—	22 443.32
47 999.80	1 467.74	13 900.26	—	63 367.80
22 361.12	887.60	—	—	23 248.72
63 566.77	2 608.57	9 964.73	—	76 140.07
29 468.12	1 237.59	7 874.39	2.02	38 582.12
13 048.87	553.32	1 483.32	—	15 085.51
11 823.13	606.49	3 547.14	—	15 976.77
31 865.07	3 463.35	—	—	35 328.43
1 358 025.13	**94 076.46**	**377 727.11**	**1 383.55**	**1 831 212.26**

续表

地 区 Regin	11月 Nov.						
	乐透数字型 Lotto Games	即开型 Instant Games	视频型 Online Instant Win	基诺型 Keno	小计 Subtotal	乐透数字型 Lotto Games	即开型 Instant Games
北 京	33 553.05	2 863.34	—	1 045.32	37 461.71	35 655.23	2 739.18
天 津	24 893.32	1 293.88	6 548.59	—	32 735.78	26 661.80	1 236.08
河 北	32 345.48	1 999.99	11 344.30	—	45 689.76	35 876.03	2 412.48
山 西	33 112.21	1 670.66	5 370.14	—	40 153.00	33 079.61	4 399.05
内蒙古	38 635.54	2 262.11	7 423.97	—	48 321.62	64 546.41	2 017.12
辽 宁	68 048.94	3 168.56	17 191.84	—	88 409.34	71 095.08	4 103.58
吉 林	37 383.12	1 161.33	4 046.19	—	42 590.64	33 477.13	1 120.03
黑龙江	36 967.29	1 940.79	1 946.22	—	40 854.30	37 242.14	4 660.59
上 海	33 734.69	2 223.50	6 342.20	142.91	42 443.30	34 939.87	1 616.34
江 苏	133 276.33	5 658.08	35 158.16	—	174 092.56	141 571.51	6 818.05
浙 江	93 138.60	10 742.81	37 065.30	—	140 946.71	101 479.53	8 462.26
安 徽	35 217.74	2 326.17	23 482.33	—	61 026.25	35 205.10	2 863.94
福 建	39 751.79	2 182.96	10 870.51	—	52 805.25	37 271.84	2 110.09
江 西	26 888.95	3 044.86	10 335.23	—	40 269.04	25 408.91	3 155.33
山 东	91 877.11	7 153.33	37 236.09	—	136 266.53	104 773.04	6 281.55
河 南	40 853.73	4 464.23	18 110.89	—	63 428.85	43 490.31	10 300.30
湖 北	62 035.35	3 856.65	26 559.61	—	92 451.60	57 606.14	2 257.33
湖 南	46 802.12	4 869.62	27 077.52	—	78 749.25	47 326.64	9 380.62
广 东	158 974.18	17 192.65	26 032.02	25.66	202 224.51	168 519.59	20 042.52
广 西	26 959.90	3 341.46	11 664.63	—	41 965.99	28 786.36	4 088.77
海 南	8 683.83	306.90	3 492.56	—	12 483.30	10 677.61	22.23
重 庆	38 590.80	2 197.21	9 647.48	—	50 435.49	41 682.33	1 807.09
四 川	55 475.06	5 900.41	15 807.65	—	77 183.13	58 597.17	5 264.94
贵 州	19 796.65	635.24	4 013.30	—	24 445.18	26 608.76	568.07
云 南	48 849.19	1 554.03	15 204.69	—	65 607.91	52 096.08	1 564.52
西 藏	16 704.91	962.45	—	—	17 667.36	19 434.36	1 059.65
陕 西	67 669.50	3 464.05	10 346.74	—	81 480.29	71 284.71	3 127.02
甘 肃	28 484.62	1 552.82	8 265.04	—	38 302.48	30 392.44	1 586.76
青 海	13 057.10	531.48	1 509.83	—	15 098.41	13 831.03	614.37
宁 夏	10 621.12	605.93	3 522.81	—	14 749.86	11 932.30	507.25
新 疆	35 493.93	4 390.46	—	—	39 884.39	40 434.66	2 982.23
合 计 Total	**1 437 876.15**	**105 517.97**	**395 615.80**	**1 213.89**	**1 940 223.81**	**1 540 983.72**	**119 169.33**

12月 Dec.			合计 Total				
视频型 Online Instant Win	基诺型 Keno	小计 Subtotal	乐透数字型 Lotto Games	即开型 Instant Games	视频型 Online Instant Win	基诺型 Keno	小计 Subtotal
—	1 125.59	39 520.00	408 125.90	42 535.15	—	16 348.63	467 009.68
6 777.43	—	34 675.30	288 303.33	17 155.05	76 226.80	—	381 685.18
11 753.07	—	50 041.59	395 780.97	31 166.61	132 020.92	123.48	559 091.98
5 116.50	—	42 595.16	359 431.94	19 859.88	60 340.40	1.31	439 633.53
7 477.69	—	74 041.22	512 460.89	29 819.61	84 265.44	—	626 545.94
17 115.13	—	92 313.80	796 785.73	45 634.32	210 546.37	15.47	1 052 981.89
3 962.21	—	38 559.36	274 622.78	20 922.34	50 704.89	0.69	346 250.70
2 047.44	—	43 950.17	426 310.31	26 710.57	23 544.70	—	476 565.58
8 236.92	130.83	44 923.96	380 390.12	26 267.14	77 779.38	1 368.07	485 804.71
35 682.29	—	184 071.85	1 069 944.94	70 410.98	397 398.47	—	1 537 754.40
38 517.54	—	148 459.34	1 032 880.76	85 003.20	446 507.02	—	1 564 390.98
24 936.23	—	63 005.27	435 046.98	23 994.90	281 523.63	—	740 565.50
10 703.48	—	50 085.41	352 835.42	30 533.41	123 179.14	—	506 547.96
10 740.47	—	39 304.70	278 813.68	28 581.88	116 964.43	—	424 359.99
38 181.89	—	149 236.48	973 276.46	104 877.46	436 864.06	38.85	1 515 056.82
17 410.77	—	71 201.38	431 463.45	48 072.63	209 481.60	—	689 017.68
25 660.29	—	85 523.76	697 259.89	41 653.64	288 727.83	—	1 027 641.37
28 055.46	—	84 762.72	511 829.69	66 795.43	311 723.08	—	890 348.20
25 985.42	26.75	214 574.27	1 771 917.67	187 074.31	329 129.59	311.53	2 288 433.10
12 211.73	—	45 086.86	383 825.26	32 505.59	135 187.68	—	551 518.54
3 875.87	—	14 575.71	110 810.40	1 294.60	41 518.54	—	153 623.54
9 798.55	—	53 287.98	417 036.85	27 104.33	111 154.75	—	555 295.93
15 991.97	—	79 854.08	626 913.61	83 103.47	182 182.87	—	892 199.95
4 118.96	—	31 295.80	227 282.55	9 297.34	45 695.46	—	282 275.35
15 355.46	—	69 016.05	559 320.13	23 269.99	175 445.55	—	758 035.67
—	—	20 494.01	254 960.54	13 171.40	—	—	268 131.94
10 711.19	—	85 122.91	755 762.34	40 685.75	119 264.32	—	915 712.41
8 200.85	—	40 180.05	381 088.99	19 124.30	94 357.61	34.66	494 605.55
1 432.79	—	15 878.18	142 043.85	7 348.46	18 487.56	—	167 879.87
3 459.52	—	15 899.07	129 895.12	7 135.86	40 422.95	—	177 453.93
—	—	43 416.89	408 968.91	52 292.41	—	—	461 261.32
403 517.11	**1 283.17**	**2 064 953.32**	**15 795 389.47**	**1 263 402.00**	**4 620 645.04**	**18 242.69**	**21 697 679.20**

（中国福利彩票发行管理中心供稿）

2017 年全国体育彩票销售情况图

Diagram of Sales of Sports Lottery in China in 2017

单位：万元

Unit: Ten Thousand Yuan

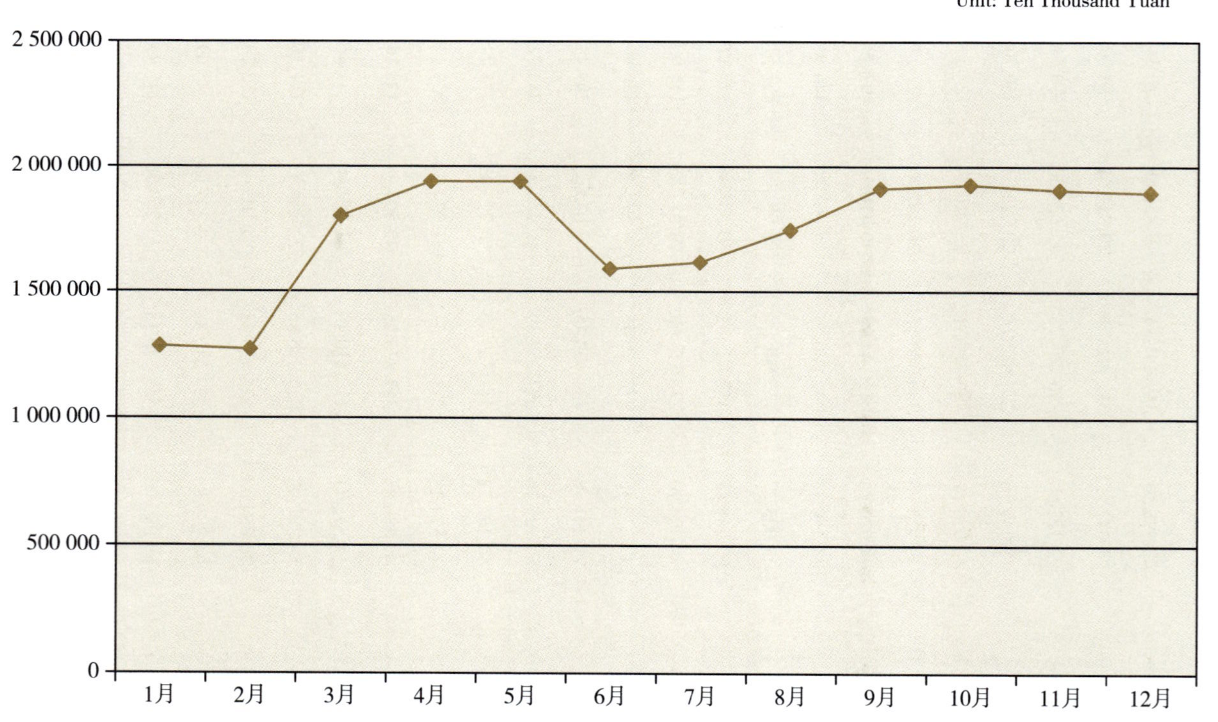

（国家体育总局体育彩票管理中心供稿）

2017 年全国体育彩票各地区销售量排名表

Ranking of sales of Sports Lottery in Different Regions in China in 2017

单位：万元

Unit: Ten Thousand Yuan

名次 Ranking	地区 Region	销售量 Sales Amounts
1	江苏	2 013 007.88
2	广东	1 939 389.05
3	山东	1 819 874.99
4	浙江	1 370 396.17
5	河南	1 336 538.44
6	福建	1 064 602.85
7	河北	1 010 266.29
8	湖北	929 994.25
9	湖南	819 267.45
10	云南	759 880.46
11	陕西	658 275.53
12	北京	609 161.03
13	安徽	603 699.30
14	黑龙江	564 907.22
15	辽宁	506 011.89
16	重庆	474 658.69
17	内蒙古	474 378.21
18	四川	471 639.00
19	江西	470 416.72
20	吉林	353 481.55
21	山西	349 260.42
22	贵州	347 671.26
23	天津	336 368.96
24	新疆	330 203.18
25	上海	321 441.99
26	广西	319 938.29
27	甘肃	307 150.12
28	海南	120 745.58
29	宁夏	116 094.10
30	西藏	88 832.90
31	青海	81 675.75
合计 Total		**20 969 229.54**

（国家体育总局体育彩票管理中心供稿）

2017 年全国体育彩票各地区销售额比重图

Diagram of Sports Lottery Sales Proportion in Different Regions of China in 2017

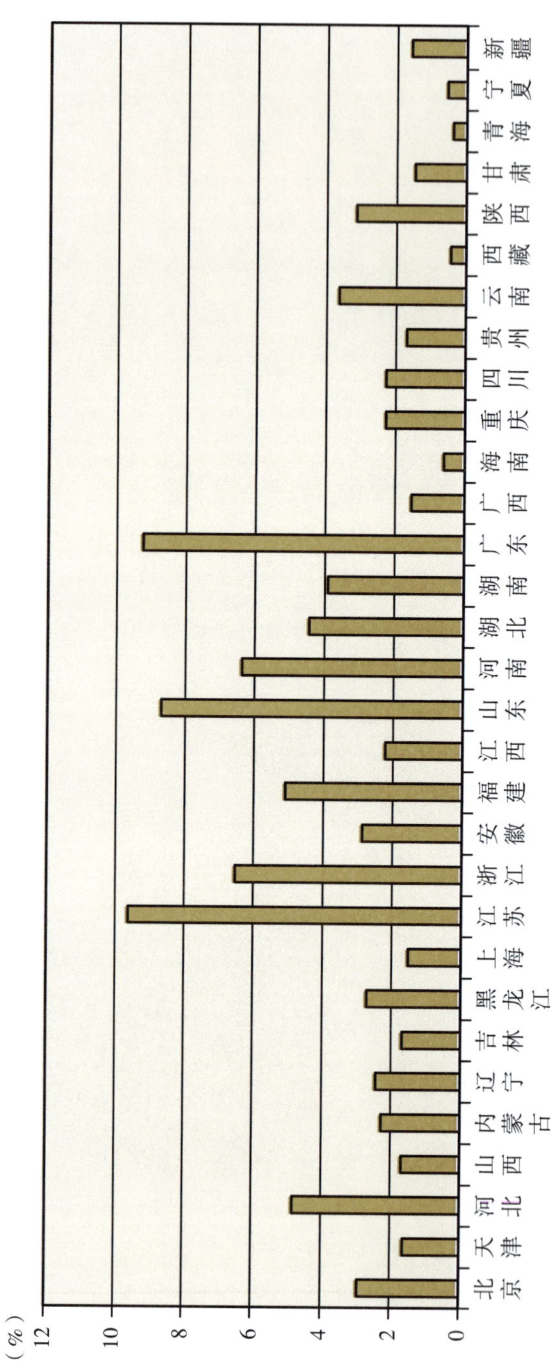

（国家体育总局体育彩票管理中心供稿）

2017 年全国体育彩票分类型销售情况图

Diagram of Sports Lottery Sales in Different Lottery Games in China in 2017

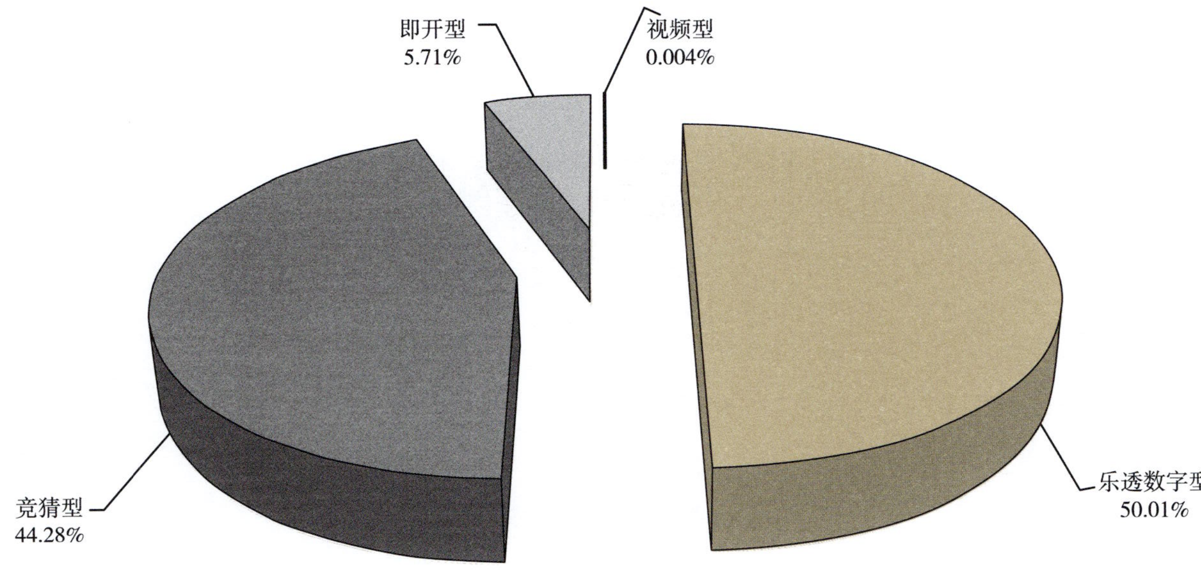

（国家体育总局体育彩票管理中心供稿）

2017年全国体育彩票（分地区分类型）销售情况表

Statistical Table of Sports Lottery Sales in Different Regions and Different Lottery Games in China in 2017

单位：万元

Unit: Ten Thousand Yuan

地 区 Region	1月 Jan. 乐透数字型 Lotto Games	竞猜型 Sports Betting	视频型 Video Game	即开型 Instant Games	小计 Subtotal
北 京	24 738.89	15 019.65		2 081.49	41 840.03
天 津	7 474.91	8 070.12		691.14	16 236.17
河 北	43 429.29	27 821.81		6 846.96	78 098.05
山 西	7 259.08	7 259.77		588.44	15 107.29
内蒙古	22 752.22	6 451.74		3 014.91	32 218.87
辽 宁	17 198.82	10 445.82		3 209.29	30 853.94
吉 林	19 345.11	3 182.70		1 667.75	24 195.56
黑龙江	29 825.52	6 113.26		4 038.76	39 977.54
上 海	10 578.16	8 153.83		1 087.21	19 819.20
江 苏	75 313.47	34 829.35		13 935.61	124 078.43
浙 江	50 263.33	38 834.80		4 219.74	93 317.87
安 徽	16 818.89	12 091.14		1 051.00	29 961.03
福 建	39 406.66	24 438.93		3 806.67	67 652.26
江 西	12 239.17	13 201.89		517.32	25 958.38
山 东	65 637.28	50 014.53		7 014.93	122 666.74
河 南	46 753.96	26 172.30		4 846.56	77 772.82
湖 北	23 522.96	29 611.94		1 404.38	54 539.28
湖 南	10 669.59	24 120.71		347.75	35 138.06
广 东	53 273.30	49 569.05		8 259.69	111 102.04
广 西	4 755.90	9 944.70		1 828.09	16 528.69
海 南	4 845.23	9 586.14	116.25	611.27	15 158.89
重 庆	5 035.66	27 907.01		1 033.37	33 976.04
四 川	20 683.45	10 343.09		4 406.39	35 432.93
贵 州	16 046.78	3 607.51		868.44	20 522.73
云 南	30 297.21	11 274.72		8 267.56	49 839.48
西 藏	3 666.97	109.37		771.51	4 547.85
陕 西	14 300.71	10 402.02		2 344.37	27 047.10
甘 肃	13 819.20	5 264.06		1 834.65	20 917.91
青 海	2 754.83	850.65		198.28	3 803.76
宁 夏	6 219.78	1 032.89		384.89	7 637.56
新 疆	12 640.60	5 084.59		1 193.91	18 919.10
总 计 Total	**711 566.96**	**490 810.07**	**116.25**	**92 372.33**	**1 294 865.61**

续表

地 区 Region	乐透数字型 Lotto Games	竞猜型 Sports Betting	视频型 Video Game	即开型 Instant Games	小计 Subtotal
			2 月 Feb.		
北 京	22 883.28	16 314.18		2 706.07	41 903.53
天 津	6 791.56	7 221.64		1 164.66	15 177.86
河 北	41 163.71	33 698.14		5 060.50	79 922.36
山 西	6 749.27	6 709.55		633.98	14 092.81
内蒙古	21 145.14	3 178.66		2 583.03	26 906.83
辽 宁	16 371.84	9 800.70		3 314.78	29 487.32
吉 林	18 756.91	3 718.57		2 366.78	24 842.25
黑龙江	28 477.96	6 388.91		4 089.12	38 955.99
上 海	10 327.35	9 319.42		1 116.93	20 763.70
江 苏	73 540.80	36 635.10		16 859.93	127 035.84
浙 江	49 011.52	21 373.38		4 006.95	74 391.84
安 徽	16 630.32	11 558.59		552.28	28 741.19
福 建	39 537.17	12 824.09		5 562.17	57 923.43
江 西	11 552.19	17 565.16		395.98	29 513.33
山 东	70 995.14	49 911.54		7 900.36	128 807.04
河 南	47 141.16	26 985.06		5 639.07	79 765.29
湖 北	24 648.46	38 767.29		1 042.79	64 458.54
湖 南	11 768.39	30 893.77		266.82	42 928.98
广 东	48 870.27	52 488.64		7 208.85	108 567.76
广 西	4 510.72	9 093.12		1 990.23	15 594.07
海 南	5 115.02	2 297.42	70.87	635.11	8 118.42
重 庆	5 053.32	35 892.75		1 076.46	42 022.52
四 川	18 366.37	10 725.63		2 822.13	31 914.13
贵 州	15 486.53	3 792.07		1 390.82	20 669.43
云 南	28 528.89	12 023.25		6 768.91	47 321.05
西 藏	2 983.68	77.59		806.19	3 867.47
陕 西	13 049.14	14 231.74		2 054.86	29 335.74
甘 肃	12 462.74	5 157.12		1 688.28	19 308.14
青 海	2 252.78	2 071.40		241.64	4 565.82
宁 夏	5 582.13	1 058.62		598.87	7 239.62
新 疆	12 116.54	8 148.34		1 424.73	21 689.61
总 计 Total	**691 870.30**	**499 921.45**	**70.87**	**93 969.28**	**1 285 831.90**

续表

地　区 Region	3月 Mar. 乐透数字型 Lotto Games	竞猜型 Sports Betting	视频型 Video Game	即开型 Instant Games	小计 Subtotal
北　京	33 084.69	20 665.82		5 185.96	58 936.46
天　津	9 046.81	12 933.52		1 502.37	23 482.70
河　北	62 660.40	35 452.96		6 309.34	104 422.70
山　西	10 141.91	8 521.94		821.01	19 484.85
内蒙古	30 558.42	4 782.36		4 406.37	39 747.15
辽　宁	21 941.40	14 547.22		5 073.22	41 561.84
吉　林	26 316.64	4 657.60		3 578.52	34 552.76
黑龙江	37 038.04	10 222.26		3 125.55	50 385.85
上　海	13 528.60	11 865.42		1 426.68	26 820.70
江　苏	95 132.19	48 810.47		20 114.20	164 056.87
浙　江	67 257.47	31 244.20		6 116.82	104 618.48
安　徽	21 313.76	18 306.23		744.14	40 364.13
福　建	53 635.38	43 335.35		8 401.91	105 372.64
江　西	17 561.22	22 413.51		625.65	40 600.37
山　东	100 870.39	55 662.75		12 826.66	169 359.80
河　南	79 418.00	40 640.34		9 270.25	129 328.59
湖　北	35 637.84	54 757.27		2 112.04	92 507.16
湖　南	13 486.01	26 893.00		290.41	40 669.42
广　东	97 645.04	65 606.61		16 448.31	179 699.95
广　西	5 441.32	12 475.65		435.73	18 352.70
海　南	6 094.43	1 159.69	108.95	634.56	7 997.63
重　庆	5 941.56	42 489.01		670.50	49 101.08
四　川	23 443.52	13 678.05		2 904.13	40 025.69
贵　州	25 304.96	5 902.01		2 130.18	33 337.15
云　南	36 976.42	22 538.69		7 200.41	66 715.52
西　藏	4 489.16	135.33		1 135.86	5 760.35
陕　西	24 717.93	29 077.38		1 633.34	55 428.66
甘　肃	17 524.32	4 584.67		1 651.26	23 760.25
青　海	3 628.50	3 553.13		314.16	7 495.78
宁　夏	8 189.41	1 274.49		968.57	10 432.47
新　疆	14 569.11	8 673.67		2 628.21	25 870.99
总　计 Total	**1 002 594.85**	**676 860.57**	**108.95**	**130 686.32**	**1 810 250.69**

续表

地 区 Region	4月 Apr. 乐透数字型 Lotto Games	竞猜型 Sports Betting	视频型 Video Game	即开型 Instant Games	小计 Subtotal
北 京	32 771.28	21 513.59		3 828.32	58 113.19
天 津	8 858.64	17 840.28		955.98	27 654.90
河 北	62 850.70	39 909.71		4 616.55	107 376.96
山 西	10 981.99	10 312.01		684.00	21 978.01
内蒙古	40 235.32	5 963.55		3 205.53	49 404.40
辽 宁	25 591.67	17 582.82		3 294.29	46 468.78
吉 林	30 499.10	6 491.54		3 216.17	40 206.81
黑龙江	43 582.11	14 235.41		4 026.88	61 844.40
上 海	15 477.47	13 928.03		1 443.22	30 848.72
江 苏	94 724.27	70 706.51		16 149.80	181 580.58
浙 江	70 568.16	57 952.36		5 181.60	133 702.13
安 徽	22 728.96	21 577.27		634.08	44 940.31
福 建	47 077.24	51 562.08		3 952.78	102 592.10
江 西	22 973.48	21 633.97		744.53	45 351.98
山 东	91 340.02	67 844.95		8 208.03	167 393.00
河 南	67 973.27	44 055.97		7 307.64	119 336.88
湖 北	31 359.09	73 412.41		1 861.37	106 632.87
湖 南	12 993.98	29 123.02		222.54	42 339.54
广 东	69 538.66	102 593.98		8 432.67	180 565.31
广 西	5 377.70	12 862.51		381.39	18 621.60
海 南	5 446.85	1 505.74	90.02	550.75	7 593.35
重 庆	7 113.63	59 726.39		780.71	67 620.72
四 川	24 747.94	17 747.41		2 136.51	44 631.86
贵 州	20 337.90	7 044.74		1 563.32	28 945.96
云 南	38 925.61	28 584.19		6 368.99	73 878.79
西 藏	8 522.47	173.94		1 248.51	9 944.92
陕 西	19 602.60	36 009.79		2 613.57	58 225.95
甘 肃	19 411.32	5 439.65		2 451.90	27 302.87
青 海	3 742.94	1 751.47		511.19	6 005.60
宁 夏	7 655.55	1 712.89		899.89	10 268.34
新 疆	14 475.63	13 757.38		2 561.73	30 794.74
总 计 Total	**977 485.55**	**874 555.55**	**90.02**	**100 034.43**	**1 952 165.55**

续表

地　区 Region	5月 May 乐透数字型 Lotto Games	竞猜型 Sports Betting	视频型 Video Game	即开型 Instant Games	小计 Subtotal
北　京	33 575.01	19 924.36		3 441.96	56 941.33
天　津	9 597.57	21 780.00		1 008.24	32 385.81
河　北	55 494.06	36 139.65		5 662.82	97 296.53
山　西	9 975.56	12 057.89		765.96	22 799.40
内蒙古	31 726.26	7 300.75		3 194.91	42 221.92
辽　宁	22 326.01	15 479.43		4 175.53	41 980.97
吉　林	23 980.55	5 113.76		2 914.71	32 009.02
黑龙江	36 499.97	14 883.84		2 656.07	54 039.88
上　海	15 409.33	11 352.28		1 507.83	28 269.44
江　苏	99 984.44	75 812.94		16 242.84	192 040.22
浙　江	71 776.44	71 789.91		6 179.31	149 745.66
安　徽	23 234.67	23 105.04		2 938.37	49 278.08
福　建	49 971.04	59 712.09		6 495.21	116 178.34
江　西	19 848.54	26 347.14		1 175.44	47 371.12
山　东	89 383.82	84 339.91		13 218.40	186 942.13
河　南	61 921.18	48 259.25		6 390.97	116 571.40
湖　北	33 074.00	71 690.05		1 232.08	105 996.13
湖　南	13 307.96	30 447.23		312.19	44 067.38
广　东	72 875.09	85 577.78		10 455.29	168 908.15
广　西	5 901.99	12 648.96		385.88	18 936.83
海　南	5 697.56	1 683.79	65.82	534.40	7 981.57
重　庆	8 959.06	35 623.04		435.11	45 017.21
四　川	24 226.57	15 754.14		2 130.58	42 111.28
贵　州	22 519.34	7 913.90		1 790.24	32 223.48
云　南	43 605.86	23 634.52		6 288.83	73 529.21
西　藏	7 062.92	196.84		1 578.93	8 838.69
陕　西	18 639.75	37 131.96		1 604.47	57 376.18
甘　肃	17 487.13	4 953.74		1 774.38	24 215.25
青　海	4 057.43	2 569.58		461.43	7 088.44
宁　夏	7 970.84	2 321.26		838.39	11 130.49
新　疆	15 664.40	14 881.07		2 719.14	33 264.61
总　计 Total	**955 754.33**	**880 426.10**	**65.82**	**110 509.91**	**1 946 756.15**

续表

地 区 Region	6月 June 乐透数字型 Lotto Games	竞猜型 Sports Betting	视频型 Video Game	即开型 Instant Games	小计 Subtotal
北 京	31 157.44	11 284.07		3 735.92	46 177.42
天 津	9 113.80	17 605.29		902.07	27 621.16
河 北	47 396.60	11 604.39		6 053.87	65 054.86
山 西	9 226.52	13 195.71		659.01	23 081.24
内蒙古	26 356.04	4 047.68		3 749.76	34 153.47
辽 宁	18 856.55	11 220.37		3 840.31	33 917.23
吉 林	20 391.07	3 305.17		2 779.45	26 475.70
黑龙江	35 489.53	11 312.79		4 139.24	50 941.55
上 海	13 055.15	9 496.69		1 435.43	23 987.27
江 苏	93 615.75	58 378.44		12 600.87	164 595.07
浙 江	65 740.05	54 676.37		5 246.61	125 663.04
安 徽	19 692.07	25 602.06		353.32	45 647.45
福 建	44 522.64	14 346.07		4 732.54	63 601.25
江 西	17 039.74	27 422.92		458.34	44 921.00
山 东	82 578.91	52 953.90		11 439.17	146 971.97
河 南	55 560.18	43 516.14		6 999.85	106 076.17
湖 北	31 153.62	42 171.68		1 593.46	74 918.75
湖 南	12 857.86	38 892.72		343.11	52 093.69
广 东	62 679.63	51 839.22		15 689.57	130 208.42
广 西	5 232.56	8 053.50		346.77	13 632.83
海 南	5 312.15	1 296.95	59.33	599.88	7 268.30
重 庆	6 236.10	22 976.01		760.44	29 972.55
四 川	20 848.43	11 797.98		2 099.88	34 746.29
贵 州	19 884.03	5 918.48		2 007.13	27 809.64
云 南	37 735.02	17 022.49		6 123.87	60 881.37
西 藏	6 101.70	139.33		1 291.38	7 532.41
陕 西	17 320.56	42 842.01		1 543.61	61 706.18
甘 肃	16 347.47	6 718.90		2 047.97	25 114.34
青 海	3 760.13	2 244.07		741.46	6 745.66
宁 夏	7 274.72	1 379.37		960.07	9 614.16
新 疆	16 442.39	11 305.88		2 970.99	30 719.25
总 计 Total	**858 978.41**	**634 566.62**	**59.33**	**108 245.36**	**1 601 849.71**

续表

地区 Region	7月 July				
	乐透数字型 Lotto Games	竞猜型 Sports Betting	视频型 Video Game	即开型 Instant Games	小计 Subtotal
北京	32 899.76	11 763.01		3 365.79	48 028.56
天津	8 788.23	17 887.74		3 099.66	29 775.63
河北	48 063.30	7 259.19		4 251.37	59 573.85
山西	8 982.14	33 051.77		637.76	42 671.68
内蒙古	24 951.17	5 006.96		2 747.49	32 705.62
辽宁	18 766.21	12 300.85		4 007.60	35 074.66
吉林	18 300.77	2 949.63		2 994.36	24 244.76
黑龙江	36 659.82	8 170.12		2 944.66	47 774.60
上海	13 496.01	9 857.15		1 117.46	24 470.61
江苏	85 672.37	55 359.42		7 171.34	148 203.13
浙江	64 910.25	56 110.54		4 767.24	125 788.03
安徽	20 766.29	24 471.68		463.05	45 701.02
福建	49 201.16	14 607.80		4 841.13	68 650.09
江西	18 118.14	17 833.85		605.87	36 557.86
山东	70 236.12	55 150.64		8 143.97	133 530.72
河南	55 767.22	48 332.31		8 888.62	112 988.15
湖北	35 752.54	42 392.49		850.44	78 995.47
湖南	14 005.95	37 636.01		258.26	51 900.22
广东	70 029.33	77 145.86		10 455.94	157 631.13
广西	5 864.34	10 022.78		281.11	16 168.23
海南	5 973.91	1 553.29	53.05	341.31	7 921.56
重庆	6 397.18	23 541.26		276.03	30 214.48
四川	21 740.79	11 888.87		1 804.01	35 433.67
贵州	21 188.08	5 615.07		1 488.33	28 291.48
云南	39 381.90	17 564.83		5 730.86	62 677.58
西藏	6 416.18	148.85		1 303.56	7 868.59
陕西	17 427.79	51 682.61		1 485.15	70 595.55
甘肃	16 034.05	5 994.77		1 995.61	24 024.43
青海	4 361.10	2 350.85		581.55	7 293.50
宁夏	7 243.65	1 417.93		895.86	9 557.44
新疆	17 700.49	8 597.34		3 057.72	29 355.55
总计 Total	**865 096.24**	**677 665.47**	**53.05**	**90 853.10**	**1 633 667.86**

续表

地 区 Region	8月 Aug. 乐透数字型 Lotto Games	竞猜型 Sports Betting	视频型 Video Game	即开型 Instant Games	小计 Subtotal
北 京	31 049.99	15 229.63		3 501.12	49 780.74
天 津	9 283.42	23 283.74		1 148.04	33 715.19
河 北	48 596.48	12 460.23		3 871.21	64 927.92
山 西	8 662.76	39 568.79		601.27	48 832.82
内蒙古	24 549.98	6 169.66		3 465.99	34 185.63
辽 宁	18 242.24	17 447.54		3 051.85	38 741.63
吉 林	18 614.05	3 893.52		2 750.06	25 257.63
黑龙江	36 440.48	9 958.48		3 138.60	49 537.56
上 海	13 151.01	12 550.27		1 225.63	26 926.91
江 苏	82 980.87	74 243.21		6 346.30	163 570.38
浙 江	61 575.04	55 250.45		4 478.31	121 303.79
安 徽	18 655.53	30 230.57		367.94	49 254.03
福 建	45 129.56	50 874.29		3 463.13	99 466.99
江 西	15 168.95	18 694.04		447.11	34 310.09
山 东	70 457.76	64 619.98		11 504.15	146 581.89
河 南	55 030.90	56 912.80		5 063.58	117 007.28
湖 北	28 333.99	41 313.30		1 075.19	70 722.48
湖 南	15 168.97	85 484.04		164.73	100 817.73
广 东	69 847.06	75 653.34		8 438.60	153 939.00
广 西	5 973.00	17 315.23		335.80	23 624.04
海 南	5 661.16	2 389.10	68.02	446.17	8 564.45
重 庆	5 998.62	25 141.01		500.97	31 640.61
四 川	20 442.74	14 589.35		1 568.75	36 600.84
贵 州	21 297.46	6 898.50		1 553.89	29 749.86
云 南	37 545.07	19 832.35		6 082.82	63 460.24
西 藏	6 183.52	175.44		1 388.10	7 747.07
陕 西	17 342.57	40 140.48		1 487.59	58 970.64
甘 肃	14 638.55	6 390.60		1 943.99	22 973.14
青 海	3 892.52	2 320.04		661.74	6 874.30
宁 夏	6 719.33	1 763.91		1 013.82	9 497.06
新 疆	18 684.72	9 766.65		2 618.94	31 070.30
总 计 Total	**835 318.32**	**840 560.53**	**68.02**	**83 705.39**	**1 759 652.25**

续表

地　区 Region	9月 Sept. 乐透数字型 Lotto Games	竞猜型 Sports Betting	视频型 Video Game	即开型 Instant Games	小计 Subtotal
北　京	31 340.64	18 227.53		3 639.69	53 207.87
天　津	10 092.23	24 178.83		889.23	35 160.29
河　北	50 699.08	13 005.88		3 657.27	67 362.23
山　西	9 305.89	32 267.41		727.97	42 301.27
内蒙古	24 441.78	9 881.05		3 676.74	37 999.57
辽　宁	18 773.43	22 637.83		5 212.12	46 623.38
吉　林	18 255.97	5 140.39		2 570.82	25 967.18
黑龙江	32 035.67	9 270.71		3 945.77	45 252.15
上　海	13 846.23	14 415.72		1 458.16	29 720.10
江　苏	81 550.01	89 293.11		9 211.72	180 054.83
浙　江	63 852.60	37 123.39		5 274.81	106 250.79
安　徽	19 674.95	36 192.38		4 006.75	59 874.07
福　建	45 777.59	101 818.40		4 472.30	152 068.30
江　西	14 795.14	21 564.05		1 106.22	37 465.41
山　东	72 452.72	72 632.25		9 530.00	154 614.98
河　南	53 849.89	56 754.28		7 575.26	118 179.43
湖　北	26 575.95	39 227.30		781.68	66 584.93
湖　南	16 459.68	86 183.65		739.14	103 382.48
广　东	73 921.08	109 214.42		13 235.80	196 371.30
广　西	7 682.28	27 185.81		421.42	35 289.51
海　南	5 736.22	5 432.63	27.19	404.49	11 600.53
重　庆	6 907.98	36 023.47		494.28	43 425.73
四　川	20 912.33	19 342.33		1 786.87	42 041.53
贵　州	20 927.84	7 914.94		1 559.23	30 402.00
云　南	39 149.91	18 118.87		6 193.16	63 461.93
西　藏	7 057.09	195.35		1 373.40	8 625.84
陕　西	17 529.86	47 506.71		1 451.73	66 488.30
甘　肃	16 189.55	7 841.87		2 062.26	26 093.68
青　海	3 940.64	2 330.84		487.83	6 759.31
宁　夏	6 487.17	2 034.06		864.96	9 386.19
新　疆	20 031.56	7 091.02		2 493.27	29 615.85
总　计 Total	**850 252.96**	**980 046.46**	**27.19**	**101 304.35**	**1 931 630.96**

续表

地 区 Region	10月 Oct. 乐透数字型 Lotto Games	竞猜型 Sports Betting	视频型 Video Game	即开型 Instant Games	小计 Subtotal
北 京	31 675.38	17 229.21		5 974.51	54 879.10
天 津	8 700.08	26 042.10		677.19	35 419.37
河 北	52 975.39	23 574.42		7 922.45	84 472.26
山 西	10 572.09	24 184.72		1 113.04	35 869.85
内蒙古	24 912.86	16 009.68		4 634.22	45 556.76
辽 宁	18 342.04	32 926.55		4 265.80	55 534.39
吉 林	18 054.75	5 169.10		3 221.16	26 445.02
黑龙江	26 754.67	7 410.80		2 808.60	36 974.07
上 海	13 910.67	13 639.21		1 664.10	29 213.97
江 苏	84 107.84	82 304.95		9 259.68	175 672.47
浙 江	64 688.04	35 821.90		5 403.03	105 912.97
安 徽	25 263.87	40 248.76		795.17	66 307.80
福 建	43 168.94	36 497.68		6 129.36	85 795.98
江 西	15 030.58	20 602.09		2 984.29	38 616.96
山 东	72 697.55	72 946.00		11 745.73	157 389.28
河 南	56 446.04	55 500.81		7 554.79	119 501.64
湖 北	29 526.89	42 438.30		1 167.51	73 132.70
湖 南	17 913.48	101 727.29		724.45	120 365.22
广 东	64 328.77	98 590.23		12 597.82	175 516.81
广 西	7 895.89	41 817.96		545.88	50 259.73
海 南	5 605.58	6 823.85	35.33	686.42	13 151.18
重 庆	7 621.39	34 602.73		666.27	42 890.39
四 川	20 531.52	18 545.02		2 939.61	42 016.15
贵 州	20 143.07	7 590.68		1 984.86	29 718.61
云 南	40 292.84	17 970.93		6 823.05	65 086.82
西 藏	7 010.12	209.65		1 254.12	8 473.89
陕 西	16 332.26	63 941.46		2 021.57	82 295.30
甘 肃	20 550.86	10 911.14		1 769.64	33 231.64
青 海	4 488.36	2 233.43		505.89	7 227.68
宁 夏	6 416.70	2 272.48		1 043.93	9 733.11
新 疆	19 143.55	5 918.56		2 375.07	27 437.18
总 计 Total	**855 102.07**	**965 701.68**	**35.33**	**113 259.21**	**1 934 098.29**

续表

地　区 Region	11月 Nov. 乐透数字型 Lotto Games	竞猜型 Sports Betting	视频型 Video Game	即开型 Instant Games	小计 Subtotal
北　京	33 342.30	13 745.74		2 195.25	49 283.29
天　津	8 377.04	21 792.73		813.87	30 983.64
河　北	57 137.15	37 535.32		5 275.70	99 948.17
山　西	12 006.12	18 070.85		679.99	30 756.96
内蒙古	26 617.16	19 257.82		3 622.98	49 497.95
辽　宁	19 295.17	27 554.99		2 328.11	49 178.27
吉　林	20 959.62	6 506.06		2 631.69	30 097.37
黑龙江	34 134.99	7 649.14		2 510.56	44 294.70
上　海	16 162.22	12 159.81		1 540.94	29 862.97
江　苏	87 201.12	83 923.22		5 484.36	176 608.70
浙　江	66 412.43	45 194.39		5 126.22	116 733.04
安　徽	23 762.51	54 338.12		615.75	78 716.38
福　建	46 315.90	21 581.51		5 356.64	73 254.05
江　西	15 772.66	21 340.93		736.45	37 850.05
山　东	71 194.60	74 016.83		11 594.92	156 806.34
河　南	61 365.41	53 754.67		6 003.70	121 123.77
湖　北	30 325.14	41 211.69		777.34	72 314.17
湖　南	16 127.62	74 401.14		265.56	90 794.32
广　东	80 627.60	94 763.29		14 446.54	189 837.44
广　西	11 439.52	51 097.20		342.37	62 879.09
海　南	5 628.50	5 288.25	53.43	336.04	11 306.23
重　庆	8 052.38	25 030.03		437.53	33 519.94
四　川	21 255.58	19 050.55		1 743.18	42 049.30
贵　州	26 203.03	7 052.77		1 498.89	34 754.68
云　南	47 511.36	17 140.77		5 659.51	70 311.64
西　藏	6 584.69	202.07		1 062.03	7 848.79
陕　西	17 191.93	30 685.84		1 444.94	49 322.71
甘　肃	20 112.24	10 822.53		1 609.48	32 544.25
青　海	5 631.62	2 100.75		392.19	8 124.55
宁　夏	7 002.64	2 310.10		790.34	10 103.09
新　疆	16 851.08	5 865.74		1 826.16	24 542.98
总　计 Total	**920 601.35**	**905 444.82**	**53.43**	**89 149.23**	**1 915 248.83**

续表

地 区 Region	12月 Dec. 乐透数字型 Lotto Games	竞猜型 Sports Betting	视频型 Video Game	即开型 Instant Games	小计 Subtotal
北 京	33 909.35	13 259.96		2 900.18	50 069.49
天 津	8 951.81	19 014.59		789.84	28 756.25
河 北	59 936.78	39 858.53		2 015.09	101 810.40
山 西	14 128.24	17 492.01		664.02	32 284.26
内蒙古	27 660.77	19 133.16		2 986.11	49 780.04
辽 宁	20 310.94	32 564.24		3 714.33	56 589.51
吉 林	28 800.44	7 447.50		2 939.54	39 187.48
黑龙江	36 212.65	6 371.86		2 344.42	44 928.93
上 海	16 635.10	12 381.41		1 721.89	30 738.39
江 苏	87 607.50	121 302.49		6 601.37	215 511.37
浙 江	68 936.44	38 206.34		5 825.76	112 968.54
安 徽	22 670.49	41 916.94		326.37	64 913.80
福 建	48 364.05	19 330.64		4 352.73	72 047.41
江 西	22 816.50	28 543.39		540.26	51 900.15
山 东	72 868.61	67 995.02		7 947.47	148 811.10
河 南	65 253.03	47 634.43		5 999.57	118 887.02
湖 北	34 675.73	32 895.18		1 620.86	69 191.77
湖 南	17 539.00	76 938.43		293.00	94 770.42
广 东	83 201.37	91 380.30		12 460.06	187 041.73
广 西	10 716.15	18 992.31		342.54	30 050.99
海 南	5 871.35	7 659.00	42.48	510.64	14 083.47
重 庆	7 373.95	17 198.05		685.44	25 257.43
四 川	24 053.17	18 854.75		1 727.39	44 635.31
贵 州	23 546.98	6 146.30		1 552.97	31 246.25
云 南	43 181.10	13 918.73		5 616.99	62 716.82
西 藏	6 612.71	181.95		982.38	7 777.04
陕 西	16 944.30	23 335.33		1 203.67	41 483.30
甘 肃	19 610.50	6 856.27		1 197.45	27 664.21
青 海	5 727.13	3 572.74		391.46	9 691.33
宁 夏	8 678.05	2 239.68		576.85	11 494.58
新 疆	18 641.46	6 037.10		2 244.45	26 923.02
总 计 Total	**961 435.62**	**858 658.63**	**42.48**	**83 075.10**	**1 903 211.82**

续表

地 区 Region	合计 Total 乐透数字型 Lotto Games	竞猜型 Sports Betting	视频型 Video Game	即开型 Instant Games	小计 Subtotal
北 京	372 428.02	194 176.75		42 556.26	609 161.03
天 津	105 076.10	217 650.57		13 642.29	336 368.96
河 北	630 402.93	318 320.23		61 543.13	1 010 266.29
山 西	117 991.56	222 692.41		8 576.45	349 260.42
内蒙古	325 907.11	107 183.07		41 288.04	474 378.21
辽 宁	236 016.34	224 508.35		45 487.20	506 011.89
吉 林	262 275.00	57 575.54		33 631.01	353 481.55
黑龙江	413 151.42	111 987.58		39 768.23	564 907.22
上 海	165 577.29	139 119.22		16 745.48	321 441.99
江 苏	1 041 430.64	831 599.21		139 978.03	2 013 007.88
浙 江	764 991.75	543 578.02		61 826.40	1 370 396.17
安 徽	251 212.30	339 638.78		12 848.22	603 699.30
福 建	552 107.35	450 928.93		61 566.57	1 064 602.85
江 西	202 916.31	257 162.95		10 337.46	470 416.72
山 东	930 712.90	768 088.31		121 073.78	1 819 874.99
河 南	706 480.23	548 518.35		81 539.86	1 336 538.44
湖 北	364 586.21	549 888.90		15 519.14	929 994.25
湖 南	172 298.48	642 741.01		4 227.96	819 267.45
广 东	846 837.20	954 422.71		138 129.14	1 939 389.05
广 西	80 791.36	231 509.72		7 637.21	319 938.29
海 南	66 987.97	46 675.84	790.74	6 291.03	120 745.58
重 庆	80 690.84	386 150.75		7 817.11	474 658.69
四 川	261 252.42	182 317.15		28 069.43	471 639.00
贵 州	252 886.00	75 396.96		19 388.30	347 671.26
云 南	463 131.18	219 624.33		77 124.96	759 880.46
西 藏	72 691.22	1 945.71		14 195.97	88 832.90
陕 西	210 399.40	426 987.32		20 888.81	658 275.53
甘 肃	204 187.93	80 935.32		22 026.87	307 150.12
青 海	48 237.98	27 948.95		5 488.82	81 675.75
宁 夏	85 439.98	20 817.69		9 836.44	116 094.10
新 疆	196 961.53	105 127.34		28 114.32	330 203.18
总 计 Total	**10 486 056.94**	**9 285 217.94**	**790.74**	**1 197 163.92**	**20 969 229.54**

（国家体育总局体育彩票管理中心供稿）

（三）历年彩票销售统计资料

Sales Statistics of Different Lottery Games in Past Years

2008—2017 年中国福利彩票全国联网游戏销售统计

Sales Statistics of National Games of Welfare Lottery from 2008 to 2017

双 色 球

单位：万元

Unit: Ten Thousand Yuan

地 区 Region	游戏类型 Game Type	2008	2009	2010	2011	2012	2013	2014	2015	2016	2017	合 计 Total
北 京	乐透组合	141 372.33	168 462.42	178 801.92	230 925.86	238 395.99	237 406.52	262 458.65	187 337.75	182 144.69	169 291.03	1 996 597.17
天 津		23 242.80	34 065.25	43 636.24	59 399.76	70 071.30	77 893.73	143 334.58	79 195.45	62 614.97	64 439.81	657 893.88
河 北		92 853.92	117 992.31	136 215.68	168 394.71	195 276.81	182 447.25	178 571.18	180 201.05	183 119.22	189 015.35	1 624 087.48
山 西		47 650.23	61 558.69	69 938.13	85 420.43	99 458.58	98 957.24	92 833.87	87 249.08	84 653.57	85 140.98	812 860.79
内蒙古		43 650.33	63 811.62	70 031.43	97 907.70	103 460.99	135 945.07	181 132.94	104 015.16	92 153.30	92 295.73	984 404.27
辽 宁		131 922.53	161 044.89	171 705.99	197 180.75	218 378.50	211 457.08	203 203.98	195 462.76	188 132.28	184 233.24	1 862 722.00
吉 林		47 557.79	56 839.80	61 695.14	70 706.95	77 273.73	74 966.47	73 205.06	71 903.60	74 949.11	77 293.96	686 391.61
黑龙江		74 180.94	93 819.37	103 975.88	127 721.11	144 972.14	144 879.09	161 038.84	129 308.46	120 361.38	114 282.76	1 214 539.97
上 海		123 213.40	188 408.81	192 229.62	241 310.52	233 197.98	218 818.35	281 866.52	219 068.93	206 553.86	215 767.99	2 120 435.99
江 苏		159 735.40	253 779.53	291 829.58	340 082.64	351 933.00	317 509.11	304 314.23	301 615.11	306 815.10	296 129.52	2 923 743.22
浙 江		190 433.79	259 375.38	294 976.29	375 033.35	412 498.37	363 720.60	356 724.46	377 925.63	394 420.76	406 643.92	3 431 752.54
安 徽		80 779.67	116 068.96	128 606.87	163 358.00	193 282.55	187 267.00	199 809.57	174 316.68	175 299.71	177 239.86	1 596 028.87
福 建		42 545.09	72 199.63	102 147.11	145 015.80	172 277.03	163 427.18	162 554.45	164 525.36	169 100.32	168 541.80	1 362 333.78
江 西		42 790.63	55 797.83	92 889.30	137 545.35	190 187.28	219 449.72	239 477.97	117 467.42	108 412.71	139 087.86	1 343 106.07
山 东		146 225.90	182 798.76	205 906.02	262 365.35	305 181.48	304 495.64	298 940.88	293 389.44	302 780.37	309 520.32	2 611 604.16
河 南		79 346.18	106 352.44	138 751.93	181 662.29	204 973.61	213 547.92	215 518.04	214 773.43	221 794.57	180 059.83	1 756 780.24
湖 北		112 970.18	140 695.69	162 260.32	200 032.90	217 305.29	189 729.99	210 993.24	208 606.19	205 160.09	228 921.02	1 876 674.91
湖 南		73 875.56	106 621.61	129 860.88	166 256.30	182 660.22	183 450.02	186 376.27	187 406.95	196 703.60	202 894.49	1 616 105.89
广 东		325 540.15	467 958.40	506 980.22	621 004.43	678 920.66	696 569.12	674 812.59	621 536.53	598 483.42	192 805.53	5 384 611.04
广 西		44 596.78	65 205.45	76 686.99	104 264.50	159 605.65	195 205.93	154 533.68	143 101.65	151 343.29	599 663.79	1 694 207.69
海 南		14 733.09	19 201.44	23 577.82	33 091.62	37 542.26	37 602.07	34 628.84	34 284.69	33 258.46	211 340.28	479 260.56
重 庆		58 489.26	79 840.08	101 495.58	130 859.92	131 434.60	170 041.16	253 706.52	126 938.92	125 101.77	31 772.01	1 209 679.82
四 川		92 726.32	139 858.26	160 410.58	197 137.45	235 593.15	223 847.84	224 604.45	231 376.83	239 947.42	244 989.13	1 990 491.45
贵 州		45 570.02	63 452.85	68 532.10	79 511.53	93 051.89	91 846.02	94 089.63	95 075.96	101 203.18	102 343.65	834 676.83
云 南		84 258.41	113 938.92	134 587.99	156 448.85	179 021.02	178 597.60	171 578.06	168 792.57	182 561.75	181 060.14	1 550 845.30
西 藏		7 149.40	8 026.07	8 087.59	8 825.15	9 638.93	9 190.98	9 216.46	9 878.00	10 705.43	10 771.80	91 489.80
陕 西		61 870.10	87 252.80	98 374.34	127 637.94	149 198.61	150 812.66	147 986.45	146 268.33	146 850.86	145 125.40	1 261 377.49
甘 肃		36 497.07	45 863.75	50 448.61	59 127.88	68 552.56	71 202.28	69 680.73	72 437.14	76 286.95	73 772.64	623 869.61
青 海		12 022.74	15 594.35	17 104.75	20 755.18	27 455.78	27 591.21	24 625.08	24 571.55	25 963.89	25 763.38	221 447.92
宁 夏		14 897.33	19 760.47	24 149.07	29 574.41	37 821.20	39 742.79	44 446.60	34 864.18	34 172.45	34 419.91	313 848.42
新 疆		20 334.82	35 782.51	42 126.28	55 996.12	69 063.66	72 239.84	75 784.20	80 517.25	88 537.52	86 956.40	627 338.60
合 计 Total		2 473 032.15	3 401 428.34	3 888 020.25	4 874 554.74	5 487 684.78	5 489 857.48	5 732 048.01	5 083 412.04	5 089 586.03	5 241 583.53	46 761 207.36

3D

单位：万元

Unit: Ten Thousand Yuan

地 区 Region	游戏类型 Game Type	2008	2009	2010	2011	2012	2013	2014	2015	2016	2017	合 计 Total
北 京	乐透排列	58 620.44	67 563.38	70 528.36	73 366.04	79 817.34	84 192.20	85 845.31	62 597.75	58 882.13	57 801.94	699 214.89
天 津		18 629.93	22 075.03	19 932.51	23 943.26	23 428.81	24 100.57	27 537.38	18 243.80	16 811.90	15 479.80	210 182.99
河 北		92 657.60	99 457.98	99 447.40	118 440.89	125 711.11	79 484.22	63 017.53	54 113.76	52 002.40	48 445.50	832 778.39
山 西		59 066.95	66 191.82	57 444.15	64 809.07	71 940.27	67 611.23	48 039.65	36 913.50	32 178.17	29 399.61	533 594.42
内蒙古		68 275.45	62 496.00	60 001.39	66 299.21	68 224.92	68 737.13	60 635.56	53 693.50	56 907.56	50 624.73	615 895.43
辽 宁		186 067.43	213 762.57	204 822.49	206 665.91	167 495.66	142 218.06	128 636.60	119 135.97	115 911.85	110 153.27	1 594 869.79
吉 林		84 929.08	81 420.75	65 272.46	62 204.88	59 640.23	41 022.57	36 668.28	33 179.72	33 356.26	31 193.73	528 887.96
黑龙江		93 312.41	96 536.96	86 369.24	77 759.57	64 180.59	57 848.81	54 700.02	47 239.07	46 192.18	41 732.28	665 871.12
上 海		10 858.39	27 688.30	24 644.13	44 302.89	30 524.48	32 610.83	44 000.39	29 390.97	27 050.55	34 969.85	306 040.76
江 苏		72 346.32	100 552.00	130 318.64	122 016.45	75 125.92	61 594.33	54 102.77	54 730.46	56 316.07	53 735.54	780 838.50
浙 江		83 077.70	108 908.91	122 306.19	147 070.83	150 172.30	104 786.26	91 371.38	96 137.68	93 797.47	96 812.03	1 094 440.74
安 徽		33 817.09	43 573.70	38 800.63	45 416.95	50 505.45	42 045.73	36 489.94	37 281.42	37 247.63	38 900.54	404 079.07
福 建		22 315.25	15 420.90	14 135.07	14 202.02	15 021.35	13 446.61	12 584.58	15 263.00	13 456.79	13 685.64	149 531.22
江 西		10 940.92	8 065.24	11 315.61	14 423.04	35 814.51	50 979.31	71 958.62	25 077.54	15 518.93	30 212.05	274 305.76
山 东		135 690.63	125 917.34	109 038.82	119 249.08	115 197.71	104 325.82	90 376.86	85 305.28	84 438.39	86 220.36	1 055 760.30
河 南		54 380.81	55 575.93	59 936.71	81 885.75	71 101.52	61 029.13	57 366.00	49 095.97	50 439.96	31 375.15	572 186.93
湖 北		112 884.61	113 666.96	112 603.18	119 620.47	115 633.97	87 000.04	83 071.26	76 229.94	78 235.89	50 618.77	949 565.10
湖 南		46 855.90	56 371.96	65 786.96	79 799.44	73 093.51	70 957.50	68 034.58	67 426.73	72 053.29	76 210.57	676 590.43
广 东		68 102.31	70 378.25	64 589.03	67 844.54	67 040.34	70 215.61	66 684.41	67 797.07	67 664.10	76 923.54	687 239.21
广 西		9 365.12	10 143.09	12 074.32	14 476.50	23 599.60	24 171.79	16 499.60	17 538.98	22 009.89	67 519.02	217 397.90
海 南		577.52	650.72	898.93	1 159.33	1 260.13	1 306.15	1 437.94	1 707.25	1 530.65	29 278.27	39 806.89
重 庆		9 230.94	14 997.04	16 257.46	17 632.30	23 019.03	28 187.57	28 784.06	22 831.50	27 239.98	1 428.92	189 608.79
四 川		93 896.10	110 421.94	110 453.14	105 227.98	103 434.38	93 153.96	84 703.03	91 468.41	96 755.91	96 440.20	985 955.05
贵 州		39 283.02	54 340.58	54 288.76	53 388.61	54 969.99	43 498.61	40 216.22	41 043.94	44 566.50	42 796.36	468 392.59
云 南		94 127.09	119 872.54	131 470.11	152 492.30	157 386.73	151 479.12	146 459.19	142 927.67	157 391.73	165 206.31	1 418 812.79
西 藏		9 827.72	12 485.66	12 627.80	13 119.29	11 897.53	10 181.88	7 819.11	7 328.74	7 399.25	6 834.70	99 521.66
陕 西		56 621.20	77 060.40	88 404.20	116 946.95	119 227.47	100 173.66	88 177.66	78 376.03	77 461.95	74 561.66	877 011.18
甘 肃		48 339.10	59 369.90	56 533.39	60 888.95	68 976.83	65 340.26	42 589.62	42 522.75	42 360.86	41 326.09	528 247.74
青 海		13 777.31	18 917.54	18 094.22	19 082.98	23 051.53	23 436.09	20 653.15	19 554.10	20 443.38	20 740.98	197 751.27
宁 夏		15 427.87	17 378.26	19 108.92	20 584.83	22 202.96	25 770.24	21 237.17	18 986.47	19 125.46	16 618.69	196 440.87
新 疆		48 131.01	43 229.49	29 924.07	27 772.93	27 445.40	26 176.38	25 654.33	26 276.63	28 059.83	26 115.94	308 786.01
合 计 Total		**1 751 433.19**	**1 974 491.14**	**1 967 428.28**	**2 152 093.26**	**2 096 141.53**	**1 857 081.67**	**1 705 352.18**	**1 539 415.58**	**1 552 806.90**	**1 563 362.04**	**18 159 605.77**

七 乐 彩

单位：万元

Unit: Ten Thousand Yuan

地 区 Region	游戏类型 Game Type	2008	2009	2010	2011	2012	2013	2014	2015	2016	2017	合 计 Total
北 京	乐透组合	4 598.97	3 665.01	2 918.19	2 633.29	2 860.00	2 754.66	2 370.65	2 384.55	2 435.75	2 262.27	28 883.34
天 津		1 561.49	1 336.81	1 465.84	1 453.03	1 933.53	2 045.59	2 844.95	1 408.01	1 459.63	1 207.38	16 716.26
河 北		8 432.33	6 741.50	6 255.66	6 609.88	7 232.28	6 018.38	5 385.88	5 694.21	5 422.70	4 622.75	62 415.57
山 西		2 464.45	2 151.89	2 188.33	2 412.91	2 492.58	2 235.86	1 888.59	1 711.49	1 673.75	1 524.51	20 744.35
内蒙古		3 182.57	2 689.14	2 578.68	3 163.43	3 036.58	3 977.80	4 853.68	2 625.78	2 304.81	1 914.69	30 327.15
辽 宁		10 650.42	8 180.76	7 256.76	6 745.75	6 461.57	5 486.83	5 071.01	5 013.36	4 855.64	4 110.67	63 832.77
吉 林		2 891.50	2 309.95	2 227.75	2 121.05	2 185.37	1 763.28	1 680.48	1 757.32	1 835.16	1 682.64	20 454.49
黑龙江		4 267.15	3 416.59	3 249.35	3 319.26	2 918.83	2 578.66	2 426.67	1 965.11	1 781.25	1 516.10	27 438.96
上 海		7 193.97	7 847.61	5 876.99	6 831.20	4 940.63	4 209.70	4 213.73	3 667.52	3 842.91	3 376.42	52 000.70
江 苏		8 982.49	9 262.45	8 702.89	7 942.04	7 240.98	5 970.43	5 498.77	5 733.91	5 777.07	4 981.44	70 092.47
浙 江		12 061.12	11 134.48	10 360.89	10 233.02	10 636.78	8 118.16	6 608.44	7 558.97	8 039.22	6 876.43	91 627.51
安 徽		5 214.58	4 871.34	4 543.61	4 603.43	4 769.62	4 322.74	4 206.79	4 405.52	4 680.77	4 212.58	45 830.99
福 建		6 879.29	7 183.50	7 979.42	8 702.84	11 274.51	9 259.04	8 489.33	9 225.50	9 591.58	7 736.56	86 321.57
江 西		2 509.81	2 064.19	2 640.43	3 374.67	6 860.28	8 603.40	11 355.65	4 597.23	2 853.23	3 027.48	47 886.37
山 东		61 669.28	52 837.19	47 189.44	46 848.29	46 944.93	40 084.33	35 977.62	33 611.82	33 691.96	30 016.04	428 870.90
河 南		5 024.93	4 475.58	4 447.76	4 618.29	4 768.94	4 390.95	3 979.13	3 747.30	3 811.95	1 627.78	40 892.62
湖 北		4 855.00	4 055.43	3 626.09	3 691.44	4 209.59	3 173.90	3 524.70	3 118.58	3 135.33	3 520.15	36 910.23
湖 南		4 280.12	3 907.47	3 629.22	3 580.87	3 811.86	3 346.50	3 169.35	3 193.65	3 492.73	2 569.95	34 981.71
广 东		2 427.12	2 311.72	2 041.79	1 676.70	1 823.84	1 669.94	1 330.08	1 283.32	1 257.29	2 821.19	18 642.98
广 西		6 835.01	6 633.58	6 552.52	6 458.83	8 232.64	8 891.54	6 291.06	6 212.26	6 765.16	1 163.13	64 035.72
海 南		198.83	177.17	207.90	217.00	231.27	205.45	226.91	262.39	274.39	6 535.50	8 536.82
重 庆		1 429.45	1 650.78	1 900.64	1 944.86	1 647.89	2 079.23	1 422.43	1 121.78	1 494.33	239.89	14 931.28
四 川		2 978.63	2 889.56	2 775.71	2 649.96	2 911.80	2 664.89	2 485.52	2 516.32	2 732.81	2 274.66	26 879.85
贵 州		1 012.63	986.20	924.15	879.60	988.63	874.74	750.81	779.49	815.98	727.90	8 740.14
云 南		3 681.18	3 373.05	3 306.51	3 228.50	3 615.41	4 133.89	3 221.16	2 729.68	2 892.45	2 336.88	32 518.70
西 藏		364.11	267.74	224.73	181.73	166.57	139.43	119.25	118.43	114.44	99.08	1 795.51
陕 西		3 460.90	3 322.20	3 422.77	3 526.64	3 894.29	3 639.87	3 283.24	3 014.67	2 789.32	2 348.93	32 702.83
甘 肃		2 020.15	1 678.97	1 504.27	1 569.82	1 667.87	1 618.37	1 351.92	1 309.87	1 365.62	1 114.51	15 201.35
青 海		453.60	364.27	316.16	351.40	653.67	468.80	384.27	392.10	416.46	351.96	4 152.68
宁 夏		731.45	670.27	699.88	773.79	874.69	920.69	748.32	602.25	603.07	517.30	7 141.71
新 疆		3 705.04	2 479.89	2 258.76	2 375.20	2 636.91	2 146.50	1 931.74	2 065.26	2 550.86	1 659.01	23 809.16
合 计 Total		**186 017.55**	**164 936.29**	**153 273.05**	**154 718.74**	**163 924.35**	**147 793.55**	**137 092.11**	**123 827.65**	**124 757.63**	**108 975.78**	**1 465 316.69**

开 乐 彩

单位：万元

Unit: Ten Thousand Yuan

地 区 Region	游戏类型 Game Type	2008	2009	2010	2011	2012	2013	2014	2015	2016	2017	合 计 Total
天 津	乐透组合	—	125.85	9.27	—	3.50	—	—	—	—	—	138.62
河 北		—	4 613.50	11 564.56	—	25 168.17	7 045.93	2 794.59	960.63	343.02	1 234.83	53 725.23
山 西		—	5 346.27	3 061.68	—	1 860.68	972.94	313.05	82.39	12.13	13.09	11 662.23
内蒙古		—	9.95	17.62	—	—	—	—	—	—	—	27.57
辽 宁		—	6 944.54	8 695.43	—	7 182.33	1 539.71	573.24	171.15	81.65	154.72	25 342.77
吉 林		1 653.93	2 611.05	4 700.55	2 357.74	1 966.15	474.44	143.77	59.44	16.01	6.92	139 89.99
安 徽		—	—	—	—	—	—	—	—	—	—	—
福 建		—	5.63	1.92	—	—	—	—	—	—	—	7.55
山 东		—	2 968.78	1 948.62	—	1 029.85	277.18	122.65	88.34	99.88	388.45	6 923.75
河 南		—	10.21	6.47	—	0.43	—	—	—	—	—	17.11
湖 北		—	5.22	—	—	—	—	—	—	—	—	5.22
湖 南		—	13 050.60	4 391.30	—	448.21	89.99	55.16	—	—	—	18 035.26
广 东		—	52.82	39.99	—	4.52	0.83	0.64	—	—	—	98.80
四 川		—	5 049.93	3 861.22	—	348.82	37.86	9.27	—	—	—	9 307.10
云 南		—	14.73	4.12	—	—	—	—	—	—	—	18.85
陕 西		—	9.32	64.99	—	215.79	56.90	17.74	0.65	—	—	365.38
甘 肃		—	6 158.34	3 121.79	—	4 013.41	4 486.00	3 968.98	971.07	116.27	346.58	23 182.43
宁 夏		—	1.29	0.08	—	—	—	—	—	—	—	1.37
合 计 Total		**1 653.93**	**46 978.03**	**41 489.61**	**2 357.74**	**42 241.87**	**14 981.77**	**7 999.06**	**2 333.68**	**668.96**	**2 144.59**	**162 849.24**

2008—2017 年中国福利彩票区域联网游戏销售统计

Sales Statistics of Inter-Regional Games of Welfare Lottery from 2008 to 2017

15 选 5

单位：万元

Unit: Ten Thousand Yuan

地 区 Region	游戏类型 Game Type	2008	2009	2010	2011	2012	2013	2014	2015	2016	2017	合 计 Total
上 海	乐透组合	5 131.33	4 521.69	6 186.19	4 848.79	3 810.64	4 294.76	6 069.99	3 403.39	2 439.91	2 385.95	43 092.65
江 苏		17 900.75	20 099.60	28 162.62	19 335.61	9 531.71	8 942.62	8 292.09	7 192.68	6 337.28	6 390.03	132 184.99
浙 江		20 819.45	17 383.63	28 431.11	19 045.94	14 615.74	8 634.76	6 245.00	4 578.22	3 837.12	3 685.12	127 276.09
安 徽		8 135.29	7 752.67	8 316.42	6 591.48	8 966.47	10 910.74	11 859.21	5 580.02	3 664.66	3 520.61	75 297.57
福 建		10 356.48	6 734.67	9 664.92	5 846.83	4 674.47	4 858.22	3 812.12	2 944.91	2 500.73	2 322.48	53 715.83
江 西		3 089.47	1 876.01	2 369.75	1 649.01	1 708.42	3 020.05	1 969.05	1 438.84	1 239.81	1 242.13	19 602.53
合 计 Total		**65 432.77**	**58 368.27**	**83 131.01**	**57 317.66**	**43 307.44**	**40 661.15**	**38 247.46**	**25 138.07**	**20 019.51**	**19 546.33**	**451 169.67**

22 选 5

单位：万元

Unit: Ten Thousand Yuan

地 区 Region	游戏类型 Game Type	2008	2009	2010	2011	2012	2013	2014	2015	2016	2017	合 计 Total
四 川	乐透组合	1 742.09	1 429.03	1 051.87	739.03	620.50	523.01	491.85	195.65	—	—	6 793.04
贵 州		2 127.38	1 584.63	940.17	673.33	562.16	403.80	308.05	105.58	—	—	6 705.11
云 南		7 314.51	5 691.07	4 297.53	3 312.18	2 664.96	2 054.93	1 631.38	532.19	—	—	27 498.77
合 计 Total		**11 183.98**	**8 704.73**	**6 289.58**	**4 724.54**	**3 847.62**	**2 981.74**	**2 431.29**	**833.42**	—	—	**40 996.91**

37 选 7（华东六省）

单位：万元

Unit: Ten Thousand Yuan

地 区 Region	游戏类型 Game Type	2008	2009	2010	2011	2012	2013	2014	2015	2016	2017	合 计 Total
上 海	乐透组合	1 263.00	—	—	—	—	—	—	—	—	—	1 263.00
江 苏		331.07	—	—	—	—	—	—	—	—	—	331.07
浙 江		494.35	—	—	—	—	—	—	—	—	—	494.35
安 徽		81.91	—	—	—	—	—	—	—	—	—	81.91
福 建		301.30	—	—	—	—	—	—	—	—	—	301.30
江 西		32.94	—	—	—	—	—	—	—	—	—	32.94
合 计 Total		**2 504.59**	—	—	—	—	—	—	—	—	—	**2 504.59**

数 字 6

单位：万元

Unit: Ten Thousand Yuan

地 区 Region	游戏类型 Game Type	2008	2009	2010	2011	2012	2013	2014	2015	2016	2017	合 计 Total
辽 宁	乐透排列	1 547.96	—	—	—	—	—	—	—	—	—	1 547.96
上 海		7 619.75	—	—	—	—	—	—	—	—	—	7 619.75
江 苏		12 308.24	—	—	—	—	—	—	—	—	—	12 308.24
浙 江		17 968.09	—	—	—	—	—	—	—	—	—	17 968.09
安 徽		3 277.75	—	—	—	—	—	—	—	—	—	3 277.75
福 建		2 617.53	—	—	—	—	—	—	—	—	—	2 617.53
江 西		817.08	—	—	—	—	—	—	—	—	—	817.08
合 计 Total		**46 156.40**	—	—	—	—	—	—	—	—	—	**46 156.40**

东 方 6+1

单位：万元

Unit: Ten Thousand Yuan

地 区 Region	游戏类型 Game Type	2008	2009	2010	2011	2012	2013	2014	2015	2016	2017	合 计 Total
辽 宁	乐透排列	—	1 471.30	1 177.44	770.88	613.07	507.36	447.60	373.57	329.53	302.72	5 993.46
上 海		—	5 184.69	4 093.72	2 974.22	2 119.44	2 010.29	1 881.44	1 527.03	1 450.30	1 392.85	22 633.98
江 苏		—	7 548.52	6 716.30	4 847.66	3 944.65	4 091.24	3 767.99	3 249.04	2 879.57	2 608.42	39 653.38
浙 江		—	12 646.29	12 852.76	9 071.56	6 736.76	5 860.07	5 639.92	5 058.06	4 580.32	4 186.69	66 632.44
安 徽		—	2 469.85	2 415.85	1 666.74	1 319.66	1 398.62	1 321.91	1 113.24	1 063.67	1 020.66	13 790.21
福 建		—	1 677.67	2 236.18	1 608.66	1 370.32	1 347.43	1 261.68	1 118.74	1 067.90	1 051.36	12 739.94
江 西		—	324.68	393.80	232.20	229.02	364.65	463.21	203.76	157.47	163.86	2 532.65
合 计 Total		—	**31 323.00**	**29 886.05**	**21 171.92**	**16 332.90**	**15 579.66**	**14 783.74**	**12 643.44**	**11 528.77**	**10 726.56**	**163 976.06**

2008—2017 年中国福利彩票地方游戏销售情况表

Sales Statistics of Regional Games of Welfare Lottery from 2008 to 2017

单位：万元

Unit: Ten Thousand Yuan

地区 Region	游戏类型 Game Type	游戏名称 Game Name	2008	2009	2010	2011	2012	2013	2014	2015	2016	2017	合计 Total
北京	乐透组合	北京快 3	—	—	—	—	—	—	7 066.49	141 054.66	150 326.77	177 824.35	476 272.28
		北京快乐 8	55 190.44	50 259.81	66 741.55	81 016.53	75 802.35	71 896.71	73 637.15	38 326.34	24 469.86	16 348.63	553 689.36
		北京两步彩	1 111.16	625.78	431.97	1 244.78	426.88	75.50	—	—	—	—	3 916.07
	乐透排列	北京 PK 拾	1 689.52	4 519.53	7 639.85	9 458.80	10 236.33	10 068.72	11 122.10	3 408.81	1 838.20	943.96	60 925.83
天津	乐透组合	天津 15 选 5	5 359.79	5 275.47	2 640.22	2 029.82	675.35	—	—	—	—	—	15 980.65
		天津 15 选 5 好运 2	—	69.22	31.89	18.76	6.04	—	—	—	—	—	125.92
		天津 15 选 5 好运 3	1 305.08	1 145.36	596.60	419.61	131.18	—	—	—	—	—	3 597.83
		天津 15 选 5 好运 4	—	588.16	462.06	350.25	119.88	—	—	—	—	—	1 520.35
		天津快乐十分	—	—	—	14 286.01	75 069.75	139 553.40	179 315.54	194 627.49	210 387.80	207 090.40	1 020 330.39
	乐透排列	天津时时彩	—	2 282.94	18 010.57	9 780.32	2 218.24	1 157.27	180.76	93.95	75.86	85.82	33 885.72
河北	乐透组合	河北 20 选 5	15 086.61	13 237.92	11 445.67	10 792.28	9 860.42	6 331.00	5 455.10	4 421.14	4 476.10	3 797.42	84 903.65
		河北 20 选 5 好运 2	439.45	255.15	131.52	129.93	107.25	49.05	28.40	34.59	24.80	21.61	1 221.75
		河北 20 选 5 好运 3	789.01	560.79	539.01	343.34	327.69	247.03	188.01	98.16	101.92	85.14	3 280.09
		河北快 3	—	—	—	—	26 234.26	274 326.79	363 081.53	330 378.43	203 361.69	148 991.43	1 346 374.13
	乐透排列	河北数字 5	2 230.80	372.38	317.53	301.96	302.92	189.79	174.65	136.28	142.00	113.09	4 281.40
		河北数字 7	495.58	1 747.69	1 593.11	1 454.58	1 327.47	1 114.88	991.47	841.19	742.85	688.38	10 997.20
山西	乐透组合	山西 21 选 5	2 724.23	1 962.70	1 388.06	1 294.99	1 078.41	951.93	—	—	—	—	9 400.32
		山西 21 选 5 好运 2	179.32	123.97	91.46	81.99	74.48	56.66	—	—	—	—	607.88
		山西 21 选 5 好运 3	928.19	641.21	479.88	424.37	371.54	290.72	—	—	—	—	3 135.91
		山西 21 选 5 好运 4	260.97	190.75	145.53	136.74	117.51	93.68	—	—	—	—	945.18
		山西快乐十分	—	—	—	—	—	19 512.71	166 605.69	207 179.62	235 739.27	243 366.79	872 404.09
	乐透排列	山西时时彩	—	—	2.78	1 263.95	1 498.95	14 037.34	3 800.64	183.36	—	—	20 787.02

续表

地　区 Region	游戏类型 Game Type	游戏名称 Game Name	2008	2009	2010	2011	2012	2013	2014	2015	2016	2017	合计 Total
内蒙古	乐透组合	内蒙古 22 选 5	932.38	279.74	—	—	—	—	—	—	—	—	1 212.12
		内蒙古 22 选 5 好运 2	55.60	15.48	—	—	—	—	—	—	—	—	71.08
		内蒙古 22 选 5 好运 3	223.08	67.14	—	—	—	—	—	—	—	—	290.22
		内蒙古 22 选 5 好运 4	30.09	8.21	—	—	—	—	—	—	—	—	38.30
		内蒙古快 3	—	—	—	—	—	76 243.07	109 026.04	242 642.33	294 444.55	359 140.72	1 081 496.72
	乐透排列	内蒙古时时彩	1 246.40	42 901.54	22 780.67	24 333.26	26 115.70	23 230.63	18 188.98	11 496.21	9 953.28	8 484.87	188 731.55
辽　宁	乐透组合	辽宁 35 选 7	7 862.53	6 144.35	4 620.83	3 668.89	2 608.17	2 130.71	1 695.08	1 358.15	1 101.43	934.12	32 124.28
		辽宁 35 选 7 好运 1	37.21	43.64	1 004.19	49.93	28.69	22.28	14.07	10.82	8.98	7.70	1 227.51
		辽宁 35 选 7 好运 2	135.03	198.21	147.86	119.68	74.46	63.39	53.95	41.24	36.16	31.98	901.95
		辽宁 35 选 7 好运 3	353.46	644.24	528.84	429.83	286.34	240.86	202.84	161.87	141.98	117.73	3 107.99
		辽宁 35 选 7 好运 4	942.02	1 764.53	2 174.73	1 382.72	832.28	637.84	497.14	376.47	303.18	267.98	9 178.90
		辽宁快乐十二	—	—	—	—	216 342.34	362 808.11	476 946.68	501 950.09	507 146.44	496 626.16	2 561 819.82
吉　林	乐透组合	吉林快 3	—	—	—	—	30 185.18	209 673.23	249 048.28	153 288.69	161 917.46	163 245.61	967 358.46
	乐透排列	吉林时时彩	—	—	5 592.40	7 362.97	3 790.22	489.30	387.02	376.53	228.77	1 206.82	19 434.03
黑龙江	乐透组合	黑龙江 22 选 5	6 503.34	4 948.82	3 930.90	2 738.49	2 164.59	1 741.12	1 701.93	—	1 116.40	993.25	25 838.84
		黑龙江 36 选 7	5 075.47	3 782.90	3 859.98	1 926.18	1 418.16	1 064.75	662.83	548.10	430.58	315.76	19 084.70
		黑龙江快乐十分	—	—	—	14 264.63	85 746.70	168 761.70	223 956.50	255 386.19	277 737.39	264 633.17	1 290 486.28
	乐透排列	黑龙江数字 6	8 479.01	4 935.50	5 556.45	5 232.80	4 357.44	5 616.03	2 963.47	2 475.66	3 141.09	2 822.22	45 579.67
		黑龙江时时彩	—	4 745.96	8 537.79	5 547.82	784.49	1 087.17	1 020.86	167.04	17.24	14.74	21 923.10
上　海	乐透组合	上海基诺（KENO）	6 620.46	5 299.14	4 661.58	2 947.09	4 850.55	3 335.34	3 113.72	732.51	2.26	1 368.07	32 930.72
		上海快 3	—	—	—	—	4 617.10	19 112.27	24 057.32	46 014.95	82 044.71	112 100.66	287 947.01
	乐透排列	上海 4 位数（天天彩 4）	7 219.10	7 332.31	7 538.85	7 967.52	5 751.36	5 525.34	5 696.37	5 636.83	5 900.60	6 214.61	64 782.89
		上海天天彩选 3（时时乐）	7 062.95	24 979.47	7 696.28	6 695.19	9 910.11	4 465.72	3 219.75	3 235.01	3 778.59	4 181.28	75 224.35
		上海时时彩	—	—	66.83	323.92	72.44	—	—	—	—	—	463.19
江　苏	乐透组合	江苏快 3	—	—	—	335 351.32	561 374.33	509 997.83	599 497.06	641 861.62	680 416.29	706 097.09	4 034 595.55
浙　江	乐透组合	浙江快乐十二	—	—	—	0.00	18 616.42	297 956.50	381 608.72	433 646.62	443 962.04	493 514.61	2 069 304.91
		浙江快 2	—	—	—	—	—	—	—	6 741.30	21 083.60	21 161.48	48 986.38
	乐透排列	浙江 6 位数	131.57	—	—	—	—	—	—	—	—	—	131.57

续表

地　区 Region	游戏类型 Game Type	游戏名称 Game Name	2008	2009	2010	2011	2012	2013	2014	2015	2016	2017	合计 Total
安　徽	乐透组合	安徽 25 选 5	1 359.26	1 352.46	1 042.55	1 020.51	879.74	783.92	896.31	857.49	829.32	930.38	9 951.94
		安徽快 3	—	—	—	—	—	124 778.48	183 016.35	163 341.18	165 187.58	209 222.21	845 545.80
	乐透排列	安徽 5 位数	77.14	—	—	—	—	—	—	—	—	—	77.14
		安徽时时彩	—	—	5 805.67	3 772.52	1 664.55	—	—	—	—	—	11 242.73
福　建	乐透组合	福建快 3	—	—	—	—	—	128 415.57	124 670.92	140 258.35	139 141.11	159 497.47	691 983.43
	乐透排列	福建时时乐	6 244.71	—	—	—	—	—	—	—	—	—	6 244.71
		福建时时彩	—	23 318.52	23 537.88	33 022.16	26 028.60	7 804.37	—	—	—	—	113 711.53
江　西	乐透组合	江西快 3	—	—	—	—	—	—	—	—	36 271.30	105 080.22	141 351.51
	乐透排列	江西时时彩	14 087.99	24 608.67	17 442.59	31 721.26	62 995.59	128 255.51	177 666.68	62 167.46	4 695.20	—	523 640.94
山　东	乐透组合	山东 23 选 5	32 147.45	19 226.29	12 052.08	12 427.16	9 707.91	7 533.14	5 749.77	—	—	—	98 843.79
		山东群英会	—	203 383.02	256 162.44	266 804.15	305 495.14	428 140.07	548 123.11	536 494.79	530 970.53	547 519.46	3 623 092.71
河　南	乐透组合	河南 22 选 5	—	18 869.77	19 899.85	18 811.12	15 995.42	14 066.80	12 242.68	9 834.59	9 540.24	9 296.61	128 557.08
		河南 22 选 5 好运 2	832.78	847.39	865.69	611.32	697.04	792.51	689.60	500.26	570.48	540.61	6 947.68
		河南 22 选 5 好运 3	5 906.63	5 726.69	6 024.12	5 375.34	4 772.03	4 405.72	4 234.26	3 317.83	3 440.91	3 166.09	46 369.63
		河南 22 选 5 好运 4	2 112.22	2 244.00	2 438.23	2 483.74	2 274.90	2 498.63	2 594.79	2 336.02	2 363.71	2 455.33	23 801.57
		河南 22 选 6	19 336.05	—	—	—	—	—	—	—	—	—	19 336.05
		河南快 3	—	—	—	—	—	—	25 062.94	50 232.63	75 137.37	95 676.84	246 109.78
	乐透排列	河南幸运彩	—	—	—	—	—	96 740.22	92 625.85	61 134.91	45 192.58	37 267.92	332 961.46
		河南幸运武林	—	371.83	2 305.88	2 294.42	87 966.17	—	—	—	—	—	92 938.30
湖　北	乐透组合	湖北 21 选 7	12 679.51	—	—	—	—	—	—	—	—	—	12 679.51
		湖北 22 选 5	—	13 847.04	10 826.83	9 021.02	7 255.35	5 672.21	4 158.84	3 634.16	1 902.26	—	56 317.70
		湖北 22 选 5 好运 1	70.62	62.78	44.83	36.97	26.02	15.87	14.33	11.97	5.59	—	288.98
		湖北 22 选 5 好运 2	305.91	274.35	204.10	194.33	159.59	114.07	103.00	94.55	41.94	—	1 491.83
		湖北 22 选 5 好运 3	3 527.64	3 370.97	2 892.22	2 644.72	2 293.44	1 575.60	1 415.35	1 257.60	615.07	—	19 592.62
		湖北 22 选 5 好运 4	1 808.84	1 860.21	1 538.22	1 503.45	1 409.49	1 061.89	985.37	882.11	463.22	—	11 512.80
		湖北 30 选 5	—	—	—	—	—	—	—	—	2 377.09	1 927.08	4 304.17
		湖北快 3	—	—	—	—	59 639.26	238 582.87	312 778.32	339 977.83	370 168.64	410 476.53	1 731 623.46
	乐透排列	湖北时时彩	—	—	1 335.13	1 590.36	1 303.91	1 475.86	3 072.82	3 595.86	3 654.05	3 181.19	19 209.18

续表

地 区 Region	游戏类型 Game Type	游戏名称 Game Name	2008	2009	2010	2011	2012	2013	2014	2015	2016	2017	合计 Total
湖 南	乐透组合	湖南22选5	—	3 645.83	2 285.63	—	—	—	—	—	—	—	5 931.46
		湖南22选5好运1	—	—	5.28	—	—	—	—	—	—	—	5.28
		湖南22选5好运2	—	—	50.28	—	—	—	—	—	—	—	50.28
		湖南22选5好运3	—	—	453.80	—	—	—	—	—	—	—	453.80
		湖南22选5好运4	—	—	324.10	—	—	—	—	—	—	—	324.10
		湖南22选5好运彩	1 628.36	1 427.79	52.80	—	—	—	—	—	—	—	3 108.94
		湖南22选7	4 642.04	—	—	—	—	—	—	—	—	—	4 642.04
		湖南快乐十分	—	—	—	17 880.40	89 183.62	122 403.19	167 092.79	179 501.28	211 350.00	239 279.23	1 026 690.50
	乐透排列	湖南时时彩	—	—	3 589.27	972.51	—	—	—	—	—	—	4 561.77
广 东	乐透组合	广东26选5	4 873.29	3 493.11	2 738.01	2 085.97	1 526.80	1 522.15	1 511.83	1 317.18	1 083.23	1 052.70	21 204.28
		广东26选5好彩2	997.66	437.53	256.19	213.19	194.38	176.63	163.88	152.21	145.24	128.43	2 865.33
		广东26选5好彩3	6 710.07	3 059.51	1 940.51	1 622.14	1 560.69	1 428.99	1 330.35	1 277.63	1 163.77	1 088.06	21 181.71
		广东36选7	54 002.53	54 140.24	33 644.38	32 600.39	25 519.26	29 404.37	28 663.42	24 016.26	21 166.36	17 249.48	320 406.70
		广东36选7好彩1	17 988.36	61 183.28	63 701.36	35 935.17	28 955.02	38 209.26	49 555.59	21 339.62	15 709.75	16 368.55	348 945.97
		广东36选7好彩2	1 482.58	2 189.56	1 778.20	1 558.71	1 477.26	1 417.33	1 327.91	1 252.11	1 123.37	1 124.35	14 731.37
		广东36选7好彩3	16 396.25	27 133.79	23 676.10	22 735.67	21 301.13	21 087.46	20 331.02	19 158.73	17 859.60	17 233.09	206 912.84
		广东快乐彩	—	—	—	—	—	—	—	—	—	1 063.29	1 063.29
		广东快乐十分	5 972.97	6 629.41	166 062.81	247 387.38	410 750.19	503 038.86	630 406.75	704 534.05	780 844.54	843 369.91	4 298 996.88
深 圳	乐透组合	深圳35选7	6 400.25	4 303.62	2 821.58	2 004.43	1 623.51	1 493.97	1 276.43	972.13	765.17	709.52	22 370.61
		深圳快乐彩	—	—	—	14.77	252.86	705.16	1 861.29	2 565.69	32 078.60	204 183.72	241 662.10
		深圳快乐8	4 594.74	3 981.64	2 579.92	2 375.84	3 772.40	3 563.81	2 635.04	2 066.30	1 478.85	311.53	27 360.05
广 西	乐透组合	广西快乐十分	48 784.13	51 358.74	56 188.94	51 234.68	52 480.81	41 816.13	43 692.87	44 038.12	47 349.35	39 378.24	476 322.01
		广西快3	—	—	—	—	—	69 985.67	332 615.59	135 675.50	91 660.40	93 128.51	723 065.67
		广西快乐双彩	5 290.50	4 732.93	4 593.62	4 783.79	4 391.20	4 928.08	4 292.73	4 444.69	4 658.79	4 164.41	46 280.74
		广西跑跑彩	—	—	—	—	1 526.24	145.06	—	—	—	—	1 671.29
海 南	乐透组合	海南快乐三宝	—	—	—	—	—	—	188.13	402.82	1 130.39	455.64	2 176.98
		海南快2	28 658.85	17 697.98	55 466.65	76 207.17	88 652.79	99 042.04	100 700.17	98 640.95	87 929.36	76 913.91	729 909.88

续表

地 区 Region	游戏类型 Game Type	游戏名称 Game Name	2008	2009	2010	2011	2012	2013	2014	2015	2016	2017	合计 Total
重 庆	乐透组合	重庆20选5	385.36	288.30	58.09	—	—	—	—	—	—	—	731.76
		重庆20选5好运3	93.25	84.72	14.45	—	—	—	—	—	—	—	192.42
		重庆快乐十分	—	—	13 209.11	56 883.03	81 736.62	103 161.81	155 649.26	141 037.68	156 421.30	178 285.73	886 384.55
	乐透排列	重庆时时彩	25 343.66	29 056.57	33 650.27	39 590.94	28 387.57	32 545.94	43 368.12	8 690.80	2 288.41	25 688.33	268 610.60
四 川	乐透组合	四川快乐十二	—	—	14 063.32	67 463.77	115 027.06	175 373.77	232 310.80	240 543.53	244 594.11	283 209.49	1 372 585.87
贵 州	乐透组合	贵州十二生肖	—	—	4 148.45	5 580.08	2 042.72	205.42	132.16	—	—	—	12 108.84
		贵州快3	—	—	—	—	7 713.80	50 643.99	55 151.65	65 937.63	71 147.53	81 414.62	332 009.23
云 南	乐透组合	云南快乐十分	—	—	—	4 978.28	18 598.16	63 196.70	128 563.82	152 682.91	186 432.72	210 653.15	765 105.73
	乐透排列	云南时时彩	—	101.01	11 514.92	2 846.24	211.63	281.10	206.59	110.68	76.26	63.60	15 412.03
西 藏	乐透组合	西藏生肖时时彩	—	—	—	2 703.56	1 647.27	917.99	111.34	59.39	26.53	24.94	5 491.00
		西藏快3	—	—	—	—	—	15 307.18	46 843.61	77 236.11	127 433.12	237 229.99	504 050.01
陕 西	乐透组合	陕西快乐十分	—	—	—	30 202.32	99 819.78	240 778.55	342 203.53	417 182.42	463 085.80	533 725.84	2 126 998.24
甘 肃	乐透组合	甘肃快3	—	—	—	—	—	83 504.03	231 678.55	209 300.25	216 185.63	264 821.67	1 005 490.14
青 海	乐透组合	青海快3	—	—	—	—	—	18 464.90	43 206.28	47 297.22	79 374.12	95 187.23	283 529.76
	乐透排列	青海时时彩	—	80.46	2 042.79	2 137.19	2 296.95	1 188.21	—	—	—	—	7 745.60
宁 夏	乐透组合	宁夏快3	—	—	—	—	—	9 005.73	46 344.26	53 748.02	71 747.09	78 339.07	259 184.17
	乐透排列	宁夏时时彩	—	—	1 278.62	1 191.20	201.39	91.28	—	—	—	—	2 762.48
新 疆	乐透组合	新疆18选7	901.42	641.90	411.80	357.51	318.72	266.11	297.87	248.92	244.83	179.58	3 868.65
		新疆25选7	3 090.46	1 852.98	1 186.16	1 412.66	2 448.30	1 058.76	1 175.06	2 530.05	1 273.64	655.41	16 683.47
		新疆35选7	21 584.51	16 014.56	10 074.08	8 092.51	7 292.09	7 273.76	6 845.60	5 819.54	5 378.72	4 288.86	92 664.23
		新疆35选7偶数彩中彩	308.02	248.79	172.43	126.77	73.45	—	—	—	—	—	929.45
		新疆喜乐彩	—	—	—	—	1 635.45	738.25	419.42	367.04	331.20	253.98	3 745.33
	乐透排列	新疆时时乐	23 754.85	—	—	—	—	—	—	—	—	—	23 754.85
		新疆时时彩	—	25 392.95	63 106.95	80 847.45	108 013.20	162 954.73	187 841.89	213 872.63	242 276.72	288 859.36	1 373 165.88
合计 Total			**525 080.70**	**830 491.21**	**1 132 946.61**	**1 752 531.55**	**2 987 110.38**	**5 334 196.03**	**7 325 303.05**	**7 486 881.90**	**7 904 982.81**	**8 869 159.03**	**44 148 683.26**

2008—2017 年中国福利彩票视频型彩票销售情况表（分游戏）

Sales Statistics of Online Instant win Games of Welfare Lottery in Different Lottery Games from 2008 to 2017

单位：万元

Unit: Ten Thousand Yuan

序号	游戏品种	2008	2009	2010	2011	2012	2013	2014	2015	2016	2017	合计
1	四花选五	8 481.60	399.20	549.54	646.99	527.07	633.29	795.25	686.37	489.37	401.29	13 609.97
2	小猫钓鱼	—	—	—	—	—	—	—	—	—	—	—
3	洞穴寻宝	—	—	—	—	—	—	—	—	—	—	—
4	幸运七彩	—	—	—	—	—	—	—	—	—	—	—
5	开心一刻	700.78	64.05	57.38	78.68	60.22	58.23	64.66	62.60	50.92	39.81	1 237.33
6	幸运五彩	2 278.04	361.47	783.33	815.34	809.16	921.76	990.36	957.26	685.71	1 041.90	9 644.33
7	幸运扑克	7 714.89	—	—	—	—	—	—	—	—	—	7 714.89
8	西游夺彩	177 585.81	—	—	—	—	—	—	—	—	—	177 585.81
9	多级扑克	9 319.93	—	—	—	—	—	—	—	—	—	9 319.93
10	三江风光	—	8 582.96	1 645.78	1 556.68	1 194.77	1 078.01	954.68	720.48	505.39	477.90	16 716.65
11	连环夺宝	—	106 385.92	926 921.80	1 694 888.30	2 235 373.54	2 884 955.30	3 762 037.82	4 234 298.77	4 443 250.99	4 610 283.25	24 898 395.69
12	趣味高尔夫	—	335.98	1 933.59	3 155.41	4 120.94	5 965.59	9 420.77	9 667.70	8 294.64	8 166.55	51 061.17
13	好运射击	—	71.82	165.28	246.60	244.63	272.92	373.13	345.85	282.85	234.34	2 237.42
	合计 Total	**206 081.05**	**116 201.40**	**932 056.70**	**1 701 388.00**	**2 242 330.33**	**2 893 885.10**	**3 774 636.67**	**4 246 739.03**	**4 453 559.87**	**4 620 645.01**	**25 187 523.19**

（中国福利彩票发行管理中心供稿）

2008—2017 年中国福利彩票即开型彩票销售情况表（分游戏）

Sales Statistics of Terminal-Sale Instant win Tickets of Welfare Lottery in Different Lottery Games from 2008 to 2017

单位：万元

Unit: Ten Thousand Yuan

序号	游戏品种	2008	2009	2010	2011	2012	2013	2014	2015	2016	2017	合计 Total
1	人工销售统计游戏	3 586.23	8 224.23	2 810.60	289.90	—	—	—	—	—	37.35	14 948.32
2	神秘骨牌	—	—	—	—	—	—	—	—	—	—	—
3	勇士闯关	—	—	—	—	—	—	—	—	—	—	—
4	请您开奖	—	—	—	—	—	—	—	—	—	—	—
5	勇士闯关 2	—	1.18	—	—	—	—	—	—	—	—	1.18
6	小猫钓鱼 3	—	—	—	—	—	—	—	—	—	—	—
7	五子登科	—	—	—	—	—	—	—	—	—	—	—
8	幸运八	—	—	—	—	—	—	—	—	—	—	—
9	金鸡唱晓	—	—	—	—	—	—	—	—	—	—	—
10	即刻乐透	—	—	—	—	—	—	—	—	—	—	—
11	一条龙	—	—	—	—	—	—	—	—	—	—	—
12	勇士闯关 4	5 217.97	345.51	65.33	24.07	1.94	0.64	34.03	—	—	—	5 689.49
13	开心宾果	126.69	2.14	9.67	7.19	0.73	2.35	0.42	—	—	—	149.18
14	百变扑克	235.87	22.63	12.68	5.42	0.38	—	—	—	—	—	276.98
15	点石成金	364.24	123.34	85.07	122.01	2.79	—	—	—	—	—	697.45
16	喜庆吉祥	61.83	61.11	23.50	14.19	3.75	—	—	—	—	—	164.38
17	趣味麻将	76.34	34.00	12.00	16.00	—	—	—	—	—	—	138.34
18	F1 赛车	20.55	–2.85	—	47.05	0.60	—	—	—	—	—	65.35
19	即开 3D	800.30	94.03	84.90	269.65	4.85	0.24	–3.08	—	—	—	1 250.88
20	棒球小子	233.01	14.56	22.84	15.14	0.01	—	0.02	—	—	—	285.57
21	趣味麻将一	6 603.13	2 158.72	663.82	837.40	310.00	101.16	24.95	—	0.01	—	10 699.19
22	F1 赛车（一）	—	—	—	—	—	—	—	—	—	—	—
23	喜庆吉祥 2	36 875.74	14 711.93	3 435.86	410.33	21.28	11.84	–2.29	—	0.11	—	55 464.80
24	比大小	3 535.36	4 459.51	337.26	645.43	83.14	17.73	5.82	—	—	—	9 084.25
25	66 顺	1 500.90	286.97	35.03	20.05	1.39	0.12	0.21	—	—	—	1 844.68
26	幸运宝贝	368.78	51.03	4.24	8.87	0.30	0.02	6.00	—	—	—	439.24
27	吉星高照	24 880.35	11 219.03	930.96	284.35	29.22	–5.07	–0.75	—	0.02	—	37 338.11
28	鉴宝	773.84	151.93	60.82	70.20	10.08	–1.11	0.04	—	—	—	1 065.81
29	清一色	3 297.66	4 008.06	567.38	357.86	19.59	5.42	1.15	—	0.03	—	8 257.14
30	游乐场	1 023.02	301.17	119.74	64.02	7.83	3.10	0.32	—	—	—	1 519.19
31	棒球小子 2	57.80	1.78	0.00	0.64	0.00	—	—	—	—	—	60.22
32	快乐生肖	882.09	64.93	11.43	1.90	0.07	0.06	1.17	—	—	—	961.65
33	和气生财	129.14	245.65	15.02	–191.37	1.76	0.38	0.24	—	—	—	200.82
34	大富翁	13.19	7.95	1.51	4.26	0.11	—	—	—	—	—	27.02
35	发奖金	141 840.02	88 358.01	50 271.60	57 471.74	60 457.29	48 162.31	46 173.91	40 658.19	33 948.44	24 700.72	592 042.24
36	生肖	809.35	755.86	69.78	2.96	2.27	0.08	—	—	—	—	1 640.29

续表

序号	游戏品种	2008	2009	2010	2011	2012	2013	2014	2015	2016	2017	合计 Total
37	硕果累累	2 695.17	438.72	53.75	15.27	1.34	2.42	1.21	—	0.01	—	3 207.89
38	多彩扑克	9 941.76	1 443.52	227.86	43.01	1.74	0.25	−1.68	—	0.02	—	11 656.48
39	幸运宝藏	49 798.04	22 482.14	9 446.22	2 034.29	104.25	40.10	10.11	—	0.20	—	83 915.35
40	富贵有余	22.11	9.58	2.08	28.64	5.84	—	—	—	—	—	68.25
41	勇士闯关 5	232 644.85	161 476.89	128 429.65	99 814.22	53 100.04	24 562.27	12 159.79	1 759.98	294.74	57.44	714 299.88
42	大富翁 2	33 427.09	26 410.95	2 689.54	750.42	220.73	108.64	−5.49	—	0.02	—	63 601.91
43	幸运宝贝 2	7 564.56	354.53	16.73	53.01	0.02	0.01	0.052	—	—	—	7 988.90
44	和气生财 2	2 188.67	464.98	186.49	591.17	76.03	98.00	−2.59	—	—	—	3 602.76
45	四季发	8 048.02	3 173.88	870.01	757.09	57.37	13.21	−1.93	—	0.06	—	12 917.71
46	农家乐	3 013.06	691.29	64.96	37.89	14.05	0.15	0.19	—	0.22	—	3 821.80
47	富贵有余 2	44 181.66	67 163.29	53 386.07	41 800.13	39 736.37	27 902.56	25 461.38	18 984.01	17 163.12	11 556.65	347 335.26
48	吉林硕果	577.05	133.94	70.65	37.76	4.79	—	—	—	—	—	824.19
49	对对和	5 455.87	1 323.53	768.43	1 518.59	12.71	10.07	0.06	—	—	—	9 089.25
50	金花	9 650.26	1 322.27	982.21	1 815.64	180.01	41.19	10.24	—	—	—	14 001.82
51	扑克比大小	1 968.33	586.54	466.04	182.20	28.29	13.55	0.04	—	—	—	3 244.99
52	对对碰	2 863.51	2 674.56	672.48	86.64	14.21	0.05	—	—	—	—	6 311.45
53	见缝插金	10 290.08	3 320.23	746.85	627.61	45.62	11.07	3.14	—	—	—	15 044.59
54	双喜临门	19.20	—	—	0.12	—	—	—	—	—	—	19.32
55	66 顺 2	11 475.26	7 402.55	2 025.81	1 943.25	112.09	25.15	5.47		0.11		22 989.68
56	翱翔海航	755.71	107.00	12.10	7.64	1.75	—	—	—	—	—	884.20
57	昌盛海航	1 684.00	—	—	—	—	—	—	—	—	—	1 684.00
58	双喜临门 2	116.04	—	—	0.01	—	—	—	—	—	—	116.05
59	幸运宝贝 3	5 592.34	13 255.00	2 736.85	299.24	29.90	6.48	−2.98	—	0.05	—	21 916.89
60	数字魔方	1 958.50	471.07	117.71	394.45	56.36	11.42	0.40	—	—	—	3 009.92
61	海底寻宝	8 335.12	21 980.59	13 959.22	2 493.12	81.29	−1.28	−6.19	—	0.19	—	46 842.04
62	红楼十二钗	10 973.14	25 906.81	5 210.98	1 413.73	661.63	9.81	7.00	—	—	—	44 183.11
63	点石成金 2	871.75	3 042.75	78.70	6.67	—	—	—	—	0.13	—	4 000.00
64	幸运宝藏 2	1 130.52	4 373.22	1 728.50	253.92	80.45	40.03	4.79	—	—	—	7 611.42
65	主场 2 元	1 133.40	1 266.60	—	—	—	—	—	—	—	—	2 400.00
66	主场 5 元	944.50	974.86	53.28	77.36	—	—	—	—	—	—	2 050.00
67	赛车	5 102.31	576.29	182.30	787.55	48.10	11.70	1.35	—	—	—	6 709.60
68	宁夏票 5 元	—	5.00	7.66	—	—	0.80	5.00	—	—	—	18.46
69	宁夏票 2 元	79.64	115.60		85.24	15.04	52.21	8.00	—	—	—	355.73
70	齐鲁古车	3 059.72	2 874.22	66.05	0.01	—	—	—	—	—	—	6 000.00
71	西游探宝	11 695.71	42 587.23	6 888.46	2 635.35	180.22	—	−0.20	—	2.79	—	63 989.56
72	游乐场	6 658.06	5 797.24	639.64	827.78	15.78	0.09	—	—	0.02	—	13 938.61
73	节大欢喜	8 446.55	4 947.95	306.20	1 064.45	37.65	60.10	−74.48	—	5.08	—	14 793.50
74	硕果累累 2	508.00	659.52	92.86	42.64	2.96	10.02	—	—	—	—	1 316.00
75	金花 2	152.00	1 241.98	265.21	122.62	5.97	2.04	0.08	—	—	—	1 789.89
76	重建家园	8 044.32	6 471.36	2 998.82	953.03	32.01	15.13	0.15	—	—	—	18 514.82
77	同舟共济	5 566.57	7 997.52	5 356.55	959.34	59.28	10.70	−37.82	—	0.10	—	19 912.24
78	众志成城	7 079.12	6 429.17	2 964.89	243.35	54.25	6.52	0.65	—	—	—	16 777.95

续表

序号	游戏品种	2008	2009	2010	2011	2012	2013	2014	2015	2016	2017	合计 Total
79	扶危济困	5 692.44	7 439.79	3 354.15	772.76	66.48	35.21	-7.19	—	—	—	17 353.63
80	阖家欢乐	497.60	2 291.00	552.88	425.01	67.87	20.85	-7.89	—	—	—	3 847.33
81	孕前关爱	480.00	—	—	—	—	—	—	—	—	—	480.00
82	09 上海风采 - 牛	921.00	484.00	—	—	—	—	—	—	—	—	1 405.00
83	万众一心	1 959.81	2 885.21	905.07	128.09	—	—	—	—	—	—	5 878.18
84	福牛乐乐	220.33	875.68	111.12	214.03	35.16	3.58	1.30	—	—	—	1 461.20
85	超越自我	134.10	361.90	126.65	109.98	27.17	0.30	—	—	—	—	760.10
86	欢聚北京	123.70	232.20	213.06	155.95	37.81	3.29	0.15	—	—	—	766.16
87	节大欢喜 2	987.10	23 516.59	1 903.77	2 172.74	112.59	52.62	8.38	—	0.05	—	28 753.84
88	牛年 2 元	—	8 928.62	285.66	291.55	2.02	0.38		—	0.01	—	9 508.24
89	牛年 5 元	—	3 036.59	411.25	716.34	63.34	63.95	12.15	—	—	—	4 303.61
90	喜庆吉祥 3	—	8 073.14	4 837.82	2 927.10	234.72	34.07	34.54	—	—	—	16 141.40
91	阖家欢乐 3	—	19 422.92	3 053.76	1 661.93	7.89	5.68	2.09	—	—	—	24 154.28
92	阖家欢乐 2	—	10 789.59	2 094.42	1 245.39	165.99	16.83	18.09	—	0.03	—	14 330.34
93	富贵有余 3	—	3 916.41	82.44	0.15	1.00	—	—	—	—	—	4 000.00
94	富贵有余 4	—	908.35	72.10	15.90	2.13	—	—	—	—	—	998.48
95	富贵有余 5	—	696.75	63.25	206.75	43.55	21.65	—	—	—	—	1 031.95
96	争分夺秒	—	46 110.39	105 470.35	153 721.60	129 226.87	88 898.94	70 582.57	52 260.78	37 605.47	22 983.00	706 859.98
97	星座	—	2 681.03	1 097.41	1 936.04	222.94	16.78	0.82		0.01		5 955.02
98	放飞梦想	—	3 997.00	3 967.14	3 035.86	—	—	—	—	—	—	11 000.00
99	万事如意	—	3 308.18	3 016.27	2 184.97	17.81	5.37	1.42	—	—	—	8 534.02
100	美丽辽宁	—	3 810.33	1 219.15	0.91	0.08	0.94	0.60	—	—	—	5 032.00
101	和谐辽宁	—	2 400.25	422.95	112.89	24.46	28.80	0.65	—	—	—	2 990.00
102	好运辽宁	—	1 397.40	604.04	453.90	214.18	113.22	30.30	—	—	—	2 813.04
103	欢乐碰碰碰	—	1 345.18	174.63	328.23	32.24	-0.30	0.07	—	—	—	1 880.04
104	开心时刻	—	3 324.18	1 324.93	979.42	75.55	9.19	-1.40	—	—	—	5 711.87
105	淘宝商城	—	24 265.19	11 102.89	6 924.97	347.23	62.29	8.20	—	—	—	42 710.78
106	节大欢喜 3	—	2 118.88	1 261.14	774.91	2 755.81	1 045.97	25.05	—	—	—	7 981.75
107	主场 2	—	1 194.56	784.44	21.00	—	—	—	—	—	—	2 000.00
108	万众一心 2	—	704.66	239.94	255.40	—	—	—	—	—	—	1 200.00
109	爱满人间	—	4 906.15	730.10	65.30	0.45	—	—	—	—	—	5 702.00
110	美梦成真	—	11 262.95	76 343.28	86 799.16	76 104.77	50 448.75	43 857.36	34 164.38	22 300.31	12 588.13	413 869.09
111	水浒 108 将	—	16 364.82	4 603.18	2 211.37	254.01	81.50	5.32	—	—	—	23 520.19
112	一刮一乐	—	6 928.12	3 790.34	865.16	108.77	55.55	-1.28	—	—	—	11 746.65
113	财源滚滚	—	3 322.46	1 292.22	278.16	61.73	22.06	1.02	—	0.01	—	4 977.66
114	齐鲁古车 2	—	2 600.64	1 399.35	0.01	—	—	—	—	—	—	4 000.00
115	梁祝	—	6 338.02	2 876.48	3 602.12	267.68	16.28	9.71	—	—	—	13 110.29
116	节大欢喜 4	—	9 007.01	31 429.40	23 306.48	12 937.51	18 800.90	20 727.29	13 405.18	8 712.76	4 163.25	142 489.78
117	五福临门	—	13 364.65	49 484.07	33 040.92	29 166.32	23 126.18	16 348.01	5 783.99	8 101.24	7 650.58	186 065.96
118	游乐场 2	—	2 392.68	2 804.56	632.48	152.94	17.35	—	—	—	—	6 000.00
119	祝福	—	579.73	782.17	434.65	117.95	32.85	4.60	—	—	—	1 951.94
120	锦绣中华	—	25 822.88	22 568.97	2 712.16	662.14	80.04	17.30	—	—	—	51 863.49

续表

序号	游戏品种	2008	2009	2010	2011	2012	2013	2014	2015	2016	2017	合计 Total
121	缤纷世博	—	9 076.56	4 635.98	599.11	−228.66	5.30	0.30	—	—	—	14 088.58
122	奇妙世博	—	7 159.19	3 502.18	228.84	16.47	0.40	0.23	—	—	—	10 907.30
123	海宝风情	—	8 992.79	4 968.83	253.82	19.48	1.59	—	—	—	—	14 236.51
124	吉祥海宝	—	7 422.77	4 101.31	2 250.75	367.10	211.12	8.56	—	—	—	14 361.61
125	美丽辽宁 2	—	825.25	4 978.17	4 877.38	650.39	0.25	0.56	—	—	—	11 332.00
126	和谐辽宁 2	—	440.50	1 364.04	1 168.02	4.29	0.25	0.40	—	—	—	2 977.50
127	水浒 108 将 2	—	3 134.07	5 836.35	817.55	25.90	1.75	—	—	—	—	9 815.61
128	放飞梦想 2	—	1 333.25	2 521.19	145.56	—	—	—	—	—	—	4 000.00
129	融入城市	—	3.00	477.00	—	—	—	—	—	—	—	480.00
130	圣诞快乐	—	6 995.56	11 340.73	14 108.30	3 315.61	322.96	191.93	53.26	—	—	36 328.33
131	爱情密码	—	907.60	21 402.61	1 572.64	72.88	0.07	1.45	—	—	—	23 957.25
132	奇妙世博 2	—	244.55	6 746.97	623.67	15.11	11.45	—	—	—	—	7 641.75
133	游乐场 3	—	25.00	8 600.00	5 331.15	2 394.05	966.50	1 990.05	115.20	55.00	78.85	19 555.80
134	彩运天天有	—	34.54	14 953.88	876.02	81.25	15.51	10.42	0.10	0.06	—	15 971.77
135	指动金来	—	—	53 364.02	66 552.73	61 119.78	9 968.43	235.19	1 163.49	2 399.29	622.50	195 425.44
136	欢天喜地	—	—	21 075.38	2 808.04	91.31	3.14	1.02	0.10	—	—	23 979.00
137	阖家欢乐 4	—	—	13 023.72	1 868.37	55.87	4.45	1.32	—	—	—	14 953.73
138	中华名人	—	—	1 594.70	166.05	95.50	1.25	5.00	—	—	—	1 862.50
139	中华泰山	—	—	801.50	136.40	31.00	71.40	4.30	—	—	—	1 044.60
140	楚天 2 元	—	—	596.44	635.14	92.10	6.46	2.16	—	—	—	1 332.30
141	楚天 5 元	—	—	402.90	346.35	33.40	3.75	1.80	—	—	—	788.20
142	节大欢喜 5	—	—	87 802.70	61 005.37	25 270.88	11 532.29	8 285.01	3 977.40	2 463.83	1 057.90	201 395.38
143	上海风采虎	—	—	1 600.00	—	—	—	—	—	—	—	1 600.00
144	畅游天下	—	—	1 227.50	295.00	297.30	125.20	5.00	—	—	—	1 950.00
145	苏州园林 5 元	—	—	1 306.85	484.35	132.30	236.35	65.20	11.95	8.65	1.85	2 247.50
146	苏州园林 10 元	—	—	1 538.60	526.25	200.15	206.75	93.15	4.45	0.30	2.65	2 572.30
147	寻宝乐	—	—	22 737.82	246.43	6.90	1.25	2.00	—	—	—	22 994.40
148	海宝赛车	—	—	10 412.86	488.55	3.45	0.04	—	0.05	—	—	10 904.95
149	海宝魔术师	—	—	10 167.35	866.71	253.42	80.95	2.95	—	—	—	11 371.38
150	海底大寻宝	—	—	7 070.72	1 934.67	557.84	204.47	27.57	22.02	—	—	9 817.29
151	红楼探秘	—	—	89 931.05	5 885.01	131.28	24.78	1.42	0.10	—	—	95 973.63
152	虎门销烟	—	—	12 234.43	11 667.47	5 760.50	5 667.64	6 225.09	4 475.61	3 362.69	2 349.19	51 742.61
153	羊城八景	—	—	697.96	283.85	559.74	15.85	6.20	—	—	—	1 563.60
154	桂林山水	—	—	709.31	214.11	78.93	27.88	32.53	6.64	—	—	1 069.40
155	岩洞寻宝	—	—	352.56	115.61	547.09	9.31	23.50	1.89	—	—	1 049.96
156	长春雕塑	—	—	206.41	433.12	187.56	83.13	10.74	5.85	0.78	—	927.60
157	秀美吉林	—	—	471.20	164.36	54.25	10.65	2.20	16.85	1.01	—	720.52
158	足球之源	—	—	6 701.37	1 964.28	128.72	29.48	10.90	0.10	0.01	—	8 834.85
159	欢乐谷	—	—	1 000.00	—	—	—	—	—	—	—	1 000.00
160	星耀世博	—	—	11 874.74	99.16	12.04	3.09	0.05	—	—	—	11 989.07
161	金山银山	—	—	14 271.15	126.13	2.67	—	—	—	0.05	—	14 400.00
162	欢乐彩	—	—	13 130.85	2 744.39	695.56	494.47	214.77	28.55	0.18	−0.02	17 308.75

续表

序号	游戏品种	2008	2009	2010	2011	2012	2013	2014	2015	2016	2017	合计 Total
163	羊城新八景	—	—	221.45	26.75	207.65	65.55	—	—	—	—	521.40
164	吉星高照 2	—	—	16 287.92	13 168.39	4 490.68	31.13	0.35	—	—	9.46	33 987.92
165	开奖啦	—	—	5 305.09	511.51	151.90	24.12	0.08	—	—	—	5 992.70
166	福寿有余	—	—	16 490.12	24 873.07	9 716.63	1 324.42	62.22	8.42	0.16	—	52 475.04
167	乐翻天	—	—	14 128.74	777.27	10 623.36	903.85	181.76	111.75	0.05		26 726.79
168	中华名人 2	—	—	9 189.21	2 512.02	187.10	7.29	5.86	—	—	—	11 901.47
169	淘金者	—	—	25 901.02	9 033.33	2 343.55	1 059.10	220.30	154.58	—	—	38 711.88
170	畅游天下 2	—	—	1 587.20	922.35	194.10	24.55	33.60	1.60	—	—	2 763.40
171	我爱电影 – 唐山大地震	—	—	8 168.37	736.53	95.00	0.05	—	—	0.05	—	9 000.00
172	大熊猫 2 元	—	—	398.00	2 580.76	21.23	0.01	—	—	—	—	3 000.00
173	大熊猫 5 元	—	—	1 000.00	1 479.09	20.85	—	—	0.06	—	—	2 500.00
174	大熊猫 10 元	—	—	2 606.10	393.90	—	—	—	—	—	—	3 000.00
175	大熊猫 20 元	—	—	11 778.72	4 185.10	34.77	1.30	—	—	—	—	15 999.90
176	缘定金生	—	—	11 768.68	11 779.34	417.40	17.89	5.04	0.02	—	—	23 988.38
177	王牌高手	—	—	16 564.14	16 704.46	1 563.46	82.00	22.57	4.60	0.03	—	34 941.25
178	好运气	—	—	346.20	642.57	2.50	757.50	1 389.20	512.50	35.00	—	3 685.47
179	世博熊猫	—	—	13 358.29	2 225.87	199.39	104.00	8.10	—	—	—	15 895.65
180	百发百中	—	—	44 645.98	145 338.16	181 815.25	176 320.60	156 850.85	132 454.90	126 511.79	102 518.98	1 066 456.51
181	魅力新疆	—	—	2 569.30	2 618.71	0.10	—	—	—	—	—	5 188.11
182	和谐中华	—	—	9 963.63	4 498.68	1 423.29	86.40	11.05	0.05	—	—	15 983.10
183	高山流水	—	—	158.80	506.74	92.50	49.90	9.00	6.20	0.01	—	823.15
184	荷包满满	—	—	8 573.13	1 261.54	22.02	0.70	2.35	—	—	—	9 859.75
185	紫荆花开	—	—	8 032.45	1 581.12	111.33	25.35	3.55	—	—	—	9 753.81
186	宝岛风情	—	—	8 063.72	1 539.51	186.82	23.73	8.55	—	—	—	9 822.34
187	畅游天下 3	—	—	1 535.05	655.15	164.80	15.00	30.00	—	—	—	2 400.00
188	东方之冠 1	—	—	5 100.47	1 265.42	74.45	39.65	5.69	—	—	—	6 485.67
189	东方之冠 2	—	—	2 425.05	2 272.47	623.04	145.85	5.30	0.06	—	—	5 471.77
190	漫游世博	—	—	9 287.51	2 494.28	80.57	28.45	0.75	—	—	—	11 891.55
191	中华名人 3	—	—	5 048.10	29 876.20	25 270.95	8 112.34	3 273.32	288.42	53.54	17.90	71 940.78
192	锦绣中华 2	—	—	1 939.42	3 059.98	—	0.60	—	—	—	—	5 000.00
193	红楼探秘 2	—	—	22 572.80	80 000.29	39 813.13	42 360.76	39 103.32	32 283.00	18 702.36	13 023.07	287 858.72
194	筑美世博	—	—	2 415.91	1 024.14	53.30	0.15	0.05	—	—	—	3 493.55
195	筑美（套票）	—	—	1 043.71	214.78	27.46	3.48	0.69	—	—	—	1 290.12
196	水浒 108 将 3	—	—	5 523.29	8 307.87	157.85	10.46	0.49	—	—	—	13 999.95
197	灌篮高手	—	—	9 849.91	10 617.45	483.45	32.45	1.99	—	—	—	20 985.25
198	超越梦想	—	—	3 964.52	978.55	49.03	2.95	0.55	—	—	—	4 995.60
199	上海风采兔	—	—	526.00	916.00	—	—	—	—	—	—	1 442.00
200	京彩京韵 2 元	—	—	296.26	1 103.74	—	—	—	—	—	—	1 400.00
201	京彩京韵 5 元	—	—	799.75	3 600.00	600.35	—	—	—	—	—	5 000.10
202	关爱家庭，祝您好“孕”	—	—	180.00	300.00	—	—	—	—	—	—	480.00
203	惊喜夺金	—	—	851.41	12 881.95	13 014.20	6 000.71	1 203.41	1 049.47	146.30	28.73	35 176.18
204	领奖台	—	—	2 239.20	28 517.89	2 497.90	458.36	47.93	79.71	—	—	33 841.00

续表

序号	游戏品种	2008	2009	2010	2011	2012	2013	2014	2015	2016	2017	合计 Total
205	大满贯	—	—	—	11 927.53	69.62	2.50	—	—	0.30	—	11 999.95
206	欢乐嘉年华10元	—	—	—	88 231.88	81 334.84	20 027.40	265.30	45.23	0.66	—	189 905.31
207	上海风采－过年啦	—	—	—	460.60	139.40	—	—	—	—	—	600.00
208	上海风采－闹新春	—	—	—	600.00	—	—	—	—	—	—	600.00
209	上海风采－童子乐	—	—	—	350.00	150.00	—	—	—	—	—	500.00
210	恭贺新春	—	—	—	22 889.47	91.17	8.49	0.76	—	—	—	22 989.89
211	玉兔迎春	—	—	—	96 330.32	1 109.92	34.53	2.26	—	—	—	97 477.03
212	爱情密码 2	—	—	—	17 450.02	141.39	8.24	0.35	—	—	—	17 600.00
213	淘金者 2	—	—	—	15 344.50	6 795.40	4 607.90	2 758.10	339.00	19.30	15.50	29 879.70
214	吉祥如意	—	—	—	9 496.64	466.05	13.53	7.72	—	—	—	9 983.94
215	发奖金 5 元	—	—	—	47 405.97	37 470.49	32 708.00	29 040.17	19 687.24	15 687.39	12 548.77	194 548.02
216	年年有余	—	—	—	46 400.93	2 570.85	971.57	26.70	8.95	0.90	4.00	49 983.90
217	欢乐园	—	—	—	33 443.08	540.68	5.51	7.45	—	—	—	33 996.72
218	中华故事 2 元－老子	—	—	—	1 385.18	14.82	—	—	—	—	—	1 400.00
219	中华故事 5 元－上善若水	—	—	—	1 494.15	1 813.60	154.55	16.40	—	—	0.05	3 478.75
220	中华故事 5 元 -2- 老子说	—	—	—	474.65	13.30	1.70	1.75	—	—	—	491.40
221	中华故事 10 元－老子经典	—	—	—	1 992.50	1 684.45	296.40	6.40	1.50	—	0.20	3 981.45
222	环游世界	—	—	—	45 384.83	6 727.50	1 526.07	156.10	29.74	13.85	5.71	53 843.80
223	连连看	—	—	—	13 733.22	242.33	12.39	2.68	—	—	—	13 990.62
224	神笔马良	—	—	—	18 576.93	1 332.68	66.11	4.61	—	—	—	19 980.33
225	上海风采－外滩	—	—	—	1 950.00	1 927.50	805.00	102.50	—	—	—	4 785.00
226	富贵有余 6	—	—	—	791.81	721.97	219.14	30.24	8.36	1.00	2.15	1 774.67
227	富贵有余 7	—	—	—	987.50	11.25	—	—	—	—	—	998.75
228	富贵有余 8	—	—	—	1 981.15	1 188.25	255.70	50.46	—	—	—	3 475.56
229	畅游天下 4–文明深圳	—	—	—	997.50	2.50	—	—	—	—	—	1 000.00
230	和谐中华 2	—	—	—	7 986.05	13.95	—	—	—	—	—	8 000.00
231	好运十倍	—	—	—	23 076.90	205 463.28	257 183.78	287 395.74	255 372.83	236 192.66	190 956.73	1455 641.92
232	普天同庆	—	—	—	1 808.60	179.95	11.35	—	—	0.10	—	2 000.00
233	金色土地	—	—	—	40 333.59	9 936.94	418.63	98.51	66.16	6.90	9.96	50 870.68
234	美好生活－永结同心	—	—	—	35 561.21	15 551.97	5 349.90	2 527.64	2 007.91	474.05	160.58	61 633.26
235	财富之旅	—	—	—	39 077.72	14 943.58	4 717.89	919.91	91.62	81.15	5.60	59 837.47
236	中状元	—	—	—	51 578.64	20 764.30	1 944.18	703.07	312.66	125.42	66.65	75 494.93
237	中华故事 5 元－天津风采	—	—	—	1 000.00	—	—	—	—	—	—	1 000.00
238	中华瑰宝 10 元－天津风采	—	—	—	600.00	—	—	—	—	—	—	600.00

续表

序号	游戏品种	2008	2009	2010	2011	2012	2013	2014	2015	2016	2017	合计 Total
239	数字达人2元	—	—	—	12 837.21	2 974.29	141.17	8.83	8.05	11.02	3.70	15 984.26
240	奇兵夺宝	—	—	—	499.90	20 434.02	-229.01	-5.26				20 699.66
241	中秋送福	—	—	—	22 460.42	7 488.77	2 097.73	707.82	523.16	228.07	122.76	33 628.74
242	九九重阳	—	—	—	21 965.11	4 158.24	174.90	53.35	0.70	0.20	0.55	26 353.05
243	灌篮高手20元	—	—	—	13 593.16	23 036.72	6 346.74	1 661.86	328.38	12.10	2.28	44 981.25
244	中华故事10元	—	—	—	1 637.25	1 342.40	20.35	—	—	—	—	3 000.00
245	富贵有余20元	—	—	—	1 570.70	2 339.50	87.30	—	—	2.50	—	4 000.00
246	国泰民安	—	—	—	25 651.00	67 148.22	32 909.99	33 941.34	31 792.78	19 331.69	13 984.88	224 759.89
247	马到功成	—	—	—	12 015.41	8 818.87	1 785.34	687.66	232.75	52.40	17.35	23 609.77
248	对对碰5元	—	—	—	8 942.64	17 798.41	3 213.75	29.40	5.15	1.40	3.40	29 994.15
249	我爱电影－龙门飞甲10元	—	—	—	1 270.65	717.30	4.80	7.25	—	—	—	2 000.00
250	上海风采5元－龙	—	—	—	704.00	496.00	—	—	—	—	—	1 200.00
251	生态鄱阳2元	—	—	—	116.92	1 039.18	139.66	25.38	39.88	15.16	6.83	1 383.00
252	大吉大利	—	—	—	273.65	79 689.68	37 457.84	25 110.01	16 019.29	4 494.37	3 018.56	166 063.39
253	企鹅探宝	—	—	—	2 342.75	62 748.93	21 575.70	12 362.00	2 238.68	215.50	25.78	101 509.35
254	金龙贺岁	—	—	—	3 222.70	63 231.19	3 148.63	213.55	55.97	15.15	10.66	69 897.85
255	三国争雄	—	—	—	—	4 496.10	-147.84	-100.55	—	—	—	4 247.72
256	金钥匙	—	—	—	—	55 863.47	10 118.95	1 904.91	256.04	28.70	38.31	68 210.38
257	2012龙	—	—	—	—	23 515.35	992.20	248.50	32.40	41.20	24.61	24 854.26
258	江门风光	—	—	—	—	6 477.80	5 100.71	4 638.17	3 077.68	1 465.23	1 195.92	21 955.51
259	2012龙	—	—	—	—	3 095.61	1 091.60	274.66	48.89	40.40	6.91	4 558.06
260	2012龙四联张	—	—	—	—	10 595.70	2 138.14	576.06	300.40	108.90	45.28	13 764.48
261	2012龙小本票	—	—	—	—	7 154.98	1 315.17	736.53	134.34	83.50	38.33	9 462.85
262	魅力丹霞	—	—	—	—	1 785.75	189.24	12.07	2.60	0.40	0.10	1 990.15
263	张家界风光5元	—	—	—	—	1 192.01	5.69	1.20	1.00	—	—	1 199.90
264	张家界风光10元	—	—	—	—	1 461.05	79.68	16.51	40.32	—	—	1 597.57
265	心连心	—	—	—	—	28 588.53	10 735.24	592.19	47.77	6.04	3.91	39 973.69
266	招财猫	—	—	—	—	35 417.75	9 270.05	3 859.12	1 471.91	719.24	367.86	51 105.93
267	美好生活	—	—	—	—	37 157.34	11 076.36	3 330.86	613.39	188.83	185.70	52 552.48
268	大赢家	—	—	—	—	13 080.05	11 793.14	3 143.06	1 088.31	436.82	51.89	29 593.26
269	夺宝嘉年华	—	—	—	—	26 433.15	7 927.37	2 299.16	963.23	554.12	167.72	38 344.75
270	倍给力	—	—	—	—	35 159.72	16 842.99	1 596.50	197.78	33.05	11.26	53 841.30
271	存钱罐	—	—	—	—	9 297.40	22 255.33	4 390.50	419.60	12.24	2.15	36 377.22
272	欢乐嘉年华20元	—	—	—	—	14 242.51	11 970.45	4 019.72	1 725.57	525.77	224.78	32 708.80
273	荷塘月色	—	—	—	—	4 571.45	34 740.10	3 653.17	749.65	154.25	50.11	43 918.73
274	蚂蚁搬家	—	—	—	—	3 418.06	10 682.90	5 626.57	966.32	99.48	20.65	20 813.97

续表

序号	游戏品种	2008	2009	2010	2011	2012	2013	2014	2015	2016	2017	合计 Total
275	七彩盛世	—	—	—	—	950.95	869.80	668.70	581.62	25.55	0.76	3 097.38
276	黄河魂	—	—	—	—	6 575.45	2 818.79	546.55	106.20	40.35	23.65	10 110.98
277	敦煌韵	—	—	—	—	5 897.35	2 803.95	531.10	376.30	312.12	65.87	9 986.69
278	花好月圆	—	—	—	—	29 946.33	8 425.28	754.00	172.14	50.10	28.71	39 376.56
279	巍巍井冈	—	—	—	—	3 342.92	8 738.32	8 884.30	717.50	2.80	0.44	21 686.28
280	跷跷板	—	—	—	—	10 937.78	11 768.71	1 079.37	126.32	11.66	4.80	23 928.65
281	幸运扑克	—	—	—	—	14 336.80	9 894.63	1 254.31	248.77	114.55	37.92	25 886.99
282	喜从天降	—	—	—	—	7 947.89	24 980.58	16 610.13	9 958.80	6 156.66	5 382.08	71 036.15
283	龙腾盛世	—	—	—	—	5 281.84	32 910.79	20 340.95	18 972.83	9 774.31	4 656.49	91 937.20
284	打地鼠	—	—	—	—	—	26 693.15	4 170.01	3 084.21	1 308.74	194.33	35 450.43
285	招财纳福	—	—	—	—	8 821.10	35 989.57	17 121.81	7 316.08	1 520.14	107.06	70 875.77
286	网鱼高手	—	—	—	—	7 657.90	54 763.85	29 609.58	6 466.59	688.78	232.71	99 419.43
287	圣诞快乐 2	—	—	—	—	7 156.14	6 325.72	1 229.11	301.88	273.45	8.36	15 294.66
288	生肖－蛇	—	—	—	—	884.00	316.00	—	—	—	—	1 200.00
289	群岛之彩	—	—	—	—	—	1 471.75	187.10	6.35	—	—	1 665.20
290	伏羲定姓氏	—	—	—	—	1 064.70	615.75	37.75	43.00	11.15	1.05	1 773.40
291	中国节	—	—	—	—	—	29 416.83	5 347.32	2 121.39	842.49	235.17	37 963.19
292	闹新春	—	—	—	—	—	21 375.72	1 777.17	472.68	309.95	53.98	23 989.50
293	跳房子	—	—	—	—	—	7 991.59	5 787.86	986.18	351.53	75.15	15 192.30
294	博爱中山	—	—	—	—	—	3 587.93	442.22	78.45	30.86	23.54	4 163.00
295	中华名人－孟子	—	—	—	—	—	14 171.40	4 752.45	2 350.60	1 193.78	244.22	22 712.46
296	昆曲	—	—	—	—	—	9 499.56	4 476.21	1 117.57	1 181.60	463.73	16 738.67
297	民俗文化	—	—	—	—	—	2 143.90	1 174.75	681.30	—	—	3 999.95
298	快乐生肖 10 元－祥蛇献瑞	—	—	—	—	—	34 755.03	4 122.35	500.42	103.56	29.38	39 510.74
299	金鹊报喜	—	—	—	—	—	15 009.34	2 833.16	132.01	9.52	2.94	17 986.96
300	幸运殿堂	—	—	—	—	—	24 928.96	12 340.70	1 264.49	172.69	83.30	38 790.13
301	黄山风光	—	—	—	—	—	5 482.43	713.36	154.24	38.62	17.26	6 405.90
302	巅峰对决	—	—	—	—	—	22 105.65	5 259.17	1 528.82	532.08	111.57	29 537.29
303	7 乐无穷	—	—	—	—	—	54 555.28	59 307.27	43 153.47	36 958.15	26 681.69	220 655.85
304	好彩头	—	—	—	—	—	7 371.42	1 951.28	184.29	31.18	25.70	9 563.88
305	小鸡快跑	—	—	—	—	—	20 569.78	3 600.84	496.66	31.98	5.90	24 705.15
306	花神	—	—	—	—	—	23 257.16	13 119.78	1 939.41	245.39	134.23	38 695.96
307	幸运双色球	—	—	—	—	—	24 165.33	10 600.73	4 176.50	1 493.90	735.26	41 171.72
308	幸福来电	—	—	—	—	—	26 703.47	18 408.61	3 571.56	493.46	81.01	49 258.11
309	爱我家园	—	—	—	—	—	8 919.65	7 412.10	1 847.67	594.93	264.74	19 039.10
310	探险家	—	—	—	—	—	15 364.92	6 235.03	995.92	395.95	144.51	23 136.33
311	柿柿如意	—	—	—	—	—	4 962.54	4 727.52	167.82	27.56	39.80	9 925.25
312	甜蜜连连	—	—	—	—	—	3 438.07	6 084.66	338.14	56.90	24.90	9 942.67
313	福运连连	—	—	—	—	—	7 283.13	14 427.90	2 139.87	405.40	158.27	24 414.56
314	金蜂巢	—	—	—	—	—	12 051.76	12 351.92	489.61	43.15	28.79	24 965.24
315	7 喜	—	—	—	—	—	4 430.08	3 466.73	97.09	5.45	0.50	7 999.85
316	欢乐马戏团	—	—	—	—	—	10 704.15	34 447.37	3 701.53	507.37	183.71	49 544.13

续表

序号	游戏品种	2008	2009	2010	2011	2012	2013	2014	2015	2016	2017	合计 Total
317	好日子	—	—	—	—	—	7 338.40	6 971.05	640.70	19.50	12.75	14 982.40
318	冰激凌	—	—	—	—	—	3 900.58	12 278.10	2 929.87	1 386.46	963.71	21 458.71
319	福气 8	—	—	—	—	—	8 453.62	22 655.84	3 988.95	377.00	101.31	35 576.71
320	百万财富	—	—	—	—	—	6 902.80	4 931.85	3 061.55	57.35	921.10	15 874.65
321	放飞梦想 5 元	—	—	—	—	—	2 087.40	908.50	639.63	694.19	293.46	4 623.18
322	财神到	—	—	—	—	—	1 376.74	1 619.80	3.42	—	—	2 999.96
323	欢乐购	—	—	—	—	—	1 321.15	453.95	22.50	2.30	—	1 799.90
324	印象中国	—	—	—	—	—	744.45	491.10	97.05	23.85	15.30	1 371.75
325	时空瑰宝	—	—	—	—	—	983.80	805.35	419.60	72.75	34.00	2 315.50
326	沪塔	—	—	—	—	—	4.00	—	-4.00	184.00	-2.16	181.84
327	幸福汕头 - 宜居之城	—	—	—	—	—	615.16	885.47	228.68	81.51	33.62	1 844.44
328	幸福汕头 - 百载商埠	—	—	—	—	—	785.12	533.25	70.34	19.98	16.25	1 424.94
329	幸福汕头 - 潮人之都	—	—	—	—	—	511.92	474.56	66.79	14.82	7.40	1 075.48
330	幸福汕头 - 潮菜之乡	—	—	—	—	—	356.03	1 340.90	226.48	39.01	6.28	1 968.71
331	春夏秋冬	—	—	—	—	—	2 049.00	15 797.02	3 808.91	1 235.41	573.91	23 464.25
332	蝌蚪找妈妈	—	—	—	—	—	1 972.35	8 533.39	1 383.42	157.83	50.76	12 097.76
333	水果连连看	—	—	—	—	—	872.25	530.85	99.35	55.05	14.20	1 571.70
334	幸运抽奖	—	—	—	—	—	2 020.15	23 439.26	7 119.21	1 237.28	520.37	34 336.27
335	淘宝乐	—	—	—	—	—	681.95	888.40	649.10	437.50	269.45	2 926.40
336	生日快乐	—	—	—	—	—	1 676.10	2 267.45	54.75	1.20	0.05	3 999.55
337	大满贯 10 元	—	—	—	—	—	1 658.50	2 059.87	521.20	267.10	99.75	4 606.42
338	步步高	—	—	—	—	—	3 790.16	11 386.53	3 903.61	445.15	105.20	19 630.65
339	日出东方韶山	—	—	—	—	—	357.40	3 060.86	343.75	265.10	126.40	4 153.51
340	5 倍惊喜	—	—	—	—	—	—	66 159.73	64 413.51	57 158.68	48 659.92	236 391.84
341	俏佳人	—	—	—	—	—	—	17 518.47	4 057.97	1 336.45	349.34	23 262.23
342	马到成功 10 元	—	—	—	—	—	—	20 404.78	2 262.49	615.12	110.68	23 393.07
343	成语故事	—	—	—	—	—	—	385.80	626.20	187.90	—	1 199.90
344	赣南苏区 - 荣光	—	—	—	—	—	—	3 539.79	1 656.27	443.75	136.65	5 776.46
345	挖金豆	—	—	—	—	—	—	2 750.10	249.05	0.60	0.25	3 000.00
346	圣地延安	—	—	—	—	—	—	3 656.01	1 326.59	791.25	519.50	6 293.35
347	七星瓢虫	—	—	—	—	—	—	12 567.12	3 020.99	323.61	45.11	15 956.83
348	太极	—	—	—	—	—	—	4 291.40	2 885.32	1 557.19	259.15	8 993.05
349	宝石奇缘	—	—	—	—	—	—	33 515.29	6 092.37	249.96	25.42	39 883.04
350	神秘好礼	—	—	—	—	—	—	18 537.39	10 452.56	4 810.70	1 677.13	35 477.77
351	吉祥草原	—	—	—	—	—	—	923.80	167.25	114.75	106.25	1 312.05
352	牛 7 冲天	—	—	—	—	—	—	10 882.65	5 431.60	2 599.51	2 839.69	21 753.45
353	熊出没	—	—	—	—	—	—	16 250.54	3 048.68	333.62	148.27	19 781.10
354	空战赢家	—	—	—	—	—	—	14 493.90	6 524.06	2 357.74	938.70	24 314.40
355	赛马	—	—	—	—	—	—	14 630.79	6 104.37	1 982.54	874.66	23 592.35
356	好运加倍	—	—	—	—	—	—	13 093.05	5 680.25	694.86	138.23	19 606.38

续表

序号	游戏品种	2008	2009	2010	2011	2012	2013	2014	2015	2016	2017	合计 Total
357	相约咖啡	—	—	—	—	—	—	12 071.42	8 123.90	2 418.71	639.70	23 253.73
358	加油加油	—	—	—	—	—	—	15 130.75	13 062.22	4 652.57	1 508.59	34 354.13
359	10 来运转	—	—	—	—	—	—	26 075.58	20 525.66	6 127.91	1 483.66	54 212.80
360	足球盛宴 5 元	—	—	—	—	—	—	20 349.20	8 344.69	3 035.67	681.98	32 411.54
361	黄金盛典	—	—	—	—	—	—	80 088.91	26 565.27	6 398.75	2 882.48	115 935.41
362	“粽”奖	—	—	—	—	—	—	11 474.31	2 333.49	716.31	243.10	14 767.21
363	足球盛宴 10 元	—	—	—	—	—	—	15 660.76	5 295.35	1 567.14	613.85	23 137.11
364	魅力安徽－九华仙境	—	—	—	—	—	—	252.00	102.07	135.06	32.60	521.73
365	天降好礼	—	—	—	—	—	—	4 528.12	3 885.41	680.81	180.56	9 274.90
366	砸金蛋	—	—	—	—	—	—	11 375.15	8 160.10	376.57	35.58	19 947.40
367	多彩假日	—	—	—	—	—	—	9 201.54	5 833.72	1 196.19	425.92	16 657.37
368	幸运星	—	—	—	—	—	—	5 215.57	4 004.88	536.80	75.50	9 832.75
369	好运百万	—	—	—	—	—	—	11 237.03	26 429.18	27 257.67	25 641.99	90 565.86
370	莲乡意蕴	—	—	—	—	—	—	3 021.95	19 761.65	70 919.25	57 006.40	150 709.25
371	美丽嘉兴	—	—	—	—	—	—	—	1 774.30	163.30	30.65	1 968.25
372	天长地久	—	—	—	—	—	—	2 962.75	9 334.18	1 126.35	46.82	13 470.10
373	钻石联盟	—	—	—	—	—	—	3 320.37	7 707.33	1 956.46	490.52	13 474.68
374	冰 VS 火	—	—	—	—	—	—	4 062.76	14 676.74	951.35	89.90	19 780.75
375	我爱电影－一步之遥	—	—	—	—	—	—	2 765.31	7 109.45	1 672.61	247.18	11 794.55
376	雪人	—	—	—	—	—	—	893.35	8 950.60	751.90	91.26	10 687.11
377	陕西名胜(一)	—	—	—	—	—	—	—	1 816.00	649.10	106.85	2 571.95
378	羊票 5 元	—	—	—	—	—	—	—	21 277.98	575.75	138.57	21 992.30
379	羊票 10 元	—	—	—	—	—	—	—	25 122.32	1 571.59	435.80	27 129.71
380	羊票 20 元	—	—	—	—	—	—	—	6 988.20	806.35	144.65	7 939.20
381	连环夺宝	—	—	—	—	—	—	—	26 347.10	4 602.79	1 001.88	31 951.77
382	博饼嘉年华	—	—	—	—	—	—	—	1 512.20	729.00	88.80	2 330.00
383	天下名楼岳阳楼	—	—	—	—	—	—	—	1 982.20	294.90	128.05	2 405.15
384	醉美婺源	—	—	—	—	—	—	—	1 732.50	0.75	680.40	2 413.65
385	喜气羊羊	—	—	—	—	—	—	—	20 940.53	3 361.45	1 621.25	25 923.23
386	蘑菇大战	—	—	—	—	—	—	—	28 331.26	6 643.51	912.05	35 886.82
387	财高 8 斗	—	—	—	—	—	—	—	19 568.09	6 076.11	1 898.26	27 542.46
388	金冠	—	—	—	—	—	—	—	13 990.46	4 153.21	674.53	18 818.21
389	喜上加喜	—	—	—	—	—	—	—	23 845.72	23 139.93	10 132.05	57 117.70
390	彩运亨通	—	—	—	—	—	—	—	91 009.82	28 370.27	8 619.78	127 999.88
391	龟兔赛跑	—	—	—	—	—	—	—	15 766.05	6 319.14	1 668.88	23 754.07
392	动物乐园	—	—	—	—	—	—	—	8 827.76	7 202.25	885.47	16 915.49
393	扑克王	—	—	—	—	—	—	—	6 066.79	2 295.45	306.61	8 668.84
394	幸运投篮机	—	—	—	—	—	—	—	7 217.87	6 362.64	1 377.02	14 957.53
395	幸运草	—	—	—	—	—	—	—	15 727.93	8 220.45	2 549.06	26 497.43
396	幸福温州	—	—	—	—	—	—	—	8 595.00	3 434.00	3 316.00	15 345.00
397	流星雨	—	—	—	—	—	—	—	12 335.27	9 784.73	1 081.63	23 201.62
398	和平是福	—	—	—	—	—	—	—	14 825.65	3 157.90	452.46	18 436.02

续表

序号	游戏品种	2008	2009	2010	2011	2012	2013	2014	2015	2016	2017	合计 Total
399	幸福宝藏	—	—	—	—	—	—	—	8 863.88	13 401.25	5 808.36	28 073.50
400	满堂彩	—	—	—	—	—	—	—	49 018.62	28 763.46	11 581.92	89 363.99
401	招财进宝	—	—	—	—	—	—	—	8 129.09	22 670.65	5 033.70	35 833.43
402	一刮千金	—	—	—	—	—	—	—	3 273.00	5 972.53	1 194.29	10 439.82
403	太极拳	—	—	—	—	—	—	—	2 218.20	493.70	150.60	2 862.50
404	大闹天宫	—	—	—	—	—	—	—	8 136.73	17 203.10	1 426.39	26 766.22
405	购彩乐	—	—	—	—	—	—	—	4 990.05	12 891.07	1 157.61	19 038.74
406	中华武圣	—	—	—	—	—	—	—	167.60	1 213.58	184.03	1 565.22
407	向阳花	—	—	—	—	—	—	—	302.78	8 585.16	824.58	9 712.52
408	点赞	—	—	—	—	—	—	—	2 892.05	15 065.75	2 062.29	20 020.09
409	水果联盟	—	—	—	—	—	—	—	1 585.95	8 512.92	653.92	10 752.78
410	魔幻 21	—	—	—	—	—	—	—	—	14 204.46	3 169.09	17 373.54
411	最佳阵容	—	—	—	—	—	—	—	—	10 756.16	2 010.38	12 766.54
412	丝路寻梦	—	—	—	—	—	—	—	—	11 473.42	2 397.86	13 871.28
413	丙申猴－灵猴献彩 5 元	—	—	—	—	—	—	—	—	22 532.46	2 058.39	24 590.85
414	丙申猴－脸谱 10 元	—	—	—	—	—	—	—	—	33 515.17	1 734.01	35 249.18
415	丙申猴－金猴银猴 20 元	—	—	—	—	—	—	—	—	29 562.48	3 008.04	32 570.53
416	中国结	—	—	—	—	—	—	—	—	14 884.33	5 204.80	20 089.13
417	开门红	—	—	—	—	—	—	—	—	25 676.36	6 896.63	32 572.99
418	欢乐钓鱼	—	—	—	—	—	—	—	—	15 987.62	3 760.68	19 748.30
419	吉庆有余	—	—	—	—	—	—	—	—	13 013.45	6 153.44	19 166.88
420	天下凤凰	—	—	—	—	—	—	—	—	4 031.75	315.50	4 347.25
421	红宝石蓝宝石	—	—	—	—	—	—	—	—	54 572.66	7 750.79	62 323.45
422	旺旺彩	—	—	—	—	—	—	—	—	10 927.44	3 600.92	14 528.36
423	桃花源寻宝	—	—	—	—	—	—	—	—	9 000.32	5 977.85	14 978.17
424	黑桃 KING	—	—	—	—	—	—	—	—	4 830.79	1 700.56	6 531.35
425	孔雀美	—	—	—	—	—	—	—	—	8 509.61	3 900.41	12 410.02
426	好运 9	—	—	—	—	—	—	—	—	18 446.88	15 480.58	33 927.46
427	快乐高尔夫	—	—	—	—	—	—	—	—	4 850.81	7 725.74	12 576.55
428	魅力香吻	—	—	—	—	—	—	—	—	7 303.74	3 395.34	10 699.08
429	一刮千金 10 元	—	—	—	—	—	—	—	—	60 289.94	13 861.89	74 151.83
430	金钥匙 5 元	—	—	—	—	—	—	—	—	3 665.17	9 206.83	12 872.00
431	天下为公	—	—	—	—	—	—	—	—	291.37	434.70	726.07
432	美丽衢州	—	—	—	—	—	—	—	—	—	179.30	179.30
433	幸运双星	—	—	—	—	—	—	—	—	1 122.07	7 675.70	8 797.77
434	森林探宝	—	—	—	—	—	—	—	—	—	13 637.48	13 637.48
435	码上有奖	—	—	—	—	—	—	—	—	—	23 115.35	23 115.35
436	以茶会友	—	—	—	—	—	—	—	—	1 318.78	4 900.51	6 219.28
437	青花瓷	—	—	—	—	—	—	—	—	286.95	924.20	1 211.15
438	闪耀钻石 5 元	—	—	—	—	—	—	—	—	—	15 691.33	15 691.33

续表

序号	游戏品种	2008	2009	2010	2011	2012	2013	2014	2015	2016	2017	合计 Total
439	闪耀钻石 10 元	—	—	—	—	—	—	—	—	—	26 538.42	26 538.42
440	闪耀钻石 20 元	—	—	—	—	—	—	—	—	—	24 922.96	24 922.96
441	丁酉鸡－金鸡银鸡 5 元	—	—	—	—	—	—	—	—	692.65	16 465.88	17 158.53
442	丁酉鸡－鸡鸣富贵 10 元	—	—	—	—	—	—	—	—	1 422.80	32 585.58	34 008.38
443	丁酉鸡－吉祥如意 20 元	—	—	—	—	—	—	—	—	573.85	19 887.67	20 461.52
444	福星	—	—	—	—	—	—	—	—	—	4 723.76	4 723.76
445	好运 123-5 元	—	—	—	—	—	—	—	—	—	17 266.54	17 266.54
446	福运红包 10 元	—	—	—	—	—	—	—	—	—	16 408.36	16 408.36
447	福	—	—	—	—	—	—	—	—	—	14 943.34	14 943.34
448	吉祥金蛋	—	—	—	—	—	—	—	—	—	7 851.00	7 851.00
449	幸运星座 5 元	—	—	—	—	—	—	—	—	—	6 237.68	6 237.68
450	扑克风云 10 元	—	—	—	—	—	—	—	—	—	29 550.04	29 550.04
451	5 要赢	—	—	—	—	—	—	—	—	—	2 324.75	2 324.75
452	六六顺 10 元	—	—	—	—	—	—	—	—	—	3 751.65	3 751.65
453	金玉满堂 20 元	—	—	—	—	—	—	—	—	—	10 939.92	10 939.92
454	国色天香	—	—	—	—	—	—	—	—	—	20 954.15	20 954.15
455	一鸣惊人 5 元	—	—	—	—	—	—	—	—	—	4 891.24	4 891.24
456	Quick3-2 元	—	—	—	—	—	—	—	—	—	3 238.62	3 238.62
457	欢乐彩蛋	—	—	—	—	—	—	—	—	—	14 850.42	14 850.42
458	福彩三十周年纪念	—	—	—	—	—	—	—	—	—	16 952.03	16 952.03
459	十全十美	—	—	—	—	—	—	—	—	—	56 850.14	56 850.14
460	十二生肖	—	—	—	—	—	—	—	—	—	1 740.40	1 740.40
461	蓝玫瑰	—	—	—	—	—	—	—	—	—	4 580.60	4 580.60
462	擂台赛 2 元	—	—	—	—	—	—	—	—	—	1 256.43	1 256.43
463	喜加福 5 元	—	—	—	—	—	—	—	—	—	5 981.27	5 981.27
464	临川四梦 5 元	—	—	—	—	—	—	—	—	—	518.50	518.50
465	黄金时代	—	—	—	—	—	—	—	—	—	10 323.68	10 323.68
466	摇钱树	—	—	—	—	—	—	—	—	—	7 721.17	7 721.17
467	双赢	—	—	—	—	—	—	—	—	—	480.35	480.35
468	5 动奇迹 5 元	—	—	—	—	—	—	—	—	—	3 981.29	3 981.29
469	步步惊喜 10 元	—	—	—	—	—	—	—	—	—	2 237.94	2 237.94
470	蒸蒸日上	—	—	—	—	—	—	—	—	—	2 137.80	2 137.80
471	玫瑰之约 20 元	—	—	—	—	—	—	—	—	—	2 996.16	2 996.16
472	北京印象	—	—	—	—	—	—	—	—	—	516.65	516.65
473	幸运宝 10	—	—	—	—	—	—	—	—	—	578.55	578.55
474	趣味台球 10 元	—	—	—	—	—	—	—	—	—	1 051.65	1 051.65
475	射门 2 元	—	—	—	—	—	—	—	—	—	109.28	109.28
合　计 Total		**770 041.06**	**927 657.43**	**1 445 717.53**	**2 004 425.62**	**2 020 302.00**	**1 855 448.62**	**1 858 958.92**	**1 628 034.12**	**1 491 247.57**	**1 263 402.02**	**15 265 234.88**

（中国福利彩票发行管理中心供稿）

2008—2017 年中国体育彩票全国联网游戏销售统计

Sales Statistics of National Games of Sports Lottery from 2008 to 2017

胜平负任选 9 场

单位：万元

Unit: Ten Thousand Yuan

地 区 Region	游戏类型 Game Type	2008	2009	2010	2011	2012	2013	2014	2015	2016	2017	合 计 Total
北 京	竞猜	10 230.83	14 423.39	15 118.80	16 555.33	17 511.38	27 390.66	25 602.76	17 509.34	15 395.35	15 647.11	175 384.94
天 津		2 927.16	4 781.40	11 565.18	16 228.52	17 462.76	16 156.36	14 360.38	8 734.05	5 745.69	5 965.41	103 926.91
河 北		3 153.90	4 330.94	4 771.54	4 674.19	4 766.65	4 466.20	8 094.69	8 003.81	20 411.05	23 880.49	86 553.46
山 西		1 932.18	2 683.27	2 521.35	2 389.25	3 206.72	2 441.41	2 414.58	2 829.74	2 737.37	6 036.68	29 192.55
内蒙古		1 455.41	2 144.17	2 222.50	2 033.68	2 275.94	2 347.75	3 011.16	3 833.05	2 937.62	2 997.90	25 259.17
辽 宁		9 568.45	12 866.22	12 596.89	11 447.85	11 635.61	11 465.65	11 878.91	12 604.16	12 453.34	13 117.08	119 634.15
吉 林		2 806.07	3 619.05	3 618.22	3 263.66	3 481.19	3 089.91	3 189.53	3 358.43	3 212.59	3 536.42	33 175.07
黑龙江		2 377.83	3 272.69	3 142.17	2 722.30	3 180.06	3 421.09	3 769.23	3 508.30	3 420.57	3 249.47	32 063.71
上 海		9 225.74	12 493.21	12 804.33	12 067.58	14 496.04	19 135.38	39 135.91	16 721.78	14 341.37	15 353.39	165 774.74
江 苏		8 084.04	11 166.40	12 345.33	11 246.57	11 479.84	14 320.24	22304.1354	14 239.27	14 616.36	17 251.03	137 053.21
浙 江		8 890.41	12 609.77	13 536.14	12 861.38	13 895.31	13 303.85	14875.587	19 643.54	20 293.16	21 593.03	151 502.17
安 徽		3 437.91	5 596.98	6 813.71	11 757.70	8 698.96	12 067.93	9 255.18	6 287.68	5 570.36	6 603.05	76 089.47
福 建		4 267.31	6 560.24	6 148.80	5 554.93	6 442.17	6 224.20	6 266.35	8 291.78	8 671.25	10 576.28	69 003.30
江 西		10 282.50	18 823.51	23 064.60	23 665.09	22 802.95	30 976.66	37 418.59	13 748.59	7 822.75	9 342.42	197 947.65
山 东		7 483.62	8 878.50	8 880.89	9 487.21	9 890.81	10 995.72	8 791.64	11 783.72	12 669.08	13 976.07	102 837.25
河 南		3 045.59	4 328.54	4 848.49	3 845.13	4 157.62	4 203.63	4 292.99	4 952.34	5 014.56	5 582.95	44 271.84
湖 北		8 339.79	11 591.43	10 883.07	10 407.10	11 382.36	10 913.54	12 457.38	14 840.61	15 406.32	18 080.36	124 301.96
湖 南		4 897.90	11 638.65	13 980.61	9 982.26	14 266.40	19 135.54	28 928.24	14 447.00	12 157.31	26 697.23	156 131.14
广 东		27 791.23	37 679.21	38 788.98	38 657.11	41 512.36	41 523.25	43 226.42	49 614.25	53 170.77	60 997.22	432 960.81
广 西		4 324.82	6 139.33	7 009.26	6 949.88	7 987.01	8 546.76	9 426.42	10 602.20	10 730.65	14 180.67	85 897.00
海 南		540.65	731.42	802.98	808.58	917.11	911.33	843.96	1 091.07	1 260.18	1 343.72	9 250.99
重 庆		3 768.91	6 155.20	5 882.03	4 994.37	8 691.50	10 126.34	11 814.24	6 756.59	6 233.84	7 995.88	72 418.89
四 川		6 844.68	9 485.34	10 283.70	9 773.75	11 080.76	11 633.56	11 053.15	12 705.91	12 706.03	15 366.08	110 932.96
贵 州		2 233.24	3 259.81	3 437.88	3 203.19	3 248.55	3 132.00	3 256.23	4 002.79	3 902.06	4 265.55	33 941.30
云 南		3 284.74	4 802.14	5 179.88	4 488.97	4 904.37	4 522.01	4 776.71	5 185.82	5 661.97	5 251.46	48 058.08
西 藏		97.92	174.03	—	139.00	160.93	177.00	149.58	214.62	150.55	123.16	1 386.77
陕 西		2 609.43	3 705.23	3 761.81	3 604.39	4 017.32	3 969.32	5 529.16	6 975.96	8 041.16	14 048.03	56 261.81
甘 肃		1 161.40	1 424.26	1 420.60	1 365.63	1 721.89	1 387.86	1 516.23	1 757.02	1 773.41	2 112.52	15 640.84
青 海		267.26	347.14	344.78	276.78	308.57	295.21	507.44	617.27	808.95	962.92	4 736.33
宁 夏		526.08	656.88	660.88	568.45	574.97	578.54	1 019.91	760.50	732.17	934.04	7 012.43
新 疆		2 210.58	2 814.08	2 943.68	4 020.13	3 404.09	4 211.72	8 499.47	5 336.90	4 510.73	5 505.43	43 456.82
合 计 Total		**158 067.58**	**229 182.43**	**249 379.07**	**249 039.95**	**269 562.21**	**303 070.62**	**357 666.15**	**290 958.09**	**292 558.55**	**352 573.05**	**2 752 057.69**

足球 4 场进球

单位：万元

Unit: Ten Thousand Yuan

地 区 Region	游戏类型 Game Type	2008	2009	2010	2011	2012	2013	2014	2015	2016	2017	合 计 Total
北 京	竞猜	2 410.04	1 420.16	1 670.98	1 379.78	1 314.74	959.88	1 459.45	848.78	749.06	496.95	12 709.82
天 津		669.94	475.24	601.69	1 158.64	1 376.56	962.49	1 079.52	333.66	215.87	160.47	7 034.07
河 北		582.10	481.84	491.92	373.09	306.78	277.25	590.98	504.77	607.16	738.45	4 954.33
山 西		318.61	261.02	278.01	161.23	239.80	129.23	158.16	199.93	102.75	130.52	1 979.26
内蒙古		319.73	265.42	337.77	239.14	170.33	115.54	207.92	152.56	130.58	186.43	2 125.42
辽 宁		1 958.98	1 674.48	1 170.27	686.85	717.88	386.14	458.94	381.67	321.58	315.13	8 071.93
吉 林		415.92	313.55	357.78	184.06	154.57	134.09	205.95	151.99	97.62	93.04	2 108.58
黑龙江		593.55	427.24	444.21	292.21	262.93	295.72	443.53	232.26	195.00	170.19	3 356.86
上 海		2 352.87	1 598.21	1 495.42	937.10	927.42	914.81	2 862.87	781.76	540.34	700.82	13 111.61
江 苏		1 732.05	1 001.38	1 123.41	590.29	574.54	726.44	1 614.39	579.95	551.53	595.51	9 089.50
浙 江		2 212.40	2 505.71	2 512.68	1 264.22	986.13	659.44	1 049.75	929.27	721.99	591.93	13 433.52
安 徽		725.05	964.55	678.73	1 014.78	520.00	663.75	546.33	417.81	423.20	322.51	6 276.70
福 建		1 537.41	845.68	753.72	416.83	516.96	283.36	422.89	492.48	539.85	390.71	6 199.89
江 西		3 523.79	3 205.45	3 459.46	2 706.85	2 018.69	2 076.06	2 948.53	758.26	370.69	345.72	21 413.51
山 东		1 878.60	1 032.69	1 026.78	668.88	650.17	659.81	792.16	785.28	812.94	761.06	9 068.37
河 南		796.75	469.21	612.98	366.51	281.14	249.49	315.88	392.18	246.27	265.13	3 995.55
湖 北		1 384.06	1 124.02	1 142.82	709.91	842.96	520.35	967.60	801.21	584.61	632.57	8 710.11
湖 南		1 010.51	1 954.91	3 190.37	1 382.93	1 783.74	2 147.32	2 844.30	659.09	462.35	696.45	16 131.96
广 东		5 744.07	3 743.63	4 165.41	3 136.30	2 816.81	2 197.98	2 618.00	2 050.90	1 823.95	1 944.71	30 241.77
广 西		695.10	522.73	764.05	536.95	573.96	494.77	731.26	624.09	477.96	570.08	5 990.95
海 南		121.69	79.61	114.85	72.47	55.35	52.86	74.55	133.86	78.39	63.80	847.42
重 庆		1 045.92	448.77	908.16	537.89	1 170.41	1 010.49	1 301.83	413.73	445.98	331.46	7 614.63
四 川		1 108.09	815.53	1 211.03	827.13	735.60	540.58	699.48	519.96	403.09	323.83	7 184.32
贵 州		454.87	351.91	511.27	241.01	206.76	170.16	204.19	215.02	199.11	178.33	2 732.63
云 南		656.82	391.10	536.14	327.89	349.69	256.39	322.69	359.85	416.62	268.89	3 886.09
西 藏		16.75	14.03	—	25.39	9.31	5.25	14.97	13.36	6.04	4.11	109.20
陕 西		456.21	427.26	479.92	442.06	414.81	247.31	380.63	298.53	257.19	503.03	3 906.94
甘 肃		202.45	141.05	171.00	165.33	169.01	104.88	113.45	80.01	113.61	101.39	1 362.18
青 海		76.36	40.14	26.08	14.68	14.25	11.10	52.58	24.88	94.80	82.13	437.00
宁 夏		41.75	33.68	73.69	45.38	75.74	22.48	78.53	33.00	29.34	12.29	445.89
新 疆		379.73	295.59	296.20	204.88	229.12	174.91	531.90	270.88	271.81	137.82	2 792.85
合 计 Total		**35 422.17**	**27 325.79**	**30 606.80**	**21 110.65**	**20 466.17**	**17 450.35**	**26 093.22**	**14 440.99**	**12 291.28**	**12 115.46**	**217 322.87**

足球6场半全场胜平负

单位：万元

Unit: Ten Thousand Yuan

地 区 Region	游戏类型 Game Type	2008	2009	2010	2011	2012	2013	2014	2015	2016	2017	合 计 Total
北 京	竞猜	666.51	335.09	398.89	262.71	257.62	197.14	241.19	117.71	49.01	41.30	2 567.17
天 津		242.72	142.87	170.82	402.43	436.46	220.50	197.89	96.62	26.62	35.49	1 972.42
河 北		193.46	104.96	182.55	134.01	121.17	75.70	87.42	60.30	59.86	118.46	1 137.88
山 西		121.20	55.76	66.29	38.50	64.57	25.85	27.00	22.70	11.72	35.84	469.43
内蒙古		183.66	104.07	105.37	69.78	47.51	26.90	41.31	26.06	19.07	16.79	640.52
辽 宁		802.73	289.92	345.86	188.52	204.64	110.64	92.63	100.73	49.46	65.58	2 250.72
吉 林		234.12	82.27	140.21	68.50	54.80	24.24	22.56	17.61	10.83	10.52	665.66
黑龙江		251.96	113.66	133.94	86.17	82.12	50.36	82.26	62.88	15.38	18.32	897.05
上 海		855.98	350.45	340.42	274.29	248.36	257.27	720.77	184.05	81.01	114.46	3 427.06
江 苏		699.50	285.10	290.84	174.33	217.74	196.62	282.21	103.69	61.94	73.75	2 385.71
浙 江		1 014.08	452.61	530.79	319.81	294.20	156.35	185.61	166.87	90.46	104.93	3 315.71
安 徽		291.73	234.22	180.88	308.50	141.61	202.55	149.85	154.03	52.79	42.52	1 758.68
福 建		477.49	202.92	185.20	131.90	186.51	134.56	100.81	108.67	75.72	97.53	1 701.31
江 西		1 592.53	1 002.47	1 204.90	896.41	867.62	675.26	771.64	260.09	34.51	51.32	7 356.75
山 东		606.68	249.17	206.15	163.22	185.41	157.35	95.29	129.91	75.74	80.52	1 949.45
河 南		251.08	103.70	138.81	93.78	71.37	56.13	53.08	61.40	39.56	60.22	929.12
湖 北		634.39	237.82	221.88	182.10	167.10	88.48	100.06	178.47	144.32	170.57	2 125.19
湖 南		375.67	573.05	776.10	347.84	754.21	749.35	543.61	224.81	63.30	124.16	4 532.10
广 东		3 131.87	1 408.03	1 401.82	1 109.65	882.23	630.58	574.38	470.82	258.66	305.99	10 174.03
广 西		352.97	167.95	193.81	143.55	146.87	118.62	112.70	112.10	56.26	78.74	1 483.58
海 南		54.12	23.56	35.55	28.68	26.82	28.06	23.29	33.04	21.56	26.31	301.00
重 庆		596.98	112.38	152.86	84.44	194.37	192.84	228.04	117.83	22.29	27.49	1 729.51
四 川		514.87	198.78	304.16	151.23	192.50	133.88	121.37	77.48	48.71	51.71	1 794.69
贵 州		185.36	81.85	110.40	68.31	65.74	35.98	35.71	33.34	16.96	21.37	655.02
云 南		286.14	125.05	172.44	85.57	96.02	81.80	77.20	53.19	30.97	29.09	1 037.47
西 藏		7.84	3.22	—	2.37	1.75	1.01	8.04	2.72	1.13	0.77	28.86
陕 西		232.24	113.43	166.23	123.98	108.41	45.35	43.29	76.61	25.34	121.27	1 056.16
甘 肃		133.20	51.22	50.90	31.65	41.89	28.71	14.81	15.90	12.85	20.73	401.86
青 海		24.72	8.78	7.02	5.55	7.30	2.29	6.99	8.41	5.58	21.11	97.75
宁 夏		28.32	9.92	22.64	10.07	12.17	8.81	24.92	6.93	2.24	3.91	129.92
新 疆		161.13	69.92	78.62	54.26	61.26	48.19	131.57	77.69	38.95	33.89	755.47
合 计 Total		**15 205.25**	**7 294.20**	**8 316.36**	**6 042.13**	**6 240.35**	**4 761.35**	**5 197.47**	**3 162.68**	**1 502.78**	**2 004.66**	**59 727.22**

足球胜平负

单位：万元

Unit: Ten Thousand Yuan

地 区 Region	游戏类型 Game Type	2008	2009	2010	2011	2012	2013	2014	2015	2016	2017	合 计 Total
北 京	竞猜	15 798.50	16 636.15	20 458.92	22 342.93	25 364.66	47 737.22	31 887.00	20 150.00	18 619.13	22 125.08	241 119.57
天 津		5 774.97	6 470.61	12 740.14	25 766.13	22 630.13	16 816.20	15 294.77	8 659.87	6 069.40	7 442.85	127 665.07
河 北		3 157.74	4 528.09	6 392.90	6 029.60	6 198.13	5 922.14	8 602.03	8 495.85	23 779.24	26 746.27	99 851.98
山 西		2 398.50	2 966.44	2 977.24	3 493.80	4 926.18	2 977.24	3 070.18	3 943.13	3 054.86	8 172.57	37 980.13
内蒙古		2 301.84	2 849.60	3 325.63	3 438.70	3 628.28	3 748.95	3 313.52	5 137.07	4 528.60	5 179.72	37 451.91
辽 宁		13 661.16	15 687.21	18 979.06	17 494.63	14 813.40	13 746.55	14 349.18	14 086.53	14 253.19	16 848.58	153 919.49
吉 林		3 919.57	3 726.25	4 838.99	4 525.06	4 857.17	3 951.23	3 528.18	3 712.14	3 300.38	4 093.16	40 452.14
黑龙江		3 703.00	3 764.22	4 166.00	3 978.09	3 926.16	4 573.93	5 124.31	5 301.28	4 983.79	4 457.12	43 977.90
上 海		14 004.05	13 889.28	15 138.34	15 125.24	15 024.07	32 318.98	46 393.85	19 571.16	15 897.69	19 749.54	207 112.20
江 苏		11 224.38	12 409.64	15 595.25	15 006.10	14 410.67	19 822.41	29 174.40	16 866.60	16 832.63	22 759.51	174 101.59
浙 江		16 164.16	17 222.23	20 831.98	19 823.84	20 337.84	18 961.48	19 570.36	26 183.32	24 974.31	32 170.32	216 239.85
安 徽		3 113.44	5 172.65	8 169.07	22 137.01	10 820.18	15 741.71	10 854.12	6 956.55	5 911.18	8 383.53	97 259.43
福 建		8 833.00	9 920.70	9 610.38	8 817.69	9 338.96	9 736.71	9 098.52	11 288.40	12 400.23	16 267.59	105 312.16
江 西		21 090.10	24 662.16	37 158.94	48 869.46	40 462.13	42 518.17	53 150.81	17 911.21	8 844.20	11 082.57	305 749.75
山 东		10 466.75	9 976.62	12 412.21	12 236.90	12 699.13	14 953.58	11 681.03	15 676.90	18 812.96	19 167.54	138 083.61
河 南		4 587.89	5 300.84	7 091.83	7 659.98	6 289.54	6 159.46	6 671.45	6 881.83	7 128.95	8 390.88	66 162.65
湖 北		11 213.96	11 024.36	11 174.69	11 335.69	11 306.80	11 670.46	12 536.96	14 760.99	14 962.91	19 022.87	129 009.69
湖 南		5 297.38	13 715.13	26 245.69	21 718.67	26 972.44	27 455.23	48 521.01	26 076.24	19 921.46	32 418.73	248 341.98
广 东		46 725.09	49 583.73	52 979.76	56 238.15	48 657.11	52 023.44	53 605.65	60 520.12	63 563.91	80 316.63	564 213.59
广 西		4 943.02	5 657.23	7 124.06	8 123.96	8 922.36	9 985.73	10 135.35	11 294.02	10 606.41	16 377.07	93 169.20
海 南		912.06	960.10	1 111.18	1 100.41	1 090.74	1 256.01	1 188.73	1 568.76	1 669.45	2 412.33	13 269.78
重 庆		7 400.36	5 571.86	4 815.72	5 283.20	8 010.70	10 986.04	11 772.46	7 140.02	7 665.26	10 611.91	79 257.53
四 川		8 097.60	10 410.02	12 948.77	12 145.65	13 395.35	14 281.95	13 199.94	14 109.02	13 556.06	18 361.83	130 506.19
贵 州		3 275.75	3 900.87	4 562.08	4 022.89	4 046.64	4 455.43	4 327.97	4 784.08	4 580.47	5 980.65	43 936.81
云 南		4 951.73	5 823.14	6 709.84	6 338.70	6 219.51	7 119.16	7 335.18	7 903.86	7 948.94	8 762.13	69 112.18
西 藏		170.84	204.88	—	192.97	202.34	254.86	275.35	410.39	269.50	180.22	2 161.35
陕 西		4 193.61	4 623.49	5 626.91	7 596.90	7 662.41	7 022.20	8 435.09	10 472.20	9 897.62	17 592.25	83 122.69
甘 肃		1 452.31	1 450.56	1 428.40	1 609.78	2 021.83	2 258.76	1 863.83	1 913.98	2 065.32	2 985.19	19 049.95
青 海		447.18	475.58	458.05	457.37	718.04	494.78	523.03	802.33	1 031.39	1 289.29	6 697.04
宁 夏		995.67	978.80	955.27	979.94	903.10	1 223.74	1 804.36	1 235.25	1 590.29	1 944.59	12 611.01
新 疆		2 617.65	2 486.90	3 527.19	4 862.04	3 726.14	4 745.96	8 228.53	6 366.37	5 396.39	6 656.91	48 614.07
合 计 Total		**242 893.26**	**272 049.34**	**339 554.47**	**378 751.47**	**359 582.10**	**414 919.71**	**455 517.14**	**360 179.47**	**354 116.11**	**457 949.41**	**3 635 512.48**

竞彩玩法

单位：万元

Unit: Ten Thousand Yuan

地 区 Region	游戏类型 Game Type	2008	2009	2010	2011	2012	2013	2014	2015	2016	2017	合 计 Total
北 京	竞猜	—	—	—	0.20	9 627.25	85 154.41	55 115.37	44 165.09	81 999.26	86 203.32	362 264.90
天 津		—	25.08	9 965.63	91 622.31	82 597.16	130 952.30	241 155.13	175 677.78	172 186.34	125 661.96	1 029 843.68
河 北		—	79.82	9 104.67	10 248.86	16 400.46	21 452.45	176 474.28	155 056.97	334 184.40	266 836.56	989 838.47
山 西		—	112.08	4 930.26	20 000.65	21 167.75	11 344.40	18 295.80	44 010.39	97 912.11	208 316.79	426 090.24
内蒙古		—	1.66	1 107.15	2 965.22	7 779.79	7 754.74	9 150.49	28 791.97	67 163.46	98 802.23	223 516.69
辽 宁		—	4 553.35	49 026.16	54 434.33	62 591.83	52 104.57	87 099.61	133 618.39	226 956.27	194 161.99	864 546.49
吉 林		—	109.16	9 433.61	14 374.57	26 578.36	20 767.57	24 034.12	42 816.54	55 369.50	49 842.40	243 325.83
黑龙江		—	1 411.65	11 369.53	27 002.62	21 765.19	28 222.10	195 242.29	119 601.61	72 732.97	104 092.48	581 440.45
上 海		—	0.04	17 770.37	39 389.89	99 412.91	238 408.27	545 425.71	170 140.82	110 309.13	103 201.00	1 324 058.15
江 苏		—	1 380.87	156 212.19	244 760.64	301 023.51	304 647.44	497 742.32	444 033.03	431 892.83	599 261.85	2 980 954.69
浙 江		—	1 383.80	44 993.12	71 343.87	89 621.04	73 746.11	274 172.51	296 079.89	429 360.24	489 117.81	1 769 818.40
安 徽		—	76.84	16 774.21	46 540.84	64 599.41	105 028.84	199 551.33	275 997.40	267 673.89	324 287.17	1 300 529.92
福 建		—	104.77	10 344.93	17 572.83	35 441.21	31 198.60	51 189.80	137 877.31	180 722.55	423 596.81	888 048.81
江 西		—	2.66	13 298.25	48 588.78	132 996.44	180 798.99	243 599.50	226 024.95	138 429.43	236 340.92	1 220 079.92
山 东		—	1 283.26	34 839.03	163 459.05	151 848.62	200 492.52	316 877.07	599 185.59	655 504.42	734 103.11	2 857 592.68
河 南		—	—	18 337.25	39 199.23	34 604.28	65 913.73	103 218.98	336 809.28	452 120.10	534 219.18	1 584 422.03
湖 北		—	1 093.65	20 638.12	27 092.52	39 232.00	81 204.09	151 111.02	99 938.16	369 758.97	511 982.53	1 302 051.06
湖 南		—	18.22	23 903.61	38 270.03	75 304.69	121 282.89	153 640.57	219 635.44	419 237.56	582 804.44	1 634 097.45
广 东		—	4.22	48 085.33	108 613.65	188 228.16	186 470.11	204 545.31	526 358.53	728 996.58	721 193.36	2 712 495.24
广 西		—	12.35	16 879.33	23 078.17	30 860.07	32 473.59	52 758.16	110 345.26	187 673.50	200 303.16	654 383.59
海 南		—	0.24	1 974.51	2 414.64	6 585.13	5 927.10	2 103.17	38 176.43	59 445.78	42 829.69	159 456.68
重 庆		—	170.84	18 813.97	32 209.38	42 832.04	77 788.72	152 347.45	210 616.69	264 271.44	367 184.02	1 166 234.55
四 川		—	1 202.23	23 560.78	26 233.10	40 891.72	32 280.24	44 669.12	101 082.90	139 762.22	148 213.70	557 896.02
贵 州		—	—	7 972.83	9 285.48	18 913.08	19 574.03	25 385.73	37 114.79	69 413.41	64 951.06	252 610.41
云 南		—	—	25 474.81	30 370.30	42 732.76	37 214.99	60 711.00	122 941.42	229 448.21	205 312.75	754 206.24
西 藏		—	—	—	689.80	1 254.77	1 020.52	1 221.67	2 175.93	2 232.04	1 637.45	10 232.19
陕 西		—	203.20	8 112.87	12 452.02	20 294.26	16 293.38	166 594.62	177 405.77	291 861.62	394 722.74	1 087 940.47
甘 肃		—	45.21	1 811.45	6 811.61	27 846.71	40 382.58	55 020.54	18 730.70	52 144.30	75 715.49	278 508.59
青 海		—	0.83	712.15	7 477.53	7 811.01	33 169.32	68 642.44	15 240.21	15 238.86	25 593.49	173 885.85
宁 夏		—	—	562.92	938.69	1 985.73	12 071.44	76 121.51	11 887.12	14 844.09	17 922.87	136 334.38
新 疆		—	85.51	3 594.08	24 794.92	28 763.10	32 825.61	151 102.32	61 018.81	81 435.77	92 793.29	476 413.40
合 计 Total		**—**	**13 361.53**	**609 603.13**	**1 242 235.71**	**1 731 590.45**	**2 287 965.67**	**4 404 318.94**	**4 982 555.14**	**6 700 281.27**	**8 031 205.61**	**30 003 117.46**

欧锦赛四强

单位：万元

Unit: Ten Thousand Yuan

地区 Region	游戏类型 Game Type	2008	2009	2010	2011	2012	2013	2014	2015	2016	2017	合计 Total
北京	竞猜	41.06	—	—	—	—	—	—	—	—	—	41.06
天津		10.62	—	—	—	—	—	—	—	—	—	10.62
河北		19.51	—	—	—	—	—	—	—	—	—	19.51
山西		8.11	—	—	—	—	—	—	—	—	—	8.11
内蒙古		13.15	—	—	—	—	—	—	—	—	—	13.15
辽宁		55.91	—	—	—	—	—	—	—	—	—	55.91
吉林		20.18	—	—	—	—	—	—	—	—	—	20.18
黑龙江		35.29	—	—	—	—	—	—	—	—	—	35.29
上海		33.92	—	—	—	—	—	—	—	—	—	33.92
江苏		43.57	—	—	—	—	—	—	—	—	—	43.57
浙江		37.14	—	—	—	—	—	—	—	—	—	37.14
安徽		16.03	—	—	—	—	—	—	—	—	—	16.03
福建		23.95	—	—	—	—	—	—	—	—	—	23.95
江西		47.12	—	—	—	—	—	—	—	—	—	47.12
山东		48.82	—	—	—	—	—	—	—	—	—	48.82
河南		22.46	—	—	—	—	—	—	—	—	—	22.46
湖北		25.05	—	—	—	—	—	—	—	—	—	25.05
湖南		35.50	—	—	—	—	—	—	—	—	—	35.50
广东		139.41	—	—	—	—	—	—	—	—	—	139.41
广西		20.80	—	—	—	—	—	—	—	—	—	20.80
海南		5.12	—	—	—	—	—	—	—	—	—	5.12
重庆		15.82	—	—	—	—	—	—	—	—	—	15.82
四川		24.54	—	—	—	—	—	—	—	—	—	24.54
贵州		11.70	—	—	—	—	—	—	—	—	—	11.70
云南		22.87	—	—	—	—	—	—	—	—	—	22.87
西藏		0.58	—	—	—	—	—	—	—	—	—	0.58
陕西		23.90	—	—	—	—	—	—	—	—	—	23.90
甘肃		7.68	—	—	—	—	—	—	—	—	—	7.68
青海		1.42	—	—	—	—	—	—	—	—	—	1.42
宁夏		2.19	—	—	—	—	—	—	—	—	—	2.19
新疆		8.87	—	—	—	—	—	—	—	—	—	8.87
合计 Total		**822.29**	**—**	**—**	**—**	**—**	**—**	**—**	**—**	**—**	**—**	**822.29**

欧锦赛八强

单位：万元

Unit: Ten Thousand Yuan

地 区 Region	游戏类型 Game Type	2008	2009	2010	2011	2012	2013	2014	2015	2016	2017	合 计 Total
北 京	竞猜	46.45	—	—	—	—	—	—	—	—	—	46.45
天 津		16.85	—	—	—	—	—	—	—	—	—	16.85
河 北		21.51	—	—	—	—	—	—	—	—	—	21.51
山 西		10.95	—	—	—	—	—	—	—	—	—	10.95
内蒙古		13.22	—	—	—	—	—	—	—	—	—	13.22
辽 宁		59.17	—	—	—	—	—	—	—	—	—	59.17
吉 林		24.36	—	—	—	—	—	—	—	—	—	24.36
黑龙江		21.57	—	—	—	—	—	—	—	—	—	21.57
上 海		41.45	—	—	—	—	—	—	—	—	—	41.45
江 苏		50.70	—	—	—	—	—	—	—	—	—	50.70
浙 江		42.70	—	—	—	—	—	—	—	—	—	42.70
安 徽		16.33	—	—	—	—	—	—	—	—	—	16.33
福 建		23.33	—	—	—	—	—	—	—	—	—	23.33
江 西		38.54	—	—	—	—	—	—	—	—	—	38.54
山 东		58.69	—	—	—	—	—	—	—	—	—	58.69
河 南		18.31	—	—	—	—	—	—	—	—	—	18.31
湖 北		26.99	—	—	—	—	—	—	—	—	—	26.99
湖 南		27.03	—	—	—	—	—	—	—	—	—	27.03
广 东		145.31	—	—	—	—	—	—	—	—	—	145.31
广 西		28.52	—	—	—	—	—	—	—	—	—	28.52
海 南		5.33	—	—	—	—	—	—	—	—	—	5.33
重 庆		15.34	—	—	—	—	—	—	—	—	—	15.34
四 川		29.78	—	—	—	—	—	—	—	—	—	29.78
贵 州		12.49	—	—	—	—	—	—	—	—	—	12.49
云 南		19.15	—	—	—	—	—	—	—	—	—	19.15
西 藏		0.54	—	—	—	—	—	—	—	—	—	0.54
陕 西		20.20	—	—	—	—	—	—	—	—	—	20.20
甘 肃		7.58	—	—	—	—	—	—	—	—	—	7.58
青 海		1.68	—	—	—	—	—	—	—	—	—	1.68
宁 夏		3.24	—	—	—	—	—	—	—	—	—	3.24
新 疆		10.91	—	—	—	—	—	—	—	—	—	10.91
合 计 Total		**858.22**	**—**	**—**	**—**	**—**	**—**	**—**	**—**	**—**	**—**	**858.22**

奥运连连猜资格奖

单位：万元

Unit: Ten Thousand Yuan

地 区 Region	游戏类型 Game Type	2008	2009	2010	2011	2012	2013	2014	2015	2016	2017	合 计 Total
北 京	竞猜	121.73	—	—	—	—	—	—	—	—	—	121.73
天 津		45.02	—	—	—	—	—	—	—	—	—	45.02
河 北		136.18	—	—	—	—	—	—	—	—	—	136.18
山 西		195.66	—	—	—	—	—	—	—	—	—	195.66
内蒙古		160.73	—	—	—	—	—	—	—	—	—	160.73
辽 宁		123.85	—	—	—	—	—	—	—	—	—	123.85
吉 林		163.44	—	—	—	—	—	—	—	—	—	163.44
黑龙江		163.29	—	—	—	—	—	—	—	—	—	163.29
上 海		77.47	—	—	—	—	—	—	—	—	—	77.47
江 苏		107.50	—	—	—	—	—	—	—	—	—	107.50
浙 江		105.36	—	—	—	—	—	—	—	—	—	105.36
安 徽		101.47	—	—	—	—	—	—	—	—	—	101.47
福 建		288.65	—	—	—	—	—	—	—	—	—	288.65
江 西		107.51	—	—	—	—	—	—	—	—	—	107.51
山 东		218.82	—	—	—	—	—	—	—	—	—	218.82
河 南		989.61	—	—	—	—	—	—	—	—	—	989.61
湖 北		127.30	—	—	—	—	—	—	—	—	—	127.30
湖 南		184.30	—	—	—	—	—	—	—	—	—	184.30
广 东		1 123.02	—	—	—	—	—	—	—	—	—	1 123.02
广 西		58.60	—	—	—	—	—	—	—	—	—	58.60
海 南		4.48	—	—	—	—	—	—	—	—	—	4.48
重 庆		40.33	—	—	—	—	—	—	—	—	—	40.33
四 川		72.41	—	—	—	—	—	—	—	—	—	72.41
贵 州		91.23	—	—	—	—	—	—	—	—	—	91.23
云 南		285.50	—	—	—	—	—	—	—	—	—	285.50
西 藏		2.66	—	—	—	—	—	—	—	—	—	2.66
陕 西		64.40	—	—	—	—	—	—	—	—	—	64.40
甘 肃		74.51	—	—	—	—	—	—	—	—	—	74.51
青 海		21.61	—	—	—	—	—	—	—	—	—	21.61
宁 夏		34.04	—	—	—	—	—	—	—	—	—	34.04
新 疆		42.19	—	—	—	—	—	—	—	—	—	42.19
合 计 Total		**5 332.87**	**—**	**—**	**—**	**—**	**—**	**—**	**—**	**—**	**—**	**5 332.87**

奥运赛事天天彩

单位：万元

Unit: Ten Thousand Yuan

地 区 Region	游戏类型 Game Type	2008	2009	2010	2011	2012	2013	2014	2015	2016	2017	合 计 Total
北 京	竞猜	28.83	—	—	—	—	—	—	—	—	—	28.83
天 津		6.68	—	—	—	—	—	—	—	—	—	6.68
河 北		18.29	—	—	—	—	—	—	—	—	—	18.29
山 西		9.01	—	—	—	—	—	—	—	—	—	9.01
内蒙古		14.97	—	—	—	—	—	—	—	—	—	14.97
辽 宁		18.31	—	—	—	—	—	—	—	—	—	18.31
吉 林		11.62	—	—	—	—	—	—	—	—	—	11.62
黑龙江		21.75	—	—	—	—	—	—	—	—	—	21.75
上 海		20.40	—	—	—	—	—	—	—	—	—	20.40
江 苏		30.34	—	—	—	—	—	—	—	—	—	30.34
浙 江		32.75	—	—	—	—	—	—	—	—	—	32.75
安 徽		17.30	—	—	—	—	—	—	—	—	—	17.30
福 建		43.57	—	—	—	—	—	—	—	—	—	43.57
江 西		20.31	—	—	—	—	—	—	—	—	—	20.31
山 东		33.17	—	—	—	—	—	—	—	—	—	33.17
河 南		28.28	—	—	—	—	—	—	—	—	—	28.28
湖 北		36.56	—	—	—	—	—	—	—	—	—	36.56
湖 南		16.32	—	—	—	—	—	—	—	—	—	16.32
广 东		105.49	—	—	—	—	—	—	—	—	—	105.49
广 西		10.15	—	—	—	—	—	—	—	—	—	10.15
海 南		3.15	—	—	—	—	—	—	—	—	—	3.15
重 庆		7.49	—	—	—	—	—	—	—	—	—	7.49
四 川		22.68	—	—	—	—	—	—	—	—	—	22.68
贵 州		10.42	—	—	—	—	—	—	—	—	—	10.42
云 南		33.65	—	—	—	—	—	—	—	—	—	33.65
西 藏		0.86	—	—	—	—	—	—	—	—	—	0.86
陕 西		10.41	—	—	—	—	—	—	—	—	—	10.41
甘 肃		4.92	—	—	—	—	—	—	—	—	—	4.92
青 海		1.10	—	—	—	—	—	—	—	—	—	1.10
宁 夏		5.11	—	—	—	—	—	—	—	—	—	5.11
新 疆		5.32	—	—	—	—	—	—	—	—	—	5.32
合 计 Total		**629.21**	**—**	**—**	**—**	**—**	**—**	**—**	**—**	**—**	**—**	**629.21**

奥运女足四强

单位：万元

Unit: Ten Thousand Yuan

地 区 Region	游戏类型 Game Type	2008	2009	2010	2011	2012	2013	2014	2015	2016	2017	合 计 Total
北 京	竞猜	10.77	—	—	—	—	—	—	—	—	—	10.77
天 津		1.35	—	—	—	—	—	—	—	—	—	1.35
河 北		3.67	—	—	—	—	—	—	—	—	—	3.67
山 西		1.75	—	—	—	—	—	—	—	—	—	1.75
内蒙古		1.89	—	—	—	—	—	—	—	—	—	1.89
辽 宁		11.81	—	—	—	—	—	—	—	—	—	11.81
吉 林		5.40	—	—	—	—	—	—	—	—	—	5.40
黑龙江		6.81	—	—	—	—	—	—	—	—	—	6.81
上 海		6.51	—	—	—	—	—	—	—	—	—	6.51
江 苏		4.37	—	—	—	—	—	—	—	—	—	4.37
浙 江		6.68	—	—	—	—	—	—	—	—	—	6.68
安 徽		2.27	—	—	—	—	—	—	—	—	—	2.27
福 建		5.38	—	—	—	—	—	—	—	—	—	5.38
江 西		10.18	—	—	—	—	—	—	—	—	—	10.18
山 东		11.66	—	—	—	—	—	—	—	—	—	11.66
河 南		23.01	—	—	—	—	—	—	—	—	—	23.01
湖 北		5.20	—	—	—	—	—	—	—	—	—	5.20
湖 南		2.68	—	—	—	—	—	—	—	—	—	2.68
广 东		26.80	—	—	—	—	—	—	—	—	—	26.80
广 西		4.37	—	—	—	—	—	—	—	—	—	4.37
海 南		0.29	—	—	—	—	—	—	—	—	—	0.29
重 庆		3.47	—	—	—	—	—	—	—	—	—	3.47
四 川		4.19	—	—	—	—	—	—	—	—	—	4.19
贵 州		1.38	—	—	—	—	—	—	—	—	—	1.38
云 南		2.81	—	—	—	—	—	—	—	—	—	2.81
西 藏		0.07	—	—	—	—	—	—	—	—	—	0.07
陕 西		2.22	—	—	—	—	—	—	—	—	—	2.22
甘 肃		1.09	—	—	—	—	—	—	—	—	—	1.09
青 海		0.40	—	—	—	—	—	—	—	—	—	0.40
宁 夏		0.34	—	—	—	—	—	—	—	—	—	0.34
新 疆		1.38	—	—	—	—	—	—	—	—	—	1.38
合 计 Total		**170.20**	**—**	**—**	**—**	**—**	**—**	**—**	**—**	**—**	**—**	**170.20**

奥运男足四强

单位：万元

Unit: Ten Thousand Yuan

地 区 Region	游戏类型 Game Type	2008	2009	2010	2011	2012	2013	2014	2015	2016	2017	合 计 Total
北 京	竞猜	21.70	—	—	—	—	—	—	—	—	—	21.70
天 津		2.89	—	—	—	—	—	—	—	—	—	2.89
河 北		5.45	—	—	—	—	—	—	—	—	—	5.45
山 西		4.81	—	—	—	—	—	—	—	—	—	4.81
内蒙古		3.96	—	—	—	—	—	—	—	—	—	3.96
辽 宁		24.18	—	—	—	—	—	—	—	—	—	24.18
吉 林		7.25	—	—	—	—	—	—	—	—	—	7.25
黑龙江		15.42	—	—	—	—	—	—	—	—	—	15.42
上 海		12.04	—	—	—	—	—	—	—	—	—	12.04
江 苏		10.14	—	—	—	—	—	—	—	—	—	10.14
浙 江		14.39	—	—	—	—	—	—	—	—	—	14.39
安 徽		3.36	—	—	—	—	—	—	—	—	—	3.36
福 建		9.30	—	—	—	—	—	—	—	—	—	9.30
江 西		17.66	—	—	—	—	—	—	—	—	—	17.66
山 东		17.55	—	—	—	—	—	—	—	—	—	17.55
河 南		24.71	—	—	—	—	—	—	—	—	—	24.71
湖 北		11.09	—	—	—	—	—	—	—	—	—	11.09
湖 南		5.32	—	—	—	—	—	—	—	—	—	5.32
广 东		47.78	—	—	—	—	—	—	—	—	—	47.78
广 西		7.49	—	—	—	—	—	—	—	—	—	7.49
海 南		0.54	—	—	—	—	—	—	—	—	—	0.54
重 庆		7.20	—	—	—	—	—	—	—	—	—	7.20
四 川		6.59	—	—	—	—	—	—	—	—	—	6.59
贵 州		2.58	—	—	—	—	—	—	—	—	—	2.58
云 南		5.00	—	—	—	—	—	—	—	—	—	5.00
西 藏		0.10	—	—	—	—	—	—	—	—	—	0.10
陕 西		4.25	—	—	—	—	—	—	—	—	—	4.25
甘 肃		3.16	—	—	—	—	—	—	—	—	—	3.16
青 海		0.58	—	—	—	—	—	—	—	—	—	0.58
宁 夏		0.58	—	—	—	—	—	—	—	—	—	0.58
新 疆		3.15	—	—	—	—	—	—	—	—	—	3.15
合 计 Total		**300.22**	**—**	**—**	**—**	**—**	**—**	**—**	**—**	**—**	**—**	**300.22**

奥运男足八强

单位：万元

Unit: Ten Thousand Yuan

地区 Region	游戏类型 Game Type	2008	2009	2010	2011	2012	2013	2014	2015	2016	2017	合计 Total
北京	竞猜	7.65	—	—	—	—	—	—	—	—	—	7.65
天津		2.64	—	—	—	—	—	—	—	—	—	2.64
河北		4.76	—	—	—	—	—	—	—	—	—	4.76
山西		1.82	—	—	—	—	—	—	—	—	—	1.82
内蒙古		2.87	—	—	—	—	—	—	—	—	—	2.87
辽宁		12.44	—	—	—	—	—	—	—	—	—	12.44
吉林		3.37	—	—	—	—	—	—	—	—	—	3.37
黑龙江		5.39	—	—	—	—	—	—	—	—	—	5.39
上海		9.10	—	—	—	—	—	—	—	—	—	9.10
江苏		9.18	—	—	—	—	—	—	—	—	—	9.18
浙江		7.10	—	—	—	—	—	—	—	—	—	7.10
安徽		2.67	—	—	—	—	—	—	—	—	—	2.67
福建		5.38	—	—	—	—	—	—	—	—	—	5.38
江西		8.96	—	—	—	—	—	—	—	—	—	8.96
山东		10.67	—	—	—	—	—	—	—	—	—	10.67
河南		4.83	—	—	—	—	—	—	—	—	—	4.83
湖北		4.47	—	—	—	—	—	—	—	—	—	4.47
湖南		3.61	—	—	—	—	—	—	—	—	—	3.61
广东		21.52	—	—	—	—	—	—	—	—	—	21.52
广西		5.41	—	—	—	—	—	—	—	—	—	5.41
海南		0.49	—	—	—	—	—	—	—	—	—	0.49
重庆		3.12	—	—	—	—	—	—	—	—	—	3.12
四川		5.86	—	—	—	—	—	—	—	—	—	5.86
贵州		2.07	—	—	—	—	—	—	—	—	—	2.07
云南		2.97	—	—	—	—	—	—	—	—	—	2.97
西藏		0.22	—	—	—	—	—	—	—	—	—	0.22
陕西		2.97	—	—	—	—	—	—	—	—	—	2.97
甘肃		1.67	—	—	—	—	—	—	—	—	—	1.67
青海		0.30	—	—	—	—	—	—	—	—	—	0.30
宁夏		0.51	—	—	—	—	—	—	—	—	—	0.51
新疆		1.81	—	—	—	—	—	—	—	—	—	1.81
合计 Total		**155.83**	**—**	**—**	**—**	**—**	**—**	**—**	**—**	**—**	**—**	**155.83**

排 列 3

单位：万元

Unit: Ten Thousand Yuan

地 区 Region	游戏类型 Game Type	2008	2009	2010	2011	2012	2013	2014	2015	2016	2017	合 计 Total
北 京	乐透排列	30 218.51	25 621.76	26 313.93	28 861.90	29 927.98	34 343.96	28 097.75	20 312.72	19 168.85	18 861.90	261 729.25
天 津		24 883.35	23 685.67	18 989.80	17 776.55	17 936.51	21 006.01	20 957.42	14 406.01	12 890.14	12 971.67	185 503.13
河 北		43 528.84	43 987.35	39 048.68	44 315.26	45 473.11	30 005.89	24 904.60	21 320.25	19 650.04	23 607.04	335 841.07
山 西		23 592.26	16 188.99	10 811.18	10 051.95	9 660.32	7 543.86	6 161.14	5 782.17	5 515.05	6 545.40	101 852.33
内蒙古		40 603.71	32 533.25	25 800.37	28 858.51	28 360.81	25 734.56	22 166.01	19 385.25	16 026.62	18 229.85	257 698.93
辽 宁		60 308.61	47 568.89	40 896.52	38 926.55	27 157.74	26 067.11	24 060.29	22 617.68	19 556.20	22 154.72	329 314.32
吉 林		42 912.99	31 764.25	23 530.10	21 462.24	18 405.58	14 422.82	13 040.63	11 924.86	10 610.46	11 722.91	199 796.83
黑龙江		25 508.06	21 362.62	18 232.69	17 920.01	14 669.19	14 687.82	14 049.93	12 468.04	12 182.44	12 135.08	163 215.88
上 海		15 173.45	14 981.81	14 037.39	14 066.54	13 027.44	12 514.00	19 218.14	12 649.55	11 460.63	11 268.81	138 397.75
江 苏		123 502.01	142 330.77	154 703.67	134 656.18	84 667.31	68 395.69	60 985.28	61 628.75	58 142.94	60 599.31	949 611.92
浙 江		61 851.24	74 094.45	80 113.47	93 862.49	84 787.67	54 631.99	48 189.76	50 525.81	45 120.11	46 892.93	640 069.92
安 徽		24 830.18	25 524.55	18 746.16	19 998.70	19 213.51	16 667.07	14 502.31	13 926.63	13 310.45	14 369.08	181 088.63
福 建		24 352.26	14 680.29	10 600.65	10 541.54	8 421.99	7 771.61	6 971.65	7 221.52	7 184.57	7 448.81	105 194.89
江 西		16 875.11	16 631.44	10 456.40	12 322.66	11 179.95	12 504.29	13 694.72	8 693.77	7 436.02	8 426.33	118 220.69
山 东		47 292.28	28 474.15	22 955.26	26 771.98	17 110.35	16 352.58	15 964.86	14 087.50	16 299.29	15 434.48	220 742.73
河 南		64 718.69	49 731.22	43 122.04	45 970.56	36 642.85	36 996.19	34 313.33	34 288.57	31 093.15	32 619.60	409 496.19
湖 北		46 338.14	47 441.81	38 226.84	40 916.83	38 435.03	32 271.79	27 151.60	27 863.13	27 274.41	31 568.44	357 488.03
湖 南		33 771.47	32 452.33	27 683.09	28 836.65	21 667.16	21 291.74	20 515.78	18 125.49	17 358.86	21 377.40	243 079.97
广 东		32 315.40	28 346.54	21 496.94	20 935.61	19 048.09	18 453.78	17 790.18	18 515.65	20 239.40	21 955.30	219 096.88
广 西		3 382.03	2 538.03	3 041.86	2 749.75	2 309.89	2 291.31	2 391.06	2 447.09	2 274.33	3 738.29	27 163.63
海 南		299.50	215.00	306.38	393.74	400.34	343.71	317.87	477.88	612.59	683.34	4 050.35
重 庆		5 226.21	3 488.22	3 620.68	3 946.44	4 336.80	6 927.38	7 961.08	4 000.94	3 632.02	6 287.09	49 426.87
四 川		44 467.74	50 159.63	50 779.24	46 395.28	39 826.00	37 456.23	35 100.37	33 627.68	30 854.39	31 398.85	400 065.40
贵 州		15 765.31	17 687.83	13 891.96	14 392.34	15 007.63	11 793.69	10 871.44	10 754.70	11 004.18	10 781.31	131 950.40
云 南		48 192.57	45 437.22	41 257.60	42 046.72	38 970.41	35 482.91	33 829.90	31 150.91	30 813.90	31 776.97	378 959.10
西 藏		1 428.26	1 092.18	—	1 159.02	1 237.98	1 265.46	1 485.60	959.68	995.07	859.68	10 482.92
陕 西		28 120.15	24 647.62	20 646.65	23 122.28	19 728.31	14 507.15	12 231.05	11 533.67	11 118.82	10 564.86	176 220.55
甘 肃		22 893.76	18 365.63	14 794.25	17 108.86	17 573.11	15 403.48	11 299.48	10 266.25	9 471.83	9 071.52	146 248.16
青 海		4 490.00	4 044.75	2 738.02	3 021.63	2 844.96	2 707.43	2 293.42	2 347.52	2 283.87	2 488.74	29 260.33
宁 夏		13 961.94	10 933.10	9 625.36	8 351.50	9 255.44	9 865.67	8 038.55	7 068.73	7 184.20	7 773.64	92 058.14
新 疆		21 264.55	14 819.17	10 206.64	10 043.75	10 350.99	10 132.63	9 733.65	10 411.22	9 900.67	10 597.11	117 460.38
合 计 Total		**992 068.58**	**910 830.52**	**816 673.78**	**829 784.00**	**707 634.45**	**619 839.81**	**568 288.82**	**520 789.62**	**490 665.50**	**524 210.49**	**5 965 909.58**

排 列 5

单位：万元

Unit: Ten Thousand Yuan

地 区 Region	游戏类型 Game Type	2008	2009	2010	2011	2012	2013	2014	2015	2016	2017	合 计 Total
北 京	乐透排列	7 030.17	7 622.76	8 486.77	8 554.08	9 021.63	11 097.37	10 132.77	8 774.74	8 901.11	9 500.31	89 121.71
天 津		6 767.49	6 958.66	5 785.86	5 853.91	6 383.69	9 697.67	10 551.00	5 813.91	4 747.69	4 990.91	67 550.78
河 北		9 276.76	10 863.67	11 494.80	13 552.68	14 359.45	11 982.56	12 399.10	12 680.84	13 293.55	13 829.78	123 733.19
山 西		4 341.69	4 147.78	4 113.90	4 117.84	4 068.35	3 903.59	3 820.72	3 977.05	3 653.13	4 859.57	41 003.62
内蒙古		8 696.95	8 533.33	8 946.25	9 698.99	10 718.91	12 009.52	11 780.35	11 421.54	11 013.60	12 020.79	104 840.24
辽 宁		15 017.70	13 408.22	13 716.55	14 315.66	11 857.94	11 714.44	11 193.46	11 234.14	11 068.90	11 429.86	124 956.86
吉 林		8 395.81	8 292.16	7 855.01	7 784.58	7 024.29	6 656.02	7 030.01	7 106.59	7 032.51	7 072.43	74 249.41
黑龙江		4 797.41	5 312.74	6 006.13	7 028.79	6 471.92	6 894.35	7 747.42	6 568.18	6 276.92	6 231.19	63 335.04
上 海		3 551.10	4 138.71	4 430.34	4 823.89	4 827.54	5 385.74	9 132.74	5 440.19	5 070.12	5 475.84	52 276.21
江 苏		27 260.81	33 610.07	36 690.76	35 562.41	28 424.55	27 800.52	27 098.40	27 675.99	26 881.88	28 726.47	299 731.86
浙 江		21 589.81	25 692.03	30 859.35	30 133.66	29 473.83	24 377.64	22 803.06	23 323.12	23 681.19	25 241.43	257 175.11
安 徽		6 735.28	9 746.94	9 338.61	9 779.56	10 320.04	10 204.98	9 605.93	9 798.34	9 925.24	10 911.03	96 365.94
福 建		5 086.16	4 392.67	4 091.41	4 093.93	3 831.13	4 030.19	3 876.45	4 290.49	4 281.23	4 688.44	42 662.10
江 西		3 304.83	2 851.00	3 562.16	3 862.49	4 094.47	4 951.82	5 129.42	3 672.63	3 258.90	4 459.86	39 147.57
山 东		6 929.63	6 383.87	7 151.46	9 592.59	7 520.59	8 583.26	7 595.80	7 906.34	9 495.50	9 504.35	80 663.39
河 南		20 307.41	19 776.52	19 865.39	21 733.22	19 928.90	21 526.35	23 154.23	24 786.62	23 092.17	24 221.79	218 392.61
湖 北		16 530.15	19 420.71	19 491.97	20 528.57	20 373.75	21 013.68	21 259.69	20 766.96	20 768.77	24 520.66	204 674.91
湖 南		7 724.84	9 031.79	9 852.03	10 703.71	10 558.13	11 493.85	11 408.25	10 021.12	10 515.88	12 762.53	104 072.12
广 东		11 647.04	13 491.15	12 651.58	13 103.65	12 595.10	13 548.15	13 248.93	14 490.39	15 877.43	17 135.60	137 789.01
广 西		685.91	884.88	1 194.73	1 310.44	1 391.06	1 895.11	2 050.01	1 551.94	1 643.29	2 576.90	15 184.25
海 南		335.36	348.68	399.49	449.73	481.80	530.00	495.41	624.39	829.46	1 534.87	6 029.18
重 庆		819.95	879.66	1 204.96	1 644.15	1 943.63	3 370.33	3 556.52	2 180.71	2 118.45	3 498.81	21 217.17
四 川		12 843.99	17 015.10	19 459.69	19 363.82	19 563.10	19 872.54	20 045.74	20 962.09	20 031.36	20 594.02	189 751.45
贵 州		6 631.66	9 563.19	9 551.65	9 672.87	10 311.49	10 031.90	10 268.58	10 512.88	10 600.46	11 003.07	98 147.75
云 南		14 826.01	18 276.06	19 990.01	23 520.67	24 244.39	28 356.95	30 086.01	30 826.40	29 494.00	33 593.07	253 213.57
西 藏		531.06	668.67	—	1 106.37	1 132.02	1 178.79	1 286.10	1 423.98	1 544.34	1 495.01	10 366.34
陕 西		4 440.25	5 893.67	6 519.46	8 054.14	7 814.02	7 057.33	7 016.54	7 580.47	7 789.97	7 991.70	70 157.54
甘 肃		4 667.17	4 824.73	4 970.93	6 337.56	7 752.02	8 677.33	8 141.40	7 944.05	8 344.95	8 369.02	70 029.15
青 海		1 318.44	1 680.31	1 455.44	1 715.23	2 054.11	2 101.45	1 912.85	2 264.48	2 556.40	2 616.88	19 675.59
宁 夏		3 308.18	3 217.28	3 279.46	3 368.78	3 807.58	4 376.29	4 329.11	4 447.48	4 622.67	4 969.44	39 726.28
新 疆		5 976.50	4 695.57	3 805.41	4 090.50	4 236.38	4 624.95	4 800.74	5 097.76	5 278.17	5 802.43	48 408.40
合 计 Total		**251 375.52**	**281 622.58**	**296 221.56**	**315 458.46**	**306 585.81**	**318 944.65**	**322 956.74**	**315 165.79**	**313 689.22**	**341 628.02**	**3 063 648.35**

七 星 彩

单位：万元

Unit: Ten Thousand Yuan

地 区 Region	游戏类型 Game Type	2008	2009	2010	2011	2012	2013	2014	2015	2016	2017	合 计 Total
北 京	乐透排列	7 501.93	6 634.86	7 249.06	7 250.17	6 124.20	10 473.67	10 914.48	5 469.43	4 837.03	4 265.52	70 720.35
天 津		13 651.40	14 293.51	13 210.31	11 369.00	11 014.43	12 775.81	12 828.89	8 496.93	7 190.66	6 329.31	111 160.25
河 北		20 110.45	19 987.25	19 287.75	19 252.54	18 324.62	18 307.98	18 062.71	16 083.35	15 178.90	13 342.06	177 937.61
山 西		1 982.12	1 908.10	1 903.48	1 988.13	1 865.16	1 837.93	1 727.30	1 526.67	1 353.40	1 456.48	17 548.77
内蒙古		2 561.85	2 287.06	2 202.89	2 401.11	2 394.74	2 653.98	2 587.03	2 290.51	2 273.36	2 151.77	23 804.30
辽 宁		4 988.56	4 177.51	4 043.27	4 075.30	3 501.88	3 536.65	3 273.85	2 989.65	2 749.41	2 469.18	35 805.26
吉 林		10 043.14	9 735.66	9 326.57	9 291.99	8 803.65	8 608.94	7 944.23	7 263.29	6 637.23	5 699.83	83 354.53
黑龙江		5 665.06	5 509.83	5 601.94	6 205.70	5 796.39	6 214.93	6 851.34	5 072.98	4 427.79	3 879.29	55 225.26
上 海		7 204.28	6 530.03	6 063.01	5 910.51	5 368.69	6 008.06	8 194.20	4 886.57	4 360.09	4 008.21	58 533.65
安 徽		13 622.15	14 701.69	13 882.70	13 025.23	11 453.31	11 523.73	10 435.41	9 290.49	8 757.19	7 947.63	114 639.54
福 建		5 780.10	5 811.75	5 791.22	6 077.68	5 233.19	5 754.82	5 438.80	4 985.41	4 627.40	4 396.89	53 897.26
江 西		3 571.21	3 822.79	4 153.41	4 218.54	4 322.92	5 870.55	8 114.68	3 303.65	2 255.51	2 515.25	42 148.51
山 东		6 463.99	6 956.64	7 618.23	12 741.96	7 915.57	9 343.54	7 959.57	7 056.64	7 523.93	6 657.12	80 237.19
河 南		35 383.70	36 062.87	36 246.55	36 104.90	33 702.21	36 276.35	35 079.49	32 022.07	29 588.29	26 425.19	336 891.62
湖 北		25 690.64	24 400.88	22 833.53	21 288.00	19 303.49	19 925.53	19 315.26	17 340.57	16 354.98	18 270.00	204 722.89
湖 南		4 486.22	4 987.02	4 952.60	4 892.96	4 652.02	5 047.80	5 466.63	3 690.54	3 547.19	4 420.40	46 143.39
广 东		28 311.09	28 371.56	27 545.92	26 444.23	23 483.97	25 145.45	22 953.82	21 076.73	20 304.49	19 087.84	242 725.11
广 西		1 150.87	1 221.11	1 389.48	1 561.89	1 466.82	1 684.67	1 669.20	1 505.23	1 472.12	1 689.56	14 810.94
海 南		2 878.46	3 637.74	4 405.03	5 498.51	6 027.51	7 064.10	7 435.52	8 490.99	8 800.24	8 870.19	63 108.29
重 庆		1 648.70	1 602.27	1 744.67	2 012.30	2 269.74	3 502.01	3 647.53	1 752.21	1 557.46	1 752.53	21 489.43
四 川		36 688.25	42 376.28	42 605.69	41 950.59	37 741.93	37 632.60	35 200.73	31 298.42	27 902.77	23 793.07	357 190.33
贵 州		4 867.81	5 079.03	5 205.87	4 915.22	4 590.50	4 812.37	4 825.59	4 405.13	4 313.39	3 872.59	46 887.51
云 南		25 316.16	26 888.36	25 548.97	24 334.15	21 550.88	22 971.89	22 559.88	20 506.55	19 910.89	17 689.45	227 277.19
西 藏		370.80	369.37	—	452.45	452.18	480.73	481.32	471.28	445.91	429.17	3 953.21
陕 西		2 684.04	2 740.07	2 587.83	2 678.03	2 459.46	2 787.41	2 770.87	2 491.59	2 674.90	2 705.86	26 580.06
甘 肃		1 554.72	1 472.80	1 412.21	1 602.21	1 841.06	2 756.89	2 724.52	1 445.76	1 422.61	1 368.49	17 601.27
青 海		752.07	800.76	670.68	757.39	973.14	909.57	779.68	722.17	712.94	679.31	7 757.70
宁 夏		1 180.08	1 070.52	978.22	926.96	838.58	910.58	937.88	851.05	902.30	847.03	9 443.19
新 疆		5 568.52	4 680.44	4 003.69	3 849.64	3 520.00	3 843.95	3 733.38	3 655.46	3 279.38	3 118.30	39 252.75
合 计 Total		**281 678.37**	**288 117.76**	**282 464.80**	**283 077.30**	**256 992.24**	**278 662.51**	**273 913.79**	**230 441.31**	**215 361.77**	**200 137.51**	**2 590 847.36**

22 选 5

单位：万元

Unit: Ten Thousand Yuan

地区 Region	游戏类型 Game Type	2008	2009	2010	2011	2012	2013	2014	2015	2016	2017	合计 Total
天津	乐透组合	1 639.59	1 801.47	1 452.63	1 604.34	1 591.49	938.19	—	—	—	—	9 027.71
河北		5 332.92	5 889.63	5 566.58	6 113.31	5 906.18	2 085.37	—	—	—	—	30 893.99
山西		1 792.06	1 470.75	1 310.75	1 206.59	1 035.79	471.94	—	—	—	—	7 287.88
内蒙古		2 963.49	2 466.34	2 742.41	2 898.85	2 809.35	1 330.02	—	—	—	—	15 210.46
辽宁		3 709.79	2 821.01	2 575.24	2 312.87	1 702.01	784.29	—	—	—	—	13 905.21
吉林		4 683.19	4 459.64	3 541.83	3 291.36	2 881.40	1 121.30	—	—	—	—	19 978.71
黑龙江		3 108.51	2 906.08	2 887.41	2 645.96	2 160.43	960.65	—	—	—	—	14 669.04
上海		3 951.63	3 925.70	3 583.69	3 404.98	3 048.80	1 375.08	—	—	—	—	19 289.87
江苏		12 177.48	13 869.36	14 621.85	13 065.04	8 881.90	3 963.98	—	—	—	—	66 579.60
安徽		5 069.41	5 620.68	5 173.22	5 208.99	5 068.64	2 256.93	—	—	—	—	28 397.87
江西		4 868.93	4 823.26	4 612.90	4 635.17	4 036.52	1 941.91	—	—	—	—	24 918.69
山东		5 040.23	3 590.16	2 927.20	2 796.49	2 334.27	1 112.98	—	—	—	—	17 801.32
湖北		2 094.82	2 120.85	1 627.78	1 506.03	1 405.58	540.89	—	—	—	—	9 295.95
湖南		2 251.95	2 389.49	2 166.41	2 733.86	2 563.07	1 061.79	—	—	—	—	13 166.58
广东		10 384.49	10 751.35	8 859.86	8 243.39	7 278.53	3 197.15	—	—	—	—	48 714.76
广西		868.99	916.36	982.85	874.25	811.43	416.56	—	—	—	—	4 870.45
海南		113.71	113.35	150.29	147.89	126.49	54.88	—	—	—	—	706.61
重庆		991.19	795.42	809.99	711.46	736.99	534.84	—	—	—	—	4 579.89
四川		1 291.84	1 672.79	1 885.49	1 450.81	1 262.57	554.76	—	—	—	—	8 118.26
西藏		111.11	100.65	—	80.76	57.06	26.97	—	—	—	—	376.55
陕西		4 759.41	4 438.52	3 032.44	2 967.89	2 400.20	973.92	—	—	—	—	18 572.38
甘肃		2 640.28	1 845.89	1 409.20	1 461.84	1 588.42	725.00	—	—	—	—	9 670.62
青海		866.10	843.52	587.76	670.92	572.46	253.59	—	—	—	—	3 794.36
宁夏		2 023.50	1 813.60	1 637.96	1 368.57	1 123.95	529.68	—	—	—	—	8 497.26
新疆		1 775.56	1 411.04	1 045.68	987.86	974.85	454.42	—	—	—	—	6 649.41
合计 Total		**84 510.18**	**82 856.91**	**75 191.40**	**72 389.46**	**62 358.49**	**27 667.08**	**—**	**—**	**—**	**—**	**404 973.52**

29 选 7

单位：万元

Unit: Ten Thousand Yuan

地 区 Region	游戏类型 Game Type	2008	2009	2010	2011	2012	2013	2014	2015	2016	2017	合 计 Total
河 北	乐透组合	1 799.83	1 049.60	—	—	—	—	—	—	—	—	2 849.43
山 西		278.64	121.07	—	—	—	—	—	—	—	—	399.71
内蒙古		995.00	518.14	—	—	—	—	—	—	—	—	1 513.14
辽 宁		1 402.21	718.24	—	—	—	—	—	—	—	—	2 120.45
吉 林		959.50	517.55	—	—	—	—	—	—	—	—	1 477.05
黑龙江		694.07	389.40	—	—	—	—	—	—	—	—	1 083.47
安 徽		877.05	552.00	—	—	—	—	—	—	—	—	1 429.05
江 西		578.73	368.72	—	—	—	—	—	—	—	—	947.45
山 东		1 841.13	839.32	—	—	—	—	—	—	—	—	2 680.45
湖 南		313.22	167.77	—	—	—	—	—	—	—	—	480.99
广 西		232.22	158.83	—	—	—	—	—	—	—	—	391.05
重 庆		112.53	45.97	—	—	—	—	—	—	—	—	158.50
四 川		113.24	67.57	—	—	—	—	—	—	—	—	180.81
西 藏		5.63	1.81	—	—	—	—	—	—	—	—	7.44
陕 西		612.02	285.37	—	—	—	—	—	—	—	—	897.39
甘 肃		253.29	121.39	—	—	—	—	—	—	—	—	374.68
青 海		47.49	16.84	—	—	—	—	—	—	—	—	64.33
宁 夏		191.77	87.73	—	—	—	—	—	—	—	—	279.50
新 疆		573.21	264.40	—	—	—	—	—	—	—	—	837.61
合 计 Total		**11 880.78**	**6 291.72**	—	—	—	—	—	—	—	—	**18 172.50**

超级大乐透

单位：万元

Unit: Ten Thousand Yuan

地　区 Region	游戏类型 Game Type	2008	2009	2010	2011	2012	2013	2014	2015	2016	2017	合　计 Total
北　京	乐透组合	18 229.29	19 293.13	27 236.58	39 467.80	36 947.78	70 687.06	94 075.23	83 559.83	95 333.84	97 240.82	582 071.36
天　津		11 088.92	21 249.99	43 718.44	26 863.60	31 775.07	49 624.95	72 419.87	42 746.43	34 727.84	37 302.34	371 517.44
河　北		19 690.21	23 583.52	3 328.81	39 315.34	42 364.17	45 975.41	77 112.20	98 582.62	114 430.34	121 111.44	585 494.08
山　西		6 250.88	6 859.00	39 264.45	12 422.70	12 580.58	13 824.88	23 924.82	32 749.81	31 389.72	35 564.25	214 831.08
内蒙古		9 148.41	9 657.77	23 022.27	16 941.91	19 558.39	24 137.00	41 158.72	48 550.50	52 786.87	53 934.97	298 896.81
辽　宁		21 120.45	20 409.13	25 012.24	32 876.04	31 816.74	33 935.54	52 148.05	64 923.89	70 829.73	67 896.83	420 968.65
吉　林		15 748.57	16 737.76	24 653.65	26 330.99	27 971.17	29 993.36	43 624.54	50 625.44	55 183.52	51 331.39	342 200.39
黑龙江		13 216.90	15 103.20	53 117.84	32 010.74	33 355.52	42 032.44	73 068.66	74 604.67	79 586.79	86 645.05	502 741.81
上　海		19 311.69	23 688.96	19 881.26	41 696.95	44 477.67	50 907.26	70 974.47	87 297.49	86 884.15	86 619.60	531 739.49
江　苏		72 437.98	113 330.77	18 922.79	215 374.28	184 445.06	181 875.77	242 653.95	274 021.00	294 453.34	294 869.54	1 892 384.48
浙　江		51 891.12	66 012.82	40 756.97	120 469.16	118 680.10	118 842.08	185 171.09	219 139.24	239 547.48	269 823.59	1 430 333.66
安　徽		21 100.84	23 606.60	952 017.96	41 615.16	41 087.95	48 917.19	68 549.26	75 983.69	83 466.32	92 123.29	1 448 468.26
福　建		45 264.85	49 641.07	23 749.18	83 785.16	82 988.92	91 364.59	131 561.76	164 858.92	185 591.08	195 793.98	1 054 599.51
江　西		17 791.87	20 193.83	150 426.97	37 356.94	40 289.46	51 483.85	140 211.78	72 534.84	56 384.14	72 392.66	659 066.35
山　东		26 802.01	30 021.67	2 606.84	80 478.23	65 649.36	78 122.33	127 524.58	139 036.11	168 377.12	181 192.31	899 810.54
河　南		39 340.55	48 650.83	26 432.75	72 962.41	72 516.40	86 227.42	135 332.88	154 362.78	174 127.59	192 051.30	1 002 004.91
湖　北		27 872.94	27 574.19	18 520.34	36 870.49	37 284.64	44 526.00	64 281.94	76 987.65	89 100.38	119 194.74	542 213.31
湖　南		18 019.28	20 680.49	27 516.62	34 756.96	34 205.00	51 338.13	230 613.83	72 902.78	80 131.60	114 936.18	685 100.87
广　东		81 273.90	89 470.52	7 095.07	129 215.92	121 343.82	143 436.34	199 256.59	229 569.89	268 474.63	290 664.50	1 559 801.18
广　西		4 884.26	5 583.55	92 432.57	10 946.34	11 360.46	13 738.35	22 984.61	29 379.60	34 697.35	46 458.27	272 465.34
海　南		2 498.14	2 816.29	24 106.87	5 914.47	5 475.08	6 778.11	11 971.60	14 703.19	17 646.06	18 273.40	110 183.21
重　庆		16 798.26	18 318.62	82 599.41	29 640.21	30 184.60	41 242.59	55 987.45	46 599.67	49 417.21	60 527.73	431 315.75
四　川		28 506.79	36 157.45	28 630.71	61 735.50	64 814.79	69 402.37	111 621.08	131 976.83	143 299.32	145 569.60	821 714.44
贵　州		20 892.64	23 909.83	6 667.08	29 446.00	29 085.24	32 377.92	52 467.39	58 756.66	68 116.55	72 238.56	393 957.88
云　南		35 066.22	37 792.95	12 724.70	56 610.42	56 687.49	64 178.01	93 636.96	108 849.87	132 733.94	141 791.50	740 072.04
西　藏		634.61	630.00	24 796.18	1 344.98	1 734.93	1 814.84	3 209.65	4 980.96	5 810.46	6 133.45	51 090.06
陕　西		18 877.76	18 535.07	8 053.94	28 881.18	28 045.11	31 626.76	52 547.55	65 989.22	72 712.13	76 702.82	401 971.54
甘　肃		6 392.16	6 700.46	59 604.23	11 360.78	14 923.73	29 477.53	33 823.14	26 935.91	32 509.22	44 951.19	266 678.35
青　海		2 024.83	2 638.13	6 643.22	4 054.68	6 699.91	7 159.72	8 187.72	9 565.19	10 974.34	12 516.22	70 463.96
宁　夏		6 154.70	6 178.97	11 078.26	7 799.46	8 235.70	8 948.18	13 310.96	15 383.37	17 572.39	20 408.70	115 070.69
新　疆		13 026.10	12 098.87	—	16 289.63	16 570.57	18 674.13	28 619.52	35 732.53	43 355.39	47 543.07	231 909.81
合　计 Total		**691 357.13**	**817 125.44**	**1 884 618.21**	**1 384 834.40**	**1 353 155.41**	**1 582 670.12**	**2 562 031.84**	**2 611 890.60**	**2 889 650.84**	**3 153 803.26**	**18 931 137.25**

大乐透·幸运彩

单位：万元

Unit: Ten Thousand Yuan

地区 Region	游戏类型 Game Type	2008	2009	2010	2011	2012	2013	2014	2015	2016	2017	合计 Total
北京	乐透组合	361.87	374.92	460.05	559.23	719.56	333.86	—	—	—	—	2 809.50
天津		315.77	364.15	410.95	333.61	422.56	196.47	—	—	—	—	2 043.51
河北		674.61	657.46	699.97	701.77	1 124.50	243.11	—	—	—	—	4 101.42
山西		193.94	201.29	182.73	166.76	204.10	63.92	—	—	—	—	1 012.74
内蒙古		252.82	172.23	175.91	202.87	210.41	81.72	—	—	—	—	1 095.97
辽宁		599.38	483.48	514.55	542.41	408.51	144.46	—	—	—	—	2 692.80
吉林		463.17	431.64	384.02	362.48	404.97	129.00	—	—	—	—	2 175.28
黑龙江		256.96	381.04	342.85	411.71	389.13	171.20	—	—	—	—	1 952.89
上海		560.93	817.61	897.94	898.51	1 082.33	368.41	—	—	—	—	4 625.74
江苏		1 108.27	2 389.49	2 717.89	2 767.29	1 572.25	446.55	—	—	—	—	11 001.74
浙江		795.15	1 065.82	1 468.82	1 577.99	1 521.99	408.82	—	—	—	—	6 838.59
安徽		270.06	340.46	422.85	509.34	464.15	156.54	—	—	—	—	2 163.40
福建		1 874.45	2 174.07	2 526.08	2 311.13	2 194.81	646.17	—	—	—	—	11 726.71
江西		737.68	796.89	684.17	1 261.68	897.90	360.18	—	—	—	—	4 738.49
山东		2 365.81	1 244.52	1 147.47	1 205.84	938.58	324.87	—	—	—	—	7 227.09
河南		1 241.96	1 159.28	1 145.45	1 064.43	1 003.69	335.23	—	—	—	—	5 950.04
湖北		435.57	499.81	428.07	366.12	376.64	103.33	—	—	—	—	2 209.54
湖南		1 032.20	816.46	627.21	881.65	771.59	179.68	—	—	—	—	4 308.79
广东		2 417.97	2 057.01	1 747.28	1 686.45	1 649.91	531.98	—	—	—	—	10 090.60
广西		234.29	251.39	248.76	214.02	237.74	87.97	—	—	—	—	1 274.17
海南		9.00	13.00	16.03	20.65	29.27	10.42	—	—	—	—	98.37
重庆		118.10	172.68	233.96	256.75	304.42	142.52	—	—	—	—	1 228.43
四川		297.35	612.53	611.09	561.77	480.62	154.12	—	—	—	—	2 717.48
贵州		351.90	427.54	393.97	359.67	295.31	94.51	—	—	—	—	1 922.90
云南		760.44	682.49	733.41	730.93	861.94	263.86	—	—	—	—	4 033.07
西藏		16.87	4.41	—	7.34	6.68	2.83	—	—	—	—	38.14
陕西		298.03	352.20	362.71	361.52	364.70	141.37	—	—	—	—	1 880.52
甘肃		325.81	182.91	137.19	150.35	278.52	82.87	—	—	—	—	1 157.64
青海		39.29	132.53	81.69	55.00	56.60	13.98	—	—	—	—	379.09
宁夏		172.59	193.95	157.57	136.60	137.78	43.81	—	—	—	—	842.30
新疆		216.49	144.85	114.76	117.65	147.08	76.84	—	—	—	—	817.67
合计 Total		**18 798.73**	**19 598.11**	**20 075.39**	**20 783.53**	**19 558.38**	**6 340.59**	—	—	—	—	**105 154.73**

2008—2017年中国体育彩票区域联网游戏销售统计

Sales Statistics of Inter-Regional Games of Sports Lottery from 2008 to 2017

31 选 7

单位：万元
Unit: Ten Thousand Yuan

地区 Region	游戏类型 Game Type	2008	2009	2010	2011	2012	2013	2014	2015	2016	2017	合计 Total
河北	乐透组合	—	992.74	1148.43	—	—	—	—	—	—	—	2 141.17
山西		—	129.29	127.39	—	—	—	—	—	—	—	256.68
辽宁		—	526.49	620.97	—	—	—	—	—	—	—	1 147.46
内蒙古		—	358.39	428.80	—	—	—	—	—	—	—	787.19
吉林		—	417.82	496.33	—	—	—	—	—	—	—	914.15
黑龙江		—	369.00	424.38	—	—	—	—	—	—	—	793.38
安徽		—	600.98	555.16	—	—	—	—	—	—	—	1 156.14
江西		—	297.90	329.65	—	—	—	—	—	—	—	627.55
山东		—	906.50	950.86	—	—	—	—	—	—	—	1 857.36
湖南		—	183.87	230.79	—	—	—	—	—	—	—	414.66
广西		—	219.77	288.88	—	—	—	—	—	—	—	508.65
重庆		—	69.37	83.07	—	—	—	—	—	—	—	152.44
陕西		—	398.96	321.56	—	—	—	—	—	—	—	720.52
甘肃		—	193.98	124.46	—	—	—	—	—	—	—	318.44
宁夏		—	93.75	92.17	—	—	—	—	—	—	—	185.92
青海		—	27.78	19.67	—	—	—	—	—	—	—	47.45
新疆		—	296.01	315.09	—	—	—	—	—	—	—	611.10
合计 Total		—	**6 082.60**	**6 557.68**	—	—	—	—	—	—	—	**12 640.28**

36 选 7

单位：万元

Unit: Ten Thousand Yuan

地 区 Region	游戏类型 Game Type	2008	2009	2010	2011	2012	2013	2014	2015	2016	2017	合 计 Total
黑龙江	乐透组合	715.72	349.45	—	—	—	—	—	—	—	—	1 065.17
上 海		2 626.62	1 264.59	—	—	—	—	—	—	—	—	3 891.21
江 西		462.59	271.34	—	—	—	—	—	—	—	—	733.93
湖 北		—	—	—	—	—	—	—	—	—	—	—
湖 南		316.56	162.89	—	—	—	—	—	—	—	—	479.45
广 东		8 577.11	4 686.39	—	—	—	—	—	—	—	—	13 263.50
广 西		379.86	233.32	—	—	—	—	—	—	—	—	613.18
海 南		—	—	—	—	—	—	—	—	—	—	—
重 庆		93.59	36.91	—	—	—	—	—	—	—	—	130.5
四 川		184.96	96.45	—	—	—	—	—	—	—	—	281.41
贵 州		83.47	54.89	—	—	—	—	—	—	—	—	138.36
云 南		—	—	—	—	—	—	—	—	—	—	—
西 藏		11.28	8.11	—	—	—	—	—	—	—	—	19.39
合 计 Total		**13 451.76**	**7 164.34**	—	—	—	—	—	—	—	—	**20 616.10**

传统单场

单位：万元

Unit: Ten Thousand Yuan

地 区 Region	游戏类型 Game Type	2008	2009	2010	2011	2012	2013	2014	2015	2016	2017	合 计 Total
北 京	竞猜	12 690.48	14 237.97	125 799.87	169 203.4	138 301.07	175 528.88	268 613.91	73 466.81	108 938.28	69 663.00	1 156 443.67
天 津		8 394.49	9 473.8	29 277.52	26 272.44	72 882.09	64 430.81	177 256.65	43 723.80	2 666.51	78 384.39	512 762.50
广 东		57 780.76	86 841.96	82 766.62	90 541.08	84 294.68	111 733.07	360 031.20	66 018.91	66 832.52	89 664.80	1 096 505.60
合 计 Total		**78 865.72**	**110 553.74**	**237 844.01**	**286 016.91**	**295 477.84**	**351 692.77**	**805 901.77**	**183 209.52**	**178 437.30**	**237 712.19**	**2 765 711.77**

快 中 彩

单位：万元

Unit: Ten Thousand Yuan

地 区 Region	游戏类型 Game Type	2008	2009	2010	2011	2012	2013	2014	2015	2016	2017	合 计 Total
北 京	乐透组合	1 036.03	583.33	384.96	294.13	227.05	487.88	357.99	62.16	27.93	8.79	3 470.25
天 津		1 122.94	1 220.61	265.86	193.65	110.39	90.87	43.57	19.66	14.80	5.40	3 087.75
广 东		4 537.77	3 466.38	516.46	368.21	234.72	310.22	272.27	211.79	251.27	76.48	10 245.57
合 计 Total		**6 696.74**	**5 270.32**	**1 167.28**	**855.98**	**572.16**	**888.98**	**673.82**	**293.62**	**294.00**	**90.67**	**16 803.56**

2008—2017 年中国体育彩票地方游戏销售情况表

Sales Statistics of Regional Games of Sports Lottery in China from 2008 to 2017

单位：万元
Unit: Ten Thousand Yuan

地　区 Region	游戏类型 Game Type	游戏名称 Game Name	2008	2009	2010	2011	2012	2013	2014	2015	2016	2017	合计 Total
北　京	乐透组合	北京 11 选 5	—	—	—	—	—	—	23 478.00	182 609.74	208 732.53	242 550.67	657 370.94
		北京 33 选 7	—	808.60	2 272.72	1 567.51	1 274.44	1 346.38	679.51	—	—	—	7 949.16
		北京 36 选 7	2 969.43	1 635.61	—	—	—	—	—	—	—	—	4 605.04
天　津	乐透组合	天津 11 选 5	—	—	513.11	658.89	260.57	269.13	29 062.10	40 737.44	41 708.45	43 476.46	156 686.15
		天津四选乐	—	139.61	138.95	—	—	—	—	—	—	—	278.56
		天津泳坛夺金	—	2 922.50	15 178.56	12 614.07	18 478.66	14 342.95	2 708.99	—	—	—	66 245.73
	乐透排列	天津 6+1	—	171.55	121.27	—	—	—	—	—	—	—	292.82
		天津 6+1（停用 2）	751.00	385.59	—	—	—	—	—	—	—	—	1 136.59
河　北	乐透组合	河北 11 选 5	—	—	—	—	32 695.32	—	443 855.49	481 026.27	455 915.89	458 292.00	1 871 784.98
		河北快乐扑克	21 254.02	12 590.82	6 886.17	6 818.40	5 664.07	345 490.08	479.85	370.96	235.78	220.61	400 010.75
		河北运动生肖	—	2 875.36	10 360.28	10 348.32	11 305.21	600.90	—	—	—	—	35 490.07
山　西	乐透组合	山西 11 选 5	—	—	4 607.62	5 851.23	6 634.48	82 358.83	103 824.61	95 271.54	75 013.63	69 385.82	442 947.76
		山西泳坛夺金	—	27 867.88	13 857.77	7 104.89	7 322.77	4 101.52	1 517.47	762.94	398.27	180.05	63 113.55
内蒙古	乐透组合	内蒙古 11 选 5	—	—	—	4 257.98	5 109.21	70 711.36	131 721.89	207 205.00	241 014.67	238 960.74	898 980.85
		内蒙古泳坛夺金	—	25 679.01	9 308.24	5 474.01	4 241.26	2 434.93	1 324.41	801.27	549.95	608.99	50 422.06
		内蒙古运动生肖	—	347.02	1 004.92	—	—	—	—	—	—	—	1 351.94
辽　宁	乐透组合	辽宁 11 选 5	—	—	—	106 205.09	301 219.47	276 209.94	234 538.74	187 638.84	145 277.00	132 018.69	1 383 107.78
		辽宁快乐扑克	25 250.36	11 911.06	9 172.15	5 861.22	95.3	14.94	17.49	5.16	50.10	47.05	52 424.83
		辽宁即乐彩	—	10 948.51	6 244.25	—	—	—	—	—	—	—	17 192.76
吉　林	乐透组合	吉林 11 选 5	—	2 383.54	23 329.70	28 627.83	81 805.89	190 165.73	203 069.49	201 965.65	194 383.34	186 448.43	1 112 179.60
		吉林快乐扑克	—	15 452.68	765.77	272.09	45.25	—	—	—	—	—	16 535.80

续表

地 区 Region	游戏类型 Game Type	游戏名称 Game Name	2008	2009	2010	2011	2012	2013	2014	2015	2016	2017	合计 Total
黑龙江	乐透组合	黑龙江 11 选 5	—	—	—	90 072.14	231 428.25	256 674.97	336 293.20	307 193.02	305 459.24	302 817.58	1 829 938.41
		黑龙江快乐扑克	24 187.92	20 368.01	21 651.09	10 698.72	794.95	308.07	218.36	133.27	77.63	51.68	78 489.70
		黑龙江运动生肖	—	14 891.84	7 461.24	—	—	—	—	—	—	—	22 353.08
	乐透排列	黑龙江 6 位数	6 644.32	5 691.45	4 754.69	3 762.25	2 847.02	2 446.80	2 171.65	1 769.16	1 612.00	1 391.56	33 090.90
上 海	乐透组合	上海 11 选 5	—	—	—	10 327.53	18 800.59	56 353.86	93 135.97	43 676.10	38 299.54	58 204.84	318 798.43
		上海 36 选 7	—	931.94	949.88	663.82	424.71	—	—	—	—	—	2 970.35
		上海即乐彩	2 393.53	3 070.95	3 596.35	—	—	—	—	—	—	—	9 060.83
江 苏	乐透组合	江苏体彩 11 选 5	—	—	—	378 128.74	715 652.02	662 801.69	595 589.10	590 759.55	565 123.70	579 810.66	4 087 865.46
		江苏快乐扑克	23 178.20	3 096.28	2 581.03	—	—	—	—	—	—	—	28 855.51
	乐透排列	江苏体彩 7 位数	128 144.05	127 737.80	107 495.94	94 838.43	90 202.53	104 231.84	86 801.05	75 168.56	80 760.26	77 424.67	972 805.13
		江苏 5+1	1 398.10	928.80	435.59	—	—	—	—	—	—	—	2 762.49
浙 江	乐透组合	浙江 11 选 5	—	—	—	—	159 377.06	383 200.98	314 985.79	274 348.59	296 624.25	334 482.09	1 763 018.75
		浙江 20 选 5	17 440.47	17 143.32	17 783.91	18 907.76	16 611.74	10 166.86	8 214.89	8 358.82	7 230.87	6 271.73	128 130.37
		浙江 29 选 7（停用）	3 880.16	2 122.89	—	—	—	—	—	—	—	—	6 003.05
		浙江 31 选 7	—	2 915.69	1 862.99	—	—	—	—	—	—	—	4 778.68
		浙江快乐扑克	20 261.94	4 971.43	—	—	—	—	—	—	—	—	25 233.37
		浙江飞鱼	—	—	—	—	—	—	42 544.10	49 526.39	36 705.00	51 701.16	180 476.66
		浙江泳坛夺金	—	4 349.17	9 658.17	8 636.39	7 229.57	305.23	215.32	139.29	46 951.44	68.67	77 553.26
	乐透排列	浙江 6+1	129 509.63	113 110.10	101 037.33	92 632.97	79 210.1	70 219.29	50 404.01	42 566.05	95.10	30 510.15	709 294.73
安 徽	乐透组合	安徽 11 选 5	—	7 723.17	23 816.68	10 688.51	24 817.41	114 206.68	114 596.54	95 443.53	108 396.53	125 861.27	625 550.32
		安徽快乐扑克	2 885.46	1 220.72	—	—	—	—	—	—	—	—	4 106.18

续表

地　区 Region	游戏类型 Game Type	游戏名称 Game Name	2008	2009	2010	2011	2012	2013	2014	2015	2016	2017	合计 Total
福　建	乐透组合	福建 11 选 5	—	—	34 980.83	149 861.63	187 243.17	252 021.38	256 970.18	276 427.41	259 871.71	254 061.84	1 671 438.14
		福建 22 选 5	22 041.84	16 165.36	11 211.08	9 070.39	7 989.25	7 203.60	6 325.25	7 660.42	5 306.31	4 564.79	97 538.29
		福建 31 选 7	66 634.95	60 987.38	54 138.59	46 867.82	45 336.18	44 074.54	42 675.61	32 475.60	38 424.69	60 520.05	492 135.41
		福建 31 选 7 附加	—	—	—	—	—	—	—	—	10 099.08	—	10 099.08
		福建 36 选 7	67 011.87	63 567.49	46 112.59	45 378.65	42 136.09	43 502.27	37 193.39	31 841.30	25 928.78	20 632.55	423 304.98
		福建即乐彩	—	35 110.86	4 111.27	—	—	—	—	—	—	—	39 222.13
江　西	乐透组合	江西多乐彩	—	10 815.60	76 557.06	90 646.64	83 739.13	161 068.52	159 881.68	96 560.53	79 575.88	115 122.21	873 967.26
山　东	乐透组合	山东快乐扑克	27 214.14	306.99	89.65	94.21	33.63	16.30	1.61	—	—	—	27 756.52
		山东快乐扑克 3	—	—	—	—	—	—	94 142.31	74 942.20	108 910.46	107 951.81	385 946.78
		山东十一运夺金	28 951.89	278 456.51	309 981.23	480 579.65	617 373.05	729 719.58	851 224.58	571 318.07	600 945.11	609 972.84	5 078 522.52
河　南	乐透组合	河南 11 选 5	—	—	9 648.62	6 444.70	772.53	880.12	1 079.52	1 303.01	1 230.31	1 359.18	22 717.99
		河南泳坛夺金	—	57 184.26	30 203.45	55 018.27	218 191.35	277 378.31	402 009.72	346 918.22	394 849.00	429 803.17	2 211 555.76
湖　北	乐透组合	湖北 11 选 5	—	2 736.81	28 590.79	12 799.92	66 247.33	123 219.53	86 600.67	80 961.55	100 613.45	171 032.37	672 802.42
		湖北四花选 4	5 566.24	741.81	60.90	18.91	2.97	—	—	—	—	—	6 390.83
湖　南	乐透组合	湖南幸运赛车	—	—	—	50 743.63	108 700.79	95 411.34	85 096.07	33 983.32	26 787.49	18 801.94	419 524.58
		湖南即乐彩	—	962.75	8 046.54	1 925.40	71.84	3.43	1.22	0.37	0.09	0.04	11 011.67
广　东	乐透组合	广东 11 选 5	—	31 553.12	189 862.66	229 211.44	300 400.39	397 433.14	533 034.35	382 968.66	467 753.56	497 917.48	3 030 134.80
		广东 36 选 7	—	3 678.25	6 902.30	7 565.25	5 358.54	—	—	—	—	—	23 504.35
广　西	乐透组合	广西 11 选 5	—	—	—	5 978.62	1 797.28	6 360.86	8 474.08	14 089.74	21 257.73	26 328.35	84 286.67
海　南	乐透组合	海南环岛赛	—	—	—	—	—	524.14	4 761.54	15 976.82	14 577.71	13 403.60	49 243.81
	乐透排列	海南飞鱼	—	—	—	5 148.05	20 731.38	21 239.70	49 745.28	39 440.96	28 100.32	22 036.73	186 442.41
		海南 4+1	—	411.38	247.62	1 103.24	1 135.59	1 324.63	1 291.51	1 763.30	2 296.72	2 185.84	11 759.83
重　庆	乐透组合	重庆 11 选 5	—	—	10 379.28	40 171.80	21 979.12	20 488.44	23 432.00	4 760.53	—	0.00	121 211.17
		重庆百变王牌	—	—	—	—	—	—	—	12 164.18	8 114.39	8 624.68	28 903.25
		重庆快乐 123	—	6 984.80	7 783.86	—	—	—	—	—	—	—	14 768.66

续表

地区 Region	游戏类型 Game Type	游戏名称 Game Name	2008	2009	2010	2011	2012	2013	2014	2015	2016	2017	合计 Total
四川	乐透组合	四川 11 选 5	—	—	11 672.24	27 814.76	74 830.66	68 456.86	74 106.87	61 000.82	16 910.19	0.00	334 792.41
		四川金 7 乐	—	—	—	—	—	—	—	—	32 362.25	39 896.88	72 259.14
		四川扑克十分乐	1 868.97	759.15	336.44	—	—	—	—	—	—	—	2 964.56
贵州	乐透组合	贵州 11 选 5	—	1 694.46	22 455.63	11 030.51	24 195.19	72 390.93	87 179.64	107 231.82	129 262.29	154 990.47	610 430.94
云南	乐透组合	云南 11 选 5	—	—	10 489.69	50 302.59	126 728.74	186 965.25	226 478.76	214 324.66	215 436.84	238 174.08	1 268 900.60
		云南快乐 123	—	21 494.05	8 704.93	2 188.16	814.81	481.86	351.47	222.38	176.20	106.11	34 539.97
西藏	乐透组合	西藏 11 选 5	—	—	—	2 669.71	2 989.28	6 395.07	14 265.07	26 701.11	44 960.31	63 773.92	161 754.45
陕西	乐透组合	陕西 11 选 5	—	—	—	—	37 656.02	—	113 954.80	114 902.64	120 970.24	112 412.56	499 896.26
		陕西即乐彩	—	3 252.48	10 770.07	5 987.58	1 666.53	94 702.09	—	—	—	—	116 378.75
		陕西快乐扑克	12 903.87	4 199.16	—	—	—	—	—	—	—	—	17 103.03
		陕西泳坛夺金	—	—	3 798.76	3 749.13	976.13	243.82	148.59	127.31	77.95	21.60	9 143.29
甘肃	乐透组合	甘肃 11 选 5	—	—	47 536.53	4 354.26	5 328.96	85 496.94	132 669.85	129 892.41	130 073.95	140 036.99	675 389.90
		甘肃即乐彩	—	7 425.71	1 133.32	—	—	—	—	—	—	—	8 559.03
		甘肃泳坛夺金	—	1 001.05	2 485.10	300.85	471.66	566.08	406.31	346.85	319.81	390.72	6 288.42
青海	乐透组合	青海 11 选 5	—	—	—	1 393.44	1 700.82	6 865.42	14 174.24	17 721.14	24 854.71	29 935.14	96 644.91
		青海快乐扑克	—	185.53	2 523.90	137.73	17.98	3.51	2.74	3.50	1.43	1.69	2 878.01
宁夏	乐透组合	宁夏 11 选 5	—	—	—	8 434.73	5 482.15	13 830.69	27 089.86	35 089.08	43 327.05	51 441.18	184 694.74
		宁夏快乐扑克	—	5 305.32	600.12	126.02	2.52	—	—	—	—	—	6 033.98
新疆	乐透组合	新疆 11 选 5	—	—	6 805.43	13 964.26	21 704.18	29 822.68	33 595.11	47 958.61	95 051.37	129 900.61	378 802.26
		新疆泳坛夺金	—	21 806.75	11 757.81	—	—	—	—	—	—	—	33 564.56
合计 Total			**642 342.36**	**083 179.93**	**376 824.67**	**286 100.74**	**857 353.09**	**397 053.98**	**189 811.87**	**668 555.66**	**5 899 042.55**	**266 186.99**	**38 666 451.83**

2008—2017年中国体育彩票竞猜型彩票销售情况表（分地区）

Sales Statistics of Toto of Sports Lottery in Different Regions in China from 2008 to 2017

单位：万元

Unit: Ten Thousand Yuan

序号	地区	2008	2009	2010	2011	2012	2013	2014	2015	2016	2017	合计 Total
1	北　京	42 074.54	47 052.74	163 447.46	209 744.34	192 376.71	336 968.20	382 919.68	156 257.73	225 750.09	194 176.75	1 950 768.23
2	天　津	18 092.32	21 368.99	64 324.08	161 436.17	197 385.15	229 538.66	449 344.35	237 225.78	186 910.43	217 650.57	1 783 276.50
3	河　北	7 296.57	9 525.65	20 944.98	21 442.34	27 793.19	32 193.74	193 849.40	172 121.70	379 041.70	318 320.23	1 182 529.50
4	山　西	5 002.60	6 078.56	10 775.36	25 927.09	29 605.03	16 918.13	23 965.71	51 005.89	103 818.81	222 692.41	495 789.59
5	内蒙古	4 471.38	5 364.93	7 098.58	8 741.49	13 901.85	13 993.87	15 724.40	37 940.71	74 779.33	107 183.07	289 199.61
6	辽　宁	26 296.96	35 071.15	82 126.79	84 161.78	89 963.36	77 813.56	113 879.26	160 791.47	254 033.85	224 508.35	1 148 646.52
7	吉　林	7 611.29	7 850.26	18 391.02	22 379.48	35 126.09	27 967.04	30 980.34	50 056.72	61 990.92	57 575.54	319 928.70
8	黑龙江	7 195.87	8 989.46	19 257.49	33 983.62	29 216.46	36 563.20	204 661.63	128 706.34	81 347.71	111 987.58	661 909.36
9	上　海	26 639.53	28 331.16	47 557.14	67 608.33	130 108.81	291 034.72	634 539.10	207 399.57	141 169.54	139 119.22	1 713 507.11
10	江　苏	21 995.76	26 243.37	185 662.82	271 586.91	327 706.30	344 092.15	644 411.43	533 771.61	573 779.65	831 599.21	3 760 849.23
11	浙　江	28 527.14	34 174.10	82 413.56	105 531.16	125 134.52	106 827.23	309 853.81	343 002.89	475 440.16	543 578.02	2 154 482.60
12	安　徽	7 727.56	12 045.23	32 620.27	81 569.58	84 780.16	133 704.79	220 356.81	289 813.46	279 631.41	339 638.78	1 481 888.05
13	福　建	15 514.78	17 634.29	27 045.92	32 484.14	51 925.81	47 577.43	67 078.37	158 058.64	202 409.60	450 928.93	1 070 657.90
14	江　西	36 739.22	47 696.23	78 189.85	124 480.48	199 147.83	257 045.15	337 889.08	258 703.09	155 501.57	257 162.95	1 752 555.44
15	山　东	20 835.03	21 420.20	57 387.45	185 812.15	175 274.14	227 258.98	338 237.20	627 561.40	687 875.13	768 088.31	3 109 749.99
16	河　南	9 792.48	10 202.25	31 032.23	51 141.36	45 403.96	76 582.44	114 552.37	349 097.04	464 549.45	548 518.35	1 700 871.93
17	湖　北	21 808.87	25 071.31	44 068.70	49 675.53	62 931.21	104 396.92	177 173.02	130 519.43	400 857.14	549 888.90	1 566 391.03
18	湖　南	11 856.22	27 899.97	68 100.13	71 633.10	119 081.47	170 770.33	234 477.73	261 042.58	451 841.98	642 741.01	2 059 444.52
19	广　东	142 782.31	179 260.77	228 203.60	297 889.26	366 391.35	394 578.43	664 600.96	705 033.53	914 646.38	954 422.71	4 847 809.32
20	广　西	10 451.24	12 499.56	31 974.44	38 781.02	48 490.26	51 619.47	73 163.89	132 977.66	209 544.78	231 509.72	841 012.05
21	海　南	1 647.88	1 794.89	4 039.70	4 421.61	8 675.15	8 175.36	4 233.69	41 003.16	62 475.36	46 675.84	183 142.64
22	重　庆	12 904.88	12 459.03	30 574.52	43 006.88	60 899.01	100 104.44	177 464.01	225 044.86	278 638.81	386 150.75	1 327 247.17
23	四　川	16 731.31	22 111.87	47 566.59	49 123.83	66 295.93	58 870.20	69 743.05	128 495.28	166 476.11	182 317.15	807 731.33
24	贵　州	6 281.07	7 594.42	16 595.65	16 804.77	26 480.77	27 367.60	33 209.82	46 150.02	78 112.00	75 396.96	333 993.07
25	云　南	9 551.36	11 141.38	38 081.39	41 550.93	54 302.35	49 194.36	73 222.78	136 444.14	243 506.71	219 624.33	876 619.72
26	西　藏	298.38	396.14	746.18	1 047.69	1 629.10	1 458.64	1 669.60	2 817.02	2 659.26	1 945.71	14 667.71
27	陕　西	7 619.83	9 072.61	18 149.26	24 184.84	32 497.21	27 577.56	180 982.80	195 229.07	310 082.92	426 987.32	1 232 383.42
28	甘　肃	3 049.97	3 112.31	4 882.76	9 961.51	31 801.34	44 162.78	58 528.86	22 497.61	56 109.49	80 935.32	315 041.95
29	青　海	842.61	872.49	1 549.73	8 239.10	8 859.18	33 972.69	69 732.48	16 693.10	17 179.58	27 948.95	185 889.92
30	宁　夏	1 637.85	1 679.30	2 275.48	2 539.67	3 551.72	13 905.01	79 049.23	13 922.81	17 198.13	20 817.69	156 576.90
31	新　疆	5 442.71	5 751.99	10 440.30	33 651.26	36 183.70	42 006.40	168 493.79	73 070.64	91 653.66	105 127.34	571 821.79
合计 Total		**538 719.52**	**659 766.60**	**1 475 523.45**	**2 180 541.40**	**2 682 919.12**	**3 384 239.47**	**6 147 988.66**	**5 892 454.97**	**7 649 011.66**	**9 285 217.94**	**39 896 382.79**

（国家体育总局体育彩票管理中心供稿）

2008—2017年中国体育彩票网点即开型彩票销售情况表（分地区）

Sales Statistics of Terminal-Sales Instant Win Tickets of Sports Lottery in Different Regions in China from 2008 to 2017

单位：万元

Unit: Ten Thousand Yuan

序号	地区	2008	2009	2010	2011	2012	2013	2014	2015	2016	2017	合计 Total
1	北 京	44 542.98	61 402.44	75 104.70	90 118.46	106 376.49	73 137.96	73 602.84	45 934.64	41 001.51	42 556.26	653 778.27
2	天 津	13 941.00	18 132.18	17 505.30	19 198.92	15 982.80	13 978.89	13 747.29	14 474.97	13 623.48	13 642.29	154 227.12
3	河 北	33 265.54	33 431.88	50 607.66	84 494.21	100 992.81	78 054.23	95 624.68	86 226.68	73 899.78	61 543.13	698 140.59
4	山 西	48 942.90	15 736.68	26 518.92	27 364.32	28 589.85	25 146.90	24 768.72	17 372.28	11 729.70	8 576.45	234 746.72
5	内蒙古	34 149.96	38 360.76	47 221.26	66 714.00	74 650.02	65 638.83	67 181.37	55 221.39	52 459.32	41 288.04	542 884.95
6	辽 宁	32 246.70	47 167.44	51 105.24	64 382.69	55 226.57	66 127.44	61 123.53	53 088.51	48 977.90	45 487.20	524 933.21
7	吉 林	22 376.94	28 262.16	27 928.50	41 529.98	51 925.92	52 222.44	59 834.24	53 356.49	46 920.58	33 631.01	417 988.24
8	黑龙江	29 805.12	44 885.16	51 387.30	63 437.57	55 833.36	60 076.46	58 318.17	50 156.67	47 402.90	39 768.23	501 070.93
9	上 海	15 756.06	32 284.50	45 387.84	56 498.36	41 743.22	33 609.12	27 152.46	20 800.10	18 103.27	16 745.48	308 080.39
10	江 苏	89 529.60	220 479.54	278 536.74	270 683.30	176 790.09	164 222.69	131 752.07	111 178.62	87 241.77	85 983.37	1 616 397.77
11	浙 江	66 739.32	107 230.08	119 526.60	134 865.47	111 260.55	93 708.62	89 313.48	77 430.57	72 273.09	61 826.40	934 174.17
12	安 徽	24 001.38	39 310.38	38 616.54	47 589.39	38 828.90	26 508.02	23 029.88	12 894.99	17 556.25	12 848.22	281 183.94
13	福 建	50 825.82	77 998.26	74 226.30	86 431.59	84 597.74	94 685.40	89 416.77	82 756.01	62 118.75	61 566.57	764 623.20
14	江 西	8 396.42	18 036.96	20 356.68	13 345.95	13 165.58	11 463.89	13 082.99	12 339.79	9 640.00	10 337.46	130 165.70
15	山 东	62 814.52	75 037.68	88 862.70	151 995.90	165 640.32	153 374.52	143 335.49	128 633.81	114 224.95	113 103.78	1 197 023.66
16	河 南	67 427.28	54 882.60	61 779.78	98 461.14	88 162.94	80 622.35	80 706.39	77 934.51	80 996.81	81 539.86	772 513.65
17	湖 北	15 659.76	13 945.14	12 614.46	17 317.05	16 839.66	7 961.15	12 924.77	12 637.64	14 584.46	15 519.14	140 003.22
18	湖 南	6 805.86	16 160.76	18 407.40	28 760.87	18 487.82	12 250.88	11 736.93	6 724.41	10 238.19	4 227.96	133 801.06
19	广 东	69 908.04	148 549.56	160 940.70	212 683.77	169 868.31	182 717.16	160 890.29	152 517.56	142 753.89	138 129.14	1 538 958.41
20	广 西	2 406.24	3 814.92	7 742.40	10 029.15	8 464.49	9 221.13	9 760.47	9 855.35	10 067.95	7 637.21	78 999.30
21	海 南	2 439.66	1 969.80	2 115.96	4 084.35	4 001.82	5 141.01	6 298.83	7 029.84	8 006.61	5 778.63	46 866.51
22	重 庆	11 861.94	19 034.34	25 591.44	24 637.70	27 728.82	14 645.18	10 205.52	9 271.47	7 442.92	7 817.11	158 236.43
23	四 川	28 680.19	78 649.50	77 206.14	85 081.38	75 001.61	68 456.06	56 586.35	47 054.90	38 265.24	28 069.43	583 050.78
24	贵 州	14 492.70	25 952.70	23 126.58	31 129.61	23 707.07	21 367.91	24 095.33	20 553.12	21 464.47	19 388.30	225 277.77
25	云 南	99 125.70	148 963.32	99 022.62	101 117.31	92 123.97	93 748.85	91 676.84	80 593.07	78 072.75	77 124.96	961 569.37
26	西 藏	12 179.88	16 640.10	9 668.70	15 789.57	17 348.49	16 915.86	16 320.03	14 901.24	14 540.58	14 195.97	148 500.42
27	陕 西	38 217.18	45 869.76	47 401.26	60 510.27	47 748.09	44 203.80	41 102.91	35 620.68	28 781.10	20 888.81	410 343.86
28	甘 肃	34 019.16	18 070.62	21 206.52	25 029.14	33 524.04	32 140.97	26 307.65	24 374.51	23 924.77	22 026.87	260 624.23
29	青 海	12 520.08	13 025.04	11 338.98	12 416.51	9 934.17	9 127.74	6 567.41	5 361.15	5 433.01	5 488.82	91 212.90
30	宁 夏	10 305.78	9 316.74	12 625.02	12 848.03	9 513.39	11 124.74	10 582.56	10 022.66	10 352.75	9 836.44	106 528.10
31	新 疆	25 262.40	45 407.34	40 106.34	37 305.02	38 007.30	41 266.79	35 626.68	32 233.83	32 791.92	28 114.32	356 121.93
合计 Total		**1 028 646.11**	**1 518 008.34**	**1 643 786.58**	**1 995 850.91**	**1 802 066.16**	**1 662 866.91**	**1 572 672.88**	**1 368 551.40**	**1 244 890.64**	**1 134 686.86**	**14 972 026.78**

（国家体育总局体育彩票管理中心供稿）

（四）2017年彩票销售统计资料

Sales Statistics of Different Lottery Games in 2017

2017年中国福利彩票全国联网游戏

Monthly Sales Statistics of National Games

双　色　球

地　区 Region	游戏类型 Game Type	1月 Jan.	2月 Feb.	3月 Mar.	4月 Apr.	5月 May	6月 June
北　京	乐透组合	13 709.3386	12 100.34	15 948.22	14 787.51	13 782.85	13 941.87
天　津		4 748.93	4 754.86	6 029.23	5 970.39	5 570.07	4 513.83
河　北		14 579.164	12 972.49	16 619.99	15 393.03	14 561.56	17 712.11
山　西		6 835.0086	5 932.66	7 619.35	6 980.43	6 620.34	6 718.34
内蒙古		7 319.2942	6 199.93	8 103.10	7 523.88	7 053.77	7 175.26
辽　宁		14 883.319	13 450.02	16 400.21	15 148.44	14 430.68	14 730.60
吉　林		5 816.3306	5 096.39	6 439.44	5 889.81	5 210.48	5 267.69
黑龙江		10 028.6792	8 668.27	10 566.04	9 856.07	9 096.14	9 198.64
上　海		15 661.3008	16 032.13	18 611.55	17 322.67	16 871.74	16 692.83
江　苏		23 378.6008	21 063.38	26 307.60	24 916.03	23 943.91	24 594.86
浙　江		30 518.635	27 678.64	35 127.05	33 261.73	33 168.81	33 674.43
安　徽		14 409.768	12 926.52	15 516.58	14 407.97	13 744.40	14 231.59
福　建		13 389.3938	12 139.42	14 771.06	14 216.33	13 838.12	13 499.47
江　西		9 145.4906	8 612.60	10 743.76	9 890.99	10 179.04	11 946.74
山　东		24 505.2628	22 164.91	27 405.11	25 670.35	24 619.20	24 753.38
河　南		14 518.4494	14 327.89	12 449.08	12 188.88	12 413.79	13 846.15
湖　北		18 173.2098	16 093.39	19 912.69	19 072.35	18 718.52	18 591.72
湖　南		16 505.5894	14 775.80	17 872.30	16 266.31	15 763.84	16 561.22
广　东		15 321.159	14 034.58	16 788.77	15 700.76	15 029.06	15 516.90
广　西		44 483.1682	42 068.47	52 681.65	48 879.99	48 495.72	49 036.94
海　南		12 741.195	16 901.18	21 211.87	19 522.52	19 386.15	20 928.06
重　庆		2 818.3324	2 551.95	3 026.01	2 757.33	2 587.83	2 525.20
四　川		19 664.8458	18 130.25	21 469.19	19 441.48	18 791.00	19 536.94
贵　州		7 777.4506	6 916.71	8 813.69	8 228.04	8 210.89	8 358.12
云　南		14 052.5874	12 299.59	15 624.19	14 467.80	14 348.11	15 201.38
西　藏		642.9784	480.23	872.70	968.49	940.78	954.58
陕　西		11 534.5122	10 169.39	12 799.14	11 936.92	11 469.57	11 712.35
甘　肃		5 997.5676	5 173.58	6 833.30	6 258.28	5 965.45	6 111.74
青　海		1 893.2738	1 543.97	2 204.34	2 189.20	2 129.61	2 210.44
宁　夏		2 841.153	2 405.30	3 053.75	2 809.02	2 674.89	2 652.15
新　疆		6 848.7724	5 796.20	7 709.93	7 240.58	6 723.56	7 049.92
合计 Total		**404 742.76**	**373 461.04**	**459 530.93**	**429 163.57**	**416 339.87**	**429 445.44**

品种销售统计（分地区按月统计）

of Welfare Lottery in Different Regions in 2017

单位：万元

Unit: Ten Thousand Yuan

7月 July	8月 Aug.	9月 Sept.	10月 Oct.	11月 Nov.	12月 Dec.	合计 Total
13 569.11	14 335.22	12 689.30	13 899.22	14 893.64	15 634.41	169 291.03
4 452.19	4 886.88	4 160.09	5 821.79	6 592.25	6 939.30	64 439.81
14 890.39	16 554.60	13 971.49	15 727.32	17 189.83	18 843.38	189 015.35
6 922.98	7 453.89	6 457.43	7 438.97	7 846.73	8 314.84	85 140.98
7 141.76	7 703.04	6 730.02	7 780.39	9 412.21	10 153.08	92 295.73
14 858.97	15 823.01	13 813.22	15 577.52	17 348.71	17 768.55	184 233.24
5 246.61	6 066.32	5 401.79	6 111.17	9 158.27	11 589.66	77 293.96
9 069.86	9 600.88	8 342.10	9 326.48	9 854.72	10 674.88	114 282.76
16 975.08	19 052.59	16 484.92	19 567.62	21 248.88	21 246.68	215 767.99
23 496.76	25 922.61	22 641.41	25 481.16	26 803.74	27 579.47	296 129.52
32 814.73	35 411.00	30 518.52	35 757.89	39 563.59	39 148.90	406 643.92
13 989.89	15 326.59	13 186.59	15 248.27	16 773.52	17 478.16	177 239.86
13 339.75	14 266.98	12 115.61	14 424.83	16 026.97	16 513.87	168 541.80
10 381.86	12 224.89	13 586.37	15 310.21	13 423.16	13 642.74	139 087.86
24 481.91	26 964.99	23 450.88	26 791.08	28 883.05	29 830.20	309 520.32
15 878.64	16 046.20	13 475.01	16 049.84	18 272.97	20 592.94	180 059.83
18 138.05	19 587.02	17 099.47	20 078.07	21 268.25	22 188.29	228 921.02
16 038.66	17 094.09	15 184.79	17 870.02	19 380.96	19 580.90	202 894.49
15 071.85	16 299.79	14 407.98	16 711.41	18 559.65	19 363.60	192 805.53
48 800.38	52 190.31	45 110.24	52 310.14	56 314.41	59 292.37	599 663.79
19 922.52	18 469.75	13 703.78	14 645.80	16 478.25	17 429.19	211 340.28
2 484.73	2 597.97	2 159.22	2 545.98	2 735.43	2 982.04	31 772.01
18 997.89	20 216.63	17 917.53	20 235.36	23 935.92	26 652.10	244 989.13
8 175.30	8 784.33	7 873.84	9 123.20	9 825.03	10 257.04	102 343.65
15 290.41	15 933.46	13 775.31	15 623.85	16 785.47	17 657.97	181 060.14
931.93	992.96	879.20	1 032.16	1 047.18	1 028.60	10 771.80
11 341.09	12 362.87	10 863.62	12 435.04	13 891.14	14 609.74	145 125.40
5 817.68	6 270.72	5 450.32	6 068.83	6 766.51	7 058.66	73 772.64
2 053.73	2 161.87	1 909.13	2 162.30	2 577.76	2 727.75	25 763.38
2 645.99	2 866.23	2 486.65	2 881.71	3 374.41	3 728.66	34 419.91
6 903.99	7 471.76	6 842.78	7 598.17	7 986.80	8 783.93	86 956.40
420 124.70	**450 939.46**	**392 688.62**	**451 635.82**	**494 219.43**	**519 291.90**	**5 241 583.53**

3D

地 区 Region	游戏类型 Game Type	1月 Jan.	2月 Feb.	3月 Mar.	4月 Apr.	5月 May	6月 June
北 京	乐透排列	4 074.26	3 822.81	4 942.35	5 076.48	5 292.39	5 118.32
天 津		1 046.57	1 014.06	1 329.50	1 188.92	1 200.13	1 078.75
河 北		3 731.71	3 139.17	4 053.30	3 800.98	3 765.05	3 491.68
山 西		2 303.07	2 148.88	2 750.40	2 506.04	2 428.05	2 231.56
内蒙古		3 827.23	4 036.31	5 697.15	4 563.68	4 273.71	3 906.17
辽 宁		8 517.21	7 918.32	10 166.91	9 585.71	9 523.30	8 717.77
吉 林		2 341.00	2 175.93	3 083.43	2 790.02	2 611.13	2 405.97
黑龙江		3 431.78	3 157.41	3 995.29	3 612.09	3 392.08	3 111.29
上 海		2 059.48	2 203.11	2 920.52	3 362.11	3 424.36	3 250.79
江 苏		3 782.71	3 494.58	4 556.89	4 757.73	4 777.86	4 438.31
浙 江		6 821.30	5 988.29	9 018.58	8 638.84	8 622.89	7 902.12
安 徽		2 914.03	2 700.36	3 473.42	3 322.70	3 365.55	3 113.80
福 建		1 023.57	925.67	1 263.35	1 163.84	1 178.13	1 066.82
江 西		1 432.14	1 387.41	1 727.29	1 658.06	2 029.46	3 034.96
山 东		6 240.92	5 738.61	7 805.02	7 757.31	7 426.26	6 726.95
河 南		2 492.28	2 541.51	2 964.10	2 596.12	2 688.27	2 268.55
湖 北		3 707.28	3 271.47	4 222.10	3 777.85	3 837.59	3 625.14
湖 南		5 719.15	5 349.05	6 747.68	6 418.39	6 421.43	6 020.60
广 东		5 342.17	5 126.77	6 769.47	6 424.02	6 328.97	5 926.26
广 西		5 006.08	4 696.13	5 896.30	5 605.61	5 805.41	5 419.67
海 南		1 672.09	1 671.41	2 567.47	2 431.83	2 618.17	2 378.58
重 庆		133.62	114.77	135.16	113.36	114.10	107.04
四 川		6 913.19	6 297.34	7 800.09	7 326.11	7 549.18	6 977.08
贵 州		3 176.00	2 916.59	3 908.52	3 674.54	3 794.43	3 607.50
云 南		11 912.10	10 719.45	13 611.88	12 831.13	13 250.80	12 966.52
西 藏		462.07	384.74	577.20	583.30	617.52	558.78
陕 西		5 760.18	4 996.94	7 147.18	7 329.32	6 877.80	5 811.31
甘 肃		3 344.31	2 798.76	3 680.34	3 540.65	4 532.04	3 635.27
青 海		1 550.56	1 231.95	1 831.54	1 805.08	1 782.19	1 633.39
宁 夏		1 429.18	1 279.31	1 603.96	1 431.60	1 383.52	1 214.18
新 疆		2 067.34	1 906.79	2 460.27	2 277.95	2 180.18	1 951.16
合计 Total		**114 234.58**	**105 153.86**	**138 706.67**	**131 951.38**	**133 091.94**	**123 696.29**

单位：万元

Unit: Ten Thousand Yuan

7月 July	8月 Aug.	9月 Sept.	10月 Oct.	11月 Nov.	12月 Dec.	合计 Total
4 780.85	4 830.35	5 315.27	4 796.58	4 804.87	4 947.41	57 801.94
1 092.89	1 102.88	1 223.06	1 498.06	1 822.44	1 882.54	15 479.80
4 177.20	4 709.46	4 460.18	4 128.91	4 198.55	4 789.29	48 445.50
2 266.64	2 327.39	2 641.18	2 639.58	2 482.48	2 674.33	29 399.61
3 845.62	3 833.26	3 932.65	3 951.44	4 153.79	4 603.71	50 624.73
8 945.98	8 674.36	9 557.40	8 908.26	9 317.87	10 320.17	110 153.27
2 338.81	2 262.00	2 374.02	2 336.91	2 910.70	3 563.83	31 193.73
3 124.33	3 429.43	3 748.91	3 531.92	3 461.69	3 736.07	41 732.28
2 850.99	3 210.26	3 168.64	2 950.24	2 636.04	2 933.30	34 969.85
4 562.76	4 494.71	4 704.26	4 663.46	4 607.03	4 895.24	53 735.54
7 950.20	8 083.58	8 507.70	8 389.84	8 180.02	8 708.68	96 812.03
3 127.46	3 208.90	3 370.95	3 411.00	3 271.88	3 620.49	38 900.54
1 111.33	1 124.19	1 200.71	1 159.33	1 138.45	1 330.27	13 685.64
2 484.96	2 102.88	3 235.37	3 660.62	3 583.58	3 875.35	30 212.05
6 931.19	6 997.29	7 383.89	7 390.23	7 536.67	8 286.03	86 220.36
2 343.84	2 163.97	3 575.61	2 655.84	2 551.86	2 533.21	31 375.15
3 800.76	5 405.46	5 235.92	4 718.17	4 497.64	4 519.39	50 618.77
6 173.67	6 336.55	6 629.62	6 603.11	6 652.08	7 139.25	76 210.57
6 154.69	6 558.13	6 773.93	7 545.16	6 928.74	7 045.21	76 923.54
5 607.62	5 688.91	5 841.52	5 865.44	5 795.08	6 291.24	67 519.02
3 763.07	3 804.04	2 610.07	2 061.67	1 835.38	1 864.49	29 278.27
102.06	105.14	109.05	116.58	129.52	148.52	1 428.92
6 902.68	7 546.59	12 462.22	9 210.13	8 585.46	8 870.14	96 440.20
3 612.05	3 421.64	3 557.56	3 473.39	3 497.98	4 156.17	42 796.36
13 429.30	15 533.12	16 934.91	14 891.08	14 314.57	14 811.45	165 206.31
557.86	567.61	624.98	631.72	616.72	652.20	6 834.70
5 761.33	5 889.88	6 243.66	5 989.20	6 019.45	6 735.41	74 561.66
3 225.36	3 242.10	3 315.64	3 124.13	3 255.91	3 631.58	41 326.09
1 649.38	1 663.08	1 753.03	1 760.94	1 871.77	2 208.07	20 740.98
1 307.78	1 243.29	1 307.66	1 335.78	1 407.10	1 675.32	16 618.69
1 992.91	2 128.89	2 151.84	2 197.90	2 290.12	2 510.60	26 115.94
125 975.58	**131 689.31**	**143 951.39**	**135 596.62**	**134 355.47**	**144 958.93**	**1 563 362.04**

七 乐 彩

地 区 Region	游戏类型 Game Type	1月 Jan.	2月 Feb.	3月 Mar.	4月 Apr.	5月 May	6月 June
北 京	乐透组合	164.00	150.70	226.89	196.85	212.66	226.49
天 津		91.32	99.45	146.23	142.26	131.55	80.68
河 北		371.09	336.96	481.22	399.64	399.80	371.55
山 西		118.17	111.64	159.98	129.81	127.43	120.32
内蒙古		151.64	135.64	191.83	163.00	153.33	153.50
辽 宁		329.88	308.53	427.05	354.74	362.27	335.15
吉 林		110.76	107.02	147.26	127.15	119.73	111.29
黑龙江		121.19	115.28	158.50	138.75	130.30	120.54
上 海		258.94	236.78	331.66	296.30	307.64	278.12
江 苏		388.52	360.22	491.98	429.40	432.64	411.90
浙 江		532.39	459.44	664.09	611.34	612.45	556.45
安 徽		340.63	300.15	417.37	374.62	363.59	341.46
福 建		633.82	526.70	759.00	828.37	712.77	603.31
江 西		195.20	194.52	270.93	233.51	224.41	224.98
山 东		2 361.70	2 267.48	3 024.57	2 518.69	2 680.01	2 467.30
河 南		160.49	125.50	175.52	152.20	158.19	154.98
湖 北		263.87	253.71	347.71	286.54	298.70	281.49
湖 南		205.02	183.18	266.28	229.39	227.68	213.00
广 东		221.73	203.42	272.10	242.07	244.12	235.63
广 西		81.13	78.47	112.69	97.40	103.95	96.28
海 南		461.38	443.03	626.10	577.61	604.31	554.30
重 庆		21.01	22.16	26.74	20.24	20.44	21.63
四 川		179.30	173.36	225.00	187.20	196.71	192.20
贵 州		54.49	49.95	70.73	60.67	62.78	61.46
云 南		179.77	160.77	228.89	202.18	206.80	189.96
西 藏		6.28	5.09	9.13	8.99	8.81	9.17
陕 西		192.36	172.44	240.65	196.43	203.12	191.94
甘 肃		95.69	82.56	118.13	90.31	96.51	92.25
青 海		28.22	23.81	34.06	29.23	32.35	30.33
宁 夏		42.51	36.12	51.19	44.78	46.48	42.14
新 疆		134.48	121.37	171.91	151.45	155.32	140.74
合计 Total		**8 496.98**	**7 845.43**	**10 875.38**	**9 521.13**	**9 636.87**	**8 910.56**

单位：万元
Unit: Ten Thousand Yuan

7月 July	8月 Aug.	9月 Sept.	10月 Oct.	11月 Nov.	12月 Dec.	合计 Total
193.78	167.38	173.97	172.81	175.68	201.06	2 262.27
74.17	71.17	78.21	77.57	119.78	94.99	1 207.38
345.27	353.55	362.86	375.65	387.73	437.43	4 622.75
121.84	117.21	122.23	122.59	133.92	139.38	1 524.51
140.69	148.25	153.18	153.64	167.95	202.03	1 914.69
324.25	317.93	322.94	329.23	334.94	363.77	4 110.67
103.10	112.63	124.53	128.81	197.53	292.82	1 682.64
115.04	113.91	120.60	122.31	126.11	133.58	1 516.10
263.46	258.76	278.58	290.47	282.69	293.03	3 376.42
375.60	382.08	392.87	406.15	435.69	474.39	4 981.44
538.34	547.38	555.10	585.07	586.51	627.87	6 876.43
314.35	322.53	340.98	352.06	356.85	388.00	4 212.58
524.73	562.37	542.82	649.37	661.51	731.78	7 736.56
211.69	248.02	320.69	316.25	283.19	304.09	3 027.48
2 334.58	2 348.44	2 410.29	2 442.82	2 506.78	2 653.39	30 016.04
143.68	97.60	95.65	119.58	119.77	124.63	1 627.78
277.66	284.18	290.95	308.38	308.97	317.99	3 520.15
206.42	197.21	208.45	211.54	207.42	214.37	2 569.95
229.53	227.77	232.82	228.97	230.93	252.09	2 821.19
96.79	97.03	95.30	92.66	102.58	108.85	1 163.13
540.73	558.36	533.76	580.66	524.37	530.89	6 535.50
16.50	16.53	18.27	18.29	17.99	20.09	239.89
179.30	176.38	186.37	181.53	187.12	210.21	2 274.66
58.37	58.07	61.30	58.87	65.27	65.95	727.90
184.58	185.56	195.58	190.99	197.89	213.91	2 336.88
7.41	8.39	8.55	8.59	9.07	9.59	99.08
179.99	179.95	194.32	188.47	195.16	214.11	2 348.93
84.18	84.46	92.01	89.86	89.07	99.48	1 114.51
26.81	27.05	28.37	27.69	30.66	33.39	351.96
39.29	39.65	40.17	42.61	44.13	48.23	517.30
122.11	125.08	125.60	129.05	137.67	144.21	1 659.01
8 374.21	**8 434.88**	**8 707.30**	**9 002.51**	**9 224.93**	**9 945.60**	**108 975.78**

开 乐 彩

单位：万元

Unit: Ten Thousand Yuan

地　区 Region	游戏类型 Game Type	1月 Jan.	2月 Feb.	3月 Mar.	4月 Apr.	5月 May	6月 June	7月 July	8月 Aug.	9月 Sept.	10月 Oct.	11月 Nov.	12月 Dec.	合计 Total
河北省	乐透组合	100.848	114.726	194.496	86.223	85.952	104.019	161.039	149.789	95.433	142.306	—	—	1 234.83
山西省		9.12	0.957	1.96	0.895	0.043	0.042	0.025	0.044	—	0.001	—	—	13.09
辽宁省		35.583	26.11	37.212	17.448	11.591	11.653	6.795	2.282	2.427	3.62	—	—	154.72
吉林省		1.404	0.391	0.129	0.249	0.178	0.216	0.353	0.613	1.297	2.093	—	—	6.92
山东省		105.101	52.349	58.8	59.147	28.885	33.2	18.054	12.845	12.519	7.551	—	—	388.45
湖南省		—	—	—	—	—	—	—	—	—	—	—	—	—
广东省		—	—	—	—	—	—	—	—	—	—	—	—	—
四川省		—	—	—	—	—	—	—	—	—	—	—	—	—
陕西省		—	—	—	—	—	—	—	—	—	—	—	—	—
甘肃省		39.341	42.474	43.247	43.117	17.661	48.576	17.13	28.641	46.192	20.198	—	—	346.58
合计 Total		**291.40**	**237.01**	**335.84**	**207.08**	**144.31**	**197.71**	**203.40**	**194.21**	**157.87**	**175.77**	**0.00**	**0.00**	**2 144.59**

2017 年中国福利彩票区域联网游戏销售统计（分地区按月统计）

Monthly Sales Statistics of Inter-Regional Games of Welfare Lottery in Different Regions in 2017

15 选 5

单位：万元
Unit: Ten Thousand Yuan

地 区 Region	游戏类型 Game Type	1月 Jan.	2月 Feb.	3月 Mar.	4月 Apr.	5月 May	6月 June	7月 July	8月 Aug.	9月 Sept.	10月 Oct.	11月 Nov.	12月 Dec.	合计 Total
上海	乐透组合	164.99	168.27	217.43	190.64	203.99	259.02	189.08	175.57	173.35	226.54	210.97	206.10	2 385.95
江苏		478.20	474.69	586.58	541.96	553.21	582.31	522.70	488.60	482.81	577.42	557.75	543.79	6 390.03
浙江		266.88	258.68	301.08	287.18	333.94	389.25	282.74	268.53	279.87	382.38	336.19	298.41	3 685.12
安徽		273.86	259.70	318.14	287.47	297.92	325.71	290.44	268.11	275.62	315.47	308.33	299.84	3 520.61
福建		182.56	193.06	187.15	177.52	206.20	244.35	180.08	155.16	155.43	231.65	213.55	195.76	2 322.48
江西		92.13	88.55	114.06	97.99	112.28	123.22	107.63	94.91	94.12	108.77	107.46	101.02	1 242.13
合计 Total		**1 458.61**	**1 442.96**	**1 724.44**	**1 582.77**	**1 707.55**	**1 923.86**	**1 572.67**	**1 450.88**	**1 461.20**	**1 842.22**	**1 734.25**	**1 644.92**	**19 546.33**

东 方 6+1

单位：万元
Unit: Ten Thousand Yuan

地 区 Region	游戏类型 Game Type	1月 Jan.	2月 Feb.	3月 Mar.	4月 Apr.	5月 May	6月 June	7月 July	8月 Aug.	9月 Sept.	10月 Oct.	11月 Nov.	12月 Dec.	合计 Total
辽宁	乐透排列	22.5568	23.2238	26.9254	25.9068	27.5304	23.5182	27.2364	24.798	25.45	24.991	24.908	25.679	302.72
上海		102.074	103.3626	121.854	120.6322	126.9136	106.9508	123.291	115.3114	118.6158	116.8594	116.9522	120.036	1 392.85
江苏		200.6692	204.3224	236.128	229.8628	237.096	199.9924	225.2644	208.8876	213.5306	216.1572	217.5904	218.9208	2 608.42
浙江		312.2174	327.1102	381.3076	362.7884	377.9574	331.3522	357.664	334.6006	349.8184	345.777	348.9908	357.1078	4 186.69
安徽		78.5068	79.268	91.253	87.6636	91.4256	79.2844	90.1574	82.0892	84.4756	85.3374	84.463	86.7318	1 020.66
福建		74.9132	75.9006	88.749	92.5524	97.3158	82.875	94.3802	82.5606	84.1136	87.7252	91.4348	98.838	1 051.36
江西		13.2594	13.1666	13.5034	13.7582	15.2804	12.9252	15.735	13.3694	13.1842	13.0788	13.237	13.3602	163.86
合计 Total		**804.20**	**826.35**	**959.72**	**933.16**	**973.52**	**836.90**	**933.73**	**861.62**	**889.19**	**889.93**	**897.58**	**920.67**	**10 726.56**

2017 年中国福利彩票地方游戏销售情况表（分地区按月统计）

Monthly Sales Statistics of Regional Games of Welfare Lottery in 2017

单位：万元

Unit: Ten Thousand Yuan

地 区 Region	游戏类型 Game Type	游戏名称 Game Name	1 月 Jan.	2 月 Feb.	3 月 Mar.	4 月 Apr.	5 月 May	6 月 June	7 月 July	8 月 Aug.	9 月 Sept.	10 月 Oct.	11 月 Nov.	12 月 Dec.	合计 Total
北 京	乐透组合	北京快乐 8	1 381.29	1 240.94	1 671.32	1 495.79	1 410.13	1 354.04	1 762.48	1 404.21	1 270.13	1 187.40	1 045.32	1 125.59	16 348.63
		北京快 3	9 717.42	8 646.10	21 489.44	15 044.40	12 866.54	13 338.62	13 161.57	13 272.88	25 975.84	15 920.05	13 618.62	14 772.87	177 824.35
	乐透排列	北京 PK 拾	85.73	86.49	130.94	102.03	75.34	70.36	63.52	50.12	64.98	55.09	60.08	99.28	943.96
天 津	乐透组合	天津快乐十分	14 533.06	13 924.02	24 084.92	20 648.77	19 014.82	17 147.29	15 926.48	15 872.08	15 672.96	16 169.73	16 354.71	17 741.55	207 090.40
	乐透排列	天津时时彩	5.30	3.99	6.84	6.08	9.30	12.89	17.40	6.72	5.28	4.47	4.14	3.41	85.82
河 北	乐透组合	河北 20 选 5	328.31	297.09	351.91	324.87	312.96	303.25	298.81	302.87	293.50	310.98	320.60	352.28	3 797.42
		河北 20 选 5 好运 2	2.79	1.56	2.18	1.81	1.81	1.59	1.45	1.70	1.89	1.55	1.61	1.67	21.61
		河北 20 选 5 好运 3	9.13	7.59	8.74	8.10	7.91	6.74	5.82	6.16	6.30	5.90	6.30	6.44	85.14
		河北快 3	14 479.56	10 222.52	16 846.80	15 379.28	14 482.85	12 982.34	9 635.56	9 167.71	10 930.14	13 321.48	10 172.54	11 370.64	148 991.43
	乐透排列	河北数字 5	8.58	7.57	9.90	9.06	8.47	9.09	10.18	7.41	7.89	9.30	10.69	14.97	113.09
		河北数字 7	52.43	53.40	66.51	55.35	61.78	56.96	54.81	55.38	56.81	57.46	57.59	59.90	688.38
山 西	乐透组合	山西快乐十分	16 081.67	13 768.00	21 366.12	23 275.14	22 096.52	21 092.31	19 840.36	16 750.05	20 167.42	24 329.07	22 649.08	21 951.05	243 366.79
内蒙古	乐透组合	内蒙古快 3	45 840.17	20 479.03	30 787.64	44 578.97	29 682.71	25 916.16	23 879.74	24 181.73	19 827.23	20 834.26	24 266.57	48 866.51	359 140.72
	乐透排列	内蒙古时时彩	742.69	612.30	921.43	906.75	813.14	750.04	637.12	619.96	543.38	582.00	635.01	721.06	8 484.87
辽 宁	乐透组合	辽宁 35 选 7	74.64	77.79	87.78	83.23	83.19	71.13	78.49	72.03	78.03	73.75	74.03	80.02	934.12
		辽宁 35 选 7 好运 1	0.63	0.61	0.79	0.68	0.65	0.64	0.71	0.56	0.59	0.54	0.63	0.67	7.70
		辽宁 35 选 7 好运 2	2.50	2.65	3.03	2.65	2.72	2.38	2.71	2.44	2.45	2.59	2.86	2.99	31.98
		辽宁 35 选 7 好运 3	10.39	10.20	11.91	10.81	10.30	8.51	9.51	8.45	8.80	9.10	10.03	9.71	117.73
		辽宁 35 选 7 好运 4	22.97	23.02	26.72	24.83	23.70	20.03	22.11	19.94	21.10	20.57	20.90	22.09	267.98
		辽宁快乐十二	39 110.88	36 168.31	46 437.70	54 500.15	46 390.99	38 786.39	35 252.60	33 881.79	33 808.46	48 873.40	40 914.05	42 501.43	496 626.16

续表

地　区 Region	游戏类型 Game Type	游戏名称 Game Name	1月 Jan.	2月 Feb.	3月 Mar.	4月 Apr.	5月 May	6月 June	7月 July	8月 Aug.	9月 Sept.	10月 Oct.	11月 Nov.	12月 Dec.	合计 Total
吉　林	乐透组合	吉林快 3	12 037.43	12 395.63	21 538.48	13 537.65	11 475.48	9 903.70	9 541.71	10 049.64	9 814.08	10 535.30	24 766.03	17 650.48	163 245.61
	乐透排列	吉林时时彩	13.12	12.17	20.86	21.18	18.44	16.77	11.45	12.48	81.92	267.50	350.59	380.34	1 206.82
黑龙江	乐透组合	黑龙江 22 选 5	79.66	74.15	79.97	84.25	72.83	81.79	65.83	83.65	103.49	69.13	100.36	98.14	993.25
		黑龙江 36 选 7	26.26	25.90	29.90	28.34	27.65	24.05	26.80	24.09	26.53	24.70	24.89	26.66	315.76
		黑龙江快乐十分	21 544.02	20 906.00	31 245.20	23 990.00	21 883.65	20 486.86	18 486.52	17 975.38	18 071.67	24 295.39	23 284.34	22 464.13	264 633.17
	乐透排列	黑龙江数字 6	324.10	418.40	401.93	141.40	167.71	201.19	254.64	355.42	240.87	93.97	114.46	108.12	2 822.22
		黑龙江时时彩	1.43	0.40	1.33	1.14	0.93	1.49	1.22	1.65	3.24	0.66	0.71	0.55	14.74
上海	乐透组合	上海基诺	20.33	8.10	11.97	9.73	179.41	246.95	172.58	153.15	131.43	160.68	142.91	130.83	1 368.07
		上海快 3	7 931.59	6 775.85	9 235.64	10 129.28	11 955.81	13 597.91	8 984.45	8 007.92	8 991.39	8 990.60	8 331.01	9 169.21	112 100.66
	乐透排列	上海选 4	472.66	445.81	551.44	524.80	533.87	516.85	527.24	539.88	519.92	514.35	518.72	549.06	6 214.61
		上海时时乐	290.97	289.15	369.14	351.45	338.92	335.29	313.92	331.58	359.17	389.91	389.40	422.37	4 181.28
江苏	乐透组合	江苏快 3	45 905.57	38 976.15	48 043.25	43 163.04	43 540.72	55 141.68	75 929.99	48 692.67	47 317.93	50 874.08	100 654.35	107 857.67	706 097.09
浙江	乐透组合	浙江快乐十二	41 171.37	29 802.08	39 935.30	39 084.48	41 886.15	38 771.04	50 511.00	38 800.84	37 755.85	45 387.28	42 447.20	47 962.01	493 514.61
	乐透组合	浙江快 2	1 214.16	1 388.76	1 479.15	1 495.14	2 165.25	1 592.91	1 563.22	1 387.51	1 120.36	1 702.43	1 676.10	4 376.49	21 161.48
安徽	乐透组合	安徽 25 选 5	71.67	63.05	80.66	117.92	114.55	52.77	97.49	66.91	41.17	91.16	64.33	68.70	930.38
		安徽快 3	9 857.53	9 435.99	21 682.71	28 428.61	17 849.31	13 775.85	13 236.83	19 074.48	31 417.34	16 842.05	14 358.36	13 263.16	209 222.21
福建	乐透组合	福建快 3	8 630.46	5 970.77	21 092.81	15 488.09	10 323.78	12 742.03	8 519.05	8 459.19	11 914.48	16 335.65	21 619.86	18 401.31	159 497.47
江西	乐透组合	江西快 3	10 781.95	5 961.35	9 526.95	8 467.56	7 444.43	8 732.24	7 671.63	7 794.34	9 532.36	12 216.75	9 478.31	7 472.34	105 080.22
山东	乐透组合	山东群英会	39 530.39	35 022.53	47 754.93	43 686.25	47 569.78	53 721.84	41 097.70	40 187.45	36 865.34	45 129.30	52 950.59	64 003.38	547 519.46
河南	乐透组合	河南 22 选 5	677.04	680.87	1 150.99	821.92	786.25	724.26	744.79	711.75	733.00	763.84	715.48	786.43	9 296.61
		河南 22 选 5 好运 2	38.27	36.71	111.34	48.72	40.35	35.75	36.58	38.19	37.65	39.26	38.25	39.54	540.61
		河南 22 选 5 好运 3	233.73	230.38	462.55	278.65	264.73	233.44	239.74	240.51	239.67	243.23	245.13	254.34	3 166.09
		河南 22 选 5 好运 4	174.56	167.01	319.27	198.90	197.19	185.16	207.13	196.53	198.15	211.05	197.95	202.43	2 455.33
		河南快 3	4 210.30	3 447.07	12 040.41	8 739.73	8 441.11	7 992.13	8 311.00	5 399.07	6 894.14	7 904.28	9 924.03	12 373.57	95 676.84

续表

地 区 Region	游戏类型 Game Type	游戏名称 Game Name	1月 Jan.	2月 Feb.	3月 Mar.	4月 Apr.	5月 May	6月 June	7月 July	8月 Aug.	9月 Sept.	10月 Oct.	11月 Nov.	12月 Dec.	合计 Total
河南	乐透排列	河南幸运彩	3 835.18	2 996.84	3 751.81	3 251.09	2 809.01	2 407.75	2 636.45	3 349.50	2 785.99	2 977.95	3 658.03	2 808.32	37 267.92
湖北	乐透组合	湖北30选5	207.17	193.87	193.48	170.47	178.14	172.37	143.29	120.95	117.50	139.84	127.21	162.79	1 927.08
		湖北快3	25 054.53	30 815.63	34 202.46	26 968.38	28 045.95	37 461.25	32 654.05	29 495.09	48 149.56	51 927.77	35 423.06	30 278.80	410 476.53
	乐透排列	湖北时时彩	283.38	253.12	362.21	291.30	274.11	238.73	263.62	253.59	238.35	248.17	244.61	230.02	3 181.19
湖南	乐透组合	湖南快乐十分	14 715.97	15 767.56	22 204.39	26 577.56	20 626.19	18 480.46	19 312.75	18 492.66	17 839.95	23 513.26	21 082.77	20 665.71	239 279.23
广东	乐透组合	广东26选5	73.77	101.94	83.61	91.88	99.41	82.20	74.37	101.94	80.32	116.57	72.09	74.60	1 052.70
		广东26选5好彩2	10.18	9.93	11.44	11.47	11.01	10.81	10.34	10.74	9.88	11.87	10.72	10.06	128.43
		广东26选5好彩3	85.64	85.82	94.90	93.85	92.83	91.47	90.91	96.08	83.29	99.09	87.88	86.31	1 088.06
		广东36选7	1 435.17	1 488.72	1 498.59	1 478.83	1 357.72	1 193.88	1 194.78	1 416.20	1 607.27	1 650.86	1 653.25	1 274.21	17 249.48
		广东36选7好彩1	1 151.33	1 200.76	1 264.07	1 318.70	1 481.66	1 215.68	1 289.78	1 422.15	2 027.60	1 396.17	1 371.64	1 229.01	16 368.55
		广东36选7好彩2	82.74	85.01	101.43	97.34	101.25	90.33	95.36	91.35	91.38	95.30	94.61	98.24	1 124.35
		广东36选7好彩3	1 333.72	1 325.73	1 566.92	1 465.27	1 509.12	1 396.78	1 440.43	1 410.71	1 407.66	1 458.92	1 430.12	1 487.70	17 233.09
		广东快乐彩	—	—	—	4.41	2.7 284	81.24	72.60	182.83	246.29	181.24	212.60	79.34	1 063.29
		广东快乐十分	61 632.07	55 195.88	70 121.70	76 302.46	80 488.15	66 704.51	67 180.42	66 738.87	78 113.13	72 546.99	72 436.98	75 908.77	843 369.91
广西	乐透组合	广西快乐十分	2 642.56	2 658.08	7 435.63	5 159.80	3 310.47	2 790.67	2 584.44	2 549.39	2 378.19	2 640.14	2 592.88	2 636.00	39 378.24
		广西快乐双彩	291.32	342.43	478.31	396.82	360.95	350.43	296.32	353.20	316.46	336.30	342.94	298.93	4 164.41
		广西快3	6 994.72	7 874.86	11 038.59	10 414.46	10 988.39	11 372.34	6 364.09	6 403.78	5 241.01	5 223.35	5 186.07	6 026.84	93 128.51
海南	乐透组合	海南快2	6 995.06	6 580.56	7 606.85	6 868.74	6 578.04	6 696.97	5 454.72	6 220.10	5 384.18	5 295.92	5 755.15	7 477.63	76 913.91
		海南快乐三宝	49.82	62.17	73.59	46.66	27.31	18.72	20.85	15.95	17.66	27.85	45.75	49.32	455.64
重庆	乐透组合	重庆快乐十分	12 761.23	12 175.38	16 085.07	14 517.15	16 161.64	16 302.10	14 721.31	14 682.46	13 950.65	14 781.59	15 718.06	16 429.10	178 285.73
	乐透排列	重庆时时彩	912.33	1 028.20	2 042.46	2 206.88	2 684.39	2 092.05	4 268.11	2 630.09	1 695.32	2 197.89	1 928.15	2 002.45	25 688.33
四川	乐透组合	四川快乐十二	17 175.16	19 932.99	33 217.79	25 434.87	25 207.27	24 745.32	24 176.79	22 436.24	22 129.33	23 122.44	22 766.56	22 864.73	283 209.49

续表

地　区 Region	游戏类型 Game Type	游戏名称 Game Name	1月 Jan.	2月 Feb.	3月 Mar.	4月 Apr.	5月 May	6月 June	7月 July	8月 Aug.	9月 Sept.	10月 Oct.	11月 Nov.	12月 Dec.	合计 Total
贵州		贵州快 3	5 653.38	4 710.63	6 569.97	5 281.80	5 281.81	9 195.11	9 244.83	6 109.58	5 427.04	5 402.48	6 408.36	12 129.61	81 414.62
云南	乐透组合	云南快乐十分	14 224.17	12 997.42	19 046.84	21 199.41	18 759.94	17 932.13	17 920.97	17 180.23	17 148.99	17 290.00	17 545.83	19 407.22	210 653.15
	乐透排列	云南时时彩	4.69	3.35	8.08	6.47	6.79	4.18	5.83	4.37	5.02	3.89	5.42	5.52	63.60
西藏	乐透组合	西藏生肖时时彩	1.70	2.33	0.68	0.90	1.27	2.44	1.01	0.61	1.36	6.41	3.83	2.41	24.94
		西藏快 3	19 548.21	13 075.56	16 132.63	17 514.25	22 131.22	26 001.97	25 720.48	23 827.83	19 825.95	20 682.24	15 028.10	17 741.55	237 229.99
陕西	乐透组合	陕西快乐十分	36 222.28	32 705.93	45 326.13	44 927.72	50 009.11	51 214.25	43 695.07	42 041.27	45 340.86	44 954.05	47 563.73	49 725.44	533 725.84
甘肃	乐透组合	甘肃快 3	15 262.26	11 566.15	39 023.49	23 182.25	21 032.07	18 062.99	14 856.88	40 456.77	23 219.45	20 184.79	18 372.45	19 602.11	264 821.67
青海	乐透组合	青海快 3	5 551.60	4 393.47	7 351.24	7 628.27	8 159.27	8 928.13	8 933.22	9 094.95	8 610.41	9 097.94	8 576.90	8 861.81	95 187.23
宁夏	乐透组合	宁夏快 3	5 568.29	5 742.04	7 821.01	6 569.52	6 609.37	5 581.72	5 331.64	5 445.92	9 830.95	7 563.02	5 795.49	6 480.10	78 339.07
新疆	乐透组合	新疆 18 选 7	12.59	12.47	23.88	13.91	16.61	14.86	15.83	17.61	12.61	15.72	10.98	12.51	179.58
		新疆 25 选 7	174.32	22.67	31.91	27.52	31.60	28.45	30.69	35.77	46.07	49.97	69.48	106.96	655.41
		新疆 35 选 7	325.28	379.09	455.20	374.05	375.90	374.18	346.07	316.70	345.90	330.00	311.20	355.29	4 288.86
		新疆喜乐彩	24.97	19.90	22.93	20.81	20.08	21.23	20.82	20.55	19.52	19.69	20.86	22.62	253.98
	乐透排列	新疆时时彩	30 287.10	27 533.95	29 733.08	24 058.68	22 256.54	20 197.16	19 092.04	20 164.25	20 846.67	21 524.56	24 666.82	28 498.52	288 859.36
深圳	乐透组合	深圳 35 选 7	50.68	60.39	72.10	55.81	64.62	62.72	55.94	57.88	59.46	56.91	53.04	59.97	709.52
		深圳快乐 8	24.65	33.61	26.35	23.79	25.08	38.94	22.35	20.75	25.70	17.90	25.66	26.75	311.53
		深圳快乐彩	8 376.60	8 720.74	15 411.61	18 926.94	19 733.83	17 902.95	18 909.40	18 207.36	17 753.40	18 382.93	19 339.11	22 518.86	204 183.72
合计 Total			**646 764.56**	**560 322.60**	**831 971.25**	**788 277.48**	**751 545.02**	**740 604.19**	**715 762.79**	**685 744.71**	**723 584.67**	**760 423.16**	**798 657.06**	**865 501.55**	**8 869 159.03**

（中国福利彩票发行管理中心供稿）

2017 年中国福利彩票即开

Sale Instant Win Tickets of Welfare Lottery

序号	地区	喜庆吉祥 2	清一色	幸运宝藏	四季发	扑克比大小	幸运宝贝 3	海底寻宝	西游探宝
1	北京	—	—	—	—	—	—	—	—
2	天津	—	—	—	—	—	—	—	—
3	河北	—	—	—	—	—	—	—	—
4	山西	—	—	—	—	—	—	—	—
5	内蒙古	—	—	—	—	—	—	—	—
6	辽宁	—	—	—	—	—	—	—	—
7	吉林	—	—	—	—	—	—	—	—
8	黑龙江	—	—	—	—	—	—	—	—
9	上海	—	—	—	—	—	—	—	—
10	江苏	1.51	0.09	0.07	1.25	0.13	0.26	2.07	4.90
11	浙江	—	—	—	—	—	—	—	—
12	安徽	—	—	—	—	—	—	—	—
13	福建	—	—	—	—	—	—	—	—
14	江西	—	—	—	—	—	—	—	—
15	山东	—	—	—	—	—	—	—	—
16	河南	—	—	—	—	—	—	—	—
17	湖北	—	—	—	—	—	—	—	—
18	湖南	—	—	—	—	—	—	—	—
19	广东	—	—	—	—	—	—	—	—
20	广西	—	—	—	—	—	—	—	—
21	海南	—	—	—	—	—	—	—	—
22	重庆	—	—	—	—	—	—	—	—
23	四川	—	—	—	—	—	—	—	—
24	贵州	—	—	—	—	—	—	—	—
25	云南	—	—	—	—	—	—	—	—
26	西藏	—	—	—	—	—	—	—	—
27	陕西	—	—	—	—	—	—	—	—
28	甘肃	—	—	—	—	—	—	—	—
29	青海	—	—	—	—	—	—	—	—
30	宁夏	—	—	—	—	—	—	—	—
31	新疆	—	—	—	—	—	—	—	—
合计 Total		**1.51**	**0.09**	**0.07**	**1.25**	**0.13**	**0.26**	**2.07**	**4.90**

型彩票销售情况表（分地区分品种）

in Different Regions and in Different Games in China in 2017

单位：万元

Unit: Ten Thousand Yuan

游乐场	节大欢喜	重建家园	同舟共济	众志成城	扶危济困	阖家欢乐	节大欢喜 2
—	—	—	—	—	—	—	—
—	—	—	—	—	—	—	—
—	—	—	—	—	—	—	—
—	—	—	—	—	—	—	—
—	—	—	—	—	—	—	—
—	—	—	—	—	—	—	—
—	—	—	—	—	—	—	—
—	—	—	—	—	—	—	—
—	—	—	—	—	—	—	—
2.93	0.16	0.66	2.64	4.08	0.02	0.24	3.84
—	—	—	—	—	—	—	—
—	—	—	—	—	—	—	—
—	—	—	—	—	—	—	—
—	—	—	—	—	—	—	—
—	—	—	—	—	—	—	—
—	—	—	—	—	—	—	—
—	—	—	—	—	—	—	—
—	—	—	—	—	—	—	—
—	—	—	—	—	—	—	—
—	—	—	—	—	—	—	—
—	—	—	—	—	—	—	—
—	—	—	—	—	—	—	—
—	—	—	—	—	—	—	—
—	—	—	—	—	—	—	—
—	—	—	—	—	—	—	—
—	—	—	—	—	—	—	—
—	—	—	—	—	—	—	—
—	—	—	—	—	—	—	—
—	—	—	—	—	—	—	—
—	—	—	—	—	—	—	—
—	—	—	—	—	—	—	—
2.93	**0.16**	**0.66**	**2.64**	**4.08**	**0.02**	**0.24**	**3.84**

续表

序号	地区	牛年 2 元	牛年 5 元	喜庆吉祥 3	阖家欢乐 3	开心时刻	淘宝商城	水浒 108 将	一刮一乐
1	北 京	—	—	—	—	—	—	—	—
2	天 津	—	—	—	—	—	—	—	—
3	河 北	—	—	—	—	—	—	—	—
4	山 西	—	—	—	—	—	—	—	—
5	内蒙古	—	—	—	—	—	—	—	—
6	辽 宁	—	—	—	—	—	—	—	—
7	吉 林	—	—	—	—	—	—	—	—
8	黑龙江	—	—	—	—	—	—	—	—
9	上 海	—	—	—	—	—	—	—	—
10	江 苏	0.24	1.07	0.02	0.12	0.04	0.37	1.29	0.12
11	浙 江	—	—	—	—	—	—	—	—
12	安 徽	—	—	—	—	—	—	—	—
13	福 建	—	—	—	—	—	—	—	—
14	江 西	—	—	—	—	—	—	—	—
15	山 东	—	—	—	—	—	—	—	—
16	河 南	—	—	—	—	—	—	—	—
17	湖 北	—	—	—	—	—	—	—	—
18	湖 南	—	—	—	—	—	—	—	—
19	广 东	—	—	—	—	—	—	—	—
20	广 西	—	—	—	—	—	—	—	—
21	海 南	—	—	—	—	—	—	—	—
22	重 庆	—	—	—	—	—	—	—	—
23	四 川	—	—	—	—	—	—	—	—
24	贵 州	—	—	—	—	—	—	—	—
25	云 南	—	—	—	—	—	—	—	—
26	西 藏	—	—	—	—	—	—	—	—
27	陕 西	—	—	—	—	—	—	—	—
28	甘 肃	—	—	—	—	—	—	—	—
29	青 海	—	—	—	—	—	—	—	—
30	宁 夏	—	—	—	—	—	—	—	—
31	新 疆	—	—	—	—	—	—	—	—
合计 Total		**0.24**	**1.07**	**0.02**	**0.12**	**0.04**	**0.37**	**1.29**	**0.12**

梁祝	锦绣中华	水浒 108 将 2	爱情密码	奇妙世博 2	寻宝乐	海宝魔术师	海底大寻宝
—	—	—	—	—	—	—	—
—	—	—	—	—	—	—	—
—	—	—	—	—	—	—	—
—	—	—	—	—	—	—	—
—	—	—	—	—	—	—	—
—	—	—	—	—	—	—	—
—	—	—	—	—	—	—	—
—	—	—	—	—	—	—	—
—	—	—	—	—	—	—	—
0.08	1.34	1.22	0.36	0.71	0.10	0.05	0.20
—	—	—	—	—	—	—	—
—	—	—	—	—	—	—	—
—	—	—	—	—	—	—	—
—	—	—	—	—	—	—	—
—	—	—	—	—	—	—	—
—	—	—	—	—	—	—	—
—	—	—	—	—	—	—	—
—	—	—	—	—	—	—	—
—	—	—	—	—	—	—	—
—	—	—	—	—	—	—	—
—	—	—	—	—	—	—	—
—	—	—	—	—	—	—	—
—	—	—	—	—	—	—	—
—	—	—	—	—	—	—	—
—	—	—	—	—	—	—	—
—	—	—	—	—	—	—	—
—	—	—	—	—	—	—	—
—	—	—	—	—	—	—	—
—	—	—	—	—	—	—	—
—	—	—	—	—	—	—	—
—	—	—	—	—	—	—	—
0.08	**1.34**	**1.22**	**0.36**	**0.71**	**0.10**	**0.05**	**0.20**

续表

序号	地区	红楼探秘	足球之源	福寿有余	乐翻天	淘金者	缘定金生	王牌高手	世博熊猫
1	北　京	—	—	—	—	—	—	—	—
2	天　津	—	—	—	—	—	—	—	—
3	河　北	—	—	—	—	—	—	—	—
4	山　西	—	—	—	—	—	—	—	—
5	内蒙古	—	—	—	—	—	—	—	—
6	辽　宁	—	—	—	—	—	—	—	—
7	吉　林	—	—	—	—	—	—	—	—
8	黑龙江	—	—	—	—	—	—	—	—
9	上　海	—	—	—	—	—	—	—	—
10	江　苏	0.40	0.10	0.10	0.15	0.20	0.02	0.04	0.50
11	浙　江	—	—	—	—	—	—	—	—
12	安　徽	—	—	—	—	—	—	—	—
13	福　建	—	—	—	—	—	—	—	—
14	江　西	—	—	—	—	—	—	—	—
15	山　东	—	—	—	—	—	—	—	—
16	河　南	—	—	—	—	—	—	—	—
17	湖　北	—	—	—	—	—	—	—	—
18	湖　南	—	—	—	—	—	—	—	—
19	广　东	—	—	—	—	—	—	—	—
20	广　西	—	—	—	—	—	—	—	—
21	海　南	—	—	—	—	—	—	—	—
22	重　庆	—	—	—	—	—	—	—	—
23	四　川	—	—	—	—	—	—	—	—
24	贵　州	—	—	—	—	—	—	—	—
25	云　南	—	—	—	—	—	—	—	—
26	西　藏	—	—	—	—	—	—	—	—
27	陕　西	—	—	—	—	—	—	—	—
28	甘　肃	—	—	—	—	—	—	—	—
29	青　海	—	—	—	—	—	—	—	—
30	宁　夏	—	—	—	—	—	—	—	—
31	新　疆	—	—	—	—	—	—	—	—
合计 Total		**0.40**	**0.10**	**0.10**	**0.15**	**0.20**	**0.02**	**0.04**	**0.50**

和谐中华	荷包满满	紫荆花开	漫游世博	灌篮高手	领奖台	欢乐嘉年华 10元	恭贺新春
—	—	—	—	—	—	—	—
—	—	—	—	—	—	—	—
—	—	—	—	—	—	0.05	—
—	—	—	—	—	—	—	—
—	—	—	—	—	—	—	—
—	—	—	—	—	—	—	—
—	—	—	—	—	—	—	—
—	—	—	—	—	—	—	—
—	—	—	—	—	—	—	—
0.75	0.17	0.05	0.45	0.05	0.70	0.20	0.10
—	—	—	—	—	—	—	—
—	—	—	—	—	—	—	—
—	—	—	—	—	—	—	—
—	—	—	—	—	—	—	—
—	—	—	—	—	—	—	—
—	—	—	—	—	—	—	—
—	—	—	—	—	—	—	—
—	—	—	—	—	—	—	—
—	—	—	—	—	—	—	—
—	—	—	—	—	—	—	—
—	—	—	—	—	—	—	—
—	—	—	—	—	—	—	—
—	—	—	—	—	—	—	—
—	—	—	—	—	—	—	—
—	—	—	—	—	—	—	—
—	—	—	—	—	—	—	—
—	—	—	—	—	—	—	—
—	—	—	—	—	—	—	—
—	—	—	—	—	—	—	—
—	—	—	—	—	—	—	—
—	—	—	—	—	—	—	—
0.75	**0.17**	**0.05**	**0.45**	**0.05**	**0.70**	**0.25**	**0.10**

续表

序号	地区	玉兔迎春	吉祥如意	神笔马良	发奖金	勇士闯关5	富贵有余2	争分夺秒	美梦成真
1	北 京	—	—	—	—	—	168.56	1 115.68	3.46
2	天 津	—	—	—	744.08	—	43.38	499.94	—
3	河 北	—	—	—	1 359.54	—	240.00	1 122.02	348.60
4	山 西	—	—	—	249.70	—	569.61	173.84	3.19
5	内蒙古	—	—	—	892.60	7.68	1 005.52	454.88	312.62
6	辽 宁	—	—	—	5 752.85	0.96	1 474.30	831.04	244.34
7	吉 林	—	—	—	673.66	0.08	466.50	705.44	349.74
8	黑龙江	—	—	—	1 498.40	3.44	713.88	875.90	452.72
9	上 海	—	—	—	562.00	—	—	250.00	80.00
10	江 苏	0.15	0.10	0.30	1 930.32	6.02	19.84	692.12	201.22
11	浙 江	—	—	—	230.72	—	87.62	596.07	673.59
12	安 徽	—	—	—	101.64	-1.25	211.43	2.32	224.06
13	福 建	—	—	—	—	—	—	590.40	651.98
14	江 西	—	—	—	0.81	2.02	1.59	280.10	173.68
15	山 东	—	—	—	8 164.89	23.00	210.13	2 873.85	353.47
16	河 南	—	—	—	0.04	0.26	435.47	1 081.98	635.88
17	湖 北	—	—	—	—	6.40	659.09	401.30	368.31
18	湖 南	—	—	—	—	—	649.62	887.56	565.46
19	广 东	—	—	—	—	2.26	120.00	3 600.29	4 714.65
20	广 西	—	—	—	—	0.18	82.00	1 018.52	1 003.00
21	海 南	—	—	—	118.51	—	—	-2.66	—
22	重 庆	—	—	—	—	—	682.24	602.78	493.00
23	四 川	—	—	—	—	—	6.52	3 525.40	287.52
24	贵 州	—	—	—	13.76	6.13	67.08	140.25	115.08
25	云 南	—	—	—	—	0.00	1 228.08	18.38	21.64
26	西 藏	—	—	—	—	—	—	—	—
27	陕 西	—	—	—	2 407.20	0.26	902.20	290.22	224.18
28	甘 肃	—	—	—	—	—	252.68	6.00	1.98
29	青 海	—	—	—	—	—	162.70	21.14	—
30	宁 夏	—	—	—	—	—	—	92.18	84.76
31	新 疆	—	—	—	—	—	1 096.61	236.06	—
合计 Total		**0.15**	**0.10**	**0.30**	**24 700.72**	**57.44**	**11 556.65**	**22 983.02**	**12 588.13**

节大欢喜 4	五福临门	游乐场 3	指动金来	节大欢喜 5	苏州园林 5 元	苏州园林 10 元	虎门销烟
1 358.00	714.95	—	—	—	—	—	—
555.05	237.80	—	—	—	—	—	—
239.85	—	—	—	—	—	—	—
—	—	—	—	—	—	—	—
178.25	624.50	—	—	—	—	—	—
—	641.78	—	—	—	—	—	—
—	262.95	—	—	—	—	—	—
355.90	248.25	—	—	—	—	—	—
—	—	—	—	—	—	—	—
182.65	38.25	46.35	400.35	0.05	1.85	2.65	—
—	—	32.50	—	816.70	—	—	—
—	-0.13	—	-0.19	-0.05	—	—	—
5.00	—	—	—	—	—	—	—
—	9.75	—	1.15	—	—	—	—
23.05	1 822.86	—	—	13.35	—	—	—
127.90	853.95	—	—	—	—	—	—
	616.31	—	—	0.15	—	—	—
67.25	270.85	—	—	—	—	—	—
520.00	100.74	—	209.14	—	—	—	2 349.19
—	—	—	—	—	—	—	—
—	34.23	—	—	—	—	—	—
—	285.54	—	—	—	—	—	—
548.90	538.25	—	—	—	—	—	—
—	—	—	—	—	—	—	—
—	349.00	—	11.90	4.95	—	—	—
—	—	—	—	—	—	—	—
—	—	—	0.05	222.75	—	—	—
1.45	0.75	—	0.10	—	—	—	—
—	—	—	—	—	—	—	—
—	—	—	—	—	—	—	—
—	—	—	—	—	—	—	—
4 163.25	**7 650.58**	**78.85**	**622.50**	**1 057.90**	**1.85**	**2.65**	**2 349.19**

续表

序号	地区	欢乐彩	吉星高照 2	百发百中	中华名人 3	红楼探秘 2	惊喜夺金	淘金者 2	发奖金 5 元
1	北　京	—	—	1 250.65	—	—	—	0.10	1 016.70
2	天　津	—	—	1 217.15	—	352.00	—	—	—
3	河　北	—	—	2 776.80	—	—	—	—	—
4	山　西	—	—	1 350.05	—	—	—	—	—
5	内蒙古	—	—	1 054.40	—	1 030.70	—	—	584.30
6	辽　宁	—	—	1 756.55	—	—	—	—	—
7	吉　林	—	—	573.35	—	—	1.50	—	478.62
8	黑龙江	—	—	968.55	—	—	—	—	—
9	上　海	—	—	1 815.00	—	—	2.80	—	1 285.00
10	江　苏	—	—	4 224.30	0.70	1 235.20	—	15.40	503.25
11	浙　江	—	—	8 461.76	—	3 257.37	—	—	—
12	安　徽	—	—	3 031.91	—	10.00	–0.08	—	0.08
13	福　建	—	—	2 093.25	—	—	—	—	—
14	江　西	—	0.16	963.21	7.80	4.91	6.55	—	1.40
15	山　东	—	—	6 382.03	8.15	1 270.41	0.30	—	2 905.91
16	河　南	—	—	7 548.50	0.15	—	—	—	719.15
17	湖　北	—	—	4 193.22	—	15.10	1.20	—	1 139.63
18	湖　南	—	—	6 404.65	—	—	—	—	100.10
19	广　东	—	—	16 567.60	—	215.00	—	—	400.00
20	广　西	—	—	3 744.30	—	—	—	—	0.65
21	海　南	—	—	170.46	—	—	—	—	163.68
22	重　庆	—	—	3 404.32	—	1 314.47	—	—	—
23	四　川	—	—	7 506.05	—	2 282.90	10.00	—	1 779.60
24	贵　州	—	—	1 332.85	—	—	—	—	210.15
25	云　南	—	—	1 778.20	—	—	3.25	—	416.40
26	西　藏	—	—	3 402.60	0.85	1 115.90	—	—	—
27	陕　西	—	—	2 686.10	—	832.90	1.20	—	844.15
28	甘　肃	—	9.30	972.75	0.25	—	2.00	—	—
29	青　海	—	—	439.60	—	47.80	—	—	—
30	宁　夏	—	—	542.10	—	—	—	—	—
31	新　疆	—	—	3 906.86	—	38.40	—	—	—
合计 Total		—	**9.46**	**102 519.13**	**17.90**	**13 023.07**	**28.73**	**15.50**	**12 548.77**

年年有余	中华故事 5 元 – 上善若水	中华故事 10 元 – 老子经典	环游世界	富贵有余 6	好运十倍	金色土地	美好生活 – 永结同心
—	—	—	—	—	6 616.40	—	0.05
—	—	—	—	—	1 646.85	—	—
—	—	—	—	—	2 806.90	—	—
—	—	—	—	—	1 965.83	—	—
—	—	—	—	—	2 280.65	—	—
—	—	—	—	—	5 041.80	—	—
—	—	—	—	—	2 770.32	—	0.05
—	—	—	—	—	2 458.15	—	—
—	—	—	—	—	5 665.00	—	—
3.40	—	—	0.05	—	10 818.95	0.70	5.35
—	—	—	—	—	15 177.70	—	58.30
—	—	—	—	—	3 452.84	—	—
—	—	—	—	—	6 206.45	—	—
—	—	—	1.86	—	1 194.54	4.91	1.70
—	—	—	—	—	9 494.58	—	0.74
—	0.05	0.20	—	2.15	6 511.45	—	—
—	—	—	—	—	6 585.88	—	—
—	—	—	—	—	8 566.15	—	—
—	—	—	—	—	44 886.10	—	80.78
—	—	—	—	—	8 050.89	0.40	1.35
—	—	—	—	—	557.22	—	—
—	—	—	—	—	4 657.61	—	—
—	—	—	—	—	11 591.95	—	—
—	—	—	0.45	—	1 223.25	1.35	—
0.60	—	—	3.35	—	2 986.93	0.10	7.45
—	—	—	—	—	2 871.65	—	—
—	—	—	—	—	4 426.55	—	—
—	—	—	—	—	2 254.85	2.50	4.80
—	—	—	—	—	271.05	—	—
—	—	—	—	—	812.99	—	—
—	—	—	—	—	7 105.26	—	—
4.00	**0.05**	**0.20**	**5.71**	**2.15**	**190 956.73**	**9.96**	**160.58**

续表

序号	地区	财富之旅	中状元	数字达人 2	中秋送福	九九重阳	灌篮高手 20 元	国泰民安	马到功成
1	北　京	—	—	—	—	—	—	—	—
2	天　津	—	—	—	—	—	—	—	—
3	河　北	—	—	—	—	—	—	0.05	—
4	山　西	—	—	—	—	—	—	—	—
5	内蒙古	—	—	—	—	—	—	382.05	—
6	辽　宁	—	3.80	0.02	–0.04	—	1.58	210.55	1.45
7	吉　林	0.25	—	—	—	—	—	300.65	0.10
8	黑龙江	0.65	—	—	—	—	—	—	—
9	上　海	—	—	—	—	—	—	—	—
10	江　苏	0.65	30.10	—	3.00	0.35	—	0.15	6.50
11	浙　江	—	0.10	—	—	—	—	3 781.83	—
12	安　徽	—	–0.65	—	–0.23	—	—	—	—
13	福　建	—	—	—	—	—	—	1 267.40	—
14	江　西	—	33.30	0.22	64.95	—	—	0.80	4.55
15	山　东	—	—	—	—	—	—	111.32	—
16	河　南	0.10	—	0.02	—	0.05	0.10	30.65	—
17	湖　北	—	—	—	—	—	—	—	—
18	湖　南	—	—	—	31.35	—	—	785.50	—
19	广　东	—	—	—	—	—	—	3 575.58	—
20	广　西	0.10	—	—	0.75	—	—	—	—
21	海　南	—	—	—	—	—	—	—	—
22	重　庆	—	—	—	—	—	—	—	—
23	四　川	—	—	—	0.35	—	—	1 542.70	3.05
24	贵　州	2.85	—	—	0.04	—	—	—	—
25	云　南	0.05	—	0.02	1.45	0.15	0.60	1 995.70	1.70
26	西　藏	—	—	—	20.85	—	—	—	—
27	陕　西	0.70	—	—	—	—	—	—	—
28	甘　肃	0.25	—	3.42	—	—	—	—	—
29	青　海	—	—	—	0.30	—	—	—	—
30	宁　夏	—	—	—	—	—	—	—	—
31	新　疆	—	—	—	—	—	—	—	—
合计 Total		**5.60**	**66.65**	**3.70**	**122.76**	**0.55**	**2.28**	**13 984.93**	**17.35**

对对碰5元	生态鄱阳2	大吉大利	企鹅探宝	金龙贺岁	金钥匙	2012龙	江门风光
—	—	621.25	—	—	—	—	—
—	—	—	—	—	—	—	—
—	—	—	0.05	—	—	—	—
—	—	—	—	—	—	—	—
—	—	0.30	—	—	—	—	—
—	—	0.10	–0.05	1.25	—	1.54	—
—	—	—	—	—	1.13	—	—
—	—	4.85	—	—	—	—	—
—	—	—	—	—	—	—	—
—	—	476.45	—	4.60	33.60	1.30	—
—	—	1 198.02	—	—	—	—	—
—	—	8.00	—	–0.71	–0.12	–0.23	—
—	—	—	—	—	—	—	—
—	6.83	2.65	2.15	4.62	—	—	—
—	—	0.05	—	—	—	—	—
—	—	77.70	0.15	0.10	0.20	—	—
—	—	0.05	5.05	—	2.10	—	—
—	—	—	—	—	—	—	—
—	—	12.76	0.50	—	—	—	1 195.92
—	—	0.05	0.20	0.10	1.20	0.65	—
—	—	—	0.78	—	—	—	—
—	—	—	—	—	—	—	—
—	—	2.85	—	—	—	20.00	—
—	—	94.84	0.80	—	—	—	—
0.15	—	—	10.60	0.20	0.20	0.10	—
3.20	—	—	—	—	—	—	—
—	—	241.20	5.50	0.40	—	—	—
—	—	277.45	0.10	0.10	—	1.25	—
0.05	—	—	—	—	—	—	—
—	—	—	—	—	—	—	—
—	—	—	—	—	—	—	—
3.40	**6.83**	**3 018.56**	**25.83**	**10.66**	**38.31**	**24.61**	**1 195.92**

续表

序号	地区	魅力丹霞	2012 龙	2012 龙四联	2012 龙小本	心连心	招财猫	美好生活	大赢家
1	北 京	—	—	—	—	—	—	—	—
2	天 津	—	—	—	—	—	—	—	—
3	河 北	—	—	—	—	—	—	—	—
4	山 西	—	2.20	1.10	—	—	—	—	—
5	内蒙古	—	—	—	—	—	67.25	—	—
6	辽 宁	—	—	0.84	—	-0.01	—	0.44	-0.01
7	吉 林	—	—	—	—	0.10	0.05	—	—
8	黑龙江	—	—	—	16.55	—	—	0.30	—
9	上 海	—	—	—	—	—	5.00	—	—
10	江 苏	—	—	12.60	—	—	3.85	51.30	0.10
11	浙 江	—	—	—	—	—	—	—	—
12	安 徽	—	—	16.70	—	0.00	63.23	—	-0.62
13	福 建	—	—	—	0.25	—	—	—	—
14	江 西	—	—	—	3.78	1.46	18.95	125.76	12.32
15	山 东	—	—	0.25	0.05		14.02		13.40
16	河 南	—	—	—	—	—	—	0.30	15.30
17	湖 北	—	—	—	—	—	0.30	—	—
18	湖 南	—	—	—	—	0.92	135.60	—	0.05
19	广 东	0.10	—	2.75	0.25	0.10	9.81	0.20	6.54
20	广 西	—	—	—	—	—	1.55	1.80	—
21	海 南	—	—	—	—	—	—	—	—
22	重 庆	—	—	—	—	—	—	—	—
23	四 川	—	—	—	12.70	—	10.50	—	—
24	贵 州	—	4.71	—	3.10	0.24	36.55	—	—
25	云 南	—	—	0.35	—	1.06	—	5.50	—
26	西 藏	—	—	—	—	—	—	—	—
27	陕 西	—	—	8.70	1.65	0.04	0.05	0.10	—
28	甘 肃	—	—	2.00	—	—	1.15	—	3.65
29	青 海	—	—	—	—	—	—	—	—
30	宁 夏	—	—	—	—	—	—	—	—
31	新 疆	—	—	—	—	—	—	—	1.15
合计 Total		**0.10**	**6.91**	**45.28**	**38.33**	**3.91**	**367.86**	**185.70**	**51.89**

夺宝嘉年华	倍给力	存钱罐	欢乐嘉年华20元	荷塘月色	蚂蚁搬家	七彩盛世	黄河魂
—	—	—	0.10	—	—	—	—
—	—	—	—	—	—	—	—
—	—	—	—	0.10	—	—	—
—	—	—	25.40	—	—	—	—
—	—	—	—	—	—	—	—
1.41	—	—	—	-0.01	—	—	3.50
0.48	—	0.80	—	—	0.74	0.76	—
—	0.05	—	46.20	0.15	0.66	—	—
—	—	—	—	—	—	—	—
1.55	2.40	—	46.90	2.20	0.48	—	14.20
—	—	—	—	—	—	—	—
29.57	-0.04	-0.40	-0.15	-0.55	—	—	—
—	—	—	—	—	—	—	—
—	—	1.05	—	30.94	2.38	—	—
18.15	—	—	0.15	—	0.22	—	5.05
0.05	1.50	—	0.10	—	0.04	—	—
—	1.65	—	1.55	—	—	—	—
—	—	—	—	—	—	—	—
4.79	0.30	—	13.78	0.10	—	—	—
-0.03	0.85	—	16.60	-0.07	—	—	—
—	—	—	—	—	3.29	—	—
—	—	—	—	—	—	—	—
—	—	—	0.60	—	—	—	—
—	—	0.25	—	10.70	5.46	—	—
0.75	4.50	—	—	—	7.38	—	—
38.15	—	—	—	—	—	—	—
0.20	0.05	—	—	6.05	—	—	—
72.65	—	0.45	—	0.55	—	—	0.90
—	—	—	73.55	0.05	—	—	—
—	—	—	—	—	—	—	—
—	—	—	—	—	—	—	—
167.72	**11.26**	**2.15**	**224.78**	**50.21**	**20.65**	**0.76**	**23.65**

续表

序号	地区	敦煌韵	花好月圆	巍巍井冈	跷跷板	幸运扑克	喜从天降	龙腾盛世	打地鼠
1	北 京	—	—	—	—	—	466.15	—	—
2	天 津	—	—	—	—	—	1.80	12.25	2.75
3	河 北	—	0.05	—	—	—	—	0.05	0.10
4	山 西	—	—	—	—	—	—	0.05	0.00
5	内蒙古	—	—	—	—	—	3.90	229.65	60.45
6	辽 宁	4.99	-0.01	—	-0.01	—	—	0.55	—
7	吉 林	—	0.62	—	0.02	1.55	—	—	—
8	黑龙江	—	—	—	0.44	—	—	—	17.40
9	上 海	—	—	—	—	15.00	—	—	—
10	江 苏	9.30	1.75	—	—	1.50	5.50	0.85	2.35
11	浙 江	—	—	—	—	—	—	1 477.07	—
12	安 徽	—	-0.05	—	-0.02	-0.83	—	—	-1.14
13	福 建	—	—	—	—	—	—	4.70	
14	江 西	—	—	0.44	0.30	—	—	—	4.45
15	山 东	28.88	—	—	—	—	—	67.90	—
16	河 南	0.10	—	—	—	—	—	9.30	21.20
17	湖 北	—	0.10	—	1.26	0.65	—	438.14	—
18	湖 南	—	—	—	—	—	—	659.90	—
19	广 东	—	0.30	—	—	—	4 887.98	—	4.30
20	广 西	—	—	—	0.96	0.40	—	—	0.71
21	海 南	—	—	—	—	—	—	—	—
22	重 庆	—	—	—	—	—	—	—	—
23	四 川	—	—	—	—	—	—	—	36.05
24	贵 州	—	16.95	—	—	17.10	—	—	35.05
25	云 南	—	9.05	—	0.84	2.55	—	13.65	7.60
26	西 藏	—	—	—	—	—	—	—	—
27	陕 西	—	—	—	0.04	—	11.90	1 516.05	3.00
28	甘 肃	22.60	—	—	0.38	—	4.80	88.35	0.15
29	青 海	—	—	—	0.58	—	—	—	—
30	宁 夏	—	—	—	—	—	—	138.03	—
31	新 疆	—	—	—	0.02	—	0.05	0.05	—
合计 Total		**65.87**	**28.76**	**0.44**	**4.80**	**37.92**	**5 382.08**	**4 656.54**	**194.43**

招财纳福	网鱼高手	圣诞快乐 2	伏羲定姓氏	中国节	闹新春	跳房子	博爱中山
—	—	—	—	—	—	—	—
—	—	—	—	—	—	—	—
—	—	—	—	—	—	—	—
—	—	—	—	0.05	—	—	—
—	—	—	—	—	—	—	—
-0.02	—	5.46	—	11.31	20.51	36.08	—
3.26	0.32	—	—	—	—	—	—
16.60	8.85	—	—	0.30	—	1.70	—
—	—	—	—	5.00	—	10.00	—
—	4.85	2.60	—	109.00	14.40	—	—
27.50	—	—	—	5.75	—	—	—
-0.39	-0.43	—	—	-1.42	-3.34	-1.57	—
—	—	—	—	0.65	—	—	—
2.15	1.45	—	—	—	1.40	21.58	—
1.09	0.15	—	—	61.47	—	—	—
—	0.20	—	1.05	—	—	0.85	—
—	—	0.10	—	—	4.35	—	—
—	—	0.10	—	—	—	—	—
18.86	—	0.10	—	7.70	—	3.20	23.54
—	9.14	—	—	1.50	—	3.26	—
—	68.74	—	—	—	—	—	—
—	—	—	—	—	—	—	—
20.70	—	—	—	0.80	0.75	—	—
0.20	112.65	—	—	23.60	13.60	—	—
16.75	10.45	—	—	7.20	1.25	—	—
—	—	—	—	—	—	—	—
0.05	16.30	—	—	1.05	1.05	—	—
0.30	—	—	—	1.20	—	—	—
—	—	—	—	—	—	0.05	—
—	—	—	—	—	—	—	—
—	0.05	—	—	—	—	—	—
107.06	**232.71**	**8.36**	**1.05**	**235.17**	**53.98**	**75.15**	**23.54**

续表

序号	地区	中华名人－孟子	昆曲	快乐生肖10元－祥蛇献瑞	金鹊报喜	幸运殿堂	黄山风光	巅峰对决	7乐无穷
1	北 京	—	322.00	—	—	—	—	—	2 255.60
2	天 津	8.00	—	—	—	—	—	—	854.05
3	河 北	—	—	—	—	—	—	—	—
4	山 西	—	—	—	—	—	—	—	0.35
5	内蒙古	64.15	—	—	—	—	—	—	662.25
6	辽 宁	5.15	7.60	9.90	—	—	—	18.50	1 796.55
7	吉 林	—	0.48	—	—	—	—	—	1 091.87
8	黑龙江	8.65	35.45	0.70	—	—	—	—	1 858.55
9	上 海	—	—	—	—	—	—	—	1 112.50
10	江 苏	0.05	54.10	10.35		18.20	17.26	3.70	1 753.50
11	浙 江	—	—	—	—	—	—	—	3 548.75
12	安 徽	0.01	30.60	—	—	—	—	—	17.90
13	福 建	—	—	0.30	—	—	—	—	747.35
14	江 西	—	—	—	—	—	—	18.26	43.65
15	山 东	83.31	—	—	—	0.05	—	34.24	2 487.92
16	河 南	6.75	—	2.00		1.70	—	0.25	4.60
17	湖 北	—	—	—	—	—	—	—	34.25
18	湖 南	—	—	—	—	—	—	—	267.70
19	广 东	—	—	5.73	0.48	4.30	—	6.07	3 022.30
20	广 西	0.70	—	—	—	0.20	—	3.20	0.55
21	海 南	—	—	—	—	—	—	—	-3.70
22	重 庆	—	—	—	—	—	—	—	—
23	四 川	—	8.55	—	—	—	—	2.25	3 137.00
24	贵 州	—	—	—	2.46	—	—	—	185.70
25	云 南	—	—	—	—	24.85	—	—	957.15
26	西 藏	—	—	—	—	—	—	14.00	376.20
27	陕 西	—	—	—	—	34.00	—	10.75	0.65
28	甘 肃	67.45	—	0.40	—	—	—	—	255.55
29	青 海	—	—	—	—	—	—	0.30	208.70
30	宁 夏	—	—	—	—	—	—	—	—
31	新 疆	—	4.95	—	—	—	—	0.05	4.25
合计 Total		**244.22**	**463.73**	**29.38**	**2.94**	**83.30**	**17.26**	**111.57**	**26 681.69**

好彩头	小鸡快跑	花神	幸运双色球	幸福来电	爱我家园	探险家	柿柿如意
—	—	—	—	—	—	—	—
—	—	—	—	—	—	—	—
—	—	—	126.35	—	—	—	—
—	—	—	—	0.05	—	0.05	—
—	—	—	—	—	—	—	—
—	—	5.95	—	3.70	—	—	—
—	—	—	—	0.05	0.65	0.05	—
—	—	—	196.75	—	41.65	1.80	3.50
—	—	—	—	—	—	9.90	—
—	—	6.40	26.90	1.70	2.40	11.85	0.02
—	—	50.00	—	—	—	—	—
—	—	—	198.25	0.15	—	—	—
—	—	—	0.25	—	—	20.20	—
—	—	—	—	5.05	—	10.55	0.12
—	0.60	21.12	36.77	—	—	—	—
0.18	0.80	8.40	—	13.15	10.10	—	—
—	—	33.55	—	—	4.10	—	—
—	—	—	—	—	—	—	—
—	4.45	4.71	145.29	0.81	—	17.31	—
1.78	—	0.30	—	0.25	0.15	6.50	—
—	—	—	—	—	–4.06	—	—
—	—	—	—	—	—	—	—
—	—	2.00	4.70	12.45	—	7.00	—
19.40	—	—	—	33.35	—	12.55	36.16
4.08	0.05	1.80	—	2.50	0.15	1.70	—
—	—	—	—	—	—	—	—
—	—	—	—	0.20	68.80	30.15	—
0.14	—	—	—	7.60	1.75	10.00	—
0.12	—	—	—	—	138.60	—	—
—	—	—	—	—	—	—	—
—	—	—	—	—	0.45	4.90	—
25.70	**5.90**	**134.23**	**735.26**	**81.01**	**264.74**	**144.51**	**39.80**

续表

序号	地区	甜蜜连连	福运连连	金蜂巢	7喜	欢乐马戏团	好日子	冰激凌	福气8
1	北 京	—	0.05	—	—	—	—	—	—
2	天 津	—	—	—	—	—	—	—	—
3	河 北	—	—	—	—	—	—	158.20	—
4	山 西	—	—	—	—	0.05	—	—	—
5	内蒙古	—	—	—	—	—	—	3.00	—
6	辽 宁	—	4.70	1.75	—	1.25	—	—	—
7	吉 林	—	0.27	1.28	—	0.52	—	—	—
8	黑龙江	—	3.25	0.60	—	5.85	—	—	—
9	上 海	—	—	—	—	—	—	—	—
10	江 苏	—	3.05	4.35	—	2.55	0.25	20.25	56.80
11	浙 江	—	—	—	—	0.05	—	—	0.70
12	安 徽	—	—	0.05	—	—	—	309.20	—
13	福 建	—	—	—	—	—	—	—	—
14	江 西	—	1.64	2.51	—	121.14	—	—	—
15	山 东	—	—	—	—	0.50	—	—	—
16	河 南	—	4.15	0.25	—	9.50	12.50	47.60	7.75
17	湖 北	—	—	0.05	—	7.35	—	—	15.90
18	湖 南	—	—	—	—	—	—	—	—
19	广 东	—	—	—	0.50	—	—	391.82	20.16
20	广 西	0.06	8.60	0.05	—	0.40	—	—	—
21	海 南	—	—	—	—	—	—	—	—
22	重 庆	—	—	—	—	—	—	28.65	—
23	四 川	—	14.30	—	—	—	—	5.00	—
24	贵 州	24.32	34.60	17.85	—	—	—	—	—
25	云 南	—	11.70	0.05	—	17.55	—	—	—
26	西 藏	—	—	—	—	—	—	—	—
27	陕 西	—	—	—	—	2.65	—	—	—
28	甘 肃	—	0.10	—	—	14.20	—	—	—
29	青 海	0.52	—	—	—	0.15	—	—	—
30	宁 夏	—	—	—	—	—	—	—	—
31	新 疆	—	71.86	—	—	—	—	—	—
合计 Total		**24.90**	**158.27**	**28.79**	**0.50**	**183.71**	**12.75**	**963.71**	**101.31**

百万财富	放飞梦想 5 元	印象中国	时空瑰宝	沪塔	幸福汕头－宜居之城	幸福汕头－百载商埠	幸福汕头－潮人之都
918.35	—	—	—	—	—	—	—
—	—	—	—	—	—	—	—
—	—	—	—	—	—	—	—
—	—	—	—	—	—	—	—
—	—	—	—	—	—	—	—
—	—	15.30	34.00	—	—	—	—
—	—	—	—	—	—	—	—
—	—	—	—	—	—	—	—
—	—	—	—	–2.16	—	—	—
2.75	—	—	—	—	—	—	—
—	—	—	—	—	—	—	—
—	—	—	—	—	—	—	—
—	—	—	—	—	—	—	—
—	—	—	—	—	—	—	—
—	293.46	—	—	—	—	—	—
—	—	—	—	—	—	—	—
—	—	—	—	—	—	—	—
—	—	—	—	—	—	—	—
—	—	—	—	—	33.62	16.25	7.40
—	—	—	—	—	—	—	—
—	—	—	—	—	—	—	—
—	—	—	—	—	—	—	—
—	—	—	—	—	—	—	—
—	—	—	—	—	—	—	—
—	—	—	—	—	—	—	—
—	—	—	—	—	—	—	—
—	—	—	—	—	—	—	—
—	—	—	—	—	—	—	—
—	—	—	—	—	—	—	—
—	—	—	—	—	—	—	—
—	—	—	—	—	—	—	—
921.10	**293.46**	**15.30**	**34.00**	**-2.16**	**33.62**	**16.25**	**7.40**

续表

序号	地区	幸福汕头－潮菜之乡	春夏秋冬	蝌蚪找妈妈	水果连连看	幸运抽奖	淘宝乐	生日快乐	大满贯 10 元
1	北 京	—	—	—	—	—	269.45	0.05	—
2	天 津	—	—	—	—	—	—	—	—
3	河 北	—	—	—	—	—	—	—	—
4	山 西	—	—	—	—	—	—	—	—
5	内蒙古	—	183.50	—	—	20.05	—	—	—
6	辽 宁	—	17.50	2.25	—	20.50	—	—	—
7	吉 林	—	0.85	—	—	0.50	—	—	—
8	黑龙江	—	20.55	—	—	135.85	—	—	—
9	上 海	—	—	—	2.50	—	—	—	—
10	江 苏	—	25.95	2.65	—	7.10	—	—	3.05
11	浙 江	—	—	—	—	—	—	—	—
12	安 徽	—	200.65	—	—	—	—	—	84.70
13	福 建	—	—	—	—	—	—	—	—
14	江 西	—	—	28.66	—	70.06	—	—	—
15	山 东	—	—	—	—	26.95	—	—	—
16	河 南	—	5.75	—	10.85	0.05	—	—	11.05
17	湖 北	—	—	2.45	—	—	—	—	
18	湖 南	—	—	—	—	—	—	—	0.95
19	广 东	6.28	43.71	—	—	16.07	—	—	—
20	广 西	—	2.55	6.35	0.85	213.70	—	—	—
21	海 南	—	—	—	—	—	—	—	—
22	重 庆	—	—	—	—	—	—	—	—
23	四 川	—	6.40	7.25	—	—	—	—	—
24	贵 州	—	24.20	—	—	—	—	—	—
25	云 南	—	0.20	1.05	—	6.55	—	—	—
26	西 藏	—	—	—	—	—	—	—	—
27	陕 西	—	25.10	—	—	—	—	—	—
28	甘 肃	—	5.40	0.10	—	3.00	—	—	—
29	青 海	—	—	—	—	—	—	—	—
30	宁 夏	—	—	—	—	—	—	—	—
31	新 疆	—	11.60	—	—	—	—	—	—
合计 Total		**6.28**	**573.91**	**50.76**	**14.20**	**520.37**	**269.45**	**0.05**	**99.75**

步步高	日出东方部	5 倍惊喜	俏佳人	马到成功 10 元	赣南苏区－荣光	挖金豆	圣地延安
—	—	1 835.50	—	—	—	0.25	—
—	—	1 049.80	—	—	—	—	—
—	—	—	—	—	—	—	—
—	—	0.20	—	—	—	—	—
—	—	812.35	7.30	—	—	—	—
—	—	3 260.85	13.45	12.65	—	—	—
—	—	995.89	0.85	—	—	—	—
—	—	2 095.60	—	1.55	—	—	—
—	—	2 185.00	34.15	—	—	—	—
63.40	—	2 062.90	29.60	—	—	—	—
—	—	3 247.02	—	—	—	—	—
—	—	1 007.15	3.65	—	—	—	—
—	—	2 036.80	—	—	—	—	—
—	—	450.19	—	17.61	136.65	—	—
—	—	4.13	13.85	—	—	—	—
41.80	—	9.10	9.45	—	—	—	—
—	—	13.27	5.55	—	—	—	—
—	126.40	2 279.15	—	45.90	—	—	—
—	—	16 019.53	125.84	4.12	—	—	—
—	—	2 723.22	35.80	0.30	—	—	—
—	—	—	—	—	—	—	—
—	—	1 302.58	—	—	—	—	—
—	—	3 638.95	—	17.00	—	—	—
—	—	133.55	—	—	—	—	—
—	—	—	5.45	1.20	—	—	—
—	—	0.45	—	—	—	—	—
—	—	0.25		10.35	—	—	519.50
—	—	—	63.10	—	—	—	—
—	—	297.15	—	—	—	—	—
—	—	—	—	—	—	—	—
—	—	1 199.34	1.30	—	—	—	—
105.20	**126.40**	**48 659.92**	**349.34**	**110.68**	**136.65**	**0.25**	**519.50**

续表

序号	地区	七星瓢虫	太极	宝石奇缘	神秘好礼	吉祥草原	牛7冲天	熊出没	空战赢家
1	北　京	8.78	9.80	—	—	—	2 836.55	—	8.05
2	天　津	—	—	—	190.75	—	—	—	—
3	河　北	—	—	—	146.90	—	—	—	—
4	山　西	—	77.75	—	12.05	—	—	—	3.60
5	内蒙古	—	65.80	—	242.05	104.95	—	—	—
6	辽　宁	—	10.05	0.50	—	—	—	18.10	77.25
7	吉　林	1.30	—	0.37	—	—	—	0.85	147.55
8	黑龙江	—	—	1.30	—	—	—	3.45	72.40
9	上　海	—	—	—	337.50	—	—	—	16.55
10	江　苏	25.46	10.70	5.15	74.55	—	—	23.95	25.20
11	浙　江	—	—	—	30.05	—	—	—	—
12	安　徽	—	—	—	—	—	—	—	158.35
13	福　建	—	—	0.35	215.65	—	—	1.15	12.50
14	江　西	1.23	—	—	—	—	—	—	13.04
15	山　东	2.04	—	2.30	7.55	—	0.54	0.20	—
16	河　南	—	35.05	—	83.90	—	2.60	15.00	7.85
17	湖　北	—	—	0.10	—	—	—	4.97	1.75
18	湖　南	—	—	—	—	—	—	—	75.15
19	广　东	0.50	—	3.75	96.15	—	—	—	27.32
20	广　西	0.04	—	10.90	—	—	—	11.35	21.10
21	海　南	—	—	—	—	—	—	—	—
22	重　庆	—	—	—	109.78	—	—	—	—
23	四　川	—	—	—	95.55	—	—	22.25	64.65
24	贵　州	2.58	—	—	—	—	—	45.55	18.85
25	云　南	—	22.75	0.35	—	—	—	—	5.85
26	西　藏	—	—	0.35	—	—	—	—	—
27	陕　西	—	—	—	—	—	—	—	65.70
28	甘　肃	—	—	—	17.80	1.30	—	—	9.45
29	青　海	1.44	—	—	3.30	—	—	0.35	—
30	宁　夏	—	—	—	—	—	—	—	39.85
31	新　疆	1.74	27.25	—	13.60	—	—	1.10	66.70
合计 Total		**45.11**	**259.15**	**25.42**	**1 677.13**	**106.25**	**2 839.69**	**148.27**	**938.70**

赛马	好运加倍	相约咖啡	加油加油	10 来运转	足球盛宴 5 元	黄金盛典	“粽”奖
3.95	—	—	6.65	—	1.80	5.55	—
—	—	—	—	—	—	6.55	—
19.65	—	—	—	—	—	353.15	—
—	—	0.35	2.89	0.30	0.25	0.15	—
—	—	38.45	5.30	32.90	0.05	4.90	—
—	7.95	8.65	23.60	341.25	208.60	—	—
—	0.28	0.68	177.42	278.31	1.65	—	—
—	—	—	190.55	7.95	6.80	47.30	21.90
25.00	—	—	—	137.50	—	—	—
112.10	13.25	65.55	10.10	48.95	43.85	731.40	71.90
—	—	—	—	—	—	41.92	—
129.95	—	—	184.95	—	—	7.95	7.15
0.80	—	2.05	7.50	28.05	1.30	—	7.90
—	—	—	—	—	—	12.40	—
—	0.70	62.19	8.09	0.35	—	0.55	13.25
25.30	2.50	93.80	10.25	11.00	114.05	3.30	3.95
—	—	—	171.73	—	108.67	55.50	12.60
124.45	—	129.85	—	—	—	1 062.65	—
49.21	—	28.29	72.85	11.70	49.71	8.40	25.90
35.05	1.90	60.60	90.05	64.90	9.10	0.60	—
—	—	—	—	—	—	94.96	—
—	—	—	—	8.95	2.50	—	—
22.55	—	—	232.05	291.15	29.30	—	8.00
—	106.60	—	58.75	98.20	95.60	199.85	22.85
—	4.95	10.30	39.35	3.20	8.75	44.15	13.55
—	—	—	—	2.50	—	16.95	—
112.10	—	112.90	195.25	3.95	—	145.50	6.00
210.35	—	11.60	21.10	5.60	—	30.25	—
—	0.05	—	0.10	—	—	8.55	—
—	—	—	—	—	—	—	—
4.20	0.05	14.45	0.05	106.95	—	—	28.15
874.66	**138.23**	**639.70**	**1 508.59**	**1 483.66**	**681.98**	**2 882.48**	**243.10**

续表

序号	地区	足球盛宴10元	魅力安徽－九华仙境	天降好礼	砸金蛋	多彩假日	幸运星	好运百万	莲乡意蕴
1	北　京	13.35	—	0.30	—	14.30	—	—	—
2	天　津	—	—	—	—	—	—	—	—
3	河　北	—	—	—	—	—	—	—	200.00
4	山　西	0.85	—	—	0.40	—	—	—	3 607.95
5	内蒙古	—	—	—	—	—	—	—	16.65
6	辽　宁	15.05	—	72.76	—	15.80	5.05	—	—
7	吉　林	—	—	0.24	2.08	0.53	—	—	2 775.00
8	黑龙江	54.85	—	1.94	2.15	—	—	—	—
9	上　海	—	—	18.00	—	45.15	—	—	—
10	江　苏	21.60	—	19.78	3.10	0.95	13.25	—	15.00
11	浙　江	—	—	—	—	—	—	—	—
12	安　徽	—	32.60	—	—	104.65	—	—	4 083.10
13	福　建	60.65	—	—	—	3.15	1.70	—	—
14	江　西	—	—	—	—	—	—	—	18 671.45
15	山　东	127.65	—	—	0.20	—	—	—	—
16	河　南	2.85	—	2.02	—	5.00	—	—	1 095.00
17	湖　北	—	—	20.06	15.85	11.45	—	—	11 386.40
18	湖　南	—	—	—	—	24.00	—	—	14 670.00
19	广　东	44.61	—	—	—	97.58	—	25 641.99	15.65
20	广　西	27.00	—	2.76	2.00	37.55	15.15	—	18.00
21	海　南	—	—	—	—	—	—	—	—
22	重　庆	8.85	—	—	—	—	—	—	48.70
23	四　川	20.25	—	—	—	10.60	—	—	7.20
24	贵　州	—	—	30.66	3.00	28.70	—	—	—
25	云　南	24.00	—	5.22	3.45	22.05	8.00	—	—
26	西　藏	—	—	—	—	—	—	—	—
27	陕　西	105.85	—	—	—	—	—	—	396.30
28	甘　肃	—	—	—	3.25	0.05	—	—	—
29	青　海	0.75	—	—	—	0.05	—	—	—
30	宁　夏	80.65	—	—	—	—	—	—	—
31	新　疆	5.05	—	6.82	0.10	4.35	32.35	—	—
合计 Total		**613.85**	**32.60**	**180.56**	**35.58**	**425.92**	**75.50**	**25 641.99**	**57 006.40**

美丽嘉兴	天长地久	钻石联盟	冰 VS 火	我爱电影－一步之遥	雪人	陕西名胜(一)	羊票 5 元
—	—	—	0.10	5.85	—	—	—
—	—	—	—	—	—	—	—
—	—	—	—	—	—	—	—
—	—	—	8.75	—	—	—	0.10
—	—	—	5.50	—	—	—	—
—	0.15	2.40	19.05	—	10.65	—	16.50
—	—	—	—	—	2.96	—	—
—	—	—	—	—	—	—	2.15
—	—	—	—	—	—	—	—
—	9.10	8.35	1.15	—	—	—	8.45
30.65	—	473.03	—	140.70	—	—	—
—	—	—	0.30	—	—	—	—
—	—	2.50	—	—	2.30	—	1.75
—	—	—	—	—	—	—	35.15
—	1.62	0.54	—	—	—	—	15.49
—	3.05	—	3.50	—	4.60	—	2.00
—	—	—	—	—	—	—	6.75
—	—	—	—	—	—	—	—
—	—	—	—	100.63	—	—	4.24
—	—	—	5.85	—	—	—	0.45
—	—	—	—	—	—	—	—
—	—	—	—	—	—	—	—
—	—	—	18.20	—	38.80	—	—
—	31.60	—	—	—	—	—	20.95
—	—	1.70	9.40	—	31.95	—	8.15
—	—	—	—	—	—	—	—
—	—	—	—	—	—	106.85	6.05
—	—	—	14.70	—	—	—	1.70
—	—	—	3.20	—	—	—	—
—	—	—	—	—	—	—	—
—	1.30	2.00	0.20	—	—	—	8.70
30.65	**46.82**	**490.52**	**89.90**	**247.18**	**91.26**	**106.85**	**138.57**

续表

序号	地区	羊票10元	羊票20元	连环夺宝	博饼嘉年华	天下名楼岳阳楼	醉美婺源	喜气羊羊	蘑菇大战
1	北　京	—	—	—	—	—	—	—	2.90
2	天　津	—	—	2.55	—	—	—	—	—
3	河　北	23.50	—	—	—	—	—	—	—
4	山　西	46.35	—	5.55	—	—	—	0.20	193.05
5	内蒙古	—	—	120.95	—	—	—	2.65	301.00
6	辽　宁	26.15	—	58.40	—	—	—	68.45	81.05
7	吉　林	—	—	1.51	—	—	—	—	110.90
8	黑龙江	38.75	—	43.60	—	—	—	12.00	119.70
9	上　海	4.75	—	—	—	—	—	—	297.75
10	江　苏	3.80	—	100.85	—	—	—	87.05	60.55
11	浙　江	—	1.60	—	—	—	—	8.35	1.60
12	安　徽	—	—	125.65	—	—	—	0.35	912.05
13	福　建	—	—	179.60	88.80	—	—	7.85	21.00
14	江　西	14.35	—	—	—	—	—	—	—
15	山　东	54.05	—	15.78	—	—	—	136.05	93.71
16	河　南	8.40	—	12.60	—	—	—	18.60	26.45
17	湖　北	9.50	—	—	—	—	—	—	50.70
18	湖　南	—	—	3.60	—	128.05	—	—	145.95
19	广　东	1.50	—	142.34	—	—	—	85.00	187.73
20	广　西	—	—	69.80	—	—	—	9.00	50.60
21	海　南	—	—	25.32	—	—	—	—	—
22	重　庆	175.90	—	67.03	—	—	—	—	107.82
23	四　川	23.05	—	—	—	—	—	90.85	86.65
24	贵　州	—	—	—	—	—	—	—	—
25	云　南	—	—	—	—	—	—	9.55	53.50
26	西　藏	—	—	—	—	—	—	0.45	—
27	陕　西	2.05	143.05	—	—	—	—	—	113.25
28	甘　肃	0.10	—	—	—	—	—	1.30	–576.75
29	青　海	0.10	—	—	—	—	—	0.25	1.30
30	宁　夏	—	—	—	—	—	—	—	80.65
31	新　疆	3.50	—	26.75	—	—	—	142.45	10.20
合计 Total		**435.80**	**144.65**	**1 001.88**	**88.80**	**128.05**	—	**680.40**	**2 533.30**

财高8斗	金冠	喜上加喜	彩运亨通	龟兔赛跑	动物乐园	扑克王	幸运投篮机
29.65	4.70	377.80	1.75	—	0.60	1.65	—
43.25	—	3.15	—	—	—	—	—
—	—	621.28	—	553.75	—	—	—
—	0.20	234.03	0.80	—	8.30	0.40	—
108.25	35.70	399.80	905.25	18.55	18.20	—	7.90
65.25	15.05	209.85	3.45	76.55	29.14	15.95	32.85
—	—	513.63	134.20	—	115.66	—	111.95
—	—	493.95	—	18.10	4.86	—	—
—	—	—	2 357.50	—	74.00	—	64.25
90.10	75.70	657.50	21.90	145.10	182.18	35.05	78.60
—	—	355.89	19.55	—	—	—	—
257.40	—	—	0.90	—	—	3.10	—
—	—	640.23	115.05	—	—	—	29.45
—	—	—	15.47	—	13.24	—	—
18.74	87.41	1 031.15	10.73	27.60	217.25	—	49.83
144.10	2.40	1.05	14.75	11.00	8.26	40.45	—
—	—	2 060.61	67.39	—	—	—	142.50
153.00	—	—	—	—	—	—	—
69.38	55.31	1 305.80	4 436.90	102.33	97.11	147.76	253.69
152.20	32.05	515.98	19.20	201.15	28.16	—	35.10
—	—	—	—	—	—	—	—
—	—	—	—	2.65	4.60	—	—
53.40	—	336.10	—	—	45.08	—	30.75
—	—	155.18	290.00	44.30	28.10	38.15	—
295.15	—	—	0.20	—	—	—	23.00
—	9.35	—	0.15	—	—	—	7.60
207.20	156.15	207.43	193.65	—	—	—	—
77.10	11.60	1.98	—	16.70	—	—	21.35
93.15	0.05	8.75	0.30	2.50	1.80	1.00	0.50
40.95	—	0.03	10.65	0.60	—	—	137.74
—	188.86	0.93	0.05	448.00	8.94	23.10	349.95
1 898.26	**674.53**	**10 132.05**	**8 619.78**	**1 668.88**	**885.47**	**306.61**	**1 377.02**

续表

序号	地区	幸运草	幸福温州	流星雨	和平是福	幸福宝藏	满堂彩	招财进宝	一刮千金
1	北 京	—	—	0.25	12.80	217.20	399.85	2.25	7.10
2	天 津	—	—	—	4.60	74.55	118.10	—	18.25
3	河 北	—	—	—	—	—	204.50	—	—
4	山 西	—	—	—	11.35	—	6.70	181.94	—
5	内蒙古	8.35	—	8.80	7.40	419.00	2.50	516.75	37.80
6	辽 宁	16.05	—	43.20	7.25	—	72.90	39.70	197.85
7	吉 林	289.70	—	105.90	1.95	—	396.70	—	—
8	黑龙江	264.20	—	18.75	17.80	—	357.45	14.95	21.20
9	上 海	400.00	—	—	—	—	485.00	435.00	—
10	江 苏	57.10	—	129.90	68.75	580.85	427.45	65.20	—
11	浙 江	5.25	3 316.00	5.75	—	—	707.87	57.85	—
12	安 徽	194.50	—	2.55	0.45	264.75	531.01	336.50	0.75
13	福 建	16.25	—	5.00	—	—	907.35	3.75	—
14	江 西	—	—	48.39	—	—	217.48	658.56	—
15	山 东	—	—	163.14	58.42	56.46	0.05	713.03	235.00
16	河 南	22.80	—	29.90	19.95	104.55	109.75	—	—
17	湖 北	24.01	—	60.89	12.04	—	16.86	369.84	66.81
18	湖 南	—	—	—	—	386.45	1 111.90	—	—
19	广 东	954.65	—	157.26	30.12	2 001.27	1 795.00	192.82	—
20	广 西	186.65	—	17.95	5.30	—	155.10	680.45	—
21	海 南	—	—	—	—	—	—	—	—
22	重 庆	—	—	15.70	—	326.04	0.15	13.20	71.03
23	四 川	84.45	—	29.50	16.60	141.35	1 606.70	166.05	—
24	贵 州	—	—	62.20	—	131.25	189.00	—	52.80
25	云 南	7.05	—	64.95	58.60	250.05	764.70	26.00	25.60
26	西 藏	—	—	—	23.20	—	151.70	—	66.90
27	陕 西	—	—	106.80	1.95	209.35	571.65	156.65	—
28	甘 肃	4.15	—	4.85	18.05	29.75	2.60	22.00	196.05
29	青 海	0.85	—	—	1.50	7.70	5.25	203.85	—
30	宁 夏	0.05	—	—	73.02	41.39	149.50	125.05	—
31	新 疆	13.00	—	—	1.35	566.40	117.15	52.30	197.15
合计 Total		**2 549.06**	**3 316.00**	**1 081.63**	**452.46**	**5 808.36**	**11 581.92**	**5 033.70**	**1 194.29**

太极拳	大闹天宫	购彩乐	中华武圣	向阳花	点赞	水果联盟	魔幻 21
—	0.80	18.60	—	—	6.35	1.00	6.60
—	—	—	—	—	73.25	—	—
150.60	—	130.65	—	—	—	—	122.65
—	—	—	184.03	—	91.40	—	—
—	47.70	87.35	—	11.60	11.80	5.55	21.05
—	—	104.25	—	207.12	—	—	181.55
—	18.95	–901.60	—	—	—	—	143.60
—	2.95	83.80	—	—	—	—	—
—	—	555.00	—	—	—	—	—
—	133.95	47.95	—	82.44	68.95	176.30	185.30
—	0.30	—	—	—	—	—	—
—	1.40	—	—	10.46	69.05	—	153.45
—	—	—	—	—	9.00	9.55	—
—	77.06	—	—	—	—	—	—
—	375.81	56.74	—	308.83	312.74	—	—
—	8.00	103.45	—	12.04	81.35	32.90	77.05
—	10.30	62.77	—	—	38.80	41.63	—
—	—	—	—	—	—	—	112.75
—	249.72	130.68	—	—	—	87.64	356.72
—	—	47.10	—	29.86	73.00	28.55	123.90
—	—	—	—	—	—	—	—
—	—	126.91	—	—	150.24	—	289.00
—	353.45	56.05	—	107.34	117.30	96.20	305.75
—	—	—	—	—	—	—	—
—	6.70	69.25	—	16.68	164.05	18.50	304.67
—	7.75	30.40	—	—	3.75	11.40	2.10
—	16.80	—	—	25.42	256.10	121.60	—
—	28.20	29.40	—	12.78	20.90	23.10	50.05
—	—	—	—	—	—	—	7.45
—	5.75	67.91	—	—	76.10	—	47.95
—	80.80	250.95	—	—	438.16	—	677.50
150.60	**1 426.39**	**1 157.61**	**184.03**	**824.58**	**2 062.29**	**653.92**	**3 169.09**

续表

序号	地区	最佳阵容	丝路寻梦	丙申猴－灵猴献彩 5 元	丙申猴－脸谱 10 元	丙申猴－金猴银猴 20 元	中国结	开门红	欢乐钓鱼
1	北　京	—	—	3.90	0.10	5.00	747.55	13.45	1.75
2	天　津	—	8.05	—	—	1.90	102.85	—	117.05
3	河　北	72.60	278.95	189.65	158.55	104.40	176.95	315.70	334.50
4	山　西	—	—	156.19	132.20	442.75	—	—	89.25
5	内蒙古	5.50	2.25	14.20	5.25	0.60	8.75	8.15	97.45
6	辽　宁	—	—	130.20	28.90	107.35	—	400.35	270.30
7	吉　林	—	—	88.00	—	—	—	—	—
8	黑龙江	73.75	—	26.70	107.75	—	—	273.20	31.30
9	上　海	—	—	−0.40	—	—	—	—	—
10	江　苏	231.20	103.95	148.15	100.60	87.55	131.75	711.60	158.20
11	浙　江	—	—	—	—	7.06	50.59	3.65	105.66
12	安　徽	—	—	16.75	116.90	—	—	—	—
13	福　建	76.35	325.80	66.55	—	—	1 103.65	64.90	69.10
14	江　西	—	—	35.17	62.72	—	—	—	—
15	山　东	270.48	602.03	223.34	—	178.92	—	606.25	536.98
16	河　南	38.85	—	12.85	10.50	76.00	—	—	—
17	湖　北	—	—	—	—	—	258.07	207.60	38.30
18	湖　南	85.05	—	78.05	—	—	—	694.65	143.55
19	广　东	142.17	530.28	158.91	70.11	245.65	778.49	638.52	370.58
20	广　西	64.75	—	124.20	64.35	264.45	126.41	329.80	77.15
21	海　南	—	—	—	—	—	—	—	—
22	重　庆	290.57	—	52.03	503.68	—	—	363.51	239.94
23	四　川	52.65	361.80	155.95	—	129.60	216.75	333.75	181.90
24	贵　州	—	—	—	—	—	—	—	—
25	云　南	152.40	—	23.00	123.60	516.40	—	106.40	64.10
26	西　藏	33.55	15.00	—	3.40	17.00	—	3.90	57.55
27	陕　西	—	—	—	14.85	—	504.15	389.00	221.85
28	甘　肃	10.80	37.65	25.25	17.45	28.65	68.75	37.50	67.15
29	青　海	—	7.45	—	3.70	—	30.45	2.90	81.65
30	宁　夏	—	124.65	—	1.00	0.65	—	202.70	195.95
31	新　疆	409.72	—	329.75	208.40	794.12	899.63	1 189.15	209.47
合计 Total		**2 010.38**	**2 397.86**	**2 058.39**	**1 734.01**	**3 008.04**	**5 204.80**	**6 896.63**	**3 760.68**

吉庆有余	天下凤凰	红宝石蓝宝石	旺旺彩	桃花源寻宝	黑桃 KING	孔雀美	好运 9
—	—	2.50	6.90	274.40	—	388.25	509.80
43.30	—	—	144.20	211.80	1.62	3.80	364.55
—	—	127.60	—	243.20	—	19.95	439.15
—	—	341.81	143.50	—	168.97	—	—
70.30	—	10.50	94.50	79.90	45.70	83.10	240.00
629.10	—	325.05	428.05	—	231.96	235.20	299.45
—	—	235.90	—	—	—	—	479.35
—	—	384.95	405.15	—	88.24	183.65	539.85
—	—	380.00	493.25	—	42.00	—	—
837.55	—	572.25	338.85	411.20	159.10	403.35	469.20
978.10	—	512.81	148.11	380.31	49.36	—	1 624.32
—	—	290.30	211.75	328.30	—	—	594.60
—	—	5.00	171.00	213.20	—	—	137.05
—	—	124.95	134.65	—	—	—	191.25
773.34	—	864.18	—	—	418.30	793.70	1 493.50
592.60	—	69.95	88.25	215.30	42.18	211.00	798.65
478.95	—	358.85	211.15	362.92	87.84	—	—
429.45	315.50	—	230.65	107.35	4.50	33.30	—
—	—	933.77	—	1 000.00	—	—	761.30
—	—	251.65	—	—	93.52	230.00	437.90
—	—	—	—	—	—	—	—
—	—	270.86	—	659.02	—	—	767.32
873.75	—	586.25	—	1 113.95	—	429.00	1 044.40
—	—	155.30	70.25	—	23.50	74.75	527.05
—	—	—	73.95	231.50	37.10	360.23	473.35
—	—	—	—	33.90	—	26.55	412.80
—	—	356.75	—	—	—	—	731.40
89.65	—	2.75	73.30	95.70	117.96	122.15	538.10
150.90	—	8.25	133.45	15.90	88.70	53.55	36.15
199.55	—	16.00	—	—	—	248.89	249.95
6.90	—	562.60	—	—	—	—	1 320.14
6 153.44	**315.50**	**7 750.79**	**3 600.92**	**5 977.85**	**1 700.56**	**3 900.41**	**15 480.58**

续表

序号	地区	快乐高尔夫	魅力香吻	一刮千金10元	金钥匙5元	天下为公	美丽衢州	幸运双星	森林探宝
1	北 京	—	—	548.30	663.50	—	—	610.12	—
2	天 津	112.65	150.55	397.15	313.20	—	—	198.68	318.65
3	河 北	602.30	—	428.30	445.65	—	—	377.86	692.40
4	山 西	—	—	570.58	458.05	—	—	344.45	—
5	内蒙古	45.80	178.85	538.20	420.95	—	—	356.50	734.70
6	辽 宁	483.30	129.75	394.00	—	—	—	795.78	679.20
7	吉 林	400.10	76.20	−785.70	427.80	—	—	330.20	364.75
8	黑龙江	—	63.45	344.95	626.80	—	—	315.96	—
9	上 海	—	—	317.50	—	—	—	—	—
10	江 苏	938.65	206.45	945.40	—	—	—	283.60	1 206.55
11	浙 江	—	56.50	860.76	—	—	179.30	—	965.24
12	安 徽	—	385.80	467.25	—	—	—	217.18	—
13	福 建	—	188.30	218.35	—	—	—	—	921.60
14	江 西	—	—	252.61	—	—	—	27.00	—
15	山 东	1 379.39	687.22	927.61	1 855.96	—	—	1 027.44	2 134.63
16	河 南	751.10	27.95	111.30	—	—	—	290.12	733.35
17	湖 北	—	—	319.26	—	—	—	—	465.26
18	湖 南	628.45	—	1 062.95	53.90	—	—	—	817.10
19	广 东	—	—	1 899.81	848.40	434.70	—	1 032.91	453.79
20	广 西	—	—	447.77	—	—	—	250.20	—
21	海 南	—	—	52.93	—	—	—	—	—
22	重 庆	—	—	435.41	703.66	—	—	—	—
23	四 川	—	508.40	662.95	492.90	—	—	—	—
24	贵 州	—	—	143.20	—	—	—	35.90	—
25	云 南	—	73.11	410.62	277.25	—	—	168.84	—
26	西 藏	381.75	205.00	121.85	—	—	—	—	144.00
27	陕 西	—	—	787.70	1 059.55	—	—	494.68	1 126.90
28	甘 肃	266.60	48.35	448.25	301.95	—	—	111.74	632.55
29	青 海	244.55	256.45	262.70	257.30	—	—	25.20	231.15
30	宁 夏	—	153.00	146.90	—	—	—	13.36	118.07
31	新 疆	1 491.10	—	123.05	—	—	—	367.98	897.60
合计 Total		**7 725.74**	**3 395.34**	**13 861.89**	**9 206.83**	**434.70**	**179.30**	**7 675.70**	**13 637.48**

码上有奖	以茶会友	青花瓷	闪耀钻石5元	闪耀钻石10元	闪耀钻石20元	丁酉鸡－金鸡银鸡5元	丁酉鸡－鸡鸣富贵10元
1 546.80	455.25	—	497.90	996.45	978.30	484.05	485.10
397.00	186.30	—	244.65	473.95	383.80	297.75	480.75
866.50	383.90	—	500.00	1 000.00	892.80	858.30	894.90
635.10	274.51	—	446.15	600.10	702.05	430.16	499.68
680.55	147.25	—	441.85	703.60	760.80	570.15	721.10
648.15	—	—	684.95	854.35	787.60	791.40	846.95
159.65	—	—	455.60	597.05	530.55	—	364.90
—	—	—	423.05	605.20	645.00	396.15	—
—	283.95	—	497.70	925.00	1 000.00	422.75	500.00
3 266.30	271.25	—	486.65	912.95	957.20	761.60	1 308.30
2 194.81	—	—	949.28	1 495.09	1 688.11	411.61	488.75
—	254.35	—	454.85	763.35	653.50	385.20	421.50
780.10	—	—	490.55	960.35	961.45	447.75	500.00
—	—	545.45	365.23	484.53	351.76	—	—
2 070.99	579.82	—	993.40	1 779.10	1 439.80	4 069.46	4 844.51
984.35	170.75	—	845.80	1 302.05	1 306.75	137.00	648.35
557.20	—	—	390.50	582.29	672.10	345.85	470.86
1 357.00	300.00	—	500.00	1 000.00	1 000.00	410.70	876.50
2 133.76	371.58	—	1 505.32	3 050.65	2 133.44	1 918.45	2 969.29
697.55	176.60	—	442.85	750.35	771.00	426.40	494.15
—	—	—	—	—	—	—	—
—	—	—	431.56	685.68	707.02	—	—
1 469.65	417.15	—	499.35	978.05	943.55	1 086.30	9 862.50
—	—	—	126.50	—	—	71.05	136.95
—	168.30	—	486.00	873.40	829.95	405.85	—
390.15	74.50	—	230.40	391.15	443.35	—	318.10
—	—	378.75	929.85	1 531.60	1 326.90	—	2 337.90
520.15	218.45	—	413.10	668.35	537.05	407.90	461.75
283.05	65.85	—	232.10	378.55	340.30	261.70	362.20
106.54	100.75	—	249.70	297.47	238.38	228.55	328.54
1 370.00	—	—	476.50	897.75	940.45	439.80	962.05
23 115.35	**4 900.51**	**924.20**	**15 691.33**	**26 538.42**	**24 922.96**	**16 465.88**	**32 585.58**

续表

序号	地区	丁西鸡－吉祥如意 20 元	福星	好运 123–5 元	福运红包 10 元	福	吉祥金蛋	幸运星座 5 元	扑克风云 10 元
1	北　京	1 439.30	—	998.75	1 208.20	779.60	411.15	—	1 000.00
2	天　津	337.30	—	336.55	379.75	299.00	325.05	219.65	347.85
3	河　北	705.00	220.42	790.20	—	799.95	973.05	511.00	1 174.95
4	山　西	—	172.23	451.00	489.55	428.85	—	—	516.55
5	内蒙古	706.85	272.96	470.35	565.55	401.55	440.05	—	464.10
6	辽　宁	544.55	589.54	998.80	399.25	742.75	—	688.35	789.95
7	吉　林	—	—	—	243.50	424.90	384.40	—	1 055.90
8	黑龙江	—	319.24	490.55	—	424.30	—	—	442.25
9	上　海	—	—	—	—	380.00	225.00	—	1 267.50
10	江　苏	1 600.70	239.86	1 223.60	1 975.75	847.60	883.90	691.40	1 316.70
11	浙　江	1 484.62	—	478.90	—	—	—	1 074.88	1 631.42
12	安　徽	—	3.48	7.75	41.75	—	212.20	116.45	—
13	福　建	—	254.02	851.25	—	374.10	435.80	505.25	993.75
14	江　西	—	78.68	326.80	—	—	49.60	—	425.70
15	山　东	2 862.23	954.22	4 235.88	—	—	—	—	2 020.52
16	河　南	981.05	97.76	745.00	—	786.25	676.20	577.60	1 309.95
17	湖　北	627.90	—	—	274.31	243.62	230.35	—	829.77
18	湖　南	—	171.26	1 040.70	1 562.55	3 688.70	—	452.55	1 623.10
19	广　东	2 190.41	—	—	3 269.09	1 005.57	—	—	2 615.47
20	广　西	—	—	409.05	479.00	409.85	—	—	566.70
21	海　南	—	—	—	—	—	—	—	—
22	重　庆	1 898.30	—	403.57	770.26	417.25	—	—	993.35
23	四　川	1 766.25	727.54	1 220.75	1 147.20	848.60	—	—	3 034.60
24	贵　州	—	—	23.85	—	—	475.35	—	512.60
25	云　南	—	—	492.65	580.65	371.35	388.10	356.65	661.90
26	西　藏	311.15	—	—	146.45	—	—	—	289.35
27	陕　西	—	544.18	—	1 252.75	898.00	1 428.65	776.55	1 455.50
28	甘　肃	505.10	25.84	399.35	1 600.00	341.00	312.15	267.35	713.10
29	青　海	334.60	—	—	—	—	—	—	217.80
30	宁　夏	256.71	52.53	—	22.80	—	—	—	39.30
31	新　疆	1 335.65	—	871.25	—	30.55	—	—	1 240.42
合计 Total		**19 887.67**	**4 723.76**	**17 266.54**	**16 408.36**	**14 943.34**	**7 851.00**	**6 237.68**	**29 550.04**

5要赢	六六顺10元	金玉满堂20元	国色天香	一鸣惊人5元	Quick3-2元	欢乐彩蛋	福彩三十周年纪念
—	—	—	985.35	—	—	1 258.20	294.15
—	—	219.50	247.10	—	196.94	239.00	192.95
—	—	—	827.30	620.30	399.94	—	815.40
—	655.50	—	—	463.65	150.84	—	—
451.80	738.65	364.95	652.20	—	173.70	671.00	579.90
998.85	—	—	859.00	731.90	574.98	—	409.95
—	—	—	—	162.00	—	447.15	326.75
488.40	—	—	508.25	—	256.84	—	251.35
—	—	—	—	—	—	—	458.25
—	1 517.30	1 219.30	1 337.60	841.90	110.60	2 043.60	981.80
—	—	916.32	3 947.36	—	—	—	792.38
—	—	—	608.15	25.60	3.00	—	—
—	—	—	—	—	190.78	—	—
—	—	—	—	—	—	—	329.15
—	—	—	3 476.63	1 558.39	—	1 413.27	1 664.38
—	—	911.10	3 260.25	—	178.30	—	1 933.95
—	—	—	410.65	—	—	303.61	141.80
—	—	—	891.60	—	99.66	1 620.20	904.30
—	—	—	536.04	—	—	—	2 297.66
—	—	—	—	—	122.44	—	293.42
—	—	—	—	—	—	—	—
—	—	—	—	—	—	—	597.88
—	—	779.35	1 504.50	—	488.94	—	844.55
—	—	—	—	—	25.28	—	—
—	840.20	—	—	—	—	—	464.25
—	—	134.30	159.95	—	—	224.15	126.40
—	—	—	—	—	—	—	925.70
385.70	—	259.85	454.50	—	89.10	458.80	290.75
—	—	75.75	—	—	60.06	171.50	147.55
—	—	59.50	246.07	—	—	—	92.66
—	—	6 000.00	41.65	487.50	117.22	5 999.94	794.75
2 324.75	**3 751.65**	**10 939.92**	**20 954.15**	**4 891.24**	**3 238.62**	**14 850.42**	**16 952.03**

续表

序号	地区	十全十美	十二生肖	蓝玫瑰	擂台赛 2元	喜加福 5元	临川四梦 5元	黄金时代	摇钱树	双赢
1	北　京	1 590.40	—	—	—	168.90	—	—	—	—
2	天　津	473.40	—	223.70	89.26	—	—	30.65	21.30	—
3	河　北	1 219.65	—	—	—	—	—	—	—	—
4	山　西	700.35	—	—	—	374.45	—	—	—	—
5	内蒙古	1 211.45	—	—	—	—	—	5.05	10.05	—
6	辽　宁	1 784.30	—	137.85	145.06	387.30	—	764.50	—	—
7	吉　林	534.85	—	—	—	500.00	—	—	—	—
8	黑龙江	3 547.20	—	156.85	—	—	—	—	—	—
9	上　海	785.00	—	—	—	—	—	—	—	—
10	江　苏	1 596.45	289.75	414.40	130.76	525.95	—	689.80	906.55	45.25
11	浙　江	3 002.63	—	1 336.33	—	—	—	1 938.43	2 657.10	—
12	安　徽	767.55	—	—	0.66	83.90	—	—	—	—
13	福　建	1 747.65	116.70	—	—	307.35	—	487.10	—	—
14	江　西	589.60	—	—	—	—	518.50	—	—	—
15	山　东	7 620.32	—	—	540.53	1 291.02	—	4 678.45	345.02	—
16	河　南	2 184.95	—	—	83.46	392.75	—	689.50	1 257.60	435.10
17	湖　北	1 911.68	1 333.95	—	—	—	—	—	150.14	—
18	湖　南	4 000.00	—	—	—	237.05	—	—	—	—
19	广　东	6 717.72	—	40.00	—	324.00	—	—	—	—
20	广　西	2 729.90	—	273.72	—	267.65	—	410.85	—	—
21	海　南	—	—	14.90	—	—	—	—	—	—
22	重　庆	1 613.24	—	—	—	—	—	—	—	—
23	四　川	3 665.05	—	1 322.50	237.48	516.95	—	556.35	500.85	—
24	贵　州	1 036.05	—	—	6.22	42.55	—	—	—	—
25	云　南	525.45	—	176.10	—	165.95	—	—	—	—
26	西　藏	190.65	—	—	—	—	—	—	36.05	—
27	陕　西	1 717.25	—	5.00	4.00	200.90	—	—	—	—
28	甘　肃	848.45	—	202.25	19.00	194.60	—	73.00	46.65	—
29	青　海	363.50	—	—	—	—	—	—	50.75	—
30	宁　夏	497.80	—	—	—	—	—	—	—	—
31	新　疆	1 677.65	—	277.00	—	—	—	—	1 739.12	—
合计 Total		**56 850.14**	**1 740.40**	**4 580.60**	**1 256.43**	**5 981.27**	**518.50**	**10 323.68**	**7 721.17**	**480.35**

5 动奇迹 5 元	步步惊喜 10 元	蒸蒸日上	玫瑰之约 20 元	北京印象	幸运宝 10	趣味台球 10 元	射门 2 元	合计 Total
—	—	—	—	—	—	241.60	—	42 535.15
—	85.80	31.80	60.60	—	83.80	—	—	17 155.05
—	—	—	—	—	—	—	—	31 166.61
—	—	—	—	—	—	—	—	19 859.88
—	4.90	10.15	5.10	—	10.10	—	—	29 819.61
212.65	—	—	—	—	—	—	7.70	45 634.32
—	—	—	—	—	—	—	—	20 922.34
265.25	—	—	—	—	—	—	—	26 710.57
—	—	—	—	—	—	—	—	26 267.14
426.40	388.95	153.85	337.60	183.85	300.10	433.15	20.66	70 410.98
877.73	1 441.69	—	2 348.51	—	—	—	—	85 003.20
—	—	—	—	—	—	—	—	23 994.92
—	—	—	—	—	184.55	376.90	—	30 533.41
—	—	—	—	—	—	—	—	28 581.88
528.71	—	—	—	—	—	—	—	104 877.46
509.15	—	717.35	—	89.15	—	—	80.92	48 072.63
—	—	—	—	—	—	—	—	41 653.64
402.15	—	—	—	—	—	—	—	66 795.43
—	—	1 145.30	—	—	—	—	—	187 074.31
—	—	—	—	200.00	—	—	—	32 505.59
—	—	—	—	—	—	—	—	1 294.60
—	—	—	—	—	—	—	—	27 104.33
343.30	—	—	—	—	—	—	—	83 103.47
43.10	—	—	—	—	—	—	—	9 297.34
—	—	—	—	—	—	—	—	23 269.99
—	—	37.25	33.40	—	—	—	—	13 171.40
—	—	—	185.65	—	—	—	—	40 685.75
195.10	263.95	42.10	25.30	—	—	—	—	19 124.30
—	52.65	—	—	43.65	—	—	—	7 348.46
—	—	—	—	—	—	—	—	7 135.86
177.75	—	—	—	—	—	—	—	52 292.41
3 981.29	**2 237.94**	**2 137.80**	**2 996.16**	**516.65**	**578.55**	**1 051.65**	**109.28**	**1 263 402.02**

（中国福利彩票发行管理中心供稿）

2017年中国福利彩票中福在线视频型彩票销售情况表（分地区分游戏）

Sales Statistics of Online Instant Win Games of Welfare Lottery in Different Regions and in Different Games in China in 2017

单位：万元

Unit: Ten Thousand Yuan

序号	地　区	幸运五彩	开心一刻	四花选五	三江风光	连环夺宝	好运射击	趣味高尔夫	合计 Total
1	北　京	0.00	0.00	0.00	0.00	0.00	0.00	0.00	0.00
2	天　津	31.62	0.36	9.47	12.62	76 058.38	3.25	111.10	76 226.80
3	河　北	23.65	1.72	19.25	17.83	131 655.90	9.24	293.33	132 020.92
4	山　西	13.07	0.70	6.69	9.68	60 200.87	4.04	105.34	60 340.39
5	内蒙古	10.54	1.51	15.50	10.47	83 964.24	11.99	251.20	84 265.45
6	辽　宁	25.35	1.91	24.24	19.87	209 969.76	10.67	494.57	210 546.37
7	吉　林	16.35	0.55	7.36	5.91	50 535.04	2.69	137.00	50 704.90
8	黑龙江	2.16	0.34	4.56	1.35	23 461.79	1.25	73.24	23 544.69
9	上　海	6.72	0.73	5.26	3.35	77 665.94	2.59	94.79	77 779.38
10	江　苏	62.98	2.65	25.67	34.21	396 714.29	17.50	541.15	397 398.45
11	浙　江	92.39	1.82	19.80	27.33	445 793.86	11.28	560.54	446 507.02
12	安　徽	12.38	1.68	15.21	17.02	280 964.37	13.21	499.75	281 523.62
13	福　建	368.76	1.50	10.68	40.37	122 480.10	5.94	271.79	123 179.14
14	江　西	6.79	0.86	6.62	4.67	116 820.44	3.05	122.00	116 964.43
15	山　东	81.91	3.58	42.54	111.99	435 468.19	32.62	1 123.22	436 864.05
16	河　南	38.66	2.16	30.08	20.72	208 885.78	19.92	484.29	209 481.61
17	湖　北	35.54	2.49	16.28	21.65	288 145.27	12.99	493.62	288 727.84
18	湖　南	31.58	1.94	23.71	14.58	311 111.84	16.03	523.39	311 723.07
19	广　东	35.76	2.88	23.04	17.06	328 659.62	10.43	380.80	329 129.59
20	广　西	12.85	3.26	15.90	12.95	134 925.14	6.41	211.18	135 187.69
21	海　南	1.89	0.20	3.63	1.69	41 473.27	0.94	36.91	41 518.53
22	重　庆	4.53	1.11	13.25	15.93	110 906.16	6.82	206.95	111 154.75
23	四　川	8.87	1.03	16.76	8.93	181 897.37	6.22	243.71	182 182.89
24	贵　州	2.03	0.98	5.06	2.77	45 609.86	2.24	72.52	45 695.46
25	云　南	91.28	1.01	14.70	11.63	175 030.25	7.42	289.27	175 445.56
26	西　藏	0.00	0.00	0.00	0.00	0.00	0.00	0.00	0.00
27	陕　西	11.32	1.38	13.18	16.10	118 986.61	6.60	229.12	119 264.31
28	甘　肃	6.09	0.80	7.90	8.62	94 158.25	4.47	171.47	94 357.60
29	青　海	1.40	0.15	1.90	3.28	18 430.58	1.15	49.10	18 487.56
30	宁　夏	5.43	0.50	3.06	5.31	40 310.06	3.39	95.19	40 422.94
31	新　疆	0.00	0.00	0.00	0.00	0.00	0.00	0.00	0.00
合计 Total		**1 041.90**	**39.80**	**401.30**	**477.89**	**4 610 283.23**	**234.35**	**8 166.54**	**4 620 645.01**

（中国福利彩票发行管理中心供稿）

2017 年中国体育彩票全国联网游戏销售统计（分地区按月统计）

Monthly Sales Statistics of National Games of Sports Lottery in Different Regions in 2017

胜平负任选 9 场

单位：万元

Unit: Ten Thousand Yuan

地区 Region	游戏类型 Game Type	1月 Jan.	2月 Feb.	3月 Mar.	4月 Apr.	5月 May	6月 June	7月 July	8月 Aug.	9月 Sept.	10月 Oct.	11月 Nov.	12月 Dec.	合计 Total
北京	竞猜	841.45	1 172.91	1 197.47	1 507.56	1 038.51	522.70	704.92	1 317.39	1 846.05	1 868.38	1 618.77	2 011.01	15 647.11
天津		280.33	398.73	414.84	539.80	372.68	196.96	258.42	484.97	727.01	778.97	670.48	842.21	5 965.41
河北		1 597.24	2 356.95	2 887.02	3 602.97	2 523.00	437.47	321.21	562.56	880.33	1 537.14	2 904.79	4 269.82	23 880.49
山西		160.67	205.09	225.29	264.63	189.68	100.55	394.26	1 131.31	1 512.09	897.37	455.47	500.25	6 036.68
内蒙古		165.06	213.72	224.36	281.70	190.64	91.82	126.98	238.92	398.34	390.80	325.55	350.01	2 997.90
辽宁		706.78	962.27	968.67	1 251.07	827.83	504.78	603.72	1 078.26	1 579.83	1 628.89	1 346.79	1 658.19	13 117.08
吉林		190.91	267.28	271.17	337.41	218.69	115.95	141.34	278.20	458.70	450.19	365.46	441.12	3 536.42
黑龙江		168.27	237.72	236.31	325.48	232.55	114.75	137.97	269.02	399.51	404.49	329.06	394.35	3 249.47
上海		759.52	1 135.84	1 149.53	1 492.24	1 040.21	607.32	821.77	1 395.60	1 810.27	1 798.77	1 510.82	1 831.49	15 353.39
江苏		808.45	1 159.37	1 145.94	1 535.48	1 148.67	597.32	859.24	1 524.57	2 268.20	2 140.51	1 850.05	2 213.23	17 251.03
浙江		1 031.61	1 456.16	1 498.92	1 958.45	1 349.84	961.25	1 326.42	1 887.60	2 610.61	2 548.54	2 269.38	2 694.25	21 593.03
安徽		292.89	421.25	407.20	518.12	370.68	203.55	317.68	601.82	957.39	884.74	738.02	889.68	6 603.05
福建		478.45	694.91	676.37	902.05	621.21	380.63	520.68	894.08	1 339.32	1 470.39	1 270.32	1 327.88	10 576.28
江西		437.14	581.46	622.62	842.40	549.33	300.33	559.70	757.05	1 047.64	1 092.86	1 044.76	1 507.12	9 342.42
山东		679.74	887.70	955.46	1 217.98	867.13	474.93	599.95	1 105.45	1 925.06	1 933.16	1 480.51	1 849.01	13 976.07
河南		255.91	374.20	381.46	471.46	318.78	190.89	268.22	484.56	798.94	723.37	602.74	712.43	5 582.95
湖北		883.75	1 328.58	1 345.99	1 751.43	1 266.08	761.94	1 056.90	1 675.51	1 994.22	1 897.54	1 882.61	2 235.81	18 080.36
湖南		764.57	1 317.20	1 307.36	1 695.80	1 333.32	930.08	1 205.22	2 532.13	4 595.47	5 010.68	3 013.68	2 991.73	26 697.23
广东		3 053.85	4 479.90	4 380.93	5 692.60	3 939.18	2 167.10	2 989.66	5 441.40	7 317.77	7 446.82	6 393.79	7 694.21	60 997.22
广西		591.92	855.63	842.72	1 109.19	769.81	430.35	601.14	1 193.42	1 810.08	2 225.74	1 875.81	1 874.85	14 180.67
海南		82.21	93.94	88.15	121.16	79.18	44.31	50.87	99.23	149.62	169.30	177.46	188.28	1 343.72
重庆		339.16	504.39	519.52	676.94	477.63	284.58	370.49	667.17	1 157.02	923.74	910.67	1 164.58	7 995.88
四川		748.14	1 098.87	1 132.29	1 432.90	968.78	564.90	725.45	1 367.06	1 944.78	1 885.30	1 563.38	1 934.24	15 366.08
贵州		207.88	290.55	308.54	415.78	284.90	153.29	205.39	364.61	522.85	547.34	436.60	527.82	4 265.55
云南		238.14	338.80	371.95	486.34	330.88	183.60	247.90	447.92	682.28	675.70	545.97	701.96	5 251.46
西藏		3.37	5.14	7.52	12.15	8.78	4.44	6.54	11.65	19.86	17.04	11.72	14.95	123.16
陕西		431.76	591.28	620.75	800.92	644.37	589.26	993.22	1 548.90	2 808.05	2 798.34	1 021.17	1 200.02	14 048.03
甘肃		98.09	133.54	142.12	180.55	128.75	118.23	112.80	170.28	260.48	268.14	231.01	268.55	2 112.52
青海		47.92	84.58	67.43	77.56	68.33	53.15	133.23	88.45	98.39	102.59	53.79	87.48	962.92
宁夏		46.65	63.34	73.61	76.55	57.63	27.89	36.21	69.41	126.32	118.74	105.54	132.14	934.04
新疆		257.91	350.38	357.20	471.13	268.34	153.77	192.46	845.54	787.70	665.00	492.22	663.78	5 505.43
合计 Total		**16 649.74**	**24 061.69**	**24 828.75**	**32 049.82**	**22 485.37**	**12 268.08**	**16 889.96**	**30 534.05**	**44 834.17**	**45 300.59**	**37 498.39**	**45 172.44**	**352 573.05**

足球 4 场进球

单位：万元
Unit: Ten Thousand Yuan

地区 Region	游戏类型 Game Type	1月 Jan.	2月 Feb.	3月 Mar.	4月 Apr.	5月 May	6月 June	7月 July	8月 Aug.	9月 Sept.	10月 Oct.	11月 Nov.	12月 Dec.	合计 Total
北京	竞猜	43.28	58.49	40.93	58.52	41.95	24.41	18.64	34.68	47.13	51.63	37.21	40.10	496.95
天津		10.74	14.25	11.88	14.97	15.40	4.43	8.47	14.22	17.01	19.23	11.15	18.72	160.47
河北		44.91	85.39	97.87	114.73	105.89	16.03	11.34	29.82	46.11	53.95	56.80	75.61	738.45
山西		7.59	8.13	6.79	7.93	4.96	3.30	8.56	24.77	20.66	23.23	7.64	6.96	130.52
内蒙古		9.47	17.88	11.52	18.89	18.56	17.21	15.94	21.67	20.14	16.97	9.47	8.70	186.43
辽宁		28.37	23.56	19.17	25.47	25.21	22.83	12.16	21.32	26.00	41.79	37.92	31.33	315.13
吉林		3.77	7.09	6.10	6.61	6.82	5.58	3.28	5.35	10.33	16.09	11.93	10.09	93.04
黑龙江		14.65	16.01	14.89	25.21	17.16	6.83	7.71	12.62	17.01	15.10	13.88	9.12	170.19
上海		24.50	43.62	35.60	66.18	54.93	68.23	47.42	62.96	73.78	94.73	62.37	66.49	700.82
江苏		30.61	51.56	39.72	50.56	51.49	38.36	27.23	50.65	68.13	97.43	44.96	44.81	595.51
浙江		32.32	47.54	41.53	50.02	60.21	45.32	42.68	48.10	59.48	71.30	47.55	45.88	591.93
安徽		22.16	50.45	46.85	52.87	32.79	8.81	9.66	19.29	27.02	25.47	13.93	13.20	322.51
福建		23.13	40.20	26.34	41.22	38.49	21.22	26.84	34.85	36.43	46.86	26.22	28.90	390.71
江西		17.65	31.69	28.38	37.59	38.09	14.66	17.76	21.79	35.42	46.91	28.27	27.51	345.72
山东		58.09	73.15	60.90	59.08	64.24	36.20	45.14	78.36	74.53	86.28	54.72	70.37	761.06
河南		20.05	33.31	25.26	23.75	24.78	13.49	10.11	25.65	26.26	31.92	15.37	15.17	265.13
湖北		34.15	57.99	50.04	79.77	96.33	50.49	36.19	39.90	45.02	58.04	39.01	45.65	632.57
湖南		20.17	54.34	25.37	58.18	65.78	44.51	35.05	78.66	110.63	102.35	56.51	44.91	696.45
广东		111.39	146.77	150.85	202.95	205.94	112.15	102.78	141.19	190.45	247.74	156.15	176.34	1 944.71
广西		27.66	44.48	37.20	48.06	35.45	23.70	26.81	52.29	62.32	78.76	73.87	59.47	570.08
海南		2.68	4.34	3.51	4.64	4.37	3.00	2.24	7.44	4.62	5.50	15.31	6.15	63.80
重庆		21.69	39.33	34.14	30.86	26.64	14.06	11.26	25.31	41.22	39.88	20.04	27.03	331.46
四川		14.23	23.48	19.91	26.90	21.12	20.57	19.86	33.02	38.24	43.47	32.11	30.92	323.83
贵州		9.06	15.49	12.97	15.71	11.74	8.51	6.99	14.49	17.99	22.56	14.82	28.00	178.33
云南		14.54	21.31	18.37	26.42	18.73	8.67	11.79	22.86	30.77	34.76	26.04	34.62	268.89
西藏		0.15	0.13	0.21	0.19	0.32	0.14	0.21	0.34	0.74	0.51	0.80	0.38	4.11
陕西		16.67	26.13	26.06	35.35	36.40	24.98	19.59	29.54	57.66	97.52	59.62	73.50	503.03
甘肃		11.38	7.49	6.78	9.41	13.54	7.00	5.63	10.53	6.53	7.40	5.57	10.14	101.39
青海		7.85	22.42	7.60	11.56	5.81	3.91	4.79	4.60	5.37	4.05	2.15	2.04	82.13
宁夏		1.25	1.05	1.27	0.85	0.58	0.60	0.64	0.60	1.00	2.31	1.23	0.91	12.29
新疆		10.87	12.78	10.45	14.25	8.24	6.86	6.31	16.71	12.98	15.51	11.26	11.62	137.82
合计 Total		**695.05**	**1 079.84**	**918.49**	**1 218.68**	**1 151.96**	**676.03**	**603.10**	**983.60**	**1 230.98**	**1 499.22**	**993.88**	**1 064.62**	**12 115.46**

足球 6 场半全场胜平负

单位：万元

Unit: Ten Thousand Yuan

地　区 Region	游戏类型 Game Type	1月 Jan.	2月 Feb.	3月 Mar.	4月 Apr.	5月 May	6月 June	7月 July	8月 Aug.	9月 Sept.	10月 Oct.	11月 Nov.	12月 Dec.	合计 Total
北　京	竞猜	2.60	2.41	4.43	4.24	1.89	1.79	4.55	3.51	3.14	6.47	3.74	2.53	41.30
天　津		2.13	3.23	3.11	2.62	2.18	1.84	3.40	4.10	3.47	5.32	2.09	2.01	35.49
河　北		11.29	12.45	23.79	25.34	9.67	3.41	2.81	4.28	2.10	8.98	9.86	4.49	118.46
山　西		0.67	1.69	1.09	1.33	1.07	1.01	5.37	10.30	2.85	8.60	1.35	0.51	35.84
内蒙古		1.10	0.86	1.59	2.78	0.70	0.65	1.33	2.69	0.83	1.10	1.75	1.43	16.79
辽　宁		2.94	4.01	3.48	4.18	2.10	6.13	9.76	5.32	2.59	6.45	15.09	3.53	65.58
吉　林		0.70	0.84	1.26	1.02	0.48	1.02	0.53	0.79	1.05	1.68	0.78	0.36	10.52
黑龙江		1.52	1.06	1.84	1.87	0.80	1.15	2.23	1.43	0.94	2.19	1.58	1.74	18.32
上　海		4.97	10.74	11.06	13.61	7.12	11.00	14.96	12.54	5.52	9.82	8.50	4.61	114.46
江　苏		2.96	3.83	5.48	5.84	3.21	5.90	12.24	7.24	4.05	11.32	8.09	3.59	73.75
浙　江		4.25	8.82	7.82	8.48	4.59	15.25	14.81	14.26	3.61	10.16	8.37	4.51	104.93
安　徽		1.53	1.92	3.53	2.96	1.14	2.89	4.08	9.52	3.72	5.55	3.90	1.78	42.52
福　建		2.85	6.01	5.14	8.84	4.20	7.15	13.71	23.40	3.05	9.14	9.32	4.72	97.53
江　西		2.63	4.42	2.63	4.07	1.44	5.76	12.32	5.47	1.29	4.06	5.19	2.06	51.32
山　东		3.08	4.94	7.52	7.72	4.21	5.08	6.62	10.86	7.19	12.80	6.42	4.07	80.52
河　南		2.65	6.61	5.31	5.50	3.39	3.22	7.62	6.74	3.22	7.71	6.00	2.25	60.22
湖　北		8.45	27.81	13.72	9.47	8.36	12.78	21.59	32.03	2.24	7.37	17.34	9.40	170.57
湖　南		4.35	3.27	3.93	17.59	5.41	14.16	19.49	17.32	8.61	14.23	11.93	3.85	124.16
广　东		14.66	22.64	26.18	29.48	16.49	16.95	38.14	33.68	20.27	40.67	31.38	15.45	305.99
广　西		3.24	3.46	4.98	5.83	3.30	4.33	6.23	5.51	4.35	9.06	24.19	4.25	78.74
海　南		0.95	2.42	1.15	1.83	0.76	4.42	7.51	2.58	0.92	1.57	1.32	0.88	26.31
重　庆		0.98	1.15	2.43	1.66	1.26	3.33	4.75	3.84	1.22	3.71	2.38	0.77	27.49
四　川		2.48	3.50	6.33	5.85	2.11	4.14	5.56	7.53	3.80	4.50	3.53	2.39	51.71
贵　州		0.91	1.07	1.69	1.66	1.22	1.47	2.12	2.58	1.57	3.50	2.48	1.10	21.37
云　南		1.74	1.81	2.32	2.51	1.88	1.04	5.11	2.07	1.61	4.23	2.36	2.39	29.09
西　藏		0.00	0.01	0.04	0.02	0.18	0.02	0.01	0.02	0.14	0.20	0.07	0.05	0.77
陕　西		1.40	3.18	4.87	6.50	4.40	9.26	13.84	9.16	6.66	34.21	21.81	5.98	121.27
甘　肃		0.31	2.85	0.85	1.14	0.33	2.80	4.00	4.31	0.66	1.94	1.15	0.39	20.73
青　海		0.57	1.80	0.29	0.27	0.03	0.35	7.15	3.70	0.56	1.21	0.15	5.04	21.11
宁　夏		0.21	0.24	0.35	0.23	0.09	0.23	0.16	0.14	0.16	0.69	1.28	0.14	3.91
新　疆		2.58	1.62	1.97	8.01	1.19	2.39	2.19	5.26	1.63	3.10	2.96	0.98	33.89
合计 Total		**90.70**	**150.67**	**160.17**	**192.45**	**95.20**	**150.92**	**254.20**	**252.21**	**103.04**	**241.52**	**216.36**	**97.24**	**2 004.66**

足球胜平负

单位：万元

Unit: Ten Thousand Yuan

地　区 Region	游戏类型 Game Type	1月 Jan.	2月 Feb.	3月 Mar.	4月 Apr.	5月 May	6月 June	7月 July	8月 Aug.	9月 Sept.	10月 Oct.	11月 Nov.	12月 Dec.	合计 Total
北　京	竞猜	1 069.56	1 393.16	1 759.78	1 760.54	1 515.93	792.67	1 222.77	1 508.35	2 675.11	3 235.98	2 427.71	2 763.52	22 125.08
天　津		312.50	410.68	483.05	528.17	474.52	261.34	388.32	451.77	864.62	1 232.03	875.25	1 160.61	7 442.85
河　北		1 966.96	2 431.50	3 043.37	3 356.42	3 146.37	594.71	447.90	587.97	997.59	2 191.30	3 335.40	4 646.76	26 746.27
山　西		166.34	241.43	283.40	295.40	293.27	193.95	636.08	1 476.08	2 010.21	1 348.84	524.95	702.63	8 172.57
内蒙古		232.33	292.97	362.84	347.94	273.38	168.01	392.81	413.07	701.19	882.09	548.55	564.54	5 179.72
辽　宁		797.57	1 075.46	1 256.42	1 461.69	1 161.54	694.62	1 032.91	1 440.20	1 890.13	2 349.41	1 728.38	1 960.25	16 848.58
吉　林		179.92	271.19	306.26	294.87	233.53	122.95	194.61	215.22	447.25	658.57	556.27	612.53	4 093.16
黑龙江		234.74	281.47	347.16	375.65	354.52	186.54	263.02	282.89	530.19	650.15	459.85	490.94	4 457.12
上　海		862.86	1 185.59	1 436.12	1 466.45	1 300.21	790.35	1 375.91	1 727.93	2 429.13	2 772.80	2 083.63	2 318.55	19 749.54
江　苏		1 068.43	1 399.84	1 516.30	1 588.15	1 371.34	758.12	1 264.81	1 445.40	3 008.64	3 582.12	2 708.29	3 048.05	22 759.51
浙　江		1 532.93	2 023.63	2 430.21	2 610.14	2 156.42	1 714.85	2 693.03	2 496.83	3 807.91	4 293.02	3 113.04	3 298.32	32 170.32
安　徽		311.47	398.22	506.91	495.54	443.47	251.39	420.04	505.64	1 199.72	1 634.93	1 057.15	1 159.05	8 383.53
福　建		817.18	951.64	1 036.42	1 211.60	985.68	614.25	962.90	1 177.78	1 983.14	2 515.20	2 071.61	1 940.19	16 267.59
江　西		471.57	610.24	739.95	830.46	699.31	413.36	839.41	697.10	1 204.58	1 642.46	1 263.93	1 670.22	11 082.57
山　东		794.12	1 067.01	1 252.42	1 501.19	1 306.95	816.34	1 117.13	1 346.89	2 262.81	3 118.68	2 229.34	2 354.67	19 167.54
河　南		336.99	464.18	551.72	602.23	493.46	320.86	500.25	612.64	1 192.07	1 386.19	926.31	1 003.98	8 390.88
湖　北		903.95	1 153.53	1 458.20	1 385.82	1 399.92	866.85	1 408.15	1 356.72	2 055.62	2 737.53	2 033.73	2 262.84	19 022.87
湖　南		958.60	1 322.00	1 454.32	1 588.35	1 590.38	1 326.76	2 032.29	2 702.33	5 329.30	6 797.11	3 571.37	3 745.92	32 418.73
广　东		3 704.09	5 068.23	5 958.03	6 143.62	5 567.87	3 119.82	5 230.41	6 063.77	9 382.22	11 913.05	8 831.18	9 334.34	80 316.63
广　西		590.32	807.98	1 023.45	1 017.46	919.35	505.62	912.28	1 011.08	2 012.05	2 924.30	2 517.75	2 135.43	16 377.07
海　南		114.60	124.79	142.21	167.07	154.40	97.57	159.44	152.64	262.72	351.42	361.08	324.39	2 412.33
重　庆		430.07	555.44	663.75	739.47	686.36	443.73	749.06	745.72	1 468.72	1 499.52	1 230.43	1 399.65	10 611.91
四　川		772.15	1 046.14	1 320.21	1 250.93	1 168.84	700.65	1 144.87	1 218.80	2 158.81	2 900.96	2 206.11	2 473.37	18 361.83
贵　州		253.37	331.92	418.35	452.95	408.11	238.13	392.42	434.55	784.20	930.74	639.38	696.53	5 980.65
云　南		416.63	526.16	636.15	631.25	574.97	320.95	505.13	619.21	1 084.43	1 331.72	1 007.03	1 108.50	8 762.13
西　藏		5.46	6.37	13.12	14.73	13.70	14.07	13.78	12.16	28.43	25.50	14.87	18.02	180.22
陕　西		537.44	691.25	771.11	931.36	761.62	777.39	1 582.51	1 727.40	3 264.55	3 902.31	1 253.03	1 392.28	17 592.25
甘　肃		121.00	153.45	206.83	229.18	199.94	124.91	163.41	193.61	356.14	494.50	379.64	362.58	2 985.19
青　海		54.96	66.45	69.75	59.35	64.61	46.46	208.35	126.85	140.58	121.00	89.25	241.70	1 289.29
宁　夏		99.98	135.75	125.12	146.68	141.44	57.53	84.78	124.83	220.76	302.33	247.10	258.28	1 944.59
新　疆		281.74	365.81	453.27	516.73	394.83	214.02	345.22	786.73	962.65	982.11	582.41	771.40	6 656.91
合计 Total		**20 399.82**	**26 853.45**	**32 026.21**	**34 001.38**	**30 256.22**	**17 548.77**	**28 683.97**	**33 662.18**	**56 715.45**	**70 707.89**	**50 874.00**	**56 220.05**	**457 949.41**

竞彩玩法

单位：万元

Unit: Ten Thousand Yuan

地区 Region	游戏类型 Game Type	1月 Jan.	2月 Feb.	3月 Mar.	4月 Apr.	5月 May	6月 June	7月 July	8月 Aug.	9月 Sept.	10月 Oct.	11月 Nov.	12月 Dec.	合计 Total
北京	竞猜	5 172.96	5 633.40	7 225.43	8 961.97	9 291.97	6 054.37	5 829.15	7 352.79	9 356.37	7 602.82	7 292.50	6 429.59	86 203.32
天津		7 059.43	5 695.64	10 705.41	13 193.11	12 892.57	9 874.86	9 735.21	12 236.63	13 847.62	11 509.83	10 545.96	8 365.69	125 661.96
河北		24 201.41	28 811.87	29 400.91	32 810.26	30 354.72	10 552.76	6 475.92	11 275.60	11 079.75	19 783.05	31 228.47	30 861.85	266 836.56
山西		6 924.49	6 253.22	8 005.36	9 742.72	11 568.91	12 896.89	32 007.50	36 926.33	28 721.60	21 906.68	17 081.44	16 281.65	208 316.79
内蒙古		6 043.79	2 653.23	4 182.05	5 312.24	6 817.47	3 769.99	4 469.90	5 493.31	8 760.56	14 718.72	18 372.50	18 208.49	98 802.23
辽宁		8 910.15	7 735.39	12 299.48	14 840.41	13 462.75	9 992.01	10 642.29	14 902.43	19 139.28	28 900.02	24 426.81	28 910.95	194 161.99
吉林		2 807.40	3 172.16	4 072.81	5 851.63	4 654.24	3 059.67	2 609.87	3 393.95	4 223.05	4 042.58	5 571.62	6 383.40	49 842.40
黑龙江		5 694.08	5 852.66	9 622.07	13 507.20	14 278.81	11 003.52	7 759.19	9 392.52	8 323.06	6 338.88	6 844.77	5 475.72	104 092.48
上海		6 501.96	6 943.63	9 233.10	10 889.54	8 949.81	8 019.79	7 597.08	9 351.24	10 097.01	8 963.08	8 494.50	8 160.26	103 201.00
江苏		23 370.43	24 695.12	34 998.23	56 993.03	62 424.32	45 754.67	34 825.95	52 100.25	62 908.35	52 447.02	57 229.28	91 515.19	599 261.85
浙江		36 233.70	17 837.22	27 265.72	53 325.27	68 218.85	51 939.71	52 033.60	50 803.65	30 641.78	28 898.89	39 756.05	32 163.38	489 117.81
安徽		11 463.09	10 686.75	17 341.73	20 507.77	22 256.96	25 135.41	23 720.22	29 094.30	34 004.53	37 698.07	52 525.11	39 853.23	324 287.17
福建		23 117.32	11 131.32	41 591.07	49 398.37	58 062.51	13 322.83	13 083.67	48 744.18	98 456.47	32 456.09	18 204.04	16 028.94	423 596.81
江西		12 272.92	16 337.36	21 019.92	19 919.46	25 058.97	26 688.82	16 404.66	17 212.63	19 275.13	17 815.80	18 998.79	25 336.48	236 340.92
山东		48 479.50	47 878.74	53 386.45	65 058.99	82 097.39	51 621.34	53 381.79	62 078.42	68 362.66	67 795.08	70 245.84	63 716.90	734 103.11
河南		25 556.70	26 106.77	39 676.59	42 953.03	47 418.84	42 987.68	47 546.11	55 783.20	54 733.79	53 351.62	52 204.25	45 900.60	534 219.18
湖北		27 781.63	36 199.39	51 889.32	70 185.92	68 919.36	40 479.62	39 869.67	38 209.14	35 130.20	37 737.82	37 238.99	28 341.48	511 982.53
湖南		22 373.02	28 196.96	24 102.02	25 763.10	27 452.34	36 577.22	34 343.97	80 153.59	76 139.64	89 802.93	67 747.65	70 152.02	582 804.44
广东		37 837.59	37 868.52	48 944.36	83 760.53	66 780.23	39 316.18	61 577.64	54 822.74	84 839.82	68 991.95	70 409.20	66 044.61	721 193.36
广西		8 731.56	7 381.57	10 567.30	10 681.97	10 921.04	7 089.49	8 476.32	15 052.92	23 297.00	36 580.09	46 605.58	14 918.31	200 303.16
海南		9 385.70	2 071.93	924.66	1 211.03	1 445.09	1 147.65	1 333.23	2 127.20	5 014.76	6 296.05	4 733.08	7 139.31	42 829.69
重庆		27 115.10	34 792.43	41 269.18	58 277.46	34 431.15	22 230.31	22 405.72	23 698.97	33 355.30	32 135.88	22 866.51	14 606.02	367 184.02
四川		8 806.08	8 553.65	11 199.29	15 030.84	13 593.29	10 507.72	9 993.14	11 962.94	15 196.71	13 710.78	15 245.42	14 413.84	148 213.70
贵州		3 136.29	3 153.04	5 160.47	6 158.65	7 207.93	5 517.07	5 008.16	6 082.27	6 588.32	6 086.54	5 959.49	4 892.85	64 951.06
云南		10 603.66	11 135.16	21 509.89	27 437.67	22 708.06	16 508.22	16 794.89	18 740.28	16 319.77	15 924.52	15 559.38	12 071.25	205 312.75
西藏		100.38	65.93	114.44	146.84	173.87	120.66	128.31	151.27	146.18	166.40	174.61	148.55	1 637.45
陕西		9 414.75	12 919.91	27 654.59	34 235.64	35 685.16	41 441.12	49 073.45	36 825.47	41 369.80	57 109.09	28 330.21	20 663.54	394 722.74
甘肃		5 033.28	4 859.79	4 228.10	5 019.37	4 611.18	6 465.97	5 708.94	6 011.87	7 218.05	10 139.17	10 205.15	6 214.61	75 715.49
青海		739.35	1 896.15	3 408.06	1 602.73	2 430.81	2 140.20	1 997.33	2 096.44	2 085.94	2 004.58	1 955.41	3 236.49	25 593.49
宁夏		884.80	858.23	1 074.13	1 488.58	2 121.53	1 293.13	1 296.14	1 568.93	1 685.82	1 848.41	1 954.96	1 848.21	17 922.87
新疆		4 531.49	7 417.76	7 850.78	12 747.25	14 208.48	10 928.84	8 051.16	8 112.41	5 326.06	4 252.85	4 776.90	4 589.33	92 793.29
合计 Total		**430 284.02**	**424 794.90**	**589 922.90**	**777 012.60**	**790 498.60**	**574 437.73**	**594 180.18**	**731 757.88**	**835 644.36**	**797 015.29**	**772 784.44**	**712 872.73**	**8 031 205.61**

排 列 3

单位：万元

Unit: Ten Thousand Yuan

地 区 Region	游戏类型 Game Type	1月 Jan.	2月 Feb.	3月 Mar.	4月 Apr.	5月 May	6月 June	7月 July	8月 Aug.	9月 Sept.	10月 Oct.	11月 Nov.	12月 Dec.	合计 Total
北 京	乐透排列	1 429.80	1 428	1 785	1 730	1 638	1 591	1 573	1 480	1 490	1 539	1 577	1 602	18 861.90
天 津		995.98	967	1 227	1 159	1 108	1 061	1 054	1 059	1 054	1 077	1 075	1 134	12 971.67
河 北		1 572.67	2 745	3 079	2 289	1 906	1 807	1 777	1 702	1 603	1 727	1 605	1 793	23 607.04
山 西		405.33	396	497	506	542	453	513	542	558	544	632	956	6 545.40
内蒙古		1 657.68	1 614	1 896	1 601	1 460	1 348	1 339	1 346	1 427	1 463	1 468	1 611	18 229.85
辽 宁		1 559.49	1 553	1 914	1 812	1 770	1 714	1 878	2 246	1 973	1 863	1 808	2 064	22 154.72
吉 林		954.99	948	1 184	1 182	1 169	962	891	841	849	904	874	964	11 722.91
黑龙江		1 009.32	976	1 149	1 030	995	956	1 014	1 019	942	993	964	1 088	12 135.08
上 海		910.03	921	1 110	949	954	893	915	908	888	902	913	1 007	11 268.81
江 苏		4 527.91	4 558	5 518	5 224	5 127	4 850	5 171	5 116	4 966	5 114	5 024	5 404	60 599.31
浙 江		3 403.84	3 324	4 260	4 082	3 983	3 857	3 906	3 936	3 958	4 005	3 926	4 253	46 892.93
安 徽		1 033.77	1 014	1 256	1 209	1 190	1 148	1 209	1 253	1 204	1 359	1 195	1 296	14 369.08
福 建		559.89	548	667	658	647	633	578	595	615	707	596	645	7 448.81
江 西		708.38	642	843	744	702	625	656	665	729	685	683	744	8 426.33
山 东		1 177.04	1 192	1 494	1 410	1 306	1 235	1 188	1 237	1 278	1 311	1 244	1 362	15 434.48
河 南		2 485.57	2 540	3 028	2 948	2 680	2 716	2 562	2 537	2 627	2 762	2 703	3 032	32 619.60
湖 北		2 307.99	2 245	2 800	2 899	2 871	2 694	2 836	2 572	2 438	2 551	2 554	2 802	31 568.44
湖 南		1 376.67	1 353	1 675	1 662	1 662	1 544	1 583	1 787	1 879	2 771	2 047	2 038	21 377.40
广 东		1 669.59	1 544	1 899	1 822	1 879	1 719	1 840	1 787	1 901	1 920	1 899	2 075	21 955.30
广 西		164.46	173	228	245	232	213	354	441	342	314	537	495	3 738.29
海 南		57.30	57	65	51	58	54	59	53	51	53	58	67	683.34
重 庆		402.38	407	535	626	607	396	413	409	498	665	763	565	6 287.09
四 川		2 361.45	2 327	2 886	2 722	2 710	2 572	2 606	2 601	2 485	2 665	2 573	2 889	31 398.85
贵 州		806.76	802	977	936	966	924	919	883	877	884	887	918	10 781.31
云 南		2 217.24	2 259	2 742	2 681	2 781	2 661	2 865	2 673	2 628	2 726	2 649	2 895	31 776.97
西 藏		59.54	60	73	77	72	67	69	79	69	70	86	77	859.68
陕 西		806.83	743	971	947	919	857	809	831	868	958	891	964	10 564.86
甘 肃		729.78	671	851	822	778	778	711	712	729	755	741	793	9 071.52
青 海		166.94	151	215	207	214	231	205	189	213	213	224	258	2 488.74
宁 夏		558.80	551	702	698	652	606	608	653	687	657	647	753	7 773.64
新 疆		779.08	768	977	910	828	815	816	916	857	943	937	1 051	10 597.11
合计 Total		**38 856.50**	**39 479.17**	**48 504.78**	**45 835.93**	**44 408.35**	**41 979.86**	**42 916.81**	**43 068.47**	**42 686.72**	**45 098.95**	**43 781.50**	**47 593.45**	**524 210.49**

排 列 5

单位：万元

Unit: Ten Thousand Yuan

地区 Region	游戏类型 Game Type	1月 Jan.	2月 Feb.	3月 Mar.	4月 Apr.	5月 May	6月 June	7月 July	8月 Aug.	9月 Sept.	10月 Oct.	11月 Nov.	12月 Dec.	合计 Total
北京	乐透排列	708.07	665.30	887.06	802.93	810.64	794.93	798.39	772.79	784.48	781.46	815.19	879.09	9 500.31
天津		388.66	351.23	450.45	410.86	409.13	409.68	417.64	441.70	430.98	415.01	416.56	449.01	4 990.91
河北		1 086.63	1 088.51	1 352.49	1 223.04	1 157.94	1 093.27	1 100.48	1 113.65	1 117.71	1 146.81	1 114.93	1 234.32	13 829.78
山西		260.90	245.45	327.85	304.77	300.33	293.58	376.34	424.87	476.36	520.00	509.10	820.01	4 859.57
内蒙古		932.86	910.48	1 155.41	1 025.98	972.32	929.54	913.45	947.32	983.92	1 038.14	1 056.97	1 154.39	12 020.79
辽宁		844.54	822.28	1 035.53	957.62	932.68	910.37	932.23	967.08	984.70	971.43	979.07	1 092.33	11 429.86
吉林		554.75	541.15	683.58	624.92	593.05	556.20	539.96	565.36	583.25	598.65	589.31	642.26	7 072.43
黑龙江		491.57	463.15	575.04	534.59	528.89	495.45	494.44	499.99	504.11	527.17	524.42	592.36	6 231.19
上海		396.34	389.87	491.02	454.89	467.95	463.82	452.56	469.32	463.13	453.14	461.72	512.09	5 475.84
江苏		2 135.16	2 071.98	2 533.42	2 376.73	2 390.78	2 327.50	2 416.91	2 463.03	2 390.36	2 476.78	2 488.12	2 655.70	28 726.47
浙江		1 812.93	1 731.87	2 199.85	2 090.12	2 087.23	2 023.02	2 065.84	2 205.26	2 204.64	2 254.46	2 220.14	2 346.05	25 241.43
安徽		806.67	770.16	929.12	868.48	931.15	871.87	883.27	938.27	943.03	993.92	948.73	1 026.37	10 911.03
福建		350.73	339.12	416.70	394.60	397.69	393.09	377.96	378.35	387.61	410.11	397.89	444.59	4 688.44
江西		337.89	355.19	460.92	341.62	318.60	312.70	349.65	362.27	427.22	390.55	399.76	403.50	4 459.86
山东		726.23	662.13	895.96	822.41	795.91	776.32	795.40	790.83	768.51	803.23	799.42	867.99	9 504.35
河南		1 763.54	1 736.01	2 156.71	2 041.99	1 975.01	1 958.14	1 996.52	2 011.69	2 024.01	2 149.59	2 118.23	2 290.35	24 221.79
湖北		1 756.60	1 821.83	2 245.34	2 109.58	2 034.40	2 146.59	2 268.25	2 136.96	1 906.58	1 982.73	1 981.09	2 130.70	24 520.66
湖南		860.23	862.93	1 067.64	925.26	954.12	961.47	979.76	1 138.19	1 234.93	1 283.54	1 248.29	1 246.17	12 762.53
广东		1 213.94	1 191.78	1 554.92	1 406.82	1 430.38	1 392.78	1 428.62	1 434.84	1 426.92	1 483.49	1 517.45	1 653.65	17 135.60
广西		126.27	120.01	151.66	144.14	143.38	134.33	142.20	188.65	245.55	330.15	476.51	374.05	2 576.90
海南		80.70	81.11	108.58	110.46	117.42	119.56	125.79	131.54	137.75	151.84	173.55	196.59	1 534.87
重庆		213.68	220.79	264.72	352.82	346.39	206.69	227.27	230.42	315.15	540.07	298.57	282.24	3 498.81
四川		1 558.70	1 527.20	1 942.62	1 737.98	1 730.23	1 694.90	1 701.40	1 712.76	1 704.78	1 720.13	1 692.95	1 870.36	20 594.02
贵州		775.76	773.20	1 011.68	934.19	930.79	918.69	929.89	911.13	918.00	966.97	939.51	993.26	11 003.07
云南		2 205.21	2 176.05	2 751.21	2 552.09	2 633.71	2 606.37	2 922.36	3 097.08	3 183.56	3 137.11	3 009.18	3 319.13	33 593.07
西藏		96.45	83.68	145.00	151.55	136.82	124.59	125.16	122.84	123.20	128.35	124.60	132.78	1 495.01
陕西		593.84	560.66	715.43	648.73	634.93	632.79	685.56	691.99	702.12	704.65	676.20	744.80	7 991.70
甘肃		644.12	583.59	785.79	723.66	693.65	739.20	673.29	660.60	694.63	690.73	708.42	771.34	8 369.02
青海		176.55	157.14	241.85	225.32	228.63	257.51	227.25	202.83	202.45	218.96	233.33	245.05	2 616.88
宁夏		367.75	357.93	461.99	429.19	405.58	391.60	388.40	397.33	405.62	420.68	434.83	508.54	4 969.44
新疆		410.37	390.46	552.68	501.40	445.42	434.08	441.96	519.40	482.88	536.56	521.65	565.56	5 802.43
合计 Total		**24 677.63**	**24 052.25**	**30 552.22**	**28 228.73**	**27 935.13**	**27 370.65**	**28 178.19**	**28 928.32**	**29 158.15**	**30 226.42**	**29 875.68**	**32 444.64**	**341 628.02**

七 星 彩

单位：万元

Unit: Ten Thousand Yuan

地 区 Region	游戏类型 Game Type	1月 Jan.	2月 Feb.	3月 Mar.	4月 Apr.	5月 May	6月 June	7月 July	8月 Aug.	9月 Sept.	10月 Oct.	11月 Nov.	12月 Dec.	合计 Total
北 京	乐透排列	331.55	333.02	393.84	343.88	342.08	353.88	360.30	341.43	367.19	369.17	355.24	373.94	4 265.52
天 津		479.88	517.48	569.11	524.61	515.45	522.95	526.68	511.85	538.09	545.04	518.78	559.40	6 329.31
河 北		1 035.59	1 125.49	1 274.51	1 149.42	1 085.67	1 087.99	1 061.24	1 044.67	1 107.22	1 130.41	1 050.54	1 189.29	13 342.06
山 西		90.36	94.79	111.38	102.95	97.61	102.41	140.96	132.44	146.88	127.52	130.64	178.53	1 456.48
内蒙古		162.58	170.54	195.95	178.24	174.88	183.78	178.85	174.38	185.77	183.44	169.73	193.62	2 151.77
辽 宁		187.02	204.00	224.33	203.80	200.96	205.87	203.27	196.75	209.34	214.64	200.31	218.90	2 469.18
吉 林		441.86	489.37	536.50	487.34	466.62	480.91	454.86	449.79	475.60	480.61	437.80	498.57	5 699.83
黑龙江		306.23	326.38	350.67	313.12	303.44	315.62	317.68	310.46	332.11	335.13	318.85	349.60	3 879.29
上 海		298.16	316.45	352.22	321.45	328.20	336.17	336.71	327.62	342.39	347.10	339.95	361.79	4 008.21
安 徽		606.92	664.42	710.28	639.97	628.28	654.98	647.13	634.31	674.92	709.39	664.47	712.56	7 947.63
福 建		330.50	356.68	378.06	346.75	346.86	362.76	384.23	354.42	361.16	388.15	381.12	406.21	4 396.89
江 西		188.03	217.55	244.20	175.36	173.70	182.34	191.41	199.36	191.54	200.39	221.11	330.26	2 515.25
山 东		545.83	537.58	589.56	540.39	531.55	552.07	561.38	545.40	563.26	572.89	521.45	595.76	6 657.12
河 南		2 014.03	2 242.05	2 488.74	2 204.02	2 106.05	2 168.42	2 117.81	2 100.55	2 203.49	2 264.08	2 126.42	2 389.53	26 425.19
湖 北		1 293.03	1 571.72	1 829.60	1 628.74	1 614.97	1 742.34	1 721.59	1 505.95	1 290.30	1 348.25	1 308.64	1 414.88	18 270.00
湖 南		251.56	263.80	276.47	237.81	259.93	274.07	283.13	318.76	509.80	590.56	553.73	600.79	4 420.40
广 东		1 418.96	1 533.97	1 702.83	1 547.97	1 575.02	1 583.88	1 623.45	1 520.48	1 567.66	1 633.63	1 647.24	1 732.75	19 087.84
广 西		104.01	116.85	119.18	105.60	108.49	113.21	113.32	128.05	163.10	167.88	228.09	221.80	1 689.56
海 南		652.35	738.93	812.56	785.63	751.30	749.78	722.03	707.39	709.73	757.11	680.96	802.40	8 870.19
重 庆		128.03	139.89	155.82	189.22	189.06	124.44	123.80	121.90	146.63	138.54	151.73	143.46	1 752.53
四 川		1 896.17	2 054.94	2 213.23	1 945.72	1 896.98	1 972.52	1 910.05	1 868.75	2 004.64	2 019.92	1 926.60	2 083.57	23 793.07
贵 州		283.91	304.09	355.90	312.13	318.61	333.73	324.27	309.21	337.07	332.62	317.01	344.04	3 872.59
云 南		1 347.85	1 430.60	1 604.48	1 432.03	1 434.85	1 492.45	1 489.25	1 427.06	1 505.19	1 518.86	1 434.34	1 572.48	17 689.45
西 藏		24.80	21.54	35.38	39.66	39.37	40.19	37.65	37.00	40.69	40.68	34.97	37.23	429.17
陕 西		166.88	164.40	187.80	164.58	160.48	165.63	185.83	329.35	466.34	345.18	186.09	183.29	2 705.86
甘 肃		99.10	100.45	119.10	108.84	107.23	150.18	115.76	105.15	124.47	118.95	104.17	115.09	1 368.49
青 海		46.89	46.51	61.56	56.47	56.36	72.85	64.48	54.04	55.81	53.92	51.19	59.22	679.31
宁 夏		64.80	67.57	78.35	70.90	70.58	71.04	66.24	66.74	69.89	73.48	69.73	77.72	847.03
新 疆		223.53	231.59	274.13	248.90	238.03	244.42	245.05	265.08	269.83	316.12	262.22	299.39	3 118.30
合计 Total		**15 020.43**	**16 382.64**	**18 245.74**	**16 405.52**	**16 122.61**	**16 640.89**	**16 508.40**	**16 088.33**	**16 960.10**	**17 323.68**	**16 393.11**	**18 046.06**	**200 137.51**

超级大乐透

单位：万元

Unit: Ten Thousand Yuan

地　区 Region	游戏类型 Game Type	1月 Jan.	2月 Feb.	3月 Mar.	4月 Apr.	5月 May	6月 June	7月 July	8月 Aug.	9月 Sept.	10月 Oct.	11月 Nov.	12月 Dec.	合计 Total
北　京	乐透组合	6 631.32	6 252.82	8 183.43	8 345.89	9 538.06	7 987.86	8 913.43	8 187.14	8 571.24	7 779.19	8 178.62	8 671.83	97 240.82
天　津		2 436.60	2 397.56	3 014.35	3 151.09	3 934.67	3 577.28	3 565.07	3 175.30	3 184.95	2 903.99	2 941.76	3 019.73	37 302.34
河　北		8 899.91	8 191.19	10 177.19	10 382.73	11 545.94	9 508.57	10 577.42	9 926.16	10 584.94	10 018.56	10 305.59	10 993.26	121 111.44
山　西		2 458.09	2 181.19	2 702.69	2 800.58	3 133.49	2 734.49	3 235.72	3 226.20	3 424.50	3 105.02	3 087.81	3 474.47	35 564.25
内蒙古		3 807.56	3 459.05	4 338.39	4 650.23	5 218.49	4 267.42	4 970.19	4 482.21	4 512.19	4 392.93	4 705.85	5 130.48	53 934.97
辽　宁		4 821.30	4 659.29	5 560.79	5 855.10	6 696.76	5 317.08	6 037.42	5 634.37	5 850.22	5 513.88	6 043.39	5 907.24	67 896.83
吉　林		3 907.00	3 775.11	4 684.33	4 740.08	4 738.01	3 901.62	4 370.42	4 187.71	4 356.44	4 061.03	4 200.77	4 408.87	51 331.39
黑龙江		6 158.21	5 985.18	7 266.81	7 810.27	8 615.07	7 315.32	8 340.45	7 710.32	7 485.10	6 409.28	6 589.78	6 959.26	86 645.05
上　海		5 973.25	5 701.17	7 109.29	7 353.57	8 693.22	6 924.66	7 639.44	7 309.49	7 547.94	7 134.88	7 468.36	7 764.32	86 619.60
江　苏		20 895.78	20 526.71	24 258.82	25 407.79	29 223.79	23 647.41	25 982.92	24 361.54	24 941.27	24 394.29	25 304.53	25 924.69	294 869.54
浙　江		17 466.00	16 966.68	20 746.77	22 117.33	27 627.62	23 287.94	24 746.12	22 695.57	24 185.47	22 752.24	23 419.01	23 812.84	269 823.59
安　徽		6 271.29	6 099.00	7 138.60	7 563.24	8 852.06	7 446.42	8 279.63	7 711.76	8 093.32	7 653.74	8 609.80	8 404.43	92 123.29
福　建		13 631.64	13 558.25	16 111.58	17 204.15	20 153.87	15 882.11	16 939.82	15 867.38	15 901.29	15 892.75	17 387.73	17 263.39	195 793.98
江　西		5 040.12	5 029.99	6 058.52	6 286.32	7 922.29	5 615.58	5 942.19	5 934.43	5 759.57	5 752.67	5 436.04	7 614.94	72 392.66
山　东		12 183.97	11 315.21	14 942.37	16 106.16	18 491.16	14 723.49	16 512.67	15 893.90	14 938.54	15 062.69	15 874.41	15 147.75	181 192.31
河　南		13 073.79	12 557.05	15 048.98	15 952.63	19 353.83	17 674.72	17 873.16	16 021.39	15 986.51	15 486.90	16 218.03	16 804.31	192 051.30
湖　北		7 138.68	7 305.58	8 684.40	10 357.99	13 517.38	11 994.15	14 001.35	10 492.22	8 727.54	8 594.96	9 072.84	9 307.64	119 194.74
湖　南		6 503.35	7 773.92	8 615.19	8 387.11	8 691.84	8 463.21	9 751.25	10 610.40	11 430.06	11 819.26	10 815.43	12 075.16	114 936.18
广　东		19 038.90	18 670.76	22 639.54	23 701.20	28 069.22	23 363.87	26 067.26	23 960.72	25 343.15	24 872.69	27 692.51	27 244.67	290 664.50
广　西		2 516.72	2 447.83	2 890.11	3 022.35	3 572.61	2 872.93	3 204.22	3 353.82	4 959.16	5 056.05	6 919.91	5 642.57	46 458.27
海　南		1 404.39	1 365.18	1 561.64	1 552.09	1 749.16	1 398.09	1 543.33	1 455.83	1 525.92	1 466.43	1 592.46	1 658.87	18 273.40
重　庆		3 803.15	3 730.95	4 416.89	5 419.29	7 217.18	4 885.48	5 084.07	4 529.56	5 259.78	4 857.88	5 597.97	5 725.53	60 527.73
四　川		10 264.67	10 173.70	11 990.12	12 475.09	14 425.70	11 850.60	12 919.77	11 787.86	12 327.05	11 720.79	12 248.49	13 385.75	145 569.60
贵　州		4 776.18	4 561.58	5 661.95	5 984.02	7 066.70	5 724.29	6 329.89	5 882.18	6 353.94	6 075.30	6 771.72	7 050.81	72 238.56
云　南		9 481.47	9 120.71	11 069.85	11 520.77	13 496.46	11 795.67	13 427.65	12 098.13	12 362.18	12 043.18	12 488.88	12 886.53	141 791.50
西　藏		310.96	238.81	436.09	551.80	652.08	549.27	591.86	550.03	599.29	563.50	558.42	531.32	6 133.45
陕　西		4 997.41	4 609.54	5 716.57	5 839.23	6 897.35	6 222.03	7 142.48	7 499.46	7 304.14	6 867.27	6 521.64	7 085.69	76 702.82
甘　肃		2 869.52	3 016.57	3 629.72	3 742.54	4 075.01	3 943.23	4 334.87	3 226.25	4 062.50	3 623.45	4 065.27	4 362.26	44 951.19
青　海		727.98	612.08	846.63	921.73	1 134.16	1 089.63	1 112.83	887.89	1 090.64	1 097.14	1 350.18	1 645.34	12 516.22
宁　夏		1 378.68	1 258.62	1 596.16	1 742.21	2 050.13	1 651.59	1 789.35	1 646.08	1 686.06	1 579.23	1 936.79	2 093.80	20 408.70
新　疆		3 128.02	2 747.38	3 524.73	3 854.04	4 906.04	4 231.11	4 393.50	4 247.18	4 141.25	3 979.57	3 978.01	4 412.27	47 543.07
合计 Total		**211 995.90**	**206 288.69**	**250 622.50**	**264 798.62**	**311 259.35**	**259 847.08**	**285 619.75**	**264 552.47**	**272 496.12**	**262 530.75**	**277 382.01**	**286 410.04**	**3 153 803.26**

2017年中国体育彩票区域联网游戏销售统计（分地区按月统计）

Monthly Sales Statistics of Inter-Regional Games of Sports Lottery in Different Regions in 2017

传统单场

单位：万元
Unit: Ten Thousand Yuan

地区 Region	游戏类型 Game Type	1月 Jan.	2月 Feb.	3月 Mar.	4月 Apr.	5月 May	6月 June	7月 July	8月 Aug.	9月 Sept.	10月 Oct.	11月 Nov.	12月 Dec.	合计 Total
北京	竞猜	7 889.8	8 053.82	10 437.77	9 220.76	8 034.12	3 888.12	3 982.99	5 012.92	4 299.74	4 463.93	2 365.82	2 013.21	69 663.00
天津		404.99	699.11	1 315.24	3 561.6	8 022.66	7 265.86	7 493.92	10 092.05	8 719.1	12 496.71	9 687.81	8 625.36	78 384.39
广东		4 847.48	4 902.58	6 146.25	6 764.81	9 068.06	7 107.02	7 207.23	9 150.55	7 463.89	9 949.99	8 941.59	8 115.35	89 664.80
合计 Total		**13 142.27**	**13 655.51**	**17 899.27**	**19 547.17**	**25 124.84**	**18 261.00**	**18 684.13**	**24 255.51**	**20 482.72**	**26 910.63**	**20 995.21**	**18 753.92**	**237 712.19**

快中彩

单位：万元
Unit: Ten Thousand Yuan

地区 Region	游戏类型 Game Type	1月 Jan.	2月 Feb.	3月 Mar.	4月 Apr.	5月 May	6月 June	7月 July	8月 Aug.	9月 Sept.	10月 Oct.	11月 Nov.	12月 Dec.	合计 Total
北京	乐透组合	0.52	0.76	0.46	1.24	0.64	0.23	0.23	0.17	0.37	0.75	1.53	1.90	8.79
天津		0.73	0.63	0.47	0.62	0.31	0.47	0.31	0.32	0.34	0.44	0.34	0.44	5.40
广东		6.89	7.42	9.91	10.39	5.07	5.99	5.75	3.74	4.77	4.51	4.76	7.28	76.48
合计 Total		**8.14**	**8.82**	**10.83**	**12.25**	**6.01**	**6.69**	**6.28**	**4.24**	**5.48**	**5.70**	**6.62**	**9.62**	**90.67**

2017 年中国体育彩票地方游戏品种销售情况表（分地区按月统计）

Monthly Sales Statistics of Regional Games of Sports Lottery in 2017

单位：万元

Unit: Ten Thousand Yuan

地区 Region	游戏类型 Game Type	游戏名称 Game Name	1月 Jan.	2月 Feb.	3月 Mar.	4月 Apr.	5月 May	6月 June	7月 July	8月 Aug.	9月 Sept.	10月 Oct.	11月 Nov.	12月 Dec.	合计 Total
北京	乐透组合	北京 11 选 5	15 637.65	14 203.24	21 834.47	21 547.80	21 245.90	20 429.77	21 254.29	20 268.64	20 127.40	21 205.81	22 414.68	22 381.03	242 550.67
天津	乐透组合	天津 11 选 5	3 173.06	2 557.30	3 785.57	3 612.00	3 630.10	3 542.39	3 224.04	4 095.14	4 883.64	3 759.00	3 424.89	3 789.35	43 476.46
河北	乐透组合	河北快乐扑克	17.71	17.56	23.16	23.68	22.19	15.11	12.35	15.86	17.92	17.84	17.46	19.79	220.61
		河北 11 选 5	30 816.78	27 995.60	46 753.58	47 782.49	39 775.91	33 885.16	33 535.28	34 794.41	36 267.92	38 934.76	43 043.41	44 706.70	458 292.00
山西	乐透组合	山西 11 选 5	4 029.87	3 811.56	6 475.30	7 232.97	5 879.72	5 633.79	4 704.53	4 328.46	4 692.06	6 269.30	7 640.87	8 687.37	69 385.82
		山西泳坛夺金	14.53	19.85	27.35	34.57	21.96	9.71	11.88	9.01	7.83	6.11	5.31	11.94	180.05
内蒙古	乐透组合	内蒙 11 选 5	16 158.79	14 944.94	22 873.71	32 710.86	23 835.35	19 584.52	17 518.37	17 559.87	17 289.27	17 796.98	19 167.76	19 520.31	238 960.74
		内蒙古泳坛夺金	32.74	46.27	98.71	69.49	65.17	43.25	31.59	39.77	43.28	38.54	48.70	51.47	608.99
辽宁	乐透组合	辽宁 11 选 5	9 781.63	9 129.04	13 201.88	16 759.38	12 722.29	10 704.76	9 711.70	9 195.96	9 752.51	9 775.53	10 260.80	11 023.21	132 018.69
		辽宁快乐扑克	4.85	4.68	4.64	4.27	3.48	4.51	3.50	2.30	3.35	3.12	3.27	5.08	47.05
吉林	乐透组合	吉林 11 选 5	13 486.51	13 003.43	19 227.80	23 465.23	17 014.17	14 490.03	12 044.30	12 569.93	11 991.73	12 010.15	14 858.00	22 287.17	186 448.43
黑龙江	乐透组合	黑龙江 11 选 5	21 746.40	20 599.81	27 553.66	33 771.82	25 924.12	26 275.73	26 389.03	26 785.73	22 652.75	18 375.91	25 636.10	27 106.52	302 817.58
		黑龙江快乐扑克	8.47	5.19	5.31	4.54	5.62	3.38	2.52	3.30	2.72	2.53	3.45	4.65	51.68
	乐透排列	黑龙江六位数	105.32	121.96	137.13	117.84	128.16	127.72	101.43	112.11	117.33	111.36	98.80	112.40	1 391.56
上海	乐透组合	上海 11 选 5	3 000.37	2 999.04	4 466.29	6 399.04	4 965.47	4 437.60	4 152.19	4 137.07	4 604.89	5 073.64	6 979.57	6 989.66	58 204.84
江苏	乐透组合	江苏 11 选 5	41 674.01	40 333.67	55 577.18	55 147.15	56 731.73	55 987.02	46 029.17	44 592.79	42 998.89	45 585.02	48 128.91	47 025.13	579 810.66
	乐透排列	江苏体彩 7 位数	6 080.61	6 050.02	7 244.99	6 568.78	6 511.55	6 803.85	6 072.86	6 447.51	6 253.01	6 537.49	6 255.53	6 598.46	77 424.67

续表

地 区 Region	游戏类型 Game Type	游戏名称 Game Name	1月 Jan.	2月 Feb.	3月 Mar.	4月 Apr.	5月 May	6月 June	7月 July	8月 Aug.	9月 Sept.	10月 Oct.	11月 Nov.	12月 Dec.	合计 Total
浙 江	乐透组合	浙江 11 选 5	21 510.92	20 820.75	32 004.32	33 905.96	29 758.15	28 608.87	26 670.82	25 741.92	26 286.38	27 853.49	30 148.87	31 171.65	334 482.09
		浙江 20 选 5	482.54	463.43	593.44	550.34	557.59	518.09	501.85	504.25	501.34	515.98	522.09	560.80	6 271.73
		浙江飞鱼	3 297.76	3 103.89	4 446.81	4 934.83	4 989.02	4 803.04	4 728.26	4 153.44	4 148.22	4 821.00	4 042.02	4 232.88	51 701.16
		浙江泳坛夺金	5.4454	10.126	8.0184	7.9452	7.7038	5.352	5.9884	3.799	6.3348	3.7988	2.7928	1.3696	68.67
	乐透排列	浙江 6 加 1	2 283.90	2 590.56	2 998.61	2 879.24	2 766.26	2 637.18	2 285.82	2 335.29	2 562.06	2 482.05	2 131.44	2 557.75	30 510.15
安 徽	乐透组合	安徽 11 选 5	8 100.24	8 082.51	11 279.61	12 447.81	11 632.74	9 570.65	9 747.21	8 117.72	8 759.51	14 547.80	12 344.07	11 231.40	125 861.27
福 建	乐透组合	福建 11 选 5	18 196.27	18 700.30	28 461.28	22 447.46	21 548.86	20 419.84	20 371.41	20 451.09	19 441.26	19 246.88	21 451.5936	23 325.6044	254 061.84
		福建 22 选 5	353.98	361.95	412.16	361.87	367.32	361.27	371.22	392.92	399.86	407.96	392.03	382.2526	4 564.79
		福建 31 选 7	4 243.18	3 955.17	5 175.88	3 846.09	4 686.02	4 747.56	8 563.63	5 246.53	7 071.13	4 543.22	4 114.4686	4 327.1758	60 520.05
		福建 36 选 7	1 740.47	1 717.87	2 012.82	1 818.62	1 823.32	1 723.30	1 614.60	1 843.70	1 600.38	1 573.18	1 594.6832	1 569.6026	20 632.55
江 西	乐透组合	江西多乐彩	5 964.75	5 307.86	9 954.70	15 426.63	10 731.91	10 303.74	10 978.42	8 007.55	7 687.71	8 002.06	9 032.61	13 724.28	115 122.21
山 东	乐透组合	山东快乐扑克 3	6 466.48	5 897.35	8 546.98	10 313.75	9 133.01	11 570.40	12 814.00	9 352.14	8 370.36	7 937.73	8 679.23	8 870.38	107 951.81
		山东十一运夺金	44 537.72	51 391.23	74 401.31	62 146.91	59 126.16	53 721.69	38 365.13	42 638.53	46 533.71	47 010.20	44 075.92	46 024.33	609 972.84
河 南	乐透组合	河南 11 选 5	92.44	84.71	102.92	87.10	104.09	81.64	147.93	215.56	202.58	94.30	76.05	69.87	1 359.18
		河南泳坛夺金	27 324.60	27 981.20	56 593.09	44 739.65	35 702.45	30 960.92	31 069.81	32 144.56	30 806.02	33 689.38	38 124.12	40 667.37	429 803.17
湖 北	乐透组合	湖北 11 选 5	11 026.66	11 704.21	20 078.59	14 364.03	13 036.12	12 576.42	14 925.25	11 627.16	12 214.01	15 050.41	15 408.72	19 020.81	171 032.37
湖 南	乐透组合	湖南即乐彩	0.00	0.00	0.00	0.00	0.01	0.01	0.00	0.00	0.00	0.00	0.01	0.01	0.04
		幸运赛车	1 677.79	1 514.93	1 851.77	1 782.06	1 740.08	1 615.19	1 409.16	1 314.93	1 405.46	1 448.79	1 463.11	1 578.67	18 801.94
广 东	乐透组合	广东 11 选 5	29 925.03	25 922.30	69 838.85	41 050.49	39 916.59	34 613.64	39 064.16	41 140.04	43 677.32	34 414.12	47 866.4762	50 488.4788	497 917.48
广 西	乐透组合	广西 11 选 5	1 844.45	1 653.53	2 052.83	1 860.28	1 845.17	1 899.30	2 050.73	1 861.09	1 972.29	2 027.76	3 278.42	3 982.50	26 328.35

续表

地区 Region	游戏类型 Game Type	游戏名称 Game Name	1月 Jan.	2月 Feb.	3月 Mar.	4月 Apr.	5月 May	6月 June	7月 July	8月 Aug.	9月 Sept.	10月 Oct.	11月 Nov.	12月 Dec.	合计 Total
海　南	乐透组合	飞鱼	1 654.23	1 835.54	2 184.92	1 755.97	1 906.48	1 862.80	2 145.07	1 883.74	1 660.82	1 655.09	1 710.51	1 781.57	22 036.73
		环岛赛	840.65	850.57	1 150.99	984.07	928.34	945.69	1 179.77	1 260.21	1 477.14	1 348.22	1 258.56	1 179.39	13 403.60
	乐透排列	海南 4+1	155.61	186.68	211.05	208.02	186.42	182.44	199.18	169.84	173.52	173.45	154.06	185.57	2 185.84
重　庆	乐透组合	重庆百变王牌	488.42	554.23	568.90	526.69	598.98	623.03	548.67	707.66	688.78	1 420.18	1 240.94	658.19	8 624.68
四　川	乐透组合	四川金 7 乐	4 602.47	2 283.22	4 411.28	5 866.78	3 463.80	2 758.52	2 603.98	2 471.97	2 390.52	2 406.16	2 814.04	3 824.14	39 896.88
贵　州	乐透组合	贵州 11 选 5	9 404.18	9 045.89	17 298.41	12 171.32	13 236.92	11 983.00	12 685.31	13 311.47	12 441.53	11 884.19	17 287.32	14 240.95	154 990.47
云　南	乐透组合	云南 11 选 5	15 034.49	13 530.79	18 802.35	20 735.52	23 250.37	19 167.60	18 667.87	18 239.55	19 462.36	20 859.78	27 923.98	22 499.42	238 174.08
		云南快乐 123	10.95	12.02	6.90	4.59	9.48	11.61	9.35	10.34	8.25	7.88	6.25	8.49	106.11
西　藏	乐透组合	西藏 11 选 5	3 175.21	2 579.34	3 799.28	7 702.65	6 162.21	5 321.01	5 592.66	5 394.21	6 225.39	6 207.51	5 780.35	5 834.09	63 773.92
陕　西	乐透组合	陕西 11 选 5	7 732.77	6 969.47	17 125.55	12 000.84	10 025.51	9 441.15	8 603.22	7 989.22	8 187.98	7 456.32	8 915.21	7 965.34	112 412.56
		陕西泳坛夺金	2.97	1.58	2.02	2.33	2.40	2.18	1.58	1.19	1.04	0.81	1.95	1.53	21.60
甘　肃	乐透组合	甘肃 11 选 5	9 442.49	8 060.22	12 105.90	13 979.51	11 801.09	10 713.14	10 174.45	9 905.91	10 551.03	15 331.18	14 450.0 074	13 522.054	140 036.99
		甘肃泳坛夺金	34.19	30.64	32.32	34.74	32.12	23.63	24.51	28.53	28.41	32.02	42.936	46.6 698	390.72
青　海	乐透组合	青海 11 选 5	1 636.40	1 285.78	2 263.01	2 332.20	2 424.15	2 108.97	2 751.04	2 558.44	2 377.56	2 905.52	3 772.77	3 519.31	29 935.14
		青海快乐扑克	0.07	0.05	0.03	0.07	0.07	0.05	0.04	0.05	0.88	0.22	0.06	0.10	1.69
宁　夏	乐透组合	宁夏 11 选 5	3 849.76	3 347.04	5 350.51	4 715.11	4 792.45	4 554.11	4 391.74	3 956.58	3 638.59	3 686.06	3 914.68	5 244.53	51 441.18
新　疆	乐透组合	新疆 11 选 5	8 099.59	7 978.67	9 240.63	8 961.15	9 246.63	10 717.95	11 803.92	12 737.51	14 280.15	13 368.78	11 152.60	12 313.04	129 900.61
合计 Total			**421 008.36**	**405 658.73**	**654 658.77**	**622 204.52**	**556 022.87**	**513 133.25**	**491 866.80**	**482 676.48**	**488 946.40**	**499 916.56**	**553 162.42**	**576 931.82**	**6 266 186.99**

2017年中国体育彩票竞猜型彩票销售情况表（分地区分游戏）

Sales Statistics of Terminal-Sales Sports Betting Tickets of Sports Lottery in Different Regions and in Different Games in China in 2017

单位：万元

Unit: Ten Thousand Yuan

序号	地 区 Region	14场胜平负	足彩任选9场	4场进球	6场半场胜负	竞彩玩法	北京单场	虚拟足球	合计 Total
1	北京市	22 125.08	15 647.11	496.95	41.30	86 203.32	69 663.00	—	194 176.75
2	天津市	7 442.85	5 965.41	160.47	35.49	125 661.96	78 384.39	—	217 650.57
3	河北省	26 746.27	23 880.49	738.45	118.46	266 836.56	—	—	318 320.23
4	山西省	8 172.57	6 036.68	130.52	35.84	208 316.79	—	—	222 692.41
5	内蒙古	5 179.72	2 997.90	186.43	16.79	98 802.23	—	—	107 183.07
6	辽宁省	16 848.58	13 117.08	315.13	65.58	194 161.99	—	—	224 508.35
7	吉林省	4 093.16	3 536.42	93.04	10.52	49 842.40	—	—	57 575.54
8	黑龙江省	4 457.12	3 249.47	170.19	18.32	104 092.48	—	—	111 987.58
9	上海市	19 749.54	15 353.39	700.82	114.46	103 201.00	—	—	139 119.22
10	江苏省	22 759.51	17 251.03	595.51	73.75	599 261.85	—	191 657.57	831 599.21
11	浙江省	32 170.32	21 593.03	591.93	104.93	489 117.81	—	—	543 578.02
12	安徽省	8 383.53	6 603.05	322.51	42.52	324 287.17	—	—	339 638.78
13	福建省	16 267.59	10 576.28	390.71	97.53	423 596.81	—	—	450 928.93
14	江西省	11 082.57	9 342.42	345.72	51.32	236 340.92	—	—	257 162.95
15	山东省	19 167.54	13 976.07	761.06	80.52	734 103.11	—	—	768 088.31
16	河南省	8 390.88	5 582.95	265.13	60.22	534 219.18	—	—	548 518.35
17	湖北省	19 022.87	18 080.36	632.57	170.57	511 982.53	—	—	549 888.90
18	湖南省	32 418.73	26 697.23	696.45	124.16	582 804.44	—	—	642 741.01
19	广东省	80 316.63	60 997.22	1 944.71	305.99	721 193.36	89 664.80	—	954 422.71
20	广 西	16 377.07	14 180.67	570.08	78.74	200 303.16	—	—	231 509.72
21	海南省	2 412.33	1 343.72	63.80	26.31	42 829.69	—	—	46 675.84
22	重庆市	10 611.91	7 995.88	331.46	27.49	367 184.02	—	—	386 150.75
23	四川省	18 361.83	15 366.08	323.83	51.71	148 213.70	—	—	182 317.15
24	贵州省	5 980.65	4 265.55	178.33	21.37	64 951.06	—	—	75 396.96
25	云南省	8 762.13	5 251.46	268.89	29.09	205 312.75	—	—	219 624.33
26	西 藏	180.22	123.16	4.11	0.77	1 637.45	—	—	1 945.71
27	陕西省	17 592.25	14 048.03	503.03	121.27	394 722.74	—	—	426 987.32
28	甘肃省	2 985.19	2 112.52	101.39	20.73	75 715.49	—	—	80 935.32
29	青海省	1 289.29	962.92	82.13	21.11	25 593.49	—	—	27 948.95
30	宁 夏	1 944.59	934.04	12.29	3.91	17 922.87	—	—	20 817.69
31	新 疆	6 656.91	5 505.43	137.82	33.89	92 793.29	—	—	105 127.34
合 计 Total		**457 949.41**	**352 573.05**	**12 115.46**	**2 004.66**	**8 031 205.61**	**237 712.19**	**191 657.57**	**9 285 217.94**

（国家体育总局体育彩票管理中心供稿）

2017 年中国体育彩票网点即开型彩票销售情况表（分地区分游戏）

Sales Statistics of Terminal-Sales Instant Win Tickets of Sports Lottery in Different Regions and in Different Games in China in 2017

单位：万元

Unit: Ten Thousand Yuan

序号	省编号	面值（元）	5.00	3.00	5.00	10.00	5.00	5.00	10.00	5.00	10.00	5.00	3.00	3.00
		省份 / 游戏名称	勇争第一	好运中国	奥运金牌	激情梦想	加油中国队	奥运之城	奥运场馆	幸运 66	三重钻石	射门得奖	平安中国	红樱桃
1	11	北　京	—	—	—	—	—	—	—	—	1 027.62	—	—	—
2	12	天　津	—	—	—	—	—	—	—	—	—	—	—	—
3	13	河　北	—	—	—	—	—	—	—	—	462.78	—	—	8.76
4	14	山　西	—	—	—	—	—	—	—	—	95.64	—	—	—
5	15	内蒙古	—	—	—	—	—	—	—	—	436.56	—	—	—
6	21	辽　宁	—	—	—	—	—	—	—	—	310.32	—	—	198.18
7	22	吉　林	—	—	—	—	—	—	—	—	0.72	—	—	—
8	23	黑龙江	—	—	—	—	—	—	—	—	579.12	—	—	546.24
9	31	上　海	—	—	—	—	—	—	—	—	516.18	—	—	—
10	32	江　苏	—	—	—	—	—	—	—	—	366.00	—	—	622.86
11	33	浙　江	—	—	—	—	—	—	—	—	675.66	—	—	346.98
12	34	安　徽	—	—	—	—	—	—	—	—	341.58	—	—	50.58
13	35	福　建	—	—	—	—	—	—	—	—	538.50	—	—	137.34
14	36	江　西	—	—	—	—	—	—	—	—	83.88	—	—	—
15	37	山　东	—	—	—	—	—	—	—	—	30.96	—	—	1 262.40
16	41	河　南	—	—	—	—	—	—	—	—	—	—	—	24.96
17	42	湖　北	—	—	—	—	—	—	—	—	—	—	—	14.52
18	43	湖　南	—	—	—	—	—	—	—	—	56.76	—	—	—
19	44	广　东	—	—	—	—	—	—	—	—	—	—	—	—
20	45	广　西	—	—	—	—	—	—	—	—	163.80	—	—	9.90
21	46	海　南	—	—	—	—	—	—	—	—	106.80	—	—	—
22	50	重　庆	—	—	—	—	—	—	—	—	96.42	—	—	—
23	51	四　川	—	—	—	—	—	—	—	—	230.10	—	—	408.18
24	52	贵　州	—	—	—	—	—	—	—	—	487.26	—	—	146.28
25	53	云　南	—	—	—	—	—	—	—	—	2 704.80	—	—	1 484.16
26	54	西　藏	—	—	—	—	—	—	—	—	1 776.66	—	—	—
27	61	陕　西	—	—	—	—	—	—	—	—	1.56	—	—	70.98
28	62	甘　肃	—	—	—	—	—	—	—	—	—	—	—	—
29	63	青　海	—	—	—	—	—	—	—	—	—	—	—	—
30	64	宁　夏	—	—	—	—	—	—	—	—	8.70	—	—	9.54
31	65	新　疆	—	—	—	—	—	—	—	—	—	—	—	310.38
合计 Total			**—**	**—**	**—**	**—**	**—**	**—**	**—**	**—**	**11 098.38**	**—**	**—**	**5 652.24**

续表

序号	省编号	面值（元）	5.00	5.00	5.00	10.00	10.00	10.00	10.00	3.00	5.00	10.00	5.00	10.00
		省份 / 游戏名称	五倍幸运	拜年啦	获奖喜庆	百宝箱	金牛报春	红宝石 8S	绿翡翠 9S	十一届全运会 1	全民健身日（1）	十一届全运会 3	青海湖 2	金字塔
1	11	北　京	—	—	—	—	—	1 079.22	2 716.68	—	—	—	—	—
2	12	天　津	—	—	—	—	—	—	649.74	—	—	—	—	—
3	13	河　北	—	—	—	—	—	101.34	3 843.12	—	—	—	—	—
4	14	山　西	—	—	—	—	—	45.42	253.02	—	—	—	—	—
5	15	内蒙古	—	—	—	—	—	391.02	1 915.68	—	—	—	—	—
6	21	辽　宁	—	—	—	—	—	286.32	1 981.92	—	—	—	—	—
7	22	吉　林	—	—	—	—	—	74.94	2 197.14	—	—	—	—	—
8	23	黑龙江	—	—	—	—	—	145.98	1 727.82	—	—	—	—	—
9	31	上　海	—	—	—	—	—	329.22	1 259.34	—	—	—	—	—
10	32	江　苏	—	—	—	—	—	—	1 257.30	—	—	—	—	—
11	33	浙　江	—	—	—	—	—	1 451.58	2 663.34	—	—	—	—	—
12	34	安　徽	—	—	—	—	—	301.44	618.00	—	—	—	—	—
13	35	福　建	—	—	—	—	—	2 183.34	4 089.00	—	—	—	—	—
14	36	江　西	—	—	—	—	—	67.38	—	—	—	—	—	—
15	37	山　东	—	—	—	—	—	9.00	1 489.74	—	—	—	—	—
16	41	河　南	—	—	—	—	—	—	2 554.98	—	—	—	—	—
17	42	湖　北	—	—	—	—	—	—	409.08	—	—	—	—	—
18	43	湖　南	—	—	—	—	—	—	116.34	—	—	—	—	—
19	44	广　东	—	—	—	—	—	89.40	11 220.30	—	—	—	—	—
20	45	广　西	—	—	—	—	—	234.00	1.68	—	—	—	—	—
21	46	海　南	—	—	—	—	—	43.80	22.92	—	—	—	—	—
22	50	重　庆	—	—	—	—	—	96.24	199.68	—	—	—	—	—
23	51	四　川	—	—	—	—	—	496.68	866.22	—	—	—	—	—
24	52	贵　州	—	—	—	—	—	556.80	724.32	—	—	—	—	—
25	53	云　南	—	—	—	—	—	2 854.74	4 862.16	—	—	—	—	—
26	54	西　藏	—	—	—	—	—	648.96	755.88	—	—	—	—	—
27	61	陕　西	—	—	—	—	—	286.56	1 065.00	—	—	—	—	—
28	62	甘　肃	—	—	—	—	—	3.00	1 022.52	—	—	—	—	—
29	63	青　海	—	—	—	—	—	—	—	—	—	—	—	—
30	64	宁　夏	—	—	—	—	—	—	0.12	—	—	—	—	—
31	65	新　疆	—	—	—	—	—	—	997.44	—	—	—	—	—
合计 Total			**—**	**—**	**—**	**—**	**—**	**11 776.38**	**51 480.48**	**—**	**—**	**—**	**—**	**—**

续表

序号	省编号	面值（元）	5.00	20.00	10.00	3.00	10.00	5.00	5.00	10.00	2.00	10.00	5.00	20.00
		省份 / 游戏名称	甜蜜蜜	点石成金	双响炮	心手相连	青海湖 4	撞好运	钓大鱼	大熊猫	发薪日	皇牌多多	大丰收	冲向顶峰
1	11	北　京	2 089.50	3 863.88	—	—	—	—	—	—	—	—	—	—
2	12	天　津	631.14	635.22	—	—	—	—	—	—	—	—	—	—
3	13	河　北	2 162.40	3 471.54	—	—	—	—	—	—	—	—	—	—
4	14	山　西	162.36	338.64	—	—	—	—	—	—	—	—	—	—
5	15	内蒙古	1 142.82	1 963.50	—	—	—	—	—	—	—	—	—	—
6	21	辽　宁	2 901.30	2 158.44	—	—	—	—	—	—	—	—	—	—
7	22	吉　林	2 336.04	1 661.82	—	—	—	—	—	—	—	—	—	—
8	23	黑龙江	2 074.50	1 677.12	—	—	—	—	—	—	—	—	—	—
9	31	上　海	1 077.90	1 722.60	—	—	—	—	—	—	—	—	—	—
10	32	江　苏	2 863.98	2 250.00	—	—	—	—	—	—	—	—	—	—
11	33	浙　江	2 054.04	4 741.50	—	—	—	—	—	—	—	—	—	—
12	34	安　徽	567.12	852.24	—	—	—	—	—	—	—	—	—	—
13	35	福　建	1 714.80	3 804.06	—	—	—	—	—	—	—	—	—	—
14	36	江　西	285.84	133.02	—	—	—	—	—	—	—	—	—	—
15	37	山　东	2 397.78	2 574.36	—	—	—	—	—	—	—	—	—	—
16	41	河　南	2 062.50	3 792.42	—	—	—	—	—	—	—	—	—	—
17	42	湖　北	387.90	210.54	—	—	—	—	—	—	—	—	—	—
18	43	湖　南	145.74	151.32	—	—	—	—	—	—	—	—	—	—
19	44	广　东	4 747.02	8 145.72	—	—	—	—	—	—	—	—	—	—
20	45	广　西	58.20	205.92	—	—	—	—	—	—	—	—	—	—
21	46	海　南	13.32	139.80	—	—	—	—	—	—	—	—	—	—
22	50	重　庆	300.90	536.28	—	—	—	—	—	—	—	—	—	—
23	51	四　川	1 033.56	1 716.24	—	—	—	—	—	—	—	—	—	—
24	52	贵　州	650.10	1 261.38	—	—	—	—	—	—	—	—	—	—
25	53	云　南	2 159.76	4 155.54	—	—	—	—	—	—	—	—	—	—
26	54	西　藏	—	1 063.56	—	—	—	—	—	—	—	—	—	—
27	61	陕　西	914.76	1 177.50	—	—	—	—	—	—	—	—	—	—
28	62	甘　肃	487.86	916.44	—	—	—	—	—	—	—	—	—	—
29	63	青　海	1.50	429.36	—	—	—	—	—	—	—	—	—	—
30	64	宁　夏	265.08	267.42	—	—	—	—	—	—	—	—	—	—
31	65	新　疆	626.28	649.38	—	—	—	—	—	—	—	—	—	—
合计 Total			**38 316.00**	**56 666.76**	**—**	**—**	**—**	**—**	**—**	**—**	**—**	**—**	**—**	**—**

续表

序号	省编号	面值（元）	5.00	3.00	5.00	10.00	10.00	10.00	5.00	3.00	5.00	10.00	3.00	2.00
		省份 / 游戏名称	百发百中	黑桃A	群星璀璨	黄金时代	全民健身日（2）	十倍幸运	步步高升	惊喜8	和谐亚洲激情盛会	写意龄南	金币	年年有鱼
1	11	北　京	—	—	—	—	—	2 640.12	—	—	—	—	—	—
2	12	天　津	—	—	—	—	—	743.64	—	—	—	—	—	—
3	13	河　北	—	—	—	—	—	3 625.44	—	—	—	—	—	—
4	14	山　西	—	—	—	—	—	330.06	—	—	—	—	—	—
5	15	内蒙古	—	—	—	—	—	1 826.64	—	—	—	—	—	7.20
6	21	辽　宁	—	—	—	—	—	3 275.34	—	—	—	—	—	—
7	22	吉　林	—	—	—	—	—	2 504.34	—	—	—	—	—	1.80
8	23	黑龙江	—	—	—	—	—	2 820.54	—	—	—	—	—	—
9	31	上　海	—	—	—	—	—	1 660.86	—	—	—	—	—	—
10	32	江　苏	—	—	—	—	—	5 095.26	—	—	—	—	—	—
11	33	浙　江	—	—	—	—	—	5 081.82	—	—	—	—	—	—
12	34	安　徽	—	—	—	—	—	531.30	—	—	—	—	—	—
13	35	福　建	—	—	—	—	—	3 095.88	—	—	—	—	—	—
14	36	江　西	—	—	—	—	—	—	—	—	—	—	—	—
15	37	山　东	—	—	—	—	—	3 430.32	—	—	—	—	—	—
16	41	河　南	—	—	—	—	—	4 046.40	—	—	—	—	—	—
17	42	湖　北	—	—	—	—	—	586.74	—	—	—	—	—	—
18	43	湖　南	—	—	—	—	—	134.94	—	—	—	—	—	—
19	44	广　东	—	—	—	—	—	12 031.80	—	—	—	—	—	—
20	45	广　西	—	—	—	—	—	219.42	—	—	—	—	—	0.90
21	46	海　南	—	—	—	—	—	254.04	—	—	—	—	—	1.56
22	50	重　庆	—	—	—	—	—	455.16	—	—	—	—	—	—
23	51	四　川	—	—	—	—	—	1 602.66	—	—	—	—	—	—
24	52	贵　州	—	—	—	—	—	688.50	—	—	—	—	—	—
25	53	云　南	—	—	—	—	—	2 820.42	—	—	—	—	—	—
26	54	西　藏	—	—	—	—	—	831.78	—	—	—	—	—	—
27	61	陕　西	—	—	—	—	—	1 100.82	—	—	—	—	—	—
28	62	甘　肃	—	—	—	—	—	934.50	—	—	—	—	—	—
29	63	青　海	—	—	—	—	—	—	—	—	—	—	—	—
30	64	宁　夏	—	—	—	—	—	571.56	—	—	—	—	—	—
31	65	新　疆	—	—	—	—	—	2 149.44	—	—	—	—	—	1.26
合计 Total			**—**	**—**	**—**	**—**	**—**	**65 089.74**	**—**	**—**	**—**	**—**	**—**	**12.72**

续表

序号	省编号	面值（元）	3.00	10.00	20.00	10.00	5.00	3.00	5.00	10.00	5.00	2.00	3.00	5.00
		省份 / 游戏名称	A 与 8	锦虎送福	财神到	椰风海韵	麻辣 6	24K 金	红红火火	3D 魔方游戏	心心相印	招财猫	俱乐部	乐翻番
1	11	北　京	—	—	—	—	2 783.76	—	—	—	—	—	—	—
2	12	天　津	—	—	—	—	636.42	—	—	—	—	—	—	—
3	13	河　北	—	—	—	—	3 390.72	—	—	—	—	402.84	—	—
4	14	山　西	—	—	—	—	347.76	—	—	—	—	—	—	—
5	15	内蒙古	—	—	—	—	1 250.52	—	—	—	—	234.60	—	—
6	21	辽　宁	—	—	—	—	2 931.54	—	—	—	—	—	—	—
7	22	吉　林	—	—	—	—	3 587.34	—	—	—	—	0.12	—	—
8	23	黑龙江	—	—	—	—	3 146.10	—	—	—	—	55.68	—	—
9	31	上　海	—	—	—	—	650.16	—	—	—	—	—	—	—
10	32	江　苏	—	—	—	—	1 311.54	—	—	—	—	119.28	—	—
11	33	浙　江	—	—	—	—	2 953.98	—	—	—	—	226.50	—	—
12	34	安　徽	—	—	—	—	427.80	—	—	—	—	39.90	—	—
13	35	福　建	—	—	—	—	2 887.98	—	—	—	—	0.12	—	—
14	36	江　西	—	—	—	—	202.38	—	—	—	—	—	—	—
15	37	山　东	—	—	—	—	2 802.84	—	—	—	—	336.54	—	—
16	41	河　南	—	—	—	—	2 608.86	—	—	—	—	—	—	—
17	42	湖　北	—	—	—	—	314.94	—	—	—	—	6.84	—	—
18	43	湖　南	—	—	—	—	62.40	—	—	—	—	—	—	—
19	44	广　东	—	—	—	—	6 019.44	—	—	—	—	7.38	—	—
20	45	广　西	—	—	—	—	584.22	—	—	—	—	135.06	—	—
21	46	海　南	—	—	—	—	56.16	—	—	—	—	—	—	—
22	50	重　庆	—	—	—	—	230.94	—	—	—	—	—	—	—
23	51	四　川	—	—	—	—	1 057.02	—	—	—	—	157.38	—	—
24	52	贵　州	—	—	—	—	807.18	—	—	—	—	19.98	—	—
25	53	云　南	—	—	—	—	2 702.16	—	—	—	—	263.22	—	—
26	54	西　藏	—	—	—	—	1 318.50	—	—	—	—	—	—	—
27	61	陕　西	—	—	—	—	1 103.40	—	—	—	—	258.66	—	—
28	62	甘　肃	—	—	—	—	1 302.30	—	—	—	—	—	—	—
29	63	青　海	—	—	—	—	53.28	—	—	—	—	10.68	—	—
30	64	宁　夏	—	—	—	—	—	—	—	—	—	12.42	—	—
31	65	新　疆	—	—	—	—	1 043.70	—	—	—	—	—	—	—
合计 Total			**—**	**—**	**—**	**—**	**48 575.34**	**—**	**—**	**—**	**—**	**2 287.20**	**—**	**—**

续表

序号	省编号	面值（元）	10.00	20.00	5.00	10.00	10.00	10.00	5.00	10.00	10.00	20.00	3.00	10.00
		省份 / 游戏名称	亚运情怀	超值现金	精彩奇妙 5	新新亚运	沙漠汽车拉力	大爱无疆	神射手	世界博览	冰火连赢	前进 . 钱进	青海湖 1	足球盛宴
1	11	北　京	—	—	—	—	—	—	—	—	—	—	—	—
2	12	天　津	—	—	—	—	—	—	—	—	—	—	—	—
3	13	河　北	—	—	0.06	—	—	—	—	—	—	—	—	—
4	14	山　西	—	—	—	—	—	—	—	—	—	—	—	—
5	15	内蒙古	—	—	4.02	—	—	—	—	—	—	—	—	—
6	21	辽　宁	—	—	—	—	—	—	—	—	—	—	—	—
7	22	吉　林	—	—	—	—	—	—	—	—	—	—	—	—
8	23	黑龙江	—	—	—	—	—	—	—	—	—	—	—	—
9	31	上　海	—	—	—	—	—	—	—	—	—	—	—	—
10	32	江　苏	—	—	8.64	—	—	—	—	—	—	—	—	—
11	33	浙　江	—	—	3.06	—	—	—	—	—	—	—	—	—
12	34	安　徽	—	—	—	—	—	—	—	—	—	—	—	—
13	35	福　建	—	—	74.58	—	—	—	—	—	—	—	—	—
14	36	江　西	—	—	—	—	—	—	—	—	—	—	—	—
15	37	山　东	—	—	4.26	—	—	—	—	—	—	—	—	—
16	41	河　南	—	—	—	—	—	—	—	—	—	—	—	—
17	42	湖　北	—	0.06	5.28	—	—	—	—	—	—	—	—	—
18	43	湖　南	—	—	—	—	—	—	—	—	—	—	—	—
19	44	广　东	—	—	10.80	—	—	—	—	—	—	—	—	—
20	45	广　西	—	—	—	—	—	—	—	—	—	—	—	—
21	46	海　南	—	—	—	—	—	—	—	—	—	—	—	—
22	50	重　庆	—	—	—	—	—	—	—	—	—	—	—	—
23	51	四　川	—	—	—	—	—	—	—	—	—	—	—	—
24	52	贵　州	—	—	0.06	—	—	—	—	—	—	—	—	—
25	53	云　南	—	—	—	—	—	—	—	—	—	—	—	—
26	54	西　藏	—	—	—	—	—	—	—	—	—	—	—	—
27	61	陕　西	—	—	—	—	—	—	—	—	—	—	—	—
28	62	甘　肃	—	—	0.06	—	—	—	—	—	—	—	—	—
29	63	青　海	—	—	0.12	—	—	—	—	—	—	—	—	—
30	64	宁　夏	—	—	—	—	—	—	—	—	—	—	—	—
31	65	新　疆	—	—	4.32	—	—	—	—	—	—	—	—	—
合计 Total			**—**	**0.06**	**115.26**	**—**	**—**	**—**	**—**	**—**	**—**	**—**	**—**	**—**

续表

序号	省编号	面值（元）	5.00	5.00	3.00	2.00	5.00	2.00	3.00	10.00	20.00	5.00	3.00	5.00
		省份 / 游戏名称	金银岛	接二连三	碰碰和	双倍奖金	摇钱树	太空寻宝	金鹅	打扑克	大满贯	疯狂 8	连连看	7-11-21
1	11	北　京	—	—	—	—	—	330.54	—	—	—	—	—	—
2	12	天　津	—	—	—	—	—	641.40	—	—	—	—	—	—
3	13	河　北	—	—	—	—	—	1 110.78	—	—	—	—	—	—
4	14	山　西	—	—	—	—	—	386.16	—	—	—	—	—	—
5	15	内蒙古	—	—	—	—	—	579.66	—	—	—	—	—	—
6	21	辽　宁	—	—	—	—	—	1 932.96	—	—	—	—	—	—
7	22	吉　林	—	—	—	—	—	1 550.52	—	—	—	—	—	—
8	23	黑龙江	—	—	—	—	—	2 149.32	—	—	—	—	—	—
9	31	上　海	—	—	—	—	—	—	—	—	—	—	—	—
10	32	江　苏	—	—	—	—	—	99.54	—	—	—	—	—	—
11	33	浙　江	—	—	—	—	—	493.38	—	—	—	—	—	—
12	34	安　徽	—	—	—	—	—	150.24	—	—	—	—	—	—
13	35	福　建	—	—	—	—	—	337.20	—	—	—	—	—	—
14	36	江　西	—	—	—	—	—	—	—	—	—	—	—	—
15	37	山　东	—	—	—	—	—	3 225.78	—	—	—	—	—	—
16	41	河　南	—	—	—	—	—	1 032.48	—	—	—	—	—	—
17	42	湖　北	—	—	—	—	—	277.68	—	—	—	—	—	—
18	43	湖　南	—	—	—	—	—	45.18	—	—	—	—	—	—
19	44	广　东	—	—	—	—	0.48	3 165.06	—	—	—	—	—	—
20	45	广　西	—	—	—	—	—	126.78	—	—	—	—	—	—
21	46	海　南	—	—	—	—	—	45.66	—	—	—	—	—	—
22	50	重　庆	—	—	—	—	—	299.16	—	—	—	—	—	—
23	51	四　川	—	—	—	—	—	1 508.82	—	—	—	—	—	—
24	52	贵　州	—	—	—	—	—	252.72	—	—	—	—	—	—
25	53	云　南	—	—	—	—	—	448.56	—	—	—	—	—	—
26	54	西　藏	—	—	—	—	—	—	—	—	—	—	—	—
27	61	陕　西	—	—	—	—	—	1 053.18	—	—	—	—	—	—
28	62	甘　肃	—	—	—	—	—	433.56	—	—	—	—	—	—
29	63	青　海	—	—	—	—	—	107.88	—	—	—	—	—	—
30	64	宁　夏	—	—	—	—	—	331.20	—	—	—	—	—	—
31	65	新　疆	—	—	—	—	—	685.74	—	—	—	—	—	—
合计 Total			**—**	**—**	**—**	**—**	**0.48**	**22 801.14**	**—**	**—**	**—**	**—**	**—**	**—**

续表

序号	省编号	面值（元）	5.00	10.00	5.00	3.00	5.00	5.00	10.00	5.00	5.00	10.00	20.00	2.00
		省份 / 游戏名称	全垒打	黑珍珠	转就赢	好运掷	快乐音符	恭喜发财	玉兔送财	体育旅游	金算盘	幸运小精灵	金银生辉	情谊两心知
1	11	北　京	—	—	—	—	—	3.42	—	—	—	—	—	—
2	12	天　津	—	—	—	—	—	—	—	—	—	—	—	—
3	13	河　北	—	—	—	—	—	76.47	—	—	—	—	—	—
4	14	山　西	—	—	—	—	—	40.05	—	—	—	—	—	—
5	15	内蒙古	—	—	—	—	—	226.44	—	—	—	—	—	3.00
6	21	辽　宁	—	—	—	—	—	1.23	—	—	—	—	—	5.34
7	22	吉　林	—	—	—	—	—	1.86	—	—	—	—	—	—
8	23	黑龙江	—	—	—	—	—	53.07	—	—	—	—	—	—
9	31	上　海	—	—	—	—	—	—	—	—	—	—	—	—
10	32	江　苏	—	—	—	—	—	149.25	—	—	—	—	—	—
11	33	浙　江	—	—	—	—	—	295.83	—	—	—	—	—	31.38
12	34	安　徽	—	—	—	—	—	25.80	—	—	—	—	—	—
13	35	福　建	—	—	—	—	—	362.04	—	—	—	—	—	—
14	36	江　西	—	—	—	—	—	18.21	—	—	—	—	—	—
15	37	山　东	—	—	—	—	—	549.93	—	—	—	—	—	—
16	41	河　南	—	—	—	—	—	92.25	—	—	—	—	—	0.96
17	42	湖　北	—	—	—	—	—	283.35	—	—	—	—	—	—
18	43	湖　南	—	—	—	—	—	13.20	—	—	—	—	—	—
19	44	广　东	—	—	—	—	—	356.10	—	—	—	—	—	—
20	45	广　西	—	—	—	—	—	65.91	—	—	—	—	—	—
21	46	海　南	—	—	—	—	—	44.16	—	—	—	—	—	—
22	50	重　庆	—	—	—	—	—	—	—	—	—	—	—	—
23	51	四　川	—	—	—	—	—	—	—	—	—	—	—	14.52
24	52	贵　州	—	—	—	—	—	45.90	—	—	—	—	—	—
25	53	云　南	—	—	—	—	—	73.89	—	—	—	—	—	—
26	54	西　藏	—	—	—	—	—	—	—	—	—	—	—	—
27	61	陕　西	—	—	—	—	—	47.79	—	—	—	—	—	—
28	62	甘　肃	—	—	—	—	—	191.07	—	—	—	—	—	—
29	63	青　海	—	—	—	—	—	—	—	—	—	—	—	—
30	64	宁　夏	—	—	—	—	—	11.55	—	—	—	—	—	20.10
31	65	新　疆	—	—	—	—	—	103.59	—	—	—	—	—	—
合计 Total			**—**	**—**	**—**	**—**	**—**	**3 132.36**	**—**	**—**	**—**	**—**	**—**	**75.30**

续表

序号	省编号	面值（元）	10.00	10.00	5.00	2.00	5.00	3.00	20.00	10.00	2.00	5.00	2.00	5.00
		省份 / 游戏名称	金色的祝福	NBA(104)	NBA	分花红	喜上梅梢	幸运号码	闪耀宝石 9	好运马上来	星座奇缘	越野赛	步步为赢	生日快乐
1	11	北　京	—	—	—	—	—	—	—	—	—	—	—	—
2	12	天　津	—	—	—	—	—	—	—	—	—	—	—	—
3	13	河　北	—	—	—	—	—	—	—	—	—	—	—	—
4	14	山　西	—	—	—	—	—	—	—	—	—	—	—	—
5	15	内蒙古	—	—	—	—	—	—	—	—	0.06	—	—	—
6	21	辽　宁	—	—	—	—	—	—	—	—	1.92	—	—	—
7	22	吉　林	—	—	—	—	—	—	—	—	—	—	—	—
8	23	黑龙江	—	—	—	—	—	—	—	—	—	—	—	—
9	31	上　海	—	—	—	—	—	—	—	—	—	—	—	—
10	32	江　苏	0.06	—	—	—	—	0.12	0.12	0.54	0.24	0.12	—	—
11	33	浙　江	—	—	—	—	—	—	—	—	—	—	—	—
12	34	安　徽	—	—	—	—	—	—	—	—	—	—	—	—
13	35	福　建	—	—	—	—	—	—	—	—	2.28	—	—	—
14	36	江　西	—	—	—	—	—	—	—	—	—	—	—	—
15	37	山　东	—	—	—	—	—	—	—	—	—	—	0.06	0.83
16	41	河　南	—	—	—	—	—	—	—	—	—	—	—	—
17	42	湖　北	—	—	—	—	—	—	—	—	—	—	0.06	—
18	43	湖　南	—	—	—	—	—	—	—	—	—	—	—	—
19	44	广　东	—	—	—	—	—	—	—	—	—	—	—	—
20	45	广　西	—	—	—	—	—	—	—	—	37.62	—	—	—
21	46	海　南	—	—	—	—	—	—	—	—	—	—	—	—
22	50	重　庆	—	—	—	—	—	—	—	—	—	—	—	—
23	51	四　川	—	—	—	—	—	—	—	0.06	—	—	—	—
24	52	贵　州	—	—	—	—	—	—	—	—	18.72	—	—	—
25	53	云　南	—	—	—	—	—	—	—	—	—	—	—	—
26	54	西　藏	—	—	—	—	—	—	—	—	—	—	—	—
27	61	陕　西	—	—	—	—	—	—	—	—	—	—	—	—
28	62	甘　肃	—	—	—	—	—	—	—	—	—	—	—	—
29	63	青　海	—	—	—	—	—	—	—	—	—	—	—	—
30	64	宁　夏	—	—	—	—	—	—	—	—	—	—	—	—
31	65	新　疆	—	—	—	—	—	—	—	—	—	—	—	—
合计 Total			**0.06**	**—**	**—**	**—**	**—**	**0.12**	**0.12**	**0.60**	**60.84**	**0.12**	**0.12**	**0.83**

续表

序号	省编号	面值（元）	2.00	10.00	10.00	10.00	10.00	10.00	10.00	5.00	5.00	5.00	20.00	10.00
		省份 / 游戏名称	大家乐	魅力海阳喜迎亚沙会	碧水生金	环青海湖大赛	秀甲天下	深圳第 26 届世界大学生夏季运动会	南阳淘宝	争金夺银－第 7 届全国农民运动会	多彩贵州	铁人夺金	20 倍幸运	十倍幸运Ⅱ
1	11	北　京	—	—	—	—	—	—	—	—	—	—	—	—
2	12	天　津	—	—	—	—	—	—	—	—	—	—	—	—
3	13	河　北	—	—	—	—	—	—	—	—	—	—	—	—
4	14	山　西	—	—	—	—	—	—	—	—	—	—	—	—
5	15	内蒙古	—	—	—	—	—	—	—	—	—	—	—	—
6	21	辽　宁	—	—	—	—	—	—	—	—	—	—	—	—
7	22	吉　林	—	—	—	—	—	—	—	—	—	—	—	—
8	23	黑龙江	—	—	—	—	—	—	—	—	—	—	—	—
9	31	上　海	—	—	—	—	—	—	—	—	—	—	—	—
10	32	江　苏	—	—	—	—	—	—	—	—	—	—	—	—
11	33	浙　江	—	—	—	—	—	—	—	—	—	—	—	—
12	34	安　徽	—	—	—	—	—	—	—	—	—	—	—	—
13	35	福　建	—	—	—	—	—	—	—	—	—	—	—	—
14	36	江　西	—	—	—	—	—	—	—	—	—	—	—	—
15	37	山　东	—	—	—	—	—	—	—	—	—	—	—	—
16	41	河　南	—	—	—	—	—	—	—	—	—	—	—	—
17	42	湖　北	—	—	—	—	—	—	—	—	—	—	—	—
18	43	湖　南	—	—	—	—	—	—	—	—	—	—	—	—
19	44	广　东	—	—	—	—	—	—	—	—	—	—	—	—
20	45	广　西	—	—	—	—	—	—	—	—	—	—	—	—
21	46	海　南	—	—	—	—	—	—	—	—	—	—	—	—
22	50	重　庆	—	—	—	—	—	—	—	—	—	—	—	—
23	51	四　川	—	—	—	—	—	—	—	—	—	—	—	—
24	52	贵　州	—	—	—	—	—	—	—	—	—	—	—	—
25	53	云　南	—	—	—	—	—	—	—	—	—	—	—	—
26	54	西　藏	—	—	—	—	—	—	—	—	—	—	—	—
27	61	陕　西	—	—	—	—	—	—	—	—	—	—	—	—
28	62	甘　肃	—	—	—	—	—	—	—	—	—	—	—	—
29	63	青　海	—	—	—	—	—	—	—	—	—	—	—	—
30	64	宁　夏	—	—	—	—	—	—	—	—	—	—	—	—
31	65	新　疆	—	—	—	—	—	—	—	—	—	—	—	—
合计 Total			—	—	—	—	—	—	—	—	—	—	—	—

续表

序号	省编号	面值（元）	5.00	10.00	2.00	5.00	20.00	10.00	30.00	2.00	5.00	3.00	5.00	2.00
		省份 / 游戏名称	龟兔赛跑	股神	即现彩虹	3 倍幸运草	超级赢家	好运 8	宝石之王	十全十美	6 倍幸运	超级王牌	快乐雪人	快乐赢
1	11	北　京	—	—	—	—	—	—	1 578.60	—	—	—	—	—
2	12	天　津	—	—	—	—	—	—	671.04	—	—	—	—	—
3	13	河　北	—	—	—	—	—	—	1 999.38	—	—	—	—	—
4	14	山　西	—	—	—	—	—	—	227.28	—	—	—	—	—
5	15	内蒙古	—	—	—	—	—	—	936.30	—	—	—	—	—
6	21	辽　宁	—	—	—	—	—	—	1 192.50	—	—	—	—	—
7	22	吉　林	—	—	—	—	—	—	962.16	—	—	—	—	—
8	23	黑龙江	—	—	—	—	—	—	865.32	—	—	—	—	—
9	31	上　海	—	—	—	—	—	—	591.54	—	—	—	—	1.32
10	32	江　苏	0.06	0.18	—	—	0.18	—	1 041.84	—	—	0.06	0.36	—
11	33	浙　江	—	—	—	—	—	—	1 717.80	—	—	—	—	—
12	34	安　徽	—	—	—	—	—	—	369.60	—	—	—	—	0.30
13	35	福　建	—	—	—	—	—	—	1 424.64	—	—	—	—	—
14	36	江　西	—	—	—	—	—	—	394.38	—	—	—	—	—
15	37	山　东	—	—	—	—	—	—	2 524.56	—	—	—	—	—
16	41	河　南	—	—	—	—	—	—	3 682.02	—	—	—	—	—
17	42	湖　北	—	—	—	—	—	—	293.64	—	—	—	—	—
18	43	湖　南	—	—	—	—	—	—	52.68	—	—	—	—	—
19	44	广　东	—	—	—	—	—	—	2 489.76	—	—	—	—	—
20	45	广　西	—	—	—	—	—	—	217.62	—	—	—	—	—
21	46	海　南	—	—	—	—	—	—	59.10	—	—	—	—	—
22	50	重　庆	—	—	—	—	—	—	328.86	—	—	—	—	—
23	51	四　川	—	0.30	—	—	—	—	755.88	—	—	—	—	—
24	52	贵　州	—	—	—	—	—	—	384.06	—	—	—	—	—
25	53	云　南	—	—	—	—	—	—	2 335.14	—	—	—	—	—
26	54	西　藏	—	—	—	—	—	—	423.12	—	—	—	—	—
27	61	陕　西	—	—	—	—	—	—	637.38	—	—	—	—	—
28	62	甘　肃	—	—	—	—	—	—	649.44	—	—	—	—	—
29	63	青　海	—	—	—	—	—	—	210.60	—	—	—	—	—
30	64	宁　夏	—	—	—	—	—	—	189.84	—	—	—	—	—
31	65	新　疆	—	—	—	—	—	—	882.12	—	—	—	—	—
合计 Total			**0.06**	**0.48**	**—**	**—**	**0.18**	**—**	**30 088.20**	**—**	**—**	**0.06**	**0.36**	**1.62**

续表

序号	省编号	面值（元）	10.00	10.00	2.00	5.00	10.00	10.00	5.00	2.00	5.00	10.00	5.00	2.00
		省份 / 游戏名称	赛事之都	好运翻六番	黄金 8	幸运金鱼	满载而归	团龙献瑞	金荷包	神秘礼物	龙年吉祥	金镶玉	甜蜜约会	三倍甜蜜
1	11	北　京	—	—	—	—	—	—	—	—	—	—	—	—
2	12	天　津	—	—	—	—	—	—	—	—	—	—	—	—
3	13	河　北	—	—	—	—	—	—	—	—	—	—	—	—
4	14	山　西	—	—	—	—	—	—	—	—	—	—	—	—
5	15	内蒙古	—	—	—	—	—	—	—	—	—	—	0.90	—
6	21	辽　宁	—	—	—	—	—	—	—	—	—	—	—	—
7	22	吉　林	—	—	—	—	—	—	—	—	—	—	—	—
8	23	黑龙江	—	—	—	—	—	—	—	—	—	—	—	—
9	31	上　海	—	—	—	—	—	—	—	—	—	—	—	—
10	32	江　苏	—	0.72	—	—	—	0.30	—	0.18	—	0.18	—	—
11	33	浙　江	—	—	—	—	—	—	—	—	—	—	—	—
12	34	安　徽	—	—	—	—	—	—	—	—	—	—	—	—
13	35	福　建	—	—	—	—	—	—	—	—	—	—	—	—
14	36	江　西	—	—	—	—	—	—	—	—	—	—	—	—
15	37	山　东	—	—	—	—	—	—	—	—	—	—	—	—
16	41	河　南	—	—	—	—	—	—	—	—	—	—	—	—
17	42	湖　北	—	—	—	—	—	0.12	—	—	—	—	—	—
18	43	湖　南	—	—	—	—	—	—	—	—	—	—	—	—
19	44	广　东	—	—	—	—	—	—	—	—	—	0.42	3.24	—
20	45	广　西	—	—	—	—	—	—	—	—	—	—	—	—
21	46	海　南	—	—	—	—	—	—	—	—	—	—	—	—
22	50	重　庆	—	—	—	—	—	—	—	—	—	—	—	—
23	51	四　川	—	—	—	—	—	—	—	—	—	—	—	—
24	52	贵　州	—	—	—	—	—	—	—	—	—	—	—	—
25	53	云　南	—	—	—	—	—	0.12	—	—	—	—	—	0.12
26	54	西　藏	—	—	—	—	—	—	—	—	—	—	—	—
27	61	陕　西	—	—	—	—	—	—	—	—	—	—	—	—
28	62	甘　肃	—	—	—	—	—	—	—	—	—	—	—	—
29	63	青　海	—	—	—	—	—	—	—	—	—	—	—	—
30	64	宁　夏	—	—	—	—	—	—	—	—	—	—	—	—
31	65	新　疆	—	—	—	—	—	—	—	—	—	—	—	—
合计 Total			**—**	**0.72**	**—**	**—**	**—**	**0.54**	**—**	**0.18**	**—**	**0.60**	**4.14**	**0.12**

续表

序号	省编号	面值（元）	10.00	10.00	5.00	20.00	2.00	20.00	5.00	5.00	10.00	5.00	5.00	10.00
		省份 / 游戏名称	情比金坚	聚宝盆	金光闪烁 7	NBA(156)	黄金瓜	淘金乐	感恩母亲节	开心麻将	总冠军	十倍奖金	幸运彩虹	英雄会
1	11	北　京	—	—	—	—	—	—	—	—	—	—	—	—
2	12	天　津	—	—	—	—	—	—	—	—	—	—	—	—
3	13	河　北	—	—	—	—	—	—	—	—	—	—	—	—
4	14	山　西	—	—	—	—	—	—	—	—	—	—	—	—
5	15	内蒙古	1.98	—	—	—	3.18	—	0.36	—	0.06	—	—	4.86
6	21	辽　宁	—	—	—	—	—	—	—	—	—	—	—	2.10
7	22	吉　林	—	—	—	—	—	—	—	—	—	—	—	—
8	23	黑龙江	—	—	—	—	—	—	—	—	—	—	—	—
9	31	上　海	—	—	—	—	—	—	0.78	—	0.48	—	—	—
10	32	江　苏	0.06	0.36	0.12	0.36	0.30	0.18	—	0.90	6.48	0.54	0.60	—
11	33	浙　江	—	—	—	17.94	—	—	—	—	—	—	—	—
12	34	安　徽	—	—	—	—	—	—	—	0.30	—	—	0.06	0.60
13	35	福　建	—	—	—	—	—	—	—	—	0.42	—	—	—
14	36	江　西	—	—	—	0.78	—	—	—	—	—	—	—	—
15	37	山　东	—	—	—	0.72	—	—	—	—	—	—	—	—
16	41	河　南	—	—	—	3.30	—	—	—	—	—	—	—	—
17	42	湖　北	—	—	—	—	—	—	—	—	—	—	—	—
18	43	湖　南	—	—	—	—	—	—	0.42	—	—	—	—	—
19	44	广　东	2.10	—	—	16.08	—	—	2.88	7.38	15.54	—	—	9.12
20	45	广　西	—	—	—	—	0.60	—	—	—	—	—	—	—
21	46	海　南	—	—	—	6.30	—	—	—	—	—	—	—	—
22	50	重　庆	—	—	—	—	—	—	—	—	—	—	—	—
23	51	四　川	—	—	—	—	—	—	0.72	—	—	—	—	—
24	52	贵　州	0.12	—	—	—	—	—	—	—	0.24	—	—	0.84
25	53	云　南	—	—	—	—	—	—	—	—	0.24	—	—	5.16
26	54	西　藏	—	—	—	—	—	—	—	—	1.56	—	—	—
27	61	陕　西	—	—	—	—	—	—	—	—	0.54	—	—	2.34
28	62	甘　肃	—	—	—	—	—	—	—	—	—	—	—	—
29	63	青　海	—	—	—	11.28	—	—	—	—	—	—	—	—
30	64	宁　夏	—	—	—	1.68	—	—	—	—	—	—	—	—
31	65	新　疆	—	—	—	—	—	—	0.18	—	0.12	—	—	0.48
合计 Total			**4.26**	**0.36**	**0.12**	**58.44**	**4.08**	**0.18**	**5.34**	**8.58**	**25.68**	**0.54**	**0.66**	**25.50**

续表

序号	省编号	面值（元）	5.00	2.00	2.00	1.00	5.00	3.00	5.00	5.00	2.00	3.00	1.00	1.00
		省份 / 游戏名称	吉祥金桔	幸运星	熊猫宝宝	激情亚沙会快乐在一起	欧洲风云	点石成金Ⅱ	神奇的宝葫芦	快乐J	大富豪	好彩头	可爱小樱桃	金石奇缘
1	11	北　京	—	—	—	—	—	—	—	—	—	1 095.66	—	—
2	12	天　津	—	—	—	—	—	—	—	—	—	—	—	—
3	13	河　北	—	—	—	—	—	—	—	—	—	1 199.28	—	—
4	14	山　西	—	—	—	—	—	—	—	—	—	196.68	—	—
5	15	内蒙古	0.18	—	0.18	—	—	—	0.78	0.30	—	1 064.46	—	1.74
6	21	辽　宁	—	—	—	—	—	0.66	—	—	—	1 333.02	—	—
7	22	吉　林	—	—	—	—	—	—	—	—	—	979.92	—	—
8	23	黑龙江	—	—	—	—	—	—	—	—	—	954.36	—	—
9	31	上　海	—	—	—	0.09	—	—	—	—	—	—	—	—
10	32	江　苏	—	152.04	—	—	—	10.98	—	38.13	6.96	919.38	0.66	27.00
11	33	浙　江	—	—	—	—	—	—	—	—	—	1 463.16	—	—
12	34	安　徽	—	—	—	—	—	—	—	—	0.12	198.12	—	—
13	35	福　建	—	—	—	—	—	—	—	—	—	822.66	—	—
14	36	江　西	—	—	—	—	—	—	—	—	—	174.00	—	—
15	37	山　东	—	—	—	—	—	—	—	—	—	1 217.82	—	—
16	41	河　南	—	—	—	—	—	—	—	—	—	1 628.70	—	—
17	42	湖　北	—	—	—	—	—	0.06	—	0.24	—	611.64	—	—
18	43	湖　南	—	—	—	—	—	0.18	—	—	—	43.80	—	—
19	44	广　东	—	—	—	—	—	—	—	6.09	—	4 476.00	4.98	—
20	45	广　西	—	—	—	—	—	—	—	—	—	195.78	—	—
21	46	海　南	—	—	—	—	—	—	—	—	—	418.08	—	—
22	50	重　庆	—	—	—	—	—	—	—	—	—	177.84	—	0.24
23	51	四　川	—	—	—	—	—	—	—	—	—	211.38	—	—
24	52	贵　州	—	—	—	—	—	—	—	2.16	—	546.96	—	—
25	53	云　南	—	—	—	—	0.42	—	—	0.51	—	2 601.12	—	—
26	54	西　藏	—	—	—	—	0.66	0.06	—	—	—	519.72	—	—
27	61	陕　西	—	—	—	—	—	—	—	—	—	361.26	—	—
28	62	甘　肃	—	—	—	—	—	—	—	—	—	—	—	—
29	63	青　海	—	—	—	—	—	1.56	—	—	—	2.40	—	0.42
30	64	宁　夏	—	—	—	—	—	—	—	—	—	176.40	—	—
31	65	新　疆	—	—	—	—	—	—	—	—	—	734.28	—	—
合计 Total			**0.18**	**152.04**	**0.18**	**0.09**	**1.08**	**13.50**	**0.78**	**47.43**	**7.08**	**24 323.88**	**5.64**	**29.40**

续表

序号	省编号	面值（元）	5.00	10.00	10.00	10.00	10.00	10.00	2.00	10.00	5.00	10.00	5.00	2.00
		省份 / 游戏名称	携手奥运	中国奥运军团	草原那达慕	三江源	铁人夺金	东海明珠	三只猴子	浪漫水晶球	跳跃音符	至尊钻石 7	小财神	宠物乐
1	11	北　京	—	—	—	—	—	—	—	—	—	—	—	—
2	12	天　津	—	—	—	—	—	—	—	—	—	—	—	—
3	13	河　北	—	—	—	—	—	—	—	—	—	—	—	—
4	14	山　西	—	—	—	—	—	—	—	—	—	—	—	—
5	15	内蒙古	—	0.12	29.52	1.08	0.72	—	—	—	1.44	—	—	6.36
6	21	辽　宁	—	3.54	—	—	—	—	—	—	—	—	—	—
7	22	吉　林	—	0.96	—	—	—	—	—	—	—	—	—	—
8	23	黑龙江	—	—	—	—	—	—	—	—	—	—	—	—
9	31	上　海	—	—	—	—	—	0.57	—	—	—	—	51.81	—
10	32	江　苏	6.60	0.96	—	—	—	—	—	30.36	15.06	2.52	1.44	—
11	33	浙　江	—	—	—	—	—	6.27	—	—	—	—	—	—
12	34	安　徽	—	0.36	—	—	—	—	—	0.12	0.12	—	0.75	—
13	35	福　建	—	—	—	—	—	—	—	—	—	—	—	—
14	36	江　西	—	0.06	—	—	—	—	—	—	—	—	—	—
15	37	山　东	—	0.06	—	—	—	—	—	—	—	—	—	—
16	41	河　南	—	—	—	—	—	—	—	—	—	—	—	—
17	42	湖　北	—	0.60	—	—	—	—	—	—	—	—	—	—
18	43	湖　南	—	—	—	—	—	—	—	0.48	1.44	—	—	0.18
19	44	广　东	2.94	3.18	—	—	—	—	—	—	—	—	—	—
20	45	广　西	—	—	—	—	1.26	—	—	—	—	—	—	—
21	46	海　南	—	—	—	—	—	—	—	—	—	—	—	—
22	50	重　庆	—	0.12	—	—	—	—	—	4.38	—	—	—	—
23	51	四　川	—	—	—	—	—	—	—	—	—	—	—	—
24	52	贵　州	0.48	0.06	—	—	—	—	—	—	0.06	—	—	—
25	53	云　南	—	1.74	—	—	0.06	—	—	—	0.54	—	—	—
26	54	西　藏	—	—	—	13.98	—	—	—	0.12	0.24	—	—	—
27	61	陕　西	—	1.92	—	—	—	—	—	—	—	—	—	—
28	62	甘　肃	—	—	—	—	—	—	—	—	—	—	—	—
29	63	青　海	—	—	—	12.90	—	—	—	—	—	—	—	—
30	64	宁　夏	—	—	—	0.12	—	—	—	—	0.78	—	—	—
31	65	新　疆	—	—	—	—	—	—	—	—	0.24	—	—	—
合计 Total			**10.02**	**13.68**	**29.52**	**28.08**	**2.04**	**6.84**	**—**	**35.46**	**19.92**	**2.52**	**54.00**	**6.54**

续表

序号	省编号	面值（元）	3.00	5.00	5.00	10.00	10.00	10.00	10.00	5.00	10.00	10.00	5.00	10.00
		省份 / 游戏名称	存钱罐	童年记忆	三国故事	紫水晶	开心果	金蛇添财	剪子包袱锤	棋	砸金蛋	魔法师	过大年Ⅰ	过大年Ⅱ
1	11	北　京	—	—	—	—	—	—	—	—	—	—	—	—
2	12	天　津	—	—	—	—	—	—	—	—	—	—	—	—
3	13	河　北	—	—	—	—	—	0.42	—	—	—	—	—	—
4	14	山　西	—	—	—	—	—	—	—	—	—	—	—	—
5	15	内蒙古	—	—	—	0.24	—	1.62	—	—	7.80	—	—	—
6	21	辽　宁	—	—	—	—	—	1.74	—	—	—	—	—	—
7	22	吉　林	—	—	—	—	—	—	—	—	—	—	0.75	0.57
8	23	黑龙江	—	—	—	—	—	—	—	—	—	—	—	—
9	31	上　海	—	—	—	—	—	10.32	—	—	—	—	—	7.98
10	32	江　苏	—	—	—	—	—	0.24	—	—	26.76	95.04	0.12	0.06
11	33	浙　江	—	—	—	—	—	—	—	—	0.12	—	—	—
12	34	安　徽	—	—	1.98	0.48	0.18	0.24	—	—	—	—	0.78	0.69
13	35	福　建	—	—	—	—	—	—	—	—	6.78	—	—	—
14	36	江　西	—	—	—	—	—	1.68	—	—	—	—	—	0.54
15	37	山　东	—	—	—	—	—	0.12	10.29	—	—	—	—	—
16	41	河　南	—	—	—	—	—	—	—	—	—	—	—	—
17	42	湖　北	—	—	—	—	—	6.90	—	—	—	—	—	—
18	43	湖　南	—	—	—	—	—	—	—	—	—	—	—	0.24
19	44	广　东	—	0.72	—	—	—	2.46	11.97	—	41.28	—	—	—
20	45	广　西	—	—	—	—	—	—	—	—	—	—	—	—
21	46	海　南	—	—	—	—	—	—	—	—	58.68	—	—	—
22	50	重　庆	—	—	—	—	—	2.70	—	—	—	—	—	0.90
23	51	四　川	—	—	1.26	—	—	—	—	—	—	—	—	—
24	52	贵　州	—	—	—	—	—	6.66	—	—	—	—	0.51	—
25	53	云　南	—	0.12	0.06	—	—	2.58	—	—	13.32	—	—	—
26	54	西　藏	—	—	—	—	—	—	—	—	8.94	—	—	—
27	61	陕　西	—	—	—	—	—	0.24	—	—	—	—	—	0.45
28	62	甘　肃	—	—	—	—	—	0.12	—	—	10.74	—	—	—
29	63	青　海	—	—	—	—	0.54	—	—	—	—	—	—	—
30	64	宁　夏	—	—	—	—	—	—	—	—	—	—	—	—
31	65	新　疆	—	—	—	—	—	—	—	—	4.86	—	—	—
合计 Total			**—**	**0.84**	**3.30**	**0.72**	**0.72**	**38.04**	**22.26**	**—**	**179.28**	**95.04**	**2.16**	**11.43**

续表

序号	省编号	面值（元）	20.00	2.00	2.00	5.00	10.00	3.00	10.00	10.00	5.00	10.00	20.00	10.00
		省份 / 游戏名称	过大年Ⅲ	富贵鱼	勇闯金银岛	羽坛拼搏	超级赛车	爱心永存	甜蜜蜜	幸福 99	采蘑菇	打黑 8	黑旋风	掼蛋
1	11	北　京	—	—	—	—	—	—	—	—	—	—	1 107.96	—
2	12	天　津	—	—	—	—	—	—	—	—	—	—	—	—
3	13	河　北	—	—	—	—	—	—	—	—	—	—	110.04	—
4	14	山　西	—	—	—	—	2.46	—	—	—	—	—	29.28	—
5	15	内蒙古	7.86	0.06	—	—	—	—	0.12	—	0.48	0.24	342.66	—
6	21	辽　宁	—	—	—	—	—	—	0.48	—	—	—	—	—
7	22	吉　林	—	—	—	—	—	—	—	—	—	—	418.80	—
8	23	黑龙江	—	—	—	—	—	—	—	—	—	—	156.78	—
9	31	上　海	25.44	—	—	—	—	—	—	—	—	—	790.92	—
10	32	江　苏	70.68	—	—	—	—	—	1.08	—	—	2.10	1 050.12	394.08
11	33	浙　江	—	—	—	—	—	—	2.16	—	0.66	—	801.66	—
12	34	安　徽	1.56	—	—	—	—	—	6.84	0.96	—	—	262.32	—
13	35	福　建	0.42	—	—	—	—	—	—	—	—	—	1 475.70	—
14	36	江　西	—	—	—	—	—	—	—	—	—	6.36	2.94	—
15	37	山　东	—	—	—	—	—	—	—	—	—	—	7.98	—
16	41	河　南	—	—	—	—	—	—	—	—	—	—	—	—
17	42	湖　北	—	—	—	—	—	—	—	—	0.90	—	149.04	—
18	43	湖　南	—	—	—	—	—	—	11.16	—	—	—	—	—
19	44	广　东	22.50	—	—	—	—	—	3.00	0.54	89.94	18.06	26.40	—
20	45	广　西	0.06	—	—	—	—	—	—	—	—	—	—	—
21	46	海　南	—	—	—	—	—	—	—	—	—	—	40.26	—
22	50	重　庆	0.48	—	—	—	—	—	48.18	—	—	—	32.94	—
23	51	四　川	1.38	—	—	—	—	—	—	—	—	2.88	276.36	—
24	52	贵　州	13.56	—	—	—	—	—	2.88	—	—	—	231.18	—
25	53	云　南	7.08	—	—	—	—	—	—	—	—	0.96	1 607.34	—
26	54	西　藏	0.06	—	—	—	—	—	—	—	—	—	242.52	—
27	61	陕　西	0.36	—	—	—	—	—	—	—	—	—	303.66	—
28	62	甘　肃	—	—	—	—	—	—	—	—	—	—	632.64	—
29	63	青　海	0.12	—	—	—	—	—	—	—	—	—	238.44	—
30	64	宁　夏	—	—	—	—	—	—	—	—	—	—	394.50	—
31	65	新　疆	—	—	—	—	—	—	—	—	—	—	1 007.10	—
合计 Total			**151.56**	**0.06**	**—**	**—**	**2.46**	**—**	**75.90**	**1.50**	**91.98**	**30.60**	**11 739.54**	**394.08**

续表

序号	省编号	面值（元）	10.00	2.00	3.00	5.00	10.00	10.00	5.00	2.00	10.00	5.00	2.00	10.00
		省份 / 游戏名称	钻石王朝	剪子包袱锤	挖地雷	剪子包袱锤	丝绸之路·奇观	大美龙江	魅力龙江	加油	强力金球	基乐彩	金满罐	金满堂
1	11	北　京	—	—	—	223.80	—	—	—	—	—	—	—	—
2	12	天　津	—	—	—	—	—	—	—	—	—	—	—	—
3	13	河　北	—	—	—	651.84	—	—	—	0.62	—	0.42	—	—
4	14	山　西	—	—	—	62.10	—	—	—	—	1.80	0.06	—	—
5	15	内蒙古	—	—	—	—	—	—	—	—	7.08	7.38	—	0.18
6	21	辽　宁	—	—	—	297.54	—	—	—	—	—	70.08	—	—
7	22	吉　林	—	—	—	—	—	—	—	—	—	0.06	—	—
8	23	黑龙江	—	—	—	—	—	—	—	—	—	—	—	—
9	31	上　海	—	—	—	—	—	—	—	—	—	9.78	10.20	—
10	32	江　苏	82.02	—	—	2.52	—	—	—	—	12.00	—	0.42	98.70
11	33	浙　江	—	—	—	—	—	—	—	—	0.06	0.36	—	—
12	34	安　徽	—	—	—	—	0.96	—	—	—	—	—	13.68	4.98
13	35	福　建	—	—	—	244.50	—	—	—	—	0.06	—	—	29.76
14	36	江　西	—	—	—	—	—	—	—	—	—	0.06	—	1.86
15	37	山　东	—	—	0.03	—	—	—	—	30.22	2.70	0.24	—	—
16	41	河　南	—	—	—	—	—	—	—	—	—	37.74	—	—
17	42	湖　北	—	—	—	—	—	—	—	—	1.74	—	—	0.36
18	43	湖　南	—	—	—	—	—	—	—	—	4.80	—	—	—
19	44	广　东	—	—	—	—	—	—	—	—	112.44	29.10	3.00	43.92
20	45	广　西	—	—	—	—	—	—	—	—	—	—	—	—
21	46	海　南	—	—	—	—	—	—	—	—	—	—	—	—
22	50	重　庆	—	—	—	—	—	—	—	—	8.52	—	—	9.96
23	51	四　川	—	—	—	—	—	—	—	—	9.06	—	—	—
24	52	贵　州	—	—	—	—	—	—	—	—	4.50	0.12	—	2.64
25	53	云　南	—	—	—	—	—	—	—	—	0.18	0.72	8.64	9.48
26	54	西　藏	—	—	—	—	—	—	—	—	—	3.12	—	—
27	61	陕　西	—	—	—	—	—	—	—	—	—	9.78	—	—
28	62	甘　肃	—	—	—	128.58	17.79	—	—	—	—	—	—	—
29	63	青　海	—	—	—	—	—	—	—	—	—	0.36	0.18	—
30	64	宁　夏	—	—	—	—	—	—	—	—	—	—	—	—
31	65	新　疆	—	—	—	—	—	—	—	—	1.92	1.08	—	—
合计 Total			**82.02**	**—**	**0.03**	**1 610.88**	**18.75**	**—**	**—**	**30.84**	**166.86**	**170.46**	**36.12**	**201.84**

续表

序号	省编号	面值（元）	10.00	5.00	10.00	5.00	2.00	5.00	20.00	20.00	10.00	5.00	2.00	20.00
		省份 / 游戏名称	顶呱刮	魅力新兰州．激情马拉松	热力 500	热力 100	热力 50	顶呱刮	大乐透	保龄球俱乐部	灌篮王	步步高	金铃铛	甜蜜蜜
1	11	北　京	—	—	—	—	6.00	—	—	—	—	—	—	—
2	12	天　津	59.22	—	29.10	25.80	—	—	—	—	—	—	—	—
3	13	河　北	—	—	20.22	15.30	4.74	—	—	—	—	—	—	—
4	14	山　西	16.08	—	1.32	0.18	0.54	—	—	—	—	—	—	0.12
5	15	内蒙古	5.10	6.18	6.78	7.62	19.65	0.96	—	0.90	—	8.58	3.66	—
6	21	辽　宁	215.46	—	15.30	3.00	6.00	—	—	—	—	—	—	0.60
7	22	吉　林	0.06	—	1.38	3.90	0.06	0.12	—	—	—	—	0.06	—
8	23	黑龙江	—	—	—	—	—	—	—	—	—	0.12	—	—
9	31	上　海	30.42	—	7.38	10.14	—	—	—	—	—	—	—	—
10	32	江　苏	1.74	—	—	—	—	1.02	13.68	—	—	24.72	—	478.50
11	33	浙　江	—	—	0.42	0.66	0.66	—	—	0.06	—	0.06	—	0.24
12	34	安　徽	12.72	—	0.54	0.30	0.27	0.12	7.02	—	—	—	0.96	19.74
13	35	福　建	0.90	—	—	0.06	—	0.90	33.66	2.40	—	—	—	2.76
14	36	江　西	2.52	—	—	—	—	0.36	0.12	—	—	—	6.54	3.06
15	37	山　东	—	—	31.74	36.12	0.12	—	12.00	—	—	—	—	7.20
16	41	河　南	—	—	161.88	81.90	17.70	—	—	—	—	—	—	—
17	42	湖　北	3.84	—	—	4.62	7.08	0.18	0.24	—	—	—	12.72	—
18	43	湖　南	0.30	—	0.12	0.06	0.48	1.80	0.66	—	—	—	—	—
19	44	广　东	8.52	—	(0.24)	—	—	—	7.14	—	—	2.16	10.50	12.36
20	45	广　西	—	—	—	—	—	—	—	—	—	—	—	—
21	46	海　南	—	—	—	—	—	—	—	—	—	—	—	—
22	50	重　庆	—	—	—	—	6.18	2.76	—	—	—	—	—	56.46
23	51	四　川	—	—	—	0.12	0.15	—	10.68	—	—	—	—	31.56
24	52	贵　州	3.06	—	—	—	—	0.66	—	—	—	6.06	—	—
25	53	云　南	10.62	—	1.14	1.68	1.14	0.18	—	—	—	—	—	—
26	54	西　藏	19.74	—	—	—	—	25.68	4.14	15.00	—	—	—	—
27	61	陕　西	—	—	3.96	2.10	2.79	—	—	—	—	—	—	—
28	62	甘　肃	—	3.24	—	—	—	—	—	2.04	—	—	—	—
29	63	青　海	0.42	—	—	—	—	0.24	—	0.60	—	0.96	—	0.36
30	64	宁　夏	0.42	—	—	—	—	2.04	1.86	—	—	—	—	1.92
31	65	新　疆	—	—	0.96	1.14	—	—	2.16	—	—	—	—	3.90
合计 Total			**391.14**	**9.42**	**282.00**	**194.70**	**73.56**	**37.02**	**93.36**	**21.00**	**—**	**42.66**	**34.44**	**618.78**

续表

序号	省编号	面值（元）	30.00	5.00	10.00	10.00	20.00	10.00	5.00	10.00	5.00	10.00	5.00	10.00
		省份 / 游戏名称	富贵多多	好事成双	盛世十二运	NBA(246)	NBA(247)	中奖达人	环太湖赛	八方来财	够级	11 选 5	红色印迹	马到成功
1	11	北　京	—	—	—	52.74	—	—	—	6.12	—	—	—	—
2	12	天　津	—	—	—	28.20	—	—	—	—	—	—	—	—
3	13	河　北	—	—	—	3.84	19.08	—	—	294.78	—	—	—	—
4	14	山　西	—	—	—	1.86	4.02	—	—	—	—	—	—	1.26
5	15	内蒙古	—	4.20	—	17.52	6.18	—	—	200.10	—	—	—	—
6	21	辽　宁	—	—	9.54	1.14	1.02	—	—	0.06	—	—	—	—
7	22	吉　林	—	—	—	—	—	—	—	—	—	—	—	0.30
8	23	黑龙江	—	—	—	—	—	—	—	166.02	—	—	—	—
9	31	上　海	251.70	—	—	12.96	36.60	—	—	—	—	—	—	—
10	32	江　苏	6.90	—	—	25.56	45.00	—	0.12	262.32	—	—	—	0.36
11	33	浙　江	—	—	—	—	—	—	—	255.96	—	—	279.60	—
12	34	安　徽	6.48	—	—	0.42	3.48	—	—	2.70	—	—	—	0.78
13	35	福　建	—	—	—	0.06	2.16	94.56	—	—	—	—	—	—
14	36	江　西	1.26	—	—	1.44	0.66	25.20	—	0.72	—	—	980.94	—
15	37	山　东	—	—	—	—	207.36	1 905.78	—	40.44	86.31	7.86	—	—
16	41	河　南	—	—	—	—	14.76	—	—	—	—	—	—	—
17	42	湖　北	—	—	—	3.42	1.08	—	—	0.66	—	—	116.64	0.48
18	43	湖　南	0.54	0.36	—	0.60	0.12	—	—	20.22	—	—	0.06	—
19	44	广　东	5.94	20.34	—	21.42	56.28	31.08	—	291.60	—	—	—	—
20	45	广　西	0.36	—	—	—	0.30	—	—	0.36	—	—	—	1.02
21	46	海　南	—	—	—	—	—	—	—	—	—	—	—	—
22	50	重　庆	77.52	—	—	—	—	—	—	18.90	—	—	161.22	0.66
23	51	四　川	—	—	—	—	2.76	—	—	36.54	—	—	—	—
24	52	贵　州	—	0.18	—	0.36	0.12	—	—	—	—	—	—	—
25	53	云　南	—	—	—	4.56	4.74	—	—	44.58	—	—	22.92	3.54
26	54	西　藏	—	7.20	—	31.14	12.06	—	—	70.38	—	—	—	10.38
27	61	陕　西	—	—	—	0.18	2.16	—	—	27.12	—	—	—	—
28	62	甘　肃	—	—	—	—	74.64	—	—	41.64	—	—	—	—
29	63	青　海	0.84	—	—	0.72	13.86	—	—	—	—	—	—	—
30	64	宁　夏	4.86	—	—	—	3.66	—	—	—	—	—	—	—
31	65	新　疆	—	1.26	—	0.18	5.94	—	—	0.96	—	—	—	—
合计 Total			**356.40**	**33.54**	**9.54**	**208.32**	**518.04**	**2 056.62**	**0.12**	**1 782.18**	**86.31**	**7.86**	**1 561.38**	**18.78**

续表

序号	省编号	面值（元）	5.00	2.00	5.00	10.00	20.00	10.00	10.00	10.00	20.00	10.00	5.00	10.00
		省份 / 游戏名称	竹报平安	四叶草	神秘贝壳	金元宝	宝罐	开门 8 件事	黄金万两	美好安徽 活力体博	吉祥如意	天下大足	开运罐	通吃
1	11	北　京	—	—	—	—	—	—	—	—	—	—	—	1 370.34
2	12	天　津	—	—	—	—	—	—	—	—	—	—	—	—
3	13	河　北	—	—	—	24.42	49.92	—	—	—	—	—	—	1 972.14
4	14	山　西	—	—	—	4.14	—	—	—	—	—	—	—	—
5	15	内蒙古	0.54	—	0.06	16.89	124.02	—	—	—	—	—	0.18	1 026.72
6	21	辽　宁	—	—	4.05	7.98	5.34	—	—	—	—	—	—	414.60
7	22	吉　林	—	—	0.18	—	—	—	—	—	—	—	—	—
8	23	黑龙江	—	—	—	—	—	0.60	—	—	—	—	—	297.48
9	31	上　海	—	—	19.17	14.04	—	—	—	—	—	—	—	—
10	32	江　苏	1.98	—	—	46.02	84.90	10.38	—	—	—	—	0.36	1 277.94
11	33	浙　江	0.15	—	18.54	—	150.60	—	—	—	—	—	1.56	1 248.36
12	34	安　徽	0.72	0.66	2.01	0.21	2.04	—	3.48	0.36	0.84	—	—	287.40
13	35	福　建	0.06	—	2.16	0.12	2.46	2.28	—	—	—	—	6.24	266.88
14	36	江　西	0.51	5.28	0.87	1.23	—	—	—	—	—	—	—	141.54
15	37	山　东	—	—	—	—	—	219.06	—	—	—	—	—	1 379.04
16	41	河　南	—	—	9.33	—	7.02	—	—	—	—	—	—	2 571.66
17	42	湖　北	—	5.52	—	—	—	—	—	—	—	—	1.44	—
18	43	湖　南	—	0.72	—	1.86	—	—	—	—	0.06	—	0.18	41.28
19	44	广　东	—	6.00	35.79	41.64	39.30	—	—	—	33.96	—	—	3 132.18
20	45	广　西	3.93	3.72	24.54	—	1.74	—	—	—	—	—	—	—
21	46	海　南	—	—	—	—	0.30	—	—	—	—	—	—	625.56
22	50	重　庆	3.00	—	—	0.06	0.24	—	24.36	—	—	118.77	5.40	—
23	51	四　川	—	—	3.63	2.52	—	—	—	—	—	—	—	578.40
24	52	贵　州	—	—	4.38	6.96	—	—	—	—	—	—	—	525.66
25	53	云　南	—	0.78	0.03	0.21	11.04	—	—	—	—	—	0.06	2 770.02
26	54	西　藏	—	—	—	—	—	—	—	—	—	—	1.20	—
27	61	陕　西	—	—	—	—	—	—	—	—	—	—	—	732.24
28	62	甘　肃	—	—	—	—	15.60	—	—	—	—	—	—	1 319.22
29	63	青　海	0.75	—	0.15	—	—	—	0.42	—	1.56	—	—	—
30	64	宁　夏	1.14	—	—	—	—	—	—	—	—	—	—	—
31	65	新　疆	—	0.06	0.78	0.72	2.28	—	0.78	—	—	—	—	5.34
合计 Total			**12.78**	**22.74**	**125.67**	**169.02**	**496.80**	**232.32**	**29.04**	**0.36**	**36.42**	**118.77**	**16.62**	**21 984.00**

续表

序号	省编号	面值（元）	5.00	20.00	20.00	10.00	10.00	20.00	2.00	10.00	5.00	10.00	2.00	5.00
		省份 / 游戏名称	梦想成金	真金白银	黑旋风Ⅱ	喜结良缘	绿色生活	财富金字塔	切西瓜	璀璨钻石	A&K	巅峰之战	笑口常开	星光大道
1	11	北 京	—	—	—	—	—	—	—	—	—	—	—	—
2	12	天 津	—	—	—	—	—	—	—	—	—	—	—	—
3	13	河 北	—	—	—	—	—	—	—	—	—	6.06	—	—
4	14	山 西	—	2.28	—	—	—	—	—	—	—	0.36	—	—
5	15	内蒙古	2.34	15.00	6.06	—	—	—	0.54	2.82	9.72	1.86	2.70	9.78
6	21	辽 宁	—	—	2.16	—	—	—	—	—	—	2.70	—	—
7	22	吉 林	0.06	—	—	—	—	—	0.18	—	—	0.60	0.30	—
8	23	黑龙江	—	—	—	—	—	—	—	—	—	—	—	—
9	31	上 海	—	—	—	—	—	—	—	—	—	—	—	—
10	32	江 苏	0.78	48.42	15.72	—	—	13.62	—	0.60	2.82	15.78	—	—
11	33	浙 江	—	2.34	4.26	—	—	0.72	0.12	0.84	0.84	1.32	0.36	0.12
12	34	安 徽	—	—	—	0.27	—	—	—	13.32	—	0.72	1.56	1.74
13	35	福 建	—	8.64	0.30	0.24	—	0.12	—	—	—	—	0.12	—
14	36	江 西	—	—	18.84	0.60	—	0.24	—	—	—	0.12	—	16.92
15	37	山 东	—	566.28	—	—	—	—	—	—	—	—	—	—
16	41	河 南	—	—	—	—	—	—	—	—	0.12	0.36	28.02	—
17	42	湖 北	0.96	—	11.82	25.26	—	21.96	1.14	—	7.02	6.72	1.26	—
18	43	湖 南	—	6.66	3.54	—	—	14.40	0.48	—	—	0.48	16.92	—
19	44	广 东	1.26	8.34	34.56	—	—	15.00	12.66	0.60	—	34.74	0.48	48.66
20	45	广 西	2.88	—	0.12	—	—	—	0.36	—	2.16	2.58	—	—
21	46	海 南	—	—	0.06	—	—	—	—	—	—	0.06	—	—
22	50	重 庆	—	5.04	22.44	3.96	—	15.72	—	—	4.02	—	3.00	—
23	51	四 川	—	—	—	—	—	—	—	—	—	—	—	—
24	52	贵 州	—	—	2.04	—	—	—	—	—	0.12	1.98	—	—
25	53	云 南	2.70	—	13.08	—	—	3.18	3.90	—	0.24	0.48	3.36	4.26
26	54	西 藏	—	19.26	22.74	—	—	0.18	—	—	—	8.94	—	1.38
27	61	陕 西	—	1.56	—	0.84	—	—	—	—	0.78	3.36	—	5.46
28	62	甘 肃	—	—	—	—	—	—	—	—	—	—	—	—
29	63	青 海	—	—	0.24	—	—	0.96	—	—	—	3.00	—	—
30	64	宁 夏	—	—	—	—	—	—	1.14	—	—	—	—	3.90
31	65	新 疆	—	3.78	3.72	—	—	—	—	—	—	1.62	0.36	0.12
合计 Total			**10.98**	**687.60**	**161.70**	**31.17**	**—**	**86.10**	**20.52**	**18.18**	**27.84**	**93.84**	**58.44**	**92.34**

续表

序号	省编号	面值（元）	20.00	10.00	5.00	5.00	20.00	10.00	5.00	2.00	10.00	30.00	5.00	10.00
		省份 / 游戏名称	欢乐扑克	赚翻天	魔钻	清凉水果	四季来财	金砖	九宫格	六六顺	狂热中	金玉满堂	富贵金锁	吉星高照
1	11	北　京	—	—	—	—	—	—	—	—	—	—	—	—
2	12	天　津	—	—	—	—	—	—	—	—	—	—	—	—
3	13	河　北	—	—	—	10.08	150.42	—	—	—	—	—	—	—
4	14	山　西	—	—	—	4.86	0.60	—	18.84	—	—	69.06	—	9.72
5	15	内蒙古	—	—	15.00	58.80	163.14	0.48	65.82	1.68	3.72	24.00	5.85	14.34
6	21	辽　宁	—	—	—	12.27	—	—	—	—	—	2.52	—	4.44
7	22	吉　林	—	—	—	0.15	—	—	0.12	—	—	—	—	0.60
8	23	黑龙江	—	—	—	—	—	—	—	—	—	0.36	10.71	—
9	31	上　海	—	—	—	—	—	—	—	—	—	191.64	—	—
10	32	江　苏	17.76	65.46	54.30	—	239.76	19.08	100.32	—	—	19.98	1.17	1.08
11	33	浙　江	—	—	0.06	—	318.84	1.98	77.34	—	0.81	0.18	—	98.22
12	34	安　徽	4.80	—	0.48	—	2.40	—	2.76	—	—	2.94	—	—
13	35	福　建	0.48	—	1.38	2.13	10.38	—	4.20	22.98	0.78	0.54	7.53	1.20
14	36	江　西	—	—	—	5.82	0.42	—	3.90	0.24	—	0.66	—	—
15	37	山　东	12.72	—	8.70	139.26	38.10	—	113.16	—	0.54	—	1493.19	2.28
16	41	河　南	—	—	—	6.69	—	—	—	—	—	—	—	—
17	42	湖　北	6.18	0.60	—	20.22	89.04	0.06	4.50	4.68	13.98	79.92	—	4.68
18	43	湖　南	—	1.86	4.44	—	6.30	—	4.68	0.96	—	14.70	—	—
19	44	广　东	—	5.34	47.70	83.37	219.42	13.80	79.74	—	—	31.38	—	(0.12)
20	45	广　西	—	—	—	—	31.62	—	25.14	0.06	—	1.98	12.09	—
21	46	海　南	—	—	—	2.97	6.06	0.06	13.26	—	—	—	—	—
22	50	重　庆	3.48	—	1.20	3.60	4.92	—	—	28.26	—	38.46	—	—
23	51	四　川	—	—	—	—	8.70	—	20.94	0.54	—	40.56	—	—
24	52	贵　州	—	—	0.12	4.29	6.96	—	21.84	1.86	—	—	—	—
25	53	云　南	—	8.58	13.14	0.21	119.16	—	9.36	0.66	—	—	—	—
26	54	西　藏	—	—	—	18.54	26.16	—	—	—	—	4.98	31.92	—
27	61	陕　西	—	—	2.04	25.80	8.16	—	16.08	0.12	—	77.22	—	—
28	62	甘　肃	2.16	—	—	—	5.58	—	0.90	—	—	9.18	—	0.42
29	63	青　海	—	—	—	0.48	0.06	0.54	—	0.12	—	1.44	—	—
30	64	宁　夏	—	—	—	—	—	—	25.62	0.12	—	3.96	—	—
31	65	新　疆	—	—	0.60	—	13.08	4.08	—	—	—	0.18	6.84	71.94
合计 Total			**47.58**	**81.84**	**149.16**	**399.54**	**1 469.28**	**40.08**	**608.52**	**62.28**	**19.83**	**615.84**	**1 569.30**	**208.80**

续表

序号	省编号	面值（元）	5.00	10.00	20.00	10.00	5.00	2.00	10.00	5.00	10.00	10.00	10.00	10.00
		省份 / 游戏名称	弹珠	点秋香	中国红	中国红	中国红	猜猜看	大漠寻宝	双龙戏珠	三羊开泰	炫动青运	福禄寿喜	财富之门
1	11	北　京	—	—	513.06	631.32	618.18	—	31.50	0.66	—	—	—	—
2	12	天　津	—	—	447.42	484.14	300.00	—	—	—	—	—	48.36	—
3	13	河　北	—	—	934.20	630.12	561.78	—	0.18	1.86	—	—	234.60	107.34
4	14	山　西	—	—	9.18	95.94	121.68	—	18.12	—	0.84	—	—	9.54
5	15	内蒙古	14.16	—	661.92	750.78	755.70	31.44	9.36	50.94	5.22	—	—	59.16
6	21	辽　宁	—	—	1 050.66	1 198.44	1 891.62	—	4.62	—	0.06	—	—	1.62
7	22	吉　林	—	—	396.06	877.50	1 198.80	2.28	0.06	0.18	—	—	—	0.30
8	23	黑龙江	—	—	264.78	250.14	1 572.36	—	—	—	—	—	—	7.98
9	31	上　海	—	—	580.62	—	145.62	—	32.52	—	48.72	—	—	—
10	32	江　苏	—	—	1 197.72	1 491.78	1 149.24	—	63.06	97.14	0.60	—	—	123.48
11	33	浙　江	—	—	1 109.88	1 266.84	1 326.18	—	2.70	—	—	—	—	156.42
12	34	安　徽	6.78	—	86.82	168.90	131.88	—	—	—	—	—	—	3.54
13	35	福　建	1.92	1 054.20	1 035.72	1 425.78	1 182.78	—	24.36	0.72	—	13.62	—	43.26
14	36	江　西	—	—	218.76	214.98	303.90	16.44	—	—	—	—	—	28.62
15	37	山　东	1.38	—	283.02	708.48	32.52	—	8.10	9.06	—	—	105.54	130.50
16	41	河　南	—	1 196.22	2 445.36	2 543.94	2 003.28	—	—	—	—	—	—	—
17	42	湖　北	3.66	—	330.48	(0.54)	4.92	—	—	—	0.54	—	—	—
18	43	湖　南	4.38	—	93.66	41.10	—	5.76	1.80	—	1.14	—	—	9.90
19	44	广　东	58.38	54.78	3 072.66	4 780.26	3 653.64	15.00	48.24	—	103.08	—	—	267.96
20	45	广　西	—	—	370.92	14.82	18.78	—	—	—	20.82	—	—	75.90
21	46	海　南	11.34	—	706.32	531.84	482.10	—	—	—	—	—	—	27.48
22	50	重　庆	—	—	300.42	352.74	384.12	0.12	—	—	—	—	—	0.72
23	51	四　川	9.96	—	574.26	642.00	1 170.60	43.68	3.06	8.94	5.58	—	—	0.36
24	52	贵　州	11.76	—	325.80	408.18	469.08	8.76	5.76	4.98	0.78	—	—	20.76
25	53	云　南	—	—	1 599.30	1 654.86	1 274.58	—	3.60	—	—	—	—	69.96
26	54	西　藏	—	—	268.44	343.68	337.20	—	—	—	—	—	—	31.86
27	61	陕　西	5.10	—	—	79.26	252.54	3.78	4.38	6.84	0.66	—	—	45.00
28	62	甘　肃	1.20	—	293.94	194.76	492.90	0.48	—	—	—	—	—	1.68
29	63	青　海	—	—	—	—	—	—	—	—	—	—	—	36.12
30	64	宁　夏	—	—	176.94	287.34	293.10	—	—	24.66	—	—	—	7.14
31	65	新　疆	6.12	—	166.80	6.18	350.70	—	14.94	17.88	1.68	—	—	7.02
合计 Total			**136.14**	**2 305.20**	**19 515.12**	**22 075.56**	**22 479.78**	**127.74**	**276.36**	**223.86**	**189.72**	**13.62**	**388.50**	**1 273.62**

续表

序号	省编号	面值（元）	5.00	10.00	2.00	10.00	5.00	30.00	20.00	5.00	5.00	5.00	10.00	20.00
		省份 / 游戏名称	LOVE	串串赢	小蛋糕	红玫瑰	168	黄金世界	招财进宝	拉火车	第十届少数民族运动会	功夫	赤壁	富贵 8
1	11	北　京	—	—	—	—	—	—	—	—	—	—	65.40	240.00
2	12	天　津	—	—	—	—	—	—	—	—	—	—	—	—
3	13	河　北	25.71	—	0.06	49.26	0.18	0.06	4.68	—	—	28.11	76.44	24.18
4	14	山　西	11.37	—	0.03	14.28	3.36	8.64	61.02	68.16	—	0.93	26.16	57.36
5	15	内蒙古	89.40	—	2.07	95.28	19.44	125.58	7.74	—	23.28	116.88	35.82	430.62
6	21	辽　宁	—	—	—	1.98	—	22.14	—	—	—	—	26.46	174.30
7	22	吉　林	—	—	—	—	—	18.00	0.90	—	—	—	10.56	168.72
8	23	黑龙江	297.60	—	0.03	9.12	0.12	10.32	0.12	—	—	—	56.64	234.72
9	31	上　海	—	—	—	96.60	—	—	—	—	—	—	53.76	—
10	32	江　苏	53.58	—	2.34	101.76	94.17	21.96	166.86	—	—	51.54	127.74	564.18
11	33	浙　江	132.36	—	0.66	178.38	0.06	6.54	2.28	—	—	380.01	56.28	0.06
12	34	安　徽	—	—	4.47	3.30	15.09	74.46	8.22	—	—	0.72	—	169.80
13	35	福　建	20.82	—	11.16	3.66	11.73	121.56	29.82	—	—	49.62	21.42	25.20
14	36	江　西	4.41	—	24.21	—	—	7.86	—	—	—	4.80	—	56.04
15	37	山　东	180.57	—	0.06	197.40	19.98	64.32	8.22	—	—	189.54	167.46	905.46
16	41	河　南	13.68	—	—	—	—	29.94	25.44	—	—	—	18.06	907.68
17	42	湖　北	92.43	—	—	—	3.15	—	57.90	—	—	7.95	128.22	88.86
18	43	湖　南	—	—	2.55	8.04	—	17.04	15.24	—	—	3.00	—	22.68
19	44	广　东	89.31	—	2.61	159.96	300.39	100.80	52.26	—	—	241.50	121.14	53.58
20	45	广　西	12.84	—	0.99	—	5.76	2.52	40.26	—	—	—	—	7.86
21	46	海　南	—	—	—	—	—	13.86	32.58	—	—	27.60	22.80	—
22	50	重　庆	—	—	—	—	60.06	64.20	8.04	—	—	13.98	0.48	12.54
23	51	四　川	17.16	8.04	0.27	—	0.06	118.56	34.74	—	—	0.09	1.20	97.56
24	52	贵　州	5.61	—	8.13	—	32.64	25.80	14.40	—	—	6.30	12.36	61.68
25	53	云　南	49.08	—	0.24	21.78	10.98	41.70	4.26	—	—	—	34.74	1 098.78
26	54	西　藏	26.10	—	—	—	73.95	22.38	58.26	—	—	32.97	—	—
27	61	陕　西	4.59	—	9.66	9.78	7.14	34.08	1.80	—	—	17.67	34.44	21.18
28	62	甘　肃	4.44	—	0.45	1.50	1.29	107.46	4.26	—	—	8.34	82.14	3.54
29	63	青　海	0.24	—	—	1.44	4.20	0.12	1.14	—	—	—	62.22	0.84
30	64	宁　夏	25.83	—	30.18	3.30	—	64.14	0.12	—	—	41.94	—	30.42
31	65	新　疆	0.33	—	5.58	5.22	0.15	25.68	14.52	—	—	1.14	91.86	0.60
合计 Total			**1 157.46**	**8.04**	**105.75**	**962.04**	**663.90**	**1 149.72**	**655.08**	**68.16**	**23.28**	**1 224.63**	**1 333.80**	**5 458.44**

续表

序号	省编号	面值（元）	10.00	20.00	5.00	10.00	2.00	10.00	5.00	10.00	5.00	5.00	30.00	10.00
		省份 / 游戏名称	乐在 7 中	夺宝	绿宝石	甜蜜物语	红色印迹	9	好开心	滚雪球	冰雪极限	幸福时光	至尊宝	金猴献宝
1	11	北　京	—	—	—	—	—	—	13.02	229.56	—	—	199.14	126.84
2	12	天　津	—	—	—	45.93	—	—	51.90	104.64	—	—	102.90	—
3	13	河　北	0.36	0.18	43.38	42.99	—	121.20	101.49	—	—	47.16	1 028.52	—
4	14	山　西	—	19.26	16.44	9.75	—	93.30	39.06	—	—	—	189.78	28.86
5	15	内蒙古	0.06	8.28	136.08	46.29	—	198.30	161.16	135.42	—	—	737.22	43.20
6	21	辽　宁	2.22	—	0.03	66.15	—	—	104.31	275.70	—	23.58	519.00	8.22
7	22	吉　林	—	0.60	0.09	6.12	—	—	68.28	12.06	—	27.56	289.20	—
8	23	黑龙江	0.12	0.54	0.09	137.37	—	0.06	110.82	260.04	—	8.06	336.36	—
9	31	上　海	—	—	—	—	—	26.46	—	81.00	—	—	—	—
10	32	江　苏	—	348.54	76.50	54.09	131.80	211.50	119.73	418.50	—	108.94	1 646.28	133.26
11	33	浙　江	340.92	1.08	1.86	78.96	—	175.50	467.01	351.48	—	—	962.04	461.58
12	34	安　徽	—	—	22.98	7.65	—	19.98	75.24	—	711.96	22.56	327.24	3.12
13	35	福　建	32.28	64.50	14.40	32.55	—	73.26	19.35	389.34	—	3.54	469.44	10.08
14	36	江　西	—	—	—	3.18	21.48	3.18	14.10	—	—	—	166.50	11.94
15	37	山　东	628.02	184.56	123.21	95.43	—	34.44	328.83	1304.04	—	210.14	701.10	133.68
16	41	河　南	—	4.38	1.95	23.13	—	56.16	307.80	510.12	—	157.12	1 210.74	5.64
17	42	湖　北	—	13.02	1.26	60.33	—	36.30	—	—	—	90.52	—	—
18	43	湖　南	—	11.58	7.11	11.13	—	11.94	9.09	—	—	4.70	43.62	6.90
19	44	广　东	—	243.84	323.46	89.70	—	500.16	234.15	—	—	—	2 166.12	142.74
20	45	广　西	—	5.34	—	29.64	—	75.42	—	—	—	—	222.06	40.14
21	46	海　南	—	—	26.19	—	—	—	—	—	—	—	91.62	22.56
22	50	重　庆	—	12.18	—	—	—	—	9.45	—	—	—	—	—
23	51	四　川	97.38	6.18	0.24	1.44	—	19.86	48.24	310.14	—	—	456.30	4.56
24	52	贵　州	2.34	26.04	1.56	1.86	—	48.96	—	189.72	—	—	289.38	13.92
25	53	云　南	110.04	7.68	—	9.66	—	136.02	82.23	—	—	11.14	1 918.86	13.80
26	54	西　藏	—	40.32	40.59	—	—	—	—	—	—	—	317.40	17.28
27	61	陕　西	0.12	10.38	63.21	33.63	—	14.22	52.74	—	—	17.56	326.40	17.40
28	62	甘　肃	—	0.06	14.37	—	—	26.70	75.75	179.22	—	—	162.72	99.96
29	63	青　海	—	1.74	—	—	—	—	59.49	19.50	—	—	267.24	74.88
30	64	宁　夏	—	11.88	29.88	11.58	—	4.62	57.36	—	—	—	—	9.90
31	65	新　疆	—	111.36	3.06	34.56	—	26.28	10.59	—	—	—	571.20	1.68
合计 Total			**1 213.86**	**1 133.52**	**947.94**	**933.12**	**153.28**	**1 913.82**	**2 621.19**	**4 770.48**	**711.96**	**732.58**	**15 718.38**	**1 432.14**

续表

序号	省编号	面值（元）	10.00	10.00	10.00	20.00	5.00	2.00	20.00	2.00	10.00	5.00	10.00	30.00
		省份/游戏名称	十二生肖	抢红包	精彩冬运	大红包	小红包	年终奖	皇家金典	报喜	财运到	挖财宝	神灯	大吉大利
1	11	北 京	—	26.70	—	240.48	59.34	—	524.94	—	2.88	0.06	1.38	1166.82
2	12	天 津	—	—	—	—	—	—	—	—	—	24.72	—	195.12
3	13	河 北	—	94.38	—	384.96	19.86	58.11	433.38	27.09	42.54	109.38	152.40	1 310.04
4	14	山 西	—	17.04	—	93.24	62.82	28.47	25.80	47.31	71.76	57.72	42.78	142.14
5	15	内蒙古	—	58.98	—	337.44	287.58	28.26	380.76	75.90	178.38	126.36	122.64	1 065.36
6	21	辽 宁	—	5.82	—	20.64	16.86	9.54	9.66	0.18	28.56	22.44	180.18	1 429.38
7	22	吉 林	—	10.68	—	99.72	264.84	5.43	120.12	11.43	1.08	13.62	83.46	630.72
8	23	黑龙江	96.60	—	—	1.38	300.84	0.45	94.32	47.13	18.18	50.40	197.04	813.36
9	31	上 海	—	94.62	—	208.44	—	—	12.42	—	34.08	—	—	38.58
10	32	江 苏	0.06	164.58	—	433.44	300.96	—	841.32	99.12	67.44	103.32	313.08	853.20
11	33	浙 江	—	477.54	—	285.90	393.54	60.60	714.06	149.85	152.94	237.42	310.68	1 806.42
12	34	安 徽	—	—	—	63.18	38.40	9.54	98.34	—	44.70	58.80	32.70	209.94
13	35	福 建	—	7.68	—	347.22	9.66	—	263.04	40.20	52.80	111.78	91.44	1 689.42
14	36	江 西	—	17.82	—	51.60	—	14.85	68.22	—	—	—	—	29.40
15	37	山 东	414.33	326.28	—	367.08	518.46	7.59	401.58	9.06	434.10	350.46	266.82	1 408.44
16	41	河 南	—	—	—	377.52	446.04	1.35	260.88	115.98	192.66	—	483.42	2 048.58
17	42	湖 北	—	—	—	116.16	352.92	—	130.14	—	464.70	—	—	446.82
18	43	湖 南	—	—	—	20.70	39.18	—	23.40	11.34	—	9.06	14.82	46.68
19	44	广 东	1 857.54	198.42	—	414.30	287.58	147.54	825.72	235.32	62.94	217.56	423.36	1 410.24
20	45	广 西	—	—	—	96.24	427.74	—	102.18	—	129.54	—	—	50.52
21	46	海 南	—	—	—	51.06	51.78	—	20.58	—	46.38	—	68.22	21.78
22	50	重 庆	—	45.24	—	32.58	90.90	—	76.08	—	—	—	—	107.40
23	51	四 川	—	4.14	—	90.18	199.50	—	1.92	—	43.20	67.08	15.42	267.48
24	52	贵 州	—	22.74	—	82.98	2.76	6.42	118.14	—	42.78	26.10	34.08	284.10
25	53	云 南	—	23.16	—	181.02	96.12	11.46	754.50	27.33	167.28	24.72	4.08	1 788.48
26	54	西 藏	—	—	—	64.98	82.80	—	137.16	—	73.86	—	130.14	389.94
27	61	陕 西	—	15.66	—	24.48	—	—	21.48	44.19	99.36	78.84	105.06	198.90
28	62	甘 肃	—	—	—	290.04	178.92	21.60	27.42	19.23	61.62	14.58	191.52	644.94
29	63	青 海	—	67.14	—	30.84	20.10	—	22.74	4.23	—	—	—	189.12
30	64	宁 夏	—	—	—	2.52	9.48	19.50	89.40	44.34	46.44	—	—	195.84
31	65	新 疆	—	—	79.02	194.10	130.32	—	352.74	15.96	30.00	11.88	380.70	1117.74
合计 Total			**2 368.53**	**1 678.62**	**79.02**	**5 004.42**	**4 689.30**	**430.71**	**6 952.44**	**1 025.19**	**2 590.20**	**1 716.30**	**3 645.42**	**21 996.90**

续表

序号	省编号	面值（元）	10.00	2.00	10.00	10.00	5.00	20.00	10.00	10.00	10.00	5.00	10.00	2.00
		省份 / 游戏名称	一路平安	小金猪	豪门盛宴	足够精彩	发财树	富贵竹	环青海湖	7 乐无穷	津彩全运	吃西瓜	加油中国	金豆豆
1	11	北　京	—	—	60.84	—	(0.18)	17.46	—	659.94	—	598.14	34.20	114.54
2	12	天　津	—	—	—	55.26	64.38	42.12	—	—	442.62	204.06	74.28	—
3	13	河　北	—	48.42	11.49	—	194.70	95.88	—	1 222.74	—	797.52	33.12	283.08
4	14	山　西	—	93.06	34.44	—	100.44	193.74	31.74	334.44	—	118.62	24.66	91.44
5	15	内蒙古	—	703.62	12.18	—	192.00	450.84	32.04	909.18	—	335.52	60.54	405.36
6	21	辽　宁	—	1 255.86	33.36	—	58.32	234.24	—	539.76	—	298.98	21.60	232.68
7	22	吉　林	—	213.72	64.56	—	138.54	110.22	—	539.52	—	294.36	82.08	169.14
8	23	黑龙江	—	1 172.46	143.76	—	114.72	30.18	—	539.70	—	427.20	107.28	114.36
9	31	上　海	—	—	73.74	—	—	—	—	720.00	—	—	120.36	—
10	32	江　苏	262.96	241.02	112.38	—	202.80	808.20	—	1 685.70	—	736.74	276.90	194.94
11	33	浙　江	—	660.48	283.71	—	281.28	66.66	—	—	—	1 030.02	249.06	—
12	34	安　徽	—	—	15.36	—	117.42	128.58	—	—	—	81.00	27.00	87.96
13	35	福　建	—	130.53	485.16	—	70.08	105.78	—	2 423.46	—	198.36	171.96	—
14	36	江　西	217.26	79.47	8.88	—	51.18	—	—	—	—	—	13.20	50.22
15	37	山　东	163.66	53.85	39.57	—	511.32	892.08	—	1 053.90	—	365.40	2.40	786.12
16	41	河　南	—	229.29	3.36	—	39.72	84.96	—	1 133.34	—	1 102.74	206.76	416.34
17	42	湖　北	70.58	176.37	102.84	—	186.96	—	—	—	—	—	172.08	—
18	43	湖　南	—	35.67	4.38	—	17.10	19.86	—	—	—	33.24	10.32	23.04
19	44	广　东	—	82.89	210.18	—	273.12	272.10	—	6330.00	—	681.84	164.88	340.08
20	45	广　西	—	25.32	25.11	—	—	110.04	—	—	—	—	44.34	50.88
21	46	海　南	—	93.81	6.42	—	—	—	—	—	—	—	34.20	26.88
22	50	重　庆	—	96.66	2.58	—	—	—	—	213.00	—	—	12.90	—
23	51	四　川	—	380.61	17.58	—	107.46	219.84	—	717.24	—	382.26	21.96	411.24
24	52	贵　州	—	24.42	20.46	—	47.10	20.52	8.64	420.78	—	—	14.88	44.94
25	53	云　南	12.04	123.30	63.90	—	225.36	222.06	—	2 468.76	—	846.84	96.30	108.00
26	54	西　藏	—	—	44.46	—	—	—	—	592.32	—	—	—	—
27	61	陕　西	—	18.06	0.12	—	74.16	238.20	16.08	351.66	—	313.98	10.26	149.10
28	62	甘　肃	—	59.64	27.06	—	248.10	37.74	59.34	280.26	—	202.80	108.90	102.90
29	63	青　海	—	—	51.18	—	100.26	109.74	165.36	177.30	—	141.30	89.64	59.76
30	64	宁　夏	—	—	39.90	—	—	11.10	7.26	—	—	165.18	48.84	—
31	65	新　疆	—	7.59	55.20	—	138.96	524.82	18.36	539.88	—	294.30	65.04	89.40
合计 Total			**726.50**	**6 006.12**	**2 054.16**	**55.26**	**3 555.30**	**5 046.96**	**338.82**	**23 852.88**	**442.62**	**9 650.40**	**2 399.94**	**4 352.40**

续表

序号	省编号	面值（元）	2.00	5.00	10.00	20.00	10.00	10.00	10.00	5.00	5.00	10.00	20.00	5.00
		省份 / 游戏名称	我爱中国	我爱中国	我爱中国	超值 8	黄金之城	百步穿杨	GO 好运	大吉大利	卧虎藏龙	卧虎藏龙	卧虎藏龙	长征
1	11	北　京	—	2.28	1.02	2 284.38	345.00	—	—	328.32	597.54	891.18	958.14	14.00
2	12	天　津	144.00	336.54	321.42	408.96	—	—	—	—	300.00	600.00	480.00	—
3	13	河　北	172.35	164.76	297.24	2 168.52	962.22	—	599.58	978.48	1 078.14	1 121.64	1 081.62	—
4	14	山　西	21.00	68.58	44.70	190.80	—	—	—	—	—	—	—	13.28
5	15	内蒙古	374.58	164.58	187.26	1 141.56	205.98	—	—	217.98	685.50	848.34	969.12	—
6	21	辽　宁	164.28	307.32	394.20	2 148.90	436.32	—	—	534.60	599.52	959.16	670.92	—
7	22	吉　林	93.12	262.20	260.16	1 011.06	169.20	—	—	292.26	599.88	599.76	713.58	—
8	23	黑龙江	181.77	261.06	212.64	1 754.52	596.64	—	723.18	288.72	599.52	590.28	478.68	39.32
9	31	上　海	—	114.54	—	—	—	—	—	154.92	—	515.34	480.00	4.76
10	32	江　苏	195.66	216.06	346.14	1 497.12	454.56	—	—	333.00	2 347.92	3 240.96	8 752.92	48.00
11	33	浙　江	—	422.46	399.54	1 212.78	—	—	—	—	—	1 984.68	1 842.72	—
12	34	安　徽	60.03	81.54	62.70	100.98	827.76	—	—	—	489.30	517.80	588.78	—
13	35	福　建	—	254.88	610.50	916.08	437.76	—	—	196.32	1 170.06	2 134.20	1 933.62	—
14	36	江　西	—	70.38	66.48	71.34	84.12	—	—	—	299.28	281.22	226.92	2 179.66
15	37	山　东	282.81	445.74	353.16	1 483.74	361.62	—	—	541.86	2 137.98	2 725.80	3 577.44	70.02
16	41	河　南	86.52	164.22	71.88	782.10	615.72	—	—	290.76	899.88	2 459.46	2 937.42	29.38
17	42	湖　北	—	—	—	346.98	—	—	—	299.76	546.90	558.66	589.50	1 998.22
18	43	湖　南	34.41	21.78	35.88	47.04	38.58	—	—	27.66	60.90	131.94	71.70	3.14
19	44	广　东	312.69	820.44	1 042.08	3 407.64	806.10	—	—	611.04	1 789.26	2 799.66	2 462.88	—
20	45	广　西	—	186.48	147.48	56.64	—	—	—	—	237.30	—	210.60	108.30
21	46	海　南	—	168.84	—	77.46	—	—	—	—	—	—	—	—
22	50	重　庆	—	—	—	85.68	—	—	—	—	136.62	158.58	150.54	510.76
23	51	四　川	184.62	164.22	70.74	498.06	88.86	—	—	269.04	493.02	483.90	493.20	142.88
24	52	贵　州	22.56	87.06	84.66	314.22	90.90	—	—	119.64	561.30	682.86	804.06	7.64
25	53	云　南	48.51	43.38	438.96	1 749.18	421.62	—	—	301.50	1 190.10	1 629.06	2 012.04	20.70
26	54	西　藏	—	—	—	1 201.98	—	—	—	—	—	—	155.58	—
27	61	陕　西	97.98	225.24	99.96	208.86	175.80	—	—	134.10	549.78	778.44	684.66	49.14
28	62	甘　肃	—	142.44	163.44	1 175.82	280.20	—	—	135.48	—	1 025.94	48—	—
29	63	青　海	—	200.88	—	3.48	—	120.42	—	—	—	—	239.70	3.02
30	64	宁　夏	67.98	85.38	—	157.92	—	—	—	—	214.56	263.94	984.90	5.58
31	65	新　疆	145.02	241.14	537.36	1 522.80	400.20	73.86	—	128.04	576.66	598.56	942.30	—
合计 Total			**2 689.89**	**5 724.42**	**6 249.60**	**28 026.60**	**7 799.16**	**194.28**	**1 322.76**	**6 183.48**	**18 160.92**	**28 581.36**	**35 973.54**	**5 247.80**

续表

序号	省编号	面值（元）	10.00	10.00	1.00	5.00	10.00	20.00	2.00	5.00	5.00	5.00	10.00	10.00
		省份 / 游戏名称	长征	环岛高铁	丰彩	丰彩	丰彩	丰彩	彩蛋	好运 123	开门大吉	中国结	芝麻开门	彩运来
1	11	北　京	11.08	—	—	—	—	—	—	300.00	332.22	245.04	782.52	—
2	12	天　津	—	—	—	—	—	—	—	300.00	202.74	81.12	—	—
3	13	河　北	—	—	—	—	—	—	544.62	768.84	1 170.90	657.30	874.44	1 938.48
4	14	山　西	12.54	—	—	—	—	—	92.46	140.94	180.24	—	168.66	—
5	15	内蒙古	—	—	—	—	—	—	100.83	378.78	350.88	150.60	464.28	—
6	21	辽　宁	—	—	—	—	—	—	358.32	599.88	385.14	466.44	595.56	—
7	22	吉　林	—	—	—	—	—	—	345.21	573.12	307.26	275.58	447.72	—
8	23	黑龙江	37.18	—	—	—	—	—	238.71	299.58	623.46	357.66	441.78	—
9	31	上　海	—	—	—	—	—	—	—	—	246.72	64.26	—	—
10	32	江　苏	69.30	—	86.31	371.20	857.88	591.84	69.30	721.92	773.46	—	1 111.20	—
11	33	浙　江	—	—	—	—	—	—	—	—	123.06	—	968.88	—
12	34	安　徽	—	—	—	—	—	—	—	—	495.60	—	—	—
13	35	福　建	—	—	—	—	—	—	110.55	433.38	303.00	673.02	1 028.58	—
14	36	江　西	43.02	—	9.23	45.60	227.58	69.24	55.77	—	208.20	—	187.92	—
15	37	山　东	97.26	—	—	—	—	—	1 198.77	1 487.10	2 060.16	1 748.88	2 137.02	—
16	41	河　南	41.12	—	—	—	—	—	555.33	899.82	46.74	549.84	2 294.82	—
17	42	湖　北	278.32	—	—	—	—	—	—	—	—	—	—	—
18	43	湖　南	—	—	12.60	59.02	681.06	101.68	29.52	64.02	103.20	—	61.98	—
19	44	广　东	—	—	190.83	535.24	1 164.32	807.44	457.95	898.98	570.54	495.72	1 541.34	1 635.54
20	45	广　西	16.46	—	—	—	—	—	—	—	265.32	—	175.32	—
21	46	海　南	—	109.68	—	—	—	—	—	—	191.70	—	—	—
22	50	重　庆	1.80	—	—	—	—	—	87.51	143.58	—	—	—	—
23	51	四　川	143.76	—	—	—	—	—	—	504.84	609.66	291.78	518.40	—
24	52	贵　州	8.16	—	—	—	—	—	31.32	212.94	180.18	85.26	345.12	—
25	53	云　南	23.56	—	—	—	—	—	61.44	594.00	1 129.56	533.34	996.90	—
26	54	西　藏	—	—	—	—	—	—	—	—	—	—	246.18	—
27	61	陕　西	17.56	—	—	—	—	—	170.55	272.40	252.06	27.00	304.74	—
28	62	甘　肃	21.48	—	—	—	—	—	126.06	320.40	316.14	—	218.58	—
29	63	青　海	2.28	—	—	—	—	—	—	—	230.46	—	—	—
30	64	宁　夏	7.12	—	—	—	—	—	—	—	205.86	67.44	170.88	—
31	65	新　疆	—	—	—	—	—	—	126.69	496.68	151.92	172.02	517.62	—
合计 Total			**832.00**	**109.68**	**298.97**	**1 011.06**	**2 930.84**	**1 570.20**	**4 760.91**	**10 411.20**	**12 016.38**	**6 942.30**	**16 600.44**	**3 574.02**

续表

序号	省编号	面值（元）	10.00	10.00	10.00	10.00	20.00	20.00	20.00	10.00	10.00	5.00	10.00	30.00
		省份 / 游戏名称	10 来运转	有礼了	八桂红	金鸡纳福	发发发	7.00	日进斗金	魅力内蒙古辉煌 70 年	天作之合	景彩骑妙	强力 5	富贵有余
1	11	北　京	—	—	—	4.74	135.30	2 718.48	505.68	—	—	—	—	943.98
2	12	天　津	—	—	—	78.78	—	1 421.10	139.38	—	—	—	—	230.76
3	13	河　北	—	—	—	750.84	—	2 487.66	1 414.80	—	—	—	24.00	1 605.48
4	14	山　西	—	—	—	244.68	85.26	371.04	285.66	—	—	—	76.86	133.08
5	15	内蒙古	—	—	—	584.04	—	2 434.62	664.44	1 114.86	—	—	440.28	1 107.96
6	21	辽　宁	—	—	—	302.70	76.68	2 015.46	487.20	—	—	—	579.78	845.58
7	22	吉　林	—	—	—	210.06	315.84	1 098.72	378.90	—	—	—	—	772.02
8	23	黑龙江	—	—	—	370.32	167.40	1 733.58	451.86	—	—	—	516.66	742.44
9	31	上　海	—	—	30.00	282.78	—	904.68	459.00	—	—	—	—	330.42
10	32	江　苏	—	—	—	289.74	1 958.40	6 856.20	1 216.38	—	—	—	1 611.60	1 622.82
11	33	浙　江	—	—	—	13.02	—	4 126.80	1 215.18	—	—	—	1 341.42	1 260.54
12	34	安　徽	—	—	—	—	—	—	583.74	—	—	—	—	—
13	35	福　建	—	555.18	—	286.92	412.62	3 620.40	731.16	—	—	—	1 169.88	1 165.08
14	36	江　西	—	—	—	103.38	—	686.34	136.32	—	—	—	—	—
15	37	山　东	1 027.80	1 600.20	—	2 657.64	—	9 776.52	3 142.86	—	1 564.02	—	5 180.58	4 582.08
16	41	河　南	—	—	—	126.90	—	8 896.26	1 384.98	—	—	—	—	5 241.78
17	42	湖　北	—	—	—	259.32	—	1 961.58	—	—	—	—	—	—
18	43	湖　南	—	—	—	62.10	—	231.60	72.96	—	—	—	—	—
19	44	广　东	—	—	30.00	—	1 709.34	7 907.22	917.76	—	—	—	—	1 570.02
20	45	广　西	—	—	501.30	149.70	38.64	295.62	253.38	—	—	137.34	—	52.62
21	46	海　南	—	—	—	130.56	—	293.82	112.80	—	—	—	—	—
22	50	重　庆	—	—	—	125.52	—	326.64	115.56	—	—	—	—	—
23	51	四　川	—	—	—	525.84	—	1 273.68	348.24	—	—	—	—	583.74
24	52	贵　州	—	—	—	71.22	209.10	1 986.72	178.14	—	—	—	—	478.80
25	53	云　南	—	—	—	1 059.06	655.20	3 880.38	1 444.20	—	—	—	1 003.74	1 999.86
26	54	西　藏	—	—	—	—	—	904.32	115.62	—	—	—	161.28	—
27	61	陕　西	—	—	—	463.92	—	861.60	665.76	—	—	—	277.68	343.98
28	62	甘　肃	—	—	—	173.94	199.98	1 652.04	347.52	—	—	—	652.56	409.14
29	63	青　海	—	—	—	161.40	29.88	881.94	151.32	—	—	—	—	204.96
30	64	宁　夏	—	—	—	93.06	—	1 573.86	148.56	—	—	—	—	176.40
31	65	新　疆	—	—	—	158.64	162.72	2 573.22	331.02	—	—	—	505.08	833.04
合计 Total			**1 027.80**	**2 155.38**	**561.30**	**9 740.82**	**6 156.36**	**75 752.10**	**18 400.38**	**1 114.86**	**1 564.02**	**137.34**	**13 541.40**	**27 236.58**

续表

序号	省编号	面值（元）	2.00	5.00	5.00	10.00	10.00	10.00	20.00	5.00	合计 Total
		省份 / 游戏名称	八喜	财运旺好运旺	巧克力	和气生财	天下名钻	挖金矿	20 倍现金	步步登高	
1	11	北　京	89.46	69.48	602.52	300.00	785.94	—	1 155.78	—	42 556.26
2	12	天　津	—	—	318.72	—	300.00	—	540.00	—	13 642.29
3	13	河　北	435.12	—	1 315.68	619.26	1 608.42	—	2 130.36	—	61 543.13
4	14	山　西	42.84	66.18	297.66	—	376.86	—	494.40	—	8 576.45
5	15	内蒙古	107.76	132.48	707.64	273.12	985.92	—	1 709.46	—	41 288.04
6	21	辽　宁	285.42	215.04	659.82	407.94	707.40	—	919.80	—	45 487.20
7	22	吉　林	308.94	256.68	358.02	390.48	628.44	—	744.36	—	33 631.01
8	23	黑龙江	251.82	192.06	599.22	291.30	581.94	—	890.94	—	39 768.23
9	31	上　海	—	—	273.30	156.24	455.52	—	613.92	—	16 745.48
10	32	江　苏	89.40	299.22	1 678.98	—	2 445.18	—	8 431.26	—	85 983.37
11	33	浙　江	569.58	—	1 054.80	—	1 385.52	—	1 791.72	—	61 826.40
12	34	安　徽	—	—	298.50	—	343.44	—	364.08	—	12 848.22
13	35	福　建	—	287.16	939.54	1 205.40	1 900.68	—	2 995.20	—	61 566.57
14	36	江　西	6.36	—	203.64	318.66	215.76	—	245.16	—	10 337.46
15	37	山　东	1 446.24	610.50	1 946.40	3 300.66	3 038.46	1 460.16	7 715.94	—	113 103.78
16	41	河　南	318.72	246.18	1 336.50	1 176.54	2 297.04	—	4 719.36	—	81 539.86
17	42	湖　北	—	—	591.78	—	596.94	—	332.46	—	15 519.14
18	43	湖　南	—	—	156.42	39.60	236.58	—	215.34	—	4 227.96
19	44	广　东	263.76	1 039.98	1 405.56	775.68	4 794.18	—	6 423.18	—	138 129.14
20	45	广　西	—	0.54	136.02	—	113.64	—	174.84	—	7 637.21
21	46	海　南	—	—	—	—	—	—	317.40	—	5 778.63
22	50	重　庆	—	—	148.80	—	274.08	—	215.52	—	7 817.11
23	51	四　川	39.24	—	627.24	—	739.86	—	1 259.28	—	28 069.43
24	52	贵　州	35.70	178.38	485.58	84.06	608.40	—	773.04	—	19 388.30
25	53	云　南	79.98	406.50	992.58	835.74	1 634.46	—	2 356.80	—	77 124.96
26	54	西　藏	—	—	73.80	—	122.88	—	147.78	—	14 195.97
27	61	陕　西	119.22	—	521.16	—	661.68	—	782.28	—	20 888.81
28	62	甘　肃	—	140.64	179.58	—	579.06	—	747.36	0.06	22 026.87
29	63	青　海	—	15.30	118.80	—	—	—	257.76	—	5 488.82
30	64	宁　夏	73.32	—	204.30	83.10	308.94	—	841.56	—	9 836.44
31	65	新　疆	68.22	87.54	316.14	214.98	586.08	—	763.26	25.68	28 114.32
合计 Total			**4 631.10**	**4 243.86**	**18 548.70**	**10 472.76**	**29 313.30**	**1 460.16**	**51 069.60**	**25.74**	**1 134 686.86**

（国家体育总局体育彩票管理中心供稿）

（五）其他统计资料

Other Statistical Data

2002—2017年全国彩票机构代扣代缴中奖奖金个人所得税情况一览表

Table of Individual Income Tax from Lottery Winners Withheld by Lotery Organizations in China from 2002 to 2017

所得税额

Individual Income Tax

单位：万元

Unit: Ten Thousand Yuan

年　份 year	福利彩票机构 Welfare Lottery Organization	体育彩票机构 Sports Lottery Organization	合　计 Total
2002	78 606.53	121 109.45	199 715.98
2003	84 221.75	123 735.36	207 957.11
2004	96 053.50	86 883.14	182 936.64
2005	105 357.07	70 823.65	176 180.72
2006	112 917.80	127 554.33	240 472.13
2007	156 994.13	142 039.91	299 034.04
2008	159 522.18	152 544.72	312 066.90
2009	198 950.60	166 801.30	365 751.90
2010	232 340.43	169 751.12	402 091.55
2011	289 156.99	202 445.02	491 602.01
2012	329 532.92	190 863.29	520 396.20
2013	308 398.23	207 576.22	515 974.46
2014	329 890.42	259 744.71	589 635.13
2015	304 516.62	249 166.36	553 682.98
2016	317 677.41	232 534.00	550 211.41
2017	326 649.71	280 602.21	607 251.92
合计 Total	**3 430 786.28**	**2 784 174.79**	**6 214 961.08**

2017年全国各地区彩票机构代扣代缴中奖奖金个人所得税情况一览表

Table of Individual Income Tax from Lottery Winners Withheld by Lotery Organizations in Different Regions in China in 2017

所得税额

Individual Income Tax

单位：万元

Unit: Ten Thousand Yuan

地　区 Region	福利彩票机构 Welfare Lottery Organization	体育彩票机构 Sports Lottery Organization	合　计 Total
北　京	6 500.24	9 598.61	16 098.85
天　津	5 987.50	4 773.50	10 761.00
河　北	14 333.93	11 804.13	26 138.07
山　西	4 823.91	5 458.66	10 282.58
内蒙古	4 828.21	4 066.79	8 895.00
辽　宁	12 987.11	6 721.63	19 708.75
吉　林	3 688.58	3 673.40	7 361.99
黑龙江	5 862.09	4 989.55	10 851.64
上　海	15 167.71	8 024.71	23 192.42
江　苏	19 026.68	25 396.07	44 422.74
浙　江	23 751.95	19 133.67	42 885.62
安　徽	13 268.91	7 602.32	20 871.23
福　建	9 665.00	16 376.46	26 041.46
江　西	7 189.62	6 880.74	14 070.36
山　东	22 083.81	16 626.58	38 710.39
河　南	14 689.45	14 999.32	29 688.77
湖　北	9 840.53	11 428.90	21 269.43
湖　南	13 189.60	8 922.45	22 112.05
广　东	42 421.35	35 650.27	78 071.63
广　西	11 623.49	3 771.31	15 394.80
海　南	2 022.08	2 220.54	4 242.62
重　庆	11 891.58	6 747.01	18 638.59
四　川	14 426.05	10 646.93	25 072.97
贵　州	5 791.57	5 964.44	11 756.02
云　南	10 273.66	12 828.41	23 102.07
西　藏	215.44	772.37	987.81
陕　西	8 394.21	5 301.38	13 695.59
甘　肃	5 020.00	2 671.71	7 691.71
青　海	1 370.73	1 453.90	2 824.63
宁　夏	1 407.87	1 824.65	3 232.52
新　疆	4 906.84	4 271.80	9 178.64
合　计 Total	**326 649.71**	**280 602.21**	**607 251.92**

（中国福利彩票发行管理中心、国家体育总局体育彩票管理中心供稿）

2002—2017 年全国彩票机构中百万元以上大奖情况一览表

Table of Quantity of Millionaire Prize Winners in Lottery organizations in china from 2002 to 2017

单位：个

Unit: Ge

年 份 year	福利彩票机构 Welfare Lottery Organization	体育彩票机构 Sports Lottery Organization	合 计 Total
2002	874	1 141	2 015
2003	766	774	1 540
2004	1 017	627	1 644
2005	806	606	1 412
2006	873	534	1 407
2007	1 023	533	1 556
2008	873	872	1 745
2009	1 137	1 037	2 174
2010	1 348	1 118	2 466
2011	1 391	1 012	2 403
2012	1 794	939	2 733
2013	1 874	1 120	2 994
2014	1 736	1 341	3 077
2015	1 435	1 302	2 737
2016	1 597	1 389	2 986
2017	1 726	1 105	2 831
合计 Total	**20 270**	**15 450**	**35 720**

2017 年全国各地区福利彩票中百万元以上大奖情况一览表

Table of Quantity of Welfare Lottery Millionaire Prize Winners in Different Regions in 2017

地 区 Region	500 万元以上大奖个数 Five-million Yuan Prize Winners	100 万元以上大奖个数 One-million Yuan Prize Winners
北 京	52	57
天 津	32	33
河 北	74	77
山 西	25	25
内蒙古	22	25
辽 宁	63	70
吉 林	19	21
黑龙江	30	32
上 海	84	89
江 苏	88	97
浙 江	99	112
安 徽	59	63
福 建	51	62
江 西	30	30
山 东	93	120
河 南	76	79
湖 北	43	45
湖 南	53	55
广 东 （不含深圳）	165	178
广 西	50	55
海 南	5	5
重 庆	54	60
四 川	68	74
贵 州	31	32
云 南	53	56
西 藏	0	2
陕 西	38	42
甘 肃	17	20
青 海	6	7
宁 夏	4	4
新 疆	26	40
深 圳	58	59
合 计 Total	**1 568**	**1 726**

注：其中 500 万元以上大奖个数包含在百万元以上大奖个数中。

（中国福利彩票发行管理中心供稿）

2017 年全国各地区体育彩票中百万元以上大奖情况一览表

Table of Quantity of Sports Lottery Millionaire Prize Winners in Different Regions in 2017

地 区 Region	500 万元以上大奖个数 Five-million Yuan Prize Winners	100 万元以上大奖个数 One-million Yuan Prize Winners
北 京	21	29
天 津	8	14
河 北	23	43
山 西	9	17
内蒙古	13	19
辽 宁	11	21
吉 林	7	10
黑龙江	13	21
上 海	19	28
江 苏	87	97
浙 江	67	92
安 徽	25	30
福 建	54	95
江 西	22	28
山 东	33	55
河 南	52	73
湖 北	49	60
湖 南	16	36
广 东	92	130
广 西	5	11
海 南	6	14
重 庆	23	34
四 川	24	29
贵 州	13	18
云 南	26	39
西 藏	2	4
陕 西	11	23
甘 肃	6	8
青 海	8	9
宁 夏	6	6
新 疆	9	12
合计 Total	**760**	**1 105**

注：其中 500 万元以上大奖个数包含在百万元以上大奖个数中。

（国家体育总局体育彩票管理中心供稿）

2005—2017 年全国彩票机构投注终端数量一览表

Table of the Quantity of Lottery Sales Terminals in China from 2005 to 2017

投注终端机

Sales Terminal

单位：台

Unit: Tai

年份 year	福利彩票机构 Welfare Lottery Organization	体育彩票机构 Sports Lottery Organization	合计 Total
2005	77 969	49 914	127 883
2006	93 138	65 040	158 178
2007	104 526	79 055	183 581
2008	115 487	96 828	212 315
2009	125 415	111 317	236 732
2010	144 250	113 971	258 221
2011	154 520	129 699	284 219
2012	151 994	127 871	279 865
2013	165 629	130 467	296 096
2014	171 109	140 824	311 933
2015	179 296	145 330	324 626
2016	184 362	156 065	340 427
2017	184 741	165 437	350 178

2017年全国各地区彩票机构投注终端数量一览表

Table of the Quantity of Lottery Sales Terminals in China in Different Regions in 2017

投注终端机
Sales Terminal

单位：台
Unit: Tai

地　区 Region	福利彩票机构 Welfare Lottery Organization	体育彩票机构 Sports Lottery Organization	合　计 Total
北　京	2 988	2 752	5 740
天　津	2 350	2 155	4 505
河　北	9 175	10 888	20 063
山　西	3 867	2 515	6 382
内蒙古	4 563	4 723	9 286
辽　宁	11 108	5 258	16 366
吉　林	5 080	4 790	9 870
黑龙江	10 736	6 713	17 449
上　海	2 761	1 896	4 657
江　苏	11 650	14 189	25 839
浙　江	7 152	8 183	15 335
安　徽	5 550	5 368	10 918
福　建	5 020	8 049	13 069
江　西	4 409	3 875	8 284
山　东	12 607	12 447	25 054
河　南	10 369	9 127	19 496
湖　北	6 449	6 631	13 080
湖　南	7 044	4 236	11 280
广　东	16 406	13 362	29 768
广　西	4 690	4 391	9 081
海　南	1 436	1 759	3 195
重　庆	4 098	2 975	7 073
四　川	8 070	6 649	14 719
贵　州	4 157	3 775	7 932
云　南	6 703	5 962	12 665
西　藏	565	650	1 215
陕　西	6 038	5 087	11 125
甘　肃	4 399	3 169	7 568
青　海	680	723	1 403
宁　夏	1 550	1 125	2 675
新　疆	3 071	2 015	5 086
合　计 Total	**184 741**	**165 437**	**350 178**

（中国福利彩票发行管理中心、国家体育总局体育彩票管理中心供稿）

2017 年全国电脑福利彩票游戏一览表

Table of Computerized National Welfare Lottery Games in 2017

地区	玩法	停止销售时间	开奖日（星期）一	二	三	四	五	六	日	开奖方式	开奖时间	媒体
北京	双色球联销	20:00		1		1			1	直播	21:15	中国教育电视台 1 套、中国福彩网、中彩网、人民网、新华网、新浪网、搜狐网、网易网、腾讯视频网
	七乐彩联销		1		1		1					
	3D 联销	20:30	1	1	1	1	1	1	1			
	基诺：80 开 20 选 1 ~ 10	23:55	1	1	1	1	1	1	1	计算机自动开奖	每 5 分钟开奖一次	
	PK10	23:57	1	1	1	1	1	1	1			
	乐透：111 ~ 666 组合（快 3）	23:50	1	1	1	1	1	1	1	计算机自动开奖	每 10 分钟开奖一次	
天津	双色球联销	20:00		1		1			1	直播	21:15	中国教育电视台 1 套、中国福彩网、中彩网、人民网、新华网、新浪网、搜狐网、网易网、腾讯视频网
	七乐彩联销		1		1		1					
	3D 联销		1	1	1	1	1	1	1			
	数字：00000 ~ 99999 排列（时时彩）	23:00	1	1	1	1	1	1	1	计算机自动开奖	每 10 分钟开奖一次	天津福彩网
	乐透：组合 20 选 5（快乐十分）	22:55	1	1	1	1	1	1	1	计算机自动开奖	每 10 分钟开奖一次	天津福彩网
河北	双色球联销	19:40		1		1			1	直播	21:15	中国教育电视台 1 套、中国福彩网、中彩网、人民网、新华网、新浪网、搜狐网、网易网、腾讯视频网
	七乐彩联销		1		1		1					
	3D 联销		1	1	1	1	1	1	1			
	开乐彩：80 开 20 选 1 ~ 10	24:00	1	1	1	1	1	1	1	计算机自动开奖	每 5 分钟开奖一次	
	乐透：组合 20 选 5	18:30	1	1	1	1	1	1	1	录播	22:15	河北都市频道
	乐透：组合 20 选 5 好运 2		1	1	1	1	1	1	1			
	乐透：组合 20 选 5 好运 3		1	1	1	1	1	1	1			
	数字：排列 00000 ~ 99999 全组合				1		1		1			
	数字：排列 0000000 ~ 9999999 全组合		1		1		1					
	乐透：111 ~ 666 组合（快 3）	22:00	1	1	1	1	1	1	1	计算机自动开奖	每 10 分钟开奖一次	

续表

地区	玩法	停止销售时间	开奖日（星期）一	二	三	四	五	六	日	开奖方式	开奖时间	媒体
山西	双色球联销	19:45		1		1			1	直播	21:15	中国教育电视台1套、中国福彩网、中彩网、人民网、新华网、新浪网、搜狐网、网易网、腾讯视频网
	七乐彩联销		1		1		1					
	3D联销	20:00	1	1	1	1	1	1	1			
	开乐彩：80开20选1～10	24:00	1	1	1	1	1	1	1	计算机自动开奖	每5分钟开奖一次	
	乐透：组合20选5（快乐十分）	冬令时：22:00 夏令时：23:00	1	1	1	1	1	1	1	计算机自动开奖	每10分钟开奖一次	
内蒙古	双色球联销	20:00		1		1			1	直播	21:15	中国教育电视台1套、中国福彩网、中彩网、人民网、新华网、新浪网、搜狐网、网易网、腾讯视频网
	七乐彩联销		1		1		1					
	3D联销		1	1	1	1	1	1	1			
	乐透：111～666组合（快3）	22:05	1	1	1	1	1	1	1	计算机自动开奖	每10分钟开奖一次	
	数字：00000～99999排列（时时彩）	22:00	1	1	1	1	1	1	1	计算机自动开奖	每10分钟开奖一次	
辽宁	双色球联销	20:00		1		1			1	直播	21:15	中国教育电视台1套、中国福彩网、中彩网、人民网、新华网、新浪网、搜狐网、网易网、腾讯视频网
	七乐彩联销		1		1		1					
	3D联销		1	1	1	1	1	1	1			
	开乐彩：80开20选1～10	24:00	1	1	1	1	1	1	1	计算机自动开奖	每5分钟开奖一次	
	乐透：组合35选7	19:00	1		1			1		录播	20:30	辽宁福彩网
	乐透：组合35选7好运彩1		1		1			1				
	乐透：组合35选7好运彩2		1		1			1				
	乐透：组合35选7好运彩3		1		1			1				
	乐透：组合35选7好运彩4		1		1			1				
	数字：6位数+1生肖码	18:30	1		1			1				
	乐透：组合12选5（快乐12）	21:50	1	1	1	1	1	1	1	计算机自动开奖	每10分钟开奖一次	

续表

地区	玩法	停止销售时间	开奖日（星期）							开奖方式	开奖时间	媒体
			一	二	三	四	五	六	日			
吉林	双色球联销	20:00		1		1			1	直播	21:15	中国教育电视台1套、中国福彩网、中彩网、人民网、新华网、新浪网、搜狐网、网易网、腾讯视频网
	七乐彩联销		1		1		1					
	3D联销	20:00	1	1	1	1	1	1	1			
	开乐彩：80开20选1～10	24:00	1	1	1	1	1	1	1	计算机自动开奖	每5分钟开奖一次	
	数字：00000～99999排列（时时彩）	21:30	1	1	1	1	1	1	1	计算机自动开奖	每10分钟开奖一次	
	乐透：111～666组合（快3）	21:40	1	1	1	1	1	1	1	计算机自动开奖	每10分钟开奖一次	吉林省福彩网、微信公众号、吉彩宝APP
黑龙江	双色球联销	20:00		1		1			1	直播	21:15	中国教育电视台1套、中国福彩网、中彩网、人民网、新华网、新浪网、搜狐网、网易网、腾讯视频网
	七乐彩联销		1		1		1					
	3D联销		1	1	1	1	1	1	1			
	乐透：组合22选5	18:20	1	1	1	1	1	1	1	录播	18:50	黑龙江福彩网
	乐透：组合36选7		1		1			1				
	数字：000000～999999排列		1	1	1	1	1	1	1			
	数字：00000～99999排列（时时彩）	0:00	1	1	1	1	1	1	1	计算机自动开奖	每10分钟开奖一次	
	乐透：组合20选5（快乐十分）	22:00	1	1	1	1	1	1	1	计算机自动开奖	每10分钟开奖一次	
上海	双色球联销	20:00		1		1			1	直播	21:15	中国教育电视台1套、中国福彩网、中彩网、人民网、新华网、新浪网、搜狐网、网易网、腾讯视频网
	七乐彩联销		1		1		1					
	3D联销	20:00	1	1	1	1	1	1	1			
	乐透：组合15选5	18:45	1	1	1	1	1	1	1	公告	21:00	数字电视—幸福彩频道、“安康听”专用广播、上海福彩网及各主流报纸
	数字：6位数+1生肖码	18:30	1		1			1				
	数字：0000～9999全排列	20:30	1	1	1	1	1	1	1			
	基诺：80开20选1～10	23:45	1	1	1	1	1	1	1	计算机自动开奖	每5分钟开奖一次	
	数字：000～999全排列（时时乐）	21:30	1	1	1	1	1	1	1		每半小时开奖一次	
	乐透：111～666组合（快3）	22:28	1	1	1	1	1	1	1		每10分钟开奖一次	上海福彩网

续表

地 区	玩 法	停止销售时间	开奖日（星期）							开奖方式	开奖时间	媒体
			一	二	三	四	五	六	日			
江苏	双色球联销	20:00		1		1			1	直播	21:15	中国教育电视台 1 套、中国福彩网、中彩网、人民网、新华网、新浪网、搜狐网、网易网、腾讯视频网
	七乐彩联销		1		1		1					
	3D 联销		1	1	1	1	1	1	1			
	乐透：组合 15 选 5	18:30	1	1	1	1	1	1	1	公告	19:35	江苏省福彩网、江苏新闻广播、官微及主流报纸
	数字：6 位数 +1 生肖码		1		1			1				
	乐透：111 ～ 666 组合（快 3）	22:10	1	1	1	1	1	1	1	计算机自动开奖	每 10 分钟开奖一次	
浙江	双色球联销	20:00		1		1			1	直播	21:15	中国教育电视台 1 套、中国福彩网、中彩网、人民网、新华网、新浪网、搜狐网、网易网、腾讯视频网
	七乐彩联销		1		1		1					
	3D 联销		1	1	1	1	1	1	1		22:25	浙江钱江都市频道
	乐透：组合 15 选 5	18:30	1	1	1	1	1	1	1	录播		
	数字：6 位数 +1 生肖码		1		1			1				
	乐透：组合 22 选 1（快 2）	24:00	1	1	1	1	1	1	1	计算机自动开奖	每 5 分钟开奖一次	
	乐透：组合 12 选 5（快乐 12）	22:20	1	1	1	1	1	1	1	计算机自动开奖	每 10 分钟开奖一次	
安徽	双色球联销	20:00		1		1			1	直播	21:15	中国教育电视台 1 套、中国福彩网、中彩网、人民网、新华网、新浪网、搜狐网、网易网、腾讯视频网
	七乐彩联销		1		1		1					
	3D 联销		1	1	1	1	1	1	1			
	乐透：组合 25 选 5	18:40	1	1	1	1	1	1	1	录播	19:00	中安在线
	乐透：组合 15 选 5	19:00	1	1	1	1	1	1	1		19:35	安徽省福彩网、开奖次日安徽省主流报纸刊登
	数字：6 位数 +1 生肖码		1		1			1				
	乐透：111 ～ 666 组合（快 3）	22:00	1	1	1	1	1	1	1	计算机自动开奖	每 10 分钟开奖一次	安徽省福彩网

续表

地区	玩法	停止销售时间	开奖日（星期）							开奖方式	开奖时间	媒体
			一	二	三	四	五	六	日			
福建	双色球联销	19:50		1		1			1	直播	21:15	中国教育电视台1套、中国福彩网、中彩网、人民网、新华网、新浪网、搜狐网、网易网、腾讯视频网、福建电视台电视剧频道、福建电视台教育频道、福建新闻广播、福建福彩官方微信、微博、开奖次日福建省主流报纸刊登
	七乐彩联销	19:30	1		1		1					
	3D联销	20:15	1	1	1	1	1	1	1			
	乐透：组合15选5	18:30	1	1	1	1	1	1	1	公告		浙江影视频道 福建电视台教育频道 福建新闻广播
	数字：6位数+1生肖码		1		1			1				
	乐透：111～666组合（快3）	22:30	1	1	1	1	1	1	1	计算机自动开奖	每10分钟开奖一次	福建省福彩网
江西	双色球联销	20:00		1		1			1	直播	21:15	中国教育电视台1套、中国福彩网、中彩网、人民网、新华网、新浪网、搜狐网、网易网、腾讯视频网、江西福彩网、江西电视台二套、经济晚报
	七乐彩联销		1		1		1					中国教育电视台1套、中国福彩网、中彩网、人民网、新华网、新浪网、搜狐网、网易网、腾讯视频网、江西福彩网、经济晚报
	3D联销		1	1	1	1	1	1	1			
	乐透：组合15选5	19:00	1	1	1	1	1	1	1	录播	19:00	江西福彩网、经济晚报
	数字：6位数+1生肖码		1		1			1				
	乐透：111～666组合（快3）	23:10	1	1	1	1	1	1	1	计算机自动开奖	每10分钟开奖一次	江西福彩网
山东	双色球联销	20:00		1		1			1	直播	21:15	中国教育电视台1套、中国福彩网、中彩网、人民网、新华网、新浪网、搜狐网、网易网、腾讯视频网
	七乐彩联销		1		1		1					
	3D联销		1	1	1	1	1	1	1			
	开乐彩：80开20选1～10	24:00	1	1	1	1	1	1	1	计算机自动开奖	每5分钟开奖一次	
	乐透：组合20选5（群英会）	22:30	1	1	1	1	1	1	1		每10分钟开奖一次	山东彩票网

续表

地区	玩法	停止销售时间	开奖日（星期）							开奖方式	开奖时间	媒体
			一	二	三	四	五	六	日			
河南	双色球联销	20:00		1		1			1	直播	21:15	中国教育电视台1套、中国福彩网、中彩网、人民网、新华网、新浪网、搜狐网、网易网、腾讯视频网
	七乐彩联销		1		1		1					
	3D联销		1	1	1	1	1	1	1			
	乐透：组合22选5		1	1	1	1	1	1	1	录播	22:50	河南都市频道
	乐透：组合22选5好运2		1	1	1	1	1	1	1			
	乐透：组合22选5好运3		1	1	1	1	1	1	1			
	乐透：组合22选5好运4		1	1	1	1	1	1	1			
	乐透：111 ~ 666组合（快3）	22:00	1	1	1	1	1	1	1	计算机自动开奖	每10分钟开奖一次	
	幸运彩	22:00	1	1	1	1	1	1	1	计算机自动开奖	每10分钟开奖一次	
湖北	双色球联销	20:00		1		1			1	直播	21:15	中国教育电视台1套、中国福彩网、中彩网、人民网、新华网、新浪网、搜狐网、网易网、腾讯视频网
	七乐彩联销		1		1		1					
	3D联销		1	1	1	1	1	1	1			
	乐透：组合30选5		1	1	1	1	1	1	1	公告	20:30	湖北福彩网，开奖次日湖北省主流报纸刊登
	数字：00000 ~ 99999排列（时时彩）	22:00	1	1	1	1	1	1	1	计算机自动开奖	每10分钟开奖一次	
	乐透：111 ~ 666组合（快3）	22:00	1	1	1	1	1	1	1	计算机自动开奖	每10分钟开奖一次	
湖南	双色球联销	20:00		1		1			1	直播	21:15	中国教育电视台1套、中国福彩网、中彩网、人民网、新华网、新浪网、搜狐网、网易网、腾讯视频网
	七乐彩联销		1		1		1					
	3D联销	20:30	1	1	1	1	1	1	1			
	乐透：组合20选5（快乐十分）	23:00	1	1	1	1	1	1	1	计算机自动开奖	每10分钟开奖一次	湖南福彩网

续表

地区	玩法	停止销售时间	开奖日（星期）							开奖方式	开奖时间	媒体
			一	二	三	四	五	六	日			
广东	双色球联销	20:00		1		1			1	直播	21:15	中国教育电视台1套、中国福彩网、中彩网、人民网、新华网、新浪网、搜狐网、网易网、腾讯视频网
	3D 联销		1	1	1	1	1	1	1			
	乐透：组合 26 选 5	19:00		1		1			1	录播	21:54	广东电视台新闻频道
	乐透：组合 26 选 5 好彩 2			1		1			1			
	乐透：组合 26 选 5 好彩 3			1		1			1			
	乐透：组合 36 选 7		1	1	1	1	1	1	1			
	乐透：组合 36 选 7 好彩 1		1	1	1	1	1	1	1			
	乐透：组合 36 选 7 好彩 2		1	1	1	1	1	1	1			
	乐透：组合 36 选 7 好彩 3		1	1	1	1	1	1	1			
	乐透：组合 20 选 5（快乐十分）	23:00	1	1	1	1	1	1	1	计算机自动开奖	每 10 分钟开奖一次	广东省福彩网
	乐透：组合 22 选 1（快乐彩）	23:30	1	1	1	1	1	1	1	计算机自动开奖	每 5 分钟开奖一次	
深圳	双色球联销	20:00		1		1			1	直播	21:15	中国教育电视台1套、中国福彩网、中彩网、人民网、新华网、新浪网、搜狐网、网易网、腾讯视频网
	七乐彩联销		1		1		1					
	3D 联销		1	1	1	1	1	1	1			
	基诺：80 开 20 选 1 ～ 8	22:55	1	1	1	1	1	1	1	计算机自动开奖	每 5 分钟开奖一次	
	乐透：组合 22 选 1（快乐彩）	23:01	1	1	1	1	1	1	1	计算机自动开奖	每 5 分钟开奖一次	
	乐透：组合 35 选 7	20:00		1			1			官网视频	20:20	深圳特区报、深圳福彩网
广西	双色球联销	19:50		1		1			1	直播	21:15	中国教育电视台1套、中国福彩网、中彩网、人民网、新华网、新浪网、搜狐网、网易网、腾讯视频网
	七乐彩联销		1		1		1					
	3D 联销	20:20	1	1	1	1	1	1	1			
	乐透：组合 24 选 7 及好运彩（快乐双彩）	21:00	1	1	1	1	1	1	1	计算机自动开奖	21:30	广西福彩网和有关合作媒体
	乐透：组合 21 选 5（快乐十分）	21:25	1	1	1	1	1	1	1		每 15 分钟开奖一次	
	乐透：111 ～ 666 组合（快 3）	22:27	1	1	1	1	1	1	1		每 10 分钟开奖一次	

续表

地区	玩法	停止销售时间	开奖日（星期）							开奖方式	开奖时间	媒体
			一	二	三	四	五	六	日			
海南	双色球联销	20:00		1		1			1	直播	21:15	中国教育电视台1套、中国福彩网、中彩网、人民网、新华网、新浪网、搜狐网、网易网、腾讯视频网
海南	七乐彩联销	20:00	1		1		1			直播	21:15	中国教育电视台1套、中国福彩网、中彩网、人民网、新华网、新浪网、搜狐网、网易网、腾讯视频网
海南	3D联销	20:00	1	1	1	1	1	1	1	直播	21:15	中国教育电视台1套、中国福彩网、中彩网、人民网、新华网、新浪网、搜狐网、网易网、腾讯视频网
海南	乐透：组合22选1（快2）	凌晨02:00	1	1	1	1	1	1	1	计算机自动开奖	每5分钟开奖一次	
海南	快乐三宝	凌晨02:00	1	1	1	1	1	1	1	计算机自动开奖	每10分钟开奖一次	
重庆	双色球联销	20:00		1		1			1	直播	21:15	中国教育电视台1套、中国福彩网、中彩网、人民网、新华网、新浪网、搜狐网、网易网、腾讯视频网
重庆	七乐彩联销	20:00	1		1		1			直播	21:15	中国教育电视台1套、中国福彩网、中彩网、人民网、新华网、新浪网、搜狐网、网易网、腾讯视频网
重庆	3D联销	20:00	1	1	1	1	1	1	1	直播	21:15	中国教育电视台1套、中国福彩网、中彩网、人民网、新华网、新浪网、搜狐网、网易网、腾讯视频网
重庆	数字：00000～99999排列（时时彩）	0:00	1	1	1	1	1	1	1	计算机自动开奖	每10分钟开奖一次	重庆彩票网
重庆	乐透：组合20选5（快乐十分）	23:53	1	1	1	1	1	1	1	计算机自动开奖	每10分钟开奖一次	重庆彩票网
四川	双色球联销	20:00		1		1			1	直播	21:15	中国教育电视台1套、中国福彩网、中彩网、人民网、新华网、新浪网、搜狐网、网易网、腾讯视频网
四川	七乐彩联销	20:00	1		1		1			直播	21:15	中国教育电视台1套、中国福彩网、中彩网、人民网、新华网、新浪网、搜狐网、网易网、腾讯视频网
四川	3D联销	20:00	1	1	1	1	1	1	1	直播	21:15	中国教育电视台1套、中国福彩网、中彩网、人民网、新华网、新浪网、搜狐网、网易网、腾讯视频网
四川	乐透：组合12选5（快乐12）	22:00	1	1	1	1	1	1	1	计算机自动开奖	每10分钟开奖一次	
贵州	双色球联销	20:00		1		1			1	直播	21:15	中国教育电视台1套、中国福彩网、中彩网、人民网、新华网、新浪网、搜狐网、网易网、腾讯视频网、贵州广播电视台公共频道（重播）
贵州	七乐彩联销	20:00	1		1		1			直播	21:15	中国教育电视台1套、中国福彩网、中彩网、人民网、新华网、新浪网、搜狐网、网易网、腾讯视频网、贵州广播电视台公共频道（重播）
贵州	3D联销	20:00	1	1	1	1	1	1	1	直播	21:15	中国教育电视台1套、中国福彩网、中彩网、人民网、新华网、新浪网、搜狐网、网易网、腾讯视频网、贵州广播电视台公共频道（重播）
贵州	乐透：111～666组合（快3）	22:00	1	1	1	1	1	1	1	计算机自动开奖	每10分钟开奖一次	
云南	双色球联销	20:00		1		1			1	直播	21:15	中国教育电视台1套、中国福彩网、中彩网、人民网、新华网、新浪网、搜狐网、网易网、腾讯视频网
云南	七乐彩联销	19:30	1		1		1			直播	21:15	中国教育电视台1套、中国福彩网、中彩网、人民网、新华网、新浪网、搜狐网、网易网、腾讯视频网
云南	3D联销	20:00	1	1	1	1	1	1	1	直播	21:15	中国教育电视台1套、中国福彩网、中彩网、人民网、新华网、新浪网、搜狐网、网易网、腾讯视频网
云南	数字：00000～99999排列（时时彩）	22:00	1	1	1	1	1	1	1	计算机自动开奖	每10分钟开奖一次	
云南	乐透：组合20选5（快乐十分）	21:35	1	1	1	1	1	1	1	计算机自动开奖	每10分钟开奖一次	

续表

地区	玩法	停止销售时间	开奖日（星期）							开奖方式	开奖时间	媒体
			一	二	三	四	五	六	日			
西藏	双色球联销	19:00		1		1			1	直播	21:15	中国教育电视台1套、中国福彩网、中彩网、人民网、新华网、新浪网、搜狐网、网易网、腾讯视频网
	七乐彩联销		1		1		1					
	3D联销	19:30	1	1	1	1	1	1	1			
	乐透：组合12选3（生肖时时彩）	22:00	1	1	1	1	1	1	1	计算机自动开奖	每10分钟开奖一次	
	乐透：111～666组合（快3）	22:10	1	1	1	1	1	1	1	计算机自动开奖	每10分钟开奖一次	
陕西	双色球联销	20:00		1		1			1	直播	21:15	中国教育电视台1套、中国福彩网、中彩网、人民网、新华网、新浪网、搜狐网、网易网、腾讯视频网
	七乐彩联销		1		1		1					
	3D联销	20:30	1	1	1	1	1	1	1			
	乐透：组合20选5（快乐十分）	22:00	1	1	1	1	1	1	1	计算机自动开奖	每10分钟开奖一次	
甘肃	双色球联销	20:00		1		1			1	直播	21:15	中国教育电视台1套、中国福彩网、中彩网、人民网、新华网、新浪网、搜狐网、网易网、腾讯视频网
	七乐彩联销		1		1		1					
	3D联销	20:30	1	1	1	1	1	1	1			
	开乐彩：80开20选1～10	24:00	1	1	1	1	1	1	1	计算机自动开奖	每5分钟开奖一次	
	乐透：111～666组合（快3）	22:00	1	1	1	1	1	1	1	计算机自动开奖	每10分钟开奖一次	
青海	双色球联销	19:45		1		1			1	直播	21:15	中国教育电视台1套、中国福彩网、中彩网、人民网、新华网、新浪网、搜狐网、网易网、腾讯视频网
	七乐彩联销		1		1		1					
	3D联销	20:30	1	1	1	1	1	1	1			
	数字：111～666排列（快3）	22:00	1	1	1	1	1	1	1	计算机自动开奖	每10分钟开奖一次	
宁夏	双色球联销	20:00		1		1			1	直播	21:15	中国教育电视台1套、中国福彩网、中彩网、人民网、新华网、新浪网、搜狐网、网易网、腾讯视频网
	七乐彩联销		1		1		1					
	3D联销		1	1	1	1	1	1	1			
	数字：快3	22:00	1	1	1	1	1	1	1	计算机自动开奖	每10分钟开奖一次	
新疆	双色球联销	20:00		1		1			1	直播	21:15	中国教育电视台1套、中国福彩网、中彩网、人民网、新华网、新浪网、搜狐网、网易网、腾讯视频网
	七乐彩联销		1		1		1					
	3D联销		1	1	1	1	1	1	1			
	乐透：组合18选7	19:30	1				1			录播	0:25	新疆电视台4套
	乐透：组合35选7		1				1					
	乐透：组合25选7		1				1					
	数字：00000～99999排列（时时彩）	凌晨02:00	1	1	1	1	1	1	1	计算机自动开奖	每10分钟开奖一次	新疆福利彩票网
	乐透：27选8～23（喜乐彩）	凌晨02:00	1	1	1	1	1	1	1	计算机自动开奖	每60分钟开奖一次	新疆福利彩票网

（中国福利彩票发行管理中心）

2017 年全国电脑体育彩票游戏一览表

Table of Computerized National Sports Lottery Games in 2017

省市	玩法	停止销售时间	开奖日							开奖方式	开奖时间	媒体
			一	二	三	四	五	六	日			
北京市	11 选 5	23:00:00	1	1	1	1	1	1	1	计算机自动生成	10 分钟开奖一次	北京体彩网
	快中彩	21:59:59	1	1	1	1	1	1	1	计算机自动生成	10 分钟开奖一次	
	老足彩单场竞猜	根据比赛时间								比赛结果		
	排列 3、排列 5	20:00:00	1	1	1	1	1	1	1	摇奖、录播、互联网直播	20:30	中国体彩网，中国竞彩网，CCTV-2，CCTV12，中央人民广播电台
	七星彩	20:00:00		1			1		1	摇奖、录播、互联网直播	20:30	
	超级大乐透	20:00:00	1		1			1		摇奖、录播、互联网直播	20:30	
	足彩胜负（包括任选九场）	根据比赛时间								比赛结果		中国体彩网，中国竞彩网
	足彩 4 场进球	根据比赛时间										
	足球 6 场半全场胜负平	根据比赛时间										
	竞彩	根据比赛时间										
天津	排列 3、排列 5	20:00:00	1	1	1	1	1	1	1	摇奖、录播、互联网直播	20:30	中国体彩网，中国竞彩网，CCTV-2，CCTV12，中央人民广播电台
	七星彩	20:00:00		1			1		1	摇奖、录播、互联网直播	20:30	
	超级大乐透	20:00:00	1		1			1		摇奖、录播、互联网直播	20:30	
	足彩胜负（包括任选九场）	根据比赛时间								比赛结果		中国体彩网，中国竞彩网
	足彩 4 场进球	根据比赛时间										
	竞彩	根据比赛时间										
	足球 6 场半全场胜负平	根据比赛时间										
	老足彩单场竞猜	根据比赛时间								比赛结果		天津体彩网
	快中彩	21:59:59	1	1	1	1	1	1	1	计算机自动生成	10 分钟开奖一次	
	11 选 5	23:50:00	1	1	1	1	1	1	1	计算机自动生成	10 分钟开奖一次	天津体彩网

续表

省市	玩法	停止销售时间	开奖日							开奖方式	开奖时间	媒体
			一	二	三	四	五	六	日			
河北	排列3、排列5	20:00:00	1	1	1	1	1	1	1	摇奖、录播、互联网直播	20:30	中国体彩网，中国竞彩网，CCTV-2，CCTV12，中央人民广播电台
	七星彩	20:00:00		1			1		1	摇奖、录播、互联网直播	20:30	
	超级大乐透	20:00:00	1		1			1		摇奖、录播、互联网直播	20:30	
	足彩胜负（包括任选九场）	根据比赛时间								比赛结果		中国体彩网，中国竞彩网
	足彩4场进球	根据比赛时间										
	足球6场半全场胜负平	根据比赛时间										
	竞彩	根据比赛时间										
	河北快乐扑克	22:04:00	1	1	1	1	1	1	1	计算机自动生成	10分钟开奖一次	河北体彩网
	11选5	22:29:30	1	1	1	1	1	1	1	计算机自动生成	10分钟开奖一次	河北体彩网
山西	排列3、排列5	20:00:00	1	1	1	1	1	1	1	摇奖、录播、互联网直播	20:30	中国体彩网，中国竞彩网，CCTV-2，CCTV12，中央人民广播电台
	七星彩	20:00:00		1			1		1	摇奖、录播、互联网直播	20:30	
	超级大乐透	20:00:00	1		1			1		摇奖、录播、互联网直播	20:30	
	足彩胜负（包括任选九场）	根据比赛时间								比赛结果		中国体彩网，中国竞彩网
	足彩4场进球	根据比赛时间										
	足球6场半全场胜负平	根据比赛时间										
	竞彩	根据比赛时间										
	11选5	23:55:00	1	1	1	1	1	1	1	计算机自动生成	10分钟开奖一次	山西体彩网
	泳坛夺金	22:30:00	1	1	1	1	1	1	1	计算机自动生成	10分钟开奖一次	山西体彩网

续表

省市	玩法	停止销售时间	开奖日							开奖方式	开奖时间	媒体
			一	二	三	四	五	六	日			
内蒙古	排列 3、排列 5	20:00:00	1	1	1	1	1	1	1	摇奖、录播、互联网直播	20:30	中国体彩网，中国竞彩网，CCTV-2，CCTV12，中央人民广播电台
	七星彩	20:00:00		1			1		1	摇奖、录播、互联网直播	20:30	
	超级大乐透	20:00:00	1		1			1		摇奖、录播、互联网直播	20:30	
	足彩胜负（包括任选九场）	根据比赛时间								比赛结果		中国体彩网，中国竞彩网
	足球 6 场半全场胜负平	根据比赛时间										
	足彩 4 场进球	根据比赛时间										
	竞彩	根据比赛时间										
	泳坛夺金	23:00:00	1	1	1	1	1	1	1	计算机自动生成	10 分钟开奖一次	内蒙古体彩网
	11 选 5	23:05:00	1	1	1	1	1	1	1	计算机自动生成	10 分钟开奖一次	内蒙古体彩网
辽宁	排列 3、排列 5	20:00:00	1	1	1	1	1	1	1	摇奖、录播、互联网直播	20:30	中国体彩网，中国竞彩网，CCTV-2，CCTV12，中央人民广播电台
	七星彩	20:00:00		1			1		1	摇奖、录播、互联网直播	20:30	
	超级大乐透	20:00:00	1		1			1		摇奖、录播、互联网直播	20:30	
	足彩胜负（包括任选九场）	根据比赛时间								比赛结果		中国体彩网，中国竞彩网
	足彩 4 场进球	根据比赛时间										
	足球 6 场半全场胜负平	根据比赛时间										
	竞彩	根据比赛时间										
	11 选 5	22:28:00	1	1	1	1	1	1	1	计算机自动生成	10 分钟开奖一次	辽宁体彩网
	快乐扑克	22:24:00	1	1	1	1	1	1	1	计算机自动生成	10 分钟开奖一次	辽宁体彩网

续表

省市	玩法	停止销售时间	开奖日							开奖方式	开奖时间	媒体
			一	二	三	四	五	六	日			
吉林	排列 3、排列 5	20:00:00	1	1	1	1	1	1	1	摇奖、录播、互联网直播	20:30	中国体彩网，中国竞彩网，CCTV-2，CCTV12，中央人民广播电台
	七星彩	20:00:00		1			1		1	摇奖、录播、互联网直播	20:30	
	超级大乐透	20:00:00	1		1			1		摇奖、录播、互联网直播	20:30	
	足彩胜负（包括任选九场）	根据比赛时间								比赛结果		中国体彩网，中国竞彩网
	足彩 4 场进球	根据比赛时间										
	足球 6 场半全场胜负平	根据比赛时间										
	竞彩	根据比赛时间										
	11 选 5	21:29:30	1	1	1	1	1	1	1	计算机自动生成	10 分钟开奖一次	吉林体彩网
黑龙江	6+1 数字型	20:00:00		1			1			摇奖、录播	20:15	黑龙江交通广播电台
	排列 3、排列 5	20:00:00	1	1	1	1	1	1	1	摇奖、录播、互联网直播	20:30	中国体彩网，中国竞彩网，CCTV-2，CCTV12，中央人民广播电台
	七星彩	20:00:00		1			1		1	摇奖、录播、互联网直播	20:30	
	超级大乐透	20:00:00	1		1			1		摇奖、录播、互联网直播	20:30	
	足彩胜负（包括任选九场）	根据比赛时间								比赛结果		中国体彩网，中国竞彩网
	足彩 4 场进球	根据比赛时间										
	足球 6 场半全场胜负平	根据比赛时间										
	竞彩	根据比赛时间										
	快乐扑克	21:00:00	1	1	1	1	1	1	1	计算机自动生成	10 分钟开奖一次	黑龙江体彩网
	11 选 5	22:34:00	1	1	1	1	1	1	1	计算机自动生成	10 分钟开奖一次	黑龙江体彩网

续表

省市	玩法	停止销售时间	开奖日							开奖方式	开奖时间	媒体
			一	二	三	四	五	六	日			
上海	排列 3、排列 5	20:00:00	1	1	1	1	1	1	1	摇奖、录播、互联网直播	20:30	中国体彩网，中国竞彩网，CCTV-2，CCTV12，中央人民广播电台
	七星彩	20:00:00		1			1		1	摇奖、录播、互联网直播	20:30	
	超级大乐透	20:00:00	1		1			1		摇奖、录播、互联网直播	20:30	
	足彩胜负（包括任选九场）	根据比赛时间								比赛结果		中国体彩网，中国竞彩网
	足彩 4 场进球	根据比赛时间										
	足球 6 场半全场胜负平	根据比赛时间										
	竞彩	根据比赛时间										
	11 选 5	23:49:00	1	1	1	1	1	1	1	计算机自动生成	10 分钟开奖一次	上海体彩网
江苏	7 位数	20:00:00		1		1	1		1	摇奖、录播	20:30	江苏教育台
	排列 3、排列 5	20:00:00	1	1	1	1	1	1	1	摇奖、录播、互联网直播	20:30	中国体彩网，中国竞彩网，CCTV-2，CCTV12，中央人民广播电台
	超级大乐透	20:00:00	1		1			1		摇奖、录播、互联网直播	20:30	
	足彩胜负（包括任选九场）	根据比赛时间								比赛结果		中国体彩网，中国竞彩网
	足彩 4 场进球	根据比赛时间										
	足球 6 场半全场胜负平	根据比赛时间										
	竞彩	根据比赛时间										
	虚拟足球 e 球彩	22:08	1	1	1	1	1	1	1	根据虚拟比赛结果	8 分钟开奖一次	江苏体彩网 销售点内指定画面
	11 选 5	22:05:20	1	1	1	1	1	1	1	计算机自动生成	10 分钟开奖一次	江苏体彩网

续表

省市	玩法	停止销售时间	开奖日							开奖方式	开奖时间	媒体
			一	二	三	四	五	六	日			
浙江	6+1	19:00:00		1			1		1	摇奖、录播	19:02	浙江经视
	20 选 5	19:00:00	1	1	1	1	1	1	1	摇奖、录播	19:02	浙江经视
	排列 3、排列 5	20:00:00	1	1	1	1	1	1	1	摇奖、录播、互联网直播	20:30	中国体彩网，中国竞彩网，CCTV-2，CCTV12，中央人民广播电台
	超级大乐透	20:00:00	1		1			1		摇奖、录播、互联网直播	20:30	
	足彩胜负（包括任选 9 场）	根据比赛时间								比赛结果		中国体彩网，中国竞彩网
	足彩 4 场进球	根据比赛时间										
	足球 6 场半全场胜负平	根据比赛时间										
	竞彩	根据比赛时间										
	浙江飞鱼	23:58:00	1	1	1	1	1	1	1	计算机自动生成	5 分半开奖一次	浙江体彩网
	11 选 5	22:29:30	1	1	1	1	1	1	1	计算机自动生成	10 分钟开奖一次	浙江体彩网
	泳坛夺金	22:04:00	1	1	1	1	1	1	1	计算机自动生成	10 分钟开奖一次	浙江体彩网
安徽	排列 3、排列 5	20:00:00	1	1	1	1	1	1	1	摇奖、录播、互联网直播	20:30	中国体彩网，中国竞彩网，CCTV-2，CCTV12，中央人民广播电台
	七星彩	20:00:00		1			1		1	摇奖、录播、互联网直播	20:30	
	超级大乐透	20:00:00	1		1			1		摇奖、录播、互联网直播	20:30	
	足彩胜负（包括任选 9 场）	根据比赛时间								比赛结果		中国体彩网，中国竞彩网
	足彩 4 场进球	根据比赛时间										
	足球 6 场半全场胜负平	根据比赛时间										
	竞彩	根据比赛时间										
	11 选 5	22:00:00	1	1	1	1	1	1	1	计算机自动生成	10 分钟开奖一次	安徽体彩网

续表

省市	玩法	停止销售时间	开奖日							开奖方式	开奖时间	媒体
			一	二	三	四	五	六	日			
福建	本地22选5	19:00:00	1	1	1	1	1	1	1	摇奖、录播	19:20	福建体育频道
	36选7	19:00:00		1		1		1		摇奖、录播	19:20	
	本地31选7	19:00:00	1		1		1		1	摇奖、录播	19:20	
	排列3、排列5	20:00:00	1	1	1	1	1	1	1	摇奖、录播、互联网直播	20:30	中国体彩网，中国竞彩网，CCTV-2，CCTV12，中央人民广播电台
	七星彩	20:00:00		1			1		1	摇奖、录播、互联网直播	20:30	
	超级大乐透	20:00:00	1		1			1		摇奖、录播、互联网直播	20:30	
	足彩胜负（包括任选九场）	根据比赛时间								比赛结果		中国体彩网，中国竞彩网
	足彩4场进球	根据比赛时间										
	足球6场半全场胜负平	根据比赛时间										
	竞彩	根据比赛时间										
	11选5	22:58:30	1	1	1	1	1	1	1	计算机自动生成	10分钟开奖一次	福建体彩网
江西	排列3、排列5	20:00:00	1	1	1	1	1	1	1	摇奖、录播、互联网直播	20:30	中国体彩网，中国竞彩网，CCTV-2，CCTV12，中央人民广播电台
	七星彩	20:00:00		1			1		1	摇奖、录播、互联网直播	20:30	
	超级大乐透	20:00:00	1		1			1		摇奖、录播、互联网直播	20:30	
	足彩胜负（包括任选九场）	根据比赛时间								比赛结果		中国体彩网，中国竞彩网
	足彩4场进球	根据比赛时间										
	足球6场半全场胜负平	根据比赛时间										
	竞彩	根据比赛时间										
	多乐彩	22:59:30	1	1	1	1	1	1	1	计算机自动生成	10分钟开奖一次	江西体彩网

续表

省市	玩法	停止销售时间	开奖日							开奖方式	开奖时间	媒体
			一	二	三	四	五	六	日			
山东	排列 3、排列 5	20:00:00	1	1	1	1	1	1	1	摇奖、录播、互联网直播	20:30	中国体彩网，中国竞彩网，CCTV-2，CCTV12，中央人民广播电台
	七星彩	20:00:00		1			1		1	摇奖、录播、互联网直播	20:30	
	超级大乐透	20:00:00	1		1			1		摇奖、录播、互联网直播	20:30	
	足彩胜负（包括任选九场）	根据比赛时间								比赛结果		中国体彩网，中国竞彩网
	足彩 4 场进球	根据比赛时间										
	足球 6 场半全场胜负平	根据比赛时间										
	竞彩	根据比赛时间										
	快乐扑克 3	23:00:20	1	1	1	1	1	1	1	计算机自动生成	10 分钟开奖一次	山东体彩网
	11 选 5	22:55:20	1	1	1	1	1	1	1	计算机自动生成	10 分钟开奖一次	山东体彩网
河南	排列 3、排列 5	20:00:00	1	1	1	1	1	1	1	摇奖、录播、互联网直播	20:30	中国体彩网，中国竞彩网，CCTV-2，CCTV12，中央人民广播电台
	七星彩	20:00:00		1			1		1	摇奖、录播、互联网直播	20:30	
	超级大乐透	20:00:00	1		1			1		摇奖、录播、互联网直播	20:30	
	足彩胜负（包括任选九场）	根据比赛时间								比赛结果		中国体彩网，中国竞彩网
	足彩 4 场进球	根据比赛时间										
	足球 6 场半全场胜负平	根据比赛时间										
	竞彩	根据比赛时间										
	11 选 5	22:55:00	1	1	1	1	1	1	1	计算机自动生成	10 分钟开奖一次	河南体彩网
	泳坛夺金	23:00:00	1	1	1	1	1	1	1	计算机自动生成	10 分钟开奖一次	河南体彩网

续表

省市	玩法	停止销售时间	开奖日							开奖方式	开奖时间	媒体
			一	二	三	四	五	六	日			
湖北	排列3、排列5	20:00:00	1	1	1	1	1	1	1	摇奖、录播、互联网直播	20:30	中国体彩网，中国竞彩网，CCTV-2，CCTV12，中央人民广播电台
	七星彩	20:00:00		1			1		1	摇奖、录播、互联网直播	20:30	
	超级大乐透	20:00:00	1		1			1		摇奖、录播、互联网直播	20:30	
	足彩胜负（包括任选九场）	根据比赛时间								比赛结果		中国体彩网，中国竞彩网
	足彩4场进球	根据比赛时间										
	足球6场半全场胜负平	根据比赛时间										
	竞彩	根据比赛时间										
	11选5	21:55:00	1	1	1	1	1	1	1	计算机自动生成	10分钟开奖一次	湖北体彩网
湖南	排列3、排列5	20:00:00	1	1	1	1	1	1	1	摇奖、录播、互联网直播	20:30	中国体彩网，中国竞彩网，CCTV-2，CCTV12，中央人民广播电台
	七星彩	20:00:00		1			1		1	摇奖、录播、互联网直播	20:30	
	超级大乐透	20:00:00	1		1			1		摇奖、录播、互联网直播	20:30	
	足彩胜负（包括任选九场）	根据比赛时间								比赛结果		中国体彩网，中国竞彩网
	足彩4场进球	根据比赛时间										
	足球6场半全场胜负平	根据比赛时间										
	竞彩	根据比赛时间										
	幸运赛车	23:01:00	1	1	1	1	1	1	1	计算机自动生成	10分钟开奖一次	湖南体彩网
	即乐彩	22:00:00	1	1	1	1	1	1	1	计算机自动生成	12分钟开奖一次	湖南体彩网

续表

省市	玩法	停止销售时间	开奖日							开奖方式	开奖时间	媒体
			一	二	三	四	五	六	日			
广东	排列 3、排列 5	20:00:00	1	1	1	1	1	1	1	摇奖、录播、互联网直播	20:30	中国体彩网，中国竞彩网，CCTV-2，CCTV12，中央人民广播电台
	七星彩	20:00:00		1			1		1	摇奖、录播、互联网直播	20:30	
	超级大乐透	20:00:00	1		1			1		摇奖、录播、互联网直播	20:30	
	足彩胜负（包括任选九场）	根据比赛时间								比赛结果		中国体彩网，中国竞彩网
	足彩 4 场进球	根据比赛时间										
	足球 6 场半全场胜负平	根据比赛时间										
	竞彩	根据比赛时间										
	快中彩	21:59:59	1	1	1	1	1	1	1	计算机自动生成	10 分钟开奖一次	广东体彩网
	老足彩单场竞猜	根据比赛时间								比赛结果		广东体彩网
	11 选 5	22:59:50	1	1	1	1	1	1	1	计算机自动生成	10 分钟开奖一次	广东体彩网
广西	排列 3、排列 5	20:00:00	1	1	1	1	1	1	1	摇奖、录播、互联网直播	20:30	中国体彩网，中国竞彩网，CCTV-2，CCTV12，中央人民广播电台
	七星彩	20:00:00		1			1		1	摇奖、录播、互联网直播	20:30	
	超级大乐透	20:00:00	1		1			1		摇奖、录播、互联网直播	20:30	
	足彩胜负（包括任选九场）	根据比赛时间								比赛结果		中国体彩网，中国竞彩网
	足球 6 场半全场胜负平	根据比赛时间										
	足彩 4 场进球	根据比赛时间										
	竞彩	根据比赛时间										
	11 选 5	23:50:00	1	1	1	1	1	1	1	计算机自动生成	10 分钟开奖一次	

续表

省市	玩法	停止销售时间	开奖日							开奖方式	开奖时间	媒体
			一	二	三	四	五	六	日			
海南	海南 4+1	20:00:00		1			1		1	直播	20：20—20：30（开奖节目起始时间）	海南电视台新闻频道
	排列 3、排列 5	20:00:00	1	1	1	1	1	1	1	摇奖、录播、互联网直播	20:30	中国体彩网，中国竞彩网，CCTV-2，CCTV12，中央人民广播电台
	七星彩	20:00:00		1			1		1	摇奖、录播、互联网直播	20:30	
	超级大乐透	20:00:00	1		1			1		摇奖、录播、互联网直播	20:30	
	足彩胜负（包括任选九场）	根据比赛时间								比赛结果		中国体彩网，中国竞彩网
	足彩 4 场进球	根据比赛时间										
	足球 6 场半全场胜负平	根据比赛时间										
	竞彩	根据比赛时间										
	飞鱼	1:58:30	1	1	1	1	1	1	1	计算机自动生成	6 分钟开奖一次	海南体彩网
	环岛赛	1:59:20	1	1	1	1	1	1	1	计算机自动生成	5 分钟 10 秒开奖一次	海南体彩网
重庆	排列 3、排列 5	20:00:00	1	1	1	1	1	1	1	摇奖、录播、互联网直播	20:30	中国体彩网，中国竞彩网，CCTV-2，CCTV12，中央人民广播电台
	七星彩	20:00:00		1			1		1	摇奖、录播、互联网直播	20:30	
	超级大乐透	20:00:00	1		1			1		摇奖、录播、互联网直播	20:30	
	足彩胜负（包括任选九场）	根据比赛时间								比赛结果		中国体彩网，中国竞彩网
	足彩 4 场进球	根据比赛时间										
	足球 6 场半全场胜负平	根据比赛时间										
	竞彩	根据比赛时间										
	百变王牌	23:56:00	1	1	1	1	1	1	1	计算机自动生成	10 分钟开奖一次	

续表

省市	玩法	停止销售时间	开奖日							开奖方式	开奖时间	媒体
			一	二	三	四	五	六	日			
四川	排列 3、排列 5	20:00:00	1	1	1	1	1	1	1	摇奖、录播、互联网直播	20:30	中国体彩网，中国竞彩网，CCTV-2，CCTV12，中央人民广播电台
	七星彩	20:00:00		1			1		1	摇奖、录播、互联网直播	20:30	
	超级大乐透	20:00:00	1		1			1		摇奖、录播、互联网直播	20:30	
	足彩胜负（包括任选九场）	根据比赛时间								比赛结果		中国体彩网，中国竞彩网
	足彩 4 场进球	根据比赛时间										
	足球 6 场半全场胜负平	根据比赛时间										
	竞彩	根据比赛时间										
	金 7 乐	22:24:05	1	1	1	1	1	1	1	计算机自动生成	10 分钟开奖一次	四川体彩网
贵州	排列 3、排列 5	20:00:00	1	1	1	1	1	1	1	摇奖、录播、互联网直播	20:30	中国体彩网，中国竞彩网，CCTV-2，CCTV12，中央人民广播电台
	七星彩	20:00:00		1			1		1	摇奖、录播、互联网直播	20:30	
	超级大乐透	20:00:00	1		1			1		摇奖、录播、互联网直播	20:30	
	足彩胜负（包括任选九场）	根据比赛时间								比赛结果		中国体彩网，中国竞彩网
	足彩 4 场进球	根据比赛时间										
	足球 6 场半全场胜负平	根据比赛时间										
	竞彩	根据比赛时间										
	11 选 5	22:10:20	1	1	1	1	1	1	1	计算机自动生成	10 分钟开奖一次	贵州体彩网

续表

省市	玩法	停止销售时间	开奖日							开奖方式	开奖时间	媒体
			一	二	三	四	五	六	日			
云南	排列 3、排列 5	20:00:00	1	1	1	1	1	1	1	摇奖、录播、互联网直播	20:30	中国体彩网，中国竞彩网，CCTV-2，CCTV12，中央人民广播电台
	七星彩	20:00:00		1			1		1	摇奖、录播、互联网直播	20:30	
	超级大乐透	20:00:00	1		1			1		摇奖、录播、互联网直播	20:30	
	足彩胜负（包括任选九场）	根据比赛时间								比赛结果		中国体彩网，中国竞彩网
	足彩 4 场进球	根据比赛时间										
	足球 6 场半全场胜负平	根据比赛时间										
	竞彩	根据比赛时间										
	11 选 5	22:59:00	1	1	1	1	1	1	1	计算机自动生成	10 分钟开奖一次	云南体彩网
	快乐 123	23:04:00	1	1	1	1	1	1	1	计算机自动生成	10 分钟开奖一次	云南体彩网
西藏	排列 3、排列 5	20:00:00	1	1	1	1	1	1	1	摇奖、录播、互联网直播	20:30	中国体彩网，中国竞彩网，CCTV-2，CCTV12，中央人民广播电台
	七星彩	20:00:00		1			1		1	摇奖、录播、互联网直播	20:30	
	超级大乐透	20:00:00	1		1			1		摇奖、录播、互联网直播	20:30	
	足彩胜负（包括任选九场）	根据比赛时间								比赛结果		中国体彩网，中国竞彩网
	足彩 4 场进球	根据比赛时间										
	足球 6 场半全场胜负平	根据比赛时间										
	竞彩	根据比赛时间										
	11 选 5	23:00:00	1	1	1	1	1	1	1	计算机自动生成	10 分钟开奖一次	

续表

省市	玩法	停止销售时间	开奖日							开奖方式	开奖时间	媒体
			一	二	三	四	五	六	日			
陕西	排列 3、排列 5	20:00:00	1	1	1	1	1	1	1	摇奖、录播、互联网直播	20:30	中国体彩网，中国竞彩网，CCTV-2，CCTV12，中央人民广播电台
	七星彩	20:00:00		1			1		1	摇奖、录播、互联网直播	20:30	
	超级大乐透	20:00:00	1		1			1		摇奖、录播、互联网直播	20:30	
	足彩胜负（包括任选九场）	根据比赛时间								比赛结果		中国体彩网，中国竞彩网
	足彩 4 场进球	根据比赛时间										
	足球 6 场半全场胜负平	根据比赛时间										
	竞彩	根据比赛时间										
	泳坛夺金	22:03:30	1	1	1	1	1	1	1	计算机自动生成	10 分钟开奖一次	陕西体彩网
	11 选 5	22:59:30	1	1	1	1	1	1	1	计算机自动生成	10 分钟开奖一次	陕西体彩网
甘肃	排列 3、排列 5	20:00:00	1	1	1	1	1	1	1	摇奖、录播、互联网直播	20:30	中国体彩网，中国竞彩网，CCTV-2，CCTV12，中央人民广播电台
	七星彩	20:00:00		1			1		1	摇奖、录播、互联网直播	20:30	
	超级大乐透	20:00:00	1		1			1		摇奖、录播、互联网直播	20:30	
	足彩胜负（包括任选九场）	根据比赛时间								比赛结果		中国体彩网，中国竞彩网
	足彩 4 场进球	根据比赛时间										
	足球 6 场半全场胜负平	根据比赛时间										
	竞彩	根据比赛时间										
	泳坛夺金	22:05:20	1	1	1	1	1	1	1	计算机自动生成	10 分钟开奖一次	甘肃体彩网
	11 选 5	23:00:25	1	1	1	1	1	1	1	计算机自动生成	10 分钟开奖一次	甘肃体彩网

续表

省市	玩法	停止销售时间	开奖日							开奖方式	开奖时间	媒体
			一	二	三	四	五	六	日			
青海	排列 3、排列 5	20:00:00	1	1	1	1	1	1	1	摇奖、录播、互联网直播	20:30	中国体彩网，中国竞彩网，CCTV-2，CCTV12，中央人民广播电台
	七星彩	20:00:00		1			1		1	摇奖、录播、互联网直播	20:30	
	超级大乐透	20:00:00	1		1			1		摇奖、录播、互联网直播	20:30	
	足彩胜负（包括任选九场）	根据比赛时间								比赛结果		中国体彩网，中国竞彩网
	足彩 4 场进球	根据比赛时间										
	足球 6 场半全场胜负平	根据比赛时间										
	竞彩	根据比赛时间										
	11 选 5	22:45:00	1	1	1	1	1	1	1	计算机自动生成	10 分钟开奖一次	
	快乐扑克	21:00:00	1	1	1	1	1	1	1	计算机自动生成	10 分钟开奖一次	
宁夏	排列 3、排列 5	20:00:00	1	1	1	1	1	1	1	摇奖、录播、互联网直播	20:30	中国体彩网，中国竞彩网，CCTV-2，CCTV12，中央人民广播电台
	七星彩	20:00:00		1			1		1	摇奖、录播、互联网直播	20:30	
	超级大乐透	20:00:00	1		1			1		摇奖、录播、互联网直播	20:30	
	足彩胜负（包括任选九场）	根据比赛时间								比赛结果		中国体彩网，中国竞彩网
	足彩 4 场进球	根据比赛时间										
	足球 6 场半全场胜负平	根据比赛时间										
	竞彩	根据比赛时间										
	11 选 5	22:05:00	1	1	1	1	1	1	1	计算机自动生成	10 分钟开奖一次	宁夏体彩网

续表

省市	玩法	停止销售时间	开奖日							开奖方式	开奖时间	媒体
			一	二	三	四	五	六	日			
新疆	排列 3、排列 5	20:00:00	1	1	1	1	1	1	1	摇奖、录播、互联网直播	20:30	中国体彩网，中国竞彩网，CCTV-2，CCTV12，中央人民广播电台
	七星彩	20:00:00		1			1		1	摇奖、录播、互联网直播	20:30	
	超级大乐透	20:00:00	1		1			1		摇奖、录播、互联网直播	20:30	
	足彩胜负（包括任选九场）	根据比赛时间								比赛结果		中国体彩网，中国竞彩网
	足彩 4 场进球	根据比赛时间										
	足球 6 场半全场胜负平	根据比赛时间										
	竞彩	根据比赛时间										
	11 选 5	2:00:00	1	1	1	1	1	1	1	计算机自动生成	10 分钟开奖一次	新疆体彩网

（国家体育总局体育彩票管理中心供稿）

五、中央专项彩票公益金使用情况

2017年中央专项彩票公益金支持未成年人校外教育项目实施情况

根据国务院批复方案和财政部要求，“十三五”期间教育部实施了中央专项彩票公益金支持未成年人校外教育事业发展项目，项目包含两个子项目：一是校外活动保障和能力提升项目（以下简称“能力提升项目”）；二是研学实践教育项目（以下简称“研学项目”），包括中小学生研学实践教育基地项目和中小学生研学实践教育营地项目。按照教育部领导指示精神，能力提升项目自2016年已开始实施，并印发了《中央专项彩票公益金支持校外活动保障和能力提升项目管理办法》（教基一〔2016〕9号）。研学项目自2017年开始实施，2017年和2018年共命名了582个研学实践教育基地、40个研学实践教育营地（含6个重点支持营地）。涵盖优秀传统文化、革命传统教育、国情教育、国防科工、自然生态等板块。通过推动开展研学实践教育活动，实现学校教育与校外实践相结合，为孩子们提供了良好的成长环境和更多实践活动机会，促进了学生德智体美劳全面发展。

2017年7月21日，教育部办公厅印发《关于开展2017年度中央专项彩票公益金支持中小学生研学实践教育项目推荐工作的通知》（教基厅函〔2017〕25号）。要求省级教育行政部门会同相关部门组织资源单位进行申报，重点考虑国家或有关行业已挂牌的各类教育基地。在国家有关基地主管部门和各省级教育行政部门推荐基础上，经专家评议，营地实地核查及综合评定，2017年12月6日印发《教育部办公厅关于公布第一批全国中小学生研学实践教育基地、营地名单的通知》（教基厅函〔2017〕50号）。共命名了中国人民革命军事博物馆等204个单位为“全国中小学生研学实践教育基地”，河北省石家庄市青少年社会综合实践学校等14个单位为“全国中小学生研学实践教育营地”。

2017年中央专项彩票公益金支持未成年人校外教育项目共支持资金92 000万元，并已全部拨付到位，主要用于全国中小学生研学实践教育基地、营地和校外活动场所的课程设计、资源开发、活动组织、修缮维护等工作。

一、中小学生研学实践教育基地项目

经专家评议，给予资金支持基地项目204个，支持资金共计8 230.65万元，每个基地支持资金约50万元，主要支持基地组织开展中小学生研学实践教育公益性活动。支持基地结合自身特点，设计开发适合不同学段学生、与学校教育内容相衔接的优秀传统文化、革命传统教育、国情教育、国防科工、自然生态等为内容的教育课程与资源；支持基地根据教育课程需要，组织培训适合中小学生需要的专业课程讲解人员和活动组织管理人员；支持基地选派优秀课程讲解人员和组织管理人员外出学习与交流。

二、中小学生研学实践教育营地项目

经专家评议，该项目共计安排资金23 194.21万元，支持14个全国中小学生研学实践教育营地用于开展研学实践教育活动，每个营地约1 000万元，主要支持营地组织中小学生研学实践教育活动，开展集体实践和研究性学习。支持营地结合自身特点，设计开发适合不同学段学生、与学校教育内容相衔接的优秀传统文化等为内容的主题研学实践教育线路与教育课程。支持营地根据研学实践线路和教育课程需要，聘请研学实践教师；组织培训课程讲解人员和研学实践教育活动组织管理人员进行业务培训；选派优秀讲解人员和组织管理人员外出学习与交流。支持营地根据研学实践线路和教育课程需要，进行必要的修缮维护、添置更新设备。支持营地根据研学实践教育线路和课程需要，与有关具备条件的活动场所签订协议，委托其组织开展研学实践教育活动；支持具有资质的第三方中介机构对项目进行跟踪审计。

三、青少年校外活动保障与提升项目

经专家评议，给予资金支持的校外活动场所 1 152 个，安排支持资金 60 575 万元。主要支持活动场所组织开展“少年传承中华传统美德”系列教育活动、“圆梦蒲公英”活动、科普教育活动、课后服务活动、中小学生社会实践活动和其他公益性活动；支持活动场所开发与学校教育互补、有地域特点和文化特色，以生存体验、素质拓展、科学实践、专题教育、兴趣培养为主要内容的公益性校外活动资源；支持活动场所修缮维护和添置更新设备，每个场所修缮维护补助不超过 150 万元，设备更新补助不超过 30 万元。

为了提高项目绩效管理水平，提升财政资金使用效益，印发《教育部办公厅关于做好 2017 年度中央专项彩票公益金支持校外教育事业发展项目支出绩效评价（考核与验收）工作的通知》，对 2017 年校外教育事业发展项目在资金使用、资源开发、活动开展、社会评价等方面绩效指标进行考核，切实加强项目的实施和管理，提升资金使用效益，力促项目实施保质保量。推动各级教育行政部门积极制订研学实践教育活动实施方案，联合校外教育资源积极开展丰富多彩的研学实践教育活动，受到了学生、家长、教师和社会人士的一致好评，为项目的落地实施，校外教育的落地开展提供了机制保障。

（教育部基础教育司供稿）

2017年中央专项彩票公益金支持公安部“禁毒关爱工程”项目实施情况

为认真贯彻落实习近平总书记等中央领导同志关于禁毒工作的重要指示精神，深入推动面向全民的禁毒预防宣传教育，2015年公安部向财政部申请中央专项彩票公益金专项经费开展“禁毒关爱工程”项目，用于在全国范围内开展禁毒宣传工作。2016年度、2017年度项目经费合并执行，项目资金共6 000万元。

按照“禁毒关爱工程”项目计划，该资金主要用于面向全民的禁毒宣传教育活动。公安部针对当前贫困地区在校学生禁毒知识欠缺的情况，在山西、吉林、广西、海南、四川、贵州、云南、西藏、甘肃、青海、宁夏、新疆等13个省（区）毒品危害严重、经济欠发达及偏远地区的初中学校建立1 080个校园禁毒图书角，每个校园禁毒图书角5万元，共计5 400万元。面向青少年学生开展生动的禁毒宣传教育，努力提高青少年学生识毒、拒毒、防毒意识和能力：在青海省西宁市援建一个省级禁毒科普教育馆，在江西省景德镇市、浮梁县分别升级扩建一个市级、县级禁毒科普教育馆，依托这三个禁毒科普教育馆，开展分别覆盖省、市、县的禁毒科普教育，推动当地全民禁毒宣传教育工作向纵深发展。这些项目使用经费共计600万元。

截至目前，1 080所校园禁毒图书角及3个禁毒科普教育馆已基本建成并投入使用，在当地禁毒宣传教育方面取得了良好的效果。一是提高了学生禁毒知识知晓率和掌握率。各学校利用校园禁毒图书角和科普馆开展禁毒主题班会、集中阅读禁毒书籍、举行网上禁毒知识竞赛、观看禁毒电影、组织参观毒品仿真样品等青少年喜闻乐见的教育方式，教育在校学生将“毒品不能沾”的拒毒意识植根于心，并深入了解我国禁毒历史，学习毒品的种类及吸毒诱因等相关知识，提高了拒毒、防毒的技能，有效引导学生自觉远离毒品、抵制毒品。二是激发了学生参与禁毒活动的主动性和积极性。通过在校园禁毒图书角和科普教育馆设置多功能区及配置互动设备并开展禁毒题材书法、绘画、摄影比赛等形式，激发学生积极参与禁毒活动的热情和主动性。三是强化了学校对禁毒工作的责任感。在校园禁毒图书角建设过程中，得到了当地教育部门特别是项目学校的高度重视，学校各级领导对学校禁毒工作有了更深入、更直观的认识，从禁毒部门要求开展学校禁毒宣传活动到学校主动组织禁毒宣传，从学校可有可无的禁毒活动到把学校毒品预防教育纳入教学计划等，从根本上转变了学校对禁毒工作的态度，为坚决守住校园净土奠定了坚实基础。

（公安部供稿）

2017年中央专项彩票公益金支持居家和社区养老服务改革试点项目实施情况

一、彩票公益金使用规模

2017年，中央专项彩票公益金支持开展居家和社区养老服务改革试点补助资金（以下简称“试点补助资金”）规模为10亿元。

二、资助项目

试点补助资金主要支持第二批试点地区居家和社区养老服务发展，包括但不限于以下主要任务：一是建立政府领导、部门有效分工协作的试点工作机制。二是探索建立特殊困难老年人基本服务制度。三是推动形成以社会力量为主体的居家和社区养老服务多元供给格局。四是探索统一管理、综合、开放的居家和社区养老服务信息平台，探索“互联网+”在居家和社区养老服务中各种有效应用模式，推广智能养老产品和技术应用。五是加强养老服务人才队伍建设。六是加强推进医养结合。七是推进居家和社区养老服务标准化、规范化，建立服务质量标准体系和质量监管机制，提升服务质量和水平。八是保障服务场地供给。九是大力发展农村居家和社区养老服务。

三、执行情况

2017年9月29日，民政部联合财政部印发《关于开展第二批居家和社区养老服务改革试点申报工作的通知》（民函〔2017〕230号），启动第二批试点地区评选工作，最终遴选出北京市西城区等28个地区入围第二批居家和社区养老服务改革试点地区，并下达试点补助资金9.9亿元。在试点工作实施阶段，民政部联合财政部明确以问题为导向，对试点地区提出9项具体任务要求和工作安排。2018年9月，民政部、财政部通过组织试点地区自我考评、考核组实地考核、复核审定的方式，确定最终绩效考核结果：上海市长宁区、江苏省南通市、江苏省徐州市、安徽省合肥市、浙江省绍兴市、安徽省安庆市、青海省西宁市、山东省济宁市等八个地区被评为优秀试点地区，并由财政部下达了奖励资金共1 000万元。至此，2017年试点补助资金全部落实到位。

四、实际效果

第二批试点地区围绕建立试点工作机制、探索建立特殊困难老年人基本服务制度、形成以社会力量为主体的多元供给格局、探索互联网+养老模式、加强养老服务人才队伍建设、推进医养结合模式、建立服务质量标准体系和监管机制、保障服务场地供给、发展农村居家和社区养老服务等9项试点任务进行了有益的探索，并结合实际、不同程度地开展了创新工作，取得了一定的成绩。

上海市长宁区制定《长宁区养老“优质+均衡”发展三年行动计划》，全面推进社区综合为老服务中心精细化管理，推进综合为老服务中心标准化工作。

安徽省合肥市出台《合肥市居家养老服务条例》《合肥市新建住宅小区配建养老服务用房和设施建设、移交和管理办法》等，推进全市新建住宅小区配建社区居家养老服务用房和设施。

江苏省南通市出台《关于推进社区长者驿家

建设工作的通知》，打造“社区长者驿家”养老服务模式，将小型养老机构移至社区。

青海省西宁市结合实际，提出“区县综合服务圈（养老示范基地）、社区托养圈（日间照料中心）、农村自助活动圈（老年之家）、居家生活圈（家庭）”等“四圈合一”的社区养老15分钟生活服务圈规划布局。

江苏省徐州市在印发《关于加快推进农村敬老院转型升级提升质量的意见》等文件基础上创新开展“爱心邮路”和“助老平安”项目，依托进村入户的邮递员、保险协理员和农村爱心妇女，为留守老人和购买服务对象提供探视和照料服务，实现了关爱守望全覆盖、无遗漏。徐州经验值得借鉴和推广。

（民政部供稿）

2017年中央专项彩票公益金支持文化事业项目实施情况

2017年，财政部通过中央专项彩票公益金支持城市社区文化中心（文化活动室）设备购置和国家艺术基金2个项目，分别安排资金1亿元和3.68亿元。项目实施情况如下：

一、城市社区文化中心（文化活动室）设备购置项目

为保障城市社区文化活动的正常开展，加强城市社区文化建设，中央财政从2009年开始设立全国城市社区文化中心（文化活动室）设备购置专项资金，主要对中西部地区已建成且具有一定规模、配有专人管理、常年开展文化活动的城市社区文化中心(文化活动室)开展业务活动所需设备购置经费予以定额补助，对东部地区在社区文化中心(文化活动室)建设工作中取得突出成绩的省份予以奖励。

（一）资金使用情况

为切实发挥资金使用效益，2009年财政部和原文化部按照国家有关法律法规和国家彩票公益金管理办法，结合我国城市社区文化中心和文化活动室建设的实际情况，制定并印发《城市社区文化中心（文化活动室）设备购置专项资金管理办法》（财教〔2009〕447号），以加强全国城市社区文化中心（文化活动室）设备购置专项资金的管理和使用。2009—2016年，中央财政共安排专项资金19.59亿元。2017年，中央财政继续安排专项资金1亿元，对中西部地区90个社区文化中心、1 784个社区文化活动室设备购置进行了补助，实现了对中西部地区截至2014年底已建成社区文化中心和社区文化活动室的全覆盖。该项目顺利实施完毕。

（二）项目社会效益

该项目切实保障了广大人民群众的基本文化权益，对构建覆盖城乡的公共文化服务体系，推进城市文化建设与发展，具有十分重要的意义。该项目实施以来，我国城市社区文化中心和文化活动室阵地建设得到加强，基本设备条件得到较大的改善，社区文化建设得到加强，为开展丰富多彩的社区文化生活提供了必要保障，深受社区群众欢迎。这些社区的文化场所均已成为社区群众文化活动的主阵地，取得了良好的社会效益。

二、国家艺术基金

2017年是国家艺术基金成立的第四个年头。通过四年的摸索，艺术基金在申报评审、实施监督和成果运用方面“三轨并行”的工作格局已经初步形成，成功走过了“初创期”，稳步迈向了“发展期”。“基金制管理、项目化运作”已走入正轨，基金正不断发挥艺术繁荣发展的“孵化器”和“发动机”作用。

（一）资助项目情况

2017年，国家艺术基金制定发布了2017年度及2018年度舞台艺术创作、传播交流推广、艺术人才培养、青年艺术创作人才一般项目申报指南，面向社会受理项目申报。经宣传动员，通过网上申报的方式，在2017年度资助项目申报期内，共有4 910个机构和个人作为申报主体，申报了7 128个项目，申请资助资金总额约76亿元。其中6 616个项目通过审查进入初评。经过专家独立网上评审、排序，系统自动汇总评选出

了 1 833 个项目进入复评，其中 1 002 个项目为 2017 年度国家艺术基金立项资助一般项目。

围绕艺术基金资助项目成果运用，组织了开展2017年度滚动资助项目评审工作，经专家评审，共评定 10 台大型舞台剧和作品为 2017 年度大型舞台剧和作品滚动资助项目；12 台小型剧（节）目和作品为 2017 年度小型剧（节）目和作品成果运用项目；青年艺术创作人才美术类资助项目中的 46 位青年艺术家的 98 件（组）作品和 7 个艺术人才培养美术类资助项目中的 14 件（组）学员作品，共 112 件（组）作品为美术类成果运用作品；青年艺术创作人才编剧类资助项目中的 11 位戏剧、曲艺编剧创作的 11 部剧本为成果运用作品。

（二）资金使用情况

截至 2017 年底，共有 1 个项目向管理中心申请撤项。实际对 2017 年度一般项目 1 001 项进行资助，合计 7.38 亿元，包括：大型舞台剧 134 项，资助金额 3.17 亿元；小型剧（节目）198 项，资助金额 0.31 亿元；传播交流推广项目 181 项，资助金额 2.2 亿元；人才培养类项目 140 项，资助金额 1.19 亿元；青年人才培养 348 项，资助金额 0.52 亿元。此外，资助 2017 年度滚动资助项目 0.17 亿元。

根据艺术生产规律和项目管理要求，按照管理中心与项目承担主体签订的协议，2017 年集中拨付了 2017 年度一般项目首笔款 999 项，共拨付首笔款 4.19 亿元。根据项目实施情况与中期巡查监督结果，完成中期款拨付 14 项，共拨付中期款 834.8 万元。拨付了 2017 年度滚动资助项目首笔款 918 万元，中期款 306 万元。

（三）项目社会效益

2017 年，国家艺术基金在推动创作生产优秀作品的中心环节，始终把资助重点放在方向正确、艺术价值高、社会效益好的项目上，将弘扬优秀传统文化和发展当代先进文化有机统合起来，在选取资助对象上体现战略感与新时代要求，有满足人民群众精神文化紧缺急需的项目，也有打基础、立长远，服务艺术事业长期发展的基础性项目。通过资助，推出了一批精品力作，培养了一批优秀艺术人才，推动了一批优质项目的传播和交流，对艺术事业的健康发展起到积极的引导、示范和促进作用，资助项目成果显著。

（文化和旅游部财务司供稿）

2017年中央专项彩票公益金支持乡村学校少年宫项目实施情况

一、基本情况

2017年，中央专项彩票公益金共安排73 012万元（其中：新建项目修缮装备24 000万元、运转经费49 012万元），支持建设乡村学校少年宫1 600所。当前，中央支持建设的乡村学校少年宫已达15 236所，受益农村未成年人超过千万人。

二、主要成效

（一）发力脱贫攻坚初见成效

按照2016年明确提出“将不少于75%的指标用于国家级贫困县乡村学校少年宫建设”的要求，2017年国家级贫困县所在的22个省（区、市）共计将80.38%的项目指标用于定向建设，其中河北、内蒙古、江西、湖北、湖南、四川、贵州、西藏、甘肃、青海、宁夏等11个省（区）将项目指标全部用于贫困地区。截至2017年，22个省份累计在国家级贫困县建设乡村学校少年宫5 765所，覆盖了5 484个乡镇。国家级贫困县乡镇的乡村学校少年宫覆盖率，已从“十二五”末的31%上升到2017年的48.52%，全国接近一半的国家级贫困县乡镇有了中央支持建设的乡村学校少年宫。

（二）始终坚持以立德树人为根本

坚持用社会主义核心价值观引领乡村学校少年宫的建设发展，在乡村学校少年宫广泛开展“我的中国梦”、爱国主义等主题教育，使乡村学校少年宫成为农村未成年人培育和践行社会主义核心价值观的有效载体和重要平台。各地认真落实《关于实施中华优秀传统文化传承发展工程的意见》，充分运用乡村学校少年宫这个平台，广泛开展中华经典诵读、“我们的节日”主题活动、“少年传承中华传统美德”系列教育、“爱我中华”主题教育等，积极推动戏曲、书法、高雅艺术、传统体育等走进乡村学校少年宫，把弘扬优秀传统文化与开展美育教育结合起来，让农村未成年人感受和领悟中华传统文化中的诗词之美、戏曲之美、书画之美、音乐之美、风俗之美，提升他们的审美情趣与人文素养。

（三）交流展示活动形式多样

各地自下而上探索开展乡村学校少年宫文艺汇演、成果展示、比赛竞赛等活动，以会展促交流、以竞赛促提高，更好地展现农村学生的精神风貌、展示乡村学校少年宫的建设成果。河北、上海、山东、江西、福建、四川等地开展了形式多样的乡村学校少年宫成果展示活动，增强农村学生自信，赢得社会认可，取得了良好效果。

（四）使用管理进一步制度化、规范化

乡村学校少年宫“十三五”规划方案提出了建设总数、覆盖率、建设质量、活动效果等一系列目标。不少地方根据总目标，结合本地实际，制定了乡村学校少年宫建设的长远目标和阶段性任务。各地还按照管理办法要求，认真修改、完善考核评估标准，对所有已建成项目严格执行分级考评，坚持每年进行省一级抽查、地市一级普查，并将考评结果与运转补助挂钩。我们委托中国未成年人网研发了全国乡村学校少年宫管理系统，在完善“十二五”时期“一校一档”工作的基础上，建成全国31个省（区、市）和新疆生产建设兵团乡村学校少年宫项目的网上数据库，实现全程数字化管理。2017年底管理系统一期已经完成，实现了在线报送、即时审核、统计查询等档案资料的管理功能，并能对基础数据进行量化分析，为精细化管理提供依据。

（中央文明办三局供稿）

2017年中央专项彩票公益金支持城乡医疗救助项目实施情况

2017年，中央财政投入城乡医疗救助补助资金155亿元，其中包含中央专项彩票公益金18亿元，中央专项彩票公益金补助占当年中央财政投入的11.6%。

2017年，全国共实施医疗救助9 138.1万人次，支出资金340.1亿元。其中住院和门诊救助3 517.1万人次，支出资金266.1亿元；资助困难群众参加基本医疗保险5 621万人，支出资金74亿元。全国平均住院救助、门诊救助水平分别为人次均1 498元、153元，资助困难群众参加基本医疗保险为人均132元。

（国家医疗保障局规划财务与法规司供稿）

2017年中央专项彩票公益金支持中国红十字会人道救助救援项目实施情况

一、项目内容及执行情况

2017年中央专项彩票公益金支持中国红十字会人道救助救援项目包括三部分内容：一是人道救助，二是人道救援，三是社区防灾减灾项目（博爱家园）。

（一）人道救助

人道救助主要包括紧急人道救助、经常性人道救助及红十字系统备灾救灾中心规范化建设。紧急人道救助部分采购赈济家庭包68 005个，服装50 000件，毛巾被75 000床，棉被50 000床，棉帐篷1 000顶，单帐篷3 000顶，折叠床3 000张，物资储备于灾害多发及交通多发地区的红十字备灾中心（仓库），保证在灾难发生时能够及时、足量调拨及发放物资，在最短的时间内为灾区群众提供基本物资，满足其生活需求。经常性人道救助“博爱送万家”活动在元旦、春节期间为贫困家庭送去满足其基本生活需求的慰问物资，2017年共计约为3万个家庭送去了温暖，弘扬了“人道、博爱、奉献”的红十字精神。红十字系统备灾救灾中心规范化建设部分，开展了备灾中心人员培训2期，为9个国家级备灾救灾中心配备标准化设备。

（二）人道救援

举办5期红十字救援队培训，组织4次救援队演练，夯实了队员的理论基础，提高了实战能力，在灾难发生时，能够及时、高质、高效地为灾区群众提供医疗、供水及大众卫生等方面的服务，使灾区群众过上更加有尊严的生活，凸显“以人为本、贴近民生”的救灾理念。2017年先后派出两次中国红十字国际救援队分别赴斯里兰卡、古巴执行灾害救援任务；为“十二五”已建成的红十字救援队伍及“十三五”新建队伍提供设备的维护、保养、更新和设备添置支持，确保中央专项彩票公益金支持建设的红十字救援队装备性能良好，以应对自然灾害等突发事件。

（三）社区防灾减灾项目（博爱家园）

经过精密论证，中国红十字会推出了以“防灾减灾、健康促进、生计发展、人道传播”为主要内容的红十字“博爱家园”项目，有效提升了中国广大农村贫弱社区的防灾减灾综合能力。2017年在20个社区实施项目，开展防灾减灾小型工程、举办防灾减灾培训及应急演练、支持生计发展、成立基层红十字组织及发展志愿服务。

二、项目意义

项目实施在满足受灾、贫困群众需求，带动社会投入，健全救灾备灾机制等方面取得了较为显著的效果。

（一）满足群众需求，弘扬博爱精神

项目通过采购、发放紧急人道救助物资，调拨备灾救灾中心储备的救灾物资的，能够直接满足受灾群众基本的衣、食、住需求。2017年针对各地受灾情况，共计调拨家庭包3.9万多个，棉被7.4万多床，毛巾被2.2万多条，棉衣6.6万多件， 夹克衫3.6万多件，冲锋衣5 500件，帐篷1 000顶，折叠床40张，物资共计价值2 440万元。救灾范围覆盖湖南、广西等16

个受灾省（市、区），有效满足了受灾群众的基本生活需求。

经常性人道救助“博爱送万家”活动在元旦、春节期间为贫困家庭送去满足其基本生活需求的慰问物资，2017 年共计约为 3 万个家庭送去了温暖，弘扬了“人道、博爱、奉献”的红十字精神。

救援队培训及演练，夯实了队员的理论基础，提高了队员的实战能力。在灾难发生时，救援队能够及时、高质、高效地为灾区群众提供医疗、供水及大众卫生等方面的服务，使灾区群众过上更加有尊严的生活，凸显“以人为本、贴近民生”的救灾理念。

（二）带动地方投入，提升红十字会影响力

经常性救助方面，截至 2017 年底，中央专项彩票公益金累计支持“博爱送万家”活动资金 8 968 万元，全国各级红会募集款物价值超过 20 亿元，受益人口近 3 亿人，且募集物资更加灵活多样，受到群众欢迎。其中：2016 年，除总会投入 900 万元项目资金外，各省红十字会也积极投入配套资金及物资。

（三）健全救灾备灾机制，保障人民群众生命健康安全

项目按照往年各地灾情及各备灾中心库存剩余情况进行物资采购，并将采购的赈济家庭箱、服装、毛巾被等 7 类物资分配至全国 32 个备灾中心，保证在灾难发生时能够及时、足量调拨及发放物资，在最短的时间内为灾区群众提供基本物资，满足其生活需求。

（红会财务部供稿）

2017年中央专项彩票公益金支持中国红十字生命健康安全教育项目实施情况

一、项目内容及执行情况

2017年，为进一步促进群众性应急救护工作的开展，提高群众应急救护知识的普及率，中国红十字会在中央专项彩票公益金的支持下开展“十三五”红十字生命健康安全教育项目，项目年度经费共计7 201.45万元。项目开展的主要内容有：“学校＋社区”安全健康教育活动、生命健康安全体验教室建设、应急救护师资培训、数据管理和应用、救护培训研发与知识宣传、项目管理。

二、项目成果

（一）推动群众性应急救护培训工作的开展，不断提高应急救护知识在人民群众中的普及率

项目通过开展“学校＋社区”活动、救护师资培训及救护公益讲座等内容，以学校、社区安全教育为切入点，提出“小手拉大手，健康一起走”的理念，建立了“学校＋社区”的救护培训工作模式并积累成功经验。2017年，项目培训救护员超过6.6万人次，师资初训与提高累计达2 682人次，通过各类救护培训、讲座、演练、活动等，直接受益人口超61.5万人次，带动各地红十字会开展救护员培训达310万人次，增强了广大群众逃生避险、自救互救能力，减少了自然灾害、意外伤害等突发事件带来的健康安全损害，取得了良好的社会效益。

（二）建设生命健康安全体验教室（馆），打造集救护培训、安全体验、人道传播为一体的公益平台

2017年，支持在25个省份30个项目执行地建设生命健康安全体验教室（馆），通过各种情景式体验、高科技模拟、游戏式互动以及标准化教学等方式宣传普及应急救护知识和技能。各地通过各种形式争取地方政府在场地、人员、资金、政策等方面给予支持，通过生命健康安全教育项目共争取体验教室建设场地11 400多平方米，体验场所人员投入190多名，地方配套资金约1 480多万元，投入配套比达到了2 ： 3。

（三）成功举办第四届全国红十字应急救护大赛，推动全民应急救护知识的普及

2017年9月，在安徽合肥成功举办第四届全国红十字应急救护大赛，有包括新疆生产建设兵团和香港、澳门特别行政区红十字会在内的全国共34支代表队200多名红十字救护员参加了比赛，其中西藏自治区红十字会是第一次组队参加全国性救护大赛，决赛录像在安徽卫视播出，应急救护的知识和技术通过电视屏幕传播到千家万户，成为普及应急救护知识的重要途径。

（四）开展教材及相关标准研发，提升救护培训标准化水平

开展教材及相关标准的研发，形成了一系列教材、书籍和科学研究成果。在救护培训教材、普及书籍开发方面，编写了《红十字应急救护课程体系》、《提高班教材》、《应急救护实操技术手册》、《马拉松赛道急救》和《家政服务人员应急救护知识手册》，翻译了美国红

十字会的《CPR+AED参与者手册》、《CPR+AED救护人员手册》2本书籍。在急救物品标准方面，编写了车载（小型车）、车载（公共汽车等）、户外旅行（便携型）、户外旅行（加强型）、家庭（加强型）等5类急救包标准。

（五）完成救护教具采购，支持地方应急救护工作的开展

2017年完成了价值3 000万元的成人复苏模拟人、婴儿复苏模拟人、简易复苏模拟人3类救护教具的采购，支持地方应急救护工作的开展。随着救护工作的深入推进，各红十字救护培训机构对模拟人等救护教具的需求日趋增加，且模拟人等教具为易耗品，使用损耗很大，需要经常更新、补充。彩票公益金项目通过采购模拟人等教具设备，支持各级，特别是基层红十字会的救护培训工作，有力促进了群众性救护培训工作的开展。

（六）创新宣传模式，扩大应急救护工作的社会影响力

研发了救护宣传册和折页，制作以应急救护为主题的微电影，制作自动体外除颤器的使用以及犬咬伤、癫痫、哮喘等应急救护相关的12个科普短片和地铁投放的应急救护知识的宣传海报。策划制作了手机端、网页端应急救护知识宣传页面，通过《红十字报》、《人民日报》、《健康时报》等20多家媒体进行活动报道；编印2期应急救护论文汇编，进行学术性推广。

（七）加强项目管理，提升项目服务对象满意度

结合“十二五”项目经验，2017年对师资管理平台、项目管理平台进行升级维护等，对各地方上传的系统培训数据进行统计、分析、研究。针对2017年项目开展期间参与救护员培训、师资初训、学校安全辅导员培训、师资提高、亲子讲座等群众开展了相关的满意度调查，共下发满意度调查问卷约7万份，上报有效问卷6万余份，经统计分析，项目总体满意度达到99.5%。

（红会财务部供稿）

2017 年中央专项彩票公益金支持中国造血干细胞捐献者资料库项目实施情况

中国造血干细胞捐献者资料库（中华骨髓库）管理中心（以下简称“管理中心”），坚持“以供者为本，为患者服务”的理念，以打造“世界一流强库”为目标，砥砺前行。截至2017年底，中华骨髓库库容超过242万人份（见图1），更新上传世界骨髓库数据、在库参与检索库容量达96万多人份，累计为临床提供造血干细胞7 001例，其中向国（境）外捐献284例。2017年全年，为临床提供初次检索查询服务8 866人次，接受复查申请3 305人次，通过世界骨髓库网站为临床提供错配检索1 920人次。年内完成造血干细胞捐献803例，其中向国（境）外捐献37例。

国家投入彩票公益金 8 956 万元支持中国造血干细胞捐献者资料库项目。其中：支付检测费等 7 123 万元；网络系统运营维护，软硬件升级改造等 140 万元；运输、保管血样样品，支付样品储存费 525 万元；进行入库数据质控 340 万元；骨髓库志愿者保障、管理经费 803 万元；在世界骨髓库中参加检索查询服务，缴纳年度会员费 15 万元；开展绩效评价工作，支付绩效评价费 10 万元。

一、科学合理下达任务、保证质量完成入库

经综合分析，管理中心对“十三五”规划已确定的每年 13 万人份数据入库任务进行科学、合理分配，将 4.72 万人份任务下达给除西藏以外的 30 个省级分库，由省内实验室完成 HLA 检测任务。同年 12 月完成 8.28 万人份任务的省外实验室公开招标。在各分库、组织配型实验室的通力配合和共同努力下，实际入库 8.15 万人份。截至 2017 年底累计库容达 242 万人份。

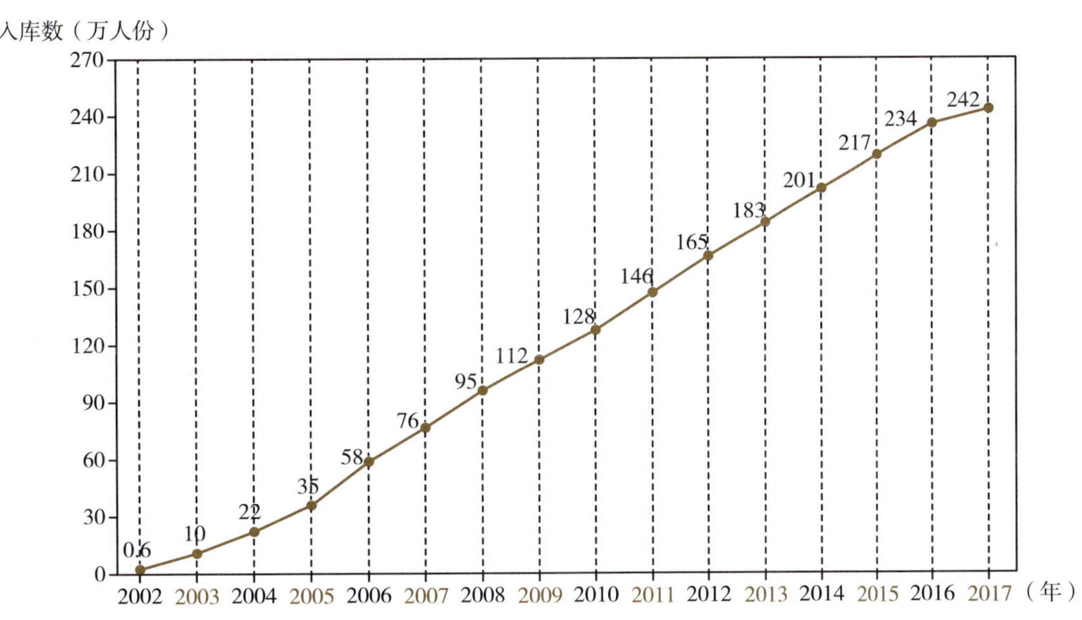

图 1　累计入库志愿捐献者数据相关统计

二、软件系统运营维护，确保网络传输畅通

中国造血干细胞捐献者资料库管理中心数据中心统一储存和管理着242万人份的入库志愿者数据，使用此系统可进行数据传输、检索查询、流程控制、统计分析等。

三、精心运输、保管血样，提供珍贵科研资源

2017年完成了8.15万人份血样的运输、储存和对242万人份血样样品进行储存保管工作。这些样品有序存放在-80℃的冰箱中，有专人负责管理，定时记录相关数据信息。

四、严格数据质量控制，保障数据质量合格

中国造血干细胞捐献者资料库管理中心对当年入库的8.15万人份数据按2%的比例抽检，全年入库数据质量控制抽检错误率为0.34%（见图2），达到世界先进骨髓库的质控水平。

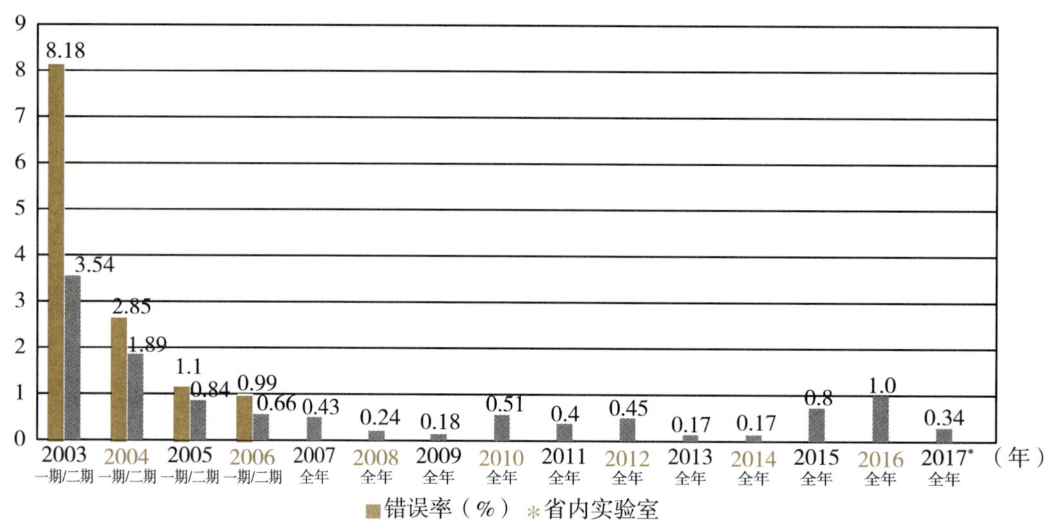

图2　2003—2017年年度入库HLA数据2%抽检质控错误率

五、其他

（一）做好捐献者保险采购工作

根据《“十三五”中央专项彩票公益金中国造血干细胞捐献者资料库项目实施方案》要求，管理中心在“十三五”期间为捐献者购买保险，积极促成保险协议的签订及2017年度捐献者保险追溯等相关工作。

（二）加大宣传力度，扩大社会影响

1. 纪念“第三个世界骨髓捐献者日”。2017年9月16日是“第三个世界骨髓捐献者日”。纪念日前夕，2017年9月13日，由中华骨髓库管理中心主办的“纪念第三个世界骨髓捐献者日活动暨捐献造血干细胞故事分享会”在京举行。中国红十字会副会长王海京，中华骨髓库管理中心主任李黎、副主任高东英，西安杨森制药有限公司副总裁及创新产品事业部负责人边欣，中国现役女子职业拳击世界冠军蔡宗菊出席了活动。中华骨髓库捐献者、志愿者及媒体，共计100余人参加了活动。

5名成功挽救血液病患者生命的造血干细胞捐献者现场分享了各自的故事。他们的故事感动了在场每一位听众，让社会公众更加了解造血干细胞捐献这项公益事业，同时也让大家记住9月第三个星期六是“世界骨髓捐献者日”，在全社会营造一种助人为乐、无私奉献的大爱精神，也让全球看到中华骨髓库造血干细胞捐献者的昂扬姿态。

与此同时，结合新修订的《中国红十字会法》颁布实施，号召各地开展形式多样的宣传活动。国家管理中心在全国启动“捐献造血干细胞——

讲出你的故事”征文活动，并编辑成书——《我们》。在9月16日世界骨髓捐献日前组织策划“故事分享会”，并引领各地方组织相关活动，各大媒体纷纷报道，在全国引起较大反响。世界骨髓捐献者协会也将此次活动的视频及资料在其网上刊登，让世界了解中国。

2. 爱心大使。

（1）聘请爱心大使康辉作为中华骨髓库专家委员会专家。在2017年10月15日召开的中华骨髓库第八届专家委员会换届会议上，康辉同志接受中国红十字会会长陈竺同志颁发的委员聘书，担任中华骨髓库第八届专家委员会委员，为中华骨髓库宣传工作献计献策。

（2）聘请蔡宗菊作为中华骨髓库爱心大使。90后山东姑娘蔡宗菊，是IBF（International Boxing Federation，国际拳击联合会）105磅女子世界冠军，中国唯一的“五星级世界拳王”。她在9月13日举办的“纪念第三个世界骨髓捐献者日活动暨捐献造血干细胞故事分享会”上，接受了中国红十字会副会长王海京颁发的聘书，正式担任中华骨髓库“爱心大使”。

3. 积极运用新媒体。

（1）中华骨髓库官方微博紧密联系省级管理中心、志愿者团队，在网上构建宣传矩阵。坚持及时回复网上各种疑问，化解矛盾，年回复量上千条，有效引导舆论导向，传递人间大爱。

2017年第三季度政务微博全国榜单，在“献血机构”中排名第3位。

微博榜单·中国公益指数榜——2017年10月月度榜单，中华骨髓库微博在行业机构中排名第3位。

2017年11月微博政务指数排行榜，中华骨髓库微博在“卫计”排名第21位。

（2）中华骨髓库官方微信公众号以其新颖、灵活的方式进行知识科普、典型人物宣传，组织策划了“我们的五八”“希腊在哪里”“喜迎十九大”“请把我说给你听”等专题活动，取得很好的宣传效果。

（3）卡通吉祥物征集大赛。为了设计好中华骨髓库卡通形象，促使捐献造血干细胞这项公益事业进一步深入人心，推动中华骨髓库的宣传工作，2017年底，中华骨髓库在全国范围内开展卡通形象设计大赛，得到了广大志愿者和公众的参与。大赛共收集优秀作品近180个，通过组织开展线上线下评选加大宣传力度。

（4）媒体报道。2017年5月，浙江捐献者李海丹的造血干细胞跨越城市、纵横千里，上演了一场牵动人心的“生死时速”。全国各大媒体陆续报道，CCTV-13《新闻直播间》、《24小时－国内焦点》、CCTV-1《新闻30分》、CCTV-4《中国新闻》等栏目在一天内播报达8次以上，此事也引起凤凰网、搜狐、网易等国内一批重量级的网络媒体和省内浙江在线、钱报网等众多网站的竞相报道，事迹播出后感动了国内外无数热心网友。

2017年9月，杭州富阳女孩许艾菲捐献造血干细胞后，通过微博详细分享了整个捐献过程，引起强烈社会反响。人民日报、新华社、新华网、央视新闻、新浪微博、腾讯新闻、浙江新闻等上百家微信公众号、客户端、微博、APP和门户网站对许艾菲的感人事迹进行了聚焦。据不完全统计，相关报道网络点击量突破3亿余次，评论量也超过50万余条，其中，腾讯新闻浏览量超3 700万次，点赞21万次，评论14 315条，许艾菲个人微博点赞13万次，在全社会上下产生了巨大的影响。中华骨髓库及时引导正确舆论，借势造势，第一时间通过官方微信公众号发出声音，引导舆论。

10月30日，90后空降兵军官周柯捐献造血干细胞救助香港同胞的事经《湖北日报》报道后，引起全国多家媒体的关注，众媒体纷纷为周柯的善举点赞。

《香港大公报》在11月2日的头版头条刊发新闻导读，并在整版报道中称：“一份生命种子跨越千山万水，输入一位饱受病痛折磨的香港患者的体内，这种跨越亲情、跨越血缘、跨越地域拯救生命的凡人善举，为人类历史又增添了一个爱的篇章！”报道还为这位最帅兵哥哥点赞。此外，中央电视台新闻频道、文汇报、央广军事网、中国新闻网等媒体，第一时间对周柯捐献造血干细胞挽救香港同胞的事迹进行报道，称赞这名90后军官用实际行动展现了人民解放军的英姿。

（三）中华骨髓库专家委员会换届

2017年10月15日，中华骨髓库在北京召开专家委员会换届会议。全国人大常委会副委员长、中国红十字会会长陈竺出席会议，并向新产生的第八届专家委员会荣誉主任委员陆道培院士、新任主任委员黄晓军及其他委员颁发证书。中国红十字会党组书记、常务副会长徐科出席会议并讲话。会议由中国红十字会副会长兼秘书长王平主持。

新一届专家委员会聘请陆道培院士担任荣誉主任委员，聘请血液病领域的著名专家黄晓军教授担任主任委员，并新设立了秘书处。专家委员会35名委员分别来自造血干细胞移植、HLA分型检测，以及医学伦理、法律、传媒、网络信息等领域，其中大部分为中青年专家。新一届专家委员会的组成，对及时跟进国际最新研究进展，指导推广适宜技术，拓宽服务领域，增强综合实力，提升中华骨髓库的影响力和可持续发展能力具有重要意义。

（红会财务部供稿）

2017 年中央专项彩票公益金支持贫困大病儿童救助项目实施情况

一、积极提高执行频次，实现“当年申请当年获助”预期

2017 年共执行中央专项彩票公益金 2.15 亿元，救助来自全国 31 个省（区、市）及新疆生产建设兵团的贫困白血病患儿 5 596 名、贫困先心病患儿 1 844 名。

为使用好彩票公益金救助资金，确保求助患儿能及时获助，中国红十字会突破项目执行频次，实现了“一月一评审”，“一月一资助”。全年共召开网络专家评审会 19 次，同比增长 280%；白血病患儿月度申请量由 400 名增长至 510 名，全年申请人数同比增长 28.36%；先心病患儿月度申请量由 201 名增长至 385 名，全年申请人数同比增长 97.68 %，有效回执率同比增长 103.69%。

2017 年，白血病患儿申请基本做到了满足所有符合救助标准的申请者的求助需求，实现了曾经预期的目标：当月收到申请，下月评审并寄发资助告知书，收到符合条件的票据即拨付资助款，大大缓解了过去患儿等待资金救命的困境。先心病患儿救助，因为接受救助申请大于彩票公益金预算资助范围，除了向社会募集弥补一部分外，下半年在总会的支持下完成了彩票公益金 1 500 万元的资金追加，专项用于救助先心病患儿，也做到了基本满足所有申请患儿的求助需求，实现了“当年申请，当年获助”的目标。

二、大力推动初审权下移和启动医院救助直通车，提升救助效率

在确保资金执行安全的基础上，为不断提高救助效率，简化审批流程，彩票办继续推动回执票据的审核权限交由各下移省执行，到 2017 年底累计有 21 个省（市、区）实现了票据审核权下移，2018 年开始又将增加 9 个票据审核权下移省份，基本上实现除了福建、西藏外的全国票据审核权的下移，下移省份全国覆盖率达 93.75%。由于评审次数增加，2017 年申请患儿获得救助资金的时间平均提速 1 个月以上。

2017 年，中国红十字会启动了合作医院“直通车”紧急救助模式，对于病情紧急、资金困窘的患儿，经合作医院审核后直接向中国红基会申报，缩短审批流程，资助款直接拨付至医院以确保用于患儿治疗。2017 年，共有来自北京、河北、山西等 18 个省（区、市）的 52 名白血病、先心病患儿通过该模式获助，累计拨付救助款 147.5 万元。从提交申请到资助款拨付，均在一周内完成，有效保证了受助患儿的紧急救助治疗。

三、广泛动员社会力量参与救助，推广“天使之旅”公益品牌

2017 年中国红十字会先后在山西、黑龙江、山东、湖北、广西、四川、云南、陕西、青海等省（区），携手山西医科大学第二医院、牡丹江心血管病医院、齐齐哈尔医学院附属第三医院、青岛阜外心血管病医院、淄博市中西医结

合医院、临沂市人民医院、滨州医学院附属医院、郑州第七人民医院、武汉儿童医院、广西中医药大学附属瑞康医院、成都心血管病医院、绵阳四〇四医院、陕西省人民医院、济南市中心医院、青海心血管病医院、青海大学附属医院和青海红十字医院等医院深入9个省（区）、32个市、63个区（县）开展“天使之旅——贫困先心病患儿系列行动”，为35万余名儿童进行筛查初诊，确诊患儿千余名，已有577名患儿顺利完成手术。参与医院、筛查频次、人次均创历年新高。

四、持续开展主题宣传，扩大彩票公益金影响力

为扩大救助范围，提升项目的影响力，动员更多社会资源参与儿童大病救助，中国红十字会在机构官网发布传播文案20余篇，官方微信发布20余次，官方微博发布17次，合作媒体曝光60余次；设计制作宣传海报广告3份、宣传视频2个、原创宣传20余次，并尝试了视频街头采访“白血病你怎么看”、在线直播“秦岭筛查”活动等新的传播方式，大大提升了关注度。

（红会财务部供稿）

2017 年中央专项彩票公益金支持人体器官捐献项目实施情况

2017 年是国家“十三五”彩票公益金人体器官捐献项目的第二年，也是器官捐献工作快速发展的一年。截至 2017 年 12 月 31 日，累计器官捐献志愿登记者人数达 376 733 人；累计实现捐献案例 15 146 例，捐献器官 41 863 个。其中：2017 年器官捐献志愿登记者人数 206 873 人，比 2016 年度增加近 2 倍；实现捐献案例 5 150 例，捐献器官 14 250 个，比 2016 年度增加 26%。

一、项目预算收支及使用情况

2017年度项目总预算1 201.99万元，全部为财政资金，其中当年财政预算1 129.95万元，2016年度结转资金72.04万元。截至2017年12月31日，项目实际到位金额1 201.99万元。项目实际支出金额940.08万元。器官捐献项目资金严格按照《中央专项彩票公益金支持红十字事业项目资金管理办法》(财社〔2011〕70号)有关规定管理，且在预算执行过程中，严格按照《“十三五”彩票公益金人体器官捐献项目实施方案》执行。在会计核算方面，严格按照相关财务规定和要求，建立独立、完整的项目核算体系，专款专用，严格资金审批流程，确保项目资金使用的规范性和安全性；有效控制成本，努力提高彩票公益金的使用效益。

二、项目执行和完成情况

（一）宣传动员

一是通过开展形式多样的宣传普及活动，让更多人参与和支持器官捐献。清明节前夕在上海举办全国人体器官捐献缅怀纪念暨宣传普及活动；在北京大学举办第六届移植运动会暨中国器官捐献者日活动；在成都参加首届国际马拉松赛，举办“为爱奔跑 生命接力”人体器官捐献主题宣传活动。二是充分发挥主流媒体作用，开展合作，参与央视制作的人体器官捐献主题公益广告“妈妈的心跳”正式在央视各频道投放，该公益广告获得中央电视台第三届全国电视公益广告大赛专业组金奖。

制作人体器官捐献宣传片，在全国开展器官捐献“进校园”项目，广泛开展“秀出登记卡”和“笑脸”征集活动等。

制作人体器官捐献宣传资料：工作通信、宣传海报、志愿登记者感谢信、信封等；制作人体器官捐献宣传品：双肩包、帆布包、T恤、U盘等。进一步发挥微信平台优势，开展宣传和报名登记，开通澎湃问政和微博平台，讲述器官捐献故事，普及器官捐献知识。

（二）报名登记

由微信公众号发起倡议、动员器官捐献工作人员、协调员、移植医院医务人员率先行动，秀出志愿登记卡，起到了良好的示范作用。截至 2017 年底，器官中心官方网站浏览量逾 300 万人次，通过现场报名登记、微信公众号报名登记网站及支付宝健康服务平台、器官中心网站等多渠道实现器官捐献志愿者报名登记人数206 873人。

（三）人员培训

相继举办第 25—28 期全国人体器官协调员培训班，培训协调员 512 人，共有 493 名学员获得人体器官捐献协调员资格；分别举办两期全国人体器官捐献高级培训班，共培训学员 174 名。

（四）信息平台运营及系统维护

运营维护中国人体器官捐献登记管理系统、官方网站及微门户网站，并进行官方网站的升级改版，开通了微信报名登记渠道，设计了新的志愿登记实体卡，调整了实体卡发放流程。公众反映通过线上报名登记更加方便、快捷。

（五）缅怀纪念

2017 年开展了多种形式的缅怀纪念活动，如全国人体器官捐献缅怀纪念暨宣传普及活动，第六届中国移植运动会暨中国器官捐献日活动等，受到多家媒体关注。据统计，全国共有 89 处纪念馆、纪念园、纪念林等，各省市共组织开展缅怀纪念活动 236 场，缅怀纪念活动形式多样，覆盖范围广，群众反映较好。

（六）捐献救助

2017 年拨付了 30 个省（市）613 户困难家庭救助激励经费共 183.9 万元，体现了对困难捐献者家属的人道关怀。

（七）捐献服务

拨付 25 个省（市）131.84 万元捐献服务经费，共补助 1 648 例人体器官捐献案例发生过程中协调员产生的交通费、住宿费、劳务费、通讯费等费用。

三、项目取得实际效果

项目自“十三五”开始实施以来，在提高公众知晓率和参与度，缓解人体器官捐献来源匮乏，推动器官捐献事业发展等方面均产生了较好的效果。一是通过广泛开展宣传动员、教育培训工作，普及器官捐献知识和理念，增强了广大人民群众对器官和遗体捐献的认知和认同感，弘扬了“人道、博爱、奉献”的红十字精神，营造了“呵护健康、珍爱生命、崇尚奉献”的社会氛围，有效提高了公众对人体器官捐献的知晓率和参与度。二是一定程度上缓解了我国人体器官移植需求不断增长与器官捐献来源匮乏之间的矛盾，在满足人民群众的医疗卫生需求、挽救生命和保障人民健康权益方面起到了一定的积极作用。三是对建立“阳光、公正、高效”的人体器官捐献体系和促进人体器官捐献事业健康发展起到了积极的推动作用。通过广泛开展器官捐献宣传动员工作，对器官捐献者及其家属开展缅怀纪念和人道救助，有效弘扬了红十字精神，传播了社会正能量，营造了积极向上的社会氛围。

（红会财务部供稿）

2017年中央专项彩票公益金支持失能老人养老服务项目实施情况

2017年度中央专项彩票公益金支持失能老人养老服务项目（以下简称“养老项目”）在中国红十字会总会的统一规划和指导、事业发展中心组织实施、地方各级红十字会的积极配合下，通过养老机构的自行申请和对养老机构的实地核查及专家评审，在四川、陕西、湖南3个省确定50家受助养老机构，通过向养老机构资助物资的形式，新增床位、配备设备，构建失能老人关爱服务体系，改善低收入失能老人的生活境遇和品质。

一、项目使用规模及资助情况

养老项目是经财政部和中国红十字会总会批准，由中国红十字会总会事业发展中心（以下简称“事业发展中心”）在全国范围内组织实施的。该项目重点支持各省（自治区、直辖市）经济欠发达地区和失能老人养老问题较突出地区，特别是国家扶贫工作重点县，以入住低收入失能老人达到一定比例的养老机构为资助对象。

2017年养老项目预算总额997万元，全部用于资助物资采购；实际资助物资总价值971万元，所有资助物资全部通过政府采购形式采购；资助对象为四川、湖南、陕西50家养老机构，每家价值约20万元的物资；物资包括失能老人护理床、床上专用护理用品、烘干机、传送版沐浴便椅、按摩椅、介助轮椅、助行车、电动康复机、四轮移行器、康乐活动器材组合、制氧机等12种产品，资助物资数量8 796件。

二、项目执行情况

2017年彩票公益金支持失能老人项目严格按照彩票公益金项目使用各项流程开展实施，项目各阶段进展情况如下：

1. 发布公告。2017年2月，在事业发展中心官网发布2018年彩票公益金项目公告。

2. 报送材料。2017年3月，全国各市、县红十字会实地核查，初审通过报省红十字会；省红十字会审核通过后，报事业发展中心。

3. 材料初审。2017年3月，事业发展中心对三省报送的申报资料进行整理、统计和审核。

4. 实地抽查。2017年4月，事业发展中心组成项目核查小组，对三省的申报养老机构进行实地抽查。

5. 专家评审。2017年5月，事业发展中心组织养老、法律、医疗、康复等领域的专家，对三省申报的养老机构资料进行评审。

6. 公示名单。事业发展中心在官网公示专家评审结果，7天内无异议则为最终名单。

7. 招标采购。2017年5～7月，事业发展中心委托中央国家机关政府采购中心制作招标文件、发布公告、报名、开评标、公示等，并与中标企业签订中标合同。

8. 物资配送。2017年9～12月，中标企业直接将采购物资配送到受资助的养老机构。

9. 捐赠仪式。2017年12月，三省组织物资发放仪式，扩大彩票公益金项目的影响力，帮助各养老机构院长了解彩票公益金项目。

10. 调研回访。2017年12月，事业发展中心与地方红十字会对受助养老机构进行了问卷调查，对各养老机构物资使用情况进行调研回访。

三、项目实际效果

1. 经济效益和社会效益良好。2017 年度失能老人养老项目直接惠及失能老人 3 182 人。在获得资助的 50 家养老机构中，民营性质的养老机构比例超过了 50%，从而对鼓励社会力量参与养老服务业的发展起到了积极的促进作用。

2. 管理水平和护理技能得到提升。养老服务项目激发了养老机构改善失能老人护理的积极性，多数受助机构能够按照中心的要求改善管理，提高护理质量。中心还组织了两期培训班，对受助养老机构进行管理和护理培训，开拓了他们的视野，提高了护理技术。

3. 失能老人护理设备得到改善。失能老人养老项目支出主要用于购置 12 种为失能老人提供精细化护理的相关物品，给予每家养老机构价值 20 万元的物资资助。通过调研发现，多数受到资助的养老机构失能老人的护理设备得到较大幅度提升，并与未经改造的护理区形成鲜明对比，入住老人的护理质量提升，老年人满意度得到大幅度提高。

（红会财务部供稿）

2017年中央专项彩票公益金支持残疾人事业项目实施情况

2017年，中央财政安排专项彩票公益金预算198 800万元，其中：中央本级21 500万元、地方专款177 300万元，共资助中央本级项目3个、地方专款项目6个。具体项目彩票公益金使用规模、执行情况和实际效果如下：

一、中央本级资助项目

（一）残疾人体育项目

1. 资金规模：17 500万元。

2. 执行情况及效果：

（1）超常施策，加速发展冬残奥运动。经过两年的努力，全国冬残奥会项目开展由2项拓展到6项，实现了我国冬残奥会项目全覆盖。全国范围大面积选材，目前在训的运动员达到282人。2017年首次举办了全国残疾人高山滑雪、越野滑雪、单板滑雪和冰橇冰球锦标赛，同时还举办了第四届残疾人冰壶锦标赛。2017年我国参加了21项国际赛事，其中单板滑雪历史性获得一枚世界杯金牌。我国获得4个大项24个平昌冬残奥会参赛名额，将参加22个小项的角逐，实现了参赛规模和项目翻番的目标。

（2）面向基层，持续提升残疾人大众体育参与率。积极落实国务院全民健身部际联席会议要求，努力将残疾人体育基本公共服务融入全民健身计划，推进残疾人“自强健身工程”和“康复体育关爱工程”有序实施。成功举办“首届中国残疾人冰雪运动季”“第七届残疾人自强健身周”等活动，各地结合自身实际，紧贴残疾人身边开展康复健身活动，体育也成为扶贫工作的一项举措。全国残疾人文化体育参与率从2016年的9.6%上升到2017年的10.9%。

（3）扎扎实实，全面启动奥运新周期备战工作。2017年共举办了23项全国残疾人体育赛事，共有3 500多名运动员参赛，涉及17项夏季残奥、3项群体项目比赛、3项特奥比赛。完成了选拔年轻选手，检验训练成果，激发地方积极性的任务。2017年我国承办了IPC田径大奖赛北京站等7项国际赛事。派出了游泳等39个团组参加国际赛事。共取得了186枚金牌、88枚银牌、75枚铜牌，创7项世界纪录。

（4）勇于挑战，圆满完成重大活动。中国体育代表团参加了在奥地利举行的第11届世界冬季特奥运动会，获得24枚金牌、22枚银牌、25枚铜牌，共计71枚奖牌的好成绩。参加了23届夏季听障奥运会，获得14枚金牌、9枚银牌、11枚铜牌，取得我国参加听障奥运会以来的最好成绩。

（二）盲人读物出版项目

1. 资金规模：3 000万元。

2. 执行情况及效果：出版盲文图书1 000种、2 458万印张，大字版读物154种、32万册，有声读物288种、2 505.35小时，无障碍影视60部、制作光盘60 000张，持续完成听书郎S918等6款产品研发、生产，完成文星Daisy3.0等3类多版本无障碍应用软件的研发、取得2项专利、7个软件专利著作权，提升盲人阅读的广度和深度，拓宽盲人阅读覆盖面、丰富盲人精神生活、促进盲人全面发展。

（三）盲人公共文化服务项目

1. 资金规模：1 000万元。

2. 执行情况及效果：在全国各地共开展32场阅读推广活动，23场涵盖文学、音乐等内容的陶然读书会活动。中国盲文图书馆服务视障读者6 000余人次；组织开展了各类文化教育培训活动987场次，累计31 788人次参与。通过开展各类助盲活动和专题培训，积极培育助盲志愿者。2017年组织志愿者培训8场、400余人次；新增志愿者424人，队伍扩充至3 304人，提供馆内组织文化助盲志愿服务2 795人次，无偿服务时长14 528小时。盲人公共文化服务项目丰富了盲人读者的文化生活，大幅度提高盲人公共文化产品和服务的供给能力，弥补现有盲文资源匮乏的状况，从而推动公益性盲人文化事业的发展。

二、地方专款项目

（一）残疾儿童康复救助项目

1. 资金规模：140 000万元。

2. 执行情况及效果：以开展残疾人精准康复服务行动为依托实施残疾儿童康复服务，全年累计使14.1万名0—6岁残疾儿童得到基本康复服务，有康复需求的0—6岁残疾儿童康复服务率达到71.2%，残疾儿童康复服务状况显著改善。

（二）贫困精神智力和重度残疾人医疗救助及残疾评定项目

1. 资金规模：1 500万元。

2. 执行情况及效果：为全国126 378名贫困精神智力和重度残疾人提供残疾评定补贴，并办理了第二代残疾人证。贫困残疾人得到残疾评定补贴，减轻了办理残疾人证的经济负担，及时享受到残疾人各项保障和福利政策，生产、生活状况得到了切实改善。

（三）助学项目

1. 资金规模：7 800万元。

2. 执行情况及效果：资助全国2.17万名家庭经济困难的残疾儿童享受普惠性学前教育，有效缓解了部分贫困残疾幼儿家庭面临的经济困难，使他们有机会接受学前教育。改善了全国20所中高等特教学校（院）的办学条件。

（四）贫困重度残疾人家庭无障碍改造项目

1. 资金规模：15 100万元。

2. 执行情况及效果：全国共对约89.2万户残疾人家庭进行了无障碍改造，其中包括10.46万户贫困重度残疾人家庭。将残疾人家庭无障碍改造纳入城市保障房建设内容，规范无障碍改造工程，方便了残疾人参与社会生活，提高了残疾人居家生活质量，为残疾人实现小康创造了条件。

（五）地方残疾人康复和托养机构设备补助项目

1. 资金规模：9 100万元。

2. 执行情况及效果：为全国1 463个残疾人康复机构、托养机构配发康复训练设备、医疗康复设备、残疾人基本生活技能训练设备、残疾人无障碍设备设施。为各地解决了一批关键性的设备，解了燃眉之急；扶持了各地残疾人康复托养机构的良性运转，为残疾人服务提供了坚实的保障。

（六）残疾人文化服务项目

1. 资金规模：3 800万元。

2. 执行情况及效果：该项目的实施，扶持市、县两级公共图书馆盲人阅览室210个，残疾人特殊艺术人才培养基地40个，残疾人文化创意产业基地40个，实施“五个一”文化进残疾人家庭项目2万户，使资金发挥出乘数效应，大力弘扬了人道主义思想，促进了社会对残疾人事业的了解和支持，丰富了残疾人文化生活。

（中国残疾人联合会供稿）

2017年中央专项彩票公益金支持脱贫攻坚项目实施情况

2017年，财政部共拨付中央专项彩票公益金18亿元，在河北、山西、内蒙古等22省（区、市）90个贫困老区县实施扶贫项目。根据《国务院办公厅关于支持贫困县开展统筹整合使用财政涉农资金试点的意见》（国办发〔2016〕22号，以下简称《意见》）要求，2017年支持的90个贫困革命老区县中，涉农资金整合试点县80个，非整合试点县10个。涉农资金整合试点县投入资金16亿元，占2017年总资金的89%。

纳入涉农资金整合试点资金16亿元，由贫困县按照脱贫攻坚规划和现行扶贫标准统筹用于农业生产发展和农村基础设施建设。非整合试点投入资金2亿元，主要用于贫困村村内小型生产型公益金设施项目建设。包括新建或整治村组道路298.5公里，生产路、机耕路50.16公里，建设集中供水点3个、灌溉蓄水池3口、塘坝17口、灌溉渠21.42公里等。

2017年中央专项彩票公益金支持贫困革命老区县扶贫项目的实施，加快了贫困革命老区发展步伐，切实改善了项目村群众的生产生活条件，促进了农民增收，村容村貌焕然一新，成效显著。一是项目影响力显著增强。各项目县在项目实施过程中，采取印发宣传单、挂横幅标语和利用广播、电视等多种方式，积极宣传项目的资金来源、建设内容和具体要求等。通过广泛宣传，提高了群众对彩票公益金的知晓率，让更多群众积极参与项目建设，使广大群众对项目有了认同感和归属感，增强了管理项目的自觉性和责任意识，为推进项目建设和后续管理、保持项目持久发挥作用等打下了坚实的群众基础。二是群众生产、生活条件得到显著改善。中央专项彩票公益金扶贫项目的实施，进一步加快了项目区的基础设施建设，加强了环境和公共服务设施建设，改善了当地群众的生产生活条件，有效解决了当地群众“行路难”“运输难”“饮水难”及农田“灌溉难”等问题，为贫困村经济和产业发展夯实了基础，增强了农村经济发展后劲。三是基层党组织建设得到加强。项目实施坚持公开、公平、透明原则，增强了项目村群众对基层干部和政府的理解和信任，从而使基层组织建设得到巩固，村级党组织的凝聚力、战斗力、组织力得到显著加强，党和政府在人民群众中的威信进一步提升，为项目区实现全面脱贫目标奠定了坚实的基础。

（国务院扶贫办规划财务司供稿）

2017年中央专项彩票公益金支持教育助学项目实施情况

2017年，财政部安排中央专项彩票公益金10亿元，委托中国教育发展基金会开展教育助学项目。按照2011年财政部、教育部印发的《中央专项彩票公益金支持教育项目相关管理实施办法》的有关要求，中国教育发展基金会分别组织开展中央专项彩票公益金滋蕙计划，用于奖励普通高中品学兼优的家庭经济困难学生；开展中央专项彩票公益金励耕计划，用于资助小学、初中、普通高中和中职学校家庭经济特别困难教师；开展中央专项彩票公益金润雨计划，用于资助解决学校或相关单位教育发展中遇到的特殊困难或突发紧急事件。2017年共安排使用资金10.13亿元（含上年结余资金），具体情况如下：

一、中央专项彩票公益金滋蕙计划

滋蕙计划共安排使用资金3亿元，用于奖励河南、河北、山西、安徽、江西、湖南、湖北、海南等省品学兼优的家庭经济困难普通高中学生15万人，奖励标准为每生2 000元。

二、中央专项彩票公益金励耕计划

励耕计划共安排使用资金3亿元，用于资助河南、河北、山西、安徽、江西、湖南、湖北、海南等省家庭经济特别困难的小学、初中、普通高中和中职学校教师3万人，资助标准为每人1万元。

三、中央专项彩票公益金润雨计划

（一）普通高校家庭经济困难新生入学资助项目

安排资金1亿元，开展普通高校家庭经济困难新生入学资助项目，资助中西部地区22个省（区、市）以及新疆生产建设兵团的15.36万名普通高校家庭经济困难新生，用于补助其到校报到的交通费和短期生活费。资助标准为省（区、市）内院校录取的新生每人500元，省（区、市）外院校录取的新生每人1 000元。

（二）家庭经济特别困难幼儿教师资助项目

安排资金5 000万元，开展家庭经济特别困难幼儿教师资助项目，资助中西部地区5 000名家庭经济特别困难幼儿教师，资助标准为每人1万元。受资助教师主要为因遭受自然灾害、突发事故或重大疾病等造成家庭经济特别困难的教师。

（三）资助地方解决教育领域特殊困难或突发紧急事件

安排使用资金2.63亿元（含上年结余资金），资助学校或相关单位在教育发展中遇到的特殊困难或突发紧急事件。项目资金主要用于支持内蒙古、吉林、云南、广西、湖南、新疆等地解决教育发展中遇到的特殊困难或突发的紧急事件。

四、实施效果

中国教育发展基金会开展的滋蕙计划、励耕计划和润雨计划都是配合政府做一些教育领域拾遗补阙的工作，都在一定程度上弥补了国家政策方面的空白。同时，在项目实施过程中，资金注意向“三区三州”深度贫困地区、集中连片特困地区、少数民族地区等倾斜，在帮助打赢脱贫攻坚战、决胜全面建成小康社会，促进民族团结、维护社会稳定等方面起到了积极的作用。

滋蕙计划的实施效果：一是进一步完善了普通高中家庭经济困难学生资助政策体系；二是有效缓解了老少边穷地区普通高中优秀学子在学习生活中遇到的困难，使其得以专心学习；三是激励了一大批有志向、成绩好的学生努力成为一个合格的社会建设者，为实现梦想而奋斗，对于其成长成才特别是拔尖人才的培养起到了积极的促进作用。

励耕计划的实施效果：一是在一定程度上弥补了国家在家庭经济困难教师资助方面的政策空白；二是切实解决了受资助教师的部分生活困难问题，增强了他们战胜困难的信心；三是坚定了广大教师教书育人、立德树人的信念；四是进一步带动全社会关心、支持家庭经济困难教师群体。

润雨计划的实施效果：一是普通高校家庭经济困难新生入学资助项目。该项目的实施实现了普通高中阶段和高等教育阶段国家助学政策的对接，是对整个家庭经济困难学生资助政策体系的有效补充，同时也从经济上解除了普通高校家庭经济困难新生的后顾之忧，鼓励他们以积极的姿态投入大学的学习和生活中。二是家庭经济特别困难幼儿教师资助项目。该项目的实施实现了中央专项彩票公益金资助家庭经济特别困难教师基础教育阶段全覆盖，有利于促进幼儿教师队伍的稳定，推动学前教育事业的健康发展。三是润雨计划其他项目。该项目的实施有效解决一些地方突发紧急事件对教育发展带来的特殊困难，对一些地方教育事业的发展起到了“拾遗补阙”的作用，有力地维护了社会稳定、促进了社会和谐，充分体现了彩票公益金取之于民、用之于民的精神。

（中国教育发展基金会供稿）

2017年中央专项彩票公益金支持法律援助项目实施情况

2017年，在财政部、司法部的领导下，在各级司法行政机关的大力支持下，在各项目管理办公室和实施单位的共同努力下，中国法律援助基金会深入贯彻落实习近平总书记关于法律援助的重要指示精神，贯彻落实党的十九大精神，认真执行中办、国办印发的《关于完善法律援助制度的意见》，紧紧围绕社会发展和人民群众生活需要，以保民生、享公平、促和谐为出发点和落脚点，严格把关，精心组织，顺利完成了中央专项彩票公益金法律援助项目（以下简称“彩票公益金项目”）实施工作。

一、领导高度重视

彩票公益金项目的实施得到了各级领导和部门的高度重视。司法部张军部长十分关注项目的实施工作，在基金会“学习贯彻党的十九大精神 深入推进中国法律援助基金会规范化建设”座谈会上强调规范项目实施管理，切实保障项目实施工作的顺利开展。中国法律援助基金会张彦珍理事长亲自带队到海南、湖南、青海等省实施单位实地调研，通过慰问座谈，总结经验，梳理问题、建议和需求，督导项目工作更好地实施。各项目实施省区把项目实施工作作为服务民生的重点工程和法律援助工作的重点工作来抓。

二、项目实施成效

2017年度，彩票公益金项目使用资金1.2亿元，资助办理农民工、残疾人、老年人、妇女和未成年人法律援助案件66 668件，为困难群众挽回损失或取得利益41.89亿元，投入回报比1∶35.6。项目资助的民事案件中，胜诉案件28 961件，占项目资助的民事案件总量的46.1%，及时维护了困难群众合法权益；通过调解或和解结案的案件25 559件，帮助群众及时化解纠纷，做到“案结事了”。项目资助的3人以上民事群体性案件8 850件，化解了社会矛盾，维护了社会和谐稳定。项目在各地的顺利实施，使法律援助及法治观念深入人心，在有效维护困难群众合法权益、维护社会公平正义的同时，传播法治理念，引导百姓运用法治思维解决纠纷，化解矛盾。在“2017中国彩票年会”上，项目获评“2017中国彩票优秀公益项目奖”；项目实施单位腾冲市法律援助工作站主任彭旭邦荣获“CCTV2017年度法治人物”。

三、基本做法

2017年，中国法律援助基金会彩票公益金项目管理办公室严格按照《中央专项彩票公益金法律援助项目实施与管理办法》（以下简称《管理办法》）的相关规定，及财政部、司法部关于项目管理的相关要求，加强管理，狠抓落实，服务为民，推动项目实施工作。

（一）做好实施启动工作

为做好项目实施工作，中国法律援助基金会积极调研各地法律援助资金需求，科学制定年度资金使用计划，对有需求的地区或单位，尤其是中西部贫困地区，加大资金支持力度；公开征集项目实施单位，组织评审会评审确定项目实施单位。

（二）严格把关案件审核

案件审核是项目实施重要内容。目前彩票公益金项目已经形成实施单位、省级或系统项目管理办、中国法律援助基金会项目办多级审核机制，层层把关，确保信息准确，案件真实、有效。

（三）加强资金监管

监管是项目执行规范、资金使用安全的坚强基石。中国法律援助基金会多措并举推进监管工作。一是案件抽查，2017 年，项目办抽查案件 4 293 件，经对相关法律文书核对，案件真实、有效，符合《管理办法》相关规定；二是联动审查，对案件审核过程中出现的有疑点的案件，及时联系相关管理办公室，要求其进行查证，必要时联系实施单位做出说明；三是通过多种途径向服务对象了解情况，通过电话、微信等形式向案件承办人员了解补贴发放情况，向受援人了解案件办理情况及满意度情况，确保监管工作到位。

（四）强化服务保障

2017 年 4 月 17–21 日，司法部法律援助中心与中国法律援助基金会在重庆联合举办彩票公益金项目管理工作培训班，对项目管理人员进行培训。基金会项目办还应邀派人到黑龙江、河北等地对项目实施人员培训。此外，发挥网络优势，进行网络培训，建立微信群，加强联络，促进日常管理。

四、项目宣传情况

中国法律援助基金会与中央电视台社会与法频道合作，邀请项目案件承办律师做客《律师来了》大型公益节目，展示项目律师形象，宣传彩票公益金项目；在公交车站候车亭展出灯箱广告“维护困难群众合法权益，促进社会公平正义”，展示项目八年来取得的成果；在《法制日报》以“服务五类困难群众为 63.4 万人提供法律援助服务”为题整版详细介绍了项目实施情况及成效；组织征集 2016 年度项目典型案例，发挥典型案例的示范引导作用。中国法律援助基金会还组织动员地方各实施单位利用便利条件对法律援助和中央专项彩票公益金进行宣传。

（中国法律援助基金会供稿）

2017年中央专项彩票公益金支持中国出生缺陷干预救助项目实施情况

2017年，为贯彻落实党中央、国务院关于“加强出生缺陷综合防治、解决好出生缺陷等威胁妇女儿童健康的突出公共卫生问题，提高出生人口素质，推进健康中国建设”等重要指示精神，在财政部、国家卫生和计划生育委员会、民政部等部门的支持下，中央财政从统筹的彩票公益金中拨付1.5亿元，用于支持中国出生缺陷干预救助基金会（以下简称“基金会”）在全国开展出生缺陷干预救助项目。基金会始终坚持“减少出生缺陷人口比率，促进出生缺陷患者康复，提高救助对象生活质量”建会宗旨，严格按照项目实施方案、管理办法和规范流程，充分调动各方的积极性、创造性，全力推动项目实施，取得了良好成效。

一、14 840万元用于开展出生缺陷救助

（一）开展遗传代谢性出生缺陷疾病干预救助

基金会先后在新疆、宁夏、甘肃等17个省（区、市）为421 199名新生儿进行了多种遗传代谢病检测。通过早检测、早发现和早治疗，减少出生缺陷的发生。检测项目的积极开展带动了湖南、山西、山东、宁夏、安徽等地政府相关部门相继投入配套资金，不断加大出生缺陷的防治力度，促进了这项惠民、利民、利国工程的健康发展。国家卫生健康委妇幼司联合基金会在检测的基础上开展了遗传代谢病患儿救助，2017年全国各地2 292名患儿提出救助申请，2 122名患儿通过了专家审核，并为通过审核、提供票据的遗传代谢病儿童提供了救助。

（二）开展先天性结构畸形患儿救助

2017年1月11日，国家卫生计生委妇幼司联合基金会启动先天性结构畸形救助项目，首批选取了15个省（区、市）开展试点。主要为试点地区年龄为0—18周岁（含18周岁）临床诊断患有六大类、72种先天性结构畸形疾病的城乡患病儿童，提供在定点医疗机构进行诊断、手术、治疗和康复等医疗费用补助，对干预后有较好效果的出生缺陷患儿实施救助。截至2017年12月底，共有4 084名先天性结构畸形患儿提出申请，其中3 209名患儿通过专家审核，基金会为通过审核、提供票据的先天性结构畸形患儿提供了救助。

二、160万元用于开展出生缺陷防治宣传和健康教育

一是国家卫生计生委妇幼司联合基金会，先后在河北、湖南、山西、广东、海南五省成功举办了5场“爱心传递 防治出生缺陷”公益行活动，带动社会捐赠物资645万余元。二是国家卫生计生委、中央军委后勤保障部卫生局与基金会共同在京成功举办了“9·12预防出生缺陷日”主题宣传活动。三是基金会联合相关单位成功举办6次专家研讨会和7期出生缺陷干预救助相关培训班。四是组织出生缺陷防治领域的医学专家义诊团队，在贫困地区义诊2 000人。五是组织拍摄9段公益宣传短片和纪实片，利用各种活动先后发放2万余份出生缺陷防治教材、手册和宣传资料。同时，各大媒体对项目实施和基金会活动进行密切关注，并进行全方位宣传和报道，基金会微博获得了2 000万人次的关注。

三、项目实施取得的效果

实施新生儿多种遗传代谢病的检测、救助和先天性结构畸形救助项目，既确保了患儿早发现、早诊断、早治疗，也让一批出生缺陷患儿得到了及时、有效的干预及治疗，防止病程继续发展，减少致残致死等严重后果发生，切实减轻了贫困患儿家庭的经济负担和社会负担，为健康扶贫提供了助力，也充分体现了党和国家，以及全社会对这一群体的关爱，增强了他们的幸福感和获得感。

实施出生缺陷防治宣传和健康教育项目，通过相关活动开展使出生缺陷防治知识在全国范围内多角度、全方位得到宣传和普及，增强了社会公众对出生缺陷的认知和对出生缺陷疾病的预防意识，提升了各地医疗机构的服务能力，也促进了各地政府对出生缺陷防治工作的重视，加大扶持力度；同时带动了爱心企业和爱心人士对出生缺陷防治工作的关注与投入，并在一定范围内有效预防和减少了出生缺陷疾病发生。

项目实施获得了当地政府和人民群众的一致好评，不仅有利于促进社会和谐、稳定发展，而且为保障健康出生、提高我国出生人口素质、推进健康中国建设做出了积极贡献！

（中国出生缺陷干预救助基金会供稿）

2017年中央专项彩票公益金支持农村贫困母亲“两癌”救助项目实施情况

一、资金使用规模

截至2017年4月，申报系统中实名申报的符合救助条件的待救助贫困患病妇女达到10万余人，经过与国务院扶贫办信息比对，确认其中18 391人为建档立卡贫困妇女。

2017年，贫困母亲“两癌”救助专项基金获得中央专项彩票公益金3亿元的支持，3亿元全部用于直接救助，直接救助3万名贫困“两癌”妇女，救助比例为30%。

二、执行情况

（一）加大对贫困患病妇女精准救助力度

全国妇联高度重视贫困母亲“两癌”救助项目，在《关于在脱贫攻坚战中开展“巾帼脱贫行动”的意见》中将“两癌”救助工作列为脱贫工作中的一项重点任务。全国妇联党组书记、副主席、书记处第一书记宋秀岩高度重视农村贫困“两癌”患病妇女救助工作，多次听取“两癌”免费检查和救助工作汇报，要求在“十三五”时期积极做好“两癌”救助工作，实施脱贫攻坚工程。她强调，各级妇联要加大对贫困患病妇女的救助，努力使她们脱贫。“十三五”期间，全国妇联运用中央彩票公益金，对建档立卡的“两癌”患病贫困妇女实行救助全覆盖。

（二）明确分配原则，确保科学分配救助资金

全国妇联根据管理办法的规定，结合各地农村妇女“两癌”免费检查项目实施及贫困患病妇女申报情况，从中筛选确定最需要救助的人群，在救助资金分配中，始终坚持向集中连片特殊困难地区、中西部地区和少数民族地区倾斜的原则，68%的救助资金用于建档立卡贫困妇女和深度贫困地区，实现对核定的建档立卡贫困患病妇女以及深度贫困地区贫困患病妇女救助全覆盖。

（三）坚持契约化管理，保证救助金及时发放

实行契约化管理，与各省签订执行协议，严把申报条件、严控救助标准，确保救助资金及时送到贫困患者手中。

（四）深化监管督查，提升项目的透明度

在救助工作中，全国妇联始终坚持公开公正公平的原则，主动公开“两癌”救助政策、工作程序、救助对象以及实施情况，接受群众和社会监督。建立受助患者抽查回访机制，综合运用专项督查、自查、第三方评估等方式，切实加强资金管理使用。

（五）开展第三方评估

为进一步加强救助资金管理，规范项目运行，2017年组织中国农业大学人文与发展学院开展项目第三方评估，就项目执行情况、管理规范性、成效与影响、问题及建议等方面开展全面评估，评估结果显示，各级妇联按照增强“政治性、先进性、群众性”的要求，把中央彩票公益金“农村贫困母亲两癌救助项目”办好办实，让真正需要帮助的贫困患病妇女受益，项目实施效果明显，患病妇女对救助项目的满意度高达98.62%。

（六）加强项目信息化管理

坚持信息化管理，精准化救助，充分利用信息技术，加强救助工作信息化建设，建立了多层次的“两癌”数据报送系统。2017年，进一步完善了线上申报、审核、救助、审批一体化的网络

平台，实行网络申报，精准识别，录入审核，组织了一次信息员培训班和两次填报工作，形成了近45万人次的贫困患病妇女信息数据库，平台具备身份证验证、数据查询、信息直报功能。同时，日常工作利用四级工作群，实现沟通渠道信息化，提高了工作效率。

三、实际效果

（一）救助效果明显，3万名贫困“两癌”妇女得到救助

2017年中央专项彩票公益金支持的3亿元全部用于直接救助，根据管理办法的救助标准每人获得1万元的救助，有效发挥了中央彩票公益金托底线、救急难的社会效益，对防止“两癌”患病妇女家庭因病致贫、返贫起到了积极作用，受到了党政领导的高度重视和妇女群众的普遍欢迎。

（二）示范带动作用明显，各地积极拓宽救助渠道

各地妇联积极协调当地财政、民政、卫计部门支持，出资扩大“两癌”救助范围，同时积极争取社会资源，拓宽救助资金筹集渠道，进一步扩大项目的社会效益。如湖南省妇联积极争取省财政厅彩票公益金1 200万元，对1 000名贫困患者给予每人1.2万元救助金，带动市、县两级妇联多渠道争取近500万元用于“两癌”救助，推动精准脱贫、健康脱贫。

（三）强化品牌辐射效应，增强贫困母亲“两癌”救助公益项目的影响力

各地妇联充分发挥妇联组织纵向到底、横向到边的组织网络优势和县、乡、村各级妇联干部的工作优势，深入社区、农村广泛宣传。如甘肃省妇联结合省妇联“陇原妇女面对面，母亲讲堂乡镇行”活动，直接深入乡镇村社妇女群众，举办“两癌”普查救助政策及防治知识宣讲活动185场次，覆盖全省86个县区、186个乡镇，发放妇女健康调查问卷3 400份，3.1万名妇女群众受益。

（全国妇联妇女发展部供稿）

2017年中央专项彩票公益金支持大学生创新创业项目实施情况

2017年7月，教育部遴选认定了中国人民大学等101所高校为全国第二批“深化创新创业教育改革示范高校”，并从大学生创新创业项目专项资金中给予每校50万元经费支持，于2017年12月初划拨到位（第二批专项资金5 000万元，实际到位5 000万元，拨付各高校资金5 050万元，其中50万为2016年结余工作经费）。各示范校严格落实《中央彩票公益金大学生创新创业教育专项资金管理和实施暂行办法》（教财司函〔2017〕427号），实行单独设立科目和独立核算，坚持“公开透明、量入为主、突出重点、专款专用”的原则，重点围绕大学生创新创业实践、教师教学能力提升、创新创业课程建设和教学改革等方面合理规划资金使用。截至目前，第二批示范校已实际支出4 242.9万元。大多数高校还安排了配套经费，配套经费总额超过6 700万元。在大学生创新创业专项资金支持下，各示范校改革动力和发展活力明显增强，发挥了重要示范引领作用。

一、创新创业教育课程体系不断健全

各示范校持续推进创新创业教育课程建设，普遍开设了必修课。如太原科技大学建立“2+2+2+X”的创新创业教育课程体系，要求所有学生必须完成2个创业基础理论学分、2个通识选修学分、2个创新创业实践学分，X是个性化培养学分（小于等于6个学分）；东北农业大学录制完成“社会实践”在线课程并在“智慧树”平台上线，14所学校选用该门课程；华侨大学等开设了“技术创新管理”“批判思维与理性决策”等14门课程。

二、教学方法改革不断深入

针对创新创业教育特点，有些示范校设立了教改专项课题，加强理论研究，广泛开展启发式、探究式、讨论式、参与式等教学方式方法改革。如南宁师范大学立项8项创新创业教育相关的教学改革项目，表彰3项创新创业相关教学成果奖；桂林理工大学系统推动“大班授课、小班讨论、小组实践”的教学模式改革，建立了创新创业学分认定和相应奖励机制。

三、大学生创新创业实践有效强化

各示范校普遍强化了学生创新创业实践，支持了一大批创新创业训练计划项目参加各项赛事，以赛促教、以赛促学、教赛相长的创新创业教育体系逐步形成。如武汉科技大学建立了“竞赛+项目+创业”“三位一体”的创新创业实践教学模式，鼓励学生积极参加“互联网+”等学科和科技竞赛，650多个团队、约3 000人次参加“互联网+”大学生创新创业大赛；黄河水利职业技术学院支持大学生科技创新项目120项，其中5个项目获得实用新型专利，组织900余个项目参加“互联网+”“挑战杯－彩虹人生”等创新创业大赛，获得国家一等奖1项、二等奖2项。

四、教师教育教学能力有效提升

各示范校积极组织并支持教师参与创新创业教育教学能力培训，着力打造高水平师资队伍。如华中农业大学组织“创新创业青年教师跨学科体验”“创新创业名师示范课”“实践教学示范课”等活动22场，共有教师205人次参加校内外创新创业教育培训；黑龙江职业学院组建了创新创业导师库，先后资助22名教师参加双创师资培训，举办了黑龙江省高等职业院校创新创业教育专题培训班，覆盖本校及全省双创专兼职教师（含外聘）110余人。

五、建设了一批创新创业平台

各示范校普遍建设了一批大学生创新创业实践平台，提供创新创业指导、体验、孵化等服务，不断激发学生的创意创新创业兴趣。如广西师范大学建设了雁山校区3 000平方米的大学生创业园和育才校区1 000平方米的“创客中心”，共审批了3批11个项目入驻，帮助12个创业项目完成工商注册登记，目前共有25个项目常驻，总产值共计1 492万元，创业带动就业人数共计390人；武汉职业技术学院新开发移动互联创新工场、虚拟现实创新工场各1个，新建LED智慧照明生产性实训基地、腾讯众创空间、百胜校外实习基地校区等校内创新创业实践平台5个，新建学生校外创新创业实践基地56个。

六、营造创新创业文化

各示范校持续加强创新创业教育经验的总结宣传和交流推广，树立创新创业成功典型，培育创新创业文化。如河南农业大学积极举办项目创客秀、农创沙龙等活动，承办河南省大学生创新创业标兵巡回报告启动仪式、开展“河南农业大学创新创业标兵”评选，举办“引航之星”大讲堂、名家大讲堂，进一步形成了良好的创新创业文化氛围。

（中国教育发展基金会供稿）

2017年中央专项彩票公益金支持留守儿童快乐家园项目实施情况

一、资金使用规模

2017年中央专项彩票公益金支持“儿童快乐家园”项目1 500万元，用于捐建150个“儿童快乐家园”。目前，2017年中央专项彩票公益金支持的“儿童快乐家园”已全部建设完成并投入使用。项目建设地区为河北、江西、甘肃、青海、福建、贵州等12个省的153个村镇社区，主要是农村留守儿童较为集中地区。

二、执行情况

（一）配备场所及基础设施

每个“儿童快乐家园”提供至少60平方米的场地；项目建成后，按照统一格式、标准制作铜牌，并进行挂牌；配置有不同年龄段的儿童读物3 800册左右，电脑、图书、文体用品等60余种500多件。各社区将“儿童快乐家园”统一纳入社区综合服务管理，制定了值班制度、日常开放制度、台账制物资管理制度等，建立了留守儿童档案及家长联系卡。

（二）开展丰富多彩的关爱服务活动

构建安全、便利的活动场所。“儿童快乐家园”配备有管理人员，辅助照料人看护农村留守儿童，保证“儿童快乐家园”日常定时开放。孩子们放学后和周末可到家园参加读书、画画、看动画片、打羽毛球等活动，为农村留守儿童构建安全、便利的活动场所。

构造亲情联系的畅通渠道。“儿童快乐家园”的管理人员和志愿者定期组织农村留守儿童通过亲子热线和亲子视频与在外地打工的父母进行沟通交流，为农村留守儿童提供了便捷、稳定的亲情联系渠道，促进留守儿童家庭和睦；通过举办亲子游戏、亲子阅读、亲子运动会等家庭活动，增进了儿童与父母之间的情感，使家庭关系更加稳定，使农村留守儿童健康快乐成长。

搭建平台，整合资源，共同关爱留守儿童。在当地政府的支持下，妇联组织发动当地机关、企业、学校的党员、干部、员工、老师作为志愿者争当“爱心妈妈”“爱心爸爸”，与特困农村留守儿童开展“一对一”帮扶活动，从学业上和生活上给予孩子更多的关怀和帮助；通过动员爱心志愿者团队，对留守儿童及家庭开展家庭教育、儿童自我安全保护、科学、法律等相关知识的培训，一定程度上解决了留守儿童校外学习、生活中面临的安全、孤僻、缺少交流等问题。

丰富多彩的儿童关爱服务内容。在日常运营的基础上，充分挖掘本土的地域特色和历史人文资源，传授非物质文化遗产和少数民族技艺，组织开展知识竞赛、运动会、社会实践、节日主题等活动，丰富留守儿童的课余生活。

（三）开展“儿童快乐家园”项目管理人员培训

制订《儿童快乐家园指南》，系统指导各地开展“儿童快乐家园”项目相关工作；各省定期组织开展项目培训，邀请相关专家为项目负责人进行政策、儿童成长、家庭教育等相关知识的普及和技能培训；树立“儿童快乐家园”优秀示范点，交流项目经验，激励各地充分发挥各自优势和特色，让“儿童快乐家园”项目发挥更大的社会效益。

（四）项目监管和信息公开

中国儿童少年基金会及各级妇联随机对“儿童快乐家园”项目进行实地探访、电话随访和监督，严格监管项目实施。每年邀请第三方专业评估机构对项目的实施过程、社会效益进行评估，并提出意见和建议，保障项目规范、健康、持续开展。严格按照《中国儿童少年基金会信息公开实施细则》，及时、准确做好项目信息梳理工作，至少每3个月公开一次项目募捐情况和实施情况，主动接受社会监督，确保始终公开透明运行。

三、实际效果

实施“儿童快乐家园”项目，是贯彻落实习近平新时代中国特色社会主义思想的实际举措，是辅助政府推进完善农村留守儿童关爱服务体系、建立健全救助保护机制的重要补充，是解决农村留守儿童问题的有效途径，是有效传递党和政府及社会各界对留守儿童关怀的重要实践平台。

2014年至2017年底，项目通过争取中央专项彩票公益金和筹集社会资金，已在全国30个省（区、市）和新疆生产建设兵团共捐建874个“儿童快乐家园”，共投入8 740万元，惠及儿童和家庭百万余人，深受项目地群众和孩子们的认可和喜爱。

（中国儿童少年基金会供稿）

2017年中央专项彩票公益金支持足球公益活动项目实施情况

2017年，财政部安排中央专项彩票公益金4亿元，通过国家体育总局购买服务方式，委托中国足球发展基金会（以下简称“基金会”）实施青少年和社会足球公益项目，促进青少年足球人才培养和社会足球普及推广。基金会在国家体育总局的指导下，严格按照项目实施方案、管理办法和规范流程，积极开展工作，公益项目稳步实施，取得了较好的成效。

一、2亿元用于支持国家队后备人才培养项目

根据国家体育总局工作部署，为支持国家队后备人才梯队建设，选拔和储备备战奥运会优秀人才，资助北京体育大学组建国家男女青年足球队，采取“三集中”的训练方式，提升科学化训练水平，加强与足球发达国家之间的交流与合作，以赛促练，增强整体竞技能力，提升中国足球国际影响力。

二、7 290万元用于青少年足球菁英人才培养计划项目

该项目是基金会实施的支持足球青训和后备人才的重点项目。经各省、自治区、直辖市体育局及相关部门推荐，足球基金会审核，确定了40家菁英计划试点单位进行资助。各试点单位完成了40名6—16岁青少年学员的组队，确定了教练员，制订了训练计划和资金使用方案，开展青少年足球专项训练，足球设备、装备也得到改善，提高了训练教学水平；有的试点单位代表本地区参加青少年足球赛事，取得了良好的成绩，一些学员进入了高一级梯队或国家后备人才梯队，所在地青少年足球参与人数不断增加，足球活动普及率得到了提高。此外，举办两次教练员培训班，菁英计划内近80名教练员接受了培训。举办三期青少年足球学员菁英训练营，试点单位623名男女足球学员、106名教练员参营。

三、5 540万元用于“阳光球场”足球设施建设项目

为满足各地区群众对足球场地设施的迫切需求，资助社区、学校、体育场、公园以及地方政府能提供公共场地的其他地点建设公益性标准足球场和笼式足球场，重点支持对象为革命老区、民族地区、贫困地区。通过直接资助和招标形式，捐资建设了14块标准足球场，捐赠安装了40个笼式足球场及附属设施，免费或低价向社会开放，促进了足球运动开展和普及推广。

四、40万元用于青少年足球运动员职业规划培训项目

为解决青少年足球运动员就业出路问题，支持青少年足球运动员就业和发展，基金会与地方足协合作，组织开展了青少年足球运动员职业规划培训项目，拓展青少年足球运动员的成长渠道和发展空间。先后在陕西西安、内蒙古呼和浩特、重庆、辽宁沈阳举办了4期培训班，共有108位足球学员参加培训，接受了职业生涯规划与设计，还开展了面向教练员、裁判员职业发展的技能培训。

五、130 万元用于足球运动宣传、推广与普及项目

为促进足球文化建设，提高足球的影响力，开展足球运动宣传和教育。拍摄了青少年足球训练视频、教练员和裁判员培训视频，以及对年维泗等足球名宿的访谈视频。邀请组织部分足球界名宿发挥余热，参加青少年足球训练营等公益活动，对青少年进行思想品德和遵守规则教育，同时指导青少年提高足球技能。向陕西省留坝县、甘肃省西和县、广西巴马县、贵州省威宁县、陕西省渭南市经济技术开发区、贵州省黔东南苗族侗族自治州黎平县、云南省、陕西省延安市捐赠足球 13 850 个，宣传足球文化，体现了对贫困地区的帮扶和关爱。

六、1 393 万元用于支持社会足球公益赛事活动

支持创新赛事，推动社会足球发展。资助中国企业体育协会创办中国职工足球联赛，共有 21 个行业体协、12 个省（区、市）足协的 1 136 支队伍、20 628 名职工参加，进行了 5 128 场比赛，推动了足球运动在各行业职工中的开展和普及，带动职工和家属积极参与全民健身活动，同时促进了中国企业体育协会足球委员会和部分行业体育协会足球委员会的成立。资助中国企业体育协会举办职工亲子足球课堂，在北京、广西柳州、云南楚雄共举办 17 天培训，有 4 612 名职工子弟参加，使青少年在快乐中提升足球技能、接受足球文化熏陶。资助举办广西壮族自治区乡镇农民足球赛，共有 3 543 名农民组成 107 支队伍，进行了 975 场比赛，推动了足球运动在农民中的开展和普及，带动乡镇基层足球运动蓬勃开展。资助举办湖南省直单位足球比赛，共 1 122 名干部、职工组成 28 支队伍，进行了 178 场比赛，推动了足球运动在该省省直单位的开展和普及，带动干部职工和家属积极参与全民健身运动。中央电视台、新华社等主流媒体和地方媒体对以上社会足球公益赛事活动的开展进行了深入报道。

七、1 942 万元用于资助举办中国城市少儿足球联赛

为促进青少年足球运动普及和人才培养，支持搭建 8—12 岁青少年足球赛事平台，资助全国体育运动学校联合会举办了两届中国城市少儿足球联赛。第一届有来自北京、郑州、武汉、广州、重庆、成都、昆明、西安、大连、深圳等 10 个城市，共 835 支代表队的 9 417 名青少年参加了 6 968 场比赛。第二届增加了济南、上海、开远 3 个城市。联赛让城市之间、教练员之间、球员之间相互交流学习，通过比赛发现更多的优秀足球苗子，为足球梯队建设储备人才。

以上项目的实施，有力地促进了足球青训体系建设和社会足球公益活动的开展，有利于夯实职业足球的人才基础、设施基础和社会基础，对推动我国足球的普及和竞技水平提高做出了积极贡献。

（中国足球发展基金会供稿）

2017年中央专项彩票公益金支持天津市社会公益事业建设项目实施情况

2017年天津市共收到中央专项彩票公益金17 474万元。主要用于以下项目：

一、养老服务类项目资金5 801万元

一是用于天津市16区新建和改扩建以服务生活困难和失能失智老年人为主的城镇老年社会福利机构、城镇社区养老服务设施、农村“五保”供养服务设施、供养孤老优抚对象的光荣院、城乡社区为老服务信息网络平台等2 839.55万元。二是用于宁河区和蓟州区光荣院维修改造项目384.45万元。三是支持南开区开展全国居家和社区养老服务试点2 577万元。

二、残疾人事业发展类项目资金1 658万元

一是市安宁医院购置设施设备450万元，主要用于购置医疗设备、购置病床、更新信息化硬件、更新食堂厨房炊具、多功能康复厅设备等，进一步改善残疾养员住养环境，提高生活质量。二是市社会福利院购置设备138万元，主要用于购置医疗设备，为在院残疾特困供养人员提供诊疗和康复治疗，确保养员及时就诊。三是残疾人文化项目59.9万元，主要用于扶持天津广播电视台手语新闻栏目和残疾人文化进社区、进乡村试点。四是理工大学聋人工学院助学项目300万元，主要用于补助办学和组织实训。五是智力残疾儿童康复293.6万元。六是残疾人康复托养机构设备补贴399万元。七是残疾儿童助学17.5万元。

三、儿童福利类项目资金375万元

一是“明天计划”项目20万元，主要用于残疾儿童的手术康复治疗。二是“养治教康”项目355万元，主要用于购置特教教学设备和器材、购置医疗康复器材和养育设备，满足院内儿童康复、教育和生活需求，提高儿童生活质量。

四、社会公益类等其他项目资金620万元

一是流浪未成年人救助保护中心设备更新项目118万元。二是慈善超市规范化建设项目47万元，主要用于资助天津市试点慈善超市规范化建设，用于制作统一标识、配置爱心商品货架、捐赠箱及电子液晶屏等。三是社会工作和志愿服务项目38万元，主要是通过购买服务方式，采用个案工作、小组工作、社区工作等社会工作专业方法，开展老年人福利、残疾人福利、儿童福利、社会公益四个方面的社会工作服务项目。四是城乡医疗救助417万元，主要用于为困难群众开展医疗救助服务。

五、支持体育发展类项目资金9 020万元

一是支持运动休闲特色小镇，主要用于全民健身设施、运动休闲、划艇基地配套设施建设等，其中：资助蓟州区下营镇苦梨峪村运动休闲特色小镇300万元，资助东丽区新立街海河划艇运动休闲特色小镇300万元。二是支持津南区葛沽镇公园配建体育设施100万元，主要用于广场休闲区、球场健身区、多功能健身跑道的建设。三是支持专项体育设施，安排蓟州区下营镇建设全民登山健身步道100万元。四是资助全民健身赛事和活动，安排资金2 045万元，主要用于举办第

十三届全运会群众比赛。五是资助群众体育组织和队伍建设，安排国家级社会指导员培训35万元，主要用于培训相关支出。六是支持体育后备力量，安排资金240万元，补助8个国家高水平体育后备人才基地，主要用于更新训练服装器材、外出参加比赛。七是支持国家队转训基地改善训练条件，共计900万元，其中蓟县体育训练基地700万元，国家蹦床队体操中心转训基地200万元。八是政策性资助5 000万元，用于资助天津市筹办第十三届全运会。

（天津市财政局供稿）

2017年中央专项彩票公益金支持河北省社会公益事业建设项目实施情况

2017年至2020年中央财政安排专项彩票公益金，用于支持“十三五”时期部分省市的社会公益事业发展，专项用于支持地方“十三五”期间社会公益事业发展，重点向党中央、国务院明确提出要求的重大民生项目倾斜，向贫困地区和革命老区、困难行业和弱势群体倾斜，向补“短板”的社会公益事业倾斜。河北省累计获得5.42亿元补助资金（每年1.355亿元）。其中：2017年度统筹用于“深度贫困地区农村基础设施和基本公共服务提升工程”中的深度贫困村危房改造项目支出。

按照中央补助资金使用要求，考虑河北省“深度贫困地区农村基础设施和基本公共服务提升工程”农村危房改造项目是面向困难地区和弱势群体的重大民生项目，资金需求量较大，经与相关业务主管部门沟通，2017年度中央专项彩票公益金资金1.355亿元下达河北省张家口市、保定市、承德市10个深度贫困县，统筹用于该项目中的206个深度贫困村危房改造项目支出。

为做好河北省农村危房改造项目组织实施工作，省住房和城乡建设厅、省财政厅、省扶贫开发办公室先后联合印发了《关于做好2017年农村危房改造工作的通知》《关于加强和完善建档立卡贫困户等重点对象农村危房改造若干问题的通知》《关于加快深度贫困县建档立卡贫困户危房改造工作的实施方案的通知》。按照满足10个深度贫困县，综合考虑全省其他县农村危房改造工作，统筹中央补助资金和省级补助资金，全部用于建档立卡贫困户、低保户、农村分散供养特困人员和贫困残疾人家庭四类重点对象的农村危房改造。“深度贫困地区农村基础设施和基本公共服务提升工程”中面向困难地区和弱势群体重大民生项目——农村危房改造项目的实施，有效缓解了农村危房改造资金需求压力，是助力河北省贯彻落实党中央、国务院和省委省政府关于加大农村危房改造力度，打赢脱贫攻坚战的重大举措。推进了河北省10个深度贫困县、206个深度贫困村建档立卡贫困户、低保户、农村分散供养特困人员和贫困残疾人家庭等4类重点对象农村危房改造，减轻了贫困户的负担，有效缓解了农村贫困群众的住房困难，帮助住房最危险、经济最贫困农户解决了最基本的安全住房，稳步实现农村贫困人口住房安全保障。确保了河北省农村危房改造任务等扶贫攻坚工作的落实，支持了当前河北省委、省政府重点工作中所涉及的社会公益事业发展领域需求，为全省进一步打赢脱贫攻坚战提供了坚实保障。

（河北省财政厅供稿）

2017年中央专项彩票公益金支持吉林省社会公益事业建设项目实施情况

一、资金使用规模

2017年财政部下达吉林省中央专项彩票公益金支持地方社会公益事业建设项目资金10 475万元。省财政采用因素法分配市县，由市县统筹用于社会公益事业支出。分配因素包括彩票公益金收入、财政困难程度、贫困人口和工作情况。市县财政部门收到资金后，根据彩票公益金管理相关规定，结合本地社会公益事业发展情况，会同相关部门研究确定具体支持的公益事业项目。从资金支持方向上看，支持社会福利事业发展5 691万元，支持体育事业发展2 604万元，支持教育事业发展808万元，支持残疾人事业发展492万元，支持文化事业发展808万元。

二、资助项目情况

2017年财政部下达吉林省中央专项彩票公益金支持地方社会公益事业建设资助项目具体包括：

1. 支持社会福利项目77个，受益人数82.2万余人。主要包括城市社区居家养老服务中心、县级以上公办养老机构、新建和扩建城镇老年社会福利机构、城镇社区服务设施、农村养老大院、殡葬基础设施和环保改造、医养结合机构建设等项目。

2. 支持体育事业项目49个，受益人数76.6万余人。主要包括乡镇农民体育健身工程、全民健身中心、社区多功能运动场、全民健身公共体育场地设施建设和体育设施维修改造等项目。

3. 支持教育事业项目12个，受益人数44.1万余人。主要包括未成年人校外活动保障和能力提升、青少年活动中心建设、学校维修改造和设备购置等项目。

4. 支持残疾人事业项目3个，受益人数2.2万余人。主要包括残疾人康复机构建设和设备购置、残疾儿童康复救助补助等项目。

5. 支持文化事业项目24个，受益人数6.9万余人。主要包括基层文化广场建设等项目。

三、项目执行情况

在项目执行过程中，我们要求各市县严格按照彩票公益金和绩效管理相关规定，加强资金的使用管理，加快预算执行进度，建立绩效运行监控机制、项目资金绩效评价指标体系和绩效考核问责机制，确保专款专用，并结合项目施工进度审核拨付资金，满足项目工程建设需要。截至2017年6月底，资助的165个项目已竣工134个，项目资金已实际支出9 107万元，剩余资金待项目竣工并验收合格后支付。

四、实际效果

随着社会公益事业项目的竣工和投入使用，公益设施服务能力明显提升，人民群众精神文化生活更加丰富，生活环境明显改善，促进了社会福利、体育、教育、文化等事业的全面发展，满足了人民对美好生活向往的追求，提升了服务对象的获得感、幸福感。

（吉林省财政厅综合处）

2017年中央专项彩票公益金支持黑龙江省社会公益事业建设项目实施情况

2017年财政部下达黑龙江省中央专项彩票公益金8 900万元，根据黑龙江省社会公益事业发展实际，考虑到黑龙江省全民健身场地设施建设“历史欠账”较大，我们将专项资金集中用于全民健身场地设施基础民生工程中，较好地完成了项目建设，发挥资金使用效益。

一、项目组织实施

2017年初，省财政厅与省体育局共同组织2017年全省全民健身工程项目的建设项目申报工作。经过对全省各市、县体育局（文体局）、财政局申报的全民健身体育公益项目进行认真审核，按照先建后援、统筹兼顾、均衡发展的原则，依据区域人口、面积、项目占有率及各市、县以往建设实际等因素，对符合条件的全省各地全民健身中心、公共体育场、体育文化公园、乡镇体育健身工程等11个方面体育公益建设项目给予资助。

二、资金使用情况

投入2 000万元建设全民健身中心5个（其中滑冰馆1个）；投入800万元建设可拆装式移动冰场（简易滑冰馆，群众冬季体育活动基地）4个；投入600万元建设公共体育场2个；投入150万元建设体育公园3个；投入600万元资助体育场馆维修改造12个；投入255万元建设可拆装式移动冰场（滑冰场）17个；投入560万元建设可拆装式移动冰场（滑冰场及冰壶场）14个；投入1 000万元建设社区多功能运动场40个（其中足球场15个）；投入768万元建设健身苑工程64个；投入1 936万元建设乡镇体育健身工程88个；投入231万元建设农民体育建设工程（篮球场）66个。

三、经济、社会效益

（一）社会效益

通过彩票公益金项目的实施，我省全民健身场地设施项目的基础设施和公益事业条件得到明显改善，有效地增加了群众室内、室外体育健身的场所。为实现我省制定的《黑龙江省全民健身实施计划》中“全民健身设施建设实现跨越发展，人均体育场地面积达到1.65平方米以上，各市（地）、县（市、区）、乡镇（街道）、村（社区）实现体育健身场地设施全覆盖，各县（市、区）建有1处室外冰雪运动场所，初步形成城市‘15分钟健身圈’的工作目标，奠定了坚实的基础；各类群众身边的场地设施建设，为广大人民群众开展丰富的业余文体生活增加了保障条件，有效解决了群众“去哪儿健身”的问题，受到了广大人民群众一致的好评。尤其是对群众冬季体育活动场地设施条件的改善，进一步激发了群众参与冰雪运动的激情，有效推动了我省“冰雪体育强省”建设，更好的助力我省贯彻落实习总书记“三亿人参与冰雪运动”“冰天雪地也是金山银山”的战略部署和重要指示，进一步掀起了我省群众参与冰雪运动的新热潮。

（二）经济效益

专项资金，支持鸡西、双鸭山、鹤岗、绥化4个市建设可拆装式移动冰场（简易滑冰馆，群众冬季体育活动基地）项目。4个地市分别与本地社会力量合作，建设完成了具有一定规模的群众冬季体育活动基地，共撬动社会资金2 600余万元投入到了项目建设中，实现了社会公益和市场双赢。全省其他地市和部分县区也受到此项目建设的启发，在当地政府的引导推动下，积极协调社会力量，建设了适合本地需求并各具特色的群众冬季体育活动场所，不仅丰富了群众冬季娱乐健身项目，也带动了相关体育、旅游产业的消费。

（黑龙江省体育局供稿）

2017年中央专项彩票公益金支持浙江省社会公益事业建设项目实施情况

一、资金规模

2017年中央专项彩票公益金下达21 872万元，其中：支持地方体育事业2 208万元，占总额的10.1%；支持乡村学校少年宫建设2 062万元，占总额的9.43%；支持残疾人事业4 623万元，占总额的21.1%；支持社会福利事业12 979万元，占总额的59.3%。

二、执行情况

（一）左右协同重拨付

中央专项彩票公益金下达后，浙江省财政厅会同省民政厅、省残联、省体育局、省文化和旅游厅等彩票公益金使用部门，按照财政部确定的转移支付预算、资金使用方向和分配原则，紧扣中央专项彩票公益金重点向“补短板”的社会公益事业项目倾斜、向困难行业和弱势群体倾斜的要求，结合浙江省实际，采用因素分配法及时、足额拨付省本级及各相关市、县（市、区）。2017年中央专项彩票公益金资金拨付率为100%。

（二）上下联动抓绩效

紧抓绩效出实招，带动资金落实地，促进项目出实效。强化中央专项彩票公益金支出绩效评价制度建设，完善绩效目标管理。选择部分项目进行重点评价，将绩效评价结果作为下年度安排中央专项彩票公益金预算的依据。督促市、县(市、区）财政部门积极配合彩票公益金使用部门，按照有关规定，根据项目管理和实施情况组织实施绩效目标申报、绩效监控，着力做好彩票公益金绩效评价工作，切实提高资金使用效益。

三、资助项目

（一）聚焦弱势群体

2017年中央专项彩票公益金支持残疾人事业4 623万元，其中：残疾学生助学补助255万元、残疾儿童康复200万元、贫困残疾人家庭无障碍改造752.5万元、残疾人康复和托养（庇护）机构设备补贴2 757.5万元、残疾人文化工作100万元和宁波市558万元。支持社会福利事业12 979万元，其中：老年人福利2 742万元、残疾人福利1 345万元、儿童福利1 115万元、社会公益项目310万元、支持居家和社区养老服务改革6 547万元、支持城乡医疗救助920万元。

（二）聚焦公益事业

2017年中央专项彩票公益金支持乡村学校少年宫建设2 062万元，其中：投入585万元新建“中央彩票公益金支持乡村学校少年宫”39所，投入1 477万元保障全省379所已建成乡村学校少年宫正常运转。支持地方体育事业2 208万元，其中：运动休闲特色小镇设施600万元，公园配建体育设施100万元，专项体育设施400万元，资助全民健身赛事和活动185万元，资助群众体育组织和队伍建设21万元，体育后备力量专款440万元，国家队转训基地改善训练条件专款350万元，青少年体育俱乐部专款112万元。

四、实际效果

（一）为“体育强省”夯实基础

2017年中央专项彩票公益金支持地方体育事

业，推动了国家队转训基地改善训练条件，为竞技体育的优势项目、高水平体育后备人才培养夯实基础。同时引进社会资本投入青少年体育事业，有助于引导青少年体育资本结构良性发展。强化体育产业与其他业态的融合，为挖掘体育的多元化起到引领示范作用。

（二）为农村“花朵”培植沃土

2017 年中央专项彩票公益金支持乡村学校少年宫建设：一是丰富农村未成年人活动场所，填补了过去农村未成年人课外活动阵地的空白，优化了农村未成年人校外活动场所布局，为广大农村少年儿童提升综合素质创造了良好条件。二是丰富农村未成年人活动场内容，坚持以乐促智、以技促能、以德育人的基本理念，通过开展诵读经典、书画艺术、手工劳技等各种内容丰富的活动，使农村未成年人德智体美劳全面发展。

（三）为残障人士撑托希望

2017 年中央专项彩票公益金支持残疾人事业，进一步提高残疾儿童学前教育入园率、巩固率和中高等特教学校（院）发展水平，适龄儿童入园率达到 73.3%。进一步提高残疾儿童康复服务率，全年共为 261 名残疾儿童康复训练提供补助，真正做到残疾儿童康复发现一例、服务一例。进一步提高全省残疾人家庭无障碍改造率，残疾人家庭无障碍改造工作精准到位，无障碍改造 10 644 户，全省残疾人家庭无障碍改造率为 61.6%，走在全国前列。进一步提升康复和托养机构服务能力，以基层为重点的残疾人康复及托养服务网络逐步建立，确保了残疾人在机构接受专业化服务的质量和效果。

（四）为和谐社会增添温暖

2017 年中央专项彩票公益金支持公益事业，提升了浙江省社会养老服务质量水平，新建、改扩建基础设施建设面积约 25 万平方米，新增床位数 978 张，添置设备 135 台。改善了残疾人生活质量，新建、改扩建基础设施建设面积约 1 780 平方米，添置设备 199 台，受益人次达 1.5 余万人。提升了孤儿和困境儿童幸福指数，新建、改扩建基础设施建设面积约 1.7 万平方米，新增床位数约 400 张，添置设备 50 台，“明天计划”受助儿童达 700 余人。促进了浙江省社会公益事业健康有序发展，资助项目 11 个，新建、改扩建基础设施建设面积约 3 862 平方米，受益人次达 1.6 万余人。保障了困难群众能够享受到基本医疗卫生服务，受益人次 1.3 万人。

（浙江省财政厅供稿）

2017年中央专项彩票公益金支持江西省原中央苏区社会公益事业建设项目实施情况

根据财政部《关于“十三五”时期中央专项彩票公益金支持地方社会公益事业发展安排以及下达2017年资金的通知》(财综〔2017〕年47号)文件要求，江西省高度重视，及时确定了分配范围，包括原中央苏区21个(其中赣州18个、吉安1个、抚州2个)，立即组织召开了项目申报布置会，按照财政部补齐短板，集中精力重点解决突出问题，防止“撒胡椒面”的要求筛选确定“十三五”时期支持建设项目102个，其中：扶老项目46个，补助资金30 562万元；全民健身项目38个，补助资金72 522万元；助残项目10个，补助资金5 471万元；社区建设项目6个，补助资金1 050万元；救孤项目2个，补助资金600万元。通过近三年项目实施，项目进展取得了较好成效，目前项目已经全面开工，已有21个项目投入使用，7个已完工待投入使用。

一、项目实施情况

(一)领导重视，高位推动

为确保“十三五”中央专项彩票公益金项目顺利推进，规范项目资金管理，加快项目建设进度，江西省各级政府和部门高度重视，督促各市县成立工作领导小组统筹推进抓落实。制定项目资金管理办法，明确项目开工时间、竣工时间、投入使用时间及项目廉政要求。相关县(市、区)人民政府按照项目逐一与省财政厅签订“十三五”中央专项彩票公益金项目承诺书，开展不定期检查督促项目建设，从而确保项目按时按质交付使用，并杜绝资金挤占、截留、挪用情况的发生。

(二)充分论证，认真申报

在项目申报上立足当地实情，坚持问题导向，通过组织民政、体育、残联等部门的专家论证、实地考察，统筹各地“最短板”“最需要”“最受益”的社会公益事业项目申报，重点解决养老、体育、残疾人等供需矛盾突出问题，创新形式，撬动地方资金、社会资本等资金23.03亿元，加快补齐社会公益事业短板。

(三)跟踪进度，强化督导

进行了实地开工督导。省、市两级多次对项目进度情况进行督导。对于应当开工未开工的项目拟采取通报、约谈市县主要负责人、纳入奖补资金考评等措施，以督促各地加大协调力度，确保项目实施进度。

二、取得的成效

中央彩票公益金项目的建设，极大地改善了赣南等原中央苏区社会公益事业落后的面貌，助推了脱贫攻坚、同步全面小康步伐，较大地提升了群众的幸福感和获得感。

(一)社会福利设施水平得到显著改善

以赣州市为例，目前有60岁以上老年人口142.62万人，占总人口的14.54%；全市孤儿1 400人，仅有270人在城乡福利机构供养，不到孤儿总数的1/5。项目实施完工后，赣州市及黎川县、永新县、广昌县可新增光荣院、综合福利院、敬老院46个，新增床位7 088张，受益人数89万人，将极大缓解原有光荣院、敬老院、综合福利院床位少、供需矛盾突出的困境。

（二）康复托养条件得到有效改善

项目实施完工后，可新增多个残疾人康复（服务）中心，新增床位 532 张，受益人数达 14 万人，较好地改善残疾人康复服务的治疗条件。

（三）全民健身条件得到较大提升

项目实施完工后，可新增全民健身及体育场所 38 个，建设面积 993 053 平方米，受益人数 736 万人，提高了县、乡（镇）体育健身活动中心覆盖率，将改变体育资源缺乏、体育"硬件"短缺、体育设施不足的现状，进一步增强全民体质，丰富广大群众的精神文化生活。

（江西省财政厅供稿）

2017年中央专项彩票公益金支持湖南省社会公益事业建设项目实施情况

财政部《关于“十三五”时期中央专项彩票公益金支持地方社会公益事业发展安排以及下达2017年资金的通知》（财综〔2017〕47号）安排湖南省2017年中央专项彩票公益金16 175万元，用于支持地方社会公益事业发展。按照中央专项彩票公益金使用要求，安排使用要重点向党中央、国务院明确提出要求的重大民生项目倾斜，向贫困地区和革命老区、困难行业和弱势群体倾斜，向补“短板”的社会公益事业倾斜。扎实推进当地社会公益事业发展，切实为实现全面建成小康社会的战略目标做出了贡献。

一、资金分解下达情况

2017年度资金安排方面，12个脱贫摘帽贫困县炎陵县、茶陵县、石门县、桂东县、中方县、祁东县、双牌县、江永县、宁远县、鹤城区、洪江市、吉首市，每个县（市、区）安排1 000万元；10个湖南省深度贫困县保靖县、泸溪县、古丈县、花垣县、永顺县、凤凰县、桑植县、通道县、麻阳县、城步县，每个县安排200万元；剩余2 175万元安排到14个市州本级。

二、资金使用管理情况

资金使用方面考虑全省社会公益事业均衡发展、按照“弥补短板”的要求，结合脱贫攻坚，给予贫困地区重点支持。资金投向关注弱势群体，发挥公益属性，重点支持为老年人、残疾人等困难群体服务的社会福利和社会救助事业，农民体育健身工程、全民健身路径工程等。

省财政厅印发了《湖南省省级财政专项彩票公益金管理办法》（湘财综〔2017〕22号）、《湖南省省级财政专项彩票公益金绩效管理办法》（湘财综〔2017〕38号），规范中央专项彩票公益金使用管理、提高资金绩效。市县也根据各地实际制定了公益金管理办法和绩效管理办法。

三、中央专项彩票公益金绩效情况

（一）项目实施情况

2017年度湖南省使用中央专项彩票公益金建设完成357个公益类项目，其中：养老设施类项目（敬老院、日间照料中心等）53个；文体设施类项目（农民体育健身工程、全民健身路径等）269个；困难群体救助类项目（残疾人帮扶、救助管理站等）10个；校外教育类项目（体育场所、少年宫等）9个；其他项目（如公墓、殡仪馆等）16个。

（二）资金绩效情况

一是彩票公益金公益属性进一步彰显。通过中央专项彩票公益金的投入，弥补湖南省社会公益事业短板。资金投向关注弱势群体，重点支持为老年人、残疾人等困难群体服务的社会福利和社会救助事业，农民体育健身工程、全民健身路径工程等，推进当地社会公益事业发展。二是基层公益服务能力进一步提升。基层社会福利机构硬件建设逐步得到完善，机构承载服务能力不断提升。文体活动设施明显改善，进一步丰富了群众业余文体生活。三是群众获得感进一步增强。中央专项彩票公益金支持项目的实施，重点解决了各地一些突出的民生问题，人民群众受益明显。

（湖南省财政厅供稿）

2017年中央专项彩票公益金支持湖北省社会公益事业建设项目实施情况

一、彩票公益金使用规模

2017年财政部分解下达湖北省中央专项彩票公益金支持地方社会公益事业建设项目资金11 450万元。其中，用于支持农村福利院“平安工程”项目建设资金5 250万元，支持体育运动休闲特色小镇示范项目资金3 200万元，支持武汉马产业发展和赛马赛事转型升级补助资金3 000万元。

二、资助项目

1. 农村福利院“平安工程”项目建设5 250万元。按照整体规划、分年实施、先急后缓、全面推进的原则，省民政厅制订了2017—2020年度计划，主要是对农村福利院安全设施进行升级改造，具体包括消防安全设施、无障碍设施、特护设施和饮食安全保障等。

2. 体育特色小镇项目建设3 200万元。按照中央试点项目200万元/个、省级项目500万元/个的补助标准，纳入第一批中央彩票公益金支持地方公益事业发展专项资金支持体育特色小镇试点项目10个，合计3 200万元，主要支持6个中央试点项目（荆门市漳河新区爱飞客航空运动休闲特色小镇、宜昌市兴山县高岚户外运动休闲特色小镇、孝感市孝昌县小悟乡运动休闲特色小镇、孝感市大悟县新城镇运动休闲特色小镇、荆州市松滋市沲水运动休闲小镇、荆门市京山县网球特色小镇），4个省级特色小镇项目（十堰市房县军店镇体育特色小镇、宜昌市五峰县牛庄乡高山体育康养特色小镇、黄冈市浠水县三角山运动休闲特色小镇、神农架林区龙降坪运动休闲特色小镇）。

3. 武汉马产业发展和赛马赛事转型升级补助资金3 000万元，用于支持武汉市马产业发展。

三、执行情况和实际效果

（一）农村福利院“平安工程”项目建设效果明显

一是党和政府对供养对象的深切关怀得到落实。“平安工程”的实施，彰显了省委、省政府以人民为中心的发展思想和对集中供养对象的关心关爱，进一步增强了特殊困难群体的获得感和幸福感，受到普遍欢迎。二是农村福利院的人居环境得到有效改善。各地通过配置无障碍坡道、栏杆扶手、应急呼叫、消防设备等设施设备，使农村福利院的居住环境得到进一步优化。三是农村福利院风险管控能力进一步提升。各地通过安装火灾探测报警器、安装喷淋设备、增配消防器材等方式，进一步消除福利院消防隐患，提高全省福利院消防安全应急处置能力。

（二）体育特色小镇示范项目中央补助资金3 200万元全部落实到位

宜昌兴山市高岚户外运动休闲小镇，是国家体育总局批准的全国96个运动休闲特色小镇试点项目之一，是湖北较早以政府先导、企业主导、市场引导为运营模式的项目。此项目自2017年起开始创建，积极发挥社会资源配置决定性作用，促进产业立镇、产镇融合，现已完成高岚民俗文化村及还建房项目、高岚民俗酒店改造工程、朝天吼漂流止漂点停车场造地工程、高岚景区绿化工程、其他小型体育及经营性项目、高岚312省道改线工程等8个项目，正在实施朝天吼汽车露营基地、景区深度开发项目、景区小型景观工程、高岚高速出口景观风貌改造、高岚特色小镇一期建设项目、溪谷飞索项目、高岚经济型酒店工程、高岚至两河公路改扩建等8个项目。后期规划建设9个项目，按计划2020年完成项目验收工作。目前各项预定目标值完成较好，年接待旅客120万人次。

（湖北省财政厅供稿）

2017年中央专项彩票公益金支持广东省原中央苏区社会公益事业建设项目实施情况

按照《财政部关于“十三五”时期中央专项彩票公益金支持地方社会公益事业发展安排以及下达2017年资金的通知》（财综〔2017〕47号），财政部2017年至2020年安排中央专项彩票公益金23 100万元，支持广东省原中央苏区社会公益事业项目建设。其中，2017年安排资金5 775万元。

一、及时下达资金

广东省财政厅按照财综〔2017〕47号文有关要求，及时研究项目资金的管理办法及分配方案。一是为加强项目资金管理，制定印发了《“十三五”时期中央专项彩票公益金支持广东社会公益事业项目资金管理办法》（以下简称《办法》），《办法》细化了资金分配、使用、监督管理和绩效评价等具体规定。二是及时分配下达资金。考虑到我省原中央苏区各县情况不一，民生短板不同，为支持各县因地制宜将资金安排用于当地急需的社会公益事业，省财政对该项资金实行因素法分配，以各苏区县人均可支配财力、人均公共财政预算支出、国土面积、人口等为因素，制定了分配方案，及时将资金下达到有关市县。资金分配到各苏区县后，由各苏区县安排用于当地社会公益事业项目，并按照财综〔2017〕47号文精神，为集中精力重点解决突出问题，防止“撒胡椒面”，要求每个县安排项目最多不得超过2个，并制定项目规划和绩效目标报省财政厅备案。

二、加强资金管理

省财政厅高度重视“十三五”时期中央专项彩票公益金支持广东省原中央苏区社会公益事业项目资金的执行情况，加强使用管理，加快预算执行进度。在下达中央彩票公益金时要求市、县在一定期限内报送执行情况，对部分预算执行进度较慢的项目加强督促，敦促市、县加快项目建设进度，及时安排拨付项目资金，并要求各苏区县研究制定下一步加快项目实施进度及资金执行进度的措施，推动市、县加快中央彩票公益金下达和项目执行进度，及早发挥中央专项彩票公益金的使用效益。

同时，省财政厅对中央专项彩票公益金加强项目绩效管理，提高资金使用效益。各苏区县收到项目资金后，须按要求确定好资金支持的项目，根据项目进展情况，编制分年度项目预算，制定4年项目规划，并对每一个项目制定绩效目标表，报省财政厅备案。通过绩效目标申报，对每一个项目制定绩效目标表、绩效自评、自评结果公开等措施，切实加强项目资金的绩效管理工作。

三、项目成效初显

经汇总各苏区县项目规划，省财政厅形成了《2017年至2020年中央专项彩票公益金支持广东原中央苏区社会公益事业项目规划》，共确定支持项目20个，其中：社会福利项目2个、体育事业项目1个、教育事业项目6个、残疾人事业项目2个、文化事业项目6个、其他社会公益项目（医疗卫生、公园、公共服务设施等）3个。各项目均有序推进，除个别项目由于项目选址等原因外，其余项目均已进入实施阶段。上述项目的建设实施，对广东省原中央苏区社会福利、文化体育、教育、医疗卫生等社会公益事业的服务水平起到较大促进作用，提高了原中央苏区社会福祉，体现彩票公益金的公益性。

中央专项彩票公益金支持广东省原中央苏区社会公益事业建设项目资金补充了原中央苏区社会公益事业建设资金的不足，支持了苏区县社会公益事业发展。各受援助苏区县均非常感谢中央财政的关心和帮助。

（广东省财政厅供稿）

2017 年中央专项彩票公益金支持广西壮族自治区社会公益事业建设项目实施情况

一、使用规模

财政部下达广西 2017 年中央专项彩票公益金支持地方社会公益事业发展资金（以下简称“中央专项彩票公益金”）18 025 万元。

二、资助项目

2017 年，广西中央专项彩票公益金主要用于 6 个方面，具体如下：

1. 安排精神病专科医院和综合性医院精神病专科建设及诊疗能力提升项目资金 8 717 万元。用于支持精神病专科医院或综合性医院精神病康复治疗专科建设、采购康复诊疗设备。

2. 安排贫困残疾人家庭无障碍改造项目资金 3 200 万元。按每户 0.4 万元的标准补助广西 8 000 户贫困残疾人家庭进行无障碍改造。

3. 安排康复疗养和爱心护理机构项目资金 1 000 万元。用于支持康复疗养和爱心护理机构建设及设施设备购置。

4. 安排儿童福利院项目资金 1 010 万元。用于支持市县儿童福利院建设、装修及设施设备购置。

5. 安排体育场馆建设项目资金 1 800 万元。用于支持市县体育场馆建设及装修。

6. 安排地质灾害隐患学校搬迁重建项目资金 2 298 万元。用于支持地质灾害隐患迁建学校的教学用房、活动场地、食堂等场地建设以及教学设备采购。

三、执行情况

2017 年，由于中央专项彩票公益金下达时间较晚，大部分项目处于制定计划、投资评审或政府采购阶段；部分项目正在施工，资金按工程进度付款。据统计，截至 2017 年年底，中央专项彩票公益金共支出 2 530 万元。

四、项目效益

（一）提升精神疾病诊疗水平

通过支持精神病专科医院或综合性医院精神病康复治疗专科建设和采购康复诊疗设备，进一步提升广西精神病专业医疗机构收治精神病人的能力，改善医疗环境，完善医疗设备，为精神病患者提供更好的就医环境。

（二）改善贫困残疾人家庭居家环境

通过实施贫困残疾人家庭无障碍改造项目，改善贫困残疾人家庭居家环境，解决残疾人洗澡难、如厕难、出行难等问题，为残疾人日常生活提供便利，提高残疾人的生活质量。

（三）进一步完善养老服务体系

通过支持康复疗养机构完善服务设施设备，建成医疗保健、爱心护理、心理治疗等多功能为一体的医养结合机构，为医疗、养老、托老提供更好的服务。

（四）改善孤残儿童生活质量

通过支持儿童福利院项目，进一步完善儿童福利院设施设备，有效改善孤残儿童生活环境，提高孤残儿童的生活水平。

（五）增加公共体育场地供给

通过支持体育场馆建设，改善体育场地和体育设施的条件，增加公共体育场地供给，满足群众体育运动的需求。

（六）消除地质灾害学校安全隐患

通过支持地质灾害隐患学校搬迁重建项目，用于校舍迁建，消除安全隐患，确保在校师生及校舍安全。

（广西壮族自治区财政厅供稿）

2017年中央专项彩票公益金支持重庆市社会公益事业建设项目实施情况

根据《财政部关于“十三五”时期中央专项彩票公益金支持地方社会公益事业发展安排以及下达2017年资金的通知》（财综〔2017〕47号）文件的要求，结合《彩票管理条例》《彩票管理条例实施细则》《财政部彩票公益金管理办法》等相关规定，重庆市“十三五”期间共计获得中央专项彩票公益金支持4.99亿元，其中：2017年为1.25亿元，这对于促进重庆市贫困地区、困难行业和弱势群体的社会公益事业发展发挥了极其重要的作用。

一、高度重视，部门配合，精心组织实施中央专项彩票公益金项目

遵照财政部对该项资金使用应当充分彰显社会公益性，取之于民、用之于民，重点向党中央、国务院明确提出要求的重大民生项目倾斜，向贫困地区和革命老区、困难行业和弱势群体倾斜，向补“短板”的社会公益事业倾斜的要求：一是高度重视，按照财政局领导相关批示精神，深刻学习和领会财政部财综〔2017〕47号文件精神并落实相关责任，明确由财政局综合处牵头组织实施；二是部门配合，召集市民政局、市文化委、市扶贫办、市红十字会、职业教育等部门座谈和研究，认真分析梳理当前社会公益事业发展的“短板”和存在问题；三是精心组织，按照“补齐短板”的思路，“缺什么补什么”，防止“撒胡椒面”的原则及时分配下达资金，所有预算下达文件均在2017年11月底前印发，并加强督导，积极推进预算执行。

二、因地制宜，突出重点，把资金重点用在“补齐短板”的社会公益事业项目上

1. 按照向贫困地区和革命老区倾斜的精神，支持重庆市辖内的18个国家级和市级贫困区县（14+4）社会公益事业发展，其中，国家级贫困区县每个补助400万元、市级贫困区县每个补助350万元，共计7 000万元，占本年度中央下达预算总额的56%。

2. 资助市本级社会福利、残疾人事业、文化公益、职业教育、法律援助等社会公益事业项目5 475万元，占本年度中央下达预算总额的44%。

（1）资助市级民政部门社会福利公益事业项目1 100万元。主要用于市儿童福利院孤残儿童教学场所改造、市第一社会福利院失能失智老人休养区的适老化改造和升级、市第二社会福利院配置服务对象用房电梯设备等无障碍设施、市第三社会福利院建设休养老人安全健康环形步道工程。

（2）资助市文化部门公益文化项目500万元。主要用于“渝州大舞台好戏月月演”和戏曲进校园活动公益演出活动，大力宣传党的十九大精神，弘扬社会主义核心价值观，让优秀文化精品进基层、进社区、进校园。

（3）资助市红十字会社会公益事业项目330万元。主要用于生命健康急救和安全教育体验馆建设。

（4）资助市残疾人联合会残疾人公益事业项目245万元。主要用于科技助残康复成果转化及体验等。

（5）资助市司法局法律援助项目200万元。用于未成年犯教育改造和爱心帮扶等。

（6）资助市人口和计划生育科学技术研究院社会公益项目450万元。主要用于开展遗传代谢病患者、智力发育异常与罕见病儿童家庭基因检测。

（7）资助职业教育社会公益事业项目2 650万元。重庆市作为国家重要的制造业基地和劳动力密集地区，大力发展职业教育和培养技术工人尤其重要。目前的中等级职业学校办学条件和实训基地建设是职业教育发展"短板"，结合中央专项彩票公益金突出重点、防止"撒胡椒面"的原则，2017年度重点支持了四川仪表工业学校工业4.0智能教学工厂实训基地项目、重庆市工业高级技工学校校园综合排污管网和道路维修改造建设、重庆机械电子高级技工学校实训基地建设和学生宿舍环境排危改造、重庆市轻工业学校实训基地与教室信息化建设、重庆商务职业学院财会金融专业群实训基地建设等。

三、明确责任，规范运作，严格监管，注重中央专项彩票公益金使用提质增效

严格按照财政部要求，重庆市财政局不断加强对彩票公益金资助项目的监管，与主管部门和执行单位分工协作，各施其责。一是建立绩效目标管理和运行动态监控制度，所有预算资金文件均附加项目绩效目标表，纳入对项目实施单位考核；二是预算资金均纳入国库集中支付系统管理，并按照中央专项资金管理要求，预算执行年限不得超过两年，未完成的预算指标一律实行零结转；三是项目实施单位在加强预算执行的同时，还要严格按照政府采购程序、政府购买服务要求等，予以公开公示；四是积极整合社会资源，引导社会资金投入公益事业；五是努力做好中央彩票公益金使用的宣传和公告工作，将中央对重庆市社会公益事业发展的关心、关爱贯穿于公益项目实施和使用全过程。

（重庆市财政局供稿）

2017年中央专项彩票公益金支持云南省社会公益事业建设项目实施情况

一、资金管理情况

（一）研究制定规划及管理办法

根据《彩票公益金管理办法》（财综〔2012〕15号）和《云南省彩票公益金管理办法》等相关规定，结合2017年云南省面临的新形势、新任务、新要求，制定《中央专项彩票公益金支持云南省公益事业发展项目规划（2017—2020年）》和《中央彩票专项公益金支持云南省社会公益事业发展项目管理办法》。

（二）及时组织项目申报

及时向各州（市）及省级有关部门印发通知，组织项目主管部门按照中央彩票专项公益金资助范围、项目条件、完成时限等进行申报。

（三）规范项目评审

2017年，云南省财政厅印发《云南省省级彩票专项公益金评审委员会项目评审规则》，组织专家对各项目主管部门申请资助的项目进行规范的项目评审，择优选择项目。

（四）按时足额拨付资金

项目确定后，云南省将资金额度按因素法测算到各州（市），根据轻重缓急安排项目，在规定时限内将资金拨付至项目主管单位。

二、资金使用情况

按照《财政部关于“十三五”时期中央专项彩票公益金支持地方社会公益事业发展安排以及下达2017年资金的通知》（财综〔2017〕47号），云南省将中央专项彩票公益金与省级彩票专项公益金统筹使用、统一管理，主要用于全省农村公益性基础设施建设等项目。

2017年支持云南省的中央专项彩票公益金为13 250万元，主要用于以下方面：一是建设农村村级群众文体活动场所。针对云南省广大农村群众活动场所数量严重不足的问题，积极支持建设村级群众文体活动场所和农村老年活动场所。通过中央专项彩票公益金给予每个新建场所30万—70万元不等的补助，共计12 175万元。资金按因素法测算并通过专项转移支付到各州（市）。2017年度分别支持农村文化活动场所建设项目135个，安排资金7 425万元；农村老年人活动场所建设项目95个，安排资金4 750万元。二是援助贫困地区公益性基础设施建设。包括村级道路建设修缮、乡村饮水设施建设维护、入村道路亮化、硬化等，全面提升贫困地区公益设施建设水平。资金按因素法测算并通过专项转移支付到各州（市）。2017年度支持农村基础设施建设补助项目25个，安排资金875万元；基层农村中小学体育设施建设项目8个，安排资金200万元。

三、资金使用效益

中央专项彩票公益金支持云南省社会公益事业发展资金到位率为100%，促进资助项目顺利推进。中央专项彩票公益金的安排使用，在推进基层公益性基础设施建设和保障民生、改善民生方面发挥了积极作用，取得了较好的社会效益，充分彰显了国家彩票“取之于民、用之于民”的发行宗旨。

（一）促进全省各地区社会公益事业协调发展

中央专项彩票公益金资助项目都安排在农

村综合性活动场所或公益性设施建设方面。2017年共资助项目263个，分布在16个州（市）、98个县（市、区），覆盖263个自然村，受益人数达到358 176人。资助项目建设验收通过率为100%，项目持续发挥作用的期限均在5年以上，群众满意度超过95%。资助项目的实施，丰富了农村群众的业余文体活动，推进了民族文化发展和繁荣，有效提升农村地区基本公共服务均等化水平，促进各地区社会公益事业协调发展。

（二）助力脱贫攻坚

云南省在安排使用中央专项彩票公益金时，重点向脱贫攻坚任务重的地区和当年拟脱贫摘帽县（市、区）倾斜，助力脱贫攻坚。中央专项彩票公益金支持地方社会公益事业建设项目的实施，有效改善了贫困地区群众生活质量，贫困群众获得感明显增强，为贫困地区脱贫起到了积极作用。2017年，云南省使用中央专项彩票公益金资助的项目覆盖全省71个贫困县，当年云南省10个州市的15个贫困县（市）经国家专项评估检查，均达到贫困县退出条件。

（云南省财政厅供稿）

2017年中央专项彩票公益金支持西藏自治区社会公益事业建设项目实施情况

一、中央专项彩票公益金支持西藏社会公益事业建设资金使用规模

2017年，《财政部关于“十三五”时期中央专项彩票公益金支持地方社会公益事业发展安排以及下达2017年资金的通知》（财综〔2017〕47号）下达西藏中央专项彩票公益金70 375万元，用于支持西藏社会公益事业发展。西藏已安排下达全部资金，其中，用于支持社会福利事业资金36 238.56万元，用于支持公共体育事业资金34 136.44万元。

二、中央专项彩票公益金支持西藏社会公益事业建设项目实施情况

（一）社会福利事业项目

支持自治区38个社会福利事业项目建设。其中：主要支持天葬台维修改造项目20个，安排资金7 600万元；支持县级老年人日间照料中心项目15个，安排资金7 500万元；支持拉萨市精神病人福利机构项目1个，安排资金6 300万元；支持昌都市殡仪馆项目1个，安排资金3 400万元；支持阿里地区殡仪馆项目1个，安排资金5 400万元。

（二）体育事业项目

主要支持自治区130个公共体育领域社会公益事业项目建设。其中：支持县级全民健身活动中心建设项目4个，安排资金2 636万元；支持“雪炭工程”全民健身活动中心设备购置项目45个，安排资金2 250万元；支持体育机构科研设备购置项目1个，安排资金1 000万元；支持中小学笼式足球场建设项目80个，安排资金2 400万元；支持民族传统体育挖掘、整理、弘扬项目，安排资金1 400万元。

三、中央专项彩票公益金支持西藏社会公益事业建设项目产生的效益

（一）社会福利事业服务水平有所提升

中央专项彩票公益金支持殡仪馆、天葬台及精神病患者福利机构、老年人日间照料中心等项目的建设和改造，一定程度上完善了自治区基本殡葬公共服务设施，改善了精神疾病患者疗养、看护服务环境，逐步形成符合西藏实际，具有西藏特色的布局合理、设施完善、功能齐全、服务便捷的基本服务体系，满足群众多层次的服务需求，并逐步健全自治区养老服务体系，提升全区养老服务水平。

（二）全区经济社会发展水平不断提高

中央专项彩票公益金支持社会公益事业项目的实施，有效解决了老人、孤儿、残疾人等特殊群体的硬件基础设施和软件条件，切实增强了该群体的自我发展能力，推动了全区公益事业的快速发展，提高了群众参与全民健身赛事和活动的积极性，促进了体育事业的可持续发展。同时，极大地改善了项目区群众的生产、生活条件，扩大了受益覆盖人口。此外，项目的实施为当地居民创造了就业机会，也给区域经济发展和增加农牧民收入带来良好机遇。

（西藏自治区财政厅供稿）

2017年中央专项彩票公益金支持陕西省社会公益事业建设项目实施情况

一、资金的分配

2017年中央专项彩票公益金分配陕西省10 450万元，省级预算统筹资金配套安排3 000万元，合计安排资金13 450万元。陕西省按因素分配法下达6个市区，用于支持各市区社会公益事业项目。其中：西安市2 450万元、渭南市2 650万元、宝鸡市2 350万元、咸阳市2 350万元、汉中市2 000万元、铜川市1 650万元。

二、制度的建设

根据财综〔2017〕47号要求，为了加强和规范资金的管理使用，提高资金使用效益，充分彰显彩票公益金的公益性质，陕西省制定了资金使用规划和项目资金管理办法。

1. 省财政厅制定下发《陕西省财政厅关于2017—2020年中央专项彩票公益金支持我省社会公益事业项目资金使用规划的通知》，明确了资金的使用方向、使用范围、资金分配方式、资金管理、绩效的管理、绩效考评结果的运用以及向社会公告7个方面的内容。

2. 省财政厅制定下发《彩票公益金支持社会公益事业发展项目资金管理办法》。一是明确项目资金的使用范围，规定项目资金具体用于：救助灾害、救济贫困、扶助残疾人等困难的社会群体和个人；教育、科学、文化、卫生、体育事业；环境保护、社会公共设施建设；促进社会发展和进步的其他社会公共和福利事业。二是明确项目资金的分配原则：重点向省委、省政府明确提出的重大民生项目倾斜；向贫困地区和革命老区、困难行业和弱势群体倾斜；向补“短板”的社会公益事业倾斜；统筹考虑本地区不同区域、人群、领域的社会事业需求，注重与地方留成彩票公益金的统筹安排使用。三是明确项目支持的方式可采用项目补助、以奖代补、政府购买服务、保险费补助、政府和社会资本合作等方式。四是项目的审定和资金下达采取因素法和项目法相结合的方法。五是明确项目申报审批程序以及资金使用和管理要求。六是明确项目资金的监督管理和绩效评价要求。

三、资金使用情况

2017年度中央和省级配套资金共计13 450万元，采取因素法“切块”分配方式，分别下达西安市2 450万元，渭南市2 650万元，宝鸡市2 350万元，咸阳市2 350万元，汉中市2 000万元（其中省级配套2 000万元），铜川市1 650万元（其中省级配套1 000万元）。共支持了38个地方社会公益事业项目，其中西安市1个项目，渭南市6个项目，宝鸡市1个项目，咸阳市21个项目，汉中市3个项目，铜川市6个项目。

重点项目情况如下：

（一）西安曲江老年服务中心建设项目

2017年中央专项彩票公益金支持西安市项目资金2 450万元，全部用于西安曲江老年服务中心建设项目。西安曲江老年服务中心建设项目位于西安市曲江大道中段70号，用地85.371亩，净用地60.194亩，总建筑面积125 523.35平方米，总投资约59 554.89万元。其中养老公寓4栋，总建筑面积60 680.3平方米，层数均为12层，设计床位数约 1 500 张，养老公寓已完成投资约 38 392.99 万元。

该项目具有两大特点：一是医养结合；二是项目周边环境优越。建立医养结合的养老院，进一步提升西安市养老服务水平，同时满足军休干部和社会老年人的养老服务需求，积极应对人口老龄化问题，促进社会和谐。

（二）宝鸡市“煤改气”和“煤改电”环保项目

2017 年中央专项彩票公益金支持宝鸡市社会公益事业发展资金 2 350 万元，主要用于城乡居民“煤改气”“煤改电”项目。其中城乡居民“两改”112 546 户，使用彩票公益金 1 629 万元；洁净煤替代项目 2 940 户，使用彩票公益金 721 万元。通过实施农村“煤改气”“煤改电”改炕、改暖、改灶，全面推动农村“五改”工作，有效杜绝农村焚烧秸秆、柴草，使用散煤等造成的面源污染问题，同时改变了群众传统的生活方式，优化了人居生活环境，提高了生活水平，为人民群众迈向健康生活打下了坚实基础。

（陕西省财政厅供稿）

2017 年中央专项彩票公益金支持宁夏回族自治区社会公益事业建设项目实施情况

根据《财政部关于“十三五”期间中央专项彩票公益金支持地方社会公益事业发展安排以下达 2017 年资金的通知》（财综〔2017〕47 号），宁夏财政厅牵头主抓，会同相关职责部门专项研究，定支持方向，做项目规划，建管理制度，抓工作落实，进一步推进全区社会公益事业稳步发展。

一、使用规模和资助项目

为支持宁夏社会公益事业发展，2017 年下达宁夏中央专项彩票公益金 2.425 亿元，重点支持民政、体育、教育、残疾人事业四个领域。

1. 支持社会福利公益类项目。安排资金 16 125 万元。

（1）养老项目配备设备。重点支持“2014—2015 年中央专项彩票公益金支持宁夏养老服务体系建设项目”配备设施设备。一是补助 25 个市县老年活动中心设施配备经费 5 475 万元；二是补助 25 个市县敬老院设施配备经费 5 835 万元；三是补助 75 个社区日间照料中心设施配备经费 1 875 万元；四是支持隆德县张程乡养老服务中心项目建设 550 万元。共安排资金 13 735 万元。

（2）支持农村“儿童之家”项目建设。支持山区 9 县 478 个农村“儿童之家”建设，安排资金 2 390 万元。

2. 支持体育公益类项目。支持全区体育器材配置和场地设施建设项目，购置 48 套健身驿站，在全区建设 30 个儿童乐园、20 公里健身步道，购置 2 000 平方米运动仿真冰，安排资金 2 795 万元。

3. 支持教育公益类项目。重点支持贫困地区农村学校教师周转房设施设备配置以及宁夏育才中学体育运动场建设项目，安排资金 2 330 万元。

4. 支持残疾人公益类项目。支持石嘴山市、吴忠市、中卫市 3 个市级残疾人康复中心项目建设及设施设备配置，安排资金 3 000 万元。

二、经济社会效益

一是有效促进了社会福利事业发展。为现有的 25 所老年活动中心、25 所敬老院、75 所社区日间照料中心配置设施设备，实施隆德县张程乡养老服务中心建设，建成了 478 个农村“儿童之家”，较好满足了老年人供养、照料、康复护理需求，为留守儿童提供了温馨家园。二是加强了全民健身场所建设。实施的体育项目使有关市、县体育器材设施覆盖面进一步扩大，人均体育场面积增加，城乡体育健身设施条件进一步改善。三是有力支持了教育事业发展。农村教师周转房设备配置，解决了教师周转房配套设备不足的问题。建设宁夏育才中学运动场，改善了学校体育运动场设施，达到规定标准。四是进一步满足残疾人基本公共服务需求。3 个市级残疾人康复服务设施投入运行后，将为所在地残疾人提供专业的康复医疗、功能训练、辅助器具适配、工疗、信息咨询和心理辅导等服务，全面提高残疾人康复服务水平。

（宁夏回族自治区财政厅供稿）

六、附　录

主要彩票游戏类型简介

传统型彩票（Draw games）：又称被动型彩票，指由彩票发行者事先在彩票上印好号码，通常是5至7位数字，并将固定编组、中奖规则、奖金等级和中奖金额或实物公布，彩票销售一段时间后集中公开摇奖，购买者所购彩票的号码与开奖号码比对，以确定是否中奖和中奖奖级的彩票游戏。传统型彩票有着悠久的历史，遍布全球，我国福利彩票早期主要是此类彩票。由于购买传统型彩票需要等待开奖时间，因此随着即开型彩票的出现，购买者更青睐即买即刮即兑的即开型彩票，对传统型彩票的兴趣逐渐减少。

乐透数字型彩票（Lotto）：指由购买者从M个号码中选取N个号码（M>N）的组合为一注彩票进行投注，并与彩票发行者在投注活动结束后某一时点从M个号码中随机抽取的N个开奖号码的组合比对，以确定是否中奖和中奖奖级的彩票游戏。如福利彩票双色球、体育彩票超级大乐透等属于此类彩票游戏。

数字型彩票（Number）：指购买者从由0至9个号码构成的N组数列中选取其中一组排列号码为一注彩票进行投注，并与彩票发行者在投注活动结束后某一时点从相同数列集合中随机抽取的某一组开奖排列号码比对，以确定是否中奖和中奖奖级的彩票游戏。如福利彩票3D、体育彩票排列3等属于此类彩票游戏。

即开型彩票（Instant Games）：指彩票发行者在某一固定奖组的彩票中，将中奖符号印制在彩票介质上加以遮盖，并事先公告中奖符号，购买者从同一奖组的彩票中选购后可即时刮开遮盖物以确定是否中奖和兑奖的彩票游戏。如福利彩票刮刮乐、体育彩票顶刮呱属于此类彩票游戏。

竞猜型彩票（Toto）：指以某种竞赛结果确定投注中奖结果的彩票游戏。相对于其他纯粹的幸运型游戏而言，竞猜型彩票具有更多的个人智慧因素。如体育彩票足球彩票、篮球彩票属于此类彩票游戏。

（财政部综合司供稿）

2017 年世界彩票销售情况

2017 年，全球彩票总销量达到 3 043.6 亿美元（不包括视频彩票 VLT），比 2016 年的 2 748.9 亿美元增加 294.7 亿美元，增长 10.7%。其中，欧洲彩票销售额达到 1 100.2 亿美元，仍居全球领先地位。其次是亚洲和中东地区，销量为 974.7 亿美元。位于第三位的是北美地区，销量为 836.3 亿美元。中南美洲和加勒比地区总销量为 68.8 亿美元。澳大利亚和新西兰地区总销量为 52.6 亿美元。非洲销售 10.9 亿美元。

在各类型彩票销量统计中，乐透型彩票销量为 1 069.0 亿美元，占总销售额的 35.1%。即开型彩票销售 875.9 亿美元，占总销量的 28.8%。体育竞猜型彩票销售 349.1 亿美元。数字型彩票销售 289.5 亿美元，传统抽奖型彩票销售 205.5 亿美元。基诺型彩票销售 90.9 亿美元。

2017 年，彩票（不含视频彩票）销量排在前 5 名的彩票机构依次为中国体育彩票、中国福利彩票、Lottomatica（意大利）、La Française des Jeux（法国）、SELAE（西班牙）。

2017 年，人均销售额排在前 5 名的机构依次为新加坡彩票，马萨诸塞州彩票（美国）、Veikkaus 公司（芬兰）、Norsk Tipping 公司（挪威）、乔治亚彩票公司（美国）。

2017 年世界彩票销售

单位：百万美元

	乐透 / 乐透附加	数字型	基诺	其他	足彩	抽签式	即开型 / 撕开式	总销售额
非洲	568.4	17.3	22.7	62.2	251.2	9.2	160.5	1 091.4
澳大利亚、新西兰	4 497.1	10.2	119.3	50.0	7.2	57.9	517.5	5 259.3
亚洲 / 中东	36 529.7	15 682.9	605.6	6 428.9	22 378.9	9 453.5	6 394.1	97 473.6
欧洲	44 196.9	1 428.1	3 762.6	8 644.9	11 540.0	9 952.1	30 493.3	110 018.0
中美洲、南美洲、加勒比海	5 192.5	915.6	109.5	17.0	151.1	423.9	70.7	6 880.3
北美洲	15 911.5	10 898.4	4 470.9	1 168.7	580.2	653.1	49 951.8	83 634.6
总计	106 896.1	28 952.4	9 090.6	16 371.7	34 908.6	20 549.7	87 588.0	304 357.1
占总额百分比	35.1%	9.5%	3.0%	5.4%	11.5%	6.8%	28.8%	100.0%

2017 年非洲彩票销售

彩票机构	国家	年份	人口（百万）	乐透 / 乐透附加（百万美元）	数字型（百万美元）	基诺（百万美元）	其他（百万美元）	足彩（百万美元）	抽签式（百万美元）	即开型 / 撕开式（百万美元）	总销售额（百万美元）	人均销售额（美元）	汇率
阿尔及利亚体育彩票	阿尔及利亚	2003	32.5	5.0			0.1		0.5	6.9	12.5	0	0.0140
国家彩票	贝宁	2000	6.6				3.4	3.7		5.1	12.2	2	0.0014
国家彩票	布基纳法索	2016	17.9	0.7				170.7		5.6	177.1	10	0.0016
国家彩票	布隆迪	2010	9.9							0.6	0.6	0	0.0008
COGELO	刚果	1995	2.5				17.7				17.7	7	0.0020
国家彩票	科特迪瓦	2003	17.0							67.2	67.2	4	0.0019
国家彩票	埃塞俄比亚	2012	96.8	0.4					8.6	18.5	27.5	0	0.0543
国家彩票	冈比亚	1997	1.2				0.8			0.4	1.2	1	0.0955
国家彩票	加纳	2014	26.4	98.2			0.5				98.7	4	0.3109
慈善彩票	肯尼亚	1996	27.8						0.0	8.6	8.6	0	0.0185
Sociéte d'Explotiation	马达加斯加	1996	14.1	0.8						0.7	1.6	0	0.0003
LONAMA	马利	1999	10.8					0.1		0.0	0.2	0	0.0016
政府彩票	毛里求斯	2017	1.3	53.4							53.4	42	0.0288
体育彩票	摩洛哥	2006	33.2					27.0		13.3	40.3	1	0.1189
国家彩票	摩洛哥	2017	35.3	16.3	11.4	22.3	3.7			21.7	75.4	2	0.1065
莫桑比克博彩公司	莫桑比克	2001	19.4		1.1			1.0			2.1	0	0.0000
国家彩票	尼日尔	2003	10.4					28.7		1.1	29.8	3	0.0019
国家彩票	塞内加尔	2000	10.3				32.8	0.8	0.1	1.9	35.6	3	0.0014
南非国家彩票	南非	2017	55.9	386.7	4.7	0.4	3.1	12.9		8.4	416.1	7	0.0808
国家彩票	多哥	1999	5.3	6.8			0.1	6.3		0.5	13.7	3	0.0016
津巴布韦国家彩票	津巴布韦	2010	11.7				0.0			0.1	0.1	0	0.0027
总计				568.4	17.3	22.7	62.2	251.2	9.2	160.5	1 091.4		
占总额百分比				52.1%	1.6%	2.1%	5.7%	23.0%	0.8%	14.7%	100.0%		

2017 年亚洲 / 中东彩票销售

彩票机构	国家	年份	人口（百万）	乐透 / 乐透附加（百万美元）	数字型（百万美元）	基诺（百万美元）	其他（百万美元）	足彩（百万美元）	抽签式（百万美元）	即开型 / 撕开式（百万美元）	总销售额（百万美元）	人均销售（美元）	汇率
中国福利彩票	中国	2017	1 378.7	21 853.3	2 400.5	28.0				1 940.0	26 221.8	19	0.1536
中国体育彩票	中国	2017	1 378.7	4 983.9	11 117.4			14 257.5		1 838.2	32 197.0	23	0.1536
香港马会奖券有限公司	香港	2017	7.3	1 013.3							1 013.3	138	0.1280
幸运彩票	印度	2003	1 049.7	1 369.4							1 369.4	1	0.0219
马丁彩票代理	印度	2003	1 049.7	2.3					759.7		762.1	1	0.0219
瑞穗银行彩票部	日本	2017	127.0	2 601.4	695.4		124.2		3 296.5	451.9	7 169.4	56	0.0089
日本体育彩票中心	日本	2017	127.0						981.3		981.3	8	0.0089
Nanum Lotto, Inc.	韩国	2016	49.8	2 959.8			34.2		81.5	149.7	3 225.2	65	0.0008
Ktoto, Inc.	韩国	2017	51.2					3 947.1			3 947.1	77	0.0009
KoreaSports Promotion	韩国	2014	49.8					2 986.0			2 986.0	60	0.0009
Libanaise des Jeux	黎巴嫩	2015	6.0	100.7						2.1	102.8	17	0.0007
Magnum Corp.	马来西亚	2015	30.1		627.3						627.3	21	0.2323
Pan Malaysian Pools	马来西亚	2017	31.2		393.9			73.9			467.8	15	0.2462
马来西亚体育足球彩票	马来西亚	2017	31.2				863.2				863.2	28	0.2462
慈善彩票	菲律宾	2017	103.3	271.0	366.2	107.2			0.5	7.9	752.6	7	0.0200
新加坡博彩公司	新加坡	2017	5.6				5 156.7				5 156.7	918	0.7166
国家彩票公司	斯里兰卡	2015	21.6						108.5	7.8	116.3	5	0.0068
台湾彩票公司	台湾	2017	23.4	1 228.9	74.9	470.4	250.7			1 996.5	4 021.5	172	0.0337
台湾体育彩票	台湾	2017	23.4					1 114.4			1 114.4	48	0.0337
政府彩票办公室	泰国	2017	68.9						4 225.6		4 225.6	61	0.0306
Vietlott	越南	2017	92.7	145.6	7.2						152.8	2	0.0000
总计				36 529.7	15 682.9	605.6	6 428.9	22 378.9	9 453.5	6 394.1	97 473.6		
占总额百分比				37.5%	16.1%	0.6%	6.6%	23.0%	9.7%	6.6%	100.0%		

2017 年澳大利亚彩票销售

彩票机构	国家	年份	人口（百万）	乐透 / 乐透附加（百万美元）	数字型（百万美元）	基诺（百万美元）	其他（百万美元）	足彩（百万美元）	抽签式（百万美元）	即开型 / 撕开式（百万美元）	总销售额（百万美元）	人均销售（美元）	汇率
金匣子彩票公司	澳大利亚	2017	4.9	749.1				2.2	5.2	155.2	911.7	185	0.7805
西澳大利亚彩票公司	澳大利亚	2017	2.6	534.1	8.8		39.0	0.9		79.3	662.1	257	0.7805
新南威尔士州彩票公司	澳大利亚	2017	7.9	1 039.1				3.7	49.4	104.8	1 197.0	152	0.7805
南澳大利亚彩票公司	澳大利亚	2017	1.7	234.3		98.6		0.5		25.9	359.3	208	0.7805
塔特萨尔彩票公司	澳大利亚	2017	7.5	1 214.7					3.3	49.3	1 267.2	169	0.7805
新西兰彩票公司	新西兰	2017	4.7	725.9	1.4	20.7	11.0			103.1	862.0	184	0.7101
总计			29.3	4 497.1	10.2	119.3	50.0	7.2	57.9	517.5	5 259.3	180	
占总额百分比				85.5%	0.2%	2.3%	1.0%	0.1%	1.1%	9.8%	100.0%		

2017 年欧洲彩票销售

彩票组织	国家	年份	人口（百万）	乐透 / 乐透附加（百万美元）	数字型（百万美元）	基诺（百万美元）	其他（百万美元）	足彩（百万美元）	抽签式（百万美元）	即开型 / 撕开式（百万美元）	总销售额（百万美元）	人均销售（美元）	汇率
奥地利彩票	奥地利	2017	8.7	1 355.3	18.5	0.0	11.3	9.5	38.0	178.1	1 610.8	184	1.1979
国家彩票	比利时	2017	11.3	1 155.5	6.6	13.5	-6.2	44.2		313.8	1 527.4	135	1.1979
体育彩票	保加利亚	2017	7.1				652.8				652.8	92	0.6111
Hrvatska Lutrija	克罗地亚	2017	4.2	78.7		1.0	17.4	71.3		7.5	176.0	42	0.1604
政府彩票	塞浦路斯	2017	1.2						4.4	28.2	32.6	28	1.1979
SAZKA a.s.	捷克	2016	10.6		336.2			45.7		67.9	449.9	43	0.0390
Danske Lotteri Spil A/S	丹麦	2017	5.7	424.8			258.8				683.6	121	0.1609
D. K. Klasselotteri	丹麦	FY17	5.7						119.2		119.2	21	0.1609
Eesti Loto AS	爱沙尼亚	2015	1.3	47.3		3.3				11.3	61.9	48	1.0925
Veikkaus Oy	芬兰	2017	5.5	978.0		405.3	1034.6	955.5		496.7	3 870.1	704	1.1979
La Française des Jeux	法国	2017	66.9	3 920.6		2 277.1	81.5	3016.2		8 927.7	18 223.0	272	1.1979
GKL (NKL & SKL)	德国	2017	82.7						443.6		443.6	5	1.1979
Lotto Baden-Wurtteml	德国	2017	10.8	859.5		21.5	80.2	33.7	53.4	69.7	1 117.9	104	1.1979
Lotto Bayern	德国	2016	12.5	906.2		25.5	69.3	50.1	48.5	128.6	1 228.2	98	1.0536
Lotto Berlin	德国	2016	3.5	244.7		6.8	14.6	1.5	8.4	6.1	282.2	81	1.0536
不莱梅足彩	德国	2004	0.7	76.4			8.6	7.8	2.2	1.5	96.4	145	1.3640
Nordwest Lotto, Kiel	德国	2017	2.8	250.4		4.4	34.0	7.9	10.3	8.6	315.7	111	1.1979
Lotto Hessen	德国	2017	6.1	568.1		18.0	46.2	20.2	25.4	67.4	745.3	122	1.1979
Lotto Niedersachsen	德国	2015	7.9	600.0		10.7	87.4	19.3	33.2	24.8	775.5	98	1.0925
Lotto Mecklenburg	德国	2015	1.6	116.9				3.3		4.4	124.5	76	1.0925
West Lotto	德国	2016	17.8	1 415.4		25.2	103.2	52.1	41.3	83.2	1 720.4	96	1.0536
Lotto Rheinland-Pfalz	德国	2016	4.0	313.8		7.3	25.6	21.6		17.8	386.1	97	1.0536
Lotto Saarland	德国	2016	1.0	101.8		3.1	8.5	3.1	4.8	8.3	129.6	128	1.0536
汉堡乐透	德国	2010	1.8	155.8		2.9	20.5	5.3	4.3	2.1	191.0	106	1.3252
L-Toto Sachsen-Anhalt	德国	2016	2.3	152.6		0.2	17.4	6.9	7.0	7.7	191.8	83	1.0536
Sächsische Lotto, eipzig	德国	2016	4.1				328.3				328.3	79	1.0536
L. Brandenburg Lotto	德国	2016	2.5	165.5		5.3	14.2	0.8	2.9	7.7	196.4	79	1.0536
Lotto Thuringen	德国	2016	2.2	137.0		3.1	9.0	4.6	3.4	6.5	163.4	73	1.0536
直布罗陀政府彩票	直布罗陀	FY15	0.03						7.9		7.9	272	1.4833
OPAP	希腊	2016	10.7	2 627.0				1 364.5			3 991.5	371	1.0536
希腊国家彩票	希腊	2016	10.7							465.1	465.1	43	1.0536
Szerencsejáték RT	匈牙利	2017	9.8	409.7	140.8	21.6		762.3		347.9	1 682.3	171	0.0039
冰岛大学彩票	冰岛	2017	0.3						18.7	1.3	20.0	60	0.0096
Islensk getspá /getraunir	冰岛	2017	0.3	41.5				7.8			49.3	148	0.0096
国家彩票	爱尔兰	2016	4.8	519.5	11.6		26.8			232.2	790.1	166	1.0536
以色列体育竞猜	以色列	2016	8.5					842.7			842.7	99	0.2601
米佛尔哈佩斯彩票	以色列	2017	8.5	445.5	814.6	118.2			130.9	612.0	2 121.3	248	0.2878

2017 年欧洲彩票销售

彩票组织	国家	年份	人口（百万）	乐透/乐透附加（百万美元）	数字型（百万美元）	基诺（百万美元）	其他（百万美元）	足彩（百万美元）	抽签式（百万美元）	即开型/撕开式（百万美元）	总销售额（百万美元）	人均销售（美元）	汇率
SISAL S.p.A.	意大利	2017	60.6	1 863.0			1 726.1	1 400.9		11.8	5 001.7	83	1.1979
Lottomatica.	意大利	2017	60.6	8 961.5			2 090.8	1 148.6	51.5	10 859.1	23 111.5	381	1.1979
国家彩票	哈萨克斯坦	2015	16.8				2.3			1.4	3.6	0	0.0029
拉脱维亚乐透	拉脱维亚	2017	2.0	16.0	3.5	2.0	7.2			15.2	44.0	22	1.1979
OLIFEJA	立陶宛	2017	2.9	52.0		2.3				35.1	89.4	31	1.1979
Loterie Nationale	卢森堡	2011	0.5	73.4		28.7				22.0	124.1	244	1.3252
Lotarija na Makedonija	马其顿共和国	2008	2.6					9.6			9.6	4	0.0234
MALTCO	马耳他	2016	0.4	54.6		16.7	0.1	23.9		1.5	96.9	222	1.0536
摩尔多瓦彩票	摩尔多瓦	2015	3.4	0.3				0.1			0.4	0	0.0500
Nederlandse Loterij	荷兰	2016	16.8	164.5	7.4	23.3		141.0	733.7	91.5	1 161.5	69	1.0536
Norsk Tipping AS	挪威	2016	5.2	1 164.0			909.3	381.8		127.9	2 583.0	494	0.1160
Totalizator Sportowy	波兰	2017	37.9	750.2		495.1			24.8	342.7	1 612.9	43	0.2866
SCML	葡萄牙	2016	10.3	1 002.1				415.7	74.1	1 431.9	2 923.8	283	1.0536
罗马尼亚彩票	罗马尼亚	2017	19.7	88.3				0.4		13.1	101.7	5	0.2566
CJSC TD Stoloto	俄罗斯	2017	144.3	223.5	80.1	8.7	386.0			11.2	709.5	5	0.0173
State Lottery	塞尔维亚	2017	7.1	41.3			8.6			12.1	62.0	9	0.0101
Tipos AS	斯洛伐克	2017	5.4	142.3		55.4	214.1	52.8		74.7	539.2	99	1.1979
Sportna Loterija d.d.	斯洛文尼亚	2017	2.1		0.9		10.9	81.3		2.2	95.3	46	1.1979
SELAE	西班牙	2017	46.4	4 066.8				267.0	6 163.2		10 497.0	226	1.1979
Loteria Catalunya	西班牙	2017	7.6	13.8	3.4	7.3	169.2		41.2	4.1	238.9	32	1.1979
ONCE	西班牙	2017	46.4	198.8					1 620.7	566.6	2 386.1	51	1.1979
AB Svenska Spel	瑞典	2016	9.9	263.5		60.4	11.0	185.9		194.0	714.8	72	0.1100
SwissLos	瑞士	2017	6.1	756.9		33.8	45.1	55.3		372.8	1 263.9	207	1.0242
Loterie mande	瑞士	2017	2.1	280.1	4.5	55.0	117.7	16.2		298.3	771.8	368	1.0242
土耳其国家彩票	土耳其	2015	76.7	536.6					235.1	73.7	845.5	11	0.3432
国家彩票	乌克兰	2017	45.0	4.8	0.1		2.6	1.5		0.2	9.1	0	0.0353
英国国家彩票	英国	2017	65.6	5 410.9						3 795.9	9 206.8	140	1.3491
总计				44 196.9	1 428.1	3 762.6	8 644.9	11 540.0	9 952.1	30 493.3	110 018.0		
占总额百分比				40.2%	1.3%	3.4%	7.9%	10.5%	9.0%	27.7%	100.0%		

2017 年中美、南美和加勒比海彩票销售

彩票组织	国家	年份	人口（百万）	乐透/乐透附加（百万美元）	数字型（百万美元）	基诺（百万美元）	其他（百万美元）	足彩（百万美元）	抽签式（百万美元）	即开型/撕开式（百万美元）	总销售额（百万美元）	人均销售（美元）	汇率
国家彩票	阿根廷	2016	42.2	115.0	289.1				4.9	2.1	411.0	10	0.0629
C. Economica Federal	巴西	2017	207.7	4 054.4				31.4	102.6		4 188.3	20	0.3017
Polla Chilena	智利	2017	17.9	170.9			0.7	21.2	2.6	7.4	202.8	11	0.0016
Lotería Concepcion	智利	2008	16.6	7.3		67.5			6.7	8.6	90.0	5	0.0016
Junta de Proteccion	哥斯达黎加	2017	4.9	30.0	108.3				307.2	7.8	453.3	93	0.0017
国家彩票	萨尔瓦多	2015	6.4	39.0						3.0	42.0	7	1.0000
Supreme Ventures Ltd.	牙买加	2009	2.8	27.6	242.9	3.6	16.1			1.5	291.7	103	0.0112
国家彩票	巴拿马	2015	4.0	638.0						5.0	643.0	161	1.0000
秘鲁彩票公司	秘鲁	2012	29.5	38.0	0.8	1.8	0.1	41.6		7.2	89.5	3	0.3914
圣卢西亚国家彩票	圣卢西亚	2017	0.2	2.2	9.7		0.0			1.6	13.6	76	0.3681
国家彩票	特立尼达	2010	1.2	37.8	191.3	3.4				17.0	249.5	203	0.1548
Banco de Quinielas	乌拉圭	2017	1.3	32.5	73.6	33.1		56.9		9.6	205.6	156	0.0345
总计				5 192.5	915.6	109.5	17.0	151.1	423.9	70.7	6 880.3		
占总额百分比				75.5%	13.3%	1.6%	0.2%	2.2%	6.2%	1.0%	100.0%		

2017 年北美彩票销售

彩票机构	国家	年份	人口（百万）	乐透/乐透附加（百万美元）	数字型（百万美元）	基诺（百万美元）	其他（百万美元）	足彩（百万美元）	抽签式（百万美元）	即开型/撕开式（百万美元）	总销售额（百万美元）	人均销售（美元）	汇率
大西洋彩票	加拿大	2017	2.4	224.2		9.4	13.4	31.1		280.0	558.1	233	0.7966
不列颠哥伦比亚彩票	加拿大	2017	4.8	404.3		232.6	121.3	36.8	44.7	191.3	1 031.0	214	0.7966
乐透－魁北克彩票公司	加拿大	2017	8.4	787.3	34.4	128.3	58.8	68.0	112.5	333.4	1 522.5	181	0.7966
安大略省彩票公司	加拿大	2017	14.2	1 500.7	124.6	69.7		236.6		1046.3	2 978.0	210	0.7966
加拿大西部彩票	加拿大	2017	6.9	689.8	20.6	11.3		75.8		238.5	1 036.1	150	0.7966
Pronosticos	墨西哥	2015	125.2	393.4				82.6		8.3	484.3	4	0.0578
国家彩票	墨西哥	2016	125.2						262.9		262.9	2	0.0483
电子彩票	美国	2016	3.4	159.1	252.9				225.1	44.2	681.3	200	1.0000
维尔京群岛彩票	美国	FY10	0.1	4.6	1.1	0.2			7.9	3.1	17.0	154	1.0000
亚利桑那州彩票	美国	2017	7.0	224.6	11.4					691.9	927.9	132	1.0000
阿肯色州彩票	美国	2017	3.0	62.1	11.7		12.6			393.1	479.6	160	1.0000
加利福尼亚州彩票	美国	2017	39.5	1 306.6	176.3	271.0	19.8			4 867.8	6 641.4	168	1.0000
科罗拉多州彩票	美国	2017	5.6	173.8	12.0		3.2			382.9	571.8	102	1.0000

续表

彩票机构	国家	年份	人口（百万）	乐透/乐透附加（百万美元）	数字型（百万美元）	基诺（百万美元）	其他（百万美元）	足彩（百万美元）	抽签式（百万美元）	即开型/撕开式（百万美元）	总销售额（百万美元）	人均销售（美元）	汇率
康涅狄格州彩票	美国	2017	3.6	195.3	241.4	79.4	2.1			728.3	1 246.6	347	1.0000
哥伦比亚特区彩票	美国	2017	0.7	19.3	120.7	7.6	20.2			49.3	217.1	313	1.0000
特拉华州彩票	美国	2017	1.0	46.7	51.0	8.8		49.1		71.7	227.2	236	1.0000
佛罗里达州彩票	美国	2017	21.0	1 239.0	681.0		45.9			4 405.0	6 370.9	304	1.0000
乔治亚州彩票	美国	2017	10.4	378.5	833.7	187.8	19.8			3 189.4	4 609.1	442	1.0000
Hoosier Lottery	美国	2017	6.7	227.4	73.7		21.7			930.6	1 253.5	188	1.0000
爱达荷州彩票	美国	2017	1.7	51.2	2.3		13.8			186.2	253.4	148	1.0000
伊利诺伊州彩票	美国	2017	12.8	481.8	507.1		7.8			1 897.3	2 893.9	226	1.0000
爱荷华州彩票	美国	2017	3.1	90.5	11.8		9.2			251.2	362.7	115	1.0000
堪萨斯州彩票	美国	2017	2.9	84.4	7.0	15.1	6.5			165.6	278.7	96	1.0000
肯塔基州彩票	美国	2017	4.5	135.0	192.1	80.2	7.7			614.1	1 029.1	231	1.0000
路易斯安那州彩票	美国	2017	4.7	159.4	100.8					213.6	473.8	101	1.0000
缅因州彩票	美国	2017	1.3	50.2	9.8		3.3			212.8	276.0	207	1.0000
马里兰州彩票	美国	2017	6.1	247.0	537.4	300.2	185.3			723.7	1 993.7	329	1.0000
马萨诸塞州彩票	美国	2017	6.9	383.4	331.2	911.3				3 515.9	5 141.8	750	1.0000
密歇根州彩票	美国	2017	10.0	389.9	818.3	656.4	151.1			1 392.6	3 408.3	342	1.0000
明尼苏达州彩票	美国	2017	5.6	139.6	17.5		20.4			401.9	579.4	104	1.0000
密苏里州	美国	2017	6.1	200.7	125.8	56.4	4.5			896.9	1 284.3	210	1.0000
蒙大拿州	美国	2017	1.1	29.6			7.6	0.2		17.9	55.3	53	1.0000
内布拉斯加州彩票	美国	2017	1.9	71.8	5.3					100.3	177.4	92	1.0000
新罕布什尔州彩票	美国	2017	1.3	65.0	10.6	0.4	3.0			230.7	309.8	231	1.0000
新泽西州彩票	美国	2017	9.0	655.1	700.3	16.3	27.1			1 844.9	3 243.7	360	1.0000
新墨西哥州彩票	美国	2017	2.1	51.4	5.5		0.9			72.3	130.0	62	1.0000
纽约州彩票	美国	2017	19.8	1 046.6	1 810.3	813.0				4 182.1	7 852.0	396	1.0000
北卡罗莱纳州彩票	美国	2017	10.3	317.0	454.6	7.1				1 761.5	2 540.2	247	1.0000
北达科他州彩票	美国	2017	0.8	29.5							29.5	39	1.0000
俄亥俄州彩票	美国	2017	11.7	352.6	588.0	413.3	163.2			1 578.3	3 095.4	265	1.0000
俄克拉荷马州彩票	美国	2017	3.9	82.5	5.3		1.1			95.8	184.7	47	1.0000
俄勒冈州彩票	美国	2017	4.1	115.4	1.6	102.5				127.6	347.1	84	1.0000
宾夕法尼亚州彩票	美国	2017	12.8	643.8	553.7		158.2			2 742.2	4 097.9	320	1.0000
罗得岛彩票	美国	2017	1.1	50.8	23.6	83.4	0.9			96.6	255.3	241	1.0000
南卡罗莱纳州彩票	美国	2017	5.0	164.7	310.7					1 236.4	1 711.8	341	1.0000
南达科他州彩票	美国	2017	0.9	26.4						27.5	53.9	62	1.0000
田纳西州彩票	美国	FY17	6.7	179.6	101.2					1 215.1	1 495.9	223	1.0000
德克萨斯州彩票	美国	2017	28.3	810.8	362.6					4 070.2	5 243.6	185	1.0000
佛蒙特州	美国	2017	0.6	20.1	2.6		5.4			99.6	127.6	205	1.0000
佛吉尼亚州	美国	2017	8.5	278.8	586.8		50.3			1 140.1	2 056.1	243	1.0000

2017 年北美彩票销售

彩票机构	国家	年份	人口（百万）	乐透/乐透附加（百万美元）	数字型（百万美元）	基诺（百万美元）	其他（百万美元）	足彩（百万美元）	抽签式（百万美元）	即开型/撕开式（百万美元）	总销售额（百万美元）	人均销售（美元）	汇率
华盛顿州彩票	美国	2017	7.4	189.4	18.0	5.6				492.5	705.5	95	1.0000
西弗吉尼亚州彩票	美国	2017	1.8	59.1	12.7	3.7				94.6	170.2	94	1.0000
威斯康星州彩票	美国	2017	5.8	195.2	37.6		2.4			398.9	634.0	109	1.0000
怀俄明州彩票	美国	2017	0.6	26.4							26.4	46	1.0000
总计				15 911.5	10 898.4	4 470.9	1 168.7	580.2	653.1	49 951.8	83 634.6		
占总额百分比				19.0%	13.0%	5.3%	1.4%	0.7%	0.8%	59.7%	100.0%		

2017 年非洲彩票销售

单位：当地货币百万计

彩票机构	国家	年份	货币	乐透/乐透附加	数字型	基诺	其他	足彩	抽签式	即开型/撕开式	总销售额
阿尔及利亚体育彩票	阿尔及利亚	2003	阿尔及利亚第纳尔	359			6		35	491	890
国家彩票	贝宁	2000	非洲金融共同体法郎				2 389	2 602		3 641	8 632
国家彩票	布基纳法索	2016	非洲金融共同体法郎	460				106 040		3 500	110 000
国家彩票	布隆迪	2010	非洲金融共同体法郎							780	780
COGELO	刚果	1995	中非金融合作法郎				8 738				8 738
国家彩票	科特迪瓦	2003	非洲金融共同体法郎							35 542	35 542
国家彩票	埃塞俄比亚	2012	埃塞俄比亚比尔	7					159	341	507
国家彩票	冈比亚	1997	达拉西				9			4	13
国家彩票	加纳	2014	加纳塞地	316			2				317
慈善彩票	肯尼亚	1996	肯尼亚先令						1	463	464
Sociéte d'Explotiation	马达加斯加	1996	马达加斯加法郎	3 393						2 813	6 207
LONAMA	马里	1999	西非法郎					95		2	97
政府彩票	毛里求斯	2017	毛里求斯卢比	1 852							1 852
体育彩票	摩洛哥	2006	摩洛哥迪拉姆					227		111	339
国家彩票	摩洛哥	2017	摩洛哥迪拉姆	153	107	210	35			203	708
Empresa de Lotarias	莫桑比克	2003	莫桑比克梅蒂卡尔		26 678			22 616			49 294
国家彩票	尼日尔	2014	中非金融合作法郎					15 500		600	16 100
国家彩票	塞内加尔	2000	中非金融合作法郎				23 286	573	68	1 331	25 258
南非国家彩票	南非	2017	南非兰特	4 788	58	5	38	160		104	5 153
国家彩票	多哥	1999	非洲金融共同体法郎	4 350			81.741	4 023		290	8 745
津巴布韦国家彩票	津巴布韦	2010	津巴布韦元				11			43	54

2017 年亚洲 / 中东彩票销售

单位：当地货币百万计

彩票机构	国家	年份	货币	乐透 / 乐透附加	数字型	基诺	其他	足彩	抽签式	即开型 / 撕开式	总销售额
中国福利彩票	中国	2017	元	142 320	15 634	182				12 634	170 770
中国体育彩票	中国	2017	元	32 458	72 403			92 852		11 972	209 684
香港马会奖券有限公司	香港	2017	港币	7 920							7 920
幸运彩票	印度	2003	印度卢比	62 500							62 500
马丁彩票代理	印度	2003	印度卢比	106	1 921				34 675		36 702
瑞穗银行彩票部	日本	2017	日元	292 954	78 306		13 986		371 229	50 889	807 364
日本体育彩票中心	日本	2017	日元						110 508		110 508
Nanum Lotto, Inc.	韩国	2016	韩元	3 566 012			41 158		98 151	180 415	3 885 736
Ktoto, Inc.	韩国	2017	韩元					4 199 093			4 199 093
KoreaSports Promotion	韩国	2014	韩元					3 281 344			3 281 344
Libanaise des Jeux	黎巴嫩	2015	黎巴嫩磅	154 913						3 298	158 211
Magnum Corp.	马来西亚	2015	马来西亚元		2 700						2 700
Pan Malaysian Pools	马来西亚	2017	马来西亚元		1 600			300			1 900
马来西亚体育足球彩票	马来西亚	2017	马来西亚元				3 506				3 506
慈善彩票	菲律宾	2017	菲律宾比索	13 551	18 308	5 358			23	393	37 632
新加坡博彩公司	新加坡	2017	新加坡元				7 196				7 196
国家彩票公司	斯里兰卡	2015	斯里兰卡卢比						16 029	1 152	17 181
台湾彩票公司	台湾	2017	新台币	36 521	2 227	13 980	7 450			59 331	119 509
台湾体育彩票	台湾	2017	新台币					33 117			33 117
政府彩票办公室	泰国	2017	泰铢						138 000		138 000
越南彩票	越南	2017	越南盾	3 640 000	180 000						3 820 000

2017 年澳大利亚彩票销售

单位：当地货币百万计

彩票机构	国家	年份	货币	乐透 / 乐透附加	数字型	基诺	其他	足彩	抽签式	即开型 / 撕开式	总销售额
金匣子彩票公司	澳大利亚	2017	澳元	960				3	7	199	1 168
西澳大利亚彩票公司	澳大利亚	2017	澳元	684	11		50	1		102	848
新南威尔士州彩票公司	澳大利亚	2017	澳元	1 331				5	63	134	1 534
南澳大利亚彩票公司	澳大利亚	2017	澳元	300		126		1		33	460
塔特萨尔彩票公司	澳大利亚	2017	澳元	1 556				3	4	63	1 627
新西兰彩票公司	新西兰	2017	新西兰元	1 022	2	29	15			145	1 214

2017 年欧洲彩票销售

单位：当地货币百万计

彩票机构	国家	年份	货币	乐透 / 乐透附加	数字型	基诺	其他	足彩	抽签式	即开型 / 撕开式	总销售额
奥地利彩票	奥地利	2017	欧元	1 131	15	0	9	8	32	149	1 345
国家彩票	比利时	2017	欧元	965	6	11	–5	37		262	1 275
国家彩票	保加利亚	2017	保加利亚列弗				1 068				1 068
Hrvatska Lutrija	克罗地亚	2017	克罗地亚库纳	491		6	109	445		47	1 097
政府彩票	塞浦路斯	2017	欧元						4	24	27
SAZKA a.s.	捷克	2016	捷克克朗		8 626			1 173		1 743	11 542
Danske Spil A/S	丹麦	2017	丹麦克朗	2 641			1 609				4 250
D. K. Klasselotteri	丹麦	FY17	丹麦克朗						741		741
Eesti Loto AS	爱沙尼亚	2015	欧元	43		3				10	57
Veikkaus Oy	芬兰	2017	欧元	816		338	864	798		415	3 231
La Française des Jeux	法国	2017	欧元	3 273		1 901	68	2 518		7 453	15 213
GKL (NKL & SKL)	德国	2017	欧元						370		370
Lotto Baden-Wurttemberg	德国	2017	欧元	717		18	67	28	45	58	933
Lotto Bayern	德国	2016	欧元	860		24	66	48	46	122	1 166
Lotto Berlin	德国	2016	欧元	232		7	14	1	8	6	268
不莱梅足彩	德国	2004	欧元	56			6	6	2	1	71
基尔西北乐透	德国	2017	欧元	209		4	28	7	9	7	264
Lotto Hessen	德国	2017	欧元	474		15	39	17	21	56	622
下萨克森州足彩 – 乐透	德国	2015	欧元	549		10	80	18	30	23	710
莫科林伯格乐透	德国	2015	欧元	107				3		4	114
西部乐透	德国	2016	欧元	1 343		24	98	49	39	79	1 633
莱茵兰 – 普法尔茨州乐透	德国	2016	欧元	298		7	24	20		17	366
萨尔体育彩票	德国	2016	欧元	97		3	8	3	5	8	123
汉堡乐透	德国	2010	欧元	118		2	16	4	3	2	144
萨克森乐透 – 足彩	德国	2016	欧元	145		0	16	7	7	7	182
莱比锡 Sächsische 乐透	德国	2016	欧元				312				312
波茨坦勃兰登堡彩票	德国	2016	欧元	157		5	13	1	3	7	186
苏尔信托基金彩票	德国	2016	欧元	130		3	9	4	3	6	155
直布罗陀政府彩票	直布罗陀	FY15	直布罗陀镑						5		5
OPAP	希腊	2016	欧元	2 493				1 295			3 789
希腊国家彩票	希腊	2016	希腊德拉克马							441	441
Szerencsejáték RT	匈牙利	2017	匈牙利福林	106 132	36 481	5 592		197 493		90 134	435 831
冰岛大学彩票	冰岛	2017	冰岛克朗						1 950	139	2 089
Islensk getspá / getraunir	冰岛	2017	冰岛克朗	4 337				819			5 156
国家彩票	爱尔兰	2016	欧元	493	11		25			220	750
以色列体育竞猜	以色列	2016	以色列谢克尔					3 240			3 240
米佛尔哈佩斯彩票	以色列	2017	以色列谢克尔	1 548	2 830	411			455	2 126	7 370

2017 年欧洲彩票销售

单位：当地货币百万计

彩票机构	国家	年份	货币	乐透 / 乐透附加	数字型	基诺	其他	足彩	抽签式	即开型 / 撕开式	总销售额
SISAL S.p.A.	意大利	2017	欧元	1 555			1 441	1 169		10	4 176
Lottomatica S.p.A.	意大利	2017	欧元	7 481			1 745	959	43	9 065	19 294
国家彩票	哈萨克斯坦	2015	哈萨克坚戈				774			469	1 243
拉脱维亚乐透	拉脱维亚	2017	欧元	13	3	2	6			13	37
OLIFEJA	立陶宛	2017	欧元	43		2				29	75
Loterie Nationale	卢森堡	2010	欧元	55		22				17	94
Lotarija na Makedonija	马其顿	2008	代纳尔					409			409
MALTCO	马耳他	2016	欧元	52		16	0	23		1	92
摩尔多瓦彩票	摩尔多瓦	2015	摩尔多瓦列伊	7				2			9
荷兰彩票公司	荷兰	2016	欧元	156	7	22		134	696	87	1 102
Norsk Tipping AS	挪威	2016	挪威克朗	10 039			7 842	3 293		1 103	22 277
Totalizator Sportowy	波兰	2017	兹罗提	2 617		1 728			87	1 196	5 627
SCML	葡萄牙	2016	欧元	951				395	70	1 359	2 775
罗马尼亚彩票	罗马尼亚	2017	罗马尼亚列伊	344				1		51	397
CJSC TD stoloto	俄罗斯	2017	卢布	12 892	4 618	502	22 258			648	40 918
国家彩票	塞尔维亚	2017		4 097			852			1 200	6 148
Tipos AS	斯洛伐克	2017	斯洛伐克克朗	119		46	179	44		62	450
Sportna Loterija d.d.	斯洛文尼亚	2017	欧元		1		9	68		2	80
SELAE	西班牙	2017	欧元	3 395				223	5 145		8 763
Loteria Catalunya	西班牙	2017	欧元	12	3	6	141		34	3	199
ONCE	西班牙	2017	欧元	166					1 353	473	1 992
AB Svenska Spel	瑞典	2016	瑞典克朗	2 395		549	100	1 690		1 764	6 498
SwissLos	瑞士	2017	瑞士法郎	739		33	44	54		364	1 234
Loterie Romande	瑞士	2017	瑞士法郎	273	4	54	115	16		291	754
土耳其国家彩票	土耳其	2015	新土耳其里拉	1 564					685	215	2 464
国家彩票	乌克兰	2017	赫夫纳	136	2		73	43		5	259
英国国家彩票	英国	2017	英镑	4 011						2 814	6 824

2017 年中美、南美和加勒比海彩票销售

单位：当地货币百万计

彩票机构	国家	年份	货币	乐透 / 乐透附加	数字型	基诺	其他	足彩	抽签式	即开型 / 撕开式	总销售额
国家彩票	阿根廷	2016	阿根廷比索	1 828	4 597				78	33	6 535
C. Economica Federal	巴西	2017	巴西雷亚尔	13 437				104	340		13 881
Polla Chilena	智利	2017	智利比索	105 499			435	13 116	1 592	4 555	125 197
Lotería Concepcion	智利	2008	智利比索	4 573		42 374			4 197	5 397	56 541
Junta de Proteccion	哥斯达黎加	2017	哥斯达黎加克朗	17 231	62 240				176 544	4 482	260 498
国家彩票	萨尔瓦多	2015	美元	39						3	42
Supreme Ventures Ltd.	牙买加	2009	牙买加元	2 465	21 684	324	1 439			131	26 043
国家彩票	巴拿马	2015	巴拿马巴波亚	638						5	643
INTRALOT de Peru	秘鲁	2012	秘鲁索尔	97	2	5	0	106		18	229
圣卢西亚国家彩票	圣卢西亚	2017	东加勒比元	6	26		0			4	37
国家彩票	特立尼达	2010	特立尼达和多巴哥元	244	1 236	22				110	1 612
Banco de Quinielas	乌拉圭	2017	乌拉圭新比索	940	2 130	958		1 646		278	5 952

2017 年北美彩票销售

单位：当地货币百万计

彩票机构	国家	年份	货币	乐透 / 乐透附加	数字型	基诺	其他	足彩	抽签式	即开型 / 撕开式	总销售额
大西洋彩票公司	加拿大	2017	加元	281		12	17	39		351	701
不列颠哥伦比亚彩票	加拿大	2017	加元	508		292	152	46	56	240	1 294
乐透－魁北克	加拿大	2017	加元	988	43	161	74	85	141	419	1 911
安大略省彩票和博彩公司	加拿大	2017	加元	1 884	156	88		297		1 313	3 738
加拿大西部彩票	加拿大	2017	加元	866	26	14		95		299	1 301
Pronosticos	墨西哥	2015	墨西哥比索	6 805				1 429		143	8 377
国家彩票	墨西哥	2016	墨西哥比索						5 440		5 440

2017 年亚洲视频彩票终端（VLT）机器净收入

彩票机构	国家	年份	人口（百万）	乐透 / 乐透附加（百万美元）	数字型（百万美元）	基诺（百万美元）	VLT 净收入（百万美元）	足彩（百万美元）	抽签式（百万美元）	即开型 / 撕开式（百万美元）	总销售额（百万美元）	人均销售（美元）	汇率
中国福利彩票	中国	2017	1378.7				7 095.0				7 095.0	5	0.1536

2017年欧洲视频彩票终端（VLT）机器净收入

彩票机构	国家	年份	人口（百万）	乐透/乐透附加（百万美元）	数字型（百万美元）	基诺（百万美元）	VLT净收入（百万美元）	足彩（百万美元）	抽签式（百万美元）	即开型/撕开式（百万美元）	总销售额（百万美元）	人均销售（美元）	汇率
奥地利彩票公司	奥地利	2017	8.7				629.3				629.3	72	1.1979
冰岛彩票大学	冰岛	2016	0.3				35.6				35.6	107	0.0096
SISAL S.p.A.[1]	意大利	2017	60.6				4 975.5				4 975.5	82	1.1979
Lottomatica[1]	意大利	2017	60.6				11 369.9				11 369.9	188	1.1979
马其顿彩票	马其顿	2008	2.1				20.76				20.8	10	0.0234
摩尔多瓦彩票	摩尔多瓦	2015	3.6				0.4				0.4	0	0.0504
Norsk Tipping AS	挪威	2016	5.2				89.6				89.6	17	0.1160
罗马尼亚彩票	罗马尼亚	2017	19.7				127.5				127.5	6	0.2566
AB Svenska Spel	瑞典	2016	9.9				132.7				132.7	13	0.1100
Loterie Romande	瑞士	2017	2.1				86.6				86.6	41	1.0242
M. S. L. Ukraine	乌克兰	2017	45.0				0.5				0.5	0	0.0353
总计			217.9				17 468.5				17 468.5	80	

[1] 表示 VLT 和 AWP 的收入

2017年北美视频彩票终端（VLT）机器净收入

彩票机构	国家	年份	人口（百万）	乐透/乐透附加（百万美元）	数字型（百万美元）	基诺（百万美元）	VLT净收入（百万美元）	足彩（百万美元）	抽签式（百万美元）	即开型/撕开式（百万美元）	总销售额（百万美元）	人均销售（美元）	汇率
阿尔伯塔游戏和酒类彩票	加拿大	FY17	4.3				440.6				440.6	103	0.7504
大西洋彩票	加拿大	2017	2.4				346.7				346.7	145	0.7966
乐透魁北克彩票	加拿大	2017	8.4				726.9				726.9	87	0.7966
曼尼托巴省彩票	加拿大	FY17	1.3				258.2				258.2	193	0.7504
萨斯喀彻温省酒类和彩票	加拿大	FY17	1.2				174.1				174.1	150	0.7504
特拉华州彩票	美国	2017	1.0				354.0				354.0	368	1.0000
马里兰彩票	美国	2017	6.1				999.7				999.7	165	1.0000
纽约州彩票	美国	2017	19.8				1 625.3				1 625.3	82	1.0000
俄亥俄州彩票	美国	2017	11.7				957.4				957.4	82	1.0000
俄勒冈州彩票	美国	2017	4.1				924.7				924.7	223	1.0000
罗得岛彩票	美国	2017	1.1				481.0				481.0	454	1.0000
南达科他州彩票	美国	2017	0.9				216.7				216.7	249	1.0000
西弗吉尼亚彩票	美国	2017	1.8				872.2				872.2	480	1.0000
总计			64.0				8 377.5				8 377.5	131	
世界各国销售总计							32 940.9				32 940.9		

2017 年亚洲视频彩票终端（VLT）机器净收入

单位：当地货币百万计

彩票公司	国家	年份	货币	乐透/乐透附加	数字型	基诺	VLT 净收入	足彩	抽签式	即开型/撕开式	总销售额
中国福利彩票	中国	2017	元				46 206				46 206

2017 年欧洲视频彩票终端（VLT）机器净收入

单位：当地货币百万计

彩票机构	国家	年份	货币	乐透/乐透附加	数字型	基诺	VLT 净收入	足彩	抽签式	即开型/撕开式	总计
奥地利国家彩票公司	奥地利	2017	欧元				525				525
冰岛彩票大学	冰岛	2016	冰岛克朗				3 725				3 725
SISAL S.p.A.[1]	意大利	2017	欧元				4 154				4 154
Lottomatica[1]	意大利	2017	欧元				9 492				9 492
马其顿彩票	马其顿	2008	代纳尔				887				887
摩尔多瓦彩票	摩尔多瓦	2015	摩尔多瓦列伊				8				8
Norsk Tipping AS	挪威	2016	挪威克朗				773				773
罗马尼亚彩票	罗马尼亚	2017	罗马尼亚列伊				497				497
AB Svenska Spel[2]	瑞典	2016	瑞典克朗				1 206				1 206
Loterie Romande	瑞士	2017	瑞士法郎				85				85
M. S. L. Ukraine	乌克兰	2017	乌克兰赫里夫那				15				15

[1] 代表综合 VLT 和 AWP 收入

2017 年北美视频彩票终端（VLT）机器净收入

单位：当地货币百万计

彩票机构	国家	年份	货币	乐透/乐透附加	数字型	基诺	VLT 净收入	足彩	抽签式	即开型/撕开式	总计
阿尔伯塔省博彩与酒类	加拿大	FY17	加元				587				587
大西洋彩票	加拿大	2017	加元				435				435
乐透－魁北克 (SLVQ)	加拿大	2017	加元				913				913
曼尼托巴省彩票	加拿大	FY17	加元				344				344
萨斯喀彻温省酒类和彩票	加拿大	FY17	加元				232				232
特拉华州彩票	美国	2017	美元				354				354
马里兰彩票	美国	2017	美元				1 000				1 000
纽约州彩票	美国	2017	美元				1 625				1 625
俄亥俄州彩票	美国	2017	美元				957				957
俄勒冈州彩票	美国	2017	美元				925				925
罗得岛彩票	美国	2017	美元				481				481
南达科他州彩票	美国	2017	美元				217				217
西弗吉尼亚彩票	美国	2017	美元				872				872

（国家体育总局体育彩票管理中心供稿）

七、彩票票样

中国福利彩票
面值20元
闪耀钻石
20次中奖机会
最高奖金60万元
玩法区
保安区刮开无效
J0562-16121-0000000-000-3

中国福利彩票
面值20元
最高奖金100万元
玩法区
20次中奖机会
保安区刮开无效
J0565-16127-0000000-000-3

中国福利彩票
面值2元
最高奖金10万元
福星
刮开覆盖膜，如果刮出"福星"图符，即可获得该图符下方所对应的奖金。中奖奖金兼中兼得。
玩法区
(6-4)
保安区刮开无效
刮开保安无效区
J0566-17005-0000000-000-3

中国福利彩票
面值5元
闪耀钻石
玩法区
最高奖金15万元
保安区刮开无效
J0560-16117-0000000-000-3

中国福利彩票
面值5元
最高奖金20万元
9次中奖机会
玩法区
保安区刮开无效
J0569-17008-0000000-000-3

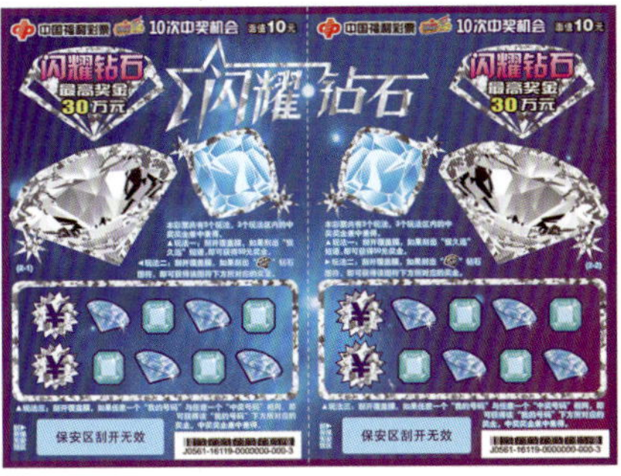
中国福利彩票
10次中奖机会
面值10元
闪耀钻石
最高奖金30万元
保安区刮开无效

中国福利彩票
最高奖金10万元
面值5元
好运123
玩法区
奖金
刮开覆盖膜，在同一局游戏中，如果刮出数字"1"，即可获得该局游戏右侧所对应的奖金；刮出数字"2"，即可获得该局游戏右侧所对应奖金的两倍；刮出数字"3"，即可获得该局游戏右侧所对应奖金的3倍。中奖奖金兼中兼得。
保安区刮开无效
J0567-17006-0000000-000-2

中国福利彩票
面值5元
最高奖金10万元
6次中奖机会
丁酉鸡——银鸡
奖金
保安区刮开无效
0563-16123-0000000-000-2

中国福利彩票
面值10元
福运红包
最高奖金20万元
刮福有福
见"福"有奖
"福"倒翻番
双面游戏玩法 22次中奖机会
保安区刮开无效

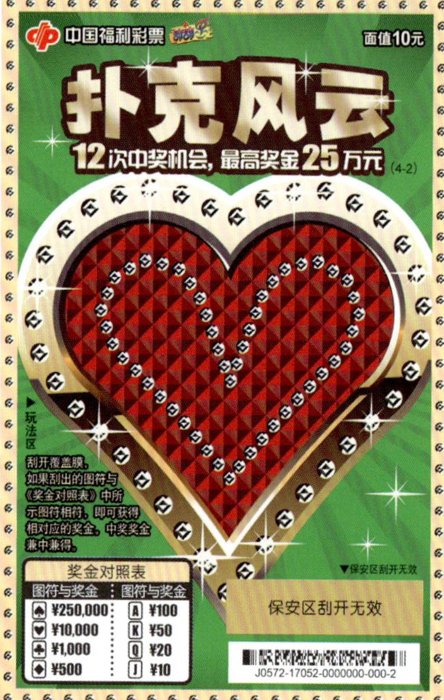

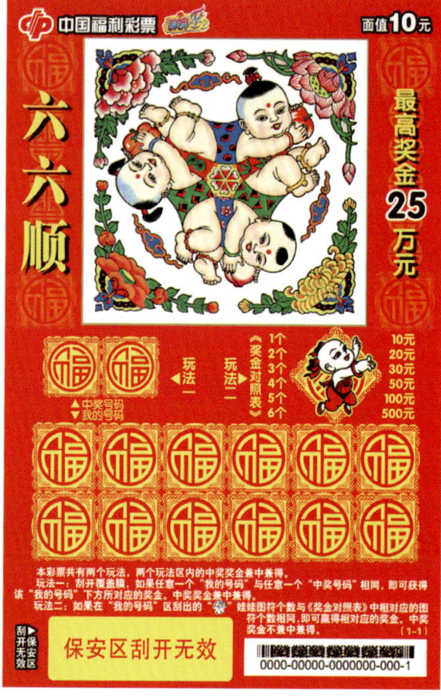

中国福利彩票 最高奖金3万元 面值2元

Quick 3

(5-3)

玩法区

刮开覆膜，如果刮出数字"03"，即可获得该数字下方所对应的奖金。中奖奖金兼中兼得。

J0578-17018-0000000-000-2

刮开保安无效区

保安区刮开无效

中国福利彩票
面值10元
十全十美
最高奖金80万元
10次中奖机会
保安区刮开无效
J0000-00000-0000000-000-3

中国福利彩票
面值5元
双赢
Win
最高奖金
10万元
第一局
第二局
第三局
第四局
◀玩法区
保安区刮开无效
J0000-00000-0000000-000-3

中国福利彩票
面值5元
5动奇迹
10次中奖机会
最高奖金10万元
▼中奖号码
▼我的号码
▼玩法区
保安区刮开无效
J0590-17090-0000000-000-2

中国福利彩票
面值2元
最高奖金3万元
擂台赛
(1-1)
▼玩法区
▼我的点数
▼奖金
▼对手点数
第一局
第二局
第三局
第四局
本彩票为“比大小”玩法，游戏规则详见彩票背版。
保安区刮开无效
刮开保安无效区
J0584-17083-0000000-000-2

中国福利彩票
面值5元
喜加福
最高奖金10万元
(6-4)

中国福利彩票
面值20元
最高奖金100万元
摇钱树
20次中奖机会
▼玩法区
◀中奖号码
▼我的号码
保安区刮开无效
J0000-00000-0000000-000-3

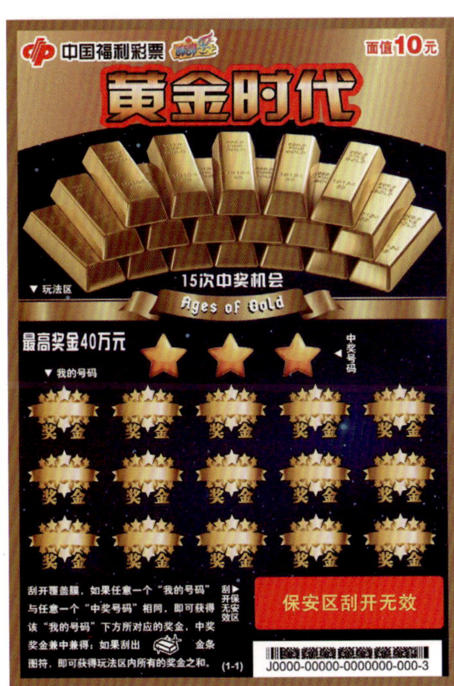

中国福利彩票
面值10元
黄金时代
▼玩法区
15次中奖机会
Ages of Gold
最高奖金40万元
中奖号码
▼我的号码
保安区刮开无效
J0000-00000-0000000-000-3

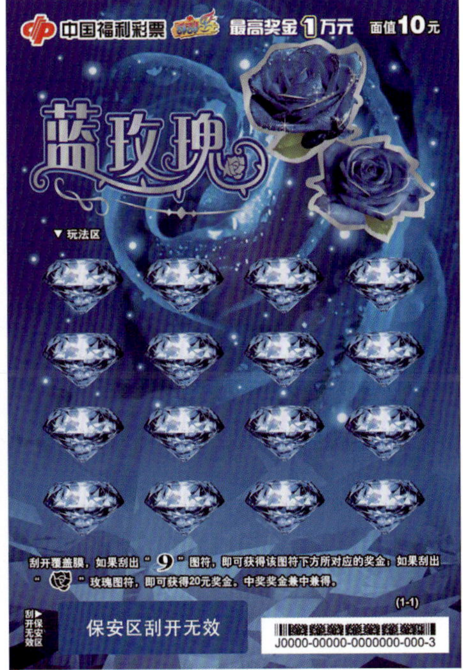

中国福利彩票
最高奖金1万元
面值10元
蓝玫瑰
▼玩法区
保安区刮开无效
J0000-00000-0000000-000-3

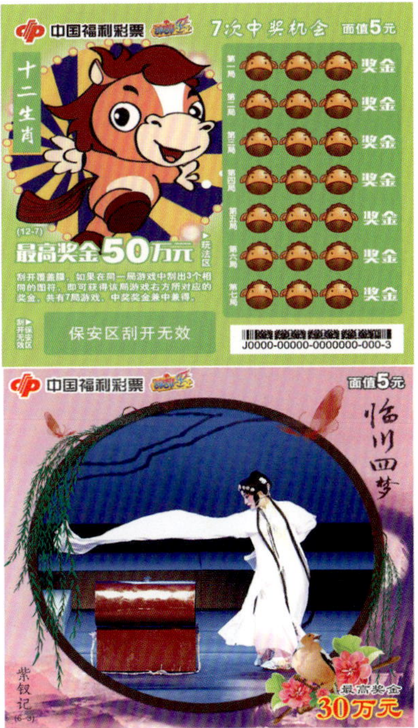

中国福利彩票
7次中奖机会
面值5元
十二生肖
最高奖金50万元
保安区刮开无效
J0000-00000-0000000-000-3
中国福利彩票
面值5元
临川四梦
紫钗记
最高奖金30万元

中国福利彩票
面值10元
步步惊喜
最高奖金30万元
16次中奖机会
保安区刮开无效

中国福利彩票
26次中奖机会
面值10元
幸运宝10
最高奖金30万元
保安区刮开无效

中国福利彩票
面值10元
18次中奖机会
蒸蒸日上
最高奖金25万元
保安区刮开无效

中国福利彩票
26次中奖机会
面值10元
幸运宝10
最高奖金30万元
保安区刮开无效

中国福利彩票
面值20元
戊戌狗
最高奖金100万元
12次中奖机会
保安区刮开无效

中国福利彩票
最高奖金1000元
面值2元
奖金对照表
1个 1000元
1个 500元
5个 50元
4个 20元
3个 10元
2个 4元
1个 2元
射门
保安区刮开无效
冰雪良缘 北京
冰雪良缘 张家口
最高奖金25万元
面值10元
Finish
保安区刮开无效

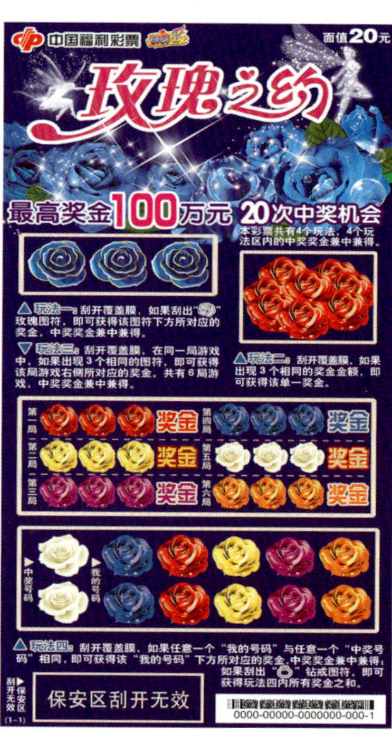
中国福利彩票
面值20元
玫瑰之约
最高奖金100万元
20次中奖机会
奖金
保安区刮开无效

中国福利彩票
面值10元
最高奖金25万元
旺旺年
戊戌狗
红包
奖牌榜
¥50
¥30
¥20
颁奖台
保安区刮开无效

中国福利彩票
面值5元
故宫
北京印象
8次中奖机会
最高奖金1万元
保安区刮开无效
J0000-00000-0000000-000-3

中国福利彩票
面值10元
趣味台球
最高奖金25万元
16次中奖机会
保安区刮开无效

顶呱刮
中国体育彩票 CHINA SPORTS LOTTERY
卧虎藏龙
共有8次中奖机会
面值5元
刮开覆盖膜，如果你的号码中任意一个号码与中奖号码之一相同，即中得该号码下方所示的金额；如果出现虎标志"[虎]"或龙标志"[龙]"，即中得该标志下方所示金额的两倍。中奖奖金兼中兼得。
中奖号码
你的号码
刮开区
保安区刮开无效
保安区
最高奖金100,000元
36-0385-000000001-000

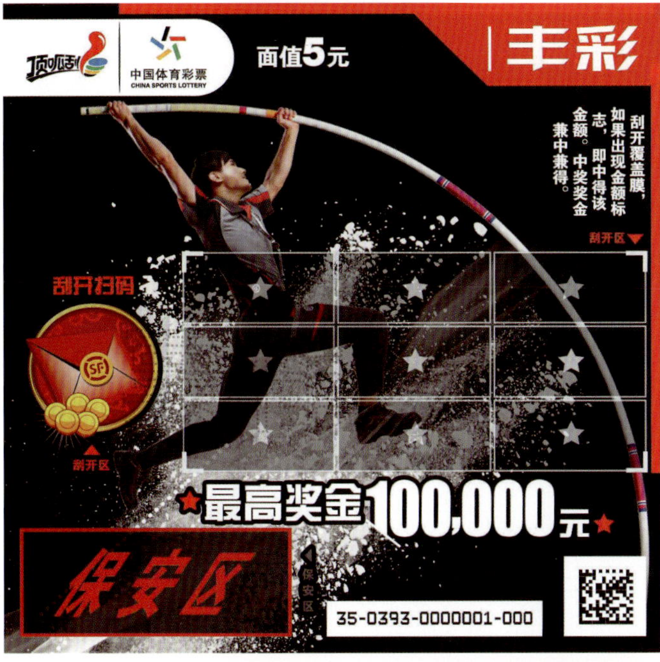
顶呱刮
中国体育彩票 CHINA SPORTS LOTTERY
面值5元
丰彩
刮开覆盖膜，如果出现金额标志，即中得该金额。中奖奖金兼中兼得。
刮开区
刮开扫码
最高奖金100,000元
保安区
35-0393-0000001-000

顶呱刮
中国体育彩票 CHINA SPORTS LOTTERY
面值10元
卧虎藏龙
共有16次中奖机会
中奖号码
刮开区
你的号码
刮开覆盖膜，如果你的号码中任意一个号码与中奖号码之一相同，即中得该号码下方所示的金额；如果出现虎标志"[虎]"或龙标志"[龙]"，即中得该标志下方所示金额的两倍；如果出现王标志"王"，即中得该标志下方所示金额的5倍。中奖奖金兼中兼得。
保安区刮开无效
保安区
最高奖金300,000元
36-0386-000000001-000

顶呱刮
中国体育彩票 CHINA SPORTS LOTTERY
面值2元
刮开覆盖膜，如果出现金额标志，即中得该金额。中奖奖金兼中兼得。
刮开区
最高奖金3万元
国 强 百 姓 乐
保安区刮开无效
保安区
共有5次中奖机会
八喜
国强百姓乐
36-0434-000000001-000

顶呱刮
中国体育彩票
面值20元
丰彩
刮开覆盖膜，如果出现金额标志，即中得该金额。中奖奖金兼中兼得。
刮开扫码
保安区
最高奖金1,000,000元
35-0395-0000001-000

顶呱刮
中国体育彩票
面值10元
丰彩
刮开覆盖膜，如果出现金额标志，即中得该金额。中奖奖金兼中兼得。
刮开扫码
SF EXPRESS
保安区
最高奖金250,000元
35-0394-0000001-000

顶呱刮
中国体育彩票
CHINA SPORTS LOTTERY
面值5元
好运123
最高奖金15万元!
刮开区
保安区刮开无效
共有10次中奖机会!
36-0397-000000001-000

顶呱刮
中国体育彩票
CHINA SPORTS LOTTERY
最高奖金
100,000元
面值5元
刮开区
共有15次
中奖机会
中国结
保安区刮开无效
36-0399-000000001-000

顶呱刮
中国体育彩票
面值2元
彩蛋
刮开区
中奖号码
你的号码
最高奖金30,000元!
保安区刮开无效
36-0396-000000001-000

顶呱刮
中国体育彩票
CHINA SPORTS LOTTERY
面值20元
发
发
发
最高奖金100万元!
中奖号码
幸运奖
你的号码
奖金
保安区刮开无效
共有21次中奖机会!
36-0407-000000001-000

顶呱刮
中国体育彩票
CHINA SPORTS LOTTERY
面值10元
金鸡纳福
最高奖金30万元
刮开区
共有12次中奖机会!
保安区刮开无效
35-0406-0000001-000

顶呱刮
中国体育彩票
CHINA SPORTS LOTTERY
面值10元
10来运转
最高奖金25万元
刮开区
保安区刮开无效
共有12次中奖机会
36-0403-000000001-000

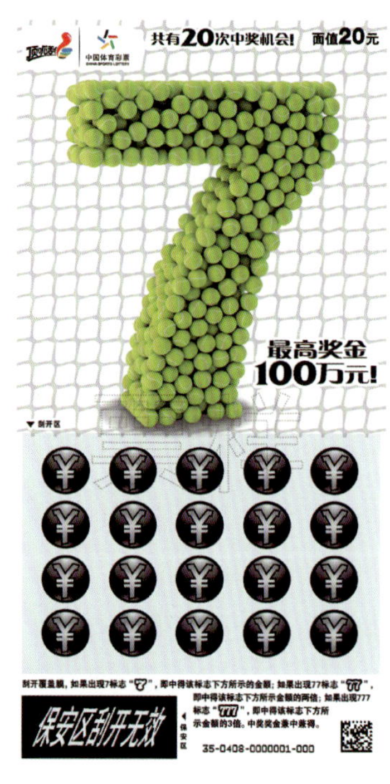
顶呱刮
中国体育彩票
CHINA SPORTS LOTTERY
最高奖金40万元
面值10元
芝麻开门
刮开区
开门暗号
你的暗号
倍数
倍
奖金
保安区刮开无效
共有12次中奖机会
36-0401-000000001-000

顶呱刮
中国体育彩票
共有20次中奖机会!
面值20元
7
最高奖金
100万元!
刮开区
保安区刮开无效

中国体育彩票
面值10元
魅力内蒙古
辉煌70年
幸运游戏
热烈庆祝
内蒙古自治区成立70周年
主游戏
中奖号码
你的号码
刮开区
游戏规则见票背
保安区刮开无效
最高奖金70万元
共有13次中奖机会
36-0424-000000001-000

中国体育彩票
面值5元
环广西公路自行车世界巡回赛
景彩骑妙
梧州—街景
幸运游戏
刮开覆盖膜，如果出现金额标志，即中得该金额。
刮开区
中奖号码
你的号码
中奖奖金兼中兼得！
共有9次中奖机会！
保安区刮开无效
36-0430-000000001-000

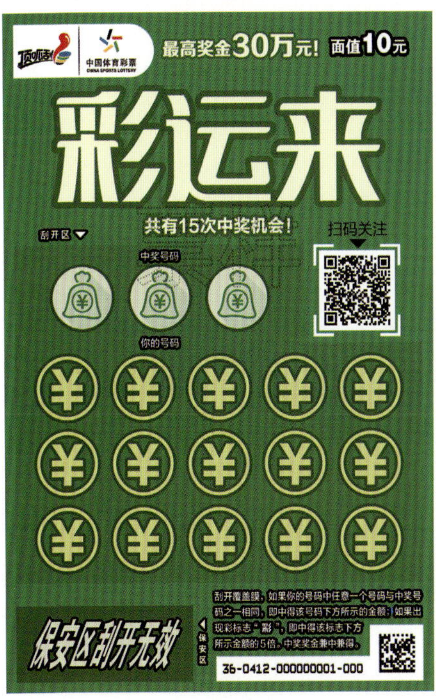

中国体育彩票
最高奖金30万元！
面值10元
彩运来
共有15次中奖机会！
扫码关注
刮开区
中奖号码
你的号码
保安区刮开无效
36-0412-000000001-000

中国体育彩票
共有16次中奖机会
面值10元
天作之合
最高奖金25万元
刮开区
第一场
第二场
第三场
第四场
通吃
奖金
中奖奖金兼中兼得
保安区刮开无效
36-0440-000000001-000

中国体育彩票
面值10元
中奖奖金兼中兼得！
强力
5
最高奖金500,000元！
强力点
25元
共有17次中奖机会！
保安区刮开无效
35-0432-0000001-000

中国体育彩票
面值30元
共有30次中奖机会！
刮开覆盖膜，如果出现元宝标志" "，即中得该标志下方所示的金额。
刮开区
幸运游戏
中奖奖金兼中兼得
富贵有余
最高奖金100万元！
游戏一
刮开覆盖膜，如果出现金额标志，即中得该金额。
游戏二
刮开覆盖膜，如果你的号码中任意一个号码与中奖号码之一相同，即中得该号码下方所示的金额；如果出现钱袋标志" "，即中得该标志下方所示金额的10倍。
保安区刮开无效
35-0433-0000001-000

顶呱刮
中国体育彩票
CHINA SPORTS LOTTERY
面值5元
好运旺
刮开区
刮开覆盖膜,如果出现旺标志"旺",即中得该标志下方所示的金额。中奖奖金兼中兼得。
保安区刮开无效
保安区
最高奖金150,000元
共有12次中奖机会
36-0438-000000001-000

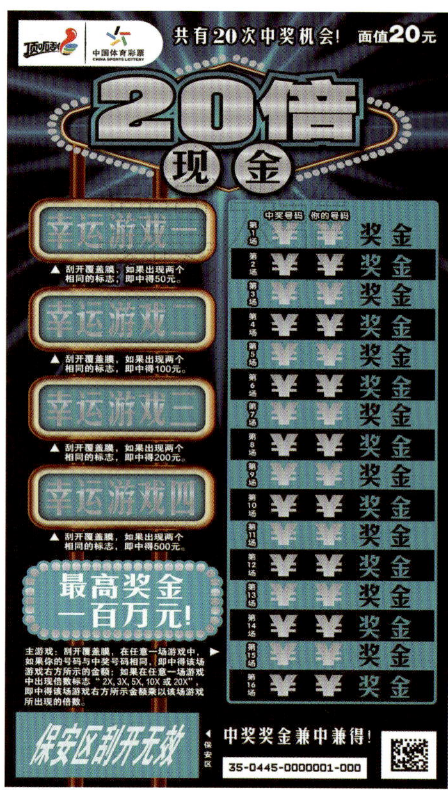
顶呱刮
中国体育彩票
共有20次中奖机会!
面值20元
20倍
现金
幸运游戏一
幸运游戏二
幸运游戏三
幸运游戏四
最高奖金一百万元!
保安区刮开无效
中奖奖金兼中兼得!
35-0445-0000001-000

顶呱刮
中国体育彩票
步步登高
面值5元
幸运游戏
嵩山
最高奖金10,000元!
共有15+1次中奖机会!
保安区刮开无效
35-0447-0000001-000

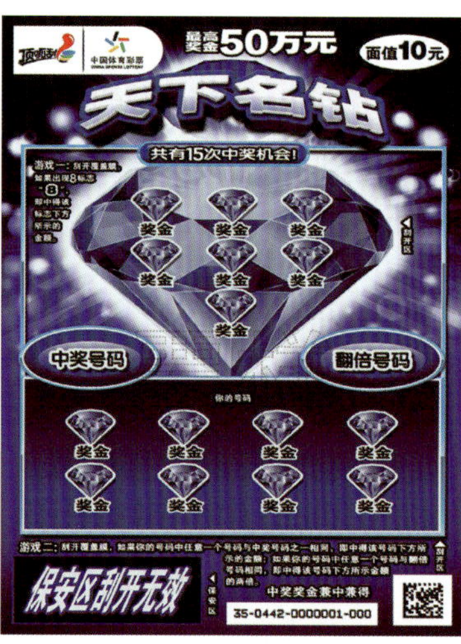
顶呱刮
中国体育彩票
最高奖金50万元
面值10元
天下名钻
共有15次中奖机会!
中奖号码
翻倍号码
保安区刮开无效
中奖奖金兼中兼得
35-0442-0000001-000

顶呱刮
中国体育彩票
面值10元
和气生财
最高奖金30万元
保安区刮开无效
中奖奖金兼中兼得
35-0441-000000001-000

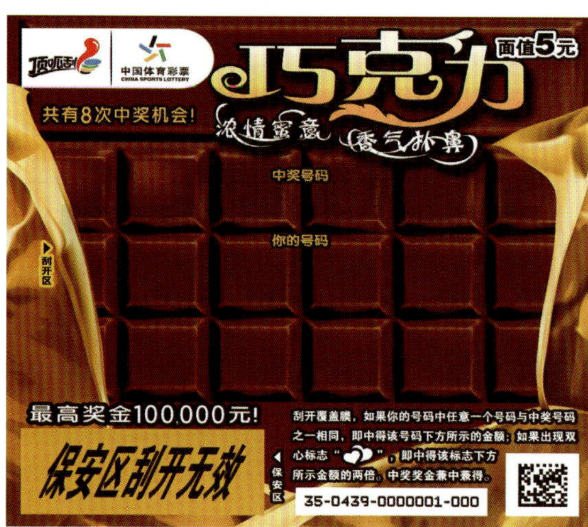
顶呱刮
中国体育彩票
巧克力
面值5元
共有8次中奖机会!
浓情蜜意
香气扑鼻
中奖号码
你的号码
最高奖金100,000元!
保安区刮开无效
35-0439-0000001-000

顶呱刮
中国体育彩票
挖金矿
面值10元
你的幸运号码
游戏1
游戏2
游戏3
游戏4
游戏5
游戏6
游戏7
游戏8
奖金
最高奖金50,000元!
保安区刮开无效
35-0443-0000001-000